Bruce Lee
A LIFE
ブルース・リー伝

マシュー・ポリー
棚橋志行＝訳

亜紀書房

ユダヤ系オランダ人だったブルース・リーの
曽祖父モーゼス・ハルトフ・ボスマン。
1880年頃（アンドルー・E・チェ 提供）

中国人の曽祖母セー・タイ。
1890年頃（アンドルー・E・チェ 提供）

1924年に開催された大英帝国博覧会で、香港代表として
英国ウェンブリーを訪れた大伯父ロバート・ホートン卿と
ジョージ5世王妃メアリー（アンドルー・E・チェ 提供）

勲章をつけた祖父ホー・コムトン。
1925年（アンドルー・E・チェ 提供）

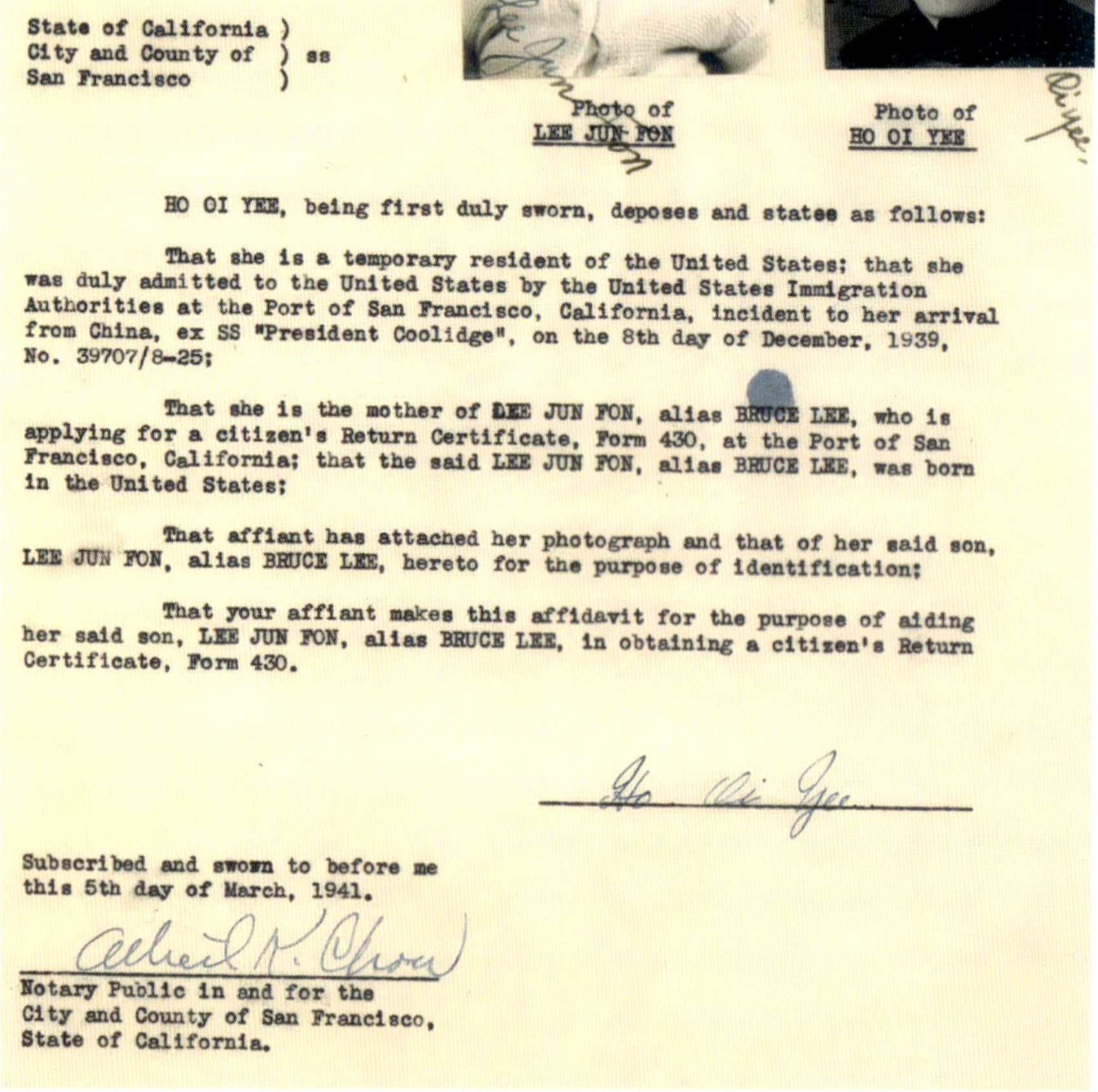
In re:

LEE JUN FON, alias BRUCE LEE,
native born citizen of the
United States, for citizen's
Return Certificate, Form 430.
(Male)

....

State of California)
City and County of) ss
San Francisco)

Photo of
LEE JUN FON

Photo of
HO OI YEE

HO OI YEE, being first duly sworn, deposes and states as follows:

That she is a temporary resident of the United States; that she was duly admitted to the United States by the United States Immigration Authorities at the Port of San Francisco, California, incident to her arrival from China, ex SS "President Coolidge", on the 8th day of December, 1939, No. 39707/8-25;

That she is the mother of LEE JUN FON, alias BRUCE LEE, who is applying for a citizen's Return Certificate, Form 430, at the Port of San Francisco, California; that the said LEE JUN FON, alias BRUCE LEE, was born in the United States;

That affiant has attached her photograph and that of her said son, LEE JUN FON, alias BRUCE LEE, hereto for the purpose of identification;

That your affiant makes this affidavit for the purpose of aiding her said son, LEE JUN FON, alias BRUCE LEE, in obtaining a citizen's Return Certificate, Form 430.

Ho Oi Yee

Subscribed and sworn to before me
this 5th day of March, 1941.

Albert K. Chow

Notary Public in and for the
City and County of San Francisco,
State of California.

ブルース・リー（生後3カ月）の市民帰還申請書。右上の写真は母グレイス・ホー。
1941年3月（サンフランシスコ国立公文書館 提供）

1946年頃のブルース・リー
(香港文化博物館 提供)

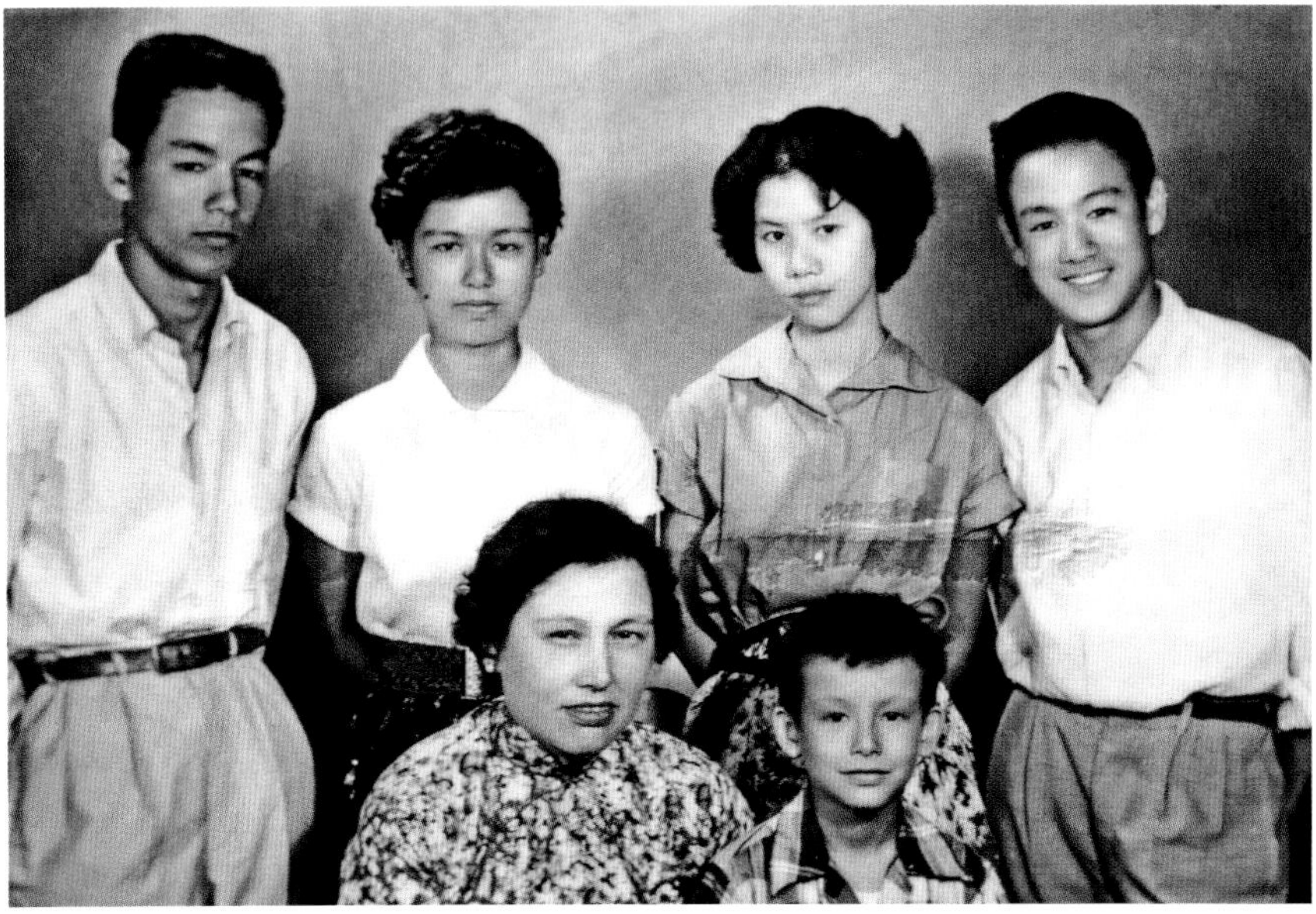

左からピーター、アグネス、グレイス、フィービー、ロバート、ブルース。
1956年頃(Michael Ochs Archive/Getty)

ラ・サール学院でのクラス写真。前列、先生の右隣がブルース。
1950年頃(ン・チャク・トン)

セント・フランシス・ザビエル・カレッジでのクラス写真。前列、左から4番目、眼鏡をかけているのがブルース。
1958年頃(ジョニー・ホン 提供)

弟ロバートと出場した全香港チャチャ・ダンス選手権。
1958年（デイビッド・タッドマン）

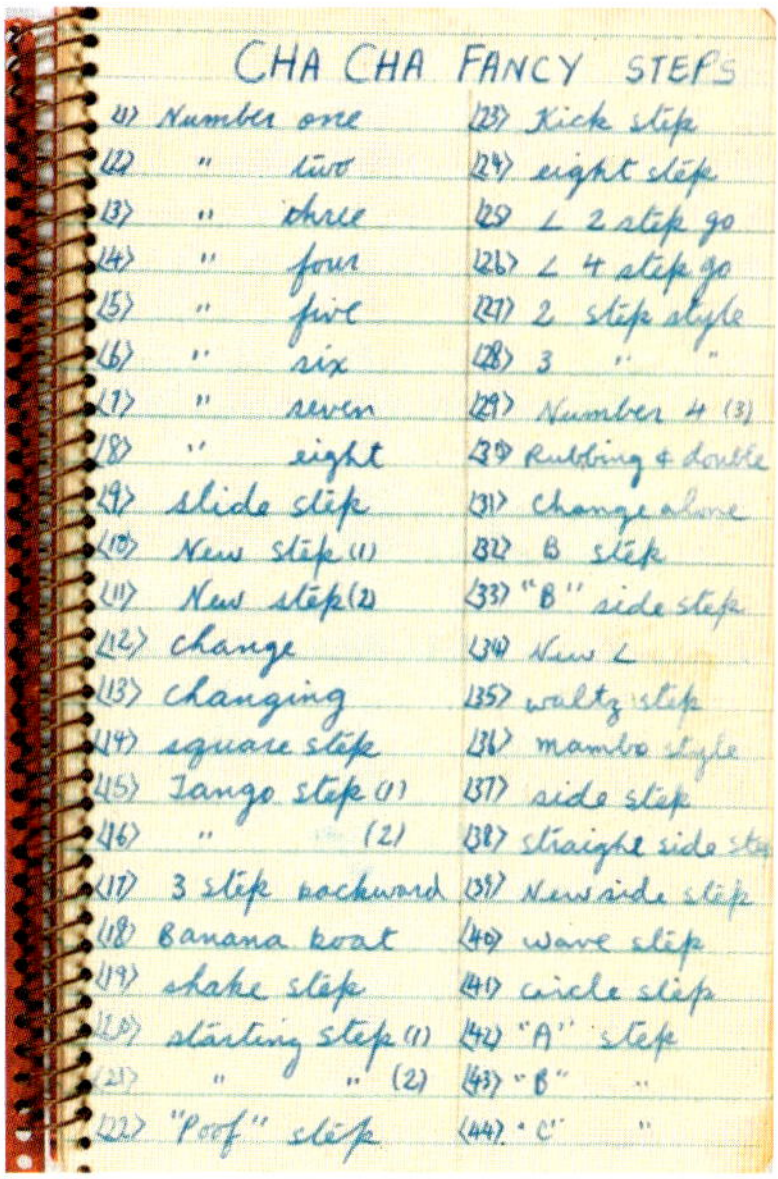

ブルースのチャチャ・ノート。
1958年（香港文化博物館 提供）

『人海孤鴻』で不良少年を演じる。
1959年（Michael Ochs Archive/Getty Images）

シアトルでルビー・チョウの犬を散歩させるブルースと兄ピーター。
1960年頃（デイビッド・タッドマン）

香港で父・李海泉を相手にチーサオを練習するブルース。
1963年夏（デイビッド・タッドマン）

ジェシー・グラバーと。
1960年頃（デイビッド・タッドマン）

ロングビーチ国際空手選手権の前夜に“クロージング・ザ・ギャップ”の技法を披露するブルース。
1964年8月1日（バーニー・スコーラン 提供）

グリーン・ホーネットを演じるヴァン・ウィリアムズと。1966年
(ABC Photo Archives/ABC/Getty Images)

『グリーン・ホーネット』に出演したソーディス・ブラントと。
1966年9月(デイビッド・タッドマン)

『グリーン・ホーネット』のふたりが『バットマン』にゲスト出演した回。
左からバート・ウォード、アダム・ウェスト、ヴァン・ウィリアムズ、ブルース・リー。
1967年3月1〜2日(ABC Photo Archives/ABC/Getty Images)

ロサンゼルス華人街の振藩國術館に飾られていたミニチュアの墓石。
1967年(香港文化博物館 提供)

ヘビーバッグを支えるダン・イノサントと。
1968年頃(デイビッド・タッドマン)

ジェイ・セブリング。ジョシュアツリー国立公園にて。
1966年頃（アンソニー・ディマリア 提供）

人生最初で最後の乗馬。ドラマ『略奪された100人の花嫁』でリンダ・ダンシル、ロバート・ブラウンと。
1969年4月9日（ABC Photo Archives/ABC/Getty Images）

ブランドン、リンダ、シャノンと。
1970年頃（香港文化博物館 提供）

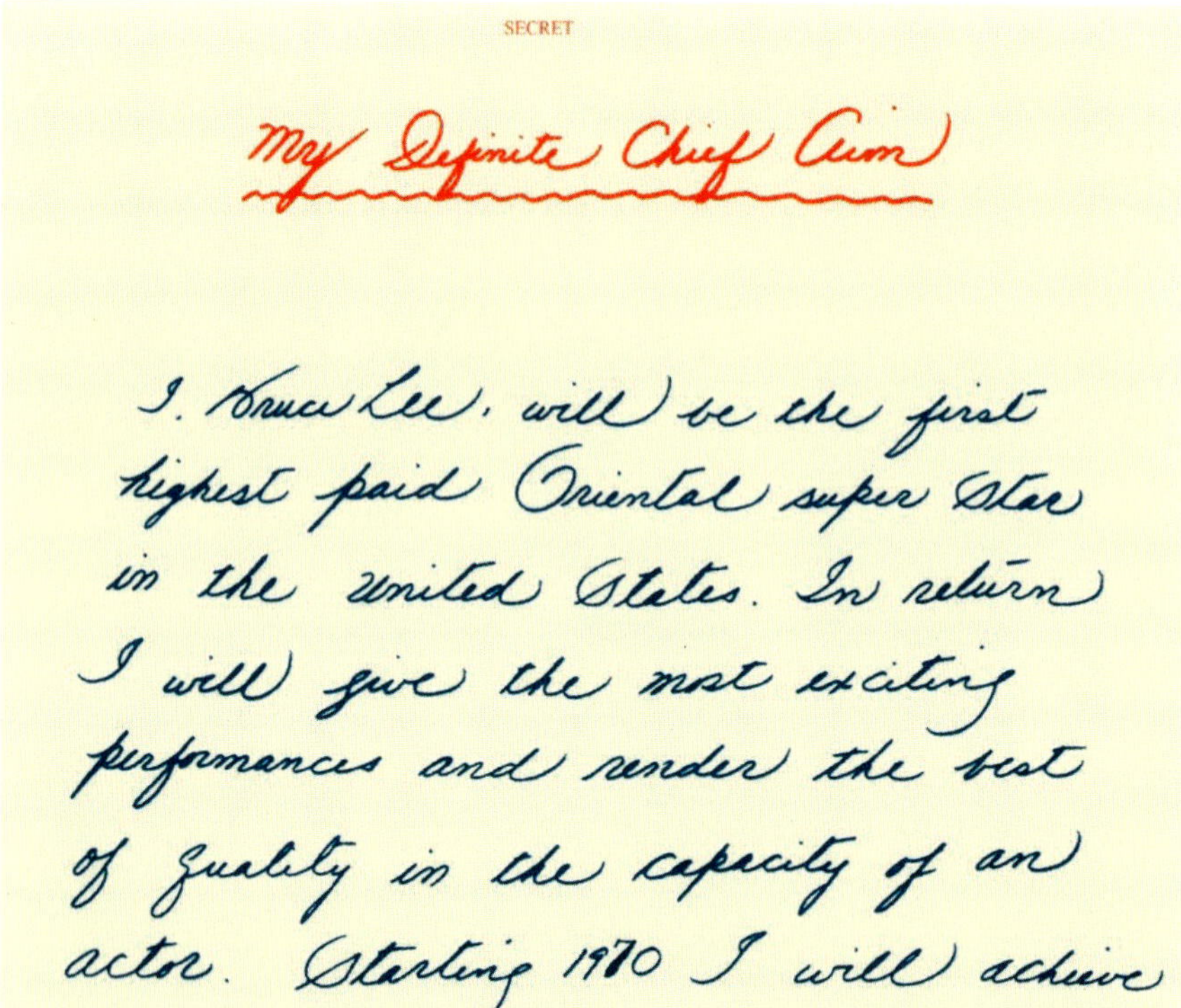

SECRET

My Definite Chief Aim

I, Bruce Lee, will be the first highest paid Oriental super Star in the United States. In return I will give the most exciting performances and render the best of quality in the capacity of an actor. Starting 1970 I will achieve world fame and from then onward till the end of 1980 I will have in my possession $10,000,000. I will live the way I please and achieve inner harmony and happiness

SECRET

Bruce Lee
Jan. 1969

ブルースの立てた人生の目標。
1969年1月(香港文化博物館 提供)

俳優人生で唯一のセックス・シーン。『ドラゴン危機一発』にて。
1971年（Michael Ochs Archives/Getty Images）

『ドラゴン怒りの鉄拳』でボブ・ウォールと。
1972年（Entertainment Pictures/Alamy Stock Photo）

『ドラゴンへの道』でチャック・ノリスと。1972年
(コンコルド・プロダクション／ゴールデン・ハーベスト／Sunset Boulevard／Corbis／Getty Images)

『燃えよドラゴン』のセットでプロデューサーのフレッド・ワインスタインと。
1973年2月(Stanley Bielecki Movie Collection/Getty Images)

『クロウ／飛翔伝説』のブランドン・リー。
1993年3月（Entertainment Pictures/Alamy Stock Photo）

ハリウッドのウォーク・オブ・フェイムにブルース・リーの星形を埋めこむ
式典に出席したシャノンとリンダ。ハリウッド大通り6933番地。
1993年4月28日（ロン・ガレラ社／Wireimage／Getty）

ブルース・K・L・リーが主演したブルースのそっくりさん作品。
1976年(Everette Collection/Alamy Stock Photo)

世界で初めてブルース・リー像が建てられたボスニア・ヘルツェゴビナのモスタル市、ズリニェヴァツ公園。
2005年11月27日(kpzfoto/Alamy Stock Photo)

ブルース・リー伝

本書をM・Cに捧げる。
君が大きな夢をいだきますように。

亡き父リチャード・ポリー博士（一九四二〜二〇一七）を偲びつつ。

装幀　金井久幸［ツー・スリー］

人を知る者は智
自らを知る者は明《めい》なり
——老子

CONTENTS

第三幕 香港への帰還

本文中の〔 〕は訳注です

李家 家系図

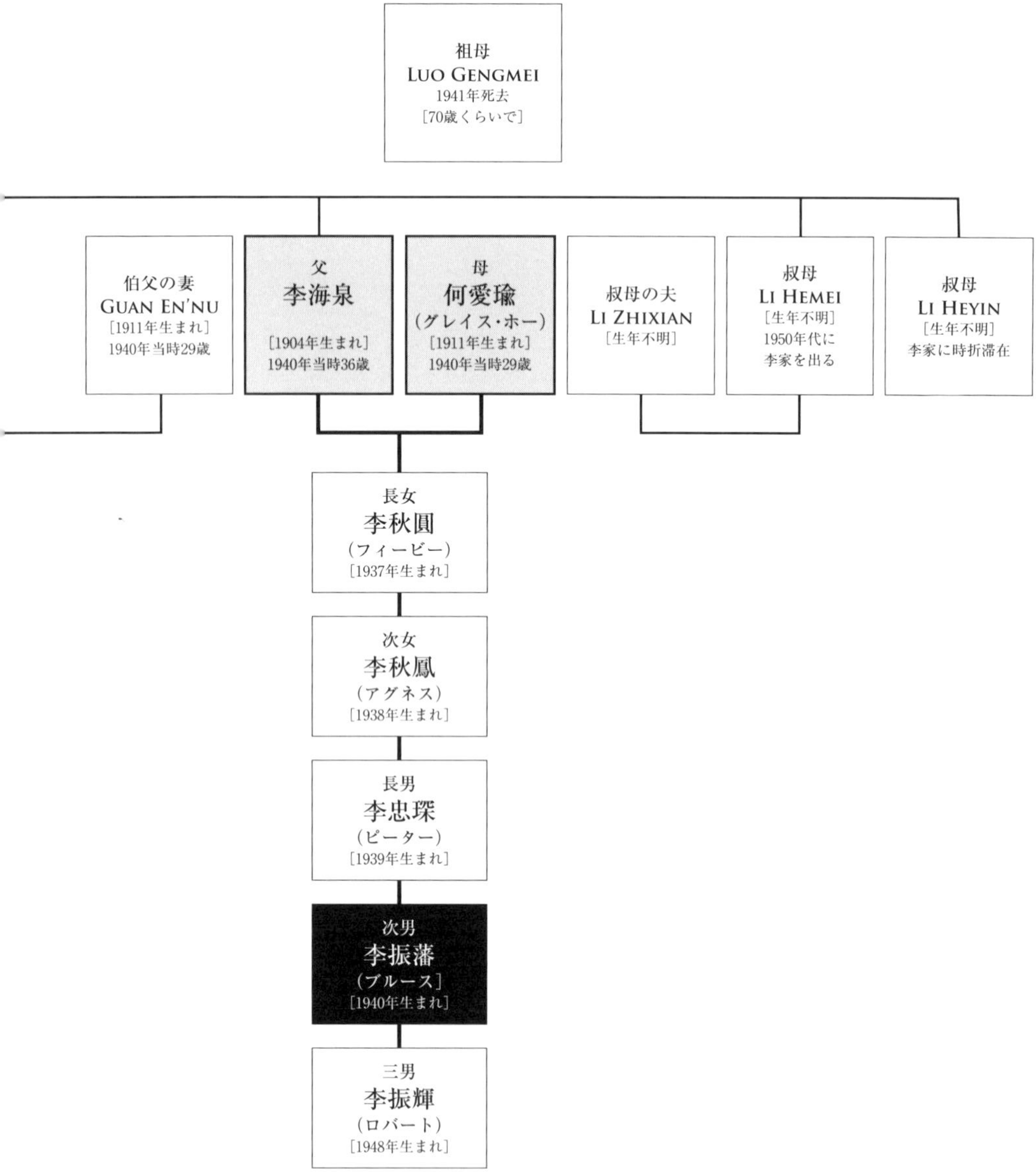

「ブルース・リー父方家系図」:ロバート・リー制作『李小龍マイブラザー』より

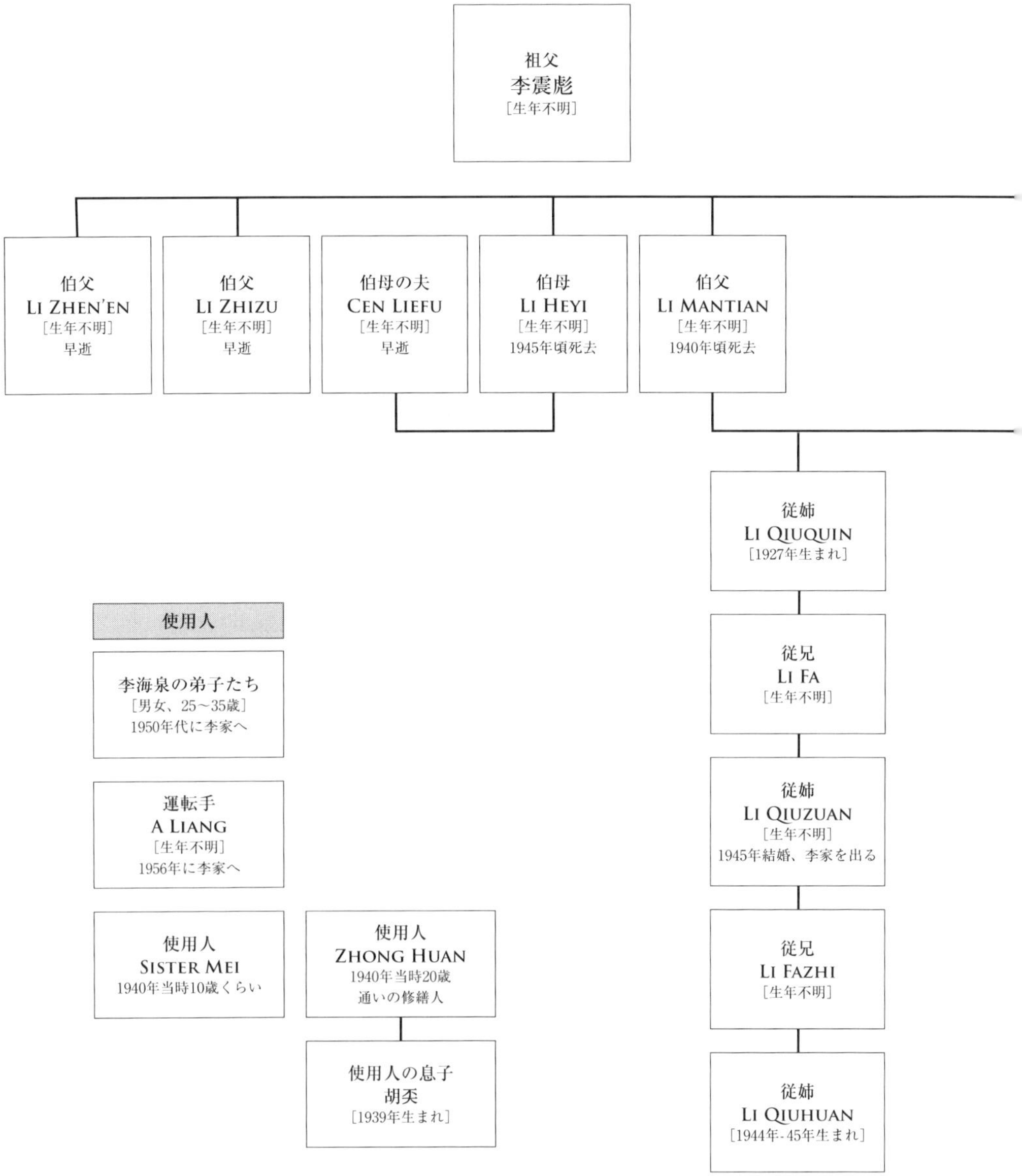
祖父
李震彪
［生年不明］
伯父
Li Zhen'en
［生年不明］
早逝
伯父
Li Zhizu
［生年不明］
早逝
伯母の夫
Cen Liefu
［生年不明］
早逝
伯母
Li Heyi
［生年不明］
1945年頃死去
伯父
Li Mantian
［生年不明］
1940年頃死去
従姉
Li Qiuquin
［1927年生まれ］
従兄
Li Fa
［生年不明］
従姉
Li Qiuzuan
［生年不明］
1945年結婚、李家を出る
従兄
Li Fazhi
［生年不明］
従姉
Li Qiuhuan
［1944年-45年生まれ］
使用人
李海泉の弟子たち
［男女、25～35歳］
1950年代に李家へ
運転手
A Liang
［生年不明］
1956年に李家へ
使用人
Sister Mei
1940年当時10歳くらい
使用人
Zhong Huan
1940年当時20歳
通いの修繕人
使用人の息子
胡奕
［1939年生まれ］

プロローグ　ふたつの葬儀の物語

一九七三年七月二十四日の夜、翌朝の葬儀に向けて九龍《カウロン》葬儀場の外に人が集まりはじめた。葬儀が始まる翌二十五日午前十時が近づくにつれて、その数は膨れ上がってきた。一万五〇〇〇人以上の香港市民が警察の張ったバリケードの向こうに立ち、建物のバルコニーから見下ろし、あるいは、香港名物のネオンサインによじ登るという危険な体勢から、自分たちのアイドルの棺をひと目見ようとしていた。この五日前、ブルース・リー（李小龍）は三十二歳の若さでこの世を去った。群衆を制御するため、数百人の警察官が増員された。警官隊はライムグリーンの半ズボンと半袖シャツ、黒い靴とハイソックスに身を包み、鳥のくちばしのようなひさし付きの帽子をかぶった様は、サマーキャンプに来たボーイスカウトの大人版といった趣だった。

日刊英字紙サウスチャイナ・モーニング・ポスト（南華早報）はこの様子を〝カーニバル〟と表現した。ブルースと親交があった名士たちのひとりが葬儀場に入ってくるのを見つけると、群衆が拍手喝采した。香港映画を世界に知らしめた男に敬意を表するため、涙を隠すサングラスをかけた著名人がひとりまたひとりと現れた。『燃えよドラゴン（龍争虎鬥 *Enter the Dragon*）』で悪役を演じたシー・キエン（石堅）、『スージー・ウォンの世界』の主演女優ナンシー・クワン（關家蒨）、リーとの共演歴が長いノラ・ミャオ（苗可秀）、幼なじみでもあるポップス歌手のサミュエル・ホイ（許冠傑）、そして、ブルース・リーの主演映画を二本監督したロー・ウェイ（羅維）の姿もあった。葬儀に姿を見せなかった著名人がひとりいた。リーが亡くなったアパートの部屋の住人、ベティ・ティンペイ（丁珮）だ。ティンペイは家から出ず欠席を決めて群衆をがっかりさせ、強い鎮静剤を処方されて静養中と報じられた。代わりに彼女からは〝ティンペイからブルースへ〟というメモを添えた花束が贈られた。その隣に、涙にくれた六歳の少年が〝小さなファンから〟という簡潔なメッセージを添えて花束を捧げた。

〝徹夜組の数十人にとって最も悲しい瞬間は、リーの妻リンダが到着したときだった〟と英字紙チャイナ・メール（徳臣西報）は報じた。黒いメルセデスが歩道のそばに停止し、ブルースの事業パートナーであり映画会社ゴールデン・ハーベスト・スタジオ（嘉禾電影）の総帥でもあるレイモンド・チョウ（鄒文懐）がリンダのためにドアを開け、彼女に手を貸した。リンダは中国の葬儀の伝統にのっとり白い喪服――ひざ丈の白いダブルのロングコートに、白のスラックス、白のタートルネック――に身を包んでいた。明るい茶色の髪は短くカットされている。大きな丸いサングラスが泣き腫らした赤い目を覆っていた。何日も食事を取っていないかのようにやつれた様子だ。レイモンドの腕に寄りかかったリンダはゴールデン・ハーベストの社員に囲まれ、彼らの力を借りて正面扉を取り囲んでいる群衆を押し分けた。「外はものすごい人でごった返していて」後日、リンダは語っている。「ルドルフ・バレンティノの葬儀を追った昔のニュース映像を思い出しました」

二十八歳の未亡人が入ってくると、葬儀場に詰めこまれた五〇〇人のVIP会葬者がしんと静まり返った。葬儀場の正面に祭壇があり、サングラスをかけた映画ポスター大のブルース・リーの遺影が掲げられ、その周囲をリボンと花、そして〝スター、芸術の海に沈む〟という中国語の垂れ幕が囲んでいた。写真の前には三本の線香と二本の蠟燭に火がともされている。故人を称える何千もの言葉が壁を覆っていた。

レイモンド・チョウとリンダは祭壇前で三度お辞儀をし、家族用に確保された一画までレイモンドがリンダに付き添った。ブルースの兄ピーター（李忠琛）と妻のユーニス・ラム（林燕妮）が厳粛な面持ちで立っている。リンダは人の手を借りてお洒落なロングコートを脱ぎ、中国の習慣にしたがってフード付きの白い黄麻布の喪服に身を包んだ。ふたりの子――八歳のブランドン（李國豪）と四歳のシャノン（李香凝）――は横の入口から入り、やはり黄麻布の白い服を着ていた。ブランドンの頭には白いバンダナが巻かれている。

怒った目をしている兄とは対照的に、まだ幼く何が起こっているのか理解していないシャノンはその横で楽しそうに遊んでいた。

中国式の楽団が「蛍の光」に似た伝統的な葬送歌を演奏した。四万香港ドルをかけたブルースの青銅の棺が部屋に運びこまれる。上面の半分が開かれた。中は誰も遺体に触れることができないよう保護ガラスの囲いに覆われていた。『燃えよドラゴン』でブルースが着用し、着心地がいいからと家の中でも好んで着ていた青い中国服をリンダが着せていた。ガラス越しに見るブルースの顔は濃い化粧をほどこしているにもかかわらず、土気色で、ゆがんだ感じがした。友人たちが列を作り、開かれた棺のそばを通って、粛々と最後の対面をしていく。報道機関のフォトグラファーたちがいいカメラアングルを探して客たちと押し合っていた。その多くはただ頭上にカメラを持ち上げ、ひたすらシャッターを押しまくっている。夫のかたわらへ進んだリンダは悲痛の思いに胸を引き裂かれ、いまにもくずおれそうだ。彼女は震える手で顔を覆い、嗚咽《おえつ》した。

「恐ろしい時間だった」と、後日彼女は友人たちに打ち明けている。

霊柩車が進みはじめたのを見て、ファンは悲嘆に暮れた。葬儀場を取り囲んだ三〇〇人の警察官が押し寄せる群衆を食い止めるべく、腕を組んで人の輪を作った。やがて応援が駆けつけ、女性と子どもが押しつぶされないよう、出口を作っては繰り返し外へ送り出した。年老いた男が涙を流し、若い娘は卒倒し、ショックを起こしたり軽傷を負ったりした人が大勢病院に運ばれた。「本当に怖かった」と、兄のピーター・リーは回想している。このあと何時間か、拡声器を持った警官たちが通りを巡回して人々に帰宅をうながした。

ブルースの死を悼《いた》みにきた多くの人は立ち去ろうとしなかった。英雄の近くにいられるのはこれが最後と知っていたからだ。香港のタブロイド紙が、リンダは夫をアメリカに埋葬するつもりで、現地のファンは墓参できなくなると、怒りの記事を掲載していた。オリエンタル・デイリー（東方日報）は大見出しの下に、〝リーの遺体は明日、空路アメリカへ〟と書いた。〝リン

1973年7月25日に香港で行われたブルース・リーの葬儀で、
九龍葬儀場の外に集まった群衆（デイビッド・タッドマン）

ブルースの棺に手袋を置くスティーブ・マックィーン。左にジェームズ・コバーン。右にリンダ、シャノンとブランドン。
1973年7月30日にシアトルで行われた葬儀にて（Bettmann/Getty Images）

ダは夫の埋葬地について、頑として意思を曲げなかった。何かしら恨みを抱いているらしい。彼女は最初から遺体をアメリカへ運んで解剖を受けさせたかったのだが、法の制約により断念した。それでも、遺体はアメリカへ送られ、埋葬されることとなった〟

生前、ブルース・リーは洋の東西を股にかけた仕事に情熱を傾けていた。他界したいま、彼の体はひとつしかなく、アメリカに生まれ育った未亡人はどっちに埋葬するかの決断を迫られた。そして、自分の生まれ故郷の街を選んだ。「ブルースは平和で穏やかな街、シアトルに埋葬することに決めました」と、リンダは説明している。「彼がいちばん幸せだったのはシアトルで過ごした時代だったと思うし、私も子どもたちとあの街へ戻って暮らすつもりでした」シアトルはリンダが育ち、大学に通い、ブルース・リーと恋に落ちた街だ。

大衆が熱狂する香港とちがい、リンダの故郷の街には静かな落ち着いた場所という付加価値もあった。アジアにおけるブルースはビートルズ以上の大きな存在だったが、アメリカでは『燃えよドラゴン』もまだ公開されていなかった。ひと握りの死亡記事しか書かれない無名のテレビ俳優であり、その記事にも大きな誤りがいくつかあった。ロサンゼルス・タイムズはリンダを〝スウェーデン生まれ〟の妻としたばかりか、ブルースを〝『ファイブ・フィンガーズ・オブ・デス〔邦題『キング・ボクサー』〕』などの映画に主演〟と紹介する痛恨の誤りを重ねている〔香港ショウ・ブラザースの製作で人気を博したカンフー映画で、主演は羅烈《ローリエ》だった〕。シアトルでの穏やかな葬儀を望んだリンダは映画会社ワーナー・ブラザースの重役たちに電報を打ち、「非公開にひっそりと内々で儀式を執り行いたい」と伝えた。

ワーナー・ブラザースが購入し、『ジョニー・カーソンのザ・トゥナイト・ショー』にゲスト出演するブルースとリンダをニューヨークへ運ぶことになっていた航空券は、ブルースの遺体と家族をシアトルへ運ぶ航空券と交換された。七月二十六日（木）、リンダと子どもたちは香港啓徳《カイタック》国際空港からノースウエスト・

オリエント航空〔ノースウエスト航空を経て現デルタ航空〕四便に搭乗した。彼らに加え、ゴールデン・ハーベスト社の代表として葬儀の段取りと支払いを任されたアンドレ・モーガン、ドキュメンタリー映画用に葬儀の記録を託されたカメラマンのチャールズ・ローク、リンダの親友レベッカ・ホイが同行した。「彼女のおかげで私は正気を保つことができました。彼女がいなかったらどうなっていたかわかりません」と、リンダは語る。「私は飛行機に乗るとすぐ眠りに落ち、気を失った人みたいに昏々《こんこん》と眠っていました——とうとう脳が機能を停止して」

　ブルースの兄ピーター（李忠琛）は香港で暮らしていたが、弟のロバート（李振輝）、姉のフィービー（李秋圓）とアグネス（李秋凰）、母親のグレイス・ホー（何愛瑜）ら残りの近親はブルースに続いてアメリカへ移住していた。リンダと子どもたちの乗った飛行機がシアトルの空港に到着したときは、彼らが出迎えに来た。グレイスは泣きながらリンダをつかみ、放そうとしなかった。

　アンドレ・モーガンは東パイン通り三〇〇番地にあるバタワース葬儀場の葬儀責任者に会い、レイクビュー共同墓地のどの一画を購入するか相談した。

「同じ人たちのところはどうでしょう？」と、葬儀責任者は尋ねた。

「どういう意味だ？」

　葬儀責任者は大きくひとつ息を吸い、左から右、右から左へ目を向けたあと、こうささやいた。「中国人用の一画があるんです」

「本当か？　見せてくれ」

　中国人用の墓地は道具小屋の隣に位置する、小さな隔離された区画にあった。白人用の敷地はモーガンいわく、「アーリントン国立墓地と同じくらい大きなものだった。アンドレは後者を選び、「横並びになったふたつの区画を買った。ひとつはブルース、もうひとつはリンダのために」モーガンが回想する。「その日の午後、母親の家にいたリンダに会いに行き、『埋葬区画をふたつ買ったんだが、かまわないか』と確認した」

シアトルの葬儀は七三年七月三十日（月）に執り行われた。香港とちがって外でキャンプを張っていたファンは二〇人くらいで、新聞記者はふたりしかいなかった。葬儀場に集められたのは一〇〇人ほどで、親類と友人、そしてジェシー・グラバーらかつての弟子たちの姿があった。五〇年代にシアトルで育ったアフリカ系アメリカ人のグラバーは武術に心を奪われたが、黒人の弟子を取ってくれる先生が見つからず困っていた。ブルースは人種や民族に関係なくどんな弟子でも受け入れた、アメリカ初の功夫《カンフー》指導者だ。ジェシーとブルースは何年か、兄弟のように親しい間柄だった。「こみ上げてくる感情を隠すことができず、私は赤ん坊のように泣き崩れた」と、ジェシーは言う。

ハリウッドの友人たちの小さな一団がロサンゼルスから飛行機でやってきた――〈ワーナー・ブラザース〉会長のテッド・アシュリー、俳優のジェームズ・コバーンとスティーブ・マックィーン。葬式嫌いで知られるマックィーンが来たのを見て、みんなが驚いた。「ブルースのことを大切に思っていた」と、マックィーンは説明した。「友達にさよならを言いたいと思ったんだ」

追悼の言葉で、テッド・アシュリーはこう述べた。「私は映画を作る仕事に三十五年携わってきましたが、ブルースほど現状に満足せず、懸命の努力で完璧を目指した人間を知りません。この男は〝大成する〟と実感しはじめたところで他界したのが残念でなりません。成功の階段を上りきってはいなかったかもしれないが、少なくともその足がかりを得ていたと私は認識していて、それだけにいっそう悲しみが募ります」

伝統的な葬送音楽の代わりに、リンダはブルースの好きだった歌を流すことにした。フランク・シナトラの『マイ・ウェイ』、トム・ジョーンズの『見果てぬ夢』、ブラッド・スウェット&ティアーズ版の『アンド・ホエン・アイ・ダイ』。追悼の言葉でリンダは、この最後の歌の歌詞はブルースの哲学を言い表していると述べた。そこには〝私が死んでいなくなっても、ひとりの子が生まれ、世界は受け継がれていく〟と歌われていた。

リンダは故郷に戻ったことで落ち着いたらしく、こう続けた。「暮らしている場所が東洋であろうと、ほかの土地であろうと、人は一人ひとりが人類の代表だとブルースは信じていました。人は自分の外に人生を見つけようとして苦しみ、探し求める人生が自分の内にあることに気づかない。魂《ソウル》は人体にひそむ胚のようなもの。死の訪れる日が目覚めの日。霊性《スピリット》は生きつづける」彼女は自分の見解を付け加え、「私たちの目覚めの日が来たとき、また彼と再会できるでしょう」と結んだ。

葬儀終了後、会葬者たちはブルースの開いた棺に向かった。棺は道教《タオイズム》の太極図を模した白と黄色と赤の花に覆われていた。「棺をのぞき、かつてブルースだった青白い抜け殻が見えたとき、激しい怒りと、何かを殴りつけたい衝動を感じた」と、ジェシー・グラバーは振り返っている。

ブルースの墓石は香港で手彫りされて送られてきた。石工がリンダの指示にしたがってブルースの写真を上部に配し、その下に中国語と英語で名前と生年月日と没日（一九四〇年十一月二十七日―一九七三年七月二十日）を記した。リンダは〝截拳道《ジークンドー》の創始者〟も刻み入れることにした。墓石の手前に置かれた大理石に、石工が開いた本を彫刻してくれた。左のページにはタオイズムの陰と陽のマーク、右のページには〝あなたの霊感《インスピレーション》は個人の解放へと私たちを導きつづける〟という一文が刻まれていた。

棺を担いだのはスティーブ・マックィーン、ジェームズ・コバーン、截拳道《ジークンドー》でブルースの師範代を務めたターキー木村《キムラ》〔木村武之〕とダン・イノサント、ブルースの弟ロバート・リー、ロサンゼルス時代から家族ぐるみの友人だったピーター・チンだった。ジェームズ・コバーンが前へ進み出て、最後の別れの言葉を述べた。「さようなら、兄弟《ブラザー》。この空間と時間をあなたと分かち合えたことを光栄に思います。友人として、師として、あなたは私の身体的自己、精神的自己、心理的自己をひとつにしてくださった。どうか安らかにお眠りください」このあと彼は棺を担ぐためにはめてきた白い手袋を外して墓穴に投げ入れ、残りの人たちもそれに倣《なら》った。

リンダが立ち上がり、全員に参列への簡単な感謝の言葉を述べた。青いボタンのコートを着て黒いサングラスをかけたブルースの母親グレイス・ホーが悲しみに心を乱し、親戚ふたりが付き添ってその場を離れていった。群衆がまばらになり、会葬者たちが車に戻っていったとき、最後まで残っていたのはジェシー・グラバーだった。職人たちが墓穴を土で埋めに来たとき、ジェシーはショベルの一本を受け取り、彼らを追い払った。きわめてアメリカ的な光景だった——スーツ姿の黒人が涙を流しながら白人の共同墓地で中国人の墓を土で埋めていた。「ブルースが他人の手で土をかけられるなんて、正しいことと思えなかったんだ」と、ジェシーは語っている。

第一幕 小龍《リトル・ドラゴン》

「あらゆる才能は
戦いのなかで花開くもの」
――フリードリヒ・ニーチェ

1

東亞病夫

李海泉《レイホイチュン》〔北京官話《ペキンかんわ》（標準中国語）ではリーハイチュワン〕は十歳のころ、中国南部、仏山市《フォーシャン》郊外に立つブリキ屋根の食堂に面した未舗装道路に裸足で立っていた。着ているのは三つ上の兄からのお下がりで、みすぼらしい服だった。都会の人たちが通りをそぞろ歩いていくあいだ、海泉はその日のおすすめ料理を、節をつけた広東語で呼ばわっていた。「お国のみなさん、どうぞいらっしゃい、出来たての炆牛腩〔牛筋の煮込み〕、ホウレンソウの豆腐乳、田鶏荷叶〔蛙肉の蓮の葉蒸し〕、皮蛋《ピータン》入りのお粥、酢豚をどうぞお試しあれ」柔らかな声で一品ごとに節を変え、リズミカルに裏声も交えていた。この市の食堂に雇われてメニューを連呼している少年は何百人といたが、海泉の歌い方には特別なところがあった——奥に潜む皮肉や風刺までが感じられた。たまたまこの日、粤劇《えつげき》（広東語オペラ）の有名な歌手がこの食堂のそばを通りかかり、この少年の声にユーモアを聞き取って、自分の弟子にならないかと声をかけた。後年ブルース・リーの父親となる海泉少年は自分の暮らす遠く離れた小村へ駆け戻り、両親に朗報を知らせた。

　時は一九一四年。革命軍が清朝を転覆させて立憲共和国を打ち立て、四千年にわたる王朝支配に終止符を打った。新政府の力はまだ弱く、支配をめぐってさまざまな派閥が争い、大都市では民衆の暴動が勃発し、国土を山賊がうろつき、農民層は生き延びるのに必死だった。

　李家の苦しみはことのほか大きかった。海泉は六人きょうだいの四番目。父の李震彪《レイジュンピャオ》は、呪われているにちがいないと近所の人たちが思うくらいカネの巡りが悪かった。幼少期に患った重い熱病で喉に大きな損傷を受け、かすれ声程度しか出なかったために、多くの人はろうあ者と思いこんでいた。彼は家族を食べさせられる仕事を必死に探した。非常勤で警備員の仕事をするかたわら、漁業も営んだ。息子たちを連れて夕食の食材を獲りにいくこともよくあったという。

　息子が粤劇歌手の弟子になれると聞いて両親は大喜びした。なにしろ、食べさせる口がひとつ減り、子どものひとりに専門的職業に就ける可能性が出てきたのだから。約束の日、海泉は故郷を離れた——演技と歌唱、軽業と功夫《カンフー》、暁から日没まで続く過酷な訓練の始まりだった。西洋の歌劇に比べ、中国歌劇は衣装が派手で、顔じゅうに鮮やかな化粧をほどこし、歌唱に裏声を駆使して、オリンピック級の器械体操の動きで武器を操り、あるいは徒手空拳で戦いを演じるのが特徴だった。

　何年かの訓練を経て、李海泉は大人の俳優たちと仏山の舞台に上がった。彼の専門は喜劇的な役どころだ。一九二八年、彼の所属する歌劇団はより多くの裕福な観客を求めて一〇〇キロほど離れた香港へ本拠を移すことにした。家族思いの海泉は男兄弟の何人かを当時イギリス植民地だったこの地へ招き、給仕係や給仕助手の仕事を見つけてやった。海泉自身もこのころはまだ、俳優としてのキャリアを支えるために食堂で臨時雇いの仕事に就いていた。

　海泉と彼の歌劇団はイギリス領香港のあちこちで公演し、香港一の大金持ちロバート・何東《ホートン》・ボスマン卿の宮殿〝アイドルワイルド〟へ招かれてそこで演じることになるくらい、彼らの名声は高まっていた。ブルースの父母、つまり李海泉とグレイス・ホー（何愛瑜）が出会い、経済的にも、文化的にも、民族的にも遠く隔たっていたふたりが初めて互いに目を留めたのが、この宮殿だった。ブルースの父方は貧しく無力だったのに対し、母方は裕福な有力者だった。

グレイス・ホーは香港でロックフェラー家やケネディ家になぞらえられる欧亜《ユーラシア》系ボスマン‐ホートン一族の一員だった。祖父はチャールズ・ヘンリ・モーリス・ボスマン。多くの人がボスマンをドイツのカトリック教徒と思っていたが、じつはブルース・リーの曾祖父はユダヤ系オランダ人だ。一八三九年八月二十九日、モーゼス・ハルトフ・ボスマンとしてロッテルダムに生を享《う》けている。

モーゼスは十代でオランダ東アジア会社に入社し、一八五九年、香港に到着した。彼は苦力《クーリー》貿易で財を成した。アフリカ人奴隷制度が廃止されたのを受け、オランダ領ギアナのサトウキビ農園や米カリフォルニアのセントラル・パシフィック鉄道に中国人を送りこんで建設作業に従事させた。事業の成功により、一八六六年には香港のオランダ領事に任命された。ユダヤ人を疑わせる表記を避け、オランダの外務大臣への書状にはすべて〝M・ボスマン〟と署名している。

香港到着からまもなく、モーゼスはセー・タイという中国人の十代の娘を妾《めかけ》にした。纏足《てんそく》を受けていたことからみても、上海・崇明島《チョンミンタオ》の良家の育ちだった（纏足ができるのは足を使って働く必要がないくらい裕福な家の娘に限られていた）。しかし、父親の死去で一家は苦難の時代に突入し、娘は借金返済のため文字どおり〝身売り〟された。セー・タイは六人の子をもうけている。父親がオランダ（Holland）出身だったので、彼らは〝何《ホー》〟という中国姓を与えられた。

モーゼス・ハルトフ・ボスマンは深刻な財政難に陥り、一八六九年に破産した。中国人家族を捨ててカリフォルニアに移住し、チャールズ・ヘンリ・モーリス・ボスマンと名前を変える。セー・タイは子どもたちを守るため國忠《クオチョン》という中国人家畜売買商の四番目の妾になった。この國忠に欧亜混血《ユーラシアン》の子たちを養う気はさらさらなく、ろくに食費も与えなかったが、セー・タイは中央書院（現在の皇仁書院《クイーンズ・カレッジ》）に通わせるよう夫を説得し、そこで子どもたちは英語を学んだ。

ロバート・ホートンはセー・タイがボスマンとの間にもうけた六人の子の長男だった。大人になると、東アジア最大の複合企業ジャーディン・マセソンの買弁（外国代理人）になった。海運、保険、不動産、阿片《アヘン》で財を成し、三十五歳を迎えるころには香港一の大金持ちになっていた。これがブルース・リーの大伯父だ。

事業は多岐にわたり、ロバートは末弟のホー・コムトン（何甘棠）を雇って右腕とした。弟はたちまち香港で二番目に裕福な男になった。この何甘棠がブルース・リーの祖父である。彼には情熱をそそぐ対象がふたつあった。粤劇と女性だ。慈善事業の資金を調達するためみずから舞台に立つこともあった。何甘棠は十九歳で結婚し、その後まもなく妾を娶《めと》りはじめ、最終的に香港で一二人を囲っている。事業のため上海に維持していた家で、一三人目となるチャンというユーラシアンの女性を囲った。これは秘密だったが上海にはイギリス人の愛人もいて、その女性が一九一一年、彼の一三番目の子になる女児を産んだ。その子こそ、ブルースの母グレイス・ホーだ。広東語では何愛瑜《ホーオイユ》〔北京官話（標準中国語）ではホー・アイユイ〕と表記する。グレイスのイギリス人母については何ひとつ知られておらず、なぜこの娘を産んだのかもわかっていないが、グレイスはチャンの娘として育てられた。

植民地時代の上海でイギリス（二分の一）、ユダヤ系オランダ人（四分の一）、中国漢民族（四分の一）の血を受け継いだエリート・ユーラシアン一族の子グレイスはきわめてヨーロッパ的な養育を受けた。漢字の読み方を習う代わりに英語とフランス語を教わった。十代のころは看護師になりたいと願い、西洋医学を勉強した。そしてカトリックに改宗した。一夫一婦制を是とし一夫多妻を罪悪視する厳格な考えに彼女が魅かれていたのは想像に難くない。

養母が夫の注意を引くにはあと一二人の妾と競争しなければならない。このみじめな状況を間近に見ていたグレイスはまったくちがう人生を送ろうと決意した。「母は自分の父親の、中国の伝統に則った罪深い生き方に不満を感じていたんです」と、ブルースの姉フィービー・リーは語っている。グレイスは彼女の階級の中国人やユーラシアンには当たり前だった見合い結婚を受け入れず、十八歳のときに香港へ逃げ出して叔父のロバート・ホートンの許《もと》に身を寄せた。彼女は香港で社交界の花となり、富裕層が集まるパーティに連日出席した。裕福で、独立心に富み、この時代の中国女性にはめずらしく二十代前半まで独身を通していた。ホートンの豪邸〝アイドルワイルド〟へ李海泉の歌劇団がやってきたのはそんなときだった。

　ロバート卿がこの催しを開いたのは友人たちを楽しませるためだったが、姪《めい》のグレイス・ホーから自分も見たいとせがまれた。彼女はそれまで中国の伝統芸術に触れる機会がほとんどなく、大衆向けの俗な寄席演芸と考えられていた粤劇をいちど見てみたいと思っていた。

　李海泉と彼の劇団はスターフェリーで九龍《カウロン》から香港島へ渡り、半山《ミッドレベルズ》の西摩道《シーモア・ロード》八番地に立つアイドルワイルドまで歩いてきた。俳優たちは顔に化粧をほどこし、凝った衣装をまとい、カンフーの武器を試したあと、集まったユーラシアンのエリートたちを楽しませるために中庭へ進み出た。

　グレイスはこの上演に魅せられ胸躍らせたが、観劇が進むにつれ彼女の目は巧みに喜劇を演じる若い美男俳優に釘づけになった。「父が舞台に上がっていたわずか十分くらいのあいだに」ブルースの弟ロバート・リーが言う。「母はその演技力に深く感動し、父に特別な感情を抱きました」グレイスが彼を見染めたのは、自分を大笑いさせてくれたからだった。

　一九三〇年代の中国で女が男を追いかけるなど前代未聞だったが、グレイスは李海泉を追い求め、彼を魅了した。裕福な家庭の娘が暮らしに汲々としている俳優に熱を上げたのだからいっそうスキャンダラスだ。この当時の結婚は生計を立てるための制度であり、ロマンスの入る余地は皆無だったと言ってもいい。彼女は本来、無教養な中国人農民の息子ではなくユーラシアンの裕福な御曹司と結婚するはずだった。

一族全員がこの恋に反対した。脅しと圧力がかけられた。「しかし、母は独立心と意志がとても強く、環境に順応する力も持ち合わせていた」ロバート・リーは言う。「とうとう、父といっしょになると心に決めたのです」ふたつの文化が融け合った賜物であるグレイスはひとつの縮図に直面した。西洋の個人主義か中国のしきたりか、ロマンスか家族への義務かの選択に。男性支配・一夫多妻が伝統の社会で、グレイス・ホーは愛ゆえに結婚した。正式に縁を切られたわけではなかったが、駆け落ちの決断は亀裂を生み、金銭的援助の道は断たれた。かくして、グレイスは裕福な社交界の花から中国人俳優の妻になった。

グレイスに後悔の思いがあったとしても、彼女は決してそれを口にしなかった。一族に夢物語的な反乱を起こしたあと、彼女はたちまち質素な中国人妻の暮らしになじんだ。服装はあくまで質素に。チャイナドレスを着るのは特別な機会に限られた。編み物が大好きで、友人との麻雀も好きだった。彼女の人となりは温《ウェン》柔《ロウ》と呼ばれる中国人の理想だった。物静かで、穏やかで、優しい。「母はとても我慢強く、とても優しくて、感情をコントロールできました」ブルースの姉のフィービーが言う。「洗練された物腰で、口数も控えめ、いつもにこにこしている、温かみのある女性でした」

儒教の祖・孔子は家父長制家族を中国社会のモデルにした。皇帝は厳格だが情け深い父。臣民は父に従順な子だ。一族最大の成功を収めていた李海泉には親類縁者を支え、一族の皇帝としての務めを果たす義務があった。父親の李震彪が死去すると、海泉は献身的に母親を支えた。「父は給料を全部祖母に渡し、母も同じことをしていました」フィービーが語る。「祖母はほんの少しだけ受け取って、あとは全部父に返すんです。父が拒もうとすると、母親からのお小遣いと思って受け取りなさいと諭していました」兄のひとりが急死したとき、海泉は未亡人と五人の子を自分たちが暮らすちっぽけなアパートに転居させた。

妻として夫を支え、子ども、特に男子の後継者を産むのがグレイスの義務だった（中国では〝多子多福〟と言われ、息子が多いほど幸せと考えられた）。グレイスが産んだ第一子は男の子で、海泉は欣喜雀躍《きんきじゃくやく》した。ところが、その子は生後三カ月で亡くなった。乳幼児死亡率が現在よりずっと高かったとはいえ、男子を亡くすのは不吉な前兆で、呪われている証と考えられることさえあった。

　ふたり目の子が妊娠八カ月のとき、夫妻は生後間もない女の子を養女に迎え、フィービー（秋圓）と名づけた。一見、奇妙なタイミングに思える――海泉は母と亡き兄の家族を養うのに四苦八苦していたわけで、これ以上扶養家族を増やす必要がどこにあったのか。フィービーは不吉な前兆への保険だった、というのがひとつの説明だ。中国には、第二子は女でなければいけないとの俗信があった。グレイスが妊娠しているのが男の子だった場合、姉がいないと魔物にさらわれる危険があった。これより可能性が高いシナリオがある。フィービーは単なる孤児ではなかったのかもしれない。海泉が別の女性に産ませ、その子が高価値の息子ではなく娘と判明したところで海泉に養育を託した、という筋書きだ。フィービーはこの話題に敏感で、自分と弟妹《きょうだい》は同じ血でつながっていると主張する。「性格はちがっても、私たちは仲が良かった。血は水より濃いと言うでしょう。同じ遺伝子を共有しているんです！」

　フィービーが養女になった一カ月後、グレイスは息子ではなく、もうひとりの娘を出産した。その子はアグネス（秋鳳）と命名された。「フィービーは養女です」李海泉は一九四一年、アメリカの入国審査官に告げた。「実の娘のアグネスより四十日くらい早く生まれている」

　アグネスを産んだあと、グレイスはまたすぐ妊娠し、一九三九年十月二十三日に長男のピーター（忠琛）を出産した。彼の耳にはすぐさまピアスの穴が開けられた。姉はふたりいるが、それでも幼い男の子をさらっていく神話上の悪鬼には用心が必要と考えて。第一子が生後すぐに亡くなったため、そのあと生まれた男の子には女児の服と女児の愛称を与え、耳にピアスの穴を開けて、悪鬼を欺く必要があった。これは古くからの慣習で、今回は功を奏した。そのおかげかピーターは長生きするが、そのいっぽうで、中国の国土には子どもと大人の見境なく殺戮《さつりく》をはたらいていく別の悪鬼が出現した――大日本帝国だ。

中国は二千年にわたり世界で最も進んだ文明を自負していた――中国という国名は文字どおり〝中央の国〟という意味だ。ヨーロッパの植民地主義者が優れた軍事技術を携えてのりこんできたとき、中国人の熱狂的愛国心は根底から揺らいだ。清王朝がイギリス貿易商の阿片《アヘン》輸出を阻止しようとすると、イギリスは第一次阿片戦争（一八四〇～四二年）に突入し、中国の抵抗を力で鎮圧した。和平を求めた清の皇帝は七〇〇〇人の漁民が暮らしていただけの香港を割譲し、五港を開港した。鼻の大きな野蛮人たちをなだめた代償は大きかった。この譲歩で露呈した脆弱な国力を見て、西洋の帝国主義者は欲望をかきたてられた。イギリス、フランス、アメリカが最重要商業都市・上海の租界地区をはじめ、中国領土を強奪していった。

西洋諸国に上海を奪われた中国人は大きな屈辱にさらされた。中国の愛国主義者が〝屈辱の世紀〟と呼ぶ時代がここから始まる。一八九九年、カンフーの神秘的な力をもってすれば外国人の撃つ銃弾をも止められると信じた武術家たち（義和団）が反乱を起こし、北京に集結して〝扶清滅洋〟のスローガンを掲げた。彼らの拳法は高速の弾丸を止めることができず、義和団と彼らを支援した清王朝軍はイギリス、フランス、アメリカ、ロシア、ドイツ、イタリア、オーストリア＝ハンガリー帝国、日本の八カ国連合によって完膚なきまで叩きのめされた。清朝政府とカンフーの使い手たちが国を守れなかったことで中国人の自信は粉々に打ち砕かれ、一九一二年の清朝滅亡後には混沌の数十年と軍閥主義と内戦が続く。かくして中国は〝東亜病夫（東アジアの病人）〟と蔑称されるようになった。

世界の状況にすぐ適応できなかった中国と異なり、日本は西洋の軍事技術と帝国主義的政策を迅速に取り入れた。ヨーロッパ諸国がアメリカ、アフリカ、アジアでしてきたことを模倣し、東アジアから西洋諸国を一掃して自分たちで植民地化しようとした。彼らは〝病夫〟に目をつけた。中国周辺の領土（尖閣諸島、台湾、朝鮮、満州）を手にするや、一九三七年七月七日、中国本土に全面的な侵略を開始して殺戮を繰り広げた。

イギリス植民地となった香港は中国の抵抗を支える重要な補給線になると同時に難民キャンプの役割も果たし、日本の侵略開始から人口は六三パーセント（六〇万人以上）増加した（一九三七年末時点）。一九三九年に英独間に戦争が勃発したあと、イギリスは植民地の中国人を勇気づけた。イギリス海軍は無敵で白色人種は他人種に勝るのだから、と。しかしそのじつ、香港は長く持ちこたえられないと思っていた。時間を稼ぐのがせいぜいだ。

パックス・ブリタニカ〔イギリスによる安全保障〕という錯覚の下、この戦時に李海泉とグレイス夫妻は重大な決断をした。一九三九年の秋に海泉の属する歌劇団が一年間のアメリカ・ツアーに招聘を受けた。目的は、海外の中国人共同体からの戦費調達だ。これにはひとつ難点があった。家族全員は連れていけない。連れていけるのはひとりだけだった。日本軍が香港に迫るなか、グレイスは三人の幼子（ピーターはまだ生後二カ月に満たなかった）を義母に預けて夫についていくか、地球の反対側の国に夫を一年単身赴任させるかの決断を迫られた。同行するようグレイスを説得したのは海泉の母親だった。「ついていったほうがいい。さもないと、息子はほかの誰かに誘惑されるかもしれない

——父方の祖母はそう言ったんです」フィービーがクスクス笑いながら言う。「心配はいらない、自分がここにいるかぎり誰にもこの三人を虐待させはしない、と祖母は言いました。それで母は同行したんです。アグネスとピーターと私は香港に残りました」

一九三九年十一月十五日、海泉はアメリカ合衆国に十二カ月間の一時渡航者用査証《ビザ》を申請した。渡航理由は「劇場の仕事」とし、職業は〝俳優〟と書いた。グレイスは申請書類の職業欄に〝女優、衣装係〟と書いた。本当は専業主婦だったのだが。

家族と親戚が香港湾の波止場まで見送りに来た。海泉とグレイスは涙を浮かべながら幼い子たちに別れの

キスをし、アメリカへの長い航海に向け、蒸気船ＳＳプレジデント・クーリッジ号の搭乗橋を上がった。ふたりともアジアを離れるのは初めてだった。

ホノルルへの寄港を含めた三週間の航海を経てプレジデント・クーリッジ号は一九三九年十二月八日、ついにサンフランシスコ湾に入った。海泉とグレイスは建築からまだわずか二年のゴールデン・ゲート・ブリッジを見上げ、驚きに目をみはった。当時、世界で最も高く長い橋だった。蒸気船がゆっくり湾を航行するうちに、アルカトラズ島の連邦刑務所や、高さ二四メートルの太平洋の女神パシフィカ像を目玉にトレジャー島で開かれていた国際博覧会の会場が見えてきた。船は〝西海岸のエリス島〟と呼ばれたエンジェル島に入港した。永住権取得を望む中国人移民は何カ月かここで足止めを食うこともあった。一八八二年に成立し一九四三年まで続いた中国人排斥法で中国の未熟練労働者は全面的に移住を禁じられていたが、一年間の文化人査証《ビザ》で到着した海泉とグレイスの手続きは比較的早く進んだ。

査証《ビザ》の保証人になった〈大舞臺戯院《マンダリン・シアター》〉の代表が夫妻を迎え、華人街《チャイナタウン》を案内してくれた。アジアを除く最大の中国人居留地であり、中国人が不動産を所有できる、サンフランシスコ唯一の区域だった。一九〇六年の大地震後に再建された三階建て、四階建ての建物がごちゃごちゃ立ち並ぶこの地域には料理店や賭博場や売春宿が数多く集まり、長く主要な観光地となっていた。〈紫禁城《フォービドゥン・シティ》〉というナイトクラブは東洋の歌舞の上演で名を馳せた。バー〈太白亭《リ・ポー》〉はゲイの常連客の要望を反映して、〝愛と情熱と享楽の夜。肩肘《ひじ》張らずにくつろげる陽気なカクテルラウンジ〟を謳った。街角ごとに中国人少年が中国語と英語の新聞を売り歩いている。サンフランシスコ・クロニクル紙は大見出しを掲げて、地元の労働運動指導者が共産主義者として裁判にかけられた話を取り上げていた。

海泉とグレイスは繁華街のグラント通りを歩き、海泉が翌年働く〈大舞臺戯院〉を訪れた。一九二四年に建てられ、緑と赤と金という独特の色を配してアーチ形の天幕を掲げた劇場は、何十年ものあいだ華人街観劇文化の（後年には映画文化の）中心だった。おもな競争相手は一ブロック東のジャクソン通りに立つ〈大《グレイ》中華戯院《トチャイナ・シアター》〉だ。この二場は中国から優れた歌劇人材を招聘して抜きつ抜かれつを繰り返していた。〈大舞臺戯院〉が海泉の歌劇団と契約して移民局に俳優の身元を保証し、才能ある俳優に香港では考えられない高額報酬を支払ったのは、このライバル関係がひとつの理由だった。

　海泉とグレイスはトレントン通り一八番地に立つ、〈大舞臺戯院〉の寄宿舎で暮らしはじめた。そこから一ブロックの距離に、この区域の拠り所でもあった東華醫院《チャイニーズ・ホスピタル》があった。この立地が幸いした。当時、中国人を診てくれる医療施設はこの東華醫院だけだったからだ。グレイスがまた妊娠したことに気づいたのは四月のことだった。

　出産予定日が近づいたころ、海泉の歌劇団はニューヨーク市公演を控えていた。彼は後ろ髪を引かれながらも身重の妻をひとり残し、列車で国を横断した。グレイスはこわばった笑みで不安を隠しながら見送った。何週間かして産気づいたときは、隣人たちの手を借りながら歩いて病院まで行った。

　一九四〇年十一月二十七日、午前七時十二分、中国漢民族八分の五、イギリス四分の一、ユダヤ系オランダ八分の一の健康な男児が誕生した。

　隣人たちはニューヨークの劇場に電話をかけ、海泉に伝言を残した。男の子だ！　その夜、朗報を聞いた海泉は仲間全員に煙草を配ってお祝いをした――中国では葉巻でなく煙草を配るのが慣習だった。

　仲間の俳優たちは真っ先に、「その子の干支《えと》は？」と訊いた。中国の運命学では十二の動物――鼠、牛、虎、兎、龍（辰）、蛇、馬、羊、猿、鶏、犬、豚（猪）――のひとつを誕生年に割り当て（外の動物）、誕生月（内の動物）、誕生日（真の動物）、誕生刻（秘の動物）にも割り当てる。十二支中、最も強力で縁起がいいとされるのは龍だ。中国の皇帝がみずからをなぞらえた龍は指導力と権威の象徴だった。多くの親は龍の年と月と日と刻に子どもが生まれることを願って、妊娠のタイミングを計っていた。

海泉は誇らしげに告げた——息子が生まれたのは龍の年、豚の月、犬の日、龍の刻であると。龍がふたつで、そのひとつが誕生年なら、とりわけ縁起がいい。歌劇団の全員が祝福の言葉をかけた。「君の息子は大物になるぞ！」

いっぽうサンフランシスコのグレイスはアメリカ生まれの息子に英語名をつける必要があった。李海泉は一時渡航者用査証《ビザ》の申請時、名字の綴りをLiから英語風のLeeに変更した——Lee Hoi Chuenと。そのため、息子の出生証明書にも姓はLeeと綴られ、この微妙な綴りのちがいが過去と一線を引くことになった。ほとんど英語が話せないグレイスは中国系アメリカ人の友人に助言を求め、その友人は赤ん坊を取り上げて出生証明書にサインした助産師のメアリー・E・グラバーに相談した。ブルースはどうかしら、とメアリーは提案した。

中国名はグレイスひとりで選んだ。李震藩《レイジュンファン》〔北京官話でリーチェンファン〕。〝震〟は海泉の父・震彪《ジュンピャオ》の一字で、〝揺さぶり、励起し、興奮させる〟という意味だ。〝藩〟はサンフランシスコ（三藩）を表す漢字から。つまり、ブルース・リーの中国名は〝サンフランシスコを震撼させる〟という意味だった。

海泉は妻と生まれたての息子の許へ全速力で駆け戻ってきた。夫が家に着いたとき、その顔には粤劇の鮮やかな舞台化粧がそのまま残っていたと、グレイスは後日、友人たちに冗談まじりに語ったものだ。海泉は自分の父親の人生が大きな不運に見舞われていたことから、父の〝震〟の字を使うのは縁起が悪いと考えた。だから、発音が同じで〝こだまする、鳴り響く、轟く〟という意味の〝振《ジュン》〟に変えた。海泉は〝ブルース〟も気に入らなかったが、もう出生証明書に記載されていて手遅れだった。「発音できやしない」と、彼はよくこぼしていた。

李海泉たちがアメリカへ来たのは、海外の中国人共同体から母国の戦費を調達するためだった。その努力の過程で親しい友人がたくさんできた。そのひとりに愛国的戦争映画が専門で、女性映画監督の草分け的存在だった、エスター・エン（伍錦霞）がいた。彼女が『金門女（ゴールデン・ゲート・ガール）』（一九四一年）（日本未公開）を撮影中、いくつかの場面に生まれたての女の子が必要になり、ブルースを貸してもらえないかと海泉に打診した。海泉はためらった。俳優人生のうつろいやすさは痛いほど知っている。自分の子に同じ道を歩ませたくない。それでも彼は、中国人社会で人とのつながりや縁故、相互依存といった人間関係がいかに大切かをしっかりわきまえていた。息子を〝貸し出す〟ことにした理由を後日海泉は、中国人はとりわけ外国では助け合う必要があるからだと説明している。「父は友人関係にとても気を遣っていました」と、ロバート・リーも言う。

巡業先で父親がカーテンコールを受けているときに生まれたブルース・リーは、まだろくにハイハイもできないうちに映画の撮影カメラと向き合うことになった。女の子の服で出演したのは、あとにも先にもこれ一度だけだ。ある短い場面、生後二カ月のブルースはレースの帽子をかぶり、女児の服を着て、枝編み細工の新生児用ベッドに揺られていた。撮影のためとはいえデリケートな子どもがあれこれ手を加えられて女の子に変身させられるのを見て、母グレイスははらはらした。別の大映しの場面、寒くないようぴったり服にくるまれたブルースは、なだめようがないくらい激しく泣いた。目をぎゅっと閉じ、口を大きく開けて、腕をバタバタさせ、ふっくらした頬と二重のあごから発した泣き声はサンフランシスコじゅうに響き渡った。

生まれたてのブルースに旅はさせられない。一家は査証《ビザ》期限を五カ月延長することにした。海泉とグレイスは一年半近くほかの子たちと会っていなかった。帰郷したいのは山々だ。

だが、いったん香港に戻ったらブルースはアメリカ合衆国へ帰還できなくなるかもしれず、その点が案じられた。反中的な差別意識を持つ移民局の職員はアメリカ生まれの中国人が再入国しようとしたとき、「本国に送還された（つまり、アメリカの市民権は放棄された）」ものと見なしたり、書類の有効性に疑問を投げかけた

ブルース・リーの両親グレイス・ホーと李海泉。1950年代（デイビッド・タッドマン）

顔に粤劇の舞台化粧をほどこした幼いブルースを楽屋で抱く李海泉。1940年12月頃（デイビッド・タッドマン）

りして、拒否することがままあった。息子がそういうあつかいを受けないよう、海泉とグレイスは〈ホワイト&ホワイト〉という法律事務所を雇って、間違いなくサンフランシスコの生まれであるという証拠記録を提出し、息子の〈市民帰還申請書〉について宣誓のうえで移民帰化局の質問に答えた。申請書には、頭にわずかな毛を生やして耳にピアスをされた、ぽっちゃりとして健康そうな生後三カ月の男の子の写真が添付されている。アメリカを離れる理由は〝短期外国訪問〟とされた。そこでの滞在は十八年続くことになるのだが。

一九四一年四月六日、彼らは十八日間かけて香港へ戻るため、サンフランシスコの港でSSプレジデント・ピエール号のデッキへ足を踏み出した。海泉は遠い異国で過ごした時間に満足していたことだろう。妻は男の子をもうひとり産んでくれた――後継者になりうる男の子で、兄の予備的存在でもある。歌劇団でも指折りの有名俳優だった海泉は大勢の中国系アメリカ人の前で演じ、愛国心を呼び覚ます仕事に大きな一翼を担った。「父が『六王国を統合する宰相』『明王朝王家に殉ず』『紅の騎士』といった演目で歌うと、大勢の中国人が感動し、ボランティアを申し出てくれたり、寄付をしてくれたりしたそうです」と、ロバート・リーは語っている。

戦況が深刻化する故郷へ向かう彼らには、どんなに小さなつながりでも貴重だった。

九龍の茂林街《マウラム》に立つ古いアパートに息子夫婦が無事帰ってきたのを見て、七十の坂を越えていたブルースの祖母は誰より喜んだ。彼女は寝室ふたつに浴室ひとつの小さなアパートで十八カ月間、フィービーとアグネスとピーターだけでなく義理の娘と五人の子も注意深く世話してきた。家族の新しい一員ブルース・振《ジュン》藩《ファン》を見て、みんなが大喜びした。幼い男の子をさらっていく悪鬼からブルースを守るため、祖母は小鳳凰――中国の神話に出てくる女龍――という別名をつけた。「父はこの名前があまり好きではなかったが、自分の母親に大きな敬意を払っていたので、その意に沿いました」と、ロバート・リーは言う。夫妻が帰国し家族がひとり増えた興奮と喜びは、やがて、外国と祖国を席巻する暗いニュースの影に覆われていく。

第二次世界大戦が炎と血で世界を包囲しはじめていた。日本軍は中国の心臓部まで攻め上がっていた。ヨーロッパではドイツ空軍がイギリスの都市を爆撃し、同海軍のUボートがアメリカの補給船を沈めていた。香港は中国とイギリス両方から切り離されて孤立無援の状態だった。

中国とイギリスが文字どおり生き残りをかけて戦っていたころ、幼いブルース・振藩・リーも同じ状況に陥っていた。涼しく穏やかなサンフランシスコの気候で生まれたふっくらした男の子は、蒸し暑くゴキブリだらけの戦時香港へ居を移したとたん、生死の境をさまようことになった。イギリス領香港はコレラの流行で悲惨な状態に陥っていた。ブルース・振藩は体が弱って痩せ細り、死んでしまうのではないかと両親は心配した。すでに男の子をひとり亡くしているグレイスは、苦しむ息子に寄り添って看護を続けた。「小さいころに大病したので甘やかしてしまったんだと思います」と、グレイスは後日語っている。死の淵をさまようほどの病を経験したブルース・リーは、ほかの子たちに比べてひ弱だった。四歳になるまで、歩くたびによろけていたという。

一九四一年十二月八日、みんなが恐れていた日がついにやってきた。日本軍がハワイの真珠湾に奇襲をかけた八時間後に香港へ侵攻し、英米二国に宣戦布告したのだ。兵員数五万二〇〇〇の日本軍に対し、イギリス、カナダ、インドの連合守備隊と小規模な中国義勇兵から成る香港の兵員数は一万四〇〇〇。四分の一に過ぎなかった。

戦闘は中国本土南方の先端に位置する九龍から湾を越えて香港島まで広がり、市民数千人が殺された。命を落としかけたひとりにブルースの父、海泉もいた。粤劇歌手の例に漏れず海泉も阿片をたしなんでいた。仲間の俳優ひとりと近所の阿片屈でパイプをくゆらせていたとき、日本の爆撃機が落とした爆弾が屋根を突き抜け、海泉の隣のベッドにいた友人ごと地面に突き刺さった。爆弾は不発に終わり、おかげで海泉は生き延びたのだ。

日本軍は侵攻開始から三週間たらずの一九四一年十二月二十五日にこの無防備な前哨地を征服し、香港では〝黒いクリスマス〟として後世に語り継がれる。イギリスの植民地が侵攻を許し降伏したのも初めてのことだった。香港の人々がイギリスと彼らの身勝手な植民地支配に憤りを覚えていたのは確かだが、植民地支配の最良の方法は人口を減らすことと考えた日本軍指導部の残忍な行為への恐怖に比べれば何程のものでもなかった。住居や仕事を持たない者は強制的に香港から退去させられた。残った人々も恐怖政治の下で苦しんだ。一万人の女性が集団レイプに遭った。日本に占領された三年八カ月で人口は一五〇万から六〇万に減った。三分の一はおもにポルトガル領澳門《マカオ》へ脱出し、三分の一は可能なかぎりの手段を使って現地で生き延び、残りは餓死したり殺害されたりした。日本の哨兵が通りかかったときお辞儀をしなかったという理由で銃殺されたり、斬首されたりした。柔術の練習と称して、民間人も行き当たりばったりに投げつけられたりに殺された。動けなくなるまで繰り返し地面に投げつけられた末に、銃剣でとどめを刺された。日本占領時には毎日平均三〇〇の死体が路上から回収された――殺されずにすんだ人たちも病気や栄養失調で亡くなった。

李海泉は一三人が暮らす一家でただひとりの大黒柱だった。マカオへの脱出を余儀なくされたら、全員が生き延びられる可能性は低い。特に、死の淵をのぞく病からかろうじて回復したばかりの幼いブルースは。海泉と家族にとって幸運なことに、日本人は粤劇好きだった。占領軍報道部トップの和久田幸助は、四大名丑（四大喜劇役者）のひとりである海泉ら有名粤劇俳優に取引を申し出た。どんな条件が口にされたかはわかっていない。「父は誰にも話さなかった」ロバート・リーが言う。「でも、食料配給で人を脅す日本軍の戦術を考えれば、父に選択肢があったとは思えない」と、姉のフィービーは言う。「日本人は父に舞台を強要し、それでいてお金は払わなかった。代わりにコメで支払いをしたので、うちは週に一回、一食だけコメを食べられたんです。あとはタピオカを挽《ひ》いてボック・チャンという広東風パンケーキを作っていました」

粤劇の上演を続けることで〝大東亜共栄圏〟全体に平和な印象がもたらされると日本軍が考えたおかげで、粤劇俳優である海泉の家族は一般家庭より少しだけ上の地位を与えられた。日本兵が来たときも、夫は粤劇の俳優と言えば問題は起きなかったと、後日グレイスは子どもたちに語っている。

人口密集地の香港で最も価値の高い資産は不動産だ。日本軍が住民の三分の二を追い出したことで、図らずも利用可能な不動産が住宅市場にあふれた。まともな仕事があり食料の配給を受けていた海泉ら少数の人間にとっては瓢簞《ひょうたん》から駒で、彼らは劇的に運命を好転させる機会を得た。占領から一年くらい経ったころ、海泉は家族一三人と三七〇平米ほどのアパートに引っ越した――香港の水準から見ればきわめて広大な空間だ。最大の利点は九龍の彌敦道《ネイザン・ロード》二一八番地という立地だった。日本の占領軍本部から小さな公園を隔てた反対側に位置していて、飢えた住民が捨て鉢になって起こしがちな犯罪の心配をせずにすんだ。その後の二年余で海泉は抜け目なく、アパートの部屋をあと四つ廉価で購入して賃貸に出した。

李家のような運のいい家族にとっても日々の暮らしは生き延びるための闘いで、欠乏と困窮と屈辱に満ちていた。完全な沈黙を求める厳重な夜間外出禁止令が出された。ある夜、ブルースの叔母のひとりが友人のアパートで麻雀を楽しんでいると、日本兵がドアを蹴破り中止を命じた。大声で異議を唱えた叔母は日本兵のひとりに頰を打たれ、無理やり頭を下げさせられて、百度謝らされた。

占領時に集団的屈辱を味わい、自尊心を奪われる数々の出来事を経験した人々は、占領が終わったとき、自分たちがどんな抵抗をしてきたか吹聴した。そんな話のひとつで、李一家がよく語ったのは、よちよち歩きの愛国者ブルース・振藩がアパートのバルコニーに立って、「頭上を飛んでいく日本の航空機に拳骨を振り回した」という逸話だった。なんとも勇ましい話だが、そこには小さな問題があった。一九四〇年十一月二十七日生まれのブルースが立って拳を握れる年齢になったときには、すでに植民地上空の制空権は連合国軍に明け渡されていた。ブルースが外国の航空機に拳骨を振り回していたとしたら、その相手は米軍だった。「戦時、私はマカオにいた」ブルースの兄ピーターと同級生だったマルシアノ・バプティスタが言う。「一九四三年と四四年にはアメリカの戦闘機が発電所と給油所を攻撃していた。それでも拳を振り回したのは、そのせいで大混乱が起きていたからです」

上空は連合国がしばらく制していたが、香港が真に解放されたのは、広島と長崎への原爆投下に続いて日本が降伏した一九四五年八月十五日以降のことだった。中国とアメリカは香港の中国返還を望んだが、イギリスは植民地支配の回復を名誉に関わる問題とし、アジアにおける商業的利益にも不可欠と考えて、八月三十日、海軍特別部隊を急遽香港へ送り出し、日本の降伏を受け入れて香港を取り戻した。

振り返れば、香港の人たちにとっては考えられる最高の結末だった。中国本土はこのあと、国民党軍と毛沢東率いる紅軍（中国工農紅軍）の国共内戦にのみこまれるからだ。内戦は中国をさらに引き裂き、孤立と擾《じょう》乱《らん》の数十年に突き落とした。対照的に香港人は繁栄の道をたどる──特に、〈三年八個月〉と呼ばれる苦い日本占領時代を経て豊かな時代を謳歌することになる李家のような人々は。

2

新興都市

香港解放後、内戦の本土を逃れてきた数十万人といっしょに、追放されていた人たちが堰《せき》を切ったように戻ってきた。先に到着した人たちは入れる部屋に自分を押しこんだが、その部屋も十以上の〝ベッドスペース〟に分けられていた。最終的に、残りの人たちには丘の中腹の貧民街しか残っていなかった。人口は五年で六〇万から三〇〇万に跳ね上がり、賃貸料は天井破りの高騰を見せた。気がつけば李海泉《レイホイチュン》は俳優だけでなく、羽振りのいい地主にもなっていた。

アパートの部屋を四つ所有したことで、ブルースの大伯父ロバート・ホートンのような上から一パーセントの億万長者ではないにせよ、大家族の金銭的な将来は確保された。「両親は大金持ちではなかったが、衣食の心配をする必要はなかった」と、ブルースは後年、友人たちに語っている。実際、李一家は金銭的になんの不自由もなかった。戦後の香港という第三世界の標準に照らせば裕福だったし、最新の贅沢を楽しむ余裕もあった。「一九五〇年にはテレビも冷蔵庫も車もあったし、おかかえの運転手もいました」姉のフィービーが回想する。「社会階級という感覚はなかったけど、テレビがある家庭は上流階級と考えて間違いありません」運転手に加えて、彼らの家には住みこみの家政婦がふたりいたし、猫一匹と水槽いっぱいの金魚、ウルフハウンド犬五頭がいた。才能と抜け目のなさと幸運の組み合わせで、李海泉は貧しかった子ども時代から出世の階段を駆け上がった。

日本占領時代に貧困と物資の不足に苦しんだ子どもたちは新たに獲得した繁栄を謳歌した。同じきょうだいでもフィービーとブルースは外向的で、楽しいことが大好きだったが、ピーターとアグネスは内向的で勉強熱心だった。「あのふたりは口数も少なく、何につけても真面目だった」と、フィービーが言う。「ブルースと私はちがった。さっき喧嘩していたと思ったら、すぐ仲良くなって。ふたりとも怠け者だったけど、私はあの子ほどは怠けていなかったわね。怠けすぎると父に叱られて、ご飯を食べさせてもらえないこともあった」

日本占領時にブルースを悩ませた病気と虚弱体質は、解放後、影をひそめた。異常なくらい活発になり、家族から〝じっとしていない子〟というあだ名をつけられた。一瞬の間も置かずに飛び跳ね、話し、遊び、動いていた。兄のピーターによれば、ブルースが長時間静かにしているのを見て、具合が悪いのかと母親が心配したことがあったという。「エネルギーが有り余ってそれが噴き出してくる感じで、つながれた野生馬みたいだった」と、弟のロバート・リーは語っている。家具をひっくり返して混乱の渦を巻き起こしていないときは、両親のあらゆる命令に疑問を呈し、ここでも〝どうして坊や〟というあだ名をもらった（権威に懐疑的な姿勢は一生涯続き、『ドラゴン危機一発［唐山大兄 *The Big Boss*］』〈一九七一年〉の監督は憤激して、ブルースを〝どうしてドラゴン〟と呼んだ）。

ブルースを大人しくさせる――彼の〝スイッチを切る〟――唯一の方法は、漫画本を与えることだと両親は気がついた。彼は何時間でも静かに読んでいた。香港にテレビが登場したのは一九五七年で、それ以前には漫画本や『児童楽園』のような漫画雑誌がおもな娯楽だった。ブルースはまず功夫《カンフー》漫画を読みはじめ、それを卒業すると、中国で〝武俠小説《ウーシア》〟と呼ばれる幻想冒険譚的な格闘小説に移行し、空き時間の多くを本屋で過ごした。本に夢中な息子を見て、これでは近視になる、と母親は思った。「あの子は私の許可も得ずに、小さな活字の漫画本をベッドで何時間も読んでいました」と、グレイスが回想する。「目が悪くなったのはあのせいだと思いますよ」ブルースは六歳で近視矯正用眼鏡をかけはじめている。

この漫画本と幻想小説の数々が彼の豊かな内面を創り出した。本を読んでいるときは物語の英雄になった自分を頭に思い描いた。いちど、息子の身勝手な振舞いを見たグレイスが、「本当にわがままなんだから。家族のことを全然大切に思っていないみたい」と叱ったことがあった。ブルースはこんな話をして自己弁護した。「みんなで森を歩いていて、ばったり虎に出くわしたら、僕が戦ってみんなを逃がしてあげる」

李海泉は家賃収入や舞台俳優の俸給以外にも新しい収入源を開拓した。映画だ。戦前、中国最大の映画スタジオ聯華《リエンホワ》の社長をブルースの大伯父ロバート・ホートンが務めていた。本社は最初香港にあったが、やがて上海が中国の映画製作のメッカになった。上海の影響力が増し、一九三〇年代に同地で中国映画が第一次黄金期を迎えると、香港はいわば地方支局と化し、現地の広東語で安物映画を作るようになった。その後、日本軍の侵略により、一九四五年まで事実上すべての映画製作が中止された。三年八カ月の占領期に香港で作られた映画は日本のプロパガンダ作品『香港攻略　英国崩るゝの日』〔大映、一九四二年〕だけだ。配役のほとんどは日本人だが、ブルースの父も含めて香港映画人の多くが参加を強制された。海泉は雄々しく出演を断った。この賢明な判断が彼のキャリアを救った――この映画の出演者は戦後、内通者としてブラックリストに載せられたからだ。

香港解放後も中国本土では内戦が続き、上海の創造《アー》的才能《ティスト》が大勢、香港に居を移した。一九四九年に毛沢東が勝利して共産党が市場を閉鎖し、外国映画を全面的に禁止して、政府の検閲を受けたプロパガンダ映画の製作しか認めないことにすると、最初は水滴程度だった才能ある移住者がまさに洪水と化して押し寄せてきた。一九五〇年には、香港は東洋のハリウッド、中国映画製作の中心地となっていた。

　有名な舞台俳優で、名声を落とすことなく日本占領時代を生き延びた海泉は、この映画ブームに巧みに乗じた。何十本もの映画で性格俳優を演じ、喜劇の典型的な役柄であるしみったれの金満家――中国版守銭奴――を演じて笑いを取った。「映画で稼いだお金は当時のアパート半軒分くらいに相当した」と、『ザ・ブリリアント・ライフ・オブ・ブルース・リー』の監督、タッキー・ヤン（楊逸徳）は言う。

　香港映画黎明期の一翼を担った海泉は主要な映画人と親しく、彼らを自宅へ招くこともあった。自分の子たちを現場に連れていくこともあった。ジャングルジムのような野外撮影所に〝じっとしていない子〟くらい夢中になった子はいなかった。「ブルースは木の梯《はし》子《ご》をスタジオの吊り照明まで上がっていくんです。手を放してしまわないか、はらはらしました。カメラから音響装置まで、何にでも触りたがって」と、女優のひとりが言う。「あんまり腕白なので、拳遊び《ハンドゲーム》を教えて注意をそらしたりしていました」

　ブルースが六歳のとき、父親の出演する最新映画の監督が現場で彼に目を留め、これだと思い、出演を打診した。最初はブルースも父親も冗談だと思った。「ブルースは目を見開き、ぽかんと口を開けて、我を忘れるくらい大はしゃぎしていました」と、母親のグレイスが言う。その映画は広東語のお涙頂戴劇『人類的誕生』（一九四六年）で、初めてもらった役は掏摸《すり》になってトラックに轢《ひ》かれる家出少年だった。興行成績はさんざんで、人の記憶にも残らず、ディケンズの小説『オリバー・ツイスト』に出てくる〝逃げ足の速いやつ《アートフル・ドジャー》〟のような粗暴でずる賢いが心優しい腕白小僧役を幼い日のブルースに与えた作品としか記憶されていない。ブルースは子役時代、同じような人物を繰り返し演じることになる。

　次に出演した『富貴浮雲』（一九四八年）でも戦後を

自力で生き抜く浮浪児を演じた。この映画には父・海泉も出ていて、プロモーターたちは父子共演と父親の名声を強調すべく、ブルースに新李海泉という芸名を与えた。〝神童新李海泉客串〔出演〕〟という新聞広告まで出た。ブルースのキャリアは芸名までが李海泉というスターの傘の下にあった。息子は父親を超えてみせると決意して残りの人生を生きることになる。

　このエディプス的闘いに勝利する初めてのチャンスが香港映画五本目の『細路祥』（一九五〇年）で訪れた。袁歩雲《ユワンボウワン》原作の人気漫画が原作で、当時の基準に照らせばシリアスな高額予算の映画だった。監督の馮峰《フォンフォン》は大勢の子役を面接したが、題名でもある細路祥役でお眼鏡にかなう子はいなかった。そんなとき、馮峰はブルースがそれまでの仕事で見せた超絶的なエネルギーに目を留めた。監督みずから彌敦道《ネイザン・ロード》二一八番地を訪れ、父親の祝福を求めたが、驚いたことに李海泉はけんもほろろだった。大型映画に主演すれば課外活動がフルタイムの仕事になりかねない。自分と同じ俳優の道を歩ませたくなかった。子どもには医師や弁護士、銀行家など、高い教育を受けた中流階級の職業人になってほしい。馮峰監督は海泉の息子の才能を褒《ほ》め称え、エンターテイナーになる運命とまで口にした。説得にことごとく失敗すると、撮影中も息子を見守れるよう海泉に主要な役を打診した――しみったれの金満家だが、すぐ人を信用するお人好しだ。「とうとう父は同意し」ロバート・リーが言う。「この決断がブルースの人生を変えることになりました」

　内戦後の一九五〇年代前半、香港映画界は政治色が濃く、イデオロギー的に共産党的左翼と国民党的右翼のシンパに分裂していた。『細路祥』は社会主義的プロパガンダの好例だった。ブルース演じる主人公の細路祥は孤児。教師をしている叔父と暮らしているが、叔父は薄給で、甥《おい》を学校にやることもできない。海泉演じる労働搾取工場の社長・洪百好が細路祥の叔父を秘書に雇い、細路祥が私立学校に通えるよう取り計らうが、その学校で新入りの細路祥はいじめを受け、喧嘩してたちまち退学になる。その後、細路祥は非人間的な資本主義体制のおかげで犯罪者人生を送るはめになった元軍人の一団と仲良くなった。「生き延びるには盗みを働くしかない」と、馮峰演じる首領の飛刀李《フェイタウレイ》が言う。

洪の工場に集団強盗を試みて人を殺《あや》めた飛刀李は気高くもすべての罪を背負い、団員たちに逃げて生き方を変えろと命じる。「これ以上罪を犯すな。まっとうな仕事を見つけろ。とにかく、一生懸命働くんだ。細路祥には叔父と村で農業に励めるよう、俺のカネを分けてやれ」細路祥と元教師の叔父が農民として人生をやり直すために田舎へ向かい、めでたしめでたし、終劇となる。中国で教師や知識人が地方へ強制送還され、農業従事者として再教育を受けさせられる文化大革命は、二十年ほどあとのことだ。

政治の話はさておき、九歳のブルースの演技は幅広い感情を表現し、才能の原石を感じさせる。ユーモラスに学校の先生の真似をしたかと思えば、肩をそびやかして敵を嘲笑《あざわら》い、強がってみせる。これは大人の俳優になったとき、得意の仕草になった。念入りに振り付けられた格闘シーンでは大胆にも工場の親方の背中に飛びかかる。親方は彼を振り払おうと激しく拳を振り回すが、ブルースはひょいと頭を引っこめてかわし、突進する雄羊のように相手の腹に頭突きをかます。ついに親方のパンチを浴びた若きブルースがシャツを引き裂くように開き、ズボンの内側にたくしこんだナイフを抜いて突進すると、親方は恐れをなして退散した。後年ブルースは実生活でこの場面を再現してしまい、深刻なトラブルに陥るのだが。

ブルース・リーのファンにとってこの映画が重要なのは、初めて主役を演じ、新しい芸名が与えられたからだ。それまでは新李海泉だったが、今回のオープニング・クレジットは彼を李龍《レイロン》と表記した。まだ小柄だったため、すぐに李小龍《レイシウロン》と改められた。ブルースは新しい芸名を大いに気に入り、私生活でも使うことにした。以来、友人はみな彼を李小龍と呼び、彼らの多くは本名が李振藩《レイジュンファン》であるとは知らなかった。人の名前には魔力が潜むというが、だとすればこの映画は、ブルース・振藩・リーと李小龍という現実世界の人間と架空の人格《ペルソナ》が融合して重なり合い、両者の血が混じり

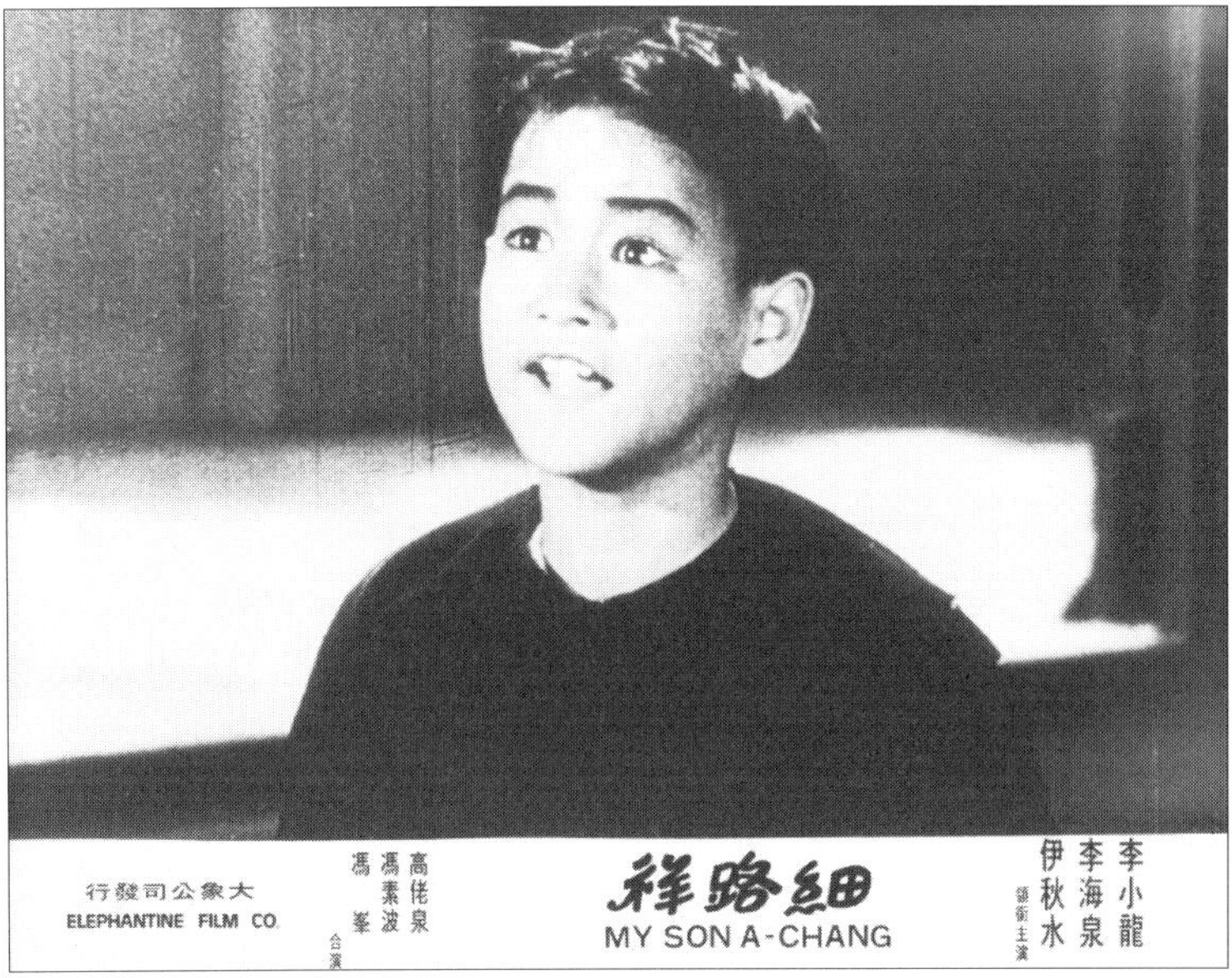

初主演の『細路祥』(1950)で孤児を演じる10歳のブルース(香港文化博物館 提供)

『人海孤鴻』(1959)で、ブルース演じる不良少年が教師にナイフを抜く場面(香港文化博物館 提供)

合った瞬間だった。
『細路祥』は一九五〇年の五月下旬に封切られた。興行成績も良く、評論家の評価も上々だった。すぐに続編の計画が練られたが、ブルースの父が出演を許さず、たちまち計画は頓挫した。李海泉は自分と同じ道を子どもが歩もうとすることを懸念していた。娯楽産業は浮き沈みが激しい。ブルースは映画で演じる人物に劣らず反抗的で手に負えなくなってきていたから、なおさらだった。

海泉は常日頃から息子の行動に目を光らせていた。釣りの旅や公演先の楽屋にもちょくちょくブルースを帯同した。息子が七歳のころから体を鍛えようと、朝、京士柏公園《キングス・パーク》へ連れていっていっしょに太極拳を練習した。柔よく剛を制し、静よく動を制す、ゆったりとした瞑想的な形《かた》はブルース・リーが初めて出会った武術で、彼の忍耐力の試金石でもあった。「活発すぎるブルースに太極拳で対処できないかと考えたわけです」と、弟のロバートが言う。父と特別な時間を過ごすのはうれしくても、太極拳は楽しくなかった。「すぐ飽きた」と彼は後日、説明している。「子どもにはちっとも楽しくなかった。まわりは年寄りばかりだし」そのうえ、たちまち味をしめた課外活動——つまり、喧嘩——にその技術が使えないこともわかった。

母のグレイスは敬虔なカトリックで、欧米の修道女や神父らと親交があった。子どもには可能なかぎり最高の教育を受けさせたいと考え、植民地有数のカトリック学校を選んだ。「母はどの教区の学校でも、電話をかけるくらい簡単に子どもを送りこむことができました」と、ロバート・リーは言う。娘たちの初等教育にはヨーロッパの修道女会が運営するセントメアリー学校、息子たちはミッション系男子校の徳信《タッソン》に入学させた。

六歳で徳信に入学したブルースは不利な立場にあった。ほかの子たちに体力で劣り、小柄だったうえ、幼年期の病気の影響でまだ体のバランスが悪かったのか、自転車にもうまく乗れなかった。そのうえ、水が怖かった。「そのころにはブルースはもういたずら盛りでした。懲《こ》らしめてやろうと姉たちが茘枝角《ライチコック》公園の水泳場で水中に沈め、浮き上がってこられないよう押さえつけたんです」と、ロバートが言う。「よっぽど怖かったと見え、二度と泳ごうとしなかった」近視がひどかったブルースは分厚い角縁眼鏡をかけ、男の子をさらう魔物から身を守るため耳にピアスの穴を開けていた。「イヤリングまで着けさせられて、学校へ行くと同級生にからかわれたそうです」と、ロバートは語っている。

眼鏡をかけた痩せっぽちの男子は、隅に隠れて、うつむいたまま空想にふけりがちだ。ところが、ブルースはちがった。『細路祥』で演じた人物のように好戦的で気が短かった。からかわれたり面子《メンツ》を潰されたりすると、その場で戦った。相手の大小、身長の高低、年齢の上下に関係なく、誰とでも戦った。その評判が広がると、ちょっかいを出してくる子はいなくなった。

侮辱への自衛にのりだすいっぽう、たちまち喧嘩の味をしめたブルースは自分から喧嘩を吹っかけはじめた。〝手を出さないほうがいい子〟から〝避けて通ったほうが賢明な子〟へと評判は悪化した。あの子には近づくなと親たちが警告するようになった。

「ビー玉で遊んでいたら」三年生のときの同級生アンソニー・ユックチェンが回想する。「彼が砲丸を投げつけてビー玉の一部を粉々にしたんです。別の隅へ移っても追いかけてきて、残りのビー玉も壊してしまった。逃げ出したら追いかけてきたので、戦いましたよ。人生で喧嘩をしたのは、あとにも先にもあのときだけだ。中国には〝犬を追い詰めると向き直って咬みついてくる〟という格言があるんです」

ブルースを指導するカトリックの先生たちはとても寛大で、男の子は腕白でかまわないという考えだった。彼らは小龍をおとなしくさせる方法をあれこれ考え出した。「あの子は先生たちの悩みの種で、みんなが手を焼いていた」教師のひとりブラザー・ヘンリーが回想する。「私はあの子の過剰な活力に取り組んで成功しました。単純な戦略です。ブルースは基本的にいい子で、独立独歩の気風の持ち主だった。ただ、無尽蔵と思えるくらいエネルギーが有り余っていた。だから毎朝先手を取って、そのエネルギーを使わせ、問題を起こす前にくたびれさせるんです。考えつくかぎりの雑用を言い渡した。窓を全部開けてきなさい。黒板をきれいに消してきなさい。職員室から記録簿を取ってきなさい。学校のあちこちへ使いに出しました。それでもうまくいかないと、〝少し休みたいのでそちらへ送ります〟というメモを添えて、校長のところへ行かせました。ああいう人物になったわけですから、無理やり押さえつけたり罰を与えたりしなくてよかったと思いますよ」

　ブルースは学校が大嫌いだった。教室でじっとしているなど不可能に近い。注意散漫で、授業に集中できなかった。漫画本や武俠小説は大好きだが、教科書は見るのもいやとばかり決して開こうとしなかった。聡明な子だったが、宿題をしていかないので成績は良くない。兄のピーターが模範的な生徒だったため、いっそう肩身が狭かっただろう。ピーターは学究的な努力家で、試験はいつも満点だった。「父はピーターがお気に入りだった。勉強熱心で、未来は明るく、私と同じく物静かでしたから」と、ロバートが言う。

　わがまま息子に手を差し伸べるため、グレイスは家庭教師を雇った。ブルースは従順な子のように腕いっぱいに本をかかえ、いそいそと教師宅へ向かうふりをした。一、二時間して、先生からグレイスに電話がかかってきた。「ブルースはどこにいますか？」帰宅したときブルースの服はズタボロで、本は開かれていなかった。それでも彼は、ずっと先生のところにいたと主張した。「たいていは友達のところにいるか、街で喧嘩しているかでした」と、グレイスが回想する。「先生から電話が来たのをあの子は知らなかったんです。どこにいたのか問うと、いま勉強が終わったところだと言いました」

　ブルースは不良少年団《ギャング》の一員でもあった。正確に言うと、自分の団を結成した。李小龍は命令を受けつけない。命令は与えるものだ。命令の実行役が六、七人いた、と同級生たちは言う。うちふたりはその後も彼に忠実だった。胡奀《ウーガン》は李家の家僕の息子だ。ふたりは兄弟のように育った。大人になったとき、胡奀もブルースの家僕になった。彼以上にブルースが信頼する人間はいなかった。もうひとりはブルースが『人之初』〔一九五一年〕のセットで出会って共演した子役のユニコーン・チャン（小麒麟）だ。後年ユニコーンは、ブルースが香港で映画の仕事を再開するときに後押しをしてくれた。

映画『細路祥』とちがい、団の少年たちは路上の浮浪児ではなかった。ほとんどがミッション系の立派な学校に通う中流階級の子だ。騒ぎは起こしても悪党ではなく、起こしていたのも重大犯罪ではなく小さなトラブルに過ぎない。喧嘩を除けば、彼らのおもな娯楽活動は悪戯だった。「ある晩、うちのお手伝いさんが外出した隙に、ブルースは彼女の部屋の家具を全部別の場所へ移しました」と、グレイスが回想する。「照明があるのは部屋の真ん中なので、戻ってきた彼女はそこへたどり着く前に椅子とテーブルにことごとくぶつかった。怒り心頭に発して、私のところへ来て、ブルースの仕業に決まっていると訴えました。あの子に問いただすからと約束して、なだめましたが、私は笑いをこらえるのに必死でした」

成長するにつれ、悪ふざけは巧妙かつ攻撃的になってきた。特に、家族や友人の仇を取ろうと決めたときは。十歳のブルースと胡奕は彌敦道《ネイザン・ロード》と水渠道《ヌラー・ロード》の角に立つ東樂《ドングル》戯院という映画館に忍びこんだ。ブルースはうまく通り抜けたが、胡奕はもぎりをしていた南アジア系の男に捕まり、説教を食らったうえ、頭に拳骨をもらった。ブルースは憤然と外へ飛び出し、その男を大声で呼び止めた。結果、ふたりとも痛い目に遭った。彼らは次の二週間で仕返しの計画を練った。近くの屋台でジュージュー音をたてていい匂いを漂わせている焼きイカを買って、わからないように便秘薬を盛り、平身低頭でお詫びのしるしだと、もぎりの男に差し出した。いまの十歳のいたずらっ子ならここでおしまいだろうが、ブルースはちがった。ふたりは念入りに準備したバケツ一杯の糞便をわきに、便所の個室に隠れ、もぎりの男が来るのを待った。薬を盛ったイカを食べて男が駆けこんでくると、ふたりはバケツに一〇センチの爆竹を突っこんで火をつけ、個室の扉下から男の前へすべりこませた。爆竹が炸裂し、男の顔はべっとり糞便に覆われた。ブルースはこの映画館に半年間、立ち入りを禁じられた。

後年グレイスは、自分がブルースを甘やかしてしまったのだろうかと気に病むのだが、このころは叱りはするものの、なだめすかしたり懇願したりで、悪さの多くを父親から隠してあげていた。映画館のもぎり事件のように度を過ぎたときに限り、執行官を呼び入れた。「ブルースは父親の暴力嫌いを知っていました」と、グレイスは言う。「行いを改めないとお父さんに言いつけると、いつも脅したものです。毎回改めると約束するんですが、いっこうに喧嘩はやみませんでした」

李海泉は舞台と映画でこそ喜劇の道化を演じていたが、家庭でのおもな役割はいかめしく躾《しつけ》に厳しい父親だ。中国のほとんどの子は、父親と言えばそんな人物を思い浮かべる。「ブルースが悪さをするたび、きょうだい全員が罰を与えられたんですよ」姉のフィービーがクスクス笑いながら回想する。「弟の監視は私たちの責任だったんです。私たちは父に耳をねじられ、ドアを閉められて、ひざまずかされました。父はそこで、『これでもまだ悪さをするか？』と言い、一人ひとりを叩きます――男の子は竹の棒、女の子は丸めた新聞紙で。ブルースはどうして女の子は新聞紙ですむのかと、よく不満をぶつけました。すると父は、『姉さんたちは女の子だ。新聞紙ならそんなに痛くない。どうやら、坊主たちの悪さが直らないのは痛みが足りないからだな』と言いました。たいていブルースは叩くまでもなかった。父のひとにらみで震え上がりましたから。あの子にとって父はそれくらい怖い存在だったんです」

成績はひどく、喧嘩ばかりして、悪ふざけもどんどん暴力的になってくる。小龍は一家の面汚しで、両親の顔に泥を塗っていた。東樂戲院のもぎりに大胆な仕返しをしたあと、彼には汚名返上の必要があった。漫画を読むこと以外で好きだったのは演じることだ。母親は朝、彼をベッドから引きずり出して学校へ行かせるのに手を焼いていたが、夜半を過ぎたころに起こして映画スタジオへ行かせるのは簡単だった（香港の街なかと近くの空港の騒音を避けるため、どこのスタジオも撮影のほとんどを夜中に行っていた。音声を別に録音し、アフレコを使うのは六〇年代以降のことだ）。「ブルースは生まれつきの役者でした」と、弟のロバートが言う。「真夜中に起こされても、ぱっと演じる役に入れた」

ほかの罰では効き目がなさそうだと、父親は行いを改めるまで映画への出演を禁じることにし、そのため小龍は『細路祥』の続編に出られなくなった。一九五〇年にはほかの映画に出演していない。ブルースが何度も頭を下げて懇願したため、両親は五一年に『人之初』への出演を許したが、それ以降もいっこうに素行が改まらなかったため、ふたたび禁じられた。次の出演は二年後の一九五三年だ。

海泉とグレイスはステージパパやステージママではない。演じるのは仕事ではなく、真面目に勉強しなかったとき取り上げる特権だった。極貧の家に育った海泉は学校に通えなかった。息子には良質な教育を受ける機会を逃してほしくない。自分と同じ間違いをさせてはならない。

植民地支配が始まってから一世紀を経ても、香港はまだ阿片《アヘン》にどっぷり浸かっていた。イギリス領香港政府は一九〇八年に麻薬を正式に禁じたが、取り締まりはゆるかった。六〇年代まで、特に娯楽産業の世界では、阿片中毒者の数が増大を続けていた。ブルースの父親もそのひとりだ。「劇場でいい声が出るんだ」と、海泉は主張した。「歌声もきれいになる」粤劇《えつげき》歌手にとっての阿片は、アメリカのジャズミュージシャンにとってのヘロインだった。

海泉お気に入りの、最も有名な演目は『両个烟精掃長堤（ふたりの阿片中毒者、堤防を掃く）』だ。政府が阿片を禁じたあと、痩せこけた阿片中毒の男ふたりが広州で清掃作業をさせられる喜劇で、主役のふたり、李海泉と新馬師曾《サンマーシーチャン》は連夜舞台で阿片を吸う。

長年阿片の個人研究にいそしんできた海泉にはうってつけの演目だった。自宅の寝室にはキングサイズの阿片《オピウム》用ベッドがあった。有名な俳優や舞台監督がこのアパートを訪れては一服していった。「父は右側に寝そべり、左側を客人のために空けておきました」と、フィービーが言う。若いころ、彼女は父と客人たちの世話をしてご機嫌を取っていた。「父といちばんうまくいっていたのが私だった理由がわかります？　パイプにどう火をつけてどう差し出したらいいか、教えこまれていたからなんです」

五〇年代の前半、海泉は阿片特有の陶酔感とけだるく甘い忘却の淵へどんどん引きこまれていった。眠ることと阿片を吸うこと以外、興味がなくなった。グレイスによれば、若いころの海泉はもっと子どもたちのそばにいたが、年を取るにつれて人が変わったように家族と接触を取らなくなった。「ほとんどの時間は自分の部屋にこもって阿片の世界に没頭するか眠っているかで、食事のとき以外に家族といることはなくなりました」後年ブルースは妻のリンダに、自分の父は「いつも姿が見えなかったし、ぼんやりしていることもよくあった」と語っている。

阿片の代償は家族の心情だけではない。金銭的な代償もあった。「あの時代、阿片を吸えるのはお金持ちだけでした」と、フィービーが言う。「それなりのお金を持っていないと吸えません。富裕層にだけ許されるお洒落な嗜好品だったんです」海泉には一三人もの扶養家族がいて、そこにやめられない大きな悪習が加わった。その費用と薬物依存が俳優業に与えた破壊的影響は上流階級の地位をも危うくするものだった。ブルースはよく十代の友人たちに、父親が〝けち〟でろくに小遣いもくれないとこぼしていた。グレイスは何年も前から阿片をやめてほしいと夫に懇願していたが、聞き入れてもらえなかった。

父親の薬物依存が子どもたちに与える影響は大きく、彼らはそれぞれに生まれ持った性向を加速させた。繊細で勉強熱心なピーターは宿題に顔を埋め、個人競技のフェンシングに打ちこんで一流選手になった。一家で初めての大学生になることを、家族みんなが彼に期待していた。対照的に、活発すぎるブルースの行き着く先は刑務所ではないかと懸念された。彼には麻薬中毒の親を持つ子ども特有の症状がいくつも表れていた——攻撃性を秘め、権威を振りかざす人間を信用せず、目を離すと何をするかわからなかった。

一九五一年、十歳のブルースは兄のピーターに続いて五年生でラ・サール学院初等部へ編入した。当時巴富街《バース・ストリート》にあったカトリックのラ・サール教育修道会が運営する、香港指折りの中等学校だった。生徒の大半は上・中流の中国人と欧亜混血《ユーラシアン》だが、奨学生も大勢いた。大きな強みは全カリキュラムを英語で教え、卒業するとき二カ国語を話せるようになっていることだ。この能力があればイギリス植民地でまともな仕事に就ける。「警察官や銀行員や公務員になれたんです」ブルースの兄ピーターと同級生だったマルシアノ・バプティスタが言う。このラ・サールでエリート教育を受けていなければブルースのハリウッドでの成功はなかっただろう。特にアジア系俳優にとっては、英語を話せることが絶対条件だっただけに。

英語はブルースの数少ない得意科目だった。全体的に成績は芳しくなく、特に数学はひどかった。「単純・な足し算と引き算止まりだったそうです。それでもなんとか追い出されずにすんだのは、ほかの子たちを脅して宿題を代わりにやらせていたからだとか」と、妻のリンダ・リーは言う。ブルースの母親は冗談まじりに、「十歳のとき数えられたのは年と同じ十くらいでした」と言った。同級生のひとりは試験のとき五〇セントで答案用紙を見せてやった。同級生を脅したり買収したりしていたわりに、ブルースはラ・サールの五年間で二度留年している。この当時、留年はめずらしくなかったとはいえ、ブルースは最劣等の部類と見なされていた。兄のピーターは最優秀のひとりだったのに。

悪ガキ（広東語の俗語で〝熊孩子〟）のご多分に漏れず、好きな時間は休憩時間だった。彼は権威を振りかざす大人の支配を逃れ、同級生を仲間に引き入れて、支配の確立にのりだした。冗談や甘い言葉や約束で次から次へと男の子を仲間に引き入れていった。「同じ学校の生徒に腕を回して、よくこう言っていました。『誰かと揉《も》めたら俺に言え。話をつけてやる』」同級生のパウシウ・ホンはそう回想する。いたずら好きならではのユーモア感覚で男の子たちを味方に引き入れることもあった。しょっちゅうキングコングの真似をして、笑いを取ったり注目を集めたりした。胸を大きく広げて手のひらで叩き、猿のようなかん高い声をあげる。猿王を名乗ることもあった。「おしゃべりと冗談が好きだったから、いつもまわりに友達がいた」と、内向型の兄ピーターが回想する。ブルースと同時期を過ごした人たちは、学校でほとんど踵《かかと》を地面につけずに気取った歩き方をしていた彼を覚えている。幼なじみのマイケル・ライは若き日のブルースの個性を、自慢屋でうぬぼれの強い見栄っ張りという意味の〝歯磨き〟という俗語で表した。

同級生の証言によれば、よくいるタイプの古典的ないじめっ子ではなかった。弱い者をいじめて喜ぶ加虐性は持ち合わせていない。むしろ、自分についてくる子たちを守るギャングの首領に近かった。兄を崇拝し肯定的に語りがちな弟のロバートは、「ブルースはいつも騎士道映画の主人公みたいだった。義侠的な人物のように、強きをくじき弱きを助けていた」と言う。ブルースが面倒を見、体を張って守っていた男の子たちもその点には同意している。彼らはそれを恩に着て、ブルースを〝大兄（兄貴）〟と呼び、宿題を代わりにやったり、試験のとき答えを見せてやったりした。「人を自然としたがわせる親分肌のところがありました」と、マイケル・ライは言う。

「少年期から思春期までは問題児で、大人や年長者からしょっちゅう小言を食らっていた」と、後年ブルースは記者たちに語っている。「どうしようもないいたずら小僧で、喧嘩っ早かった」喧嘩の相手はもっぱら敵対集団のリーダーだ。みんなが自分にしたがうべきだと小龍は思っていた。自分の権威に敬意を示すべきだ。「目立ちたがりで強がろうとする子たちにブルースは目をつけた」同級生のデニス・ホーが回想する。「その子たちのところへ行って、誤った考えを正してきた」ブルースの意思にしたがおうとしない子たちはかならず戦いを挑まれた。場所はラ・サール学院を見晴らす裏山だ。「ブルースは誰とでも、ふたつ返事で戦った」と、ロバートが言う。頼まれるまでもない。

勝つほうが多かったが、異様なくらい競争心が旺盛なブルースは負けるのが大嫌いで、頑として負けを認めなかった。「負けたとき、わけを訊くと」マイケル・ライが言う。「かならず言い訳をひねり出した。みんなのボス格としては、絶対勝つ必要がありましたから」

最大のライバルはデイビッド・リーだ。誰も手を出そうとしない手ごわい相手だった。ふたりは何度か戦った。最後の戦いは過熱し、ついに飛び出しナイフを抜き合った。ブルースの刃でデイビッドの腕が軽く切れ、初めて血を見たところで制止された。深傷《ふかで》ではなかったが、これ以上憎しみを募らせるのは無益と、ふたりとも判断したらしい。彼らほど度胸のないラ・サールの同級生は拳と足だけでなく武器まで使ったと知りショックを受けた。学校へ武器を持ちこむのは、ブルースやデイビッドのような最も反抗的な悪《ワル》だけだ。ブルースは飛び出しナイフやブラスナックル、にわか仕立ての武器を携えていた。「学校でのお気に入りはトイレを流すのに使う鎖だった」と、ブルースは告白している。「あのころの子はいろいろ工夫して武器にしていた――靴に剃刀を仕込むことまであった」

ラ・サールのギャングきどりの少年たちが手本にしたのは大人社会だ。中国マフィアの総称〈三合会〉は阿片貿易が始まったころからイギリス領香港でも活動していたが、一九四九年の毛沢東勝利後、中国本土での支配力が衰えた。「共産党に粛清され、三合会の犯罪者がみんな香港へ逃れてきた」ブルースの友人ウィリアム・チャンが言う。「多くの子が彼らと関わりになった。無理やり引きこまれた子たちもいた」一九五四年には相当香港に浸透していた」元軍人や三合会など中国本土から何十万人も難民が流れこんできて、危険な要素が混じり合い、香港の九龍《カウロン》側に腐敗と暴力をはびこらせていた。

ブルースたちに影響を与えた文化の変容がもうひとつあった。中国で高まってきた国家主義だ。イギリスが日本軍から植民地を守れなかったことで白人優越神話は崩壊し、戦後イギリスの植民地支配が復活したことに多くの中国人が憤っていた。「支配階級はイギリス人に独占された。少数派のくせに街を仕切っていたんだ」ブルースは後年、アメリカの友人たちに語っている。「丘の上に住み、大きな車ときれいな家を持っていた。下のほうに住む人たちは汗水たらして必死に食いつないでいたのに。まわりを見れば貧しい中国人ばかりだし、金持ちのイギリス人に憎しみが募るのも当然だ。肌が白いというだけで大金を稼ぎ、最高の仕事に就いていたんだから」

ラ・サールの子たちは放課後、〝イギリス人叩き〟と呼ぶ課外活動に精を出した。「通りをぶらぶらしては喧嘩を売っていた」マイケル・ライが言う。「民族的な自尊心が強かった。イギリスの子たちを叩きのめしたかった」いちばん近い標的は英欧から赴任してきた人々の子弟が通う、英皇佐治《キング・ジョージ》五世學校（KGV）という私立学校だ。ブルース率いる襲撃隊はイギリス人少年たちとの遭遇を願いつつラ・サールとKGVを隔てる丘に登った。ひとたび接触すると、嘲《あざけ》りと侮辱の言葉が吐かれ、体がひと押しされ、怒りが良識をねじ伏せて喧嘩が始まる。先陣を切るのはかならずブルースで、拳と蹴りで〝男子生徒の栄光〟の道を切り開いていった。「よそ者と地元の子たちはいつも喧嘩になった」ブルースの同級生でユーラシアンのスティーブ・ガルシアが回想する。「やつらはこっちを見下していたからね」

思春期になると興味の対象がひとつ増え——女の子だ——それをめぐってまたKGVと争いになった。「やつらはうちの女子を狙ってきてね」KGVの卒業生で後年ブルースの主演映画『ドラゴンへの道（猛龍過江 *The Way of the Dragon*）』で端役を務めるアンダーズ・ネルソンが言う。「もちろんこっちも瑪利諾《メリノール》修院學校とか現地の女子校の子たちを狙っていた。隣の芝生は青いって言うだろう。アジアの女の子たちにエキゾチックな魅力を感じたんだ」つまりこれは香港版『ウエスト・サイド物語』であり、イギリス人ジェット団と中国人シャーク団の争いだった。

映画の仕事から二年間（一九五一～五三年）遠ざかったブルースはまた子役をやりたいとせがみ、両親は渋々折れた。出演禁止中に勉学に身を入れてくれないかと願っていたが、その期待は空振りに終わった。それどころか成績と素行は悪化の一途をたどっていた。映画の世界に戻りたいという願いを両親は承諾したが、これは粗暴な振る舞いを慎み勉学に励むという条件付きだった。ブルースが世話になる映画制作チームの性質も復帰の許可を後押しした。

広東語映画界トップクラスの監督、俳優、脚本家が手を組んで、一九五二年、映画制作会社〈中聯電影《ユニオン・フィルム》〉を立ち上げた。この左派思想集団は社会意識の強い良質な映画作りを目標に掲げた。「映画は人を楽しませると同時に、道徳を教え、社会奉仕をうながし、愛国心を高め、自国の文化遺産に誇りを持たせるものであるべきだ」と、創立者のひとりは説いた。本土から一〇〇万人近い難民が流れこんできたため、イギリス植民地は大きな緊張と分裂、困難にさらされていた。〈中聯〉映画が投げかけたメッセージは、中国には統一と慈善と犠牲、そして上（政府）からの支援が必要であるという教訓的なものだった。彼らは共産主義者というより社会主義者だった。「父は〈中聯〉の理想を全面的に支持していた」ロバートが言う。「あそこならブルースの成長にいい影響を与えてくれると確信したんです」

李海泉は息子に謙虚な姿勢やチームワークの意識が芽生えることを願っていたのかもしれない。〈中聯〉の映画はすべて、十数人の同じ俳優で作られた。大人がほとんどで、ブルースは形ばかりの子役だった。組織の思想に忠実に、作品の大半はスター俳優を中心に据えるのでなく、いわゆるアンサンブルキャストで作られた。ブルースに与えられるのは小さな役ばかりで、スクリーンへの露出は平均二十分ほど、台詞《せりふ》は三十くらいだった。

最初に出演した『苦海明燈』（一九五三年）で彼は大きな役を得た。あらすじはこんな感じだ。親戚の家をたらい回しにされているうちブルース演じる少年は浮浪児になるが、目の不自由な女児専用孤児院を経営する医師と心優しき妻に救出される。医師は〝子どもの教育に手遅れなし〟をモットーに、少年を徒弟にした。その少年が大人になり、視覚障害の治療法を発見する。

映画は最後にこう訴える。「どんな子でも彼のようになれるのです。ハンディを負った貧しい子たちに皆さんの愛を。そして、教育と養育を」

　一九五三年から五五年にかけて、ブルースは〈中聯〉のメッセージを運ぶお涙頂戴映画に十本出演した。『苦海明燈』『慈母涙』『父之過』『千萬人家』『危樓春曉』『愛』『孤星血涙』『守得雲開見月明』『孤兒行』『兒女債』。この三年はブルースの映画人生で最も多産な時期だった。全出演作品の半分近くになる。これらの作品で演じた小さな役で、スター俳優でなく性格俳優とのイメージが出来上がった。顔を見て俳優と気がついても、名前を思い出すことはできない。

　ブルースは〈中聯〉からいわば、エリート教育を受けた――香港独特のペースで真摯な主題の良質な映画をどう作っていくか。たいていの撮影は十二日間で行われた。〈中聯〉の理想も映画制作者としての後年のブルースに大きな影響を与えた。後年、中国の文化遺産を知らしめ愛国心をかき立てる教育的な映画を志すことになるからだ。

　十代の少年にとっては報酬もまんざら悪くなかった。二〇一七年の米ドル換算で一本二〇〇〇ドル相当の稼ぎになった。映画の仕事で手にした収入を買い物に浪費する生涯の習慣はこのころから始まった。「ある仕事が終わったところで、兄は小さな猿を買ってきた。ある日、その猿がいとこのフランクの鳥籠に入りこんで小鳥をずたずたにしてしまった」ロバートが語る。「鳥が死んでいるのを見たフランクは猿を文字どおり痛めつけ、猿は怒って私に噛みついた。母は猿を捨ててくるよう兄に命じた。最初は抵抗したけれど、結局渋々聞き入れました」

　芸術集団〈中聯〉は長続きしなかった。創立から三年でエゴのぶつかり合いと内輪揉めが起こり、主役級の俳優に亀裂が生じて、才能豊かな俳優は別の会社に乗り換えた。創造的で多作なチームを失ったブルースには、なかなか役が来なくなった。次の四年で五本しか出演していない。創造性を表現する手段と組織を失った十代の注意はまたしても喧嘩や揉め事へ戻っていった。

ブルースはラ・サール学院に五年在籍し、一九五六年に退学になった。父親は有名な舞台俳優で、母親は香港一裕福な一族の出身だ。世間の尊敬を集めていた中流家庭にはきまりの悪い出来事だった。不名誉の強さは、当事者の家族がどれくらい理由を取り繕おうとするかで判断がつく。退学になったのは成績が悪かったからだとフィービーは主張した。「ブルースは怠け者でした。学校は一度の留年しか認めていなかった。次のチャンスをくれなかったんです」じつは、ブルースは二度留年している。同級生の話によれば、留年はよくあることだった。退学の理由はほかにあったにちがいない。

　後年ロバート・リーが書いた兄の伝記には、〝十四歳で詠春拳《えいしゅんけん》を習いはじめると喧嘩に明け暮れ、学校を勝手に休み、奇抜な服装で学校に出てきた――悪さの度が過ぎ、とうとう追い出された〟とある。ところが、ラ・サールに残っている出席記録を見るかぎり、ブルースはほとんど学校を休んでいない。詠春拳を習いはじめたのはラ・サールを退学になったあとと、あらゆる証拠が示している。厳格な服装規定があったわけではないから奇抜な服装が理由とも思えない。男の子たちの喧嘩はよくあることだ。ブルースはラ・サール入学と同時にほかの子たちと問題を起こしていた。

　同級生の話を聞いたところ、ラ・サール最後の年に退学の原因となるふたつの事件があった。まず、生徒から〝苦力《クーリー》ロー〟と呼ばれていた体育教師との揉め事があった（〝苦力〟は、農夫や肉体労働者のように日に焼けた浅黒い肌をしていたからで、ローは〝やつ〟とか〝男〟という意味だ）。ローは授業の冒頭で準備運動としてサッカー場を三周走らせた。怠け者と脱落者を叱咤するため彼らの脚の後ろを叩いた。「生徒たちの最後尾から檄を飛ばし、『遅いぞ。しっかり追いつけ』と繰り返し命じていた」と、同級生のパウシウ・ホンが言う。

　ある日、ブルースは家で父親からへらで叩かれる罰を受けてきた。そのあと体育教師にも叩かれ、とうとう癇癪玉を破裂させた。弟のロバートはこの事件について、「生徒を物差しで叩く体育教師がいて、ブルースは不当な行為であり甘んじて受けられないと思った。怖い目で先生をにらみ、物差しを腕でブロックした。そしたら問答無用で体育への出席を禁じられ、教室に残って授業の復習をしていろと命じられた」と説明している。

ブルースの同級生デニス・ホーの証言は異なる。「弟さんは状況を真綿にくるんで話しているんだ」と、デニスは言う。「私の記憶では（この場面は心に深く刻まれていて）、使われたのは物差しではなく葦《あし》の茎だった。あのとき私はブルースの横か少し後ろを走っていた」

ブルースは葦の茎で脚をひっぱたかれ、それが辛抱できないくらい痛かった。そこで、途中で立ち止まった。「ポケットに手を入れ、飛び出しナイフを抜いて、苦力ローに突きつけたんです」と、デニスは言う。小龍は『細路祥』の場面を再現し、大人にナイフを抜いた。「ローはくるりと背を向けて逃げ出した。ブルースはナイフを手に追いかけた。ふたりで運動場をぐるぐる回り、最後にローは校長室へ逃げこんだ。そこでブルースは授業から締め出されたんです」

意外なことに、教師にナイフを抜きながら、受けた処分は退学ではなく体育への出席停止だけだった。体育の授業中、ブルースは窓辺で猿の動きや表情を真似て運動場の同級生の気を散らしていた。

学友たちによれば、退学処分の決め手になったのは別の事件だった。「いまでもブルースの話題になると、かならず口にされる話です」と、デニス・ホーが言う。デニスと匿名希望の別の同級生によれば、昼休みになると生徒はみなラ・サールの裏山でふざけたり騒いだりしていた。一九五六年のある日、ブルースは男の子のひとりにズボンとパンツを脱ぐよう命じた。この少年に目をつけた理由は、誰もよくわからないという。「自分の力を誇示したかったのか、でなければ、退屈だったのかもしれません」と、デニスは言う。「虫の居所が悪い感じでした」ズボンを脱がせると、ブルースは工事現場から持ってきた赤い塗料の缶を出し、局部を赤く塗った。

その子の両親がこれに気づき、父親が校長にねじこんでブルースの処分を求めた。ブルースは二度留年している出来の悪い生徒だった。しょっちゅう喧嘩し、問題を起こしていた。体育教師にナイフも抜いた。愛嬌があり、悪いところばかりではないとカトリック修道会の教師たちは思っていたが、このいじめに近いいたずらが決定打となった。たちまち退校処分が下された。

誇り高い家族にとっては大恥だ。母親が新しい学校を探すいっぽう、業を煮やした父親は一年間の外出禁止を言い渡した――映画の仕事もできず、友達と夜外へ出かけることもできず、学校と自宅を往復するだけの日々が待っていた。

3

葉問《イップマン》

ブルース・リーが少年期を過ごした香港で、功夫《カンフー》は人気の習い事だったわけではない。国際都市でもある植民地の上流社会では武術が禁じられていた。教養のある人々にとって、武術には中国の封建時代や三合会の犯罪の野蛮なイメージがつきまとった。カンフーへの関心が呼び覚まされ、最新の流行になったのは、伝統と欧米化のせめぎ合いを象徴する一九五四年の比武《ペイモー》(腕比べ)がきっかけだった。

呉公儀は香港太極拳協会会長を務める五十三歳の伝統派。陳克夫は白鶴拳《はっかくけん》と柔道とボクシングを学んだ三十四歳の現代派。年齢を考えれば大胆な行動だが、〝技術交流〟のために他流派と〝いつどこでも〟戦うとの手紙を公開して一連の動きを起こしたのは、太極拳の達人のほうだった。この公開挑戦に陳克夫が名乗りを上げ、香港のタブロイド紙が大々的に宣伝して言葉の戦争が勃発した。旧対新、過去対未来、純正対融合、閉鎖対開放、国粋主義対世界主義の戦いだ。

新聞紙上でこの対決の話題が沸騰していた五三年十二月のクリスマス、イギリス領香港の夜を大惨事が揺るがした。新九龍《カウロン》・石硤尾《セッキプメイ》地域の貧民街が猛火に見舞われ、五万三〇〇〇人が住む場所を失ったのだ。政府は〝紛れもなく植民地史上最悪の大災害〟と表現した。ふたりの武術家はこれに呼応し、自分たちの対決を慈善救済イベントの目玉に据えることに同意した――カンフーの演武と粤劇《えつげき》歌唱をひと晩堪能できる〝武術の合同演武会〟と銘打って。義和団の乱の記憶が新しい植民地当局は香港での武術対決を認めず、試合は澳門《マカオ》で行われることになった。

〝世紀の対決〟を見ようと名士やジャーナリスト、賭博好きが列を連ね、香港からフェリーでマカオへ向かった。初老の達人呉公儀と若きファイター陳克夫の一戦は試合開始と同時に、実戦経験にとぼしいふたりの素人試合的な側面をもろもろ露呈した。緊張のなか、陳が腕を振り回すような打撃（豹子連環手）を放ち、呉も搬欄推《はんらんすい》で応じて打ち合うが、なかなかクリーンヒットしない。拳が交錯するうちに陳が初老の達人の打撃をかわし、呉がバランスを崩してロープに吹き飛んだかに見えたが、どこかで呉の拳が陳の顔面をとらえていたらしく、陳が鼻から出血して、しばらく試合が止まった。戦うふたり以上に資格が疑わしいジャッジ団が早めにゴングを鳴らし、この回を終了させた。第二ラウンドが始まると、若きファイターは初老の達人の口から出血させたが、折れていた鼻にまたしても反撃を食らった。再度血を見て狼狽《ろうばい》したジャッジ団がまた早めにゴングを鳴らしてラウンドを終了させ、ここで試合を止めた。協議の結果、勝者なしの引き分けという判定が告げられた。観衆、特に試合に大枚を賭けていた博打好きたちは、この裁定に納得がいかず激怒した。

混乱を招いた引き分け裁定にもひとつ美点があった。何週間かこの一戦が巷の中心的話題でありつづけたことだ。一人ひとりが自分なりの意見を持ち、議論は沸騰した。ある中国語紙は〝あの一戦以来、香港とマカオでは誰もが情熱的に弁を振るい、どこの通りや路地も武術の話題で持ちきりだ〟と書いている。

ほとんど一夜にしてカンフーはイギリス領香港の流行となった。初老の太極拳の達人と若き総合格闘家の一戦に触発されて、小さな武術教室に新しい入門者が押し寄せ、建物の屋上で行われる半ば組織化された素手での腕比べ——広東語で言う比武に参加した。すでに歴戦の路上の喧嘩屋《ストリートファイター》だった若きブルース・リーもこの違法な屋上の格闘に吸い寄せられた。これを機にブルースは人生を変えるひとつの決断をする。正式にカンフーを習おう、と。

ブルースの母親が何度かお願いの電話をかけた結果、一九五六年九月十日、十五歳の問題児は聖芳済書《セント・フランシス・ザビエルズ・》院《カレッジ》（SFX）に入学した。ラ・サールに比べると矯正学校に近い。規律が厳しく、質実剛健の校風だった。SFXのカトリック修道会は問題児を決して見捨てず、彼らを更生させる技術にも長《た》けていた。「あの修道会がなかったら不良少年の多くは路上生活に陥っていたでしょう」と、SFX同窓会会長のジョニー・ホンが言う。

その修道会にもブルースは難題だった。改心させると両親に請け合ったものの、彼の率いる団《ギャング》はいまも九龍の裏通りをうろついては喧嘩の相手を探していた。ブルースは勝つことが多かったが、大の負けず嫌いだった彼は技術の向上を決意した。「香港に生まれた私は」ブルースは一九六七年十月のブラック・ベルト誌で回想している。「子どものころは不良少年で、喧嘩に明け暮れていた。ナイフを仕込んだペンと鎖が武器だった。そんなある日、戦いに突入したとき仲間が誰もいなかったらどうなるかと考えた」若い無法者の例に漏れず、小龍が武術を習ったのも人格を高めるためではなく、路上の喧嘩に強くなるためだった。身を守るためではなく自分から攻撃するためだ。「カンフーを始めたのは身の危険を感じはじめたからだ」と、ブルースは打ち明けている。

SFXで初めてできた友達はホーキンズ・チャンだった。ブルースと同じく上流家庭で育ち、背は低いが向こう気が強かった。「裕福な家庭で育ったふたりだから、週末に集まろうとなったときは、おかかえ運転手に相手を迎えに行かせたりしていた」と、ホーキンズが言う。ふたりはたちまち意気投合し、親友になった。「ブルースは筋肉質で、腰に手を当てて歩き回っていたので、学校でついたあだ名は〝ゴリラ〟だった。みんなが彼を怖がっていたが、私だけは〝鶏の脚《チキン・レッグ》〟と呼んでいた。彼は目を吊り上げて、大きな上半身と細い下半身で校庭じゅう追いかけ回すんです」

　ふたりは放課後の冒険中、近所に住む別のならず者ウィリアム・チャンと出会った（ホーキンズと血縁関係はない）。警察官の息子で、ブルースより年上で、体も大きかった。闘士《ファイター》としても格段に優れていた。友情が芽生えるにつれ、小龍は難しい決断を迫られた。ウィリアムを避けてSFXの悪ガキを集めた小さな一団のリーダーという現在の地位を維持するか、自尊心をのみこんでウィリアムを〝大兄（兄貴）〟と呼び、子分になるか。群れを支配する雄のほとんどは我執《エゴ》を抑えこむことができず、その結果、上達や成長の機会を逃してしまう。いっぽうブルースは、ウィリアムの技術を盗んで追いつき追い越すまで〝とりあえず〟逆らわない、という狡猾な手法に出た。それまでは服従するしかない。しかし、いずれかならず力関係を逆転する。ブルースは生涯にわたってこの戦略を採用し、これが成功の鍵となった。後年、彼は映画スターになる方法を学ぶため、ハリウッド俳優のスティーブ・マックィーンに対してこの戦略を使っている。

　ウィリアムの喧嘩の強さは詠春拳《えいしゅんけん》という無名の武術を学んでいるため、とブルースは知った。中国の武術には何百もの流派がある。ひとつの村から別の村へ移動すれば、まったくちがった格闘方式を教える五、六人の名人がいて、流派ごとに起源の神話があった。なかでも詠春拳の伝説は独特だ。女性を始祖とする、きわめて珍しい流派だった。

　満州人が中国を征服しはじめた十七世紀、河南省の嵩山少林寺《すうざんしょうりんじ》が漢民族の反撃基地になった。やがて寺は破壊され、武術を身につけた僧と女僧は逃走を余儀なくされた。寺から逃れたひとりにギン・ムイという女僧がいた。彼女は女性の身長と体重と力に適した簡潔な戦闘方式を開発した。最初の弟子は厳詠春《イムウィンチュン》という若く美しい娘で、山賊の頭《かしら》から無理やり結婚を迫られていた。詠春は素手の戦いで自分に勝てる男としか結婚しないと、この頭に宣告した。詠春は少林寺の女僧から教わった効果的な技術を駆使して山賊たちを簡単に蹴散らし、この新しい格闘方式は彼女にちなんで詠春拳と名づけられた。

香港で詠春拳の人気が高まったのには葉問《イップマン》の存在が大きい。葉問《イップマン》はブルースの父親が粤劇《えつげき》団にスカウトされたのと同じ広東省・仏山《フォーシャン》の裕福な商家に生まれ、一九四九年に共産党が中国を支配すると、着のみ着のまま香港へ逃げこんだ。暮らしは困窮を極め、阿片《アヘン》の習慣があったと噂される葉問《イップマン》は貧困から抜け出すために詠春拳を教えはじめる。彼の教室にはたちまち怒れる若者たちが押し寄せた。彼らは葉問《イップマン》の才能と人柄と頭の回転の速さに魅かれた。

弟子たちを強くするため、葉問《イップマン》は詠春拳の基本を叩きこんだ。下半身への蹴りや電光石火の短い突き、ブロック、罠かけ《トラッピング》といった接近戦の技術に重きを置く。狭い路地での戦いにうってつけの格闘方式だった。おもな対錬法は黐手《チーサオ》〔粘りつく手〕と呼ばれるものだ。太極拳の練功法〝推手〟に似た一種の感覚訓練で、ふたり一組になって前腕を合わせ、接触を維持したままブロックやトラッピングや打撃を試みる。

弟子たちが怒りを制御して人間的に成長できるよう、葉問《イップマン》は水のように穏やかであれという道教《タオイズム》の思想も教え、自らのユーモア感覚を活用した。「いつも『リラックス！ リラックス！ 興奮するな！』と言っていた」と、ホーキンズ・チャンが言う。「私はチーサオの練習中、相手に打たれると、かっとなった。相手を殺したくなった。ところが、葉問《イップマン》の手合わせを見ていると、彼はとてもリラックスしていて、相手と話しながらやっていた。弟子に打撃を加えることはなかったが、ぶざまな状況に追いやって、ほかの弟子たちを笑わせることがよくあった。葉問《イップマン》くらい面白い人はいなかった。殺気立ったところは一度も見たことがない。弟子たちが手を振り回して向かってきても、葉問《イップマン》は笑顔でその動きを制した」

ブルースは両親に相談もせず、葉問《イップマン》に紹介してほしいとウィリアム・チャンに頼みこんだ。葉問《イップマン》は十五歳の映画俳優を受け入れ、基本の習得を高弟の黄淳樑《ウォンシュンリャン》

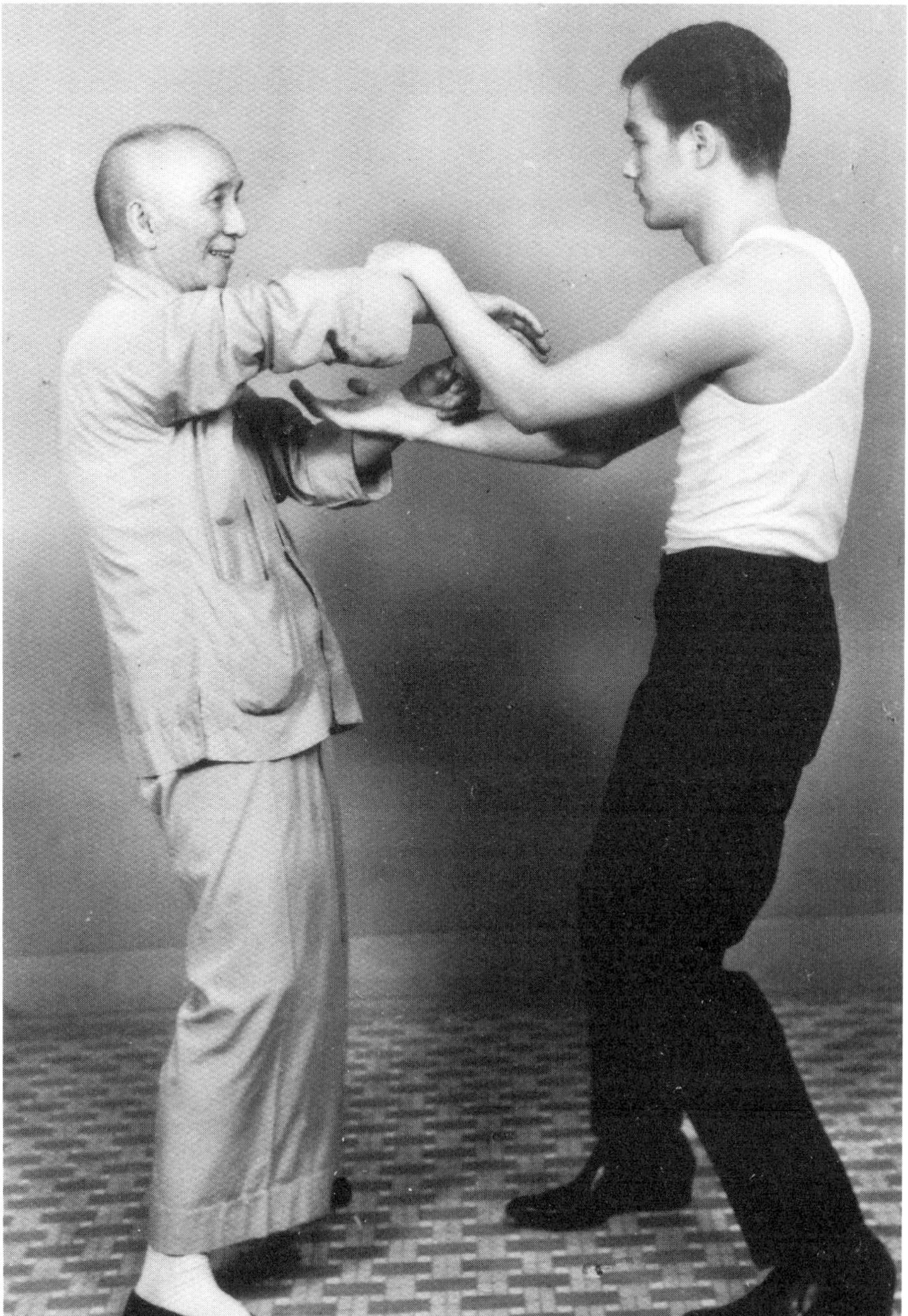

チーサオを練習するイップマンとブルース・リー。1963年夏（デイビッド・タッドマン）

に託した（たいていのカンフー学校では、師匠は高弟だけを教え、高弟が初心者を指導する）。黄淳樑は二十一歳で比武に十二回出場と実戦経験豊かな門下最高の実力者で、香港でも指折りの強者と見られていた。崇拝者たちは彼を講手王《コンサウウォン》、つまり手で会話する達人と呼んだ。

　サングラスをかけて念入りに髪を整えてきた李小龍の第一印象は芳しくなかった。「ウィリアムがエルビス・プレスリーみたいな若いのを連れてきた」と、黄淳樑は言う。「頭がいいとうぬぼれているみたいな軽薄な態度だった。彼が離れていったところで、ウィリアムに言った。この若者は歓迎できないと」ウィリアムに叱責されたにちがいない。次に会ったときブルースは行儀よくしていた。「ちゃんとした服装で来たし、前より礼儀正しかった」と、黄は言う。権威筋の年長者にはたいてい刃向かう小龍だが、ここでも彼は、ウィリアムだけでなく黄淳樑をもしのぐ闘士になれるまでとりあえずへつらうことにした。生意気で率直なブルースらしく、自分の意図は隠さなかった。「いつになったらウィリアムと私に勝てるようになるかと訊くんですよ」いまでも呆れたように黄は回想する。「厚かましいにも程がある」

　上級者を超えてみせる。並外れた決意を固めたブルースは黄の個人指導を受けられるよう、同門の弟子たちにひと芝居打った。黄のアパートメント・スタジオに一番乗りし、黄に、ちょっと片づけなければいけない用事があってすぐ戻ると伝えた。「待っていて！　出てこないで！　お願いします！　ありがとう！」彼はそう叫ぶと階段を駆け下り、ほかの生徒たちが来るのを待った。彼らがやってくると、「先生はいま出かけたよ。大事な用件で家から連絡があって、仕方なく。だから、明日出直して」そう告げると、彼らを道路へ押しやり、バスに乗せてから、黄のところへ戻ってきてひとりで指導を受けた。このずる賢い計略に気づいた黄は思わず笑った。「彼を罰しようとはしなかった」黄は言う。「負けず嫌いで、積極果敢。それがブルース・リーだ。欲しいものがあると、どんな犠牲を払っても手に入れようとした」

　詠春拳の同門たちは黄のように面白がってはくれな

かった。大半は労働者階級の出身で、それでなくても特権階級のハンサムな映画俳優には憤っていた。権利はあって当然とばかりの生意気な態度が、彼らをいっそう怒らせた。追い出してほしいと葉問《イップマン》に直訴する者もいたらしい。ウィリアム・チャンの話によれば、カンフーは中国人だけに教えるべきもので、欧亜混血《ユーラシアン》のブルースは追い出すべきだと彼らは主張した。『純粋な中国人以外に中国のカンフーを教えてはいけない』と言うんです」と、ウィリアムは語る。「ブルースは白人でも中国人でもなかった。混血だから、その中間だ。当時はそういう人間を受け入れない中国人が多かった」葉問《イップマン》はブルースの追放を拒否したうえで、ほとぼりが冷めるまで黄淳樑から個人指導を受け、大勢が集まる時間には来ないようにとブルースに言い渡した。

　追い出しに失敗した古参の弟子たちは稽古中、ブルースを手荒にあつかった。「初めて詠春拳を習ったころは師範代クラスの何人かをはじめ、古参の人たちにさんざんしごかれた」と、後日ブルースは語っている。「こっちはまだ十五歳の痩せっぽちに過ぎなかったのに」このしごきに耐えたブルースはいっそう決意を固めた。かならず、自分のほうが上と証明してみせる。「何かに取り憑かれたようだった」と、兄のピーターが言う。「昼も夜も、のべつ幕なし猛稽古」情熱を持って何かに取り組んだときのブルースは並外れて習得が早かった。拳を握って生まれてきたかのように詠春拳に夢中になった。「入門から一年たらずでめきめき腕を上げ、先輩の多くがスパーリングやチーサオで押されるようになった」

　並外れた闘争心の持ち主だったが、それはブルースに限ったことではない。葉問《イップマン》はそんな生徒たちを切磋琢磨させた。「誰もが最強の弟子になりたかった」ホーキンズが言う。「みんな、自分の集めた情報を隠して、人に教えようとしなかった」葉問《イップマン》は路上で〝研究〟を続けることを弟子に奨励してもいた。「葉問《イップマン》は、『私を信じるな、君たちを騙しているのかもしれないぞ。外に出て戦ってこい。しっかり試してこい』と言っていた」と、ホーキンズは回想する。

　稽古が終わると、少年たちは石硤尾地域へ向かい、いいカモがいないか探した。「みんな、本当に悪《ワル》だった」ホーキンズが言う。「標的を見つけると近づいていって触れたり引っぱったりする。相手が癇癪持ちだと、突き飛ばしたり殴ったりしようとする。相手が手を出したところで戦闘開始。相手が怪我をしても、『なんだ？　話していただけなのに、そっちから手を出したんだろう、ミスター・チェン』と言う。相手が『俺はミスター・チェンじゃない！』と言う。そしたら、『人違いだ、ごめんよ！』と言って、おさらばだ」

　葉問《イップマン》のカンフー学校にとっては、拳で伝え噂を流してもらうという宣伝方式だ。葉問《イップマン》の門下がこの辺りではいちばん強いと評判になりはじめた。残念ながらそれは警察の注意を引くことにもなった。ブルースとホーキンズは警察の非行少年リストに名を連ねた。「ブルースが詠春拳を習っているのを両親が知ったのは一年くらい経ってからで、そのとき初めて、前よりずっとひどい問題児になっていると聞かされたんです」と、弟のロバートは言う。

　警察の目を避けるため、少年たちはライバルのカンフー学校どうしが屋上で〝拳を交える〟秘密の試合を開始した。残虐性とは無縁の、一種のお祭り騒ぎだ。参加者の技術レベルが低いため、大きな怪我をすることはめったになく、片方が出血したらすぐ試合を止めるのが通例だった。自慢話のために行われる試合で、長期的には敵意を生むことになる。洪家拳《こうかけん》、蔡李佛拳《さいりぶつけん》、白鶴拳《はっかくけん》、蟷螂拳《とうろうけん》など、人気の流派の門弟たちは新興勢力の詠春拳の隆盛を見て徐々に憤りを強めていた。

　めきめき腕を上げたブルースは、やがて、詠春拳の代表として比武に出場するまでになった。同門の弟子たちにけしかけられ、ライバル流派・蔡李佛拳のチョンという師範代と戦うことが決まった。ブルースは黄淳樑にセコンドを頼んだ。一九五八年五月二日、ふたりは九龍市街を通り抜けてユニオン・ロードの試合場へ向かった。育ちの悪そうな人々がこれから始まる試合の噂話をしながら会場近辺を埋め尽くしているのを見て、黄は驚いた。「大きな雷雲から土砂降りの雨が落ちてこようとしているような、緊張をはらんだ重い空気に包まれていた」と、黄は言う。「途中、大勢の若い野次馬が私たちを指差していた。ブルースは嬉々としていた。自分が誇らしくてならないという感じで」

群衆はさらに大きくなり、黄はブルースに、「いったい、どこからこんなにやってくるんだ？　彼らに来いと言ったのか？」と尋ねた。

ブルースは否定した。「たぶん、相手側から話が漏れたんだ」

会場のビルにたどり着くと、ブルースはすぐ屋上へ向かおうとしたが、黄が引き戻して「そのまま進め」と命じた。ふたりは身をかがめて裏道へ出ると、群衆に気づかれないよう裏口から建物へ入った。そこから屋上に出ると、早くも野次馬が二、三〇人、屋根の欄干に腰を下ろしていた。

対戦相手のチョンと蔡李佛拳の一団が現れ、全員で挨拶を交わした。チョン陣営から黄淳樑にレフェリーをしてほしいと申し入れがあった。「自分は詠春拳の代表だ」と断ろうとしたが、公明正大という黄の評判に敬意を表して、相手側がどうしてもと言う。「真剣に頼まれ、断れなくなった」と、黄は回想する。

五・四メートル四方の屋上で黄はチョンとブルースを中央に呼び寄せ、試合前の注意を与えた。「親善試合とはいえ、きちんとルールを守ること。君たちはまだ若いし、流派の代表でもない。もっと大事なことがある――これは決闘ではないと心得ること。試合は一ラウンド二分の全二ラウンドで行う。どっちが優勢でも二ラウンドで終了する。これは親善試合だ。親睦を図るのが目的と心得るように。ふたりともわかったか？」ブルースとチョンがうなずく。

ブルースは詠春拳の構えで中央に立つと、左手を前に出し、右手をわずかに引いた。チョンが隙を見つけようとブルースの周囲を回る。咆哮《ほうこう》とともに前へ踏みこんだチョンの拳をあごに受け、ブルースは衝撃で後退を余儀なくされた。口のまわりが血だらけになった。チョンがまた少し周囲を回ってからふたたび前へ踏みこみ、ブルースの左目を打った。怒ったブルースは距離を詰めるや、詠春拳の連環拳《チェーンパンチ》を繰り出すが、冷静さを欠き、きれいに捕らえることができない。逆に、攻撃で隙ができたところへ鼻と頬にカウンターの拳をもらった。激しい連打を交換したところで計時係がラウンド終了を告げた。顔に受けたダメージから、第一ラウンドはどう見てもブルースの劣勢だった。

「淳檪《シュンリャン》！」ブルースはセコンドに叫んだ。「目は腫れている？」

「ああ」と黄淳檪が言った。「あざになっている。鼻血も出ているが、大丈夫だ」

「今日は調子が悪い」とブルースは言い、いらだたしげに首を振った。「あんまりひどい怪我をすると、父さんに気づかれてしまう。ここでやめて引き分けにするのが賢いかもしれない」

「ブルース、第二ラウンドを戦わないと降参したことになる。引き分けとは認めてもらえない」気の進まないファイターを黄はなだめた。「まだ続けられる。相手はもうゼイゼイ息を切らしている。ここで引いたら後悔するぞ。大事なのは勝ち負けじゃない、最善を尽くせ。あきらめずに戦いつづければ勝てる」

「勝てる？」ブルースの負けず嫌いの性格が不安と闘っていた。「本当に勝てる、淳檪？」

「ああ」と、黄淳檪は答えた。「お前を騙す必要がどこにある？　きれいな技を出す必要はない。これは実戦で、演武じゃない。接近したら、間合いを詰めて、拳で顔だけ狙え。第一ラウンドで打たれたことは気にするな。接近して攻撃だ。それと、落ち着いてやれ」

勇気づけられたブルースがうなずいたところで、計時係が第二（最終）ラウンド開始の合図をした。

ブルースは屋上の中央に立った。第一ラウンドとは打って変わって落ち着いた様子だ。チョンにフェイントをかけ、飛びのかせた。ブルースの顔に薄ら笑いが浮かぶ。再度フェイントをかけ、またチョンが飛びのいた。ブルースがにやりと笑う。次のフェイントにチョンは半歩だけ下がり、右の突きを返してきた。相手のバランスが崩れたと見たブルースはその隙にぐっと踏みこんだ。左の拳がチョンの顔に突き刺さる。さらに一歩踏みこみ、強烈な右をあごに炸裂させると、チョンの口から歯が飛んだ。口から血がほとばしらせ、よろよろと後退していく。雄叫び一閃《いっせん》、ブルースは追い打ちをかけた。チョンの顔に強烈な突きを雨あられと浴びせかける。ついにチョンは水槽の横に倒れた。試合を止めようとチョンの仲間が駆け出す。もっと早く止めるべきだったと黄を責める者もいた。ブルースは喜びを爆発させ、両手を突き上げた。

目には黒あざ、唇が切れていた。帰宅するなり、ブルースは父親にバレるのを恐れて姿を隠した。腫れを抑えるため、使用人のひとりがくれたゆで卵を目に当てた。怪我をしたのかと弟のロバートに訊かれ、ブルースは誇らしげにこう言った。「たいした傷じゃない！　相手の顔を見せてやりたかったな――折れた歯が口から飛び出したんだ！」ブルースは日記にこう記している。〝中国拳法家ロン・チーチュンの弟子（経験四年）と対戦。結果：勝利（相手は失神〈原文ママ〉、歯が一本飛び出したが、こっちも目に黒あざをもらった）〟

このときの怪我はたちまち両親の知るところとなり、父親はかんかんに怒った。家族に恥をかかせ、格闘なんぞにうつつを抜かすとは何事かと、息子を罵《ののし》った。

フィービーはこう回想している。「鮮明に覚えているのは、ブルースが父に、『僕は勉強が苦手です。でも、格闘は得意だ。戦って名を上げる』と言ったことです」

試合の詳細はたちまち葉問《イップマン》の耳にも届いた。師の反応はブルースの父親と対照的だった。彼は黄淳樑をわきに呼んで褒《ほ》めあげた。「ブルースがひとかどの武術家になったとしたら、それは君が第一ラウンドのあと試合を投げさせなかったからだ」

ブルースはこの勝利に勇気を得て、自信と闘争心を強めた。ますます詠春拳にのめりこんでいった。「成功は自然と転がりこんでくるものではなく、鍛錬して戦って初めてつかめるものだと、あの試合が教えてくれたんです」と、黄が言う。「歩法〔足さばき〕、横蹴り、木人椿《ぼくじんとう》〔人体を模した木製の鍛錬器具〕と、毎日鍛錬を欠かさなかった。全部やりおえると、座って瞑想し、その日の自分を振り返っていた。長いあいだそうやって鍛錬に励んでいました」

腕を上げたブルースは彼を慕うSFXの小集団を教えはじめた。休み時間に運動場で詠春拳を自習しながら、張り切る同級生たちの指導に当たった。ブルースは二度留年していたから、ほとんどの同級生より二歳年上で、〝大兄（兄貴）〟と慕われた。同じ学校に弟が通っていたロルフ・クロースニッツァーは次のように語る。「ブルースには得意の芸当があって、片足立ちのままもう片方の足で、攻撃してくる子たちを受け流した——必要に応じて体を回転させながら。スピードと機動性と体の操縦性が群を抜いていて、近づくとかならず蹴りをもらった」

体育の先生に、ドイツから来た伝道師で元プロボクサーのブラザー・エドワードがいた。彼は休み時間に武術指導が行われていることに気がついた。「転校してきたとき、すぐ拳法家《ボクサー》とわかりましたよ」と、エドワードは言う。「母親はちょくちょく学校へ足を運んでいた。息子に気を配ってほしかったんでしょう」エドワードはブルースをかわいがり、聖フランシス・ザビエルに新設された西洋式ボクシング部への入部を勧めた。親善スパーリングにブルースを誘い、ボクシングのグラブをはめさせた。ブルースは詠春拳の技術だけで相手に引けを取らなかった。「ある日、学校対抗ボクシング選手権が開催されると告知があった」ホーキンズ・チャンが言う。「ブルースと私は学校一やんちゃなふたりと評判だったから、ブラザー・エドワードから出場を打診されました」

イギリス人実業家の子弟だけが通う私立学校キング・ジョージ五世（ＫＧＶ）と、イギリス軍士官の子弟がひしめく聖ジョージの二校が毎年、西洋式ボクシングの学校対抗トーナメント大会を開いていた。中国人とユーラシアンが大半の聖フランシス・ザビエルにとっては〝イギリス人叩き〟の場を路上からリングへ移す絶好の機会だ。前年は聖フランシス・ザビエルからひとりしか出場していなかったが、その代表スティーブ・ガルシアは体重別クラスで優勝を果たしている。ブラザー・エドワードはブルースとロニーという生徒にも、聖ジョージで開かれる五八年大会への出場を要請した。

準備期間は二カ月しかない。エドワードは短期集中講座でボクシングの基本を叩きこんだ。グラブをはめて蹴りが禁じられた試合に詠春拳をどう応用するか、ブルースは黄淳樑にも助言を求めた。「私は彼の弱点を攻め、彼が自分の長所を最大限活用できるよう手引きした」と、黄は語っている。

三月二十九日、十代の生徒約三〇人が家族や友人や同級生を連れて聖ジョージの体育館に集まった。聖フランシス・ザビエルの三人——スティーブ・ガルシア、ブルース、ロニー——以外は全員がKGVと聖ジョージのイギリス人だ。ブルースの階級には出場選手がとふたりしかいなかった。ひとりは前回王者で三連覇中のゲーリー・エルムズ。組み合わせは聖ジョージとKGVの体育教師が決めた。一回戦はエルムズと聖ジョージ代表がぶつかった。ブルースは不戦勝で、勝ったほうと優勝戦を争う。「ブルースは無名だし、エルムズがその階級最強と考えられていたから、体育教師たちはブルースに不戦勝を与えたんです」と、スティーブ・ガルシアが言う。

KGVに通っていたロルフ・クロースニッツァーの記憶によれば、ゲーリーはそれほど技術的に優れているわけではなく、叔父がプロボクサーなのを自慢している向こう気の強い選手だった。「体重はかなり軽くて小柄だったが、私やほかの子たちにしつこく向かってきた。「組み打ちで地面に倒したあと、鼻をつまんで無理やり口に草を押しこみ、『参った！』と言わせようとしたが、彼は絶対に降参しなかった。根負けして立ち上がると、また飛びかかってくる。手に負えないやつだった」

ゲーリーはその日の午後、一回戦に勝利した。夜の優勝戦まで何時間か時間があり、彼もブルースもつねに体を動かして集中力の維持に努めた。ボクシングのトーナメント大会も戦争と同じで、長い退屈な時間の合間に途方もない恐怖の瞬間が差し挟まれる。この空き時間にブルースの友人ホーキンズ・チャンが小さな心理戦を展開した。「チャンプに話しかけて、君が対戦するのはカンフーの達人でゴリラみたいに強いから気をつけろと警告したんです」

長い待機ののち、レフェリーがブルースとゲーリーをリングの中央に呼び寄せて試合前の注意を与えた。

試合開始のゴングが鳴る。ゲーリーは西洋式ボクシングの伝統的な構え。爪先で弾むようにフットワークを刻んでいく。ブルースは詠春拳の構えを取った。見た目にはボクシング対カンフーの異文化対決だ。「外国の〔イギリスの〕生徒が大勢、男も女もブルースに野次を浴びせてきた」と、黄淳樑は言う。電光石火のスピードを誇るブルースは迷わずゲーリーの中心線を攻撃した。詠春拳のまっすぐな短い突きを顔へ連打すると、ゲーリーはなすすべなく後退して、キャンバスに倒れた。しかし、すぐに飛び起きた。最初の攻防が一ラウンド三分制の三ラウンド戦を方向づけた。ブルースは軽く速いまっすぐな突きを連打する。ゲーリーはジャブを一、二発放ち、カウンターを取る。体がぶつかり合ったところでゲーリーが倒れ、またパッと起き上がった。「徐々にブルースが主導権を握り、観客の反応が変わってきた」と、黄は言う。

異なる格闘方式がぶつかるときは、ルールが戦い方を決める。ブルースは試合を優勢に進めていたが、ボクシングの試合で使える詠春拳の技には限りがある。目まぐるしく繰り出される詠春拳の短く速い突きは、素手で行われる狭い路上での戦いを想定して考案されたものだ。ボクシングのリングではグラブの分厚い詰め物で突きの威力が殺《そ》がれる。「何度かダウンを取ったが、八オンスのグラブのせいで、それほどダメージは与えられなかった」と、スティーブ・ガルシアが言う。「詠春拳の押しや投げで倒れたものとしてレフェリーがダウンを取らないこともあった。ブルースは二度注意を受けた」小龍の相手は闘志満々のタフな選手だ。ダウンは取れてもノックアウトには至らなかった。「ゲーリーはブルースのスピードと技術に面食らって、解決の方法を見いだせず、強いパンチを一発も当てられなかった」ロルフ・クロースニッツァーが言う。「しかし、驚くほど立ち直りが早かった。何度かダウンしたのに、毎回立ち上がってきて、全然疲れを見せなかった」

ブルースに全員一致の判定勝ちが宣告されたあと、友人たちは彼が大喜びしていると思って祝福に向かった。ところが若き完全主義者は頭《かぶり》を振っていて、とても自分に満足しているようには見えなかった。「ちくしょう、ＫＯできなかった」ブルースは不満そうに言った。「相手は下がるばっかりだし、グラブをはめていると拳が突き通らない」満足のゆくパワーを手に入れるまで練習を強化しよう、とブルースは誓った。

彼はその後も路上や屋上で戦いを続けるが、組織化された正式な格闘スポーツ大会に出場するのはこれが最初で最後になった。ルールの制約で技の威力が殺がれるのを嫌ったためだ。年を重ね武術家として成長したときも、ボクシングや空手のポイント制大会は敬遠した。挑戦されたときも〝手と手を交差〟させた状態から始める素手の戦いにしか応じなかった。

4

追放

詠春拳《えいしゅんけん》を始めたころ、ブルースは女の子にも興味を持ちはじめた。鏡の前で身なりを整える時間が長くなったことで、ピーターは弟のホルモン変化に気がついた。「髪を整えるだけで十五分かけ、ネクタイがきちんと締められているか確かめていた」

ブルースが周囲の若い女性に目を向けると、多くは好意的な反応を見せた。問題児と評判の、裕福な家庭で育った容姿端麗な映画俳優。上流のパッケージに包まれた危険な香りは、一九五〇年代香港のお堅い女生徒たちをも酔わせる組み合わせだった。まだ保守的で古風な時代だ。「セックスとかしている人はいませんでした」と、『スージー・ウォンの世界』の主演女優ナンシー・クワン（關家蒨）が言う。「キスとデートと恋文だけ」ブルースの姉のフィービーはこう語る。「いまはあのころみたいに抑制されていないけど、当時は男の子の手を握ったら父親に紹介しなければいけなかった。結婚までそんなに遠くないというしるしだったから」

人生初の女友達はマーガレット・リャン（梁葆文）

だ。映画界の名家の出身で、彼女自身も子役をしていた（芸名は文蘭《マンラン》）。母親は映画製作者で、父親は俳優兼監督。彼女が十一歳、ブルースが十三歳のとき、たがいの母親から紹介された。みんなの話を総合すると、ふたりは純粋にプラトニックな関係だった。恋人というより友達に近い。「ああ見えて、思春期のブルースは若い女性の前で気後れしがちでした」弟のロバートが言う。「女性の前に出ると、よく筋肉をひけらかしていた。爪で脂肪をつまんでみてと言い、彼女たちが失敗すると誇らしげに笑うんです」ブルースと同じくマーガレットにも反抗的な一面があり、ちょっとしたお転婆だった。ブルースはよく、「スカートを穿《は》いてスタイルよくしていないと、弟と呼ぶぞ」とからかっていた。

少し大きくなるとふたりでナイトクラブに出かけ、夕食とダンスを楽しんだ。「〈ホテル・カールトン〉や〈シャティン・イン〉、〈ミラマー・ホテル〉の向かいの〈シャンパン・ナイトクラブ〉なんかに、よく踊りに行きました」と、マーガレットは言う。「お金持ちなら自分で支払ったでしょうけど、私たちはいつも割り勘でした」五〇年代の中頃、香港の子たちはビル・ヘイリーの『ロック・アラウンド・ザ・クロック』のような軽快なアメリカン・ポップスに合わせてジルバを踊っていた。『ドラゴンへの道』にも出演したミュージシャンのアンダーズ・ネルソンは、「リトル・リチャードというよりパット・ブーンだった」と言う。エルビス・プレスリーが香港の海岸に降り立ち、ブルースのような十代の若者が髪をグリースで後ろになでつけて青いスエードの靴でくるくる回りはじめるのは、五七年以降のことだ。

ブルースはダンスの名手で、魅力的な友達でもあったから、マーガレットにとって彼との夜のお出かけは楽しい時間だった。最後にまわりと悶着を起こすことがあり、はらはらさせられることもあった。デートの相手がブルースのような強い男だと安心だったのでは、と問われると、マーガレットは肩をすくめて微笑んだ。「まあ、半々かしら。武術に秀でていたのは確かだけど、いつも喧嘩していたから」揉《も》め事が起こった夜、マーガレットは逃走する車の運転手も務めた。「彼の救世主だったの」と、彼女は言う。「喧嘩が始まるたび、近くでエンジンをかけて待っていたわ。彼が飛び乗ったら、アクセル全開！」

　マーガレットと友達付き合いを続けるうち、ブルースはエイミー・チャンという別の子に恋心を抱いた。彼女は後年、白茵《バクヤン》の芸名でアジアに名を馳せる。「ふたりとも使えるお金があまりなかったので、九龍塘《カウロントン》へ行きました。現在のMTR〔香港の地下鉄〕駅があるあたりです」と、エイミーは言う。「あそこの庭には木がたくさんあって。よく木を揺すぶって花を落としたりしていました。黄色と白の、白檀《ビャクダン》みたいな花を」週末には大勢の友人と、午後四時から六時まで重慶大廈《チョンキン・マンション》で〝ティーダンス〟を楽しんだ。あまり有名でない歌手とバンドが出演する、ナイトクラブの〝ハッピーアワー〟という趣だった。

　グループの大きさでブルースは変わったと、エイミーは記憶している。「大勢で楽しんでいるときは、とことん楽しむの」彼女は言う。「でも、まわりに小人数しかいないときは物静かで。理性的に物事を分析し、たとえば善人になるにはどうすればいいかみたいな、人の知らないことを教えてくれた。すごく凛々しくて頼もしかった。その点は間違いないわ」

　ブルースとエイミーは強く魅かれ合っていたが、関係にのめりこむことはなかった。十代のブルースは恋愛感情に慎重で、斜に構えるところがあったらしい。十五歳のとき、愛と男女関係についておどけた詩を書いている。

追いかけると彼女は逃げる
彼女から逃げると追いかけてくる
…………
木から落ち、天から落ちようと
間違っても恋には落ちないこと
お金の値打ちを知りたいときは
借りにいってみたらいい
…………
結婚して一生苦い思いをするくらいなら

愛して失恋するほうがいい

思いが大きいほど落ちたときの衝撃も大きいから

高校時代に恋人と呼べそうな子がいたとすれば、パール・チョーだろう。「ブルースが若いころ、真剣な恋心を抱いた人です」と、弟のロバート・リーが言う。パールとブルースの家族は懇意にしていた。「彼女のお父さんは父の舞台仲間でした」フィービーが言う。「お母さんのエバ・チョーとうちの母は大の仲良しで、まるで姉妹のようでした。これといった用事もないのに毎日うちにやってきて、時間を過ごしていきました」ブルースはエバを〝チョーおばさん〟と呼んで第二の母のように慕い、両親に知られたくない秘密を打ち明けることもあった。ふたりの母は子どもたちの恋の芽生えを楽しげに見守り、将来ふたりが結婚して家族が増えるところを想像した。映画の子役でもあったパールはバレエを習っていた。彼女にいいところを見せようとしたのか、ブルースはダンスを始めた。放課後になると〝練習〟と称し、足しげく彼女の家を訪ねた。

十代のブルースは功夫《カンフー》と同量の情熱をダンスにそそいでいる。午後の多くを近所の佐敦道《ジョーダン・ロード》にある〝涼茶館〟で過ごした。客はハーブティーを飲みながらジュークボックスの音楽に耳を傾け、なかにはダンスに興じる若くエネルギッシュな者たちもいた。この茶館は十代の男女が入り混じって自由にふざけ合える場所だった。ダンスは女性に気後れしないための鍛錬法とブルースは考えていた。

彼はリンディ・ホップからブギウギ、ジルバからジャイブまで最新の流行曲を追いかけて、あらゆる動きをマスターしようとした。「ジャイブが得意でしたね」同級生のデニス・ホーが言う。「惚れ惚れするくらいうまかった」ダンスの多くはイギリス領香港に駐留する英米の軍人と、彼らの需要を満たすハリウッド映画やラジオ局から伝わった（一九五〇年から五三年の朝鮮戦争中は、香港が寄港先だった）。ところが五七年、キューバ発祥のあるダンスがラテンアメリカで大流行し、フィリピン上陸後に香港へ伝わった。チャチャチャ（チャチャチャチャ）だ。腰を巧みに振ってワン・ツー・チャチャチャとトリプル・ステップを踏むこのダンスはイギリス領香港を席巻した。

ブルース・リーくらいチャチャに夢中になって真剣に取り組んだ人間はいなかった。「茶館で人が踊るのをぼんやり見て覚えたのではありません」と、ロバートが言う。「尖沙咀《チムサーチョイ》にダンススタジオを構えて裕福な女性にチャチャを教えていたフィリピン人女性を見つけたんです」宿題の一環として〝チャチャのファンシー・ステップ〟という専用ノートに『バナナ・ボート』や『ラビング&ダブル』など百以上のステップを書き留めた。チャチャとカンフーを融合した独自のステップもいくつか考案し、歯切れのいい新鮮なスタイルを創り上げた。

負けず嫌いのブルースは情熱の対象を友人たちと競い、いちばんたくさん動きを知っているのは誰かを確かめた。「学校にすごく上手なフィリピン人の友達がいたので、いくつかステップを習ってブルースに見せびらかした」ホーキンズが言う。「次に会ったとき、ブルースは新しいステップを山ほど覚えてきた！　あとでわかったんですが、フィリピン人の友達を教えていた先生のところに通ってステップを習ってきたんです。先生のところへ行って、ブルースに教えないでくれと説得しましたよ」

友人を全員負かしたブルースは競争範囲を拡大した。事業に積極的なナイトクラブの後援で〝全香港チャチャ・ダンス選手権〟が開かれることになったのだ。「コンテストの日が待ち切れない感じだった」と、ロバートが言う。「兄がいちばん頭を悩ませたのは、誰をダンスパートナーにするかでした」女友達の数が多すぎ、結局彼は十歳の弟ロバートをパートナーに選んだ。「私を選ぶことで、女性ファンの嫉妬心を煽らないようにしたんです」

負けず嫌いで目端が利くブルースだから、別の動機があったのではという勘繰りもできる。中国人は家族を大切にし、子ども――特に男の子――をありがたがる。愛くるしい弟をパートナーにすればジャッジの心証がよくなり選考に有利に働くと考えたのかもしれない。兄弟は二カ月間、毎日練習した。「ブルースは本当にすばらしい先生でした」ロバートが言う。「私が早く覚えられるよう、三分間のダンスを毎日反復してくれたんです。コンテストの日も、私は全然緊張しなかった」

たしかにロバートは緊張しなかった。魅力的な兄弟がダンスフロアに足を歩み出してチャチャのルーティンを披露する前から、優勝は決まっていたようなものだった。「ブルースはご機嫌でした」ロバートが言う。「行く先々で、写真を回すみたいに優勝旗を友達に見せて回った」若いころ成し遂げたこと――ボクシング大会、比武《ペイモー》、映画の主演――でいちばん誇らしかったのは「香港でチャチャのチャンピオンになったこと」と、ブルースは終生友人たちに自慢していた。

未来の格闘映画俳優の成功にダンサーの素養は不可欠だった。「どちらも体の動きが大事で、ダンスも格闘も流れを途切れさせてはいけないので、このふたつには相通じるものがありました」と、妻のリンダ・リーが言う。偉大な武術家・格闘家でも映画で動いてみたら大失敗ということは多い。路上で有効な技術もスクリーンに映し出されたときは、往々にしてぎくしゃくした動きに見えることが多い。「彼の（映画で見せた）格闘には天性のバランスとリズムが備わっていた」香港の映画監督マイケル・ケイは言う。「もっと複雑なリズムをと、たえず貪欲に追求していた」

一九五五年の〈中聯電影〉解散後、ブルースはなかなか映画の仕事をつかめなかった。多くの子役に当てはまる話だが、彼の十代もつらい移行期だった。愛嬌のある負けず嫌いの浮浪児役には大きすぎ、それまでとちがう役柄に挑んで芸域を広げようとする試みの結果には明暗が分かれる。

いたずら好きの生徒だったブルースが喜劇を試してみるのは自然な方向だった。最初で最後の出演が『詐癲納福』（一九五六年）だ。主演は新馬師曾《サンマーシーチャン》。舞台『两个烟精掃長堤（ふたりの阿片《アヘン》中毒者、堤防を掃く）』で李《レイ》海泉《ホイチュン》の麻薬中毒仲間を演じた俳優だ。この新馬師曾との共演でブルースはふたたび父の影の中を歩く。

『詐癲納福』は年齢を逆にするどたばた笑劇で、新馬師會演じる色男が十六歳のブルース・リー演じる間抜けな十代と服を交換して、嫉妬した男から逃れようとする。新馬師會が子どものふり、ブルースが大人のふりをするうち、ふたりは恋愛模様に巻きこまれ、次第に滑稽の度を強めていく。最後はふたりともお目当ての娘とは結ばれずに終わる。

この映画でひとつだけ面白いのは、後年のカンフー王がばかみたいに口をもごもごさせたり顔を引きつらせたりしているところだ。ブルースが子どものころにあこがれた俳優にアメリカの喜劇役者ジェリー・ルイスがいたが、ブルースは出っ歯から少年水夫の白服や黒い角縁眼鏡までこの名人をそっくり真似ている。

次に出演した大予算映画『雷雨』（一九五七年）で、ブルースは真逆とも言える、悲劇の〝教養ある紳士〟を演じた。彼の演じる周冲は上品かつ誠実、世間知らずで従順で裕福と、どこを取ってもかつての負けず嫌いな孤児の役柄とは対照的だ。自分の家の家政婦に恋し、最後には差し迫った危険から彼女を救おうとして、いっしょに命を落とす。

教養ある紳士の役柄と自身の性質がいわゆる〝認知的不協和〟を起こしたのだろう。作中ずっと着ている中国服の立ち襟のように、彼の演技は堅苦しい。映画は批評家に酷評され、小龍の演技についても〝硬い〟〝不自然〟〝過剰〟と辛口評が並んだ。この作品に期待していたブルースには大きな失望だった。しかし、貴重な教訓でもあった。彼は自身の性格を役柄に投影できる作品でこそ力を発揮する俳優なのだ。

次の『甜姐兒（ダーリン・ガール）』（一九五七年）で小龍はチャンスを得た。主演は女友達でダンスパートナーのマーガレット・リャン。監督は娘をスターにしようと躍起になっている彼女の父親だった。この軽い恋愛コメディでマーガレットは、ひとりの男性をライバルと取り合う甘やかされた金持ちの娘を演じている——当人の人物像ともさほどの乖離《かいり》はない。ナイトクラブの場面、ブルースはたまたま通りかかった洒落者の役で、ドレスシャツにネクタイにセーターベストという服装。マーガレットは恋心を抱く相手に焼きもちを焼かせようと、ブルース扮する男にチャチャの相手

チャチャを練習するマーガレット・リャンとブルース・リー。1957年頃（デイビッド・タッドマン）

『雷雨』(1957)で教養ある紳士を初めて演じるブルース・リー（香港文化博物館 提供）

を願い出る。ずっと前からいっしょに練習してきたふたりならではの軽快なダンスが披露された。ブルースに必要な演技は、マーガレットが恋心を抱く相手が怒ってブルース扮する人物と対決しようとしたとき、やり合わずにおびえて逃げてしまうところだ。実人生でも映画でも、李小龍が戦いに背を向けたのはこのときだけだ。

　次の二年間、ブルースは映画に出演していない。本格的な出演が始まった七歳以降、最長の中断期間だった。似合わない役柄に挑戦して不評を買った結果、お呼びがかからなくなったのか、ラ・サールを退学になって聖フランシス・ザビエルでも相変わらず問題を起こしていたため父親から出演を禁じられたのかは不明だ。確かなことがひとつある。十代の少年にはありがちな話だが、ブルースも父親の権威に日増しに憤りを募らせていた。とりわけ、父親が阿片にのめりこんでいくところを見ていただけに。

　十代のブルースには、彼の当時の精神状態を活写する鮮烈な逸話がひとつある。「大人たちの太極拳の演武を見ていたらむかついてきた。観客を何人か呼び上げて腹を打たせるんだ」ブルースは後日、友人たちに語っている。「その手の演武を見ていたある日、志願した若者がパンチを利かせられなかったときの男の笑い方にカチンときた。男が別の挑戦者を募ったところで自分が上がった。男は笑って、的の腹をさらけ出した。そこでわざと、右の拳を力の限りあばらに打ちこんでやった。ボキッと音がして、そいつは床に崩れ落ち、苦悶のうめきをあげた。生意気盛りの若造だったから、相手を見下ろして笑った。『ごめんよ、当てそこねた。次からは偉ぶるんじゃないぞ』

　イギリスが香港を植民地化したのは、中国人に阿片を売りつけるという明確な目的があったからだ。これは歴史の大きな皮肉だが、一世紀後、植民地政府は立場を逆転させた。中毒者の増加に不安を抱き、一九五九年、阿片の悪影響を根絶するための麻薬禁止諮問委員会を設立した。

　誰に聞いても同じ答えが返ってくるが、底辺の中国人平巡査からピラミッド最上部のイギリス人トップまで、香港の警察は腐りきっていた。阿片の取引を根絶せよとの新たな政府命令は、ブルースの父・李海泉のような阿片屈の所有者や裕福な阿片喫煙者を一網打尽にする好機だった。

「警察のイギリス人大幹部がわが家に部下を大勢引き連れてきて、父の阿片パイプと手回り品を全部テーブルに並べ、イギリスの法律は阿片の喫煙を禁じているとかいうごたくを滔々《とうとう》とまくしたてた」ロバートが回想する。「そいつの目標は賄賂だったが、それを口にしてしまっては身もふたもない。追い詰めれば満足のゆく額を渡してくるだろうという悪だくみです。最終的に母は五〇〇ドル払いました。香港の人が一〇人、何カ月か食べていける金額だった」

李海泉のような誇り高い男がここまで面子《メンツ》を潰されてはたまらない。ここが彼のどん底だった。「あそこで父は阿片をやめる決意をした」ロバートが言う。「母が何年も前からやめるよう言っても、絶対やめなかったのに」

阿片ほど中毒性が高く、禁断症状の激しい麻薬はめったにない。断薬初日は筋肉痛と鼻水、発汗、発熱、動機、不安、不眠に見舞われる。三日目には胃痙攣《けいれん》、下痢、嘔吐、鬱、薬物への激しい渇望に襲われる。海泉は自宅で、昔ながらの漢方を用いた解毒法に取り組んだ——調理した阿片の小片を紹興酒に混ぜて飲み、一週間かけて薬物の量を減らしていくことで、ようやく薬物の習慣を断つことに成功した。「父にとって阿片断ちは大変なことでした」フィービーが回想する。「たびたび下痢に見舞われていました」過酷な試練をくぐり抜けた海泉は二度と阿片に手を触れなかった。

父親の薬物中毒を克服した一家は次にブルースの暴力問題と向き合った。彼は喧嘩を吹っ掛けては詠春拳の成果を試していた。立ち襟とゆるやかなローブの中国伝統服に身を包み、西洋式の服装ばかりの通りをうろついた。ひときわ目立つ格好だ。それを見た誰かが冗談を飛ばしたり、しげしげと見たりするのを待つ。「何を見ている？　何か変か？」たいていの人間は尻込みして謝る。謝らなかった者たちはブルースのパンチを浴びる人形《ダミー》と化した。

三合会が巣食う腐敗した香港警察には、十代の不良少年が売っている喧嘩より優先度の高い問題が多々あった。ところが一九五九年、警察が出動せざるを得ない事件が発生した。ブルースは有力者を親に持つ十代の少年を痛めつけたのだ。少年の両親が警察に出動を求めた。警察は聖フランシス・ザビエルにのりこんで校長に掛け合い、校長がブルースの母親を呼んだ。警官たちはグレイスにこう言った。「あんたの息子がいましていることをやめないと、逮捕するしかない。日がな一日喧嘩を売っているのを見逃すわけにはいかない」

仰天したグレイスは家に帰って夫に報告した。「なんてことだ！　いつまでもこんなことをさせてはいられない！」と、海泉は叫んだ。グレイスは十八歳の息子をわきへ呼び、将来について真剣に話をした。だが、両親がどんなに諭しても、ブルースは喧嘩をやめようとしなかった。このまま香港にいれば、待つのは刑務所だ。映画の役は来ない。年一、二本の低予算映画の端役だけでは食べていけない。香港の一流大学に入れる可能性もない。高校を卒業できるかどうかも怪しい。聖フランシス・ザビエルの成績は四二人中四一番で、素行欄には〝大いに問題あり〟との注釈がついていた。だが、ブルース・振藩《ジュンファン》・リーにはアメリカ市民という、またとない強みがあった。出生地に戻れば、補修《リメディアル》教育を行う高校に通って卒業証書を手にすることも可能だ。地元の大学《カレッジ》に入り、州出身者に適用される安い学費で通えるかもしれない。彼以前にアメリカに渡った何百万人もの移民と同じく、あの国には再スタートを切るチャンス、新しい人生を始めるチャンスがあった。香港では悪の道をまっしぐらだ。環境の変化は好転をもたらすかもしれない。

論理的な方策と思える理由がもうひとつあった。当時のアメリカ人男性には、十八歳の時点で兵役への登録が義務づけられていた。ブルースは徴兵に応じるか市民権を失うかの岐路に立たされていたのだ。

論理は明快だが、もちろんブルースは友達や家族の許を離れたくなかった。これではまるで匙《さじ》を投げられ追い払われるみたいではないか。厄介払いの追放処分だ。「ブルースはいやだったが、父親が有無を言わせなかった」と、ホーキンズ・チャンが言う。「父が怖くて、命令にしたがうしかなかったんです」と、姉のフィービーは言う。「アメリカで苦労させたほうがいい、と父は直観していました」

ブルースも最初は憤ったり恨んだりしたが、激情が薄れてくると、両親の視点で己の状況を考えはじめた。たしかに自分には劇的な環境の変化が必要だ。「あのまま香港にいたら、ギャングの一員になって刺し殺されるのが落ちだった、と彼は言っていました」と、ナンシー・クワンが語る。

ブルースは生まれつき楽観的で独立心が強かった。アメリカへの旅が冒険に思えてきた。将来の詳細な計画を立てはじめた。まず、記録の洗浄が必要だ。「香港市民が外国に出発するときはその前に警察に問い合わせ、経歴に問題がないか確かめる必要があった」と、ホーキンズは言う。「ブルースが証明書を申請したところ、〝非行少年リスト〟に我々の名前が載っているのがわかった。うちに電話をかけてきた。『大変だ、ホーキンズ』と大声で言う。『警察のブラックリストに俺たちの名前が載っている。警察に行って消してもらってくる。お前のも消してもらう』そう聞いて、私は礼を言いました。二、三日してうちへ警察の捜査官がのりこんできて、ギャングとの関係を問いただされた。私の記録を消そうとブルースがしたことで、いっそうまずいことになったんです。記録から名前を消してもらうため、父は捜査官に賄賂を渡さざるを得なくなった。そうしないとオーストラリアの大学へ行けなくなりますからね。あのときは恨みましたよ、ブルースを!」

次にブルースは将来の職業に目を向けた。日誌の一九五八年十一月三十日には〝さあ、次は仕事だ——医者になるか、それとも？　医者になるには猛勉強が必要〟と書かれている。彼は医療分野の仕事に就くことにした。医者のほかに、薬剤師という選択肢もあった。やはり一九五八年十一月の日付がある英語の手紙で、彼は家族ぐるみの友人で医学部に通っていた人物に助言を求めている。〝将来、医学か薬学を学ぶつもりです。この方面に疎《うと》いので、医者や薬剤師になるのに必要な資格を段階的に説明してもらえませんか？　現時点では何も知らない状態ですけど、なんとかなるでしょうか？〟

返事の手紙は紛失したとのことで、どんな助言を受けたかは不明だ。いずれにしても、その返信を読んでブルースは心変わりをしたらしい。歯学部にしようかと考えはじめた。人の歯を折る名人が歯を治したい？友人たちには大受けだった。「彼の目の前で大笑いした」と、ホーキンズは言う。「『お前が歯医者？　お前に任せたら、親の歯は一本も残らないぞ』」

医学にせよ、薬学にせよ、歯学にせよ、勉学中に暮らしを支える方法が必要なこともわかった。生活費は自分が支払うと父親は請け合ったが、追放まがいの仕打ちに傷つけられた自尊心が癒えないままのブルースは父親の力を借りたくなかった。親の手から独立したかった。勉学のかたわら収入を得るため、詠春拳を教える計画を立てた。「現時点でお前に教えられることはそれほどないぞ、と私は答えました」と、ホーキンズが言う。「ふたりともまだ詠春拳の第二套路までしか教わっていなかった」

アメリカ人をあっと言わせるには華麗なスタイルのカンフーを使ったほうがいいとブルースは考えた。父親と親交があった邵漢生《シウホンサン》は北派少林拳の達人で、アクロバティックな跳躍と高い蹴りの名手として知られていた。「ブルースは人の目を楽しませるために北拳を習ったんです」と、ホーキンズは言う。邵はブルースに華麗な動きを教え、ブルースはチャチャを教えるという交換条件が成立した。ブルースが二カ月間、毎朝七時に邵のカンフー・クラブを訪ねて教え合った。邵は後日、冗談交じりに、割の悪い取引だったとこぼしている。ブルースはのみこみが早く、いくつかある複雑な形《かた》をたちまちマスターしたが、邵はチャチャの基本ステップのコツをまったくのみこめなかった。

ブルースの両親はアメリカに行くことで息子が変わるよう願っていたが、彼を不良少年から地に足のついた青年に変えたのはアメリカ追放という〝判決〟だった。「この判決を言い渡されたあと、ブルースは激変した」と、弟のロバートは言う。「〝じっとしていない子〟が急におとなしくなり、真剣に勉強する気になった。家で自発的に、宿題や講座の復習を何時間もかけてやっていた」ブルースは日誌の一九五八年十二月一日に、〝数学と英語（特に英会話）を重点的にやった〟と書いている。素行の変化があまりに劇的だったため、両親は最初、また何か厄介事に巻きこまれたにちがいないと思った。息子が家で勉強をしているのを見て、母親は不安になり、学校に電話をかけて何か面倒を起こしていないか確かめた。父親がじっくり話を聞いたところで、ようやく両親は放縦《ほうしょう》な息子が大人になろうとしていることに気がついたのだ。

武術・格闘技にはさまざまな文化差があるが、そのちがいを超えて共通する基本的な目的が三つある。戦い（戦闘、路上の喧嘩）、スポーツ（ボクシング、総合格闘技［MMA］）、娯楽（演武、プロレス、カンフー映画）だ。東洋の武術にはもうひとつ別のカテゴリーが加わる。精神鍛錬だ。カンフーは動く瞑想法と理解されていた。究極の目標は武術者を悟りに導くことだ。

ブルースは午前中、北派拳法の華麗な技を吸収して練り上げていき、午後には実戦的な詠春拳の研究に没頭した。身体と技術の鍛錬は黄淳樑《ウォンシュンリヤン》の指導を仰ぎ、心と哲学は葉問《イップマン》の薫陶を受けた。ブルースの内面に変革を起こす霊的啓示は葉問《イップマン》の思慮深い指導によってもたらされた。二年後の一九六一年、ブルースはすばらしく洞察に満ちた大学の小論文でその体験を語っている。

　およそ四年にわたって功夫《グンフー》の技を猛練習してきた私は、心の平穏の原理がわかりかけ、感じ取れるようになってきた——相手の努力を中和して己《おのれ》のエネルギーの消耗を最小限にとどめる術《すべ》を。すべては穏やかに、事もなげに行われなければいけない。言うは易し、行うは難し。戦いに突入した瞬間、心は千々に乱れて不安定になる。特に突きと蹴りを何度か交換したあとは、平穏の原理など吹き飛んでしまう。相手をどう打ち負かし、いかに勝利するかしか考えられない。

わが師葉問《イップマン》はよく私に歩み寄り、「脱力《リラックス》して心を静めなさい。己を没してただ相手の動きを追う。あれこれ考えず、相手の動きへの対応は自分の意識に任せてやりなさい。何より、物事にこだわらず平然としている術を身につけること」

そうか！　脱力か。だがそこで、自分の行動が図らずもすでに矛盾していることに気がつく。脱力〝しなければ〟と言い聞かせた時点ですでに〝楽々とやること〟とは矛盾している。私の強い自意識はさらにふくらみ、精神学で言う〝二重拘束《ダブルバインド》〟に陥っていた。師がまた歩み寄り、「自然な流れにしたがい、流れに逆らわないことで自分を守りなさい。相手と真っ向対立するのでなく、相手といっしょに揺れ動いて相手を制する。今週は練習しなくていい。家に帰って、いま言ったことを考えなさい」と言う。

翌週、私はずっと家にいた。瞑想と練習に多くの時間を費やしたあと、あきらめてひとり舟で海へ出た。海上で過去のさまざまな鍛錬に思いを馳せるうち、自分に腹が立ってきて、拳を水に突き入れた。その瞬間、ふとある考えに打たれた。この水こそグンフーの精髄ではないか？　私はいま水を打ったが、水はまったく傷ついていない。一見、弱そうでいて、この世でいちばん硬い物質にも染みわたる。これだ！　水のようになりたい、と私は思った。

舟に寝ころび、道《タオ》との一体を感じた。自然とひとつに融け合った。私にはすべての世界がひとつだった。

この神秘的瞬間は若いブルースに計り知れない影響を及ぼした。カンフーが彼の宗教になった――悟りへ至る道に。自然とひとつになって流れに逆らわず風の中の葦《あし》のようにしなやかであることに重きを置く古代中国の哲学、道教《タオイズム》に、彼は強く魅かれた。後年のブルースに「水になれ、友よ」という有名な言葉がある。自分のかかえる問題は支配する必要や意思を主張する必要から生じていると気がつくくらいには、自分のことがわかっていた。彼は龍《ドラゴン》。炎の因子であり、彼の怒りは周囲の人々を焼き滅ぼす。タオイズムとカンフーがその心を自動的に修正し、炎を静める水の役割を果たしていた。

中国のジョークに〝カンフーは十三歳の男の子を騙して瞑想へいざなう方便〟というのがある。ブルースが武術の道を歩みはじめたのは未熟者のころだった。舟の上で経験した超常的瞬間から、彼はタオイズムの道士のように語ったり考えたりすることが多くなる。内なる二面性、未熟な人格と僧侶のような洞察力の葛藤がその後の人生を特徴づける。

皮肉なことに、香港出発の準備がおおよそ整ったころ、李小龍は生涯有数のすばらしい役柄を打診された。『細路祥』（一九五〇年）で主演を務めて以来、彼はずっと次の機会を待っていた。わき役を務めつづけて九年、ついに彼は『人海孤鴻』（一九五九年）で主演のチャンスを得た。ブルースにはおなじみのプロットだ。彼の演じる阿三《アーサン》は戦争孤児。不良グループで掏摸《すり》をはたらいている。彼は捕まって選択を迫られる。刑務所に行くか、学校に入るか。彼は学校を選び、心優しき校長の指導の下で少しずつ更生していく。かつて属した不良グループから最後の襲撃への参加を強要されるが、それを拒んで片耳を切断される。

ありふれた筋立てだが、ブルースの演技はそれを補って余りあった。向こう気は強いが愛嬌のある浮浪児を演じる年齢ではない。彼は阿三を傷つきやすい不安定な心の持ち主として演じた。とげとげしい言葉を吐いたかと思えば、次には大笑いし、その合間に広東地方の路上で使われる強烈な俗語を吐きつづける。彼のあこがれだったジェームズ・ディーンからこの人物像を形作ったのは明らかだが（『人海孤鴻』は香港版『理由なき反抗』と言ってもいい）、自身のごろつき人生からもいくつかの要素を取り入れている。校長が手を差し伸べようとしても、ブルース演じる主人公はいきなり複雑なチャチャの動きを始めて取り合おうとしない。女性教師が不用意に侮辱の言葉を発したときは、飛び出しナイフを抜いて脅す。同級生たちが必死に彼の手からナイフをもぎ取ろうとし、みんなが折り重なるように倒れる。

『人海孤鴻』は批評家の評価、興行収入ともに上々だった。当時の有力映画評論家ティン・ユットはブルースの演技が主人公に命を吹きこんだと褒《ほ》め称えている。一九六〇年三月三日に未曾有の十一館で封切られた同作はそれまでの興行収入記録を塗り替え、四〇万香港ドルを超える収益を上げた。国際市場に初めて参入する香港映画として、ミラノ国際映画祭にも出品された。

　香港の十代の少年たちはブルース演じる阿三——権威に盾突き、教師と戦い、学校を混乱に陥れる不良少年——の肩で風を切って歩く姿にあこがれ、彼の煙草の吸い方やチャチャ・ダンスを模倣しはじめた。ある高校の校長は心配になって、校門に、〝李小龍が『人海孤鴻』で演じた阿三の真似を禁止する〟という幕を掲げた。

　アメリカへ出発する一週間前、ブルースと姉のアグネスは現地での運勢を見てもらおうと、年配の占い師を訪ねた。老婦人は何千人もに繰り返してきたと思われる予言をした。あなたは将来お金持ちの有名人になる、と。「それを聞いて私たちは笑った」と、アグネスが言う。「でも、そうなるんじゃないかと私はずっと思っていました」占い師からは先行き明るい予言をもらったが、出発の日が近づくにつれてブルースの胃はキリキリ痛んだ。「出発前夜、私が眠りに落ちかけたとき、兄が私の部屋へ来て、ベッドのそばに座り、こう言うんです。『アメリカで勉強してくる。どんなところかよくわからないけど』」と、ロバートは回想する。「兄がため息をつくのも無理はないと思いました。不安だったんです、この先にどんなことが待ち受けているかわからなくて」

　一九五九年四月二十九日午後、ブルースは維多利亞《ビクトリア・ハー》港《バー》へ向かった。十八日間かけてサンフランシスコまで行く高級遠洋定期船SSプレジデント・ウィルソン号の片道切符を、両親は息子に買い与えた。家族のほとんどと何人かの友人が見送りに来てくれた。ひとりいなかったのは父親の海泉だ。「私たち順徳《シュンタック》〔広東省仏山市〕の人間には昔からの習わしがあり、息子が旅立つとき、父親は見送りにいってはいけないのです」と、ロバートが説明する。このとき海泉は、怒りと罪悪感、失望、自責の念、希望が渾然《こんぜん》一体と渦巻くなか、自分は正しい判断をしたのだろうか、この先、次男に再会するときは来るのだろうかと考えながら、自宅で行きつ戻りつしていたのかもしれない。母親のグレイスは波止場で息子に一〇〇米ドルをそっと手渡し、ひとつだけ釘を刺した。ひとかどの人間になるまで帰ってきてはいけない、と。ブルースは約束した――無思慮なことはしない、「成功するまで」帰ってこないと。

乗船開始の合図が鳴り、ブルースは家族と友人、恋人のパール・チョーを抱きしめた。「何年も双子のように寄り添ってきた私たちに、ついに別れのときが来た」と、ホーキンズ・チャンは話す。この場に来られなかった仲良しのひとりにダンスパートナーのマーガレット・リャンがいた。このとき彼女は病院で小さな手術を受けていた。「彼は誰だったかに私へのメモを託しました。〝医者が君を真っぷたつにしますように〟と書いてよこしたんですよ」と、笑いながら彼女は回想する。十一歳の弟はブルースにカードを渡した。〝大好きなブルース兄さん、どうか船の中で悲しまないで。あなたのかわいい弟ロバートより〟。ブルースはこのカードを終生大事に保管していた。

長旅の乗客はリボンを何本か買うのが習わしだった。甲板に立って片方の端を持ち、波止場に残った家族や友人に投げる。船が出発して離れていき、リボンがピンと張って破れるまで、甲板と波止場の両方でそれぞれがリボンの端を握っていた。「兄は船上から五、六本リボンを投げました」ロバートが言う。「私と姉さんたちがそれをつかみ、船が離れていくのを見守った」さよならの手を振るブルースを見ていたホーキンズは、「彼は泣いていた」と言う。リボンがちぎれたとき、母親はこらえきれずに泣いた。そしてブルースは見えなくなり、地球の反対側の未知なる未来へと遠ざかっていった。

第二幕

黄金の山

「父さんは黄金の山に行った
お金を稼ぐために
金銀と一万両を
手に入れてくる
父さんが帰ってきたら
家を建てて農地を買おう」

――広東のわらべ歌（一八五〇年ごろ）

5

アメリカ生まれの息子

一八四八年、カリフォルニアのサッターズミルで金《きん》が発見されると、採掘会社は従順な労働力を世界に求めた。アフリカ人奴隷貿易が廃止され、その遵守が徐々に浸透してきたことを受け、ブルースの曽祖父のような中国南部の苦力《クーリー》貿易商が代替人材の提供にのりだした。すぐに金持ちになれると小農たちに請け合い、弁舌巧みにいい話ばかりを吹きこんで高圧的な契約を結び、船に乗せて太平洋を渡らせた。中国でカリフォルニアは金山《チンシャン》と呼ばれることになる。一八五〇年から五二年にかけてカリフォルニアの中国人の数は五〇〇〇から二万五〇〇〇にまで増えた。

金が枯渇すると、この安価な労働力は一八六三年、セントラル・パシフィック鉄道の建設に雇われた。西部にとっての中国人は、南部にとっての黒人《ニグロ》であり、東部にとってのケルト人だった。カリフォルニアの実業家の目から見た中国人は理想的な従業員だった。市民権を持たずに搾取的な契約でやってきた彼らはヨーロッパ移民に比べて安い賃金でよく働き、組合を作ることも、ストライキすることもめったにない。〝物静かで、争いを好まず、御しやすく、飲酒とも無縁〟と、作家マーク・トウェインは書いている。〝無規律な中国人はめずらしく、怠け者の中国人は存在しない〟

いっぽう白人労働階級の移民、特にアイルランド人は、物静かで御しやすい中国人を迷惑な競争相手と見なして、〝よそ者《ネイガー》〟〝外人《セレスティアル》〟〝細い目の病原体〟と呼び、排除する方法を模索しはじめた。〝アメリカの労働運動は中国人との共通基盤を見いだそうとはせず、ヨーロッパ系移民の労働者を結集して対抗し、一八七〇年には「中国奴隷労働階級の導入でアメリカの労働力を安く劣化させようとする資本家側のあらゆる試みに、我々は断固反対する」と宣言した〟

かつて称賛された中国人労働者が一転、非難の対象となった。デイリー・アルタ・カリフォルニア紙は社説でこう論じている。〝中国人の道徳性は黒人よりはるかに劣悪だ。彼らは偶像を崇拝する——その気質はずる賢く、平気で嘘をつき、その習慣は肉欲的かつ攻撃的。彼らは私たちのようにはなりえない〟。華人街《チャイナタウン》は阿片《アヘン》と売春がはびこる悪の巣窟として描かれるようになった。アメリカ経済が一八七〇年代の〝大不況〟に陥ると、西海岸で爆発的に増加した中国人は脅威の対象になった。その人口は一八八〇年代前半の時点で三七万人に膨れ上がっていた。身体的に健全な労働力の四分の一に相当する。アジア人が大挙して〈新世界〉に押し寄せ白人多数派を転覆させる恐怖を指す〝黄禍〟という言葉が人々の口にのぼった。

一八八一年、白人労働階級の中国人に対する怒りが連邦議会議員を動かし、〈中国人排斥法案〉が提出された。アメリカ合衆国が人種や民族、出身国に基づいてひとつの移民集団全体の排斥を真剣に検討した、初の事例だった。「なぜ差別してはいけないのか？」カリフォルニア州選出の上院議員ジョン・F・ミラーは問いかけた。「アメリカは亜麻色の髪の子たちの美しい声が響き合う国である。私たちは東洋文明という名の壊疽《えそ》による汚染や粗悪化を排し、アメリカのアングロサクソン文明を守らなければならない」チェスター・A・アーサー大統領は対中貿易への悪影響を案じ、この法案を拒否した。大衆は怒りを爆発させた。西部各地で怒れる暴徒が大統領の人形を縛り首にし、肖像画を焼いた。翌年には、中国人労働者の入国を全面的に禁じる妥協法案が提出された。これは連邦議会を通過し、アーサー大統領が署名した。

一八八二年の〈中国人排斥法〉は白人労働者の激情を和らげるどころか、さらに火をつけた。中国人の新たな入国を禁じるだけでは充分でなく、全員排除しなければならない、と。一時期、白人自警団の手で中国人共同体は〝排撃《ドライビングアウト》〟と呼ばれる大量虐殺的な暴力とテロにさらされた。一八八五年のシアトルでは暴徒の手で中国人労働者の大半が無理やり街から退去させられた。商品の廃棄を拒んだ中国人商人六〇〇人が捕らえられ、中国人の流した汗で建てられたノーザン・パシフィック鉄道の駅に集められて、隣のオレゴン州ポートランドへ送られた。さらなる中国人の大虐殺を食い止めるため、陸軍長官がシアトルへ軍隊を派遣する事態となった。

次の六十年間、アメリカの中国人は華人街に隔離を受けた――不信感と軽蔑と差別にさらされる少数民族として。転機が訪れたのは真珠湾攻撃のときだ。一二万の日系アメリカ人がとつぜん一網打尽にされて捕虜収容所に投げこまれ、〝敵の敵は味方〟とばかり、アメリカの中国に対する見方が激変した。中国というなかば植民地化された発展途上国が、ほとんど一夜にして貴重な味方になり、その国民は雄々しい自由の闘士と称えられた。日本に降伏しないよう中国を守り、アメリカ陣営で戦いつづけさせるため、フランクリン・ルーズベルト大統領は一九四三年十月十一日、〝〈中国人排斥法〉を撤廃して、大局観から歴史的な過ちを正し、日本のゆがんだプロパガンダを沈黙させる〟よう、連邦議会に書簡で要請している。

戦後、科学者とエンジニアと医師の増員が必要になったとき、移民法はさらに寛大になり、熟練労働者を例外とした。その結果、華人移民の第二の大波が押し寄せた――ほとんどは高等教育を受けた台湾と香港の〝山の手華人〟だ。第一波が中国人移民による〝黄禍〟の恐怖をもたらしたのに対し、一九六六年にUSニュース&ワールドリポート誌も断じているが、第二波は

〝懸命に働くことで富と尊敬を勝ち取った模範的少数民族〟と、白人国家アメリカに持ち上げさせた。

一九五九年、ブルース・リーはこの第二波のひとりとして客船で太平洋を渡っていた。教育を受け、裕福な家庭に育ち、すでにアメリカ市民権を取得していた彼の成功は、同国における中国人の認識を根本的に変えることになる。

両親はブルースに失望していたかもしれないが、見知らぬ土地へ向かう息子を楽にする努力は惜しまなかった。一九五九年五月四日、ブルースの乗った船が最初の寄港地日本で大阪に立ち寄ったとき、彼が甲板で最初に見た顔は、東京に留学していた兄のピーターだった。〝兄が大阪から電車で東京観光に連れていってくれた〟と、ブルースは友人への手紙に書いている。香港に比べてはるかに進んだ東京を見て、彼は衝撃を受けた。〝東京は西洋の国に負けないくらい美しい街だ。あんなにたくさん自動車が走っているのを初めて見た。東京は興奮に満ちている。香港は大きく後れを取っている！〟この第一印象により、ブルースは生涯日本に称賛と羨望の思いを抱く。

五月十七日、船がホノルルに寄港した際、ブルースは粤劇《えつげき》俳優ふたりの出迎えを受けた。父親の友人たちだ。彼らから裕福な中国人篤志家のタン氏を紹介された。〝小さいころからの知り合いだったみたいに、たちまち意気投合した〟と、ブルースは書いている。〝洪家拳を学ぶ中国武術の愛好家だ。詠春拳《えいしゅんけん》の技術と知識に羨望の念をのぞかせ、もっと長くハワイにいて拳法を教えてほしい、教える場所も探すと言ってくれた〟タン氏は歓迎のしるしとして、一行をホノルル一立派な中華料理店に招待した。そこでブルースは驚嘆した。〝フカヒレのスープ一杯が二五ドル！　自腹では、二五ドルの美食を味わう機会などないだろう〟

生まれながらに社交的なブルースには船上で大勢の友人ができた。〝同じ船室にアメリカ人がふたりいた。ともに法律を勉強しているという。彼らと少し世間話をした〟と、ブルースは書いている。〝チャンさんという学校の友達の兄さんにも会った。基本的になんでも彼といっしょにやった。蔡李佛拳《さいりぶつけん》を学んでいて、詠春拳にも強い関心と称賛を示している〟ブルースは船の楽団員たちとも仲良くなって彼らに強い感銘を与え、一等船室の客にチャチャを教えてくれないかと頼まれた。〝十五分間教えたあと、人命救助訓練の時間が来た。全員、甲板下へ行って救命胴着を着用しなければいけない。まったく煩わしいことだ〟

アメリカを離れてから十八年後の一九五九年五月十七日、〝サンフランシスコを震撼させる男〟という名前を持つブルース・振藩《ジュンファン》・リーは出生地へ帰還した。ぱりっとした黒いスーツに身を包み、明るい色のネクタイを締めてサングラスをかけたブルースを、父親の友人チュワン・ジンホーが波止場で出迎えた。李海《レイホイ》泉《チュン》が一九四〇年のサンフランシスコ公演で訪れたとき、チュワンは大舞臺戯院《マンダリン・シアター》（のちの新聲劇院）で働いていた。ブルースは高校教育を修了するため秋からシアトルに居を移し、夏のあいだはチュワンのところに滞在する予定だった。

チュワンは興奮の面持ちで、サンフランシスコの華人街を案内してくれた。ネオンに照らされた色彩豊かな一帯が南の金融街と北のイタリア人街の間に押しこめられている。サンフランシスコ湾沿いの東は港湾労働者、西のノブ・ヒルは金融街のエリートが集う場所だった。中国食料雑貨店にチャプスイ〔アメリカ風八宝菜〕料理店、派手な土産物屋や凝った装飾の劇場が立ち並ぶ、香港のミニチュア版といった趣の街を見て、ブルースはとまどいを覚えたにちがいない――同じようでいて、何もかもが少しちがう。

ジャクソン通り六五四番地に立つチュワンの小さなアパートメントに着き、部屋に案内されると、そこにはシングルベッドが一台とその左右に家具があるだけだった。狭い廊下の先にバスルームとキッチン。ほかのユニットの住人との共同施設だ。一三人の家族と暮らす香港の居住環境も狭かったが、この空間は重苦しく、閉所恐怖に陥りそうな心地がした。少なくとも故郷の実家には使用人がいた。第三世界の富裕層から第一世界の貧困層に身を落としたショックをブルースは味わっていた。

チュワンがアパートから通りを隔ててすぐの〈クムホム・レストラン〉にウェイターの仕事を見つけてくれた。映画俳優以外に仕事をしたことがなかったブルースはたちまちサービス業に不向きとわかり、一週間続けるのがやっとだった。自分の性格にもっと合った仕事がある。人に教えることだ。それなら自分の魅力を活用し、才能を発揮できる。湾岸地帯《ベイエリア》の中国人が船を降りたばかりの容姿端麗な十八歳から学びたがったのは伝統的な功夫《カンフー》の技ではなく、当時流行していたチャチャの最新ステップだった。

KMTビルや〈クレアモント・ホテル〉、〈ラーニントン・ホテル〉、サンフランシスコとオークランドに数多い町内会館で、彼はダンス教室を開いた。「三〇人くらい集まって、レッスン料はひとり一ドルでした」生徒のひとり、ハリエット・リーが回想する。「彼は私たちが見たことのない動きを披露してくれた。みんな、彼のことが大好きになった。すごく面白い冗談を言うんです。生粋のエンターテイナーでした」

ブルースはチャチャのレッスンの合間に詠春拳の演武を披露して、生徒たちを驚嘆させた。彼の才能に感嘆したひとりにカリフォルニア州アラメダの出身で四十歳の機械工、ジョージ・リーがいた。「あんな速い動きは初めて見た。いやもう、人があんなに速く動けるなんて夢にも思わなかった」

ダンスのレッスンが終わると、ジョージはブルースをわきへ引っぱり、息を切らしながら尋ねた。「いまのはなんていう流派だい？」

「詠春拳」ブルースはそう答えて微笑んだ。

「カンフーを十五年習ってきたが、あんな動きは見たことがない」ジョージは言った。「この先、どうするつもりだい？」

「シアトルに引っ越して学校に通う」

「こっちへ戻ってくることがあったら、生徒を集めて指導員に迎えたい」

秋学期が近づいてくると、兄のピーターがサンフランシスコへ来て引っ越しを手伝ってくれ、弟が困った状況に陥らないよう家族の代表として万全を期してくれた。そのあとピーターは東上し、ウィスコンシン大学に入学する予定だった。並はずれた名誉だ。香港でアメリカの大学に入れる生徒はほんのひと握りだったのだから。ピーターはその後、物理学の博士号を取得し、香港王立天文台の科学者になって尊敬を集める。

ブルースが以前より晴れ晴れとして自信に満ちているのが、ピーターにはわかった。ベイエリアで過ごした夏がいい影響を与えたのだろう。運転免許証を取得し、兵役義務の登録をすませたことで、アメリカ市民としての法的身分も再確認された。チャチャの講習会でポケットに小遣い銭が入り、カンフーの技に寄せられた称賛は職業上の選択肢が広がる可能性もほのめかしていた。

しかし、表面的には威勢が良くても潜在意識には不安があったらしい。「弟と古いダブルベッドでいっしょに眠りました」ピーターが言う。「ブルースは夢を見ていたのか、ときおりものすごい勢いで突きや蹴りを繰り出した。掛け布を蹴りのけたところで、やっと大人しくなった。眠っていても気持ちは張り詰め、緊張していたんです」

不安になるのも当然だった。シアトルでは、かつてつまずいたふたつの問題に直面することになる。ひとつは学校、もうひとつは権威を振りかざす厳格な人物だった。

父の李海泉が巡業でアメリカを訪れ、ニューヨーク市へ赴いたとき、同じ劇団で昔から親しかったピン・チョウ（周少平）が重い病に倒れた。彼はルビー（馬雙金）という中国系アメリカ人女性の看護で健康を取り戻した。シアトル漁港の波止場に生まれたルビーは一〇人きょうだいの長女だった。家族は貧困にあえぎ、男きょうだいは華人街の料理店の裏口をノックしては残飯をもらっていた。幼少期から意志が強く意地っ張りだったルビーは最初の夫と離婚し、マンハッタンに居を移して、そこでピン・チョウと恋に落ちた。

ふたりは結婚してシアトルに戻り、華人街以外で初の中華料理店を開いた。ファースト・ヒル地区のブロードウェイとジェファーソン通りの角に立つ、大きな三階建ての家を住まいに選び、その一階に料理店を構えた。多くの中国人はルビーを見て笑い、そんなところでやっていけるわけがないと言ったが、彼女の店にはすぐに白人のCEOや政治家やジャーナリストが足しげく通うようになった。ほとんど英語を話せないピンが調理を担当し、多弁なルビーは女主人を務めながら、やがて中国人共同体の非公式スポークスパーソンになった。市の警察や移民局の役人を相手に問題が生じると、中国人はルビーのところへ駆けこんだ。彼女は新しい人生を夢見てやってきた中国人移民を、何百人も料理店の上に住まわせてきた。

ピン・チョウの旧友の息子だから、ブルースはチョウ家の末息子マークの子守をときどきするくらいで、あとは賓客《ゲスト》のあつかいを受けるものと思っていた。ところが、彼が押しこまれたのは、かつて階段下の掃除用具入れだった三・七平米のちっぽけな寝室だった。裸電球がひとつに、机代わりの果物の木箱くらいしかない。ルビーはすぐさま彼に、料理店の給仕助手や皿洗い、用務員、下働きといった雑役をあてがった。

ブルースの父・海泉はこんな状況を望んでいた。アメリカに送り出したのは〝苦労をさせる〟ためだ。貧しい境遇で育った海泉は苦労してこそ人は成長すると信じていたが、香港一裕福な一族に育った妻はブルースを甘やかしてきた。目を覚まして現実を知る必要がある。ブルースはホーキンズに手紙を書いてこう訴えている。〝いまは文字どおり自力で生きている。この国に足を踏み入れた日から、父親がくれたカネにはいっさい手をつけていない。放課後にはウェイターのアルバイト。けっこうきついんだ、これが！〟

父親はブルースを追い払ったが、母親のグレイスは生活費の足しにと、内緒でルビーに送金していた——息子を追い払わないでほしいという意味も込めて。自分の息子のことをよくわかっていたからだ。

掃除用具入れのクロゼットに押しこめられて皿洗いを強制されても、それを好きになる必要はない。ブルースはルビー・チョウと目を合わさないことで不快を表明した。中国文化では、若者は年長者の名前に〝おじさん〟〝おばさん〟をつけて呼ばなければならない。

一種の抗議行動として、ブルースは彼女を〝ルビー〟と呼び捨てにした。はなはだしいマナー違反だ。

「〝ミセス・チョウ〟とか〝チョウおばさん〟と呼びなさい」と、彼女は命じた。

「おばでもないのに、どうして〝おばさん〟と呼ばなくちゃいけないんだ?」ブルースはすかさず言い返した。

年長者に対する不遜な態度を見たコックのひとりが大包丁でブルースを脅した。「使うなら使え」ブルースは怒鳴った。「振ってみろ。さあ、やってみろ」ほかの従業員が割って入り、コックを引き離した。

ルビー・チョウも含めて、耳を傾ける全員にブルースは不満をぶちまけた。自分は搾取された年季奉公奴隷だ。これは現代版の苦力《クーリー》貿易だ。「自分の子にはああなってほしくない見本のような子でした」と後年、ルビーは語っている。「野蛮で、節度に欠けて。敬意というものを知らない子でした」

皿洗いをしながら料理店の上で暮らした三年間、二人は敵意をむきだしにした。ブルースは彼女を「鬼《ドラゴン・》婆《レディ》」と呼んだ。しかし、反抗を受けながらもルビーはブルースの人生に一種の骨格を与えた。彼女の許《もと》を去るころには、ブルースは甘やかされた街の不良から、ひとかどの人間になろうと決意する大人に生まれ変わっていた。

ブルースは毎朝、ブロードウェイを歩いて、東オリーブ通り八一一番地に立つエディソン工業高校に通った。高校生より年齢が上の生徒に職業訓練と成人教育を提供する学校だ。生徒の多くは二十代半ばの退役軍人で、高校の卒業証書を手に入れて手に職をつけたいと思っていた。香港にいたころとはちがい、目的を得てやる気を起こしたブルースは一念発起して数学と理科を克服し、そのうち歴史と哲学が好きになってきた。兄のピーターとちがい学問でトップになることはなかったが、四点満点の成績は平均二・六点を維持し、十八カ月で高校の卒業証書を手に入れた。つい二、三年前には家族の誰も可能とは思わなかった快挙だった。

シアトルへ来て最初の数カ月、おもな課外活動は〈チ

シアトルでルビー・チョウのレストランの外に立つブルース・リー。1960年頃（デイビッド・タッドマン）

ャイニーズ・ユース・クラブ〉だった。ここに入会したのは師範のフック・ヤングが父親の友人で、ブルースは彼を叔父貴と慕っていたからだ。フックはカンフーの諸流派に造詣が深く、ブルースに蟷螂拳《とうろうけん》と鷹爪拳《ようそうけん》と太極拳の基本を教えてくれた。香港を発《た》った時点でブルースは詠春拳を三年しか習っておらず、何十人もの弟子を持つ葉問《イップマン》門下で自分は六番目だと思っていた。最大の野望は、アメリカで腕を磨き、香港に帰ったとき一番になっていることだ。ひとつ問題があった。どちらかと言えば無名の詠春拳を修めた人間は、アメリカではひとりもいなかった。ブルースが香港を離れているあいだに同門の弟子たちは腕を上げていく。自分の不利を手っ取り早く補うために、他流派の奥義を探り、それを組み合わせて超越的な格闘方式へ練り上げようと決意した。カンフーで世界一になりたい。

〈チャイニーズ・ユース・クラブ〉で、もうひとつの情熱の対象であるダンスも練習した。カンフーに傾倒してはいたが、チャチャのほうが面白いと思うこともときにはあった。〝空き時間はもっぱら勉強と詠春拳の練習に充てている〟と、彼は友人のホーキンズ・チャンへの手紙に書いている。〝ときどき南米人がひとりやってきて、ものすごく洒落たステップを教えてくれるから、お返しにこっちも教えるんだ。彼のステップは本当にエキゾチックで、うっとりするくらいだ！〟ブルースが何に夢中になっているかは手を見ればわかった。木人椿《ぼくじんとう》と呼ばれる木の人形《ダミー》を拳で叩いているせいで右手は大きくなり、大きなたこもできていたが、左手は無傷でほっそりしていた。「ダンスのために取ってあるのさ」と、ブルースは友人たちに冗談めかした。

　ブルース・リーがアメリカに来てから人前で初めて武術を披露したのは一九五九年、シアトル海洋フェアでのことだ。アナウンサーが観衆に、演武の前にチャチャの実演をご覧に入れますとアナウンスした。ブルースは若い女性パートナーを伴いサッシェイのステップで壇上に上がった。ふたりは観衆がそわそわしはじめるまで二十の異なるルーティンを優雅に踊り切った。次は〈チャイニーズ・ユース・クラブ〉による演武だ。

最初に上がったのは体重九〇キロの巨漢で、伝統的な形《かた》を力強く演じ、司会者が一つひとつの技術と目的を解説していった。最終演者はブルース・リーと司会者が告げ、カリフォルニア州から来たばかりと紹介した。ブルースは複雑な手の動きを連ねた南派蟷螂拳の美しい形《かた》を演じ、指関節をポキッと鳴らして動きを強調した。

　観衆のなかで最も興奮と感銘を覚えたのはジェシー・グラバーという若いアフリカ系アメリカ人だった。シアトル育ちのジェシーは酒に酔った人種差別主義者の警官に警棒であごを割られたのがきっかけで武術の習得を渇望した。復讐を果たしたかったが、十代の黒人に教えてくれるアジア系の指導者が見つからない。空軍に入隊してドイツのラムシュタイン空軍基地に駐留中、ようやく正式に柔道を習うことができた。二十代半ばに兵役を終えて帰還すると〈シアトル・ジュードー・クラブ〉に入会して黒帯を取得し、師範代になった。つい先日、カンフーに魅せられたが、やはり弟子にしてくれる人が見つからない。運命のいたずらか、ジェシーの住まいはルビー・チョウの料理店からわずか四ブロックのところで、彼もエディソン工業高校に通っていた。

　ブルースとつながりがあることを知ったジェシーは毎朝かならず彼より先に学校へ向かった。電柱が出てくるたび、後ろから来るブルースを意識しながら電柱にパンチと蹴りを入れた。何日かこれを繰り返したが、なんの反応も返ってこない。とうとう勇気を振り絞って、「ブルース・リーか？」と声をかけた。

「ブルース・リーだ。何か？」

「カンフーの練習をしている人か？」

「ああ」

「教えてくれないか？」と、ジェシーは尋ねた。心臓が口から飛び出しそうだった。返事をためらうブルースに、ジェシーはこう続けた。「どうしても学びたい。教えてくれる人を探しにカリフォルニア州まで行ったけど、見つからなかった」

　ブルースはしげしげとジェシーをながめ、この願い出を頭の中で天秤にかけた。アメリカで詠春拳を教える計画に友達のホーキンズが疑問を投げて以来、ずっと聞くことを夢見ていた言葉だ。しかし、初めて真剣に入門を願い出てくるのがアフリカ系アメリカ人とは思ってもみなかった。何世紀も前から、外国人にカンフーを教えてはならないという不文律があった。敵になるかもしれない人間に秘密の武器を分け与えるなどもってのほかだ。純粋な中国人でないとわかったとき、ブルースも葉問《イップマン》の学校から追い出されそうになった。そんな風潮も変わってきて、サンフランシスコにあるひと握りのカンフー・スタジオはおしるし程度に白人の入門を許可しはじめていたが、黒人の弟子を取るところはなかった。ジェシーを弟子に受け入れたら、ルビー・チョウのような保守的な中国優越主義者から批判されるに決まっている（案の定、ブルースがアフリカ系アメリカ人を弟子にしたと知ると、彼女は、「黒人にいろいろ教えているそうね。彼らがそれを使って中国人を叩きのめそうとしたらどうするの」と、強く非難した）。

「やるなら、人目につかない場所で行う必要がある」と、最後にブルースは答えた。

「うちのアパートはどうだろう」と、ジェシーが提案した。

「ひとり暮らしか？」

「ルームメイトがふたりいる」

「教えるとき、そのふたりには出ていってもらう必要がある」

「俺が追い払う」

放課後、ルビー・チョウの料理店へ帰る道すがら、ブルースはジェシーにカンフーの歴史をかいつまんで説明した。店に着いたとき、ブルースはジェシーを招き入れなかった。「黒人をよく思わない連中もいる」ブルースは感情を交えずに説明した。「外で待っていてくれたほうが、みんなにとって都合がいい。これから仕事をして、六時に君のアパートへ行こう」

ジェシーのアパートは七丁目とジェイムズ通りが交差する南東の角にあり、ブルースは約束の時間どおりに到着した。ほかに誰もいないのを確かめたところで、彼はジェシーに言った。「じゃあ、始めよう。格闘技を習ったことは？」

「空軍でボクシングを少し。いまは柔道を習っている」

「ボクシングも柔道もあまりよく知らない」と、ブルースは言った。「君の柔道を見せてくれないか？」

ジェシーはまず大外刈りを見せた。ブルースが少しは抵抗すると思ったのに、なんの抵抗もしなかったため、思ったより強く倒してしまい、ベッドの鋭い金属の角に頭をぶつけそうになった。まともに当たっていたら、命を落としたり重傷を負ったりする可能性もあったのだが、ブルースはなんの反応も見せなかった。

「悪くない」彼は淡々と述べた。「しかし、投げるために相手をつかむ必要がある点が気に入らない。いまから詠春拳を見せよう。どんなやり方でもかまわないから、思いきり打ってこい」

ジェシーは最大限のスピードでジャブやフック、力を込めたストレートを放ったが、ひとつも当たらない。ブルースはすべてブロックして右の拳を返し、ジェシーの顔の前で止めた。長い間合いからのパンチは全部止められると実証したあと、ブルースは接近して行う黐手《チーサオ》を教えた。彼の手が自分の手に触れるたび、ジェシーは何もできなくなった。前へ押そうとすると、動きをそらされる。引き戻そうとすると、ブルースの拳が顔を突く。「意のままに操られた」と、ジェシーは回想する。「可能と思ったことさえなかったことが、彼にはできたんだ」

ブルース・リーは最初の弟子を〈カンフー教〉に改宗させた。

その夜からふたりは分かちがたい間柄になった。毎日、昼休みは金属階段の下で、放課後はジェシーのアパートで練習した。ブルースには友達と練習パートナー、ジェシーには師匠が見つかった。一カ月後、ジェシーから、ルームメイトのエド・ハートにも教えてやってくれないかと持ちかけられた。エドは体重九〇キロの元プロボクサーで、長く酒場の用心棒を務め、右でも左でも相手をKOできたが、ジェシー同様、ブルースとの最初のレッスンでは手も足も出なかった。ブルースは易々《やすやす》と彼を動けなくした。

ジェシーはブルースにとって最高の宣伝係だった。自分の新しい先生がどんなにすごいか、のべつ幕なし、ところかまわず話して回った。たちまち、彼が師範代をしている〈シアトル・ジュードー・クラブ〉の生徒たちから教えてもらえないかと問い合わせが来はじめた。そのひとりにスキップ・エルズワースがいた。アメリカ先住民居留地でただひとりの白人として極貧の暮らしを送り、毎日先住民の子たちと戦ってきた男だ。「まずブルースがほんの少し自分のカンフーを実演し、その途中、両の掌で私の胸を強打したら、体が浮いて後ろへ三メートルくらい吹き飛び、壁に激突した」と、スキップが回想する。「あんな目に遭ったのは初めてだった。熱狂的な信者になるのに二秒くらいしかかからなかった」

ブルースはエディソン工業高校の〈アジア文化感謝デー〉に〝カンフー〟の演武を行い、カンフーの意味がわからない人のために講堂の外にポスターを貼って中国の武術と説明した。生徒が四〇人くらい集まり、ブルースはスーツにネクタイで眼鏡をかけて壇上に上がった。一見、典型的な勉強ひと筋の中国人青年だ。彼は香港式の発音で、巷《ちまた》に伝承されてきたカンフーの歴史を簡単に説明した。外国人が中国人に対して使えないよう、カンフーは門外不出になっていること、仏教僧は動物や昆虫の戦い方をベースに必殺の武術を磨いてきたこと。ブルースはまず手を鉤爪の形にして広げる鷹爪拳の構えを見せ、そこから前腕をカマキリのような形にして攻撃する蟷螂拳に移行し、次に腕を翼のように広げて脚を防御の位置へ持ち上げる白鶴拳《はっかくけん》、そして最後に、敵の喉や睾丸を引き裂く〝白猿偸桃《はくえんとうとう》〟の動きを披露した。

「美しい演武で、バレエとパントマイムを足して二で割ったような感じだった」ジェイムズ・デミールが回想する。「でも、格闘術には見えなかったし、ブルースは喜劇俳優のドン・ノッツ程度しか強そうに見えなかった。観衆から忍び笑いの声が漏れはじめた」

ブルースは微動だにせず、険しい表情を浮かべた。観衆がしんと静まり返る。ブルースは薄ら笑いを浮かべていたデミールを見据え、「君は戦えそうだ。上がってこないか？」と呼びかけた。

自分の優位を示そうとする刑務所の新顔のように、

ブルースはいちばんたちの悪そうな男を選んで挑戦を呼びかけた。デミールはこのとき二十歳で、体重は一〇〇キロくらいあった。実際、彼は戦士だった。ボクシングでチャンピオンになったし、路上の喧嘩屋としてギャングを束ね、出歩くときはかならずポケットに拳銃を入れていく。このときは保護観察中だった。

　デミールがステージに飛び上がると、ブルースは説明した。これから詠春拳という自分の格闘方式をお見せする。四百年以上前に仏教の女僧が編み出した拳法で、接近戦を得意とする。説明が終わったところで、ブルースはデミールに向き直った。「準備ができたら、左右どちらの手でもかまわない、全力で打ちこんできて」

　デミールは自分の一撃で小柄な中国人青年が死んでしまうのではないかと心配になった。だが、心配の必要はなかった。ブルースはジェシー・グラバーとエド・ハートに実証したことをデミールにもやってのけた。赤ん坊を相手にしているかのようにすべてのパンチを易々と払いのけて突きを返し、デミールの鼻先数ミリで止めた。屈辱のおまけとばかり、最後にデミールの両腕を片手で絡め取り、もう片方の手で額を打った。「どうです？」とブルースは問いかけ、観衆から笑いを取った。

「巨大なハエ取り紙に捕まったみたいに何もできなかった。スローモーションの悪夢を見ているようだった」と、デミールは回想する。「演武が終わると、わずかばかりの自尊心をのみこんで、その技を自分にも教えてくれないかと願い出た」

　ジェシー・グラバー、エド・ハート、スキップ・エルズワースの三人に、ジェイムズ・デミールとリロイ・ガルシアが加わった。ガルシアは灰色熊を思わせる若き巨漢で、あの実演を見ていたひとりだった。自分が呼び上げられなかったことに感謝していただろう。次の数カ月でエディソン工業高校と〈シアトル・ジュードー・クラブ〉から、労働者階級《ブルーカラー》の若者がまた何人か加わった。タック・ミヤベ、チャーリー・ウー、ハワード・ホール、パット・フックス、そしてジェシーの弟マイク。中国武術史上最も多人種な弟子集団だ。白、黒、褐色、黄色と、肌の色もそろっていた。

最後に加わったのがターキー木村《キムラ》だ。三十歳で、八丁目とマディソン通りが交差するところにアジア系向けのスーパーマーケットを所有していた。この一団の多くがそうだったが、ターキーも子どものころ、心に深い傷を負っていた。第二次世界大戦時、日本人捕虜収容所に監禁されたためだ。「収容所に送られるまで、自分は白人だと思っていた」と、ターキーは回想している。「アイデンティティを奪われた。白人でなく、自由の身でもなく、アメリカ人でないとしたら、いったい自分は何者なのか？　収容所を出たあと路上で暮らすようになった。酒は飲まなかったけどね。生きているのが恥ずかしく、あちこちを転々とした。そしてやっと自分の店を持てるようになった。そんなとき、店の近くの駐車場で中国人の子がカンフーを教えているという話を耳にした。そこで見た彼は誇りに満ち、そこかしこで大きな白人を易々と倒している。何かに興奮するのは十五年ぶりのことだった。それで鍛錬を始め、永遠に失ったままだと思っていたものを少しずつ取り戻しはじめた」

ブルース率いる一団は広い空間さえあればどこででも練習した。公園や駐車場、雨が降れば地下の駐車ガレージも使った。たまにはルビー・チョウの店の裏で練習することもあり、そのときは非常階段に木人椿《ぼくじんとう》を固定した。人形《ダミー》を打つたび、衝撃で古い木柱が揺れて大きな音が響く。ルビーと年配のコックたちが声高にこぼす不平を耳にして、ブルースはほくそ笑んだ。

非公式の教室だから授業という意識も薄い。みんなブルースを師傅《シフ》〔先生〕とは呼ばず、ただブルースと呼んだ。ブルースは授業料を取らず、教えるというより、むしろ彼らを利用して自分のカンフーの完成を目指した。「みんな、ブルースの練習台だった」と、ジェシーはコメントしている。「彼は自分の腕を磨くのに夢中で、のみこみの悪い者を辛抱強く教えることはまずしなかった」初心者に手ほどきをせず、大学院生にだけ研究と発見を手伝わせる、若き天才教授といった趣だ。

発見のひとつにいまでは有名な寸打《ワンインチパンチ》があった。ブルースは常々、至近距離からの突きの威力を高めたいと考えていて、その距離をどんどん縮めていった。体の連係とタイミングに取り組み、どう回転力《ねじり》を伝えれば最大の加速度が生まれるかを学習していった。「練習するたび突きが強くなっていた」と、ジェシーが語る。

ある日、寸打の噂を聞きつけた体重一〇五キロの巨漢がブルースに近づき、「その距離からどうしてそんな力が出るのか、俺にはわからない」と挑発した。

「見せてあげようか」ブルースは微笑んで言った。

次の瞬間、男は顔に恐怖を貼りつけたまま二メートル半ほど吹き飛んだ。壁に激突して床に崩れ落ち、「わかった、わかった」と言うのが精一杯だった。

仲間になった屈強な若者たちはブルースを愛し――なにしろ、新進気鋭の天才から世界最高峰の指導を無料で受けていたのだ――その愛情にブルースも応えた。「ブルースにしてみれば、あれだけ腹を割って付き合えた仲間はあとにも先にもなかったと思うよ」と、スキップ・エルズワースが言う。「あれだけ彼のことを大切に思う仲間もだけど」結束力の強い一団は練習前後もよく行動を共にした。しょっちゅう映画を見にいった。ブルースは香港のカンフー映画と日本のサムライ（チャンバラ）映画を紹介したが、ジェリー・ルイスが喜劇の天才というのは納得してもらえなかった。「私はコメディが大嫌いでね」ジェシー・グラバーが回想する。「だから、最後は分かれて別々の映画を見にいった」

練習後は華人街のサウス・キング通り六五五番地にある〈大同飯店《タイトン・レストラン》〉によく行った。「手持ちのカネで食べられる料理がかならずあって、ありがたかった」と、スキップが言う。ブルースは食欲旺盛で、いくら食べても太らなかった。口もよく回った。話題はカンフーと哲学とチャチャ、そして香港だ。香港の情景やいつかいっしょに訪れたときに行くつもりでいる場所を言葉で説明し、そうすることでホームシックを克服していた。人生の目標についてジェシーと議論するのも好きだった。

「金持ちになって名を轟《とどろ》かせたい」と、ブルースは事あるごとに口にした。「世界一の武術家にもなりたい！」

「俺は幸せでいられたらそれでいい」と、ジェシーは返した。「いい人生はカネで買えるものじゃない」

「買えるさ」と、ブルースは主張した。

「幸せな金持ちをひとり挙げてみろ」ジェシーはわざと挑発した。

「正気か！」ブルースは怒鳴った。「頭のネジが外れてるぞ！」

ガムの消費量についてもジェシーはブルースをからかった。なにしろ、一日四箱だ。

「奥歯が虫歯になっている」ブルースは説明した。「ガムを噛むと痛みが和らぐんだ」

「おいおい、正気か？」と、ジェシーは言った。「ガムを噛んでいたら悪くなるいっぽうだ。歯医者に行けよ」

「歯医者は嫌いなんだ」と、ブルースは言った。ジェシーに何週間かなだめすかされ、ようやくブルースは歯に詰め物をしてもらった。

ブルースはお洒落が好きだった。二、三センチ背が高く見えるからとキューバン・ヒールの靴を履いた。アメリカに来たとき、とっておきの所持品は父親がくれたアライグマの毛皮のコートだった。友人たちに流行遅れと言われるまで、どこへ行くにも着ていった。指摘を受けたとたん、防虫剤入りの箪笥《たんす》にしまいこまれるのだが。

いたずら好きのブルースはいちばん洒落たスーツでめかしこみ、生徒たちをボディガードに颯爽《さっそう》とダウンタウンの料理店へ入り、中国大使の息子を演じた。「ブルースは英語ができないみたいに振る舞う」ジェシーが言う。「ハワードとエドと私は、彼の意思をウェイトレスに伝える芝居を打つ」

アメリカに来た当初、英語は越えなければならない最大の難関だった。堪能だが流暢ではない。頭の中で広東語から英語にたえず移し替えていた。興奮すると、ある種の言葉や音節につまずく。「私の名前をつかえずに言えたためしがなかった」と、ジェシーが言う。「いつも〝J〟の音を何度か繰り返してから、ようやく残りを吐き出した」ブルースは自分の吃音《きつおん》に神経質だった。そのことで彼を笑うような、度胸のある人間はいなかったが。生徒たちと絶え間なく交わす雑談は一種の集中訓練だった。英語はぐんぐん上達したが、完全にマスターしたとは言えなかった。

荒くれの生徒たちからアメリカの大事な文化をもうひとつ伝授された——銃の知識だ。リロイ・ガルシアとスキップ・エルズワースから拳銃、リボルバー、ライフル、ショットガンの撃ち方を教わった。持たされたのは黒い握りのコルト二五口径セミオートマティック拳銃だ。「ブルースはあれが気に入った」と、スキップが言う。西部劇のガンマンのように銃身九インチの三五七口径銃をひもで腰に結わえ、30‐06弾を手にカウボーイハットをかぶる。関心の的は狩りより早撃ちにあった。リロイとよく空包で練習した。しばらくするとリロイがやりたがらなくなった。空包でもかなり痛いし、勝つのはいつもブルースだったからだ。

この仲間たちも車の運転はうまく教えられなかった。リロイ・ガルシアが自前の小型フィアットで練習させてくれた。「カンフーは得意なのに、運転はひどかった」と、ジェシーが言う。「彼と乗るたび、この世の見納めかと思った」ブルースの運転は乱暴で、不注意なこともよくあった。前の車に急接近して後ろにぴったりつき、周囲に充分なスペースがないままとつぜん追い越しをかける。大きな事故を起こさずにすんだのは、幸運と神懸かり的な反射神経のおかげだった。二、三年前から、彼はスポーツカーが欲しくてたまらなかった——自分のイメージの総仕上げだ。「いつも車のことを考えていた」と、ジェシーが言う。「一日に一回はその話をしていたよ」有り金をかき集め、ついに一九五七年製のフォードを買った。よほど誇らしかったのか、洗車しすぎて塗装を剝がしかけた。

しかし、生徒たちからの最大の贈り物は、格闘家として進化を余儀なくされたことだったかもしれない。アメリカに来たころは中国のカンフーに固執し、その優越性にも自信があった。だが、アメリカ人の体格という現実を前に対応を迫られた。葉問《イップマン》の学校では通用した技が、身長で二〇センチ、体重で四〇～五〇キロ上回る相手には不発に終わることもあった。生徒は歴戦の喧嘩屋や格闘家ばかりで、アメリカの格闘事情についても彼らから手ほどきを受けた。柔道の投げや絞めも有効と気づき、ボクシングのパンチの威力やしなやかなフットワークの長所を認識した。ピュージリズム〔プロボクシング〕の熱烈なファンになり、名王者たちの動きを盗みはじめた。モハメド・アリのフットワークと間の取り方、シュガー・レイ・ロビンソンのボビングとウィービング。この時点ではまだ自分をカンフーの武術家と考えていたが、東洋と西洋のエッセンスを融合させる試みはすでに始まっていた。生涯を通じこの取り組みは続き、それが彼独特の技法につながり、やがて格闘技の世界に新しいパラダイムをもたらすことになる。

ブルースと陽気な乱暴者たちは相変わらず公園や駐車場で練習を続けていたが、この小柄な中国系青年にどんなことができるか、噂が広がりはじめた。彼らが練習していると人が集まるようになり、レッスンに参加したいと願い出る者も出てきはじめた。アメリカに到着してからブルースはダンスのレッスンで稼いでいた。ここで、はたと気がついた。カンフーでも同じことができるのではないか。そのためには定まった場所が必要だ。みんなでお金を貯め、それで支払える唯一の物件を借りた。華人街の荒れ果てた一角、サウス・ウェラー通り六五一番地に立つ二階建ての店舗だ。通りを隔てた店には放浪の民が暮らし、近くの空き地には仕事を求めてあちこち渡り歩く路上生活者がキャンプを張り、三軒隣の廃屋化したホテルにはホームレスが住み着いていたが、ブルースたちはこの上なく幸せだった。「天下を取った気分だったね」と、スキップ・エルズワースが言う。

ブルースはこの空間を伝統的な國術館〔カンフー学校〕ではなく、個人的なクラブと考えていた。創立メンバー一〇人が月に一〇ドル出し合って一〇〇ドルの賃料を賄い、その代わりに指導は無料で受けられる。彼ら以降の入門者はブルースに直接指導料を払った。練習は一一平米ほどの一階で行い、外を通りかかった人が見物できた。二階の広い部屋が創立メンバー憩いの場だ。渡米から一年たらずでブルースはカンフー・スタジオの開設にこぎ着けた。船から降りて間もない十九歳としては目覚ましい業績と言っていい。

入門者を増やそうと考えたブルースは父親に倣《なら》って各地を巡業し、舞台でカンフーショーを催した。彼の率いる一団はさまざまな催しで演武を行った。国際見本市、海洋フェア、国際展示会、シアトルとバンクーバーで開かれる中国式新年祝賀会、フリーモント・ストリート・フェア、ユニバーシティ・ストリート・フェア。観客を楽しませながら売りこみたいと考え、弟子たちにカンフー服を着せて、壇上でお辞儀をさせ、師傅《シフ》と呼ばせた。さまざまな観客の前で演武していくうち、徐々に壇上の人格《ペルソナ》が出来上がってきた——ユーモラスで哲学的だが、ちょっと怖そうな人物像だ。この先もそこに少しずつ変化を加えていくことになる。

にぎやかで楽しい時間だった。ひとつだけ、彼らには心配があった。ブルースが暑さに弱いことだ。「照明がステージで熱せられてブルースが汗をかきはじめると、心配になった」と、ジェシーが言う。「体が過熱すると技の制御が利かなくなって、そんなときはよく息を詰まらされた」バンクーバーでの演武中、ジェシーは四、五回誤射を食らった。こめかみはズキズキし、唇が腫れ上がり、鼻血が噴き出るなど、散々な目に遭った。

シアトルでは喧嘩の相手を探しにいったりしなかったが、逆に喧嘩を吹っかけられたときの自制に苦労した。ときどきそんな輩《やから》が現れたのだ。ブルースの生意気そうな歩き方は人目を引き、中国人が歓迎されない場所でも彼は平気で歩いた。白人の女の子とデートしていたある晩、男が四人近づいてきて人種差別的な言葉を吐いた。ブルースは激怒し、全員ぶちのめそうとしたが、デートの相手に引き離されて、なんとか事なきを得た。弟子といるときに侮辱されると、ただではすまさなかった。二三丁目とマディソン通りが交差するあたりに〝黒人専用〟のビリヤード場があり、ブルースとスキップは一度、常連客といざこざになった。

ふたりはモンタナ州のカウボーイが集まる安酒場でも小競り合いを起こしている。「ブルースはどんな衝突も三、四秒で片づけた」スキップが言う。「格闘家としての実力は抜きんでていたよ」

公の場で催す演武も衝突の原因になった。ブルースは演武中に競合する武術や格闘技を分析し、歯に衣着せず批判した。ブルースの門下に生徒が加わるたび、弟子を取られた武術指導者が激怒した。信奉者にとっては思わず付いていきたくなる魅力的な男だったが、けなされる側の目には利己的で不遜な人物としか映らなかった。

そんなひとりにヨウイチ・ナカチがいた。エディソン工業高校の同級生で、二十九歳の日本人だ。ブルースは高校で初めて演武を行ったとき、日本の空手のような剛直な動きは中国のカンフーの柔らかい動きにはかなわないと主張した。空手の黒帯で路上の格闘経験も豊富なヨウイチはそれを聞いて憤慨した。シアトルの日本人街に近い公団住宅地イェスラー・テラスでブルースが行った次の演武に、ヨウイチは友人をひとり連れてやってきた。演武終了後、その友人が舞台裏へ来て、ヨウイチの挑戦の意を伝えた。めずらしくブルースはためらい、受けなくても悔しくないかと仲間に確認した。君の強さをいまさら証明する必要はないという答えが返ってきたため、ブルースは挑戦を拒絶した。

それから何週間か、ヨウイチは学校でブルースを挑発した。カフェテリアで彼を見て嘲笑《あざわら》い、廊下で体をぶつけてきた。中国系のほかの生徒が何人かブルースのところへ来て、あのごろつき日本人と戦わないのなら、自分たちがやると言った。「挑発に乗る気はない」と、ブルースは返した。

ヨウイチは図に乗りすぎた。学校の地下のラウンジで〝ブルース・リーよ、病院へ行きたければ俺のところへ来い〟と書いたメモを友人に持たせ、ブルースのところへ送り出したのだ。ブルースはラウンジを出ると、授業を終えたジェシーが出てくるのを待った。口もきけないくらい怒り狂っていた。

「どうした？」と、ジェシーが訊く。

「あの野郎、ぶちのめしてやる」ブルースは口角泡を飛ばした。「セコンドについてくれないか？」

「わかった」とジェシーが応じ、ふたりで地下のラウンジへ向かった。

「ここの三階でやりたい」

「そいつはどうかな」ジェシーは逡巡した。「退学になるかもしれないぞ」

「たしかに」ブルースはラ・サールを追われたときのことを思い出した。「どこならいい？」

「ダウンタウンのＹＭＣＡはどうだ。決闘の最中、誰か入ってきても、単なる親善スパーリングと説明できる」

「よかろう」ブルースは言った。「話を決めてきてくれないか？　怒りが爆発しそうで、そばに行ったら何をするかわからない」

ブルース、ジェシー、エド・ハート、ハワード・ホールの四人が学校前のバス停でヨウイチと日本人の友人ふたりを待った。

「お前は俺と日本を侮辱した」と、ヨウイチは言い放った。

ブルースはふつふつと怒りをたぎらせていた。この場で乱闘になるのではとジェシーが心配するほどに。

ブルースはそっぽを向いて怒りの抑制に努めた。ようやくバスが到着して乗りこむと、ヨウイチはブルースの前に座ってとげとげしい声でルールはどうすると話を振った。

「必要ない！」ブルースは首の血管をふくらませて怒鳴った。「なんでもありだ」

「話はやめよう」ジェシーがヨウイチに言った。「俺たちは別の席に移る」ジェシーは乗車中、ブルースを落ち着かせて〝なんでもあり〟を思いとどまるよう説得した。相手の命が心配だ。

ＹＭＣＡに着くと、ブルース、エド、ハワード、ジェシーの四人はまっすぐハンドボール・コートへ向かった。ヨウイチは友人ふたりとバスルームへ行き、白い空手着に着替えてきた。ブルースは木の床で靴の感触を試し、裸足で臨むことにした。ドレスシャツを脱ぎ、アンダーシャツだけで二度深く屈伸する。

若いふたりが対峙したとき、ブルースは一点だけ確かめた。「挑戦したのはそっちだな？」

「ああ、こっちだ」と、ヨウイチは答えた。

「そっちが望んだわけだ？」

「ああ、そうだ」

「よし」

　レフェリーのジェシーが足を踏み出し、ルールを説明した。試合は二分三ラウンド。二ラウンド取ったほうが勝ち。計時係のエド・ハートがストップウォッチを取り出した。

　ブルースは悠然と詠春拳の構えを取った。右足を前に出し、開いた右手を相手の鼻の高さへ突き出して、肘《ひじ》のそばに開いた左手を添えた。ヨウイチは伝統的な空手の構え。右足を後ろへ引き、左手を開いてブルースの顔に向け、腰の位置で右の拳を引いた。

「いいか？　よし、始め！」と、ジェシーが叫んだ。

　ヨウイチはすぐさま猫足立ちに移行し、ブルースの股間へスナップの利いた鋭い蹴りを放った。ブルースは右前腕で受け流して左の拳を顔に返し、そこから詠春拳特有の目にもとまらぬ連打につなげた。すべての打撃がヨウイチの顔にさざ波を立てる。ブルースは反撃の突きを一度ももらわず、ハンドボール・コート狭しと相手を追い立てた。ヨウイチが拳を振り回すが、すべて前腕で防いだ。中心線を支配し、防御は鉄壁だ。追いこまれて背中が壁にぶつかったヨウイチはブルースの両腕をつかんで横へ引いた。ブルースは腰をひねって振りほどくや、両拳突き《ダブルフィストパンチ》を放った——右の拳が顔をとらえ、同時に左の拳が胸を強打する。衝撃でヨウイチの体が浮き上がり、二メートルばかり吹き飛んだ。ブルースは前へ踏みこみ、膝をついたヨウイチの顔に蹴りを放った。鼻血がほとばしる。ヨウイチは崩れ落ちて、死んだように動かなくなった。

「やめ！」と、ジェシーが叫んだ。

　ジェシーとエド・ハートがヨウイチに駆け寄って脈を診た。すぐに意識が戻った。ヨウイチが最初に発した言葉は、「俺を倒すのにかかった時間は？」だった。

　エド・ハートがストップウォッチを見た。十一秒。気の毒に思い、エドは倍にしてやった。「二十二秒」

体を引き起こしたヨウイチは、「もう一度やりたい。ちゃんと稽古していなかった。もう一回」

「元々こっちから望んだ試合じゃない」と、ブルースは返した。「再戦に意味はない。これで終わりだ。結果を周囲に話す気もない」

全員がＹＭＣＡを出たところで、ブルースは、部外者にこの話をしないことと仲間に約束させた。ところが、ヨウイチの友人たちが学校で話を漏らした。このままでは面子《メンツ》が保てない。ヨウイチはブルースに弟子入りと個人指導を願い出た。クラブに入会してほかの初心者といっしょに学べ、とブルースは命じた。ヨウイチは自尊心をのみこんでレッスンに通ったが、一カ月で脱落した。

「ブルースの主張に異議を申し立てる人間は大勢いた」ターキー木村が回想する。「しかし、実力と能力を見せつけられると、みんなが弟子になりたくなった」

6

大学と恋

香港の友人や家族は絶句したが、一九六一年三月二十七日、ブルースはワシントン大学に合格した。留年に退学と、学校から見放された少年時代を考えれば驚天動地の展開だった。知らせを聞いた父親の海泉《ホイチュン》は自宅アパートを踊りながら、「俺たちは正しい馬に賭けた！」と歌ったという。ブルースは久方ぶりに父親の面目を立て、息子を誇りに思わせた。香港で英米の大学に入れるのは最優秀か最裕福の生徒に限られていたからだ。

必修科目の数学と科学のほかには自分の関心に沿った講義を選び、体育、ダンス、柔道、絵画、弁論の履修登録をした。専攻は演劇。機会あるたび功夫《カンフー》の精神性を探究した。一年生の英語小論文に、彼は〝功夫《グンフー》は特別な技術であり、単なる身体運動ではなく、むしろ芸術に近い……その中核原理は道《タオ》、つまり宇宙の秩序を保つ力や真理にある〟と書いている。詩の課題では、ワシントン湖のほとりを歩いているときに得た神秘体験を綴った。〝月明かりのなか、ゆっくりグンフーの形《かた》に入る。体と魂がひとつに融け合っていく〟

　三年生になると、知的好奇心が新しい分野へ探究の手を広げた。心理学の二講座（心理学一般と適応心理学）と哲学の二講義（哲学概論と中国哲学）を取った。彼はこのふたつの主題に生涯情熱をそそぐことになる。大学中退後は、二千五百冊以上ある個人蔵書に哲学と心理学の本を数百冊加え、隅々まで読みこんでは気に入った一節をノートに書き写した。お気に入りの著者はトマス・アクィナス、デイビッド・ヒューム、ルネ・デカルト、カール・ユング、カール・ロジャーズなど。彼は後年、記者たちに、大学では哲学を専攻したと話している。専攻を演劇から切り替えたという正式な記録はなく、哲学の講義はふたつしか取っていなかったのだが。

　関心は成績に直結しなかった。一年生終了時の成績評価点（GPA）は平均一・八四。体育でさえスコアはCだった（のちに香港で撮ったカンフー映画でも、倒立回転跳びと後方宙返りはすべて粤劇《えつげき》仕込みのスタントマンが代行している）。大学入学という目標を思いがけず果たし、そこから昔の習慣に逆戻りして、必要最低限の勉強しかしなかったためだ。勉強熱心な同級生は彼を頭の悪い運動選手タイプと考え、面白半分に〝マッチョ〟というあだ名をつけた。「武術や哲学や女の子の話はしていたけど、学問の話は聞いたことがなかったわね」当時ブルースの兄ピーターと交際中だったユーニス・ラム（林燕妮）が回想する。「口を閉じさせたいときは勉強の話を持ち出せばよかったわ」

　大学の男子友愛会《フラタニティ》には入会しなかったが、同級生や、カンフーの生徒で〈デルタ・カッパ・イプシロン〉に所属していたスキップ・エルズワースとパーティに参加したことが何度かあった。ブルースにとっては主役を張るチャンスでもあった。寸打《ワンインチパンチ》や二本指での逆立ち、さまざまなカンフーの形《かた》――特に蟷螂拳《とうろうけん》――を実演して見せると、会員の学生たちは目を丸くして大喜びした。女子友愛会《ソロリティ》の学生にはチャチャを教えた。こういう場でアメリカ・エリート層の裕福な子弟に初めて接したブルースは、自分の才能に対する彼らの前向きさを見て、この国で生きていくのにどれほどカンフーが大切かを改めて認識した。「掃除用具入れのクロゼットで暮らし、中華料理店で皿洗いをしていると知ったら、どんな顔をするかな？」と、ブルースはスキップに冗談めかした。貧しい環境で暮らしている自分と安楽な暮らしを送っている彼らを見比べたことで、アメリカで成功したいという思いに火がついた。

大学生活でひとつ、ブルースの関心をまったく引かなかった領域がある。一九六〇年代前半に高まってきた学生運動だ。この国に変化の風が吹き荒れ市民権運動や反戦抗議活動が起こっていることは、おおよそ彼も気づいていたが、テレビでニュースを見るわけでも、新聞を購読しているわけでもない。関心の焦点は政治より個人、社会の変化より自己鍛錬、世の中をもっと良い場所にすることより武術の腕を磨くことにあった。徴兵されベトナムで戦わされるときが近づいていたのに、なぜか彼はそこを見落としていた。

ワシントン大学では全男子学生に予備役将校訓練が義務づけられていた。男子学生はみなそうだったが、ブルースも必修の早朝訓練が腹立たしくてならなかった。何度か行進をさぼったため、午前四時起きで何時間も埋め合わせをさせられた。彼がガムを噛んでいることに気づいた新兵訓練担当の軍曹が「飲みこめ、兵隊！」と怒鳴った。ブルースは飲みこまず、ぺっと地面に吐き出した。

軍曹がにらみつけると、ブルースはにやりとした。

「飲みこんじゃ、体に悪い！」

訓練終了後、憤慨した軍曹がブルースの前へ来て、「こんど〝飲みこめ、兵隊〟と言われたら、飲みこむのが身のためだ」と、怒った声で言った。

それを聞いてブルースは激怒した。「下衆《げす》野郎、もう一回そんな口を聞いてみろ。ぶちのめしてやる！」

つかのまふたりはにらみ合い、すわ乱闘かと思われたが、ブルースの目に浮かんだ怒りの炎を見て、軍曹は引き下がるという賢明な判断をした。彼は首を振り振り、「勘違い野郎」とつぶやきながら離れていった。

ブルース・振藩《ジュンファン》・リーは十八歳から二十五歳までの男子に義務づけられる義務兵役に登録していたが、徴兵委員会から不適合を言い渡された。身体検査で睾丸の片方が陰嚢内に下りず腹部や鼠径《そけい》部に停留している

〝停留精巣〟と判明し、4＝Fと分類された。医学的見地から徴兵には不適格ということだ。停留精巣は生まれつきだった。これにはふたつのリスクが伴う。不妊症と精巣がんだ。ブルースは何年か、（自分は）父親になれないと思っていた。七年後の一九六九年にサンタモニカのセントジョンズ病院で摘出手術を受けている。

アメリカ一年目、ブルースは高校時代の恋人パール・チョーと少しずつ疎遠になってきた。手紙のやり取りも減ってきた。パールは遠距離恋愛の復旧を願ってブルースに会いにシアトルまで飛行機でやってきたが、彼は空港へ迎えにいくのを忘れていた。何時間も待ちぼうけを食わされた彼女は怒り心頭に発し、飛行機に飛び乗ってサンフランシスコへ行ってしまった。ブルースは自分のミスに気づいて何度も電話で許しを請うたが、受け入れてもらえなかった。

その後、大勢の女の子と付き合ったが、どれも長続きしなかった。彼には女性の心を奪う遊び人的なところがあった。「近くにかわいい女の子がいると、にわかに活気づいて、自分からカンフーの演武を始めるんだ」ジェイムズ・デミールが言う。「私を指差して、どんなに動きが速くて強い男かを説明し、そのあとあっさりひっくり返す」デートのときはいつも映画を見にいった。〝R、短い貴重な秋の日を満喫しないなんて、もったいないと思わないか？〟彼は恋人のひとりに手紙を書いている。〝まだ見ていない映画を教えてくれたら、こんどの日曜に誘う。いいだろ、僕のお嬢さん？ありったけの幸運が君にありますよう。ブルース〟

本気で恋に落ちたのは大学一年のときだ。ワシントン大学の学生センター〈ハスキー・ユニオン・ビルディング（HUB）〉で友人たちとくつろいでいたとき、遠くの隅に座っているエイミー・サンボ（日本名・三宝恵美）という二年生の日系人が目に入った。息をのむほど美しかった。心を奪われたブルースはもっと近くで見ようと、友人たちのそばを離れ、彼女の近くのテーブルへ移った。授業に行こうと立ち上がった彼女がそばを通りかかったとき、彼はいきなり「やあ」と声をかけ、彼女の前腕を人差し指と親指でつかんだ。ものすごい力で、エイミーは思わずよろけて本を落としかけた。

「放さないと、本当に怒るわよ！」と、彼女は叫んだ。ブルースが放すと、彼女は、「どういうつもり？」と質《ただ》した。

「二本の指でどれくらい力が出せるか、友達に見せてやったんだ」

「ばか！」と言って、彼女は離れていった。

紳士的なアプローチではなかったが、これは文字どおり強い印象を残した——腕に何日か青あざが残ったからだ。それから何週間か、エイミーの行くところ、どこからかブルースが現れた。あのときの埋め合わせをしようと、「元気？　大丈夫？　僕の名前はブルース・リー」と話しかけた。彼女と話す、ただそれだけのためにいろんな話題を持ち出した。

ブルースはカンフーの完成にそそぐのと等量の情熱で、ひたむきにエイミーを追い求めた。戦いと同じく愛においても、標的を圧倒するのが彼の戦略だ。エイミーがある日、バレエの稽古中に釘を踏み抜き、授業に出るのに松葉杖が必要になった。フットボール場の北にある長いコンクリート階段を上がるのに苦労している彼女を見て、ブルースは駆け寄り、手を差し伸べた。

「いいわ、自分で上がるから。自分で上がるから」と、彼女は言った。「松葉杖を返して」

ブルースは抗議に取り合わず、彼女を抱きかかえて、教科書、松葉杖、重いコートといっしょに階段の上まで運び上げた。足が治るまでこれを毎日続けた。大学の階段だけではない。放課後には彼女のアパートの三階まで運び上げ、大変そうだと思えばどこでも同じことをした。この騎士道精神に彼女は陥落した。「力業だけでなく、大胆な意思表示の仕方にも負けて」と、エイミーが回想する。「あのときの無分別を補って余りありました」

次の二年間はくっついたり離れたりを繰り返す波乱含みの関係だった。ふたりが魅かれ合うのは自然なことだった。ともに容姿端麗で、ふたりともダンサーだ。

「私の踊りは官能的で、肉感的なんです。ブルースもそんな感じでした」エイミーが言う。「私は人の才能に強く魅かれるところがあって、ブルースは身体運動の天才でした。人の動きを見ただけでそれを取りこみ、吸収して再現できた。アジア人離れしていました」

ピルエットができるか、挑発してやらせてみると、彼は一度でやってのけた。チャチャについても、あなたのは鹿爪《しかつめ》らしいとからかった。「少しファンキーにしてみたら？」Ｒ＆Ｂのレコードをプレイヤーに置くと、彼はたちまち曲の感触をつかんでのみこんだ。「なかなか人に教えられない感覚なのに、ブルースはあっさりつかんでしまい、ファンキーに踊ってみせたんです」と、エイミーは回想する。

「どこよりも好きだったのは、東洋人であることに引け目を感じていなかったところです」と、エイミーは言う。「多くのアジア系が自分は白人と言い聞かせていた時代に、ブルースは中国系の出自を誇りにし、それと心中する覚悟があった」

ある日、ブルースはふたりだけで勉強しようと、大学の〈パリントン・ホール〉で、ドアの開いていた部屋へ彼女を引っぱりこんだ。そこは国際的に評価の高いピュリツァー賞受賞詩人、セオドア・レトキの部屋だった。レトキが戻ってきてふたりに気づき、「私は詩人のレトキだ。私の部屋で何をしている？」と、怒った声で言い放った。

エイミーは凍りついたが、ブルースは立ち上がると、まっすぐレトキに歩み寄り、手を差し出した。「グンフー・マスターのブルース・師傅《シフ》・リーといいます。お会いできて光栄です」

「グンフーというのはなんだね？」と、レトキが尋ねた。

待ってましたとばかり、ブルースは黒板の前に立ち、略図で陰陽の原理を説明しながらカンフーについて十五分ばかり講義した。エイミーは穴があったら入りたい気分だったが、レトキはこの話に魅せられた。ブルースの説明が終わると、「わかった気がする。ありがとう。いつでも好きなときに立ち寄ってくれ。またカンフーの話を聞かせてほしい」と言った。翌日レトキは授業でこの話をしている。「ひとりの若者に出会った。武術の達人らしく、いつでも人を殺せそうな感じだった」

エイミーとの関係が難航したのは、このふたりが育つ過程で身につけてきた価値観が交わりにくいものだったからだ。ブルースは男女の役割が分かれた一九五〇年代の伝統的な考え方。いっぽう、エイミーは六〇年代の男女同権論者の走りだった。幼いころの記憶に、第二次世界大戦中、ほかの日系人といっしょに収監されていたトゥーリーレイク強制収容所で武装兵たちが母親の下着をかき回している場面があった。収容所を出たあと、二度とどこかに閉じこめられたりはしないと彼女は誓った。バレエを習うかたわら、働きながら大学卒業を目指した。ジャズバンドのボーカルも務めた――お堅い日系人社会ではいかがわしい仕事だ。彼女は芸術・芸能の道を夢見ていた。歌って、踊って、お芝居がしたい。

ブルースにもアーティストとしての壮大な夢があったうえ、エイミーは自分の夢より彼の夢を優先すべきだと思っていた。「ブルース・リーがあなたのすべてなのね」エイミーは不満げに言った。「あなたの考えることや目標は全部ブルース・リーのことばかり。エイミーの夢の話なんて聞いたことがないわ」

「でも、僕の目標はすばらしく魅力的なものだ。だから君と分かち合いたいんだ」とブルースは答え、それを聞いていっそう彼女は怒るのだが、なぜ怒るのか彼にはさっぱりわからなかった。

エイミーはブルースを愛していたが、腹立たしい思いもした。いつも自分を縛ろうとしている気がした。彼女がどこへ誰と行くか、いつも知りたがった。ひとりで華人街《チャイナタウン》へ行こうとすると、かならず弟子をボディガードにつけると主張する。「いったいあなたの用心棒は、誰から私を守るっていうの？」彼女は叫んだ。「私は華人街で育ったのよ！」

ブルースは何度もエイミーに求婚した。白い十字架にサファイアをちりばめた祖母の指輪を差し出して。エイミーは悩んだ。いっしょにいると楽しいし、共通項も多い。一生添い遂げられそうな気もしたが、傷つけ合う恐れもあった。自由を奪われ、ずっとそばに縛りつけられるのではないか。そういう献身的な役割に甘んじる気には、まだなれなかった。本当に結婚の覚悟ができているのか、内心彼を疑ってもいた。「私には病気の母がいるのよ」エイミーは言った。「私たちふたりを支えていけるの？」

一九六三年の春学期、彼女の口からついに永遠の別れが言い渡され、ブルースの心は引き裂かれた。何週間か、部屋に引きこもっていた。「ブルースは打ちひしがれていた」ジェシー・グラバーが回想する。「あのときの彼はエイミーの絵を描いて、親しい友人に心情を吐露する以外、何もしていなかった」

大学における最大の関心事はカンフー・クラブだった。大学入学前の一九六一年、ブルースはクラブを公開して学校にする計画を立てた。そうすればルビー・チョウの店の不愉快な仕事も辞められる。ところが、二番目の弟子のエド・ハートがニューヨークのブルックリンへ仕事を探しにいき、彼がいなくなったとたん、ほかのメンバーも脱落しはじめた。二カ月後には創立メンバーの数が減り、賃貸料を払えなくなった。六一年五月、ブルースはエド・ハートに手紙を書いている。〝もうクラブは消滅だ。未払いの賃貸料がまだ八〇ドルあるのに、みんな失業中で、これ以上借りられなくなった。そのうえ、金欠を乗り切るためアルバイトをする必要があって、グンフーを教える時間が取れない……君がいないとだめだ。シアトルへ戻ってこられないか〟

クラブハウスを失ったブルースたちは振り出しに戻り、公園や弟子のアパートで練習した。週末はジェシー・グラバー、ターキー木村《キムラ》、ジェイムズ・デミール、ハワード・ホール ら残りのメンバーと、リロイ・ガルシアの家で練習を続けた。平日にはスキップ・エルズワースとともに野外コンサート用の芝生の上でワシントン大の学生を指導した。これを一年ほど続けたあと、ブルースは有り金をはたいて華人街のキング通りに地下スペースを借り、初の中国武術学校——広東語でいう〝國術館〟——を正式オープンした。

ブルース・振藩・リーはアメリカ方式にのっとり、自分の名前を取って振藩國術館《ジュンファン・グンフー・インスティテュート》と名づけた。カンフー学校網をアメリカ全土に巡らせる夢の第一歩だ。一九六二年九月、ブルースはかつての恋人パール・チョーに手紙を書き、人生の使命記述書《ミッション・ステートメント》を開陳している。


アメリカではどんな産業や職業にも着想《アイデア》が求められる。アメリカを現在の国の形にしたのは着想だったし、着想ひとつで人は夢を実現できる。

功夫《グンフー》は格闘術の最高峰であり、柔道や空手は中国武術から派生したグンフーの基本に過ぎないのにアメリカ全土で繁栄している。こんなことになるのは、最高の武術があることを誰も知らないからだ。有能な指導員がいないという事情もあるにせよ……。

長年グンフーの研鑽を積んできた自分には最初の指導者になる資格があるはずだ。今後、何年もかけて技術と人格を磨き上げる必要もある。だから、いまの目標はアメリカ全土に広がる國術館の第一号を設立することだ（時間の制限を十年から十五年と設定して、計画を完了させる）。営利だけが目的ではない。目的はたくさんあり、そのひとつは中国武術のすばらしさを世に知らしめることだ。人に教えるのは楽しいし、人の力になるのも楽しい。家族のために立派な家を持ちたい。独自の何かを生み出したい。最後になったが、いちばん大事なことを書く。グンフーは自分の一部ということだ。

自分の中にすばらしい創造力と霊的な力を感じる。信仰よりも、野心よりも、自信や決意や展望よりも偉大な力だ。そのすべてが組み合わさったものだから……。

いまは地下の小さなスペースしか持たない身でも、この夢がいったん本格的に動きだしたら、五、六階建ての立派な國術館がアメリカ全土に輪を広げていくだろう。


二十一歳のブルース・リーは職業人生の目標を精神

探求の一部と結論づけている。世俗的な成功だけでなく、心の平穏も追求するつもりでいた。

要するに自分の計画と行動目標は、人生の本当の意味――心の平穏――を見つけることだ。資産総額がかならずしも心の平穏につながらないことは知っている。しかし、本当の自己完成に精魂を傾ければ、見つけることができる。この心の平穏を達成するためには、我執を捨てる道教《タオイズム》の教えと禅《ゼン》が効果的だ。

ブルースの大計画最初の障害は最古参の弟子ジェシー・グラバーだった。クラブの創立メンバーで、ブルースと無料で鍛錬するのが当たり前だったジェシーら数人は、ブルースが武術を商売にしようとしていると知って反発した。ジェシーたちは最初、ブルースの学校に寄りつこうとしなかった。「二年間いっしょにつるんできた仲間を師傅《シフ》と呼べと言われても、素直にはいそうですかとは言えない」ジェシーは〝師匠《マスター》〟にあたる中国語を挙げて説明している。それを聞いてブルースが面白いはずもなく、奥義を伝授し、最高の技術を見せるのは、〝何があっても味方をしてくれる人間〟に限ると明言した。ブルースに負けないくらい自尊心の強いジェシーはそれを聞いて怒り、リロイ・ガルシアとジェイムズ・デミールを連れて袂《たもと》を分かった。いろんな意味で、ブルースにとってはエイミー・サンボとの破局以上に切ない別離だった。

反乱派は振藩國術館の分校でなく競合他校として〈ニューリッチモンド・ホテル〉の地下に学校を開設した。一九六二年のシアトルに二館を支えられるだけのカンフー市場はなく、ジェシーの学校は五カ月で閉鎖に追いこまれる。彼は再挑戦し、六三年、パイク通りに二校目を開いた。ジェシーが教え、ジェイムズ・デミールが弟子の獲得を担う。ひと握りの生徒で生き残りに四苦八苦していたころ、五〇人以上弟子がいるブルースの真新しいスタジオをデミールが訪ねた。

袂を分かったあとも、表面上、ジェシーとデミールとブルースの関係は良好で、たがいに礼儀をわきまえていたが、感情的なしこりが消えたわけではなかった。その日、ブルースのひと握りの生徒がデミールを隅に呼び、「なぜ君とジェシーはブルースと練習しなくなったんだ？」と質問した。

「彼が起こそうとした変化に、うなずけない点がいくつかあった」デミールは率直に答えた。「進歩に逆行していると思った。彼の格闘方式が機能するための大事な要素を放棄している気がしてね」

後刻、デミールの言葉を生徒たちが報告し、それを聞いたブルースは怒り心頭に発した。この批判は自分から生徒を強奪しようとする稚拙な試みだ。だとしたら、自分の生計手段を脅かす行為でもある。

次にデミールが現れたとき、リーは心穏やかでなかった。デミールと向き合った顔は怒りにゆがんでいた。

「なぜあんなことを言った？」

「質問されたから本当のことを言ったまでだ」デミールは弁解がましく答えた。

ブルースはデミールの胸に指を突きつけ、こう言い放った。「ここの生徒にそんな話をする権利は、君にはない！」

「たしかに」と、デミールは引き下がった。「悪かった」

ブルースは怒りが収まらず、持っていた手袋を手のひらに叩きつけた。いまにも殴りかかってきそうな形相で。

デミールは胸の内でつぶやいた。「冷静なブルースと戦うのだって狂気の沙汰なのに、怒った彼と戦ったら命はない」デミールはコートのポケットにそっと手を入れ、拳銃の引き金に指をかけた。飛びかかってきたら、どてっ腹に風穴を開ける覚悟で。

「もういちど謝る。俺が間違っていた。すまなかった」デミールはそう言って、ゆっくりあとずさったあと、くるっと向き直り、そのまま歩いてドアから出ていった。ふたりが口をきくのはこれが最後になった。

香港を追放されてから四年目になる一九六三年の夏、ブルース・リーは三カ月の休みに香港へ帰省した。厄介者として追い出されたときに乗ったのは船だったが、成功して帰ってきたときは飛行機だった。洒落たスーツとネクタイで香港国際空港のロビーへ出てきたブルースを、両親と弟のロバート、〝チョーおばさん〟ことエバ・チョー、いとこのグエン・ユーミン、映画『雷雨』（一九五七年）で共演したメアリー・ウォン（黄曼梨）が出迎えた。音楽の道を歩みはじめたロバートがこの機会にオーバーシーズ・チャイニーズ・デイリー・ニュース紙（華僑日報）のカメラマンをひとり招いていた。

父と息子の感動的な和解の瞬間でもあった。中国の習慣にのっとり、ブルースは家族に土産を買ってきた──異国の地で成功した証だ。彼は一〇〇ドル札一枚と真新しい外套《がいとう》を父親に手渡した。一〇〇ドルは一九五九年に香港を発《た》ったとき両親からもらった額だ。

「これはお父さんへの贈り物です」ブルースは言った。「自分で選んで買ってきました」

李海泉はかつて〝役立たず〟と罵《ののし》った息子をがっしりつかんで抱きしめた。ブルースも目を潤ませ、頬に涙を伝わせた。

「あんな仕打ちをして、すまなかった」感情に声を詰まらせながら、海泉は言った。

「いえ、お父さん、あれでよかったんです」と、ブルースは返した。「あれがなかったら、僕の人生観は変わらなかった」

写真の海泉は新しい外套を着て、満面の笑みを浮かべている。「父のあんな笑顔を見たのは初めてでした」と、ロバートは回想している。

失った息子が見つかった。

彌敦道《ネイザン・ロード》に立つ一家のアパートへ戻ると、友達が何人かと、さまざまな仕出し料理を並べた宴会が待っていた。放蕩息子の帰還を祝うご馳走だ。ブルースが大人になったのがわかり、みんなが驚いた。以前より自信と落ち着きが感じられる。彼は持ち前のユーモアセンスでみんなを最後まで笑わせた。アメリカで成し遂げたことに誇りを感じていた。宴が終わりに近づいたころ、彼はワシントン大学のスウェットシャツに着替えた。努力で鍛え上げたカンフーの技を披露し、家族を驚嘆させた。「香港を離れたときは同門の弟子のなかで中の上くらいだった」と、ロバートが言う。「でも、帰ってきた兄が特別な才能の持ち主なのは一目瞭然でした」ブルースは哲学面でも家族を驚かせた。以前はそんな側面を見せたことがなかったからだ。身勝手で自己中心的なところは影をひそめ、まわりのみんなに合わせるようになっていた。目的を持って生きている感じがした。

アメリカで四年間カンフーの研鑽を積み、人にも教えてきたブルースは、香港の達人たちと手合わせして自分のレベルを確認したかった。別の流派をいくつも訪ね、それぞれの技法の精髄を学んだ。その過程でそこに改良を試みることもあった。ところが、年配の名手たちは彼の革新的な取り組みを称賛するどころか、伝統を汚す行為と非難した。ブルースは彼らの後ろ向きな反応を見て、伝統的カンフーの保守的姿勢に幻滅を深めていった。

いちばん大事な腕試しは葉問《イップマン》の学校で行われた。兄弟子や師匠たちと黐手《チーサオ》で手合わせした。一九五九年に香港を去ったとき、ブルースは自分を上から六番目と考えていた。四年の月日が流れたが、まだ四番目に過ぎないことがわかった。自分を教えてくれた黄淳樑《ウォンシュンリャン》やその師匠の葉問《イップマン》をしのぐことはできなかった。師範代のひとりにもかなわなかった。この三人はブルースよりかなり年上だったから、ほかの人間ならこれでも相当の進歩と考えるところだが、完璧主義者のブルースには大きな挫折だった。武術からすっぱり足を洗おうかと考えたほどだ。しかし、頭が冷えると、彼らを超えてみせるといっそう決意を固くした。彼らの伝統的な技を出し抜くには死に物狂いの鍛錬とさらなる改良が必要だ。

武術に疑問を抱いた一時期、彼は俳優業を再開する考えと戯れた。夏休み中、早ごしらえの香港映画に一本は出演したい。なにしろ、香港を離れる前に主演した『人海孤鴻』は批評家の評価も興行成績も上々だったのだから。あの映画が封切られたとき、香港有数のアクション映画監督で『片腕必殺剣』『五毒拳』のメガホンを取ったチャン・チェ（張徹）がブルースの演技に感銘を受け、新たに組むことになった映画スタジオ〈邵氏兄弟有限公社《ショウ・ブラザーズ》〉に行って、李小龍と契約するよう進言したが、そのときもうブルースはアメリカに

香港の実家で母グレイス・ホーと、ワシントン大学のスウェットシャツを誇らしげに着ている息子ブルース。
1963年6月（デイビッド・タッドマン）

香港啓徳国際空港で。左からグレイス・ホー、李海泉、ブルース・リー、女優のメアリー・ウォン、
娘を抱いたいとこのグエン・ユー・ミン、エヴァ・チョー。1963年6月（デイビッド・タッドマン）

発っていた。

最後に演じた役が好評を博したと聞き、ブルースは複数のオファーを期待して昔のつてに連絡を取った。しかし、映画の世界で四年の不在は永遠にも等しかった。俳優を引退していた父親は手を差し伸べることができず、昔の同僚の多くにも元俳優に関わる余裕はなかった。浜辺をぶらぶらしていたある夜、ブルースは『詐癲納福《パイルーミン》』（一九五六年）で共演したクリスティーンこと白露明を見かけ、歩み寄って、「やあ」と声をかけた。クリスティーンはちらりとも彼のほうを見ず、そのまま通り過ぎていった。ブルースは打ちひしがれた。映画産業のドアをどんなに強くノックしても、施錠されているうえ、パスワードも変わっていた。

映画の役はもらえなかったが、演技指導者という役割を手に入れた。彼の不在中、かつての女友達エイミー・チャン（白茵）は、映画とテレビの両方で長く輝かしいキャリアへ足を踏み出していた。ブルースが帰ってきたと耳にした彼女から電話がかかってきた。「最近は愛嬌のある子の役しか来なくて」彼女は恥ずかしそうに言った。「悪役の演じ方を教えてくれない？」エイミー・サンボとのつらく切ない破局のあとだけに、断れない誘いだった。多くの夜、ふたりは大埔道《タイポ・ロード》の〈カールトン・ホテル〉で食事とダンスを共にした。

デートには一分の隙もないいでたちでと、ブルースは李家御用達のテーラーに服を仕立ててもらい、デザインもブルースが発案した。細部にこだわり、アイロンも自分でかけた。家の使用人が下手なかけ方をしないか心配だったからだ。ブルースはアメリカの友人にこう説明している。「これぞ香港。香港人は人の前に服を見るんだ！」

服の好みがトラブルを招くこともあった。ある晩、彼は友人のユーニス・ラムと香港島の〈ヒルトン・ホテル〉内にある最高級クラブ〈イーグル・ネスト〉へ向かった。新しい黒のフォーマルスーツとチラチラ光る紫色のシャツに身を包み、カンフーの動きを取り入れたチャチャの華麗なステップを踏んで、ダンスフロアの注目を一身に集めていた。夏の香港は蒸し暑い。九龍《カウロン》側へ戻るフェリーに乗ったところで、ブルースは上着を脱いだ。人目を引く紫色のシャツがチンピラふたりの目に留まり、彼らは洒落者きどりかよと聞こえよがしにばかにして、悪態をつきはじめた。ブルースは彼らを見て微笑み、「口は閉じているほうが身のためだ。さもないと、あとで大変なことになるぞ」と警告した。

スターフェリーの埠頭に着くと、ふたりのならず者は先に降り、埠頭の隅に掲げられている旗の近くで待機した。ブルースはユーニスを守りつつ彼らのそばを通り過ぎ、彼女の家へ向かおうとした。ならず者ふたりが後ろに続き、ブルースを嘲った。「そんなに急いでどこへ行く？　早くママのところへ帰りたいのか？」

ユーニスはおびえていたが、ブルースは落ち着き払っていた。ならず者コンビが距離を詰めたところでくるりと彼らに向き合った。時をおかず悲鳴があがり、ユーニスが振り返った。ならず者のひとりが倒れ、脚をつかんで激痛にうめいていた。もうひとりは恐怖に衝《つ》かれて逃げていった。ブルースは彼女に微笑み、「脛《すね》に蹴りをくれてやったんだ」と言った。

ブルースのいとこで二、三歳年上のフランクはこの話を聞いたとき、おやおやと頭《かぶり》を振り、ブルースも大人になったものだと冗談めかした。「何年か前なら、フェリーを降りると同時にふたりともボコボコにしていたよ」

ブルースはアメリカの生徒で最も聡明なダグ・パーマーを香港に招いた。ダグは高校三年生のときブルースの許《もと》で一年間修行し、その後イェール大学に進学して、北京官話《ペキンかんわ》（標準中国語）と東アジア研究を専攻していた。ダグが到着する前、ブルースは手紙を書いて、植民地を襲っていたすさまじい熱波と旱魃《かんばつ》に注意をうながしている。〝嘘じゃない、本当に暑いんだ。水の供給も危機的な状況に陥りはじめている——四日に一度、二、三時間しか水が出ない。気温は華氏九五度〔摂氏三五度〕。地獄のような状況だ〟

飛行機を降りたとたん、ダグはサウナに入った心地に見舞われた。そのあとふっと、香港特有のにおいが漂ってきた。熱帯の濃厚な潮風に異国の食べ物と腐りかけたごみと人の汗が詰まったにおいだ。「空港から車に乗るとわくわくした」と、ダグは回想する。「通りには荷車とトラックと自家用車がひしめいていて、タクシーがその間を縫って走り、高層アパートとオフィスビルに挟まれた地上にはいろんな店がぎっしり並んでいて、漢字を連ねた色とりどりの看板があった。歩道にも人がひしめいて、店の前に座ったり屋台の前に立っていたりする。アンダーシャツ一枚の苦力《クーリー》や黒いパジャマ風の上下を着た老婆たちが、西洋式のスーツを着たビジネスマンに肩をぶつけながら歩いている。「旱魃に見舞われ、気力が萎《な》えそうな暑さで、物乞いや難民や汚い身なりの人がひしめいていたけど、全部、私が見たかったものでした」

身長一九〇センチ、体重一〇〇キロのダグがアパートの部屋に入ると、家族全員があとずさって息をのんだ。「長身のイギリス人は見たことがあったけど」と、ロバートが回想する。「巨人の訪問を受けたみたいだった。みんな、しばらく言葉を失っていた」いちばん広い部屋で夕食になり、ブルースは中国のマナーをダグに教授した。コース料理の最初にスープが出てくると、ダグはまっすぐ体を立ててスプーンを口に運び、音をたてないよう気をつけた。音をたてずに食べるのは料理が気に入らないしるしであることを知らなかったからだ。ブルースが顔を近づけ、「少し音をたてろ」と耳にささやいた。

ブルースはダグを連れて高層アパートの最上階にある葉問《イップマン》の部屋を訪ねた。「目をきらきらさせた、にこやかな人で、体は細く、年を取っていたが、矍鑠《かくしゃく》としていた」と、ダグは振り返る。到着前、ブルースはダグに念を押した——弟子とわかるような振る舞いや発言をしないこと。葉問《イップマン》は保守的で、カンフーは外国人に教えるべきでないと考えていた。部屋の隅でただの友人のふりをしながら、ダグは二十世紀で最も有名なカンフーの武術家ふたりがアンダーシャツ一枚で何時間かチーサオの練習に励むところを見ることができた。相手を支配できないブルースを見たのはこれが初めてだった。

ダグとアメリカへ戻る一週間前、ブルースはがに股でアパートへ戻ってきて、ぴっちりしたズボンから父親に借りたゆるやかな黒いパジャマパンツへ穿《は》き替えた。

「どうしたの？」と、ロバートが尋ねた。

「割礼《かつれい》を受けてきた」と、ブルースは返答した。

「割礼？」

家族の男全員がまわりに集まったところでブルースはズボンを下げ、外科手術の痕を見せた。微に入り細を穿《うが》って血なまぐさい話を語るブルースに、ロバートが声を張り上げた。「どうして？　どうしてこんなこと？」

「アメリカではみんなこうするんだ」と、ブルースは答えた。「アメリカ人だからアメリカ人らしくしたい」

「痛いんでしょ？」ロバートが縫合の痕と包帯を指差した。「二、三日、休む？」

「いや、そんなたいしたことじゃない」ブルースは男らしく自信を持って答えた。「明日になれば歩けるし、運動もする」

翌日、彼は家を出たが、十五分くらいで戻ってきた。患部に出血があり、激痛にも見舞われていた。患部が治癒するまでの数日、否応なしに安静を余儀なくされた。毎朝、父親と弟といとこが患部を調べ、快方に向かっているかどうかを確かめた。

七月末、ダグとブルースが帰り支度を整えると、ブルースと海泉は抱きしめ合って親子の和解を完了させた。ブルースが生きている父親を見るのはこれが最後になる。

7

湾岸地域《ベイエリア》と結婚

リンダ・エメリーは一九四五年三月二十一日、ワシントン州エベレットで、スウェーデン人とアイルランド人とイギリス人を祖先に持つバプテスト教会派の一家に生まれた。父親のエベレットは彼女が五歳のとき他界し、母親のビビアンは苦労しながら女手ひとつでリンダと姉を育てた。ビビアンは〈シアーズ〉の仕事に就き、その後再婚した。相手の男は、「父とは全然ちがいました。いい人ではなかったです」と、リンダは言う。彼女は口数こそ少ないが、意志の強い子だった。はにかみ屋で、思慮深く、内向的で、控えめ。自分に自信は持てないが、忠誠心が強く、困ったとき頼りになる、芯の強いタイプだ。茶色の髪に、青い瞳。いっしょにいてほっとする、隣のお姉さん的な女性だが、自分自身を特別魅力的と思ったことはなかった。

貧しい暮らしの中、シアトルで育ち、ガーフィールド高校に入った。都心近接地域で生徒の四割が黒人、四割が白人、二割がアジア系と、ひと筋縄ではいかない学校だ。リンダは学業優秀で、まじめに勉強に取り組んでいた。家族の女性で初めての大学生になるつもりでいた。低賃金の仕事で苦労する母親を見てきたため、医師を夢見ていた。チアリーディング部の代表になったことも誇りに思っていた。いちばん仲のいい友人は外向的な性格の中国系、スー・アン・ケイだ。高校の一時期、リンダは日系アメリカ人の男の子と付き合ったが、母親の知るところとなり、交際を禁じられた。アジア系の女友達はいいが、ボーイフレンドはいけない。

三年生になったある日、スー・アン・ケイやチアリーダー仲間とロッカーのそばに群れていると、ホームカミングという毎年恒例の行事でかつてこの学校のクイーンに選ばれた卒業生が颯爽《さっそう》と学校に入ってきた――エイミー・サンボだ。恐ろしいくらいハンサムな青年がこのエイミーと腕を組んでいた。特別あつらえの黒いスーツ、チラチラ光る紫色のシャツ、黒い細身のネクタイ。縁の細い帽子をかぶり、ベージュ色のロングコートを羽織っている。エイミーとこの粋な新しい恋人が歩いていく光景はたちまち生徒の羨望を集めた――特に、廊下の端にいたチアリーダーたちの間で。

「誰、あれ？」と、リンダは訊いた。

「ああ、ブルース・リーよ」スー・アン・ケイが答えた。「すてきでしょ？」

「うーん、ほんと」チアリーダーはみんな卒倒しそうだった。

「映画の『ウエスト・サイド物語』から飛び出てきたみたい」ひとりがクスクス笑いながら言った。

「ほんとね、ジョージ・チャキリスみたい」と、リンダは言った。「物腰やわらかく、お洒落で、大都会風」

「ウィルソン先生の授業に招かれて、中国哲学の講義をしているのよ」と、スーが言った。

「彼と知り合いなの？」と、リンダが尋ねた。

「カンフーを教わっているの」

女の子たちは爆笑した。「ウケる」「なんとかを習っているって、あれ？」

廊下を歩きながら笑顔で話し、ふざけて生徒の何人かにパンチを繰り出すブルースを、リンダは目で追った。かなり強烈な第一印象だった。

ワシントン大学への入学を控えていたリンダはこの

夏、母親のいる〈シアーズ〉でアルバイトをした。ブルース・リーのことをよく考えた。空想世界の住人のようなカンフーの先生のことで、彼女はしばしば親友をからかった。「その得体の知れない護身術を習っているのは、彼が理由じゃないの？」

「実際に来て、どんなことをしているか確かめてみたら？」スーは挑発するように言った。

八月の日曜の朝、リンダはスーと華人街《チャイナタウン》へ出かけた。キング通りの歩道に面したドアから荒れ果てた感じのビルに入り、薄汚れた暗い階段を下りて、コンクリートの壁と裸電球だけのいっさい装飾がない地下室へ入った。リンダは内心、「ああ、なんてこと！　とんでもないところへ来てしまったのでは？」とつぶやいた。その考えが浮かぶのはこれが最後ではなかったが。

建物の見かけとは裏腹に、部屋には陽気な心地よい空気が漂っていた。稽古が始まる前は、十数人の生徒が雑談をしたりストレッチで体をほぐしたりしていた。香港から戻ったばかりのブルースが歩み寄って、ふたりを迎え、スーが挨拶した。ちょっとうぬぼれが強い人、というのがリンダの第一印象だったが、自分に自信が持てないことが多い若い女性にはかえってそこが魅力的でもあった。彼女はクラブに入会し、ブルースの教室の〝可愛い常連〟となった。「カンフーと先生、どっちに興味があったのかはわかりませんけど」と、彼女は言う。

日曜朝の稽古が終わると、ブルースはよく生徒の一団を連れ出し、時間をかけて中華料理のランチを楽しんだ。「ブルースはお腹が痛くなるまで私を笑わせてくれました」と、リンダが当時を振り返る。食事のあと映画館へ流れることもよくあった。たいていはサムライ映画だ。「上映中、ブルースはずっとアクションの実況解説をしているんです」と、リンダは苦笑する。ある週末、ブルースは香港で最後に出演した『人海孤鴻』（一九五九年）をかけている映画館に生徒を連れていき、彼らを感動させた。香港で子役をしていたことは誰も知らなかった。映画館に入るとき、ブルースは何気なく、「ああ、そうそう、この映画には私が出ているよ」と言った。平然を装っていたのかもしれないが、リンダはびっくり仰天した。「シアトル華人街の映画館でスクリーン上の彼を見て、想像していた以上にすごい人なんだと思いました」

一九六三年、ワシントン大学の秋学期が近づくと、リンダは医学部準備教育課程に登録し、科学の集中講座にもいくつか履修登録した。しかし猛勉強どころか、彼女は時間の多くをブルースと弟子たちの周囲で過ごしていた。やがて授業を休むようになり、彼女の一年目は大失敗に終わりそうだった。「勉強とブルースに心を奪われることは両立しなかったんです」と、彼女は言う。しかし、彼に熱を上げながらも、愛情が返ってくるとうぬぼれたことは一度もなかった。「彼は颯爽として、すごく魅力的で、その気になれば選《よ》り取り見取りでした」と、彼女は言う。

ブルースが失恋から立ち直る途上にあったことをリンダは知らなかった。壮大な計画を胸に秘めた誇り高い若者にとっては、熱いまなざしを受けることがいい気分転換になった。秋学期が始まると、ブルースは振《ジュン》藩國術館《ファン・グンフー・インスティテュート》を華人街のおんぼろ地下室から、大学のキャンパスに近いユニバーシティ・ウェイ四七五〇番地に移転した。これまで借りたなかでいちばん大きな物件で、家賃も高い。集合住宅の一階全体で面積は約二八〇平米。奥に小さな寝室があった。ブルースは中華料理店でテーブルの食器を片づけてきたが、ついにルビーに断って、かつて掃除用具入れだったクロゼットを出た。これで晴れて、カンフー界のレイ・クロック〔マクドナルド創業者〕になる夢に全力で取り組むことができる。彼には協力してくれる伴侶が必要だった。彼に夢中の弟子はうってつけではないか？

ある日の午後、木々と古代ギリシャ風の柱に囲まれ、屋外コンサートに使われることもあったワシントン大学の芝生の上を、ブルースとカンフーの生徒たちが端から端まで全力疾走していた。リンダがほかの生徒に距離を開けられたとき、ブルースが彼女にタックルをかけて地面に倒した。これまで見たことのないカンフーの技を見せてくれるのかと思いきや、そうではなく、ブルースはそのまま彼女を地面に押さえつけていた。彼女がようやく笑いやめたところで、彼は〈スペースニードル〉へ夕食に誘った。

教室の全員で行ったら大変な出費だ。彼女は一瞬ためらったあと、「みんなで？」と訊いた。

「いや、君と僕だけだ」と、彼は返答した。

リンダは呆然として、声も出せず、ただただ首を縦に振った。

十月十五日の午後、中国人男性とのデートは許してもらえないとわかっていたので、母親には、友達の家に泊まると言ってきた。その友達の家へ行き、お洒落なドレスとコートを借りた。街いちばんのホットなレストランに着ていける服を持っていなかったからだ。〈スペースニードル〉はシアトル万国博覧会のシンボルタワーとして前年に建てられたばかりで、地上一六〇メートル近い回転レストランから街を一望できた。

ブルースはその夜、改造してパワーアップした黒い一九五七年製フォードで彼女の友達の家に乗りつけた。ガーフィールド高校でリンダが初めて見たときと同じ服装だった――特別あつらえの黒いスーツに、チラチラ光る紫色のシャツ。リンダは『ウエスト・サイド物語』でシャーク団のリーダーを演じた銀幕のアイドル、ジョージ・チャキリスを改めて連想した。「一瞬で魔法にかけられました」と、彼女は回想している。

リンダはデートの前、ふたりきりになって、ほかのみんながいる安心感がなくなったとき、あこがれの君《きみ》とうまく会話を続けられるだろうかと緊張していた。その心配はブルースが解決してくれた。「彼はいつもふたり分話すことができました」と、彼女は当時を振り返っている。ブルースはそれまでどんな人生を送ってきたかを物語って彼女を楽しませたが、カンフー学校をチェーン展開するという将来の展望を語ったときは、とりわけ勢いこんでいた。リンダはなぜわざわざ自分を誘ったのか訊きたかったが、気後れしてその質問を持ち出せなかった。このときは、ブルースが自分の夢を売りこんでいることに気がつかなかったのだ。「完全に、彼の持つ磁力と、彼から流れてくるエネルギーの虜《とりこ》になっていたんです」と、彼女は言う。

その五日後、ブルースは彼女に短い恋文を書いた。

〝この世でいちばん優しい人へ、そこに感銘する男より。

君は人生のささやかな富に満足し、贅沢より上品、流行より教養、いち目置かれることより有徳の人であること、お金より心の豊かさを求め、勉学に励み、控えめに話し、率直に行動し、楽しげにすべてを背負い、好機の訪れを待ち、決して急がない。換言すれば、日常を通して無意識かつ自発的に心を豊かにしていく人だ。ブルース〟

　心を射抜かれた。

　ほどなくして、母には内緒で、ブルースのカンフー教室と窓のない寝室を往復する暮らしが始まった。「あの部屋はいつまででも眠れるの。もう何時だよとお日さまが教えてくれないから」と、リンダは言う。朝、ブルースを迎えにいくと、いまが何時かまったく気づかずに眠りこけていることがよくあった。ふたりはテレビの昼メロにハマった。放課後は毎日のように彼の部屋で『ジェネラル・ホスピタル（総合病院）』を見た。そのあと向かいの中華料理店へ行くと、コックのアー・サムがブルースお気に入りの牛肉のオイスターソースと海老の黒豆ソースを作ってくれた。そのあとリンダは家に戻り、家族とまた夕食を食べなければならない。「ほんの少ししか口にしないので、母が拒食症を疑いはじめたくらいです」と、彼女は言う。

　大学一年目は疑り深い母親から秘密の恋人を隠す秘密作戦に終始した。「たくさんの工作と、友人たちのちょっとした協力が必要になりました」と、リンダは回想する。その過程で学業は置き去りにされた。「勉強がはかどらないのはあなたのせいよ」彼女はブルースに文句を言った。彼は優しく微笑み、英語の論文を手伝った。化学や微積分では力になれなかったが、健筆家の彼はテレビＣＭのあいだに小論文をやっつけてくれた。

　夢を共有してくれるまじめな恋人を手に入れたブルースは活動の商業化に本腰を入れた。振藩國術館の入門案内も発行した。授業料は月額二二ドルで、子どもは一七ドル。イラストを使った入門案内には、カンフーは簡単なレッスン三回で習得できるものではなく、知的な思考と猛練習が必要との警告もあった。詠春《えいしゅん》拳《けん》をベースにした簡潔な方式を強調しながら、〝技はなめらかで、短く、すばらしく速い。直接的で的確。無駄な動きがなく本質的な目的に堪える〟と請け合っていた。高所得層や都市居住者向けの宣伝文句には、〝自信と謙虚さ、協調性、対応力、他者への敬意を育む〟とある。路上の喧嘩には触れていない。

　ブルース・リーは人の目を楽しませるショーマンであると同時に、売りこみに長《た》けたセールスマンでもあった。子役時代からメディアの活用法を学んでいた。渡米後に就いた風変わりな仕事にシアトル・タイムズ紙への〝折り込み〟があった（印刷されたページの隙間に薄い広告を挟むのだ）。一年経つか経たないかのうちに、シアトル・タイムズに彼のコメントが載りはじめた。初めて受けたインタビューでは中国風英語《チングリッシュ》を使った。〝リー、大きな幸運を願う〟〔lots of luck を rotsa ruck と表記〕という驚きの見出しもついた。同紙のウェルダン・ジョンソン記者は〝カンフーという言葉を初めて聞いた方は炒麺《チャーメン》のたぐいかと思うかもしれない。考えて、きっとそうだと確信する。ところがそうではない〟という書き出しで記事を始めている。この記事でブルースは、ワシントン大学はなぜカンフーをカリキュラムに入れるべきなのか、順序だててその理由を説明している。チングリッシュが気に入ったのか、ウェルダン記者は、これが実現すれば〝リーとカンフーと炒麺メーカーは大喜び〔velly happy〕〟と記事を結んでいる。

　アメリカの記者を安心させる最良の方法は使い古された東洋のジョークを連発することだと、ブルースはすぐに理解した。インタビュアーにたびたび駄洒落を言った。「酒も煙草もやらないが、ガムは嚙《チュー》む。フーマンチューだからね」この戦略は当たった。テレビへの出演や公開演武を好意的に報じてもらえるようになった。記者たちも彼を危険な人物ではなく魅力的な人物と理解した。

　効果的な宣伝とブルース自身の大きな努力で振藩國術館は黒字化した。第三学年を終えるころには生徒が五〇人以上に増え、出費を賄ってくれただけでなく多少の余剰金も生まれるようになった。恋人は彼の仕事をかいがいしく支えてくれる。「彼が陽なら私は陰。

静かで穏やかな半分です」と、彼女は回想する。「彼が仕事に時間を割けるよう、ときにはいろんなお膳立てもしましたが、それがごく自然なことに思えたんです」師範代のターキー木村《キムラ》はブルースの信頼と尊敬を勝ち得ていた。彼にならい自分の留守中を任せられる。

帝国拡大のときが来た。シアトルは地方都市で、学生数を考えれば、もう一校作っても経営は難しい。武術の指導で名を上げ生計を立てるには、カンフーの中心地サンフランシスコの湾岸地帯《ベイエリア》に支部を開く必要があった。それには事業パートナーが必要だ。

ジェイムズ・イム・リー（嚴鏡海）は四十代の中頃で、溶接工を生業にしている筋金入りの男だった。酒も強ければ戦っても強い。十代は器械体操、重量挙げ、アマチュアボクシングにいそしんだ。二十代から三十代は柔術と少林拳を学んだ。十八番は鉄砂掌。煉瓦《れんが》を五つ重ね、どれを割ってほしいか言ってもらって、その煉瓦だけを砕き、ほかの煉瓦は無傷のままという芸当ができた。いかつい外見の下には優しく知的な面もあった。熱心な武術ファンが読める英語の本がほとんどないことに彼は気がつき、自ら書いて自費出版し、通信販売で売りはじめた。一作目は『唐手功夫《モダン・カンフー・カラテ》：鉄砂掌の毒手鍛錬法』。ブルース・リーはこれを隅から隅まで読み尽くしていた。

この一冊でそこそこの成功を収めたジェイムズはサンフランシスコで尊敬を集める達人のひとりで、自分の師匠でもあったT・Y・ウォンと、少林拳関連の本を出版することになった。その収益をめぐってふたりは仲違いをした。師匠のウォンは一〇ドル余計に取ったとジェイムズを非難した。ジェイムズはそれを否定し、憤慨して、ウォンの学校と絶縁した。ジェイムズはカンフー諸流派を幅広く学んできた稀有な白人武術家のアル・ノバクを事業パートナーに、自分の学校を立ち上げることにした。ふたりとも伝統派カンフーの派手な形《かた》は実戦的でないと考え、カンフーの指導にボクシング・ジム方式を応用して現代的なカリキュラムを提供することにした。サンフランシスコの対岸に位置する都市オークランドで、ブロードウェイとガーネット通りが交差する荒れ果てた一角に、ふたりは〈イースト・ウィング・モダン・カンフー・クラブ〉を開いた。シアトルのブルースと同じく、最初の生徒の大半は実戦的な技の習得を望む非中国系の警官や用心棒、そして街の喧嘩屋たちだった。

賃貸料を賄えるだけ生徒が集まらないと見るや、ジェイムズはモンティチェロ街三〇三九番地に借りていた自宅の車二台分のガレージに稽古の場所を移した。前より狭くなり、交通の便も悪くなったうえ、ジェイムズたちがスパーリング中誤って壁に開けた穴に、ジェイムズの妻キャサリンが渋い顔をした。もっと生徒を集め、クラブを自宅から移せる方策がないものか？新しい指導員を招き入れるのはどうだろう？

この二、三年、ジェイムズに近い人たちからブルース・リーを称賛する声が上がっていた。ブルースが渡米した一九五九年に義兄弟のロバート・リーと友人のジョージ・リーがブルースからチャチャのレッスンを受け、詠春拳の演武にも目をみはっていた。六二年、ウォリー・ジェイという別の友人が柔道チームを引き連れてシアトルにあるブルースの國術館を訪れ、感銘を受けて帰ってきた。ジェイムズにとってはウォリーの言葉が大きかった。ベイエリアで大きな尊敬を集めている武術指導者であるだけでなく、才能を見抜く眼力の持ち主でもあったからだ。このウォリーが年に二回開く〝ルアウ〟というハワイ式宴会は、ベイエリア最高の武術家たちが自分をアピールする場でもあった。

ジェイムズは高校時代からの友人アレン・ジョーに電話をかけた。ボディビルと武術に関心があり、よくいっしょにトレーニングする仲だ。アレンは万国博覧会を見に家族とシアトルを訪れる予定だった。

「現地でこのブルース・リーという坊やのことを調べてくれないか？」と、ジェイムズは持ちかけた。「探し出して、みんなが言うとおりの優秀な男か確かめてほしい」

万博の熱狂に包まれた街にアレン一家は到着した。シアトルは旅行者であふれ返っていた。道路は渋滞、人の列は長く、ホテルは満室。運よく、アレンが取ったホテルはルビー・チョウの中華料理店からほんの半ブロックだった。科学世界館や二十一世紀世界館に群がる人々の間を縫って子どもたちを一日連れ回ったあと、アレン・ジョーはルビー・チョウの店のバーカウンターにどっかと腰を下ろし、シングルモルトのスコッチを注文した。

「ブルース・リーはいるかい？」アレンは飲み物を運んできたウェイトレスに訊いた。

「今夜はお休みです」彼女は答えた。「でも、たぶん、十一時過ぎには戻ってきます」

二杯目を飲み干しかけたところで、ふと目を上げると、ウェイトレスがこざっぱりした服装で眼鏡をかけた端整な顔立ちの若者を指差していた。細身の体に、きちんとプレスされた灰色のフランネルシャツ。アレン・ジョーは唖然とした。「あれが……ブルース・リー？」彼は胸の中でつぶやいた。「まるでファッションモデルじゃないか」

「君がブルース・リーか？」アレン・ジョーはカウンターに近づいてきたブルースに尋ねた。

「そう言うあなたは？」ブルースが怪訝そうに訊き返す。

「ロバート・リーとジョージ・リーから君の話を聞いた。オークランドで君からダンスのレッスンを受けていたふたりだ」アレンはブルースの警戒心を取り除くためにそう説明した。「カンフーの腕前も見事だそうだね」

これは魔法の言葉だった。ブルースの顔が興奮したようにパッと明るくなり、「あなたも功夫《グンフー》を？」と尋ねた。

「ああ、ロバートの義兄弟ジェイムズ・リーのところで」

ブルースはもう満面の笑みを浮かべていた。「何か軽く食べに行こう」

ブルースは店からアレンを連れ出し、猛然と身の上話をしながら、同じブロックのハンバーガー店へ向かった。この三年、シアトルでカンフーを教えてきた経緯を彼は説明した。ウォリー・ジェイと会ったときの話やこの柔術の名手への称賛も口にした。

ブルースの話が途切れたところで、アレン・ジョーはすかさず説明した。自分はジェイムズ・リーの名代で来ていること、ジェイムズは真剣に武術に取り組んでいる男で、学校を経営したり自家製の武術道具を作ったりし、武術の本も出版していることを伝えた。

「あのジェイムズ・リーのことか？」ブルースは口角泡を飛ばした。「彼の本は全部持っている！」

「会ってくれないか？」と、アレンは持ちかけた。

「いいとも」ブルースはふたつ返事で了承した。

ハンバーガー店の前まで来ると、ブルースは歩道にアレンを立ち止まらせた。

「店に入る前に」ブルースは言った。「力のかぎり、私に打ちこんできてほしい」

翌日、アレン・ジョーはジェイムズ・リーに報告の電話をかけた。彼は短く簡潔に称賛の言葉を伝えた。

「ジェイムズ、あの子はすごい」

こうして確認が取れたところでジェイムズはブルースに電話をかけ、こんどこっちへ来たとき自分の家に泊まっていかないかと誘った。ブルースは仕事と授業の日程を組みなおして、黒いフォードに飛び乗り、十二時間かけてオークランドへ向かった。

ジェイムズの家に着くと、ふたりは玄関前の階段で挨拶を交わした。およそありえない組み合わせだ。ジェイムズはブルースの父親でもおかしくない年齢だった。しかし、どちらも十代のころは武術に取り憑かれた路上の喧嘩屋で、伝統的な武術の教え方を蔑んでいる点も共通していた。新しいものを創りたい。

ジェイムズはブルースを温かく迎え、中へ招き入れて妻と子どもたちに紹介し、お茶を振る舞った。形式的なやり取りがひと通りすんだところで、ジェイムズは彼の工夫の産物——武術用の自家製鍛錬道具——が詰めこまれたガレージへブルースをいざなった。ブルースはばね仕掛けのパンチングボードを指差し、少年のように目をきらきらさせて、「これはどういう働きを？」と質問した。たちまちふたりでさまざまな仕掛けを叩きはじめ、家全体が揺れだした。

ひと汗かいたところで、ブルースはジェイムズに向き直り、「全力で打ちこんでみて」と求めた。

ブルースはシアトルのみんなと同じくジェイムズも

易々と手玉に取った。翌日、ジェイムズ・リーはアレン・ジョーに電話し、出会いについて報告した。彼も短く簡潔に称賛の言葉を伝えた。「アレン、あの子はすごい」

次の一年でブルースとジェイムズは絆を固め、ふたりが手を組むと有益なのもわかってきた。ブルースにとってジェイムズは、ベイエリアで名声を確立して幅広い人脈を持つ人物だった。ジェイムズにとってブルースは、街なかの実戦に使えるよう伝統に修正を加えて新しい格闘方式を編み出しつつある若き天才だった。このブルースなら、しかるべき〝國術館〟を開けるくらい生徒を引き寄せられるかもしれない。

一九六三年の春、ジェイムズが車二台分のちっぽけなガレージで活動していた学校をブルースの振藩國術館の分校にすることが決まった。ブルースは六四年六月に大学三年が終わった時点でオークランドへ来て、新校の開設に尽力する心づもりでいた。ブルースが師範で、ジェイムズが師範代。ブルースはその才能と人柄で、名声を確立したずっと年上の武術家を弟子にかかえることになった。「彼のカンフーは私が長い年月で習得したものより優れている。もっと洗練されていて、かつ効果的だ」と、ジェイムズは明言した。「彼の方式に合わせて自分の技術をすべて一新した」

絆を固め、来るべき新規事業を宣伝し、必要な資金を作ろう。その努力の一環として、ジェイムズとブルースは本を共著することにした。ブルース・リー生涯唯一の著書だ。六三年時点で中国武術について書かれた英語の本はひと握りしかなかった。ジェイムズとブルースは共著『基本中國拳法』をシリーズ化することで合意した。つまり、一冊目は初心者向けの入門書だ。冒頭にブルース・リーとウォリー・ジェイ、そしてアメリカで最も影響力の強い武術家のひとりエド・パーカーが〝著者からの言葉〟を寄せている。ブルースは道教《タオイズム》の陰陽の原理に関する小論でカンフーの哲学的視点を強調した。基本的な技の図解と写真が本の大半を占め、ほとんどは詠春拳以外の技だった。

ブルースは写真撮影にシアトル校の創立メンバー

――ジェシー・グラバー、チャーリー・ウー、ターキー木村――を招き、ルビー・チョウの店の隣にある駐車場で演じてもらった。アクションはすべてブルースが監督し、写真家のためにさまざまなショットを演出した。表紙を飾る一枚までは順調に進んでいた。ブルースが片脚を曲げ、もう片方をまっすぐ伸ばしたところでカメラが不具合を起こした。必死に直そうとする写真家にブルースは「脚が落ちる前になんとかしろ！」と怒鳴って、仲間を爆笑させた。

一〇〇〇部刷るのにかかった費用は六〇〇ドル。ジェイムズは通信販売で、一冊五ドルで売った。この収入でブルースはさまざまな費用を支払った。「彼があの本を作ったいちばんの理由は、カネが必要だったからだ」と、ジェシー・グラバーは言う。

理由はもうひとつあった。カンフーの伝統派への宣戦布告だ。ジェイムズは利益配分の問題で自分を非難したかつての師匠T・Y・ウォンにまだ憤慨していた。ウォンから学んだことがブルースの現代的アプローチにまったく通用しなかった点には、いっそう大きな憤りを覚えていた。「ジミーは伝統的なグンフーの鍛錬に何年も費やしてきた」ジェイムズに長年師事したゲーリー・キャガーナンが言う。「ブルースに会っていっしょにやってみて、これまで自分はどう戦うかではなく、戦いの設定と形《かた》の習得に貴重な年月を無駄にしてきたことを痛感したんです」

ブルースとジェイムズはサンフランシスコで教えられている伝統方式に直接狙いを定め、共著に〝グンフーの戦法のちがい〟という一章を設けた。ブルースはその冒頭、〝グンフーという優れたシステムを支えるのは簡潔な動きだ。実戦の役に立たない無駄な動きを寄せ集めた方式は洗練の度が低い〟と書いた。そのあとに、T・Y・ウォンとジェイムズの共著が誇示していた技をブルースが分解した写真が連綿と続く。T・Y・ウォンとサンフランシスコの中国武術界はこれを侮辱と受け止めた。本の出版後、ウォンはブルース・リーのことを「礼儀知らずの反乱分子」と生徒たちに言っている。

ブルースは最初、本を書いたのが誇らしくてならなかった。詠春拳の友人で良き師でもある香港のウィリアム・チャンに一冊送った。十代の生意気な少年という記憶しかない〝弟弟子〟がアメリカで自分を達人《マスター》として売り出していることにウィリアムは驚愕した。彼はブルースを諌めるべく（羨望まじりに）内容の質に疑問を呈した。〝いただいた手紙は私たちの友情に影を落としています〟批判に痛いところを突かれたブルースは返信した。〝あの本は一九六三年に書いた入門書で、グンフーのタオについて深く詳細な解説を加えた本に取り組んでいるところです〟

結局、続編を完成させる時間は得られなかったのだが、彼はこの本を完成させるべくさまざまなメモを取りつづけた。その一部が死後、『秘伝截拳道《ジークンドー》への道』として出版されている。年月を経るうち、ブルースはこの第一作が気まずくなってきた。洗練度の低い処女作はブルースが伝統的カンフーの実践者であるような印象を与えたからだ。「後年、自分を伝統的武術から解放する必要が大きくなり」リンダが言う。「彼は出版社に絶版を求めました」

大学三年生の年、オークランドへの度重なる旅に気を取られて学業が苦しくなってきた。一学期にふたつの講義しか取っていなかったし、芳しくない成績を上向かせたとしても四年での卒業は難しそうだ。自分のカンフー帝国を立ち上げたいと燃えるブルースは三年生終了時点で大学をやめ、オークランドのジェイムズ家に転がりこんだ。大学はカリフォルニア州で修了するつもりでいると、友人たちに説明している。

オークランド校の設立に携わるあいだ、ブルースはシアトル校の運営をターキー木村に託した。可能なときにはシアトルを訪れて講習会を開き、木村に最新技術を提供すると約束したが、別の都市に新校開設の機会が巡ってくるまではベイエリアに腰を据えるつもりだった。

ブルースはウォリー・ジェイが開催する夏のルアウに合わせてオークランドへ来た。〈コロンボ・ホール〉で催されるハワイ式宴会には、料理と歌と演武を目当てに一〇〇〇人以上が来場する。〝ハワイの歌姫〟リナ・マチャドとシアトルの無名のカンフー指導者が出演を予定していた。ブルースとジェイムズはここでふたりの協力関係を初めて公にした。

焼豚の大皿やチキン・ロング・ライスの巨大なトレー、ポイの一〇ガロン鍋、ロミロミ・サーモンやパイナップルの輪切りなど、料理の並んだテーブルの間を縫って、ブルースはステージへ向かった。階段を無視し、一段高くなった壇上へひょいと跳び乗った。間髪いれず伝統的カンフーの形《かた》に入る。なめらかで優雅な動きの中にも秘めた力をのぞかせた。観衆は礼儀正しく見守り、この若者には将来があると思ったが、特別な存在とは思わなかった。

そんな空気を感じ取ったかのように、ブルースは途中で形《かた》をやめて観衆に向き直り、尊大な口ぶりで、「こんなふうに戦えると思うか？」と問いかけた。突然の口調の変化に全員が虚を衝《つ》かれた。特に、観衆に交じっていた伝統派の人たちは。「街の路上では、決まったパターンで戦うなどありえない」彼は後ろへ下がり、三日月のような弧を描く頭上への蹴りを備えた北派少林拳の形《かた》を演じはじめた。これも途中でやめ、見事に演じたばかりの動きを批判した。「こういう伝統的な方式は停滞の一例だ。手順どおりの動きと外連《けれん》技をやみくもに反復する武術家が多すぎる」

観衆の中から怒りの声があがった。彼らが期待していたのはダイナミックな演武だ。ベタな冗談ならまだしも、酷評だらけの御託など聞きたくもない。「伝統的な形《かた》に効果がない実例を彼が挙げたことで、会場の伝統派はとまどうと同時に憤慨した」と、ジェイムズの友人で生徒だったレオ・フォンは当時を振り返る。

「私は科学的な路上の喧嘩《ストリートファイト》に取り組んでいる」とブルースは宣言し、詠春拳の目にも留まらぬ突きの連打を披露した。「技はなめらかで、短く、すばらしく速い――無駄な動きがいっさいなく、本質的な目的にかなう。私の突きを防げると思う人？」

すぐさま大柄なアメフト・タイプがふたり志願し、階段を駆け上がった。ブルースは体格を見て微笑み、彼らの熱意に冗談を飛ばしたあと、ひとりをそばに引き寄せ、彼と観衆に、「七フィート〔約二メートル一〇センチ〕から距離を詰めていき、額に手を触れてみせよう。いいかな？」

「わかった」と、ひとり目が答えた。

「準備はいいか？」

「いつでも」

ブルースは目にも留まらぬ速さで踏みこみ、防がれる寸前、額にぴたりと手をつけた。

「次」とブルースが言うと、まばらに笑い声が起こった。

友達がやられたのを見たふたり目は攻撃に備えて緊張気味に両手を持ち上げた。ブルースがピクッと動くと同時に顔の前に手を上げる。ブルースは瞬時に相手の動きを見定め、ブロックする手が離れたところでコツンと額を打った。

ブルースが壇上から降りたときには拍手喝采と険しい眼差しが混じり合った。彼の才能は明らかだが、多くの人間が侮辱されたと思った。東洋武術の世界では、公の場で人に恥をかかせるのはタブーになっている――私的な会話以外で他流派の批判をしてはならない。

「ブルースのスピードと動きの連係は衝撃的だった」と、レオ・フォンが回想する。「でも、あの態度はトラブルを招くのではないかと心配になった」

ジェイムズは全然心配していなかった。若きパートナーが古典主義者の度肝を抜いたことに大喜びだった。演武後の月曜日、ジェイムズは嬉々として生徒と親友たちを自宅に招き、そこへブルースも合流した。

集まったのはジェイムズの生徒と、もっと現代的な取り組み方で武術を学びたいと思っている人たちだ。アル・ノバク、レオ・フォン、ジョージ・リー、隣町のストックトンから来たロバート・ベイカー。ジェイムズは自分とブルースが手を携えて新しい学校を設立すると打ち明けた。活動の場を自宅のガレージからオークランドのブロードウェイ・アベニューのわき道〝オート・ロウ〟へと移し、約一カ月後に開校したい。

この一団との取引を成立させるため、最後にブルースが誰も見たことのない技を披露した――寸打《ワンインチパンチ》だ。コーヒーテーブルをわきに寄せ、オークランドの分厚い電話帳をつかむと、いちばん長身のロバート・ベイカーに渡し、胸の前でしっかり保持するよう指示した。

中指が電話帳に触れるところまで右手を伸ばし、標的から一、二インチ〔約二・五〜五センチ〕で拳を握った。腰をひねり、後ろの脚をまっすぐ伸ばすと同時に、電光石火のスピードで電話帳を突くと、次の瞬間、全員がいっせいに息をのんだ。

みな唖然としていた。「相手はカウチの上へ吹き飛んだ」と、レオ・フォンが回想する。「ベイカーの脚はまっすぐ上を向いていた。リビングの窓を突き抜けるかと思った」

真の突きの威力は肩と腕から生まれるのではなく、全身が一体となって生まれるものだとブルースは説明した。体を脱力させるほど筋肉は力を生む——陰と陽のように柔と剛を組み合わせることによって。「武術は実用的でなければいけない」ブルースは言った。「古典派のがらくたでは私を防げない」

ブルースの芸当と現代的な視点に全員が心を鷲づかみにされた。「この若い武術家は時代の先を行っていた」と、レオ・フォンが言う。

ブルースの才能がみんなに与えた衝撃を見てジェイムズは微笑み、彼らにスケジュール変更を告げた。「新しい学校の準備ができるまでは、このガレージで練習を続ける」彼は説明した。「指導は明日から再開」

一九六四年七月二十四日、ジェイムズとブルースは振藩國術館の開校許可を市に申請し、申請書には簡潔に〝中国の護身術学校、ブロードウェイ四一五七番地〟と記した。かつて椅子の張り替え修理店だった質素な空間で、煉瓦造りの二階建てビルの一階にあった。ブルースは会員制クラブにしたかった。表に看板を出さず、存在を知るには口コミしかない。入会希望者は申し込みのうえでブルースの適性試験を受ける。技術的なレベルが高く、練習熱心で、人格に優れた人物だけを受け入れた。「なぜ武術を学びたいのか？」という質問に「近所のやつをぶちのめしたいから」と答えたら失格だ。新規事業の立ち上げ方としては異例と言ってもいい。入門選考が厳しいうえ、ブルースが指導者として比較的無名だったため、新しい生徒の獲得には苦労した。

ブルースは自身の技術が向上するにつれ、単一の格闘方式ではあらゆる事態に対応できないという確信を強めた。例えば、背の高い人には低い人とはちがう技術が必要になる。動きの速い人と遅い人、積極的な性格と内気な性格でも、必要な技術はちがってくる。ブルースは生徒それぞれの個性に合わせて指導内容を変えた。「クラスの大半には教えていない動きをいくつか見せてもらったあと、他言は無用と念を押された」と、ジョージ・リーが言う。「同じ人間はひとりとしていないから、一人ひとりに異なる教え方が必要だと彼は思っていた」

生徒が伝統の意に沿うのでなく、伝統が個人に歩み寄るべきだ。それがブルースの信念だった。そのせいか、指導は厳しいが、肩肘《ひじ》張ったところはない。みずから範を示すこともあれば、言葉で指導することもあった。日本の空手道場のように全員を並ばせて同じ動きをいっせいにやらせることはない。ふたり一組で技を練習させたり、スパーリングさせたりすることが多かった。「道具を組み立て、道具を磨き、しかるのちに道具を分解せよ」がモットーだ。

ふたつ目の学校には指導者としての好みを色濃く反映させることができたが、事業モデルとして理想的とは言えなかった。月謝はわずか一五ドルだ。七、八人の生徒では賃貸料を賄えない。もっと生徒を集めて指導者として生き長らえるには、自分が有名になる必要があった。いますぐにでも。彼の背負う責任はこれまでよりはるかに大きくなろうとしていた。

若い男が恋人を妊娠させる確実な方法がある。戻ってこられないかもしれない危険な場所へ旅立つと知らせることだ。ベトナムでもいいが、オークランドはそれ以上に危険な場所だった。危険の地へ赴く前は通常の予防措置が解除される。ブルースとリンダもそうだった。八カ月、内緒で付き合ってきた。一九六四年七月、彼の出発のときが近づいて、何週間か涙ながらの別れのセックスが続いた結果、リンダは妊娠した。

その知らせをブルースは「喜んでいた」と、リンダは主張する。明るい顔を見せていたかもしれないが、彼は内心途方に暮れていた。リンダは彼に首っ丈だが、彼の事業はやっとこれから始まるところだ。エイミー・サンボとの関係とは真逆だった。今回、疑念を抱いたのはブルースのほうだ。「家族への責任が芽生えることに、言い知れない恐怖を感じていました」と、リンダは回想する。「妻と家族に対する責任を負う前に、経済的な安定を確保しておきたかったんです」

ブルースと心乱れた妊娠中の恋人を車に乗せてターキー木村が空港へ向かったときも、状況は未解決だった。オークランド便のゲートに立ったブルースがリンダを見ると、その目には涙が浮かんでいた。彼は「戻ってくる」とひと言告げ、機上の人となった。

リンダは人生のどん底からさらに奈落へ突き落とされた心地がした。胃が締めつけられた。頭を恐怖が駆けめぐる。「二度と会えなかったらどうしよう？」彼女は思った。「彼が後悔していたらどうしよう？　心変わりをしたらどうしよう？　ほかのことで手一杯になって、私のことを忘れてしまったらどうしよう？」

ブルースは最も信頼する友人で相談相手でもあったターキー木村に何度か電話をかけ、助言を求めた。結婚したらいいじゃないか、とターキーは言った――あれ以上の女房は見つからないぞ。「私はリンダを高く買っていた」と、ターキー木村は言う。「誠実で献身的。人間として深みがあった」

二カ月半の苦悶を経てついにブルースは決心した。いっしょに来てほしい、シアトルへ迎えに行く、とリンダに手紙を書いた。リンダは天にも昇る心地だった。ブルースも少しずつ結婚の考えを温めていた。停留精巣の自分には子どもができないかもしれない。彼は前からその点を案じていた。なのに、父親になれるのだ。「彼は子どもが欲しかった」と、リンダは言う。「彼にとってはとても大事なことでした。自分の子どもが生まれてくるんです」ブルースは男の子にちがいないと独り合点し、いっそう興奮した。「まだ生まれてきてもいない赤ん坊に、男の子の名前しか選んでいなかった」と、ブルースはのちに語っている。「女の子の名前なんて考えもしなかった」中国人社会では男の世継ぎが重要視され、ブルースにとっては自分の父親を誇らしい気持ちにさせる好機でもあった。父親のお気に入りは兄のピーターかもしれないが、初孫を見せるのは自分だ。

若いふたりが直面した障害はリンダの家族だった。特に、母親はブルースとの関係どころかブルースの存在さえ知らなかった。家族に知られることなくブルースと手紙を交換できるよう、リンダはシアトルの私書箱を利用していた。「私たちは既成事実を作ってしまう解決法に訴えることにしたんです」リンダが言う。「結婚してオークランドに駆け落ちしてから、母に電話で打ち明けよう。私の友達が二カ月くらい前にこの方法に訴え、なんとか事態が収拾していたので」

結婚指輪を買う金銭的余裕がなかったため、ブルースはジェイムズ・リーの妻キャサリンから結婚式用の指輪を借りた。その指輪を手に八月十二日（水）、シアトルへ戻った。結婚許可証の申請に、リンダとキング郡裁判所へ赴いた。法律で血液検査と三日の待機が義務づけられていた。そのおかげで秘密工作は露見の憂き目に遭う。地元の新聞が結婚申請者の名前を〝人口動態調査〟欄に公表していることも、リンダの未婚の叔母サリーがその欄の熱心な読者であることも、若いふたりは知らなかった。一族のスキャンダルを発見するや、サリーはリンダの母に電話をかけ、リンダ・C・エメリーがブルース・J・F・リーという男と結婚しようとしていると知らせた。母のビビアンはリンダの部屋へ突進し、娘の顔の前に新聞を振り立てて、「どういうこと！　これはあなたなの？」と叫んだ。

娘に心変わりをうながすため、ビビアンは親族会議を招集した。叔母がふたりに、叔父がひとり、祖母がひとり、義父がひとりやってきた。「彼らは土曜日にやってきて、親族の誰かが亡くなったかのように全員でリビングのテーブルを囲みました」と、リンダが語る。「どんなに恐ろしかったことか」

ブルースはふたりの関係を隠したくなかったが、リンダにせがまれて同意していた。何はしてもよく、何はいけないと、人から命じられるのが大嫌いだった。「私はお嬢さんと結婚したい。月曜日にいっしょに発《た》つつもりです」敵意に満ちた親族にブルースは宣言した。「ちなみに、私は中国人ですが」

このジョークも雰囲気を和らげてはくれなかった。この親族とアメリカにとって人種は根本的な問題だった。当時の異人種間結婚は同性婚も同然だった。ワシントン州ではかなり前から異人種間結婚が認められていたが、十七の州でまだ違法とされていた。連邦最高裁判所が〝ラビング対バージニア州裁判〟で異人種間結婚を禁じるすべての法律を無効とするのは、三年後の一九六七年のことだ。

「結婚したら、偏見を被るわ」叔母のひとりが反対した。「子どもたちもよ」

「時代は変わりはじめてる」と、リンダは反論した。

「そんなすぐには変わらない」

「かもしれないけど、私はかまわない」

「いつから付き合っていたの？」リンダの母親が詰問した。

「一年前」

「一年ものあいだ、私に嘘をついていたの？」ミセス・エメリーは怒鳴った。「あなたのためにこんなに苦労してきた私に、どうしてそんな仕打ちができるの？」

「ごめんなさい。わかってくれないと思って」

叔母がブルースを見た。「あなたはどうやって彼女を支えていくつもり？　どんな仕事をしているの？」

「グンフーを教えています」ブルースは誇らしげに明言した。

「何をですって？」

「大学はどうするの？」リンダの母が娘に尋ねた。「あなたは優秀な学生なのよ、医学部進学過程の。医者になる夢はどうするの？」

「学校はあとでも行けるわ」と、リンダは言った。

「なぜそんなに急ぐの？　なぜ結婚を待てないの？」

ブルースもリンダも答えをためらった。

何か隠していることがあると見抜いた義父が憤激してリンダの部屋へ駆けこみ、あちこち引っかきまわして、ふたりのやり取りした手紙が詰めこまれた靴箱を発見した。手紙を読んだ義父は戻ってきて、リンダの母親に告げた。「君の大切な娘は妊娠している」

驚くべきことに、この事実が明らかになっても親族の考えは変わらなかった。「結婚は一年延期したら？」

集まった人々は主張した。「赤ちゃんを産んでから、もういちど気持ちを確かめたらいい」貧乏神が張りついている中国人と結婚するよりはシングルマザーになるほうがまし、ということだ。

「待てない」と、リンダは言い放った。

何時間か涙と非難が飛び交ったところで、リンダの叔父が車で走りながらリンダに理を説こうと提案した。叔父は敬虔なカトリック信者を自認していた。「神様の言葉に反している」彼は車内でリンダに告げた。「神様は人種が混ざるのをお望みでない。君は罪を犯そうとしている」

「神様は自分の子どもみんなを愛しているはずよ」と、リンダは応酬した。

叔父は旧約聖書の『申命記』七章三〜四節を引用した。「また彼らと婚姻してはならない。あなたの娘を彼の息子に与えてはならない。彼の娘をあなたの息子に娶《めと》ってはならない。彼らがあなたの息子を惑わして私にしたがわせず、ほかの神々に仕えさせるゆえに。そのため主はあなたがたに怒りを発し、すみやかにあなたがたを滅ぼされるからである」

「そんなの信じない」彼女は小声で返した。「主の目には誰もが平等で、神様はみんなを平等にあつかうよう私たちにお命じになっている」

「こんなことをしたら」彼女の叔父は警告した。「親族から絶縁されるぞ」

土曜から日曜へ日が改まったところで親族の介入はさらに悪化した。「あんな恐ろしい日はなかった」と、リンダが回想する。「〝涙に暮れた日〟というのはああいうのを言うんです」うわべの説得は消え失せた。あらゆる議論が繰り返し重ねられ、行き場を失った。もはやこれは意志と意志との闘いだ。親族は絶縁の脅しをかけ、リンダは何があっても自分の気持ちは変わらないと主張した。ブルースを勝ち取るまでにどれだけ奮闘してきたことか。誰が何を言おうと、彼をあきらめるわけにはいかない。たとえ相手が家族であっても。「どれだけ説得されても聞き入れないと心を決めていました」と、彼女は振り返る。

疲れ果てて業を煮やした母親はブルースに断念させ

ようと最後の手段に訴えた。「リンダと結婚なんてよしなさい。この子は料理の仕方も知らないのよ。掃除の仕方もアイロンのかけ方も裁縫の仕方も知らない。なんにもできないんだから」

「覚えればいい」と、ブルースは言った。

刀折れ、矢尽きた。ビビアンは負けを悟り、大切な娘を手放すのは気が進まなかったが、ここでタオルを投げた。「結婚するなら、ちゃんと教会で式を挙げなさい」

ビビアンは何年も前から教会に通わなくなっていたが、娘が結婚するならきちんと式を挙げて教会から正当な結婚と認めてもらう必要がある。彼女は一族の歴史家を自任し、冠婚葬祭をまめに記録してきた。娘の結婚式もきちんと記録する必要があった。

リンダとブルースは教会での結婚式に同意した。シアトルのプロテスタント会衆派教会の神父と、速やかに打ち合わせが行われた。一九六四年八月十七日、神父は大急ぎで式を執り行った。一本の花もなく。リンダはノースリーブの茶色い花柄のドレス、ブルースは香港で仕立てたお気に入りのスーツに身を包んだ。ターキー木村がブルースの花婿介添人を務め、リンダ側の出席者は母親と祖母だけだった。保守的キリスト教徒の叔父はエベレットの自宅へ戻ったまま出席を拒み、ほかの親族もそれに倣《なら》った（ブルースの死後十年ほどしてリンダがこの叔父に会ったとき、彼は腕を回して、「一族への帰還を歓迎する」と言った）。式が終了したときビビアンは、「まったくブルースときたら、花くらい持ってくるものでしょう」とこぼした。

リンダの期待どおりに騒ぎは収拾し、みんなが坂を乗り越えられた。ブルースはその魅力ですぐにリンダの母親の心をつかみ、ビビアンはブルースを心から愛するようになった。彼はよく冗談めかした。「このくらいの年齢で、あなたくらいすてきな脚の持ち主はいませんよ、ママ」

リンダは落ち着きと穏やかな人柄でブルースのきょうだいと友人たちに感銘を与えた。「独身時代のブルースは美しく華やかな女の子を好んだが、結婚相手には耳の傾け方をわきまえて彼の思い通りにさせてくれる、物静かで思いやりある女性を選んだ」と、兄のピーターは語った。「真の美しさとは何かを知り、彼女なら家族の面倒をしっかりみてくれると見抜いたんです。リンダはアメリカ人だけど、内面は中国人女性でした」ブルースは一九六六年、ある記者に、「リンダは自分の知る中国人よりよほど東洋的ですよ。物静かで、穏やかで、四六時中ぺちゃくちゃしゃべりつづけたりしない」と語っている。

ブルースは式をすませるまで非中国人女性との結婚を自分の両親に伝えず、そうすることで無用の衝突を避けた。父親と母親は不満だった。香港でリンダを歓迎するとの確約を両親から取りつけるため、ブルースは何カ月かかけてなんの問題もないと説得した。「あなたが選んだ人なら」母親は最後に譲った。「私たちが選んだ人ということよ」

ブルースは知らず知らずのうちに母親によく似た女性を選んでいたのかもしれない。リンダ・エメリーとグレイス・ホーはどちらも中国語で言う温柔《ウェンロウ》な人柄だった――物静かで、穏やかで、思いやり深い。ふたりともカリスマ的な演技を見て俳優と恋に落ちた。愛する人をひたむきに追い求めた。家族に逆らってまで、大きな夢を持つ貧しい中国人と結婚した。

大きなちがいは思いがけない妊娠だった。ブルースから結婚の同意を得て、リンダはいっそう彼に尽くした。「私は決して、ブルースが結婚前に付き合っていた美人タイプではなかった」と、彼女は言う。「でも、彼に安らぎと平穏と理解と心からの愛を与えることができた」才能豊かで興奮しやすく外向的な男にとって理想の伴侶になる方法を彼女は身につけ、それゆえブルースは彼女への愛を深めた。「私たちは全体を形作る半分ずつなんだ」と、ブルースは友人たちに語っている。

リンダとの結婚はブルースが人生で下した最高の判断だった。「みんなリンダを過小評価していた。彼女は強力な精神的支柱だった」広く支持されている見方をターキー木村が表明する。「彼女の支えがなかったら、ブルースはあれだけの高みを目指していなかっただろう」

その高みがやってくるのは後年のことだ。この時点では、新婚のふたりはもうすぐ赤ん坊が生まれてくる大学中退者に過ぎず、経済的にも一文無しに近かった。節約のため、ふたりはジェイムズ家に厄介になることにした。お返しにリンダがジェイムズの子たちの子守をし、末期がんの診断を下されたばかりのジェイムズの妻の世話を引き受けた。

リンダ、ブルース、ブランドン。1965年頃(Photo 12/Alamy Stock Photo)

8

オークランドの決闘

一九六四年は日本武道全盛の年だった。柔道は東京五輪の競技に採用された。空手はアメリカ最先端の流行のひとつで、エルビス・プレスリーとショーン・コネリーが熱心に学んでいた。必然的に、西海岸で開かれる展覧会ではスクエアダンスやミス・ティーン・コンテストと並んで日本式の演武が催されることになる。ヨーロッパではスペインとギリシャの国王が黒帯の取得を得意げに披露した。

空手人気の波に乗ったのがエド・パーカーだった。ハワイ出身、三十三歳のモルモン教徒で、東洋武術を起源とするハワイの格闘技ケンポー・カラテの師範としてユタ州と南カリフォルニアに何校か学校を開いていた。武術と学校と自分を宣伝するには映画界の需要に応えるのが最良の道であることに、パーカーはすぐ気がついた。五六年にカリフォルニア州パサデナとビバリーヒルズに支部を開設した結果、大勢の著名人《セレブ》を弟子にかかえることになった。ロバート・ワグナー、ブレイク・エドワーズ、ロバート・コンラッド、ナタリー・ウッド、ジョージ・ハミルトン、ウォーレン・

ベイティ、エルビス・プレスリーら、錚々《そうそう》たる名士の名が挙がる。タイム誌は彼を〝ハリウッド異教派の高僧にして預言者〟と評している。パーカーはこの状況を梃子《てこ》にスタントマンや俳優としても小さな経歴を刻み、俳優としてはルシル・ボール演出のドラマ『ルーシー・ショー』（一九六三年）、ブレイク・エドワーズ監督の『ピンク・パンサー4』（一九七八年）、『キル・ザ・ゴールデン・グース』（一九七九年）〔日本未公開〕に出演を果たす。

　六四年、パーカーはロングビーチ国際空手選手権を主催し、自分の属するふたつの世界の融合を試みた。大会の目的は国内トップクラスの武術家たちによる演武と試合を、武術ファンとハリウッドの映画関係者に見てもらうことだ。大会前の何カ月か、パーカーは武術の有名どころに招待状を送り、新しい才能探しにも注力した。友人のジェイムズ・リーから、オークランドに来てブルース・リーを検討してくれないかと打診を受けた。「あの並外れた才能を見たら、私がかならず影響力を行使してブルースの認知度を高めるはずだと、ジミーは踏んでいた」と、パーカーが説明する。ブルースの技術（「彼が打つと空気がパンと鳴った」）と物議を醸す見解がロングビーチへの招待につながった。「ブルースは伝統派に強い不満を持っていた」パーカーは言う。「だから、この大会で演武をして武術の世界の多様性をみんなに知ってもらえばいいと、彼に言ったんだ」地方劇場を何年か回ったあと、ブルースはついにブロードウェイの舞台を踏むチャンスを得た。

　彼がロングビーチへ来たとき、パーカーは師範代のダン・イノサントを世話係につけた。「パーカーさんから七五ドル渡され、『食事の世話をして、この辺を案内してやれ』と言われたんです」と、イノサントは回想する。ブルースはイノサントと会うや、いつもの要求をした。このころには「全力で打ちこんできて」が決まり文句になっていた。ダンは最高の突きを繰り出した。「愕然とした」と、イノサントは言う。「まるで赤ん坊あつかいだった。その夜は眠れなかった。それまで自分がしてきたことは時代遅れの代物だったんだ」

大会前夜、招待された演武者と選手の多くが舞踏室に集まり、即席の技術交流会が開かれた。ブルースは黒革のジャケットとジーンズという服装でぶらりと入ってきた。誰も彼が何者か知らなかったが、アメリカで初めて空手を教えた日本人・大島劼《おおしまつとむ》はブルースの歩き方をひと目見るなり、「このなかで、どんなことでもやってのけられるのはあの男だけだ」と、弟子のひとりに言った。

八月二日に八〇〇〇人収容の公会堂で開かれたロングビーチ国際空手選手権は大盛況だった。流派を異にするさまざまな名手の演武と試合を見ようと、大勢のファンが駆けつけた。まだ比較的無名だったブルースが袖口の白い黒のカンフー服で舞台に立ったのは、観客が何時間か試合を見たあとの昼下がりの時間帯で、空調が切られた蒸し暑い会場はざわついていた。

パーカーはブルースを、あまり知られていない中国武術の実践者と紹介した。ブルースは公会堂の真ん中に立ち、ターキー木村がアシスタントを務めた。ブルースが演じたのはウォリー・ジェイのルアウで行った演武の修正版だった。寸打《ワンインチパンチ》で志願者を吹き飛ばし、二本指で指立て伏せをした。詠春拳《えいしゅんけん》の護身術の実演では、木村と黐手《チーサオ》で目にも留まらぬ動きを見せた。

観衆はどれも喜んだが、最も注目を集めたのは彼の講演で、そこでブルースは伝統的なシステムを批判し、現代的なアプローチを取るべきだと訴えた。「彼はあそこに立って、他流派の技を全部完璧に模してみせた」午前中のトーナメントで相手の急所を蹴って反則負けしたバーニー・スコーランが振り返る。「そのあと、技を一つひとつ分解して、なぜ役に立たないかを説明した。大いにうなずけた。彼は騎馬立ちの構えを笑いの種にまででした」

この構えの練習に何千時間も費やしてきた伝統派の空手家がぎっしり詰まった会場で、大胆不敵にもブルースはそこからの解放を強く訴えた。「指導者は生徒に好みのパターンを押しつけるべきではない。生徒にとって何が効果的で何がそうでないかを見極めてこそ指導者だ。方式《スタイル》より個人を優先させなければいけない」

ブルースが思ったとおり、挑発的な実演に対する反応は両極に分かれた。「かなりの割合が畏敬の念をいだいた」ダン・イノサントが回想する。「しかし、むかっ腹を立てた一団もいた」

サンフランシスコの空手指導者クラレンス・リーはこんなふうに言っている。「ロングビーチでの実演後、ブルース・リーと戦うために男たちが列を作ったと言っても過言ではない」

若き日の香港の遊び場と同じく、彼の生意気な態度を支持する者と反感を覚える者に大きく分かれた。「ブルースはあの夜、大勢の信奉者といっしょに、大勢の敵を作った」と、バーニー・スコーランは言う。

ブルースの演武を一六ミリカメラに収めたエド・パーカーは、かまびすしい議論もどこ吹く風だった。彼はその夜、中華料理店で、〝アメリカ跆拳道《テコンドー》の父〟ことジューン・リー（李俊九）や、チャック・ノリスを破ってトーナメントに優勝したマイク・ストーンとVIP夕食会を開き、その席にブルースを招いた。ブルースはまず袖をたくし上げ、みんなに前腕を触らせた。鉄パイプのように硬い。「講演で空手家たちをこき下ろしたから、傲岸不遜というのが第一印象だったが」マイク・ストーンが振り返る。「帰るころには、すっかり彼に心酔していたよ」

ロングビーチ国際空手選手権はいわば、ブルースの舞踏会デビューの場となった。アメリカ武術界への初お目見えだ。マイク・ストーンはブルースが初めてかかえる有名な弟子になった。ジューン・リーはブルースと手を結び、良き理解者となった。エド・パーカーはロールモデルになった。このあとブルース・リーがハリウッドで俳優人生を歩みはじめるのは、この日の午後に披露した演武がきっかけだった。

一九六三年の夏に香港へ戻ったときは映画の役をもらえなかったが、いろいろ努力したおかげでブルースは香港映画界のレーダー上に返り咲いていた。ダイアナ・チャンこと張仲文《チャンチュンウェン》が最新映画『潘金蓮』の宣伝にカリフォルニアを訪れたとき、ショウ・ブラザース・スタジオがブルースを雇って彼女に同行させた。肉感的なボディとなまめかしい仕草で〝中国のマリリン・

モンロー〟と称されたダイアナと毎晩ステージでチャチャを踊り、影のボディガードを務めるのがブルースの仕事だった。彼にとっては自分のカンフー学校を宣伝する機会でもあった。ステージで演武を披露してもかまわないという条件付きで、彼はダイアナの助手役を引き受けたのだ。

　ロサンゼルスで何度かステージを務めたふたりは、八月下旬にサンフランシスコへ戻った。ブルースが家に戻ると、気がかりな状況が山積みだった。ジェイムズ・リーは病院で死の床にいる妻キャサリンに付き添っていた。妊娠中のリンダは動揺しているジェイムズ夫妻の子たちの世話に当たっていた。振藩《ジュンファン》國術館《グンフー・インスティテュート》オークランド校は経営に苦しんでいた。何より、二十年前に父親が立った新聲劇院への出演が予定されていた。新しい学校に生徒を集める最大のチャンスだが、そこに敵意を持った人たちがいるのもわかっていた。ウォリー・ジェイのルアウとロングビーチ国際空手選手権でブルースが伝統派武術を批判した話はサンフランシスコの華人街《チャイナタウン》に広まっていた。詠春拳の傲慢な男が自分たちの面前でもあえて侮辱的な発言をするかどうか確かめようと、伝統的カンフーの生徒や年配の師匠たちが大勢チケットを買っていた。

　張り詰めた空気を和らげるため、まずブルースは、英語の文章は横書きで中国語の文章は縦書きという事実に基づくジョークを口にした。「みなさん、私の書いた新しい本がロビーにありますから、どうかお求めのほどを。それで思い出しましたが、ひとつ気づいたことがあります。中国人とちがって欧米人は本を読んでも感心しません。東洋では本を読んだ人がこうするので気に入ったのがわかるのですが」ブルースはイエスと首を縦に振った。「ところが、欧米人はこうするんです」と、こんどは頭を横に振る仕草を見せた。

　観衆は笑った。ブルースが穏やかに振る舞うと見て安心したらしい。しかし、それは間違いだった。

　ブルースは演武の新しいパートナーとしてロサンゼルスから同行したダン・イノサントを呼び上げた。イノサントを的に詠春拳の実用性と効率の良さを実演し、自分の修める武術は伝統派に見られる無駄な動きの多くを排していると明言した。主張を明確にするため、北派少林拳の大きな蹴りをいくつか真似てみせた。「なぜ高い蹴りを放ってわざわざ隙を作るのでしょう」と彼は言い、イノサントに反撃させた。「低い蹴りと高い突きが出せるのに」

不愉快そうな観衆にかまわず、ブルースは批判を続けた。「中国で教えられていることの八割がたは意味がない。アメリカでは、九割がた」客席から怒りのつぶやきが上がった。「こういう老いた虎たちは――」サンフランシスコの伝統派マスターたちのことを指しているのは明らかだった。「張り子の虎だ」

侮辱にも程がある。

ステージに向かって火のついた煙草が一本弾き飛ばされた。さらに何本か続いた。中国文化では腐った果物を投げるに等しい行為だ。

「中国武術にとって耳障りな言葉をブルースは吐いていた」と、イノサントが説明する。「若い師傅《シフ》がそういう態度を取ったことに会場の人たちは憤然とした」

後ろのほうから男がひとり立ち上がり、「カンフーはそんなものではない！」と叫んだ。

「では、実証してみせよう。ステージに上がってくれるかな？」ブルースは微笑を浮かべて言った。

男は手を振って拒否を示し、出口へ向かった。「お前はカンフーをわかっていない！」と言い捨てて。

ステージの近くからパッと手が挙がった。サンフランシスコの〝老いた虎〟のひとりからカンフーを教わっている、ケネス・ウォンという十代の若者だ。ブルースはすかさず、上がってくるようケネスに身ぶりを送った。

「ケネスが上がると、私たちは拍手喝采したり、叫んだり、焚《た》きつけたりしはじめた」ケネスが通うカンフー教室のみんなといっしょに来ていたアデリーン・フォンが振り返る。

ブルースと同じく、ケネスも生意気な天才と呼ばれていた。豊かな才能の持ち主だが、自信過剰なところもある。ケネスが階段を使わずステージ中央に跳び上がると、友人たちからは大歓声、ほかの観客たちからは笑い声が起こった。

ブルースは十代の若者の協力に感謝を述べ、そのあと説明した。「君から二メートル離れたところに立ち、距離を詰めていって、額を軽く叩く。左右どちらの手でもかまわないし、両手を使ってもいいから、私の手を遮《さえぎ》ってみなさい。いいかな？」

「わかった」ブルース同様、満面の笑みでケネスは答えた。

自信満々の若者ふたりが向き合うと、観衆は大声でケネスを応援した。ブルースはすっと前に出るや、ケネスの額へ弾丸のように速いフィンガージャブを放った。ケネスも素早く反応し、きれいにブルースの手を遮った。観衆はブルースに大きな野次を浴びせ、ブルースは後ろに下がってもういちど行く構えを見せた。思いがけない不発に、忌々しいとばかり、最初より強く踏みこみ、速く打った。これを寸前でフェイントに変え、それにケネスが釣られたところでパシッと額を打ち、その強さにケネスは思わず一歩後退した。怒ったケネスが両の拳を持ち上げ、攻撃の構えに入る。すわ乱闘か。

会場が沸き立つ。バルコニーからはブーイングの嵐だ。「汚いぞ！」と誰かが叫んだ。火のついた煙草が何十本もステージへ飛んだ。ブルースは暴動寸前と悟って後ろへ下がり、微笑を浮かべて、「協力に感謝します」と礼を述べた。煙草の吸いさしが、またステージを飛び交う。

ブルースは表情を引き締め、目に鋭い光を宿しつつステージの端へ向かい、そこで声明を発した。「華人《チャイナ》街《タウン》の兄弟の皆さんが私の詠春拳を研究したくなったら、いつでもお知らせください。私はオークランドの学校にいます」

この言葉を発するや、ブルースは舞台の袖から消えた。観衆は驚いて顔を見合わせた。いまのは華人街への挑戦か？

挑発的な実演の話は瞬く間に広がり、口から口へと伝わっていった。あの男は華人街全体を侮辱した！　チャチャを踊るシアトルの容姿端麗な俳優を懲らしめよ！　やがて会場にいた人よりも、いなかった人たちのほうが怒りをたぎらせるようになった。

そんなひとりにデイビッド・チンという男がいた。二十一歳。カンフーの上級者で、ブルース・リーが侮辱したサンフランシスコでいち目置かれる達人《マスター》を師と仰いでいた。このデイビッドが何週間か、何かしらの対応をすべきと訴えた。この挑戦は無視できない。だが年長者たちは放っておいたほうがいいと助言した。血の気の多い若者たちが暴力沙汰を起こせば、白人当局から無用の注意を引く。この国で起こった中国人の迫害を高齢者は記憶にとどめていた。華人街の存亡は、考えの読めない謎めいた表情を絶やさずに視線を下げつづけ、危険とは無縁の人々と見なされるかどうかにかかっている。ブルースの最後の発言は挑戦の表明ではないと結論づける者もいた。自分の学校を宣伝し、将来有望な生徒に自分のところで学ばないかと呼びかけていただけだ。そもそもサンフランシスコの武術界がオークランドの三文カンフー指導者を気にする必要がどこにある？　あの男の学校は十中八九、経営に失敗する。やつの言葉が耳に入るのはそれが最後だ。

デイビッド・チンは忠告に耳を貸さなかった。彼はビン・チャンとロナルド・ウーという友人ふたりを〈ジャクソン・ストリート・カフェ〉に呼び出した。そこを選んだのはウェイターをしているウォン・ジャックマン（黃澤民）に会うためだ。彼らの目的はブルースの公開挑戦に正式な手紙で応えることにあった。デイビッドら三人はサンフランシスコの華人街で育ったが、二十三歳のウォンは船で香港から来たばかりだ。長身痩軀で身だしなみがよく表情穏やかなウォンは、武術家というより細身の学者といった風情だったが、その実、高度な技術を備えた北派少林拳の実践者だった。少し前に実演した複雑な形《かた》と蹴りの技術は現地武術界に強い感銘を与えた。ウォンにはウェイターの仕事を辞めて自身のカンフー学校を立ち上げる夢があった。ブルース・リーとはちがい、伝統的カンフーを畏敬し、師匠たちの教えを華人街の生徒に伝えていきたいと考えていた。

戦いの口火を切ったのが侮辱の言葉だとすれば、それを前線へ運んだのは野心だった。ウォン・ジャックマンとブルース・リーはともに二十代前半と若く、決して中国人に友好的とは言えない土地で少数民族として人生を切り開こうとしていた。ひとりは伝統を守る者で、もうひとりは伝統への反逆者――ひとりが成功するためには他方が没落するしかない。

デイビッド・チンはウォン・ジャックマンの名を記した挑戦状を手渡すため、ベージュ色のポンティアック・テンペストを駆ってベイ・ブリッジからオークランドへ渡った。彼がカンフー・スタジオに入り、ミスター・リーに話があると言ったとき、ブルースは、「私を探しているのかい?」と答えた。読んでいた中国語の武俠《ウーシア》小説をわきに置く。『射雕英雄伝』。カンフーを修めた親友ふたりがチンギス・ハーン率いるモンゴル軍の侵略から中国を守る物語だ。やがてふたりは仲間割れし、その結果、敵味方に分かれる。

「あの男のふてぶてしさときたら」デイビッド・チンが回想する。「私をじっと見て、そのあと机に足をのせるんだ。挑戦状を渡すと、それを見て笑い、『わかった、問題ない。日時を設定してくれ』と言った」

ブルースは不遜な態度と甘いマスクの持ち主だったかもしれないが、虚勢を張る人間ではなかった。デイビッド・チンはそこを理解していなかった。本を読んでいるときを除いて、心が落ち着くのは戦いに身を置いたときだけだ。戦闘の本質は〝毎回が新しく、決まった形に落ち着かず、たえず変化する〟ところにあると語り、そんな混沌に一種の平穏を見つけるのだ。アドレナリンがほとばしると、活動過剰な脳は集中を極める。

そう、彼はおびえるどころか興奮していた。驚いてもいなかった。新聲劇院で現地華人武術界の神経を逆なでしてきたのだから。ブルース・リーは二十四歳で、武術に革命を起こしたいと思っていた。

後日、挑戦表明の意図はなかったと主張するが、彼くらい明晰な頭脳の持ち主なら、自分の言葉がどう解釈されるかはわかっていたはずだ。武術家たちの前に立って自分の方式こそ最高と主張すれば、誰かしらがその仮説を試しに来る。

次の何週間か、ウォン・ジャックマンのマネジャー役を買って出たデイビッド・チンとブルース・リーの間で試合の日時と場所についての交渉が続いた。ブルースはいつでもよかったが、場所については譲らなかった。華人街の武術家が実力を試したいというなら、オークランドへ来て、自分の縄張りで戦うべきだ。「唯一の条件は、私の学校で行うこと」と、ブルースはデイビッドに告げた。「ほかの場所でやるつもりはない」

交渉は長引き、九月が十月になると、ブルースの中にいらだちと不満が募ってきた。人生の不安な時期でもあった。新たに設立したオークランド校にはひと握りの生徒しか集まらず、多い日でも十数人だ。事業パートナーのジェイムズ・リーは十月五日に妻のキャサリンを埋葬し、意気消沈して酒に浸っていた。妊娠中の妻リンダは引き続き、悲しみに暮れるジェイムズの子たち——グレグロンとカリーナ——の面倒をみていた。

決闘の勝敗はブルースの運命を決する。負けたら、わずかばかりの生徒も離れていき、恥辱にまみれた若い師範に教わりにくる生徒はいなくなるだろう。学校をたたみ、中華料理店の皿洗いに戻るしかない。

どちらも手を引かないよう、仲介人のデイビッド・チンは挑発的な言葉を弄して敵意の維持に努めた。「デイビッドはウォン・ジャックマンとブルースに別々の話を伝え、とうとうブルースが堪忍袋の緒を切らして、ごたごたぬかさず連れてこいと言った」と、ブルースの生徒のひとり、レオ・フォンが振り返る。

十一月上旬の平日とようやく日時が指定されたとき、ブルースの癇癪には火がついていた。「あんな気の短い人はいなかった」と、妻のリンダは語っている。

ウォン・ジャックマンとデイビッド・チンは仲間四人を連れて、黄昏《たそがれ》過ぎの午後六時ごろブルースの國術館にやってきた。中にいたのはブルースとリンダとジェイムズ・リーだけだ。ブルースは部屋の真ん中を行ったり来たりしていた。

オークランド側は数で劣っていたし、さらに人が増えてはと、ジェイムズ・リーがドアを閉めて施錠し、誰も入れないようにした。それからスタジオの奥へ向かい、リンダのそばに立った。状況に歯止めが利かなくなった場合に備え、彼は拳銃を一挺隠し持っていた。

「友好的な雰囲気とは言い難かった」と、デイビッド・チンは回想する。「文字どおりの果たし合いだ」

戦う当事者ふたりはこのとき初めて顔を合わせた。デイビッド・チンが歩み寄り、ふたりの紹介を始めた。

「ブルース・リー、こちらが――」

ブルースは手を振ってデイビッドを無視し、ウォン・ジャックマンに直接質問をぶつけた。「新聲にいたのか?」

「いや」ウォンは答えた。「しかし、どんな発言があったかは聞いている」

デイビッド・チンが割りこんだ。「これは親善試合で、どちらの技量が優れているかを確かめる軽いスパーリングに過ぎず――」

「黙れ」ブルースは広東語でデイビッドに怒声をぶつけた。「お前はもう仲間を殺してしまった」

この威嚇にサンフランシスコ側は狼狽《ろうばい》した。予想を上回る敵意だ。彼らは集まって相談し、その輪が解けたところで、デイビッド・チンがルールを言い渡しはじめた。「顔への打撃はなし。急所への蹴りも――」

「どれにもしたがうつもりはない!」と、ブルースは言い放った。「挑戦してきたのはそっちだ――ルールはこっちが決める。ルールはなし。なんでもありだ」

奥から見守るリンダは独り微笑んだ。広東語ができないからどんなやり取りがあったかはわからないが、彼女は夫を信じていた。「緊張すべき状況だったかもしれません」後日、彼女は振り返っている。「でも、私は落ち着き払っていました。なんの心配もしていなかった。夫に勝てる人はいないと信じて疑わなかったから」

「来い」待ちきれないとばかりに、ブルースがウォン・ジャックマンに言った。

ウォン・ジャックマンが前へ出た瞬間、ふたりは伝統と現代化の代表として向き合った。ブルース・リーが嘲《あざわら》笑ったものをウォン・ジャックマンは守りたかった。生意気で歯に衣着せぬブルースはタンクトップにジーンズ。内省的で思慮深いウォン・ジャックマンは長袖の伝統的な黒いカンフー服とゆったりしたズボン。

このあとの展開が書籍や演劇、映画で無数に再現・脚色されるカンフー史上最も有名な決闘になろうとは、当のふたりにも見守る小さな集団にも知る由はなかった。

緊迫の一瞬、ふたりはただ見つめ合った。中国武術に典型的な対決の構図だ。ウォン・ジャックマンは高い蹴りを用いる北派拳法で、ブルース・リーは南派の流れを汲む詠春拳。ウォンは身長一七八センチで体重はブルースと同じくらい。ブルースより細長く見えた。リーチの長さと蹴り技の優位を活かし、相手と距離を取って懐に飛びこませない戦法に出るものと予想された。ブルースが勝つには接近戦に持ちこむしかない。

ウォンが一礼し、ブルースは詠春拳の構えを取った。ウォンが前へ出て右手を伸ばす。後日ウォンは、スポーツマンらしく開始前の握手（〝グラブの触れ合わせ〟）を求めたのだと主張している。その意図はともかく、この誤りは高くついた。すでに戦闘モードに入っていたブルースは弾かれたように前へ出て、脛《すね》への低い蹴りを放ち、四本の指を槍のようにまっすぐ目に突き出した。指はわずかに眼球を外れ、眼窩底をとらえた。衝撃でウォンは一瞬、視力を失った。たちまちブルースが詠春拳の拳の連打で追い打ちをかける。シアトルで日本人空手家相手に十一秒で勝利した戦いを再現するつもりだった。「試合開始十秒で敵を倒さなければいけない」ジェイムズ・リーがブルースの哲学を説明する。「相手にチャンスを与えてはならない。ひたすら破壊するのみだ」

「初動で戦いの性質は決まった」と、ウォンが回想する。「本気で私を殺す気だった」

最初の猛攻をしのぎきるため、ウォンは後退しつつ、腕を大きく回しながら防御に専心した。「下がるウォン・ジャックマンに対し、ブルース・リーはどんどん懐に飛びこんでいった。回転の速い連続突きで追い打ちをかける」デイビッド・チンが回想する。「ウォン・ジャックマンは下がる足を止めずに防ぎつづけた。恐ろしい速さで連打が飛んでくる」攻撃中、ブルースは構えをスイッチして、急所へ鋭い蹴りを放った。ウォンが膝でブロックする。

一種混沌とはしていたが、テンポの速い迫力に満ちた序盤の展開だった。ウォンはなかなかとらえどころがなく、風車のように腕を回してブルースの攻撃を防いでいく。

それでも攻撃を鈍らせることはできない。命の危険を感じたウォンは恐慌に陥り、本能にスイッチが入った――戦うか？　逃げるか？　彼は背を向けて駆けだした。腕を回してブルースの拳から後頭部を守りながら。「ウォンは逃げ出そうとした」デイビッド・チンが言う。「ブルースに背中を向けて」

國術館のメイン・ルームには保管室が併設されていた。そこへ逃げこもうと全速力で扉に向かうウォンをブルースが追い、後頭部に拳を見舞おうとする。狭い部屋をふたりは駆け抜け、メイン・ルームへ戻る別の扉へウォンが向かった。ウォンが保管室から勢いよく飛び出し、それをブルースが急追する。ウォンがとつぜん逃げるのをやめ、くるりと向き直ると同時に腕を大きく回し、ブルースの首に空手式の手刀を見舞った。この一撃でブルースはよろめいた。ウォンの秘密兵器だ。

試合前、ウォンは金属鋲をちりばめた革のブレスレットを手首に巻きつけておいた。応援の人たちも含め、誰からも見えないよう、それを長い袖に隠していた。「びっくりした」秘密にしていたのは当然だ。「私も予期していなかった」デイビッド・チンが言う。武術の試合で暗器――靴に仕込んだ剃刀や、グラブに仕込んだブラスナックルなどの隠し武器――を使うことは固く禁じられている。事前に気づかれたら外すしかない。

ブルースは首に触れ、手についた血でこの手口に気づいて逆上した。「ブルースは怒髪天を衝《つ》いた」デイビッド・チンが回想する。「痛みは手首のとがった部分からもたらされたものと知って。ウォンはそれを長い袖で隠していたんだ」ブルースは憤怒の叫びをあげて突進した。狂ったように繰り出す突きでウォンを危険な場所へ追いこんでいく。ブルースの國術館はかつて椅子の張り替え修理屋だった。マネキン展示用のショーウィンドーがふたつあり、手前が一段高くなっていた。守勢に回ったウォンはそこへ向かって後退していった。周囲を把握していなかった彼はこの段に足を取られ、窓に激突した。四五度に身を沈めたまま身動きが取れなくなった。立ち上がることも、転がって離れることもできない。

ブルースが跳びかかって馬乗りになり、パンチの雨を降らせた。「降参しろ！」ブルースは要求した。「参ったと言え！」

デイビッド・チンらが大急ぎで駆け寄ってふたりを分け、「そこまで！　もう充分だ！」と叫んだ。事態が悪化したら割って入ると、あらかじめウォンと取り決めてあった。

ブルースは広東語で叫んだ。「負けを認めろ！　参ったと言え！　負けを認めろ！」ウォンは口を開かず、放心状態の彼を仲間が床から引き起こした。

ブルース・リーは少し落ち着きを取り戻すと、ウォンに歩み寄った。日本人空手家との対決後と同じく、決闘の話は口外しないよう念を押した。外に漏れるのは好ましくない。ウォンは同意のうなずきを返した。

勝負にかかった時間は全部で三分ほどだった。

意気阻喪したサンフランシスコの一団はうなだれて重い足取りでスタジオを出ていった。帰途の空気は重かった。「皆、口数が少なかった」とデイビッド・チンはそのときのことを振り返り、苦笑を漏らした。

翌日、ブルースの友人ベン・ダーは決闘の結果を知りたくて、サンフランシスコの華人街へ足を運んだ。「前日はどこもこの話で持ちきりだった」彼は振り返る。「みんな、血沸き肉躍る展開を想像して、いろんなことを言っていた。翌日の午後、どんな話をしているか確かめようと華人街へ向かった。そしたら、しんと静まり返っていた。誰も何も言っていない。あれでブルース・リーが勝ったとわかったんだ」

喧嘩が原因で香港を追放されたブルースは、傷を深くするのは戦いそれ自体より後始末と心得ていた。決闘の一週間後、彼は事後処理のため〈ジャクソン・ストリート・カフェ〉を訪ねた。華人街全体を敵に回すのは本意でない。

「新しい学校を作ったから宣伝しようとしただけだ」新聲劇院での発言についてブルースは説明した。「挑戦を表明したわけじゃない。そもそも我々は同じカンフーの血族だ。武術界の従兄弟《いとこ》どうしと言ってもいい。白人の国で暮らす中国人という境遇も同じくしている。敵対せず、力を合わせたほうがいい。感情的なしこりを残す理由はない。争う必要がどこにある？」

目のまわりが黒あざのまま負けを引きずっていたウォンは、ブルースを見つめるだけで答えようとしなかった。仕方なくブルースは引き返した。

決闘は秘密にしておきたかったが、香港で最も蠱惑《こわく》的な女優ダイアナ・チャン（張仲文）が少しでもからんでいるとなれば、マスコミが放っておくわけはない。十一月下旬、香港の中国語日刊紙・明報のゴシップ欄が〝ダイアナ・チャンに忍び寄る危険の数々。ブルース・リーが戦い軽傷を負う〟と題し、きわめてフィクション色の濃い記事を掲載した。想像力を駆使して脚色された記事には、〝海外の同胞〟ウォン・ジャックマンがダイアナ・チャンをしつこくつけ狙い、ブルース・リーが彼女を守るために立ちはだかった。試合は互角のまま進み、最終ラウンドでブルースがダウンを喫して負けたとある。以下に記事の概要をまとめた。

> サンフランシスコに赴いたダイアナ・チャンはその美貌で外国の若い同胞たちを虜《とりこ》にしてきた。同胞のひとりが軽挙妄動に出て、彼女をしつこくつけ回し、影のように張りついた。追いまわされたダイアナ・チャンは途方に暮れていた。
>
> そこで事態は一変する。まなざし凛々しい男気の持ち主ブルース・リーが、ある夜、この男の前に立ちはだかり、決闘した。試合は両者互角のまま進み、ともに傷を負っていたが、ブルース・リーは最後の攻防でダウンを喫した。
>
> このあと件《くだん》の同胞は、ブルース・リーに勝ったのはたまたまと理解し、翌日どこかへ姿をくらまして、二度とダイアナ・チャンには手出ししなかった。

香港で明報と言えばニューヨーク・タイムズ格だ。一九六四年十一月二十六日、サンフランシスコの中国語紙・太平洋週報がこの記事を転載した。話を耳にしたブルースは激高した。誰かが約束を破って秘密の決闘の話を漏らし、そればかりか、ブルースが負けたと書かれている！　彼は太平洋週報に押しかけ、自分の言い分を述べた。十二月十七日、同紙は彼の反論を載せた。

この決闘とダイアナ・チャンにはなんの関係もない、とブルースは断言した。新しい学校の宣伝をしていただけなのに華人街全体への挑戦と解釈してウォン・ジャックマンを焚きつけたデイビッド・チンを、彼は非難した。戦いについては以下のように説明した。自分が何度か突きを当てたところで恐慌に陥ったウォンが逃げ出し、自分が勝った。組み伏せると同時に拳を持ち上げ、「参ったか？」と訊くと、ウォンは「参った、参った」と二度叫んだ。

扇動者と指弾を受けたデイビッド・チンは一九六五年一月七日、太平洋週報に手紙で回答した。あの決闘が行われたのはブルース・リーが新聲劇院で挑戦を表明したためで、ウォン・ジャックマンがオークランドへ赴いたのは〝技術交換〟（軽いスパーリング）のためだったのに、激高していきり立ったブルースがドアを施錠し、「どっちの技量が上かを決める決闘」（ルールなしのフルコンタクト）を主張して譲らなかった。勝負はつかず引き分けだった、とデイビッド・チンは主張した。「両人が心身に深傷を負わないよう、立ち会い人たちが待ったをかけてふたりを分けた」

話が誇張され、タブロイド紙上でかまびすしい議論が始まると、内省的で控えめなウォン・ジャックマンも黙っているわけにはいかなくなった。彼はインタビューに応じ、一月二十八日、カンフー服で双刀を手に脚を前後に開いてぴたりと床に付けている彼の写真といっしょに、記事は一面を飾った。

サンフランシスコ市在住のウォン・ジャックマンは、オークランドの武術学校でブルース・リーと戦った海外の同胞は自分であることを認めた。

……ブルース・リーが〝華人街に挑戦を表明〟したとされる現場には居合わせていなかったが、友人の何人かが目撃し、リーは〝研究したければいつでも来い〟と華人街を挑発したと全員が口をそろえている。

六時五分、武術学校の真ん中に立ったリーがウォンに前へ出るよう求めた。武術界の習慣にしたがい友好の手を差し出したところ、リーがとつぜん襲いかかってきた。……ウォンによれば、ふたりともダウンはしていない。〝かすり傷を負った〟に過ぎなかった。

ブルース・リーの猛攻に狼狽し、壁に追い詰められて倒され、〝参った〟を言わされたという話をウォンは否定した。

……新聞で言い分を述べるのは今回限りで、再戦が必要なら、みんなが見届けられるよう公開の場で戦う、とウォンは語っている。

ウォン・ジャックマンにとって最後の一文はブルースへの挑戦表明だった。この説明に不服なら公の場での再戦も辞さないという意味だ。ブルースは挑発に取り合わず、公器での返答に応じなかった（陰ではウォンを〝逃げるやつ《ランナー》〟と呼んでいたが）。不正をはたらきながら敗れた男と再戦する理由はどこにもない。

ウォン・ジャックマンとの決闘が終わり、サンフランシスコの一団が出ていった直後、ブルースは勝利の喜びに浸っているものとばかり、リンダは思っていた。ところが彼は奥に座って頭をかかえていた――意気消沈し、疲れ果てた様子で。十代のころ、ボクシングの試合に勝利したときのように、完全主義者のブルース・リーは自分の戦いに憤っていた。彼にとって、見苦しい勝利は負けに等しい。「自分の戦いは美しくなく、能率的でもなかったと、彼は思ったんです」と、リンダが回想する。「最初の何撃かですぐに終わらせてしかるべきだったのに、試合は長引いて三分にも及んだ。そのうえ、決着したときブルースはいつになく息を切らしていた。完璧にはほど遠かった証です。そこで彼

1965年1月28日付の太平洋週報紙1面を飾った決闘関連の記事に添えられた、ウォン・ジャックマンの写真
（ロバート・ルイ 提供）

ミニチュアの墓石とキック・シールドを作ったジェイムズ・イム・リーとともに。1967年11月（デイビッド・タッドマン）

はあの一戦を解剖しはじめ、どこが悪かったのかを分析し、どこに改善の余地があるのかを突き止めようとした。自分の礎《いしずえ》である詠春拳に不備があると気がつくのに長い時間はかかりませんでした」

ブルースは後日、友人のひとりにこう語っている。

「決闘のあと、本当にむかついた。自分の戦い方に問題があると感じたのはあれが初めてだった。仕留めるまで時間がかかりすぎたし、相手が走って逃げだしたとき、どうしたらいいかわからなかった。あの腰抜けの頭を殴って拳を痛めるなんて、まぬけもいいところだ。あのときわかった。戦い方に変革を加える必要があると」

彼はこの何年か、伝統派武術を批判すると同時に、正しい答えとして伝統的な詠春拳を挙げてきた。その彼が自分の格闘方式に失望した。つまり、神速の技も、射程外で交戦しようとしない相手には無用の長物なのだ。詠春拳の鍛錬法――木人椿《ぼくじんとう》と黐手《チーサオ》――は、長時間の交戦に不向きだ。十年ものあいだ過酷な研鑽を積んできたにもかかわらず、基本的に速筋型である彼の筋肉と心臓血管系は一ラウンド三分以上の戦闘に耐性を欠いていた。

ウォン・ジャックマンとの決闘はブルースにとって天啓だった。カンフーの伝統的スタイルを捨てる分岐点となったからだ。彼は何年か前から、格闘方式より個人のほうが大切と説いてきた。見苦しい勝利を収めたあと、ついにこの真実を自分自身で受け止めた。技をいくつか修正するだけでは足りない。独自の武術を一から確立し直す必要がある。

職業上の目標にも疑問が芽生えてきた。ウォンとの決闘をめぐるかまびすしい論争と否定的な報道を受け、ベイエリアの武術界はもうこりごりだと思った。大勢、敵を作った。オークランドとシアトルの國術館二校が経営に苦しんでいることもあり、疑問が頭をもたげてきた。このまま武術の指導に残りの人生を費やしていいのだろうか？

9

ハリウッドが呼んでいる

まだインターネットのない時代、ハリウッドの映画界ではヘアサロンが情報発信の中心だった。広い人脈を持つ消息通たちが最新情報をつかむために集まってきた。ジェイ・セブリングはハリウッド最高の淑女たちが愛でてきたサービスを男性有力者に特典付きで提供しようと思いついた、最初の美容師だった。理髪店のスポーツ刈りやヘアクリームで固めた髪形に二ドルしかかからなかった時代に、セブリングは鋏《はさみ》を使った整髪とブローとヘアスプレーに映画界の最新ゴシップ情報を付けて、五〇ドルを請求した。たちどころに彼の理髪店での一時間はハリウッドで最も取りにくい予約になった。店を訪れる著名人には映画監督のウォーレン・ベイティ、俳優のスティーブ・マックィーン、ポール・ニューマン、カーク・ダグラス、歌手のフランク・シナトラといった名前が並んだ。ドアーズのジム・モリソンのふんわりした巻き髪《ロックス》もセブリングの発明だった。

一九六五年の年初、ある日の午後、セブリングはウィリアム・ドージアの髪を整えていた。ニューヨークのマディソン街で見かけそうな洒落者のテレビ制作者《プロデューサー》だ。ドージアは『チャーリー・チャンの長男』という題名でチャーリー・チャン・シリーズの外伝を計画していた。ハワイのホノルル市警に勤務する架空の警部チャーリー・チャンが本シリーズで殺されたあと、長男が父の遺志を受け継ぎ復讐を誓うという設定だ。ドージアはスリリングな活劇を頭に描いていた。〝中国人版ジェームズ・ボンド〟だ。本物の中国人俳優を主役に起用するという斬新なアイデアも彼は温めていた。当時はいわゆる〝イエローフェイス時代〟で、テープでまぶたを一重にして顔を黄色く塗った白人俳優がアジア系役も演じていた。チャーリー・チャンの本シリーズ全十六本でチャン警部を演じたのは、スウェーデン系アメリカ人俳優のワーナー・オーランドだった。こういう状況だから、経験豊富なアジア系俳優はほんのひと握りしかいない。そのほとんどが演じるのは第二次世界大戦ものの悪党か、西部劇に出てくる辮髪《べんぱつ》の苦力《クーリー》だった。

「英語を話せてアクションのできる東洋人俳優を探しているんだが、これがなかなか」と、ドージアはぼやいた。「主役を張れそうなカリスマ性のある男がいないものかな」

　セブリングはエド・パーカーから空手を習っていて、数カ月前に開かれた一九六四年ロングビーチ国際空手選手権にも出場していたから、「ぴったりの男がいる」と即答した。

「それは？」

「ブルース・リー」

「初耳だ」

「ロングビーチで撮った映像がある」セブリングは言った。「ぶっ飛ぶぞ」

「見せてもらえるか？」ドージアは興奮気味に尋ねた。

　一月二十一日、ジェイ・セブリングとエド・パーカーは事前審査用にその映像を二十世紀フォックスにあるドージアのオフィスへ届けた。ドージアはその場でオークランドにあるジェイムズ・リーの家に電話をかけた。

　かくして、ブルースはある日とつぜんハリウッドに発掘されることになった。

「電話が来たときブルースは外出中で、私が話しました」リンダが回想する。「ドージアの名前は知らなかったし、どんな用件かもわからなかったけど、なんだかいい話のような気がしました。帰ってきたブルースが電話をかけると、ドージアは、自分はテレビドラマのプロデューサーで、連続ドラマの出演者として彼に興味を持っていると言うんです。もちろん、ふたりで大喜びしました」

途方もないチャンスだ。それまでアメリカのテレビで連続ドラマの主役を務めたアジア系は、中国系アメリカ人女優のアンナ・メイ・ウォン〔一九五一年の『ザ・ギャラリー・オブ・マダム・リュウチョン』〕だけだった。全国ネットのドラマで主役を張った男性俳優はいない。ハリウッドにアジア系の役は皆無に近く、香港映画二十本以上の出演歴を誇るベテラン俳優ブルース・リーもアメリカで俳優の仕事をするなんて考えもしなかった。「アメリカに来たときも、全然考えていなかった。だから、『中国人の顔をしているんだぞ』と言ったんだ。偏見でもなんでもなく、現実問題として。『映画で中国人が必要になるなんて、めったにある話じゃない』」と、ブルースはエスクァイア誌のインタビューで語っている。「必要とされたとしても、判で押したような役どころに決まっている。ほら、戦争ものの敵役とか。それでもかまわない、当たって砕けろだ」

この役が手に入ったら歴史的な偉業になる。アジア系俳優のジャッキー・ロビンソン〔黒人初の大リーガー〕だ。ブルースにとってはそれ以上に大事なことがあっただろう。ついに父親の影から踏み出し、父親を超えることができる。「自分ひとりの力で何事かを成し遂げたかった」ブルースはTV・アンド・ムービー・スクリーン誌の記者に語っている。「香港に帰っていたら何ができただろう？　何もできやしない。『お茶をくれ』と言えば、使用人が持ってくるだろう。その程度しかできやしない。毎日、暇《ひま》を持て余していたかもしれない。なんでもいいから、自分ひとりの力で成し遂げたかった——自力で名を上げたかった。香港で大きな車に乗っていても、『おい、ブルース・リーが親父の車に乗っているぞ』と言われるだけだ。何をやっても、家族が成し遂げてきたことの影響を免れない」

一九六五年二月一日、中国旧正月の初日に、リンダはイースト・オークランド病院で第一子を出産した。ブルースの予言どおり男の子だった。ブランドン・ブルース・リーという英語名と〝国家的英雄〟を意味する國豪《ゴクホー》という中国名をつけた。「息子ができたことが、ブルースは誇らしくてならなかった」と、リンダが言う。「彼の両親にとっての初孫でしたから」ブランドンは体重三九四〇グラムの健康体で生まれてきた。髪は最初真っ黒だったが、すぐに色が抜け落ち、プラチナブロンドに変わった。「ブロンドの髪と灰色の瞳の持ち主で、中国人の血が流れている」ブルースは自慢げにみんなに言った。「この辺の中国系でそんな子はひとりだけかもしれないぞ」父親に似たのか、たちまちブランドンは経験不足の母親の手には負えなくなってきた。「生後十八カ月くらいまで、ひと晩じゅう寝てくれないんです。おしゃぶりも特別な毛布も相手にせず、のべつ幕なしわめいていて」と、リンダが回想する。

映像審査《スクリーンテスト》の日を変更してもらわなかったことだけ見ても、ブルースがハリウッドのくれたチャンスにどれだけ執心していたかがわかる。出産から三日後、ブルースは新妻と生まれたての息子を置いて飛行機に飛び乗った。「ブルースはすばらしいパパでしたが、おむつを替えたり夜中に起きて世話をしたりするタイプとはちがいました」リンダが説明する。「彼の頭の中にはキャリアの構築や請求書の支払いといった、もっと大事な問題があったんです」

ジェイ・セブリングは父親になりたての疲れた男をロサンゼルス国際空港まで車で迎えにいった。これが初顔合わせだ。ジェイの所有するマッスルカー、シェルビー・コブラの話をきっかけにふたりはたちまち意気投合した。スピードの出る車とアジアの武術以外にも、ジェイとブルースには共通の関心事があった。ふたりともお洒落な服と粋な髪形と美しい女性に目がなかった。飛行機であちこち飛び回るプレイボーイで当時女優のシャノン・テートと付き合っていたセブリングは、スティーブ・マックィーンを王様《キング》とするハリウッド颯爽教団《カルト・オブ・クール》の門番だった。二十世紀フォックスでの映像審査は入会式の第一歩だ。

ブルースはウィリアム・ドージアのオフィスで彼に会い、どんな話題を語ってもらいどんな実演をしてもらうかを事前に通知された。そのあと、ドージアと撮影スタッフは都会の豪邸のリビングのような飾りつけをしたスタジオのセットへ彼を連れていき、優雅なキャメルバック・ソファの前に置かれた折り畳みの椅子に座らせた。ブルースは黒い細身のスーツに白いシャツ、結び目の小さな黒いネクタイという服装で、聖書のセールスマンか葬儀場に来た国会議員の助手といった風情だった。髪を左側できれいに分けて後ろへ撫でつけ、額と印象的な黒い眉毛を見せている。脚を組み、膝の上で手を組んだ。見るからに緊張している。

フィルムが回りはじめ、カメラの外からドージアが最初の指示を出した。「では、ブルース、カメラのレンズを見て、名前と年齢と生まれた場所を教えてほしい」

「姓はリー——ブルース・リー。生まれはサンフランシスコ。二十四歳」

「香港で映画に出ていたそうだね？」

「はい、六歳ぐらいから」とブルースは答え、目がきょろりと動いた。心の不安は一目瞭然だ。

ドージアが雰囲気を和らげようと、「男の子が生まれたばかりだそうだね。ちょっと睡眠不足かな？」と話を振った。

ブルースは悲しげに含み笑いをした。「ええ、三晩くらい」

「では、香港では何時ごろ撮影するか、スタッフに教えてやってくれないか？」ドージアは引き続き明るい口調で求めた。

「もっぱら深夜から早朝に。なにしろ、小さな土地に三〇〇万人くらいいますから、どこへ行っても騒がしい。いきおい撮影は真夜中の十二時から五時くらいになります」

「なるほど。君はアメリカの大学に行ったんだね？」

「はい」

「専攻は？」

「ええと」ブルースはいったん口を閉じ、上と右へ目をやった。「哲学、です」

「今日の話では、東洋の武術で空手や柔術は最強でも最高の格闘方式でもないんだったね。最強かつ最高の方式は何なのだろう？」

「まあ、最強は大げさかもしれませんが、私の考えるところでは――」ブルースは独り微笑んだ。「功夫《グンフー》が優れていると思います」

「グンフーについて少し説明してくれないか」

「そうですね、グンフーは中国発祥の武術で、空手や柔術の祖です。空手や柔術より完全なシステムで、動きは流れるようになめらかでよどみがない。ひとつやふたつの動作で終わらず、動きに連続性があるのです」

「コップの水の理論を説明してやってくれないか？」ドージアが予備面談で出た話題を振った。

「グンフーの本質を語るにはコップの水がうってつけですね」ブルースは微笑んだ。ようやく気が楽になってきたようだ。「それはなぜか？　水はこの世でいちばん軟らかい物質でありながら、いちばん硬いものをも穿《うが》つことができる。例えば、花崗岩《かこうがん》でも。また、水には実体がない――つまり、つかみどころがない。殴っても痛めつけることができない。だから、グンフーを修める人はみな、その境地を目指しています。水のように柔軟で、変幻自在、相手によって臨機応変に対応する」

「なるほど。では、グンフーの突きと空手の突きの違いは？」

「空手の突きは鉄の棒のようにドンとくる。グンフーの突きは先端に鉄球がついた鎖に喩えるとわかりやすい」ブルースは含み笑いして唇を舐めた。「こっちはズシン！　と体の内側まで破壊する」

「よし、ではここでカメラを止めて」ドージアは指示した。「次は、立ってグンフーの動きを見せてもらいたい」

「いいですよ」と、ブルースはうなずいた。

新しいフィルムをひと巻き取りつけたあと、ドージアは中国歌劇によく出てくる典型的な人物を演じてみてほしいと求めた。父親の舞台を見てきた経験に基づき、ブルースは戦士と学者の歩き方を模してみせた。「学者はチャールズ・アトラス〔ボディビル通信講座〕の広告に出てくる体重四一キロのひ弱な少年のように」ブルースはカメラの前で含み笑いをした。「肩を少し持ち上げたりして、若い娘のように歩きます」

「歩き方で一目瞭然なわけだ」と、ドージアが言った。「はい、どんな役柄を演じるかが」

「では、グンフーの動きを見せてもらおう」

「ひとりで演じるのは難しいのですが」ブルースは芝居がかった仕草で肩をすくめ、「できるかぎりやってみましょう」と言った。

「じゃあ、誰かに手伝ってもらおう」ドージアはここでひと役演じた。「君たちのなかで、誰か――」

撮影スタッフが笑いだし、「おい、行けよ、ほら」と、助監督をカメラの前へ押し出した。五十代の助監督の頭は生え際が後退し、髪には白いものが混じっていて、黒い角縁眼鏡をかけていた。もちろん、恥はかきたくない。

「不慮の事故が起きないとは限りませんよ」と、ブルースがからかった。

「攻撃にはいろんなパターンがある」ブルースはカメラに向かって説明した。「どこを攻めるか、何を武器にするかで変わってくる。目には指」ブルースは男の目から数ミリのところへ指を一本放ち、助監督が反応する前に引き戻した。「大丈夫、加減するから」とブルースは請け合い、再度目に指を放った。「顔を直接攻撃」ブルースは鼻の前で拳を止めた。助監督がたじろぐ。

「ちょっと待った」ドージアがカメラの前に足を踏み出し、助監督の腕をつかんだ。「こっちへ回ってくれないか。カメラに収まりやすくなる。そう、それでいい」

立ち位置を修正したところで、ブルースが、「肘《ひじ》を曲げて腰から繰り出す裏拳もある」と言いざま、三本連続で突きを放つと、あまりの速さに助監督の頭が首振り人形のように前後に揺れた。

「もう少し下がらせてあげようか」ドージアがからかい気味に言った。控えめに含み笑いをしていた撮影スタッフが爆笑し、ブルースも手で笑みを隠した。気分がほぐれ、自然体で振る舞えそうな気がしてきたのか、ブルースは冗談を飛ばした。「グンフーは巧妙に裏をかきましてね。中国人は顔を打つと見せて急所を打つ」ブルースは男の顔にフェイントをかけてから狙いを下に転じ、股間へ突きを放った。あまりの速さに脳の働きが追いつかず、助監督があたふたする。「不安そうだ」とブルースは言い、相手の腕を軽く叩いた。

「自然に反応してしまうんだ」と、助監督が弁解する。

「そうですね、自然な反応です」ブルースは微笑んだ。

「カメラに向かって、もう一度やってみせてくれ」と、ドージアが要求した。

「フィンガージャブ、正拳突き、裏拳——そして最後に下半身」と明言し、四カ所へ攻撃を連ねると、助監督は恐怖に体をひきつらせた。「次は蹴り——まっすぐ急所へ、そのあと上！」ブルースは突きに劣らぬスピードでスナップの利いた蹴りを股間へ、続けて頭へ回し蹴りを放った。「あるいは、少し離れるとこんなふうにも蹴れる」ブルースは一歩下がって横蹴りを放ち、顔の数センチ手前で止めた。

ブルースのスピードと技の正確さと制御力に感嘆し、カメラの後ろに控えていたスタッフから自然と笑い声があがった。こんな芸当は一度も見たことがない。

「ご苦労さま、ありがとう！」最後にドージアが言った。

このひと言でブルースの緊張は完全に解けた。西海岸各地で演武を重ねてきた五年間がようやく報われたのだ。

翌日、ブルースは飛行機に乗って、妻と生まれたての息子の元へ戻っていった。

それから三日、ブランドンの誕生から七日後に父・李海泉《レイホイチュン》の訃報が届いた。家族は偶然の一致と思わなかった。海泉はしばらく前から病を患い、激しい咳に苦しんでいた。長年にわたる阿片《アヘン》の吸引で心臓と肺が弱っていると診断されていた。跡継ぎの男の孫ができたと知り、一族の家長はようやくこの世を去ることができたのだ。

リンダは産後の肥立ちが悪く、半病人の状態だった。ブルースは妻の体と父親の葬儀に出席する儒教的義務との板挟みになり、苦渋の選択を迫られることになった。結局、二月十五日から三月六日までの三週間香港に滞在することにし、そのあいだブランドンとリンダはシアトルのリンダの母親宅へ身を寄せることになった。

中国の慣習では、父親が亡くなったとき枕元にいなかった息子は帰ったとき土下座して許しを請わなければならない。霊安室の入口でブルースはひざまずき、伝統の命じるまま身も世もなく泣き叫びつつ父親の棺に這い寄った。ブルースは葬儀のときの状況を「中国の慣習とカトリックの常識が交差し、価値観の衝突や対立で判断に窮した」と語っている。中国の慣習で髪を切ることも髭を剃ることもできない。「髪も頬髭もぼうぼうで、海賊のようなありさまだった」

リンダに送った最初の手紙には体を気遣う言葉が連ねられている。〝君の体が心配だ。病院に行って、診てもらってほしい。支払いの心配はいらない。大事なのは君の健康だ……。かならず医者に診てもらい、結果を知らせること（血球数等々）。やるべきことをやってほしい。費用のことは心配するな。支払いは任せろ〟

グレイスは長男ピーターの力を借り、遺言の実行と遺産処理を行った。ブルースは手にした遺産ですぐさま買い物へ向かった。自分にはあつらえのスーツ三着と外套《がいとう》一着、リンダの母親にハンドバッグと翡翠《ひすい》のアクセサリー、リンダにはウィッグとダイヤの結婚指輪――ジェイムズの妻キャサリンに指輪を借りたままになっていた。〝見つからずに税関を通過したい。全部足されたら、税金を払いきれない〟と彼はリンダに書いている。〝そしたら、明日から一文無しだ。帰ったら理由がわかるよ。ウィッグに指輪、いろんなものをどっさり買いこんだ〟

三月中旬、ブルースはアメリカへ戻った。兄のピーターは香港にとどまり、教壇に立って一家を養うことに決めた。

帰国直後、ウィリアム・ドージアから電話がかかってきた。スクリーンテストを関係者全員が気に入ったという。ただ、『チャーリー・チャンの長男』の企画に大きな進展があるのは二、三カ月後かもしれないから、そのあいだ一八〇〇ドル（二〇一七年の一万四〇〇〇ドルに相当）で独占契約を結びたいという。カンフーの指導で月一〇〇ドル程度しか稼げなかったブルースはふたつ返事で了承した。生まれて初めて手にする高額報酬だ。

大金を手にしたブルースは香港に行ってしばらく滞在し、家族に妻子を引き合わせようと考えた。お預けになっていた新婚旅行だと、リンダを説得した。「ベイビー、一生忘れない旅になるぞ。約束する」出発は五月上旬に決めた。それならブランドンも少し大きくなっている。

ブルースとジェイムズ・リーは振藩國術館《ジュンファン・グンフー・インスティテュート》オークランド校を閉鎖することで合意した。開校から半年経っても賃貸料を賄えるだけの生徒が集まっていなかった。とりあえずブルースはカンフー学校を全国展開する構想を捨て、家業でもある俳優の道に復帰することにした。「ちょうどそのころ、一生護身術を教えていきたくはないことに気がついたんだ」と、ブルースは説明している。「ロングビーチ国際空手選手権に出演したおかげで、ハリウッドに発掘されたしね」

一家で香港へ出発する前、彼はハリウッドの新進俳優がかならずくぐる通過儀礼を体験した——代理人《エージェント》探しだ。四月二十二日、ウィリアム・ドージアから推薦の手紙が来た。〝僭越ながら、誠実と評判のウィリアム・ベラスコを代理人に薦めたい。ハリウッドにある〈プログレッシブ・マネジメント・エージェンシー〉の社長だ〟。ドージアの手紙には『長男』シリーズのプレゼン資料が添えられていた。それから二、三日してブルースはウィリアム・ベラスコに会い、契約を交わした。ブルースにとって彼は、ハリウッド最初で最後の代理人になる。『長男』は七月まで保留になった、とベラスコは言った。プロジェクトが再開した時点でアメリカへ戻るということで話がまとまった。

〝プレゼンを読んで、この企画に気持ちが高ぶり、チャーリー・チャンの息子の性格をもっと「クールに」「奥深く」してはどうかと、自分なりの考えを書いてみた〟ブルースは四月二十八日、ドージアに返事を送っている。〝この企画は大きな可能性を秘めている。その特質は東洋とアメリカのエッセンスを融合して、そこに誰も見たことがないグンフーの格闘術を盛りこむ点にある……うまく料理すれば、チャーリー・チャンはジェームズ・ボンド級の大成功になるかもしれない〟

　中国語を話せない白人の妻と亜麻色の髪の息子を、香港の家族は心から受け入れてくれるだろうか？　ブルースは心配になり、母親に電話をかけて、これから「この世にひとりだけの、ブロンドの髪と灰色の瞳を持つ中国人」に会わせるから、と伝えた。そしてリンダの数ある美点から、特に料理の腕を褒《ほ》めちぎった。

　ブルースたちは五月七日、まだ悲しみが癒えない香港の家族に合流した。母親のグレイスはひどく落ちこんでいた。家族はリンダに礼を尽くしたが、心の距離は縮めず、垣根を開放するには至らなかった。「気持ちが溶け合う感じではなかったですね」リンダが回想する。「ブルースが中国人女性と結婚することを望んでいたのだと思います」香港の家族の愛と注目は幼いブランドンに全部そそがれ、リンダは単なる乳母のようなあつかいだった。

　また、香港ではかなり広い部類の彌敦道《ネイザン・ロード》のアパートもリンダにとってはちっぽけな空間で、人の多さも居心地の悪さに輪をかけた。プライバシーはなきに等しく、三〇度近い気温と九〇パーセント近い湿度がもたらす蒸し暑さを逃れる術《すべ》もない。環境が変わったせいか、ブランドンは体調を崩した。それだけでなく、体が回復したときも彼は大変だった。「本当にとんでもない赤ちゃんでした」と、リンダが言う。「四六時中泣きどおしで。病気ではなく、ただ気難しかったんです」

　初孫のブランドンは小さな皇帝のようなあつかいを受けた。少しぐずっただけで、家の女性が束になって手と口を出してきた。夜中のどんな時間でも、ブランドンがぐずりだすと同時に、ブルースの母親と姉と叔母がベッドから飛び出して、あやしにきた。「ああいう狭い生活空間ですから」リンダが言う。「ブランドンが泣いたりぐずったりするたび、善意の祖母と叔母が救出に駆けつけてきました」彼らの過保護に、リンダは母親としての能力を無言で責められている気がした。母親としての地位を奪われまいと、機先を制し、ブランドンを抱いて夜半過ぎまでアパート内を歩き回った。耐えがたい暑さ、居住環境、家族の力関係、言葉の壁、睡眠不足――そのすべてにリンダはすり減らされていった。さらにまずいことがあった。ブランドンが「めったにない、甘やかされた子」になったことだ。

自分の妻が役立たずでないことを証明しようと、ブルースは親類縁者に彼女の料理を自慢した。「どんな料理でも作れるんだ。こんなのが食べたいと伝えるだけで。彼女のスパゲティソースをぜひ味わってほしい。頼んでみろ。世界一のスパゲティだ」彼が自慢を続けるうち、みんなが世界一のスパゲティをせがんだ。リンダはのらりくらりとかわしていたが、ついに圧力に屈した。

ひとつ問題があった。スパゲティソースの作り方など知らなかったことだ。味の秘訣は〈ロウリーズ〉のオリジナルスタイル・スパゲティソース・スパイス&シーズニングスだったのだが、香港では手に入らない。イギリス植民地に西洋風のスーパーマーケットはなかった。五人以上の大人数に料理を作った経験もない。ブルースは夕食の席に近親者と友人二〇人を招いた。夜が近づくにつれ、リンダはパニックに襲われた。トマトと形ばかりの香辛料は見つかったが、ガスコンロを使うのは初めてで、あっという間にトマトを焦がしてしまう。「どんなに恐ろしかったことか」彼女は回想する。「紛れもない大惨事です。スパゲティに焦げたトマトの味がしみついてしまって。彼の家の人たちは笑顔で口に運んでいましたけど、〝ひどい嫁をもらったものだ〟と気の毒がっていたにちがいありません」

ブルースが請け合ったバラ色の新婚旅行ではなかったが、彼の予言はひとつだけ的中した。これはリンダ

バリントン・プラザの自宅アパートでブランドンにカンフーを教える。
1966年（Moviestore collection Ltd./Alamy Stock Photo）

にとって一生忘れられない旅になった。

　リンダがブランドンの世話をしているあいだにブルースは武術の腕を磨き、カンフー指導者としての信用度を高めようとした。次の出版計画に協力してほしいと、師匠の葉問《イップマン》に願い出た——詠春拳《えいしゅんけん》の指導書だ。泰山《マウント・タイ》写真館に依頼し、葉問《イップマン》演じる詠春拳の技を一週間で二百枚撮った。「葉問《イップマン》は写真を撮られるのが好きでなかったが、ブルースの要請は例外だった」幼なじみのロバート・チャンが言う。「武術に打ちこむ姿勢で、ブルースは葉問《イップマン》のお気に入りだったんです」

　香港滞在中もブルースはウォン・ジャックマンとの不細工な戦いを思い出し、慚愧《ざんき》の念に堪えなかった。〝この自分と戦って五体無事で帰したなんて、考えれば考えるほど腹が立つ〟ブルースは手紙でジェイムズ・リーに述べている。〝じっくり料理すればなんてことはなかったのに、怒りにのみこまれてしまった——あんな腰抜け、屁でもなかったのに！〟腹を立てるほどに詠春拳への失望は強くなった。〝独自のスタイルを立ち上げる決心をした〟と、彼はターキー木村《キムラ》に書き送っている。〝確立された簡潔な技術を除き、戦いのシステムを全面的に変える〟夏のあいだにブルースは棒線画を添えた手紙でジェイムズ・リーに新しい格闘方式を詳述し、〝基本的に、詠春拳とフェンシングとボクシングを融合したもの〟と説明している。

　簡潔に重きを置いた新たな格闘方式の開発に精を出すと同時に、ハリウッドの俳優業用に伝統的カンフーの指導者を探しては複雑な技の教えを請うた。〝今回の旅で〔カンフーの〕華麗な形《かた》とか、テレビ用にいろいろ覚えてくる〟と、ブルースはターキー木村への手紙に書いている。〝視聴者は派手な動きを好むから〟修練を積むうち、格闘家としての自分に有効な技術とエンターテイナーとして見栄えのいい動き（芸当）の区別が明確になってきた。例えば、低い蹴り《ローキック》は実戦用で、高い蹴り《ハイキック》は撮影用だ。

　七月が近づき、『長男』シリーズの撮影に呼び戻されると思いきや、ハリウッドは数多くの約束がなされその大半が守られない街とわかってきた。ドージアの別のプロジェクトが完了するまで『長男』は棚上げになると、代理人のベラスコから連絡が来た。「ライフ誌に載るのはまだ先みたいだ」ブルースはターキー木村に冗談を飛ばした。「まずは『バットマン』に専念したいんだとさ」

いっぽうで代理人のベラスコは新しいクライアントの機嫌を損ねないようにと、別の役を模索した。一九二〇年代に揚子江の巡視に当たった米軍水兵と中国人苦力《クーリー》の一団を描く映画『砲艦サンパブロ』（一九六六年）で千載一遇のチャンスが浮上した。弱い者いじめのアメリカ人水兵とボクシングで戦うはめになるポー・ハンという中国人乗組員の役で、これは重要な役柄だった。監督のロバート・ワイズはブルースに大きな興味を持っていたが、結局この役は日系アメリカ人俳優マコ・イワマツ（岩松信）に振られることになったと、ベラスコから連絡が来た。ブルースにぴったりの役で、主演もその後彼の弟子になり友人となるスティーブ・マックィーンだっただけに、これは手痛い結果だった。この役が手に入っていたら、俳優としてのブルースが歩む道筋は大きく変わっていただろう。『砲艦サンパブロ』はマコ・イワマツの助演男優賞を含め、アカデミー賞八部門にノミネートされたからだ。

主演ドラマの企画がなかなか進まず、映画の大役も逃した。落胆したブルースは香港映画界でいまも活動している子役時代の友人たちに連絡を取ってみることにした。『チャーリー・チャンの長男』の話が来ていることを自慢したかっただけでなく、ハリウッドを梃《て》子《こ》に香港映画でいい契約をつかみたいとも考えていた――数年後にこの作戦は大当たりする。現地の映画会社への売りこみ文句は簡単明瞭だ。自分はアメリカ一有名な中国人俳優になろうとしている。ギャラが高騰しないうちに契約するのが賢明だ。この売りこみにはそれなりに効果があった。香港映画界のトップが何人か関心を示したからだ。形にこそならなかったが、香港国際空港から妻子とアメリカへ向かったときも、予備の選択肢として香港映画界には脈ありとの思いを強めていた。

一九六五年の九月上旬、シアトルに到着したブルースとリンダとブランドンは、リンダの母と義父と祖母が住む家に転がりこんだ。いつまで厄介になるか、明確な考えもないままに。ブルースは『長男』のゴーサインが出るときを心待ちにしていた。ドージアは〝近いうち〟〝もうすぐ〟と毎回期待を持たせる返事をよこしたが、彼が『バットマン』に取り組むあいだ、企画の進行は遅れるばかりだった。

数週間が数カ月になるうち、母親宅での同居が徐々に気まずくなってきた。「ブランドンはしょっちゅう泣いていました」リンダが言う。「すっかり甘やかされてしまって。あの子が泣くと祖母が嫌な顔をするから、昼も夜もあの子を抱いて外へ散歩に出ていました」

ブルースは空いた時間を活用して、ときにシアトル校で指導に当たり、オークランドにも二度出かけたが、時間の大半は自分の鍛錬と新しい格闘方式の確立に注ぎこまれた。「自己分析を重ねていました」リンダが言う。「自省的な姿勢に戻ったのは、そうすることでもう一度前進できると思ったからです」ブルースはひらめきを求めて書斎の本を――ボクシングとフェンシング関連がほとんどだが、哲学の本も――読みあさった。ジャック・デンプシーやモハメド・アリと改名したばかりのカシアス・クレイの試合を一六ミリフィルムで見た。ブルースはアリの傲岸不遜な大口叩きがお気に入りで、一九六五年五月二十五日にソニー・リストンをKOした〝幽霊《ファントム》パンチ〟にご執心だった。速すぎて見えなかったと言われる伝説のパンチだ。〝あれが八百長《フィックス》でなかったなら〟ブルースはターキー木村に書き送っている。〝リストンはクレイの強烈なパンチに絶妙のタイミングで飛びこんで、のされてしまったんだ〟

リンダは母親宅にいるあいだに、「ブルースのことを理解して、愛してほしい」と訴えた。ミセス・エメリーはブルースの魅力がわかったようだが、定職に就いていない点を心配していた。〈シアーズ〉の仕事から帰ってくるたび、義理の息子は本を読んでいるか、映画を見ているか、トレーニングに精を出していた。「あなたの夫はいつまともな仕事に就くの？」彼女は声をとがらせ、そう疑問を口にした。

「映画の仕事が入ってくる」とブルースは主張し、チャーリー・チャンもののドラマと、彼との契約に興味を持っているという香港の映画制作者たちの名前を挙げた。

「ふうん、そう」と、ミセス・エメリーは気のない返事をした。

四カ月暮らしたあと、ブルースは義母宅での暮らしに見切りをつけた。とりあえずオークランドのジェイムズ・リーの家に引っ越すことにした。財政が逼迫《ひっぱく》していた。ハリウッドとの契約金は贈り物と休暇で使い果たし、『長男』の見通しも怪しい。「『チャーリー・チャン』は君の主演で話がまとまると思うが、だめなら別のプロジェクトを考える」と、ドージアは慰めた。「君には最高のチャンスを用意するから安心したまえ」ドージアは『バットマン』に対する視聴者の反応を待っていた。一九六六年一月十二日にシーズン途中の差し替え番組としてＡＢＣで初放映される予定だった。これが成功すれば、かならずＡＢＣは次の企画にゴーサインを出す。

六五年十二月十八日、ブルースはベイエリアの生徒のひとりに手紙を書いている。〝リンダとオークランドに一カ月滞在し、そのあとハリウッドか香港に行く。二十世紀フォックスとの契約の見込みは八五パーセント。だめになっても香港で契約が二本待っている〟

ブルース・リーは未来への分岐点に立たされていた。その成否はすべて、ゴッサム・シティ〔バットマンが住む架空の街〕のマントを羽織った戦士の肩にかかっていた。

10

『グリーン・ホーネット』

　ドージアとABCも含めて関係者全員がびっくりしたが、『バットマン』は爆発的ヒットとなった。ベタな笑い、駄洒落連発の会話、アンディ・ウォーホルのポップアートを思わせる原色のコスチューム、誇張された悪党、画面上を飛び交う色とりどりの擬音（〝ビシッ！〟〝ズガン！〟〝ガツン！〟）で、『バットマン』は漫画好きの少年や、都会育ちの審美眼の持ち主、マリファナに酔った大学生らの心を鷲づかみにした。ドージアはこれを〝録音笑い《ラフトラック》抜きで放送された唯一のシチュエーション・コメディ〟と表現している。一九六六年三月の上旬に『バットマン』はライフ誌の表紙を飾り、〝国じゅうが熱狂〟との見出しが躍った。

　思わぬ成功からたちまち類似品が生まれるのがハリウッドだ。ABC上層部はドージアに続編を催促した。六六年二月末の時点でドージアは『チャーリー・チャンの長男』の脚本の第一草稿を提出していた。その二、三週間後にABCはこの企画を却下した。正確な理由は不明だが、推測に難くはない。六六年当時のテレビ局には、無名の中国人俳優を主役に据える話を了承して自分の地位を危険にさらそうとする重役はいなかったのだ。

全国テレビでも白人しか主役になれないという建前は崩れつつあったが（前年には『アイ・スパイ』で、ダブル主演ながらビル・コスビーが黒人として国内ドラマ史上初の主役を務めていた）、ハリウッドでアジア系俳優は長く辛酸を舐めてきた。アジア系初の二枚目俳優は、一九一〇～二〇年代の無声《サイレント》映画で活躍したセッシュウ・ハヤカワ（早川雪洲）だ。無声で白黒の時代、欧米の観客——なかでも白人女性——は、この日本人俳優の目鼻立ちに異国情緒と刺激を感じた。映画『チート』（一九一五年）で、ハヤカワは一夜にしてチャーリー・チャップリンやダグラス・フェアバンクス・シニアと肩を並べるスーパースターになった。浪費癖のある証券ブローカーの妻（ファニー・ウォード）が背負った借金を肩代わりするのと引き換えに、日本人古美術商（ハヤカワ）は肉体を要求する。まさに現代の『フィフティ・シェイズ・オブ・グレイ』を彷彿させる作品だ。ウォードは借りたカネを返そうとするがハヤカワは拒み、自分のものである証として彼女の肩に焼き印を押す。〝ハヤカワがアメリカ女性に及ぼした影響はルドルフ・バレンティノをはるかに凌《しの》いだ〟と、映画評論家のデウィット・ボディーンが綴っている。〝そこには強烈なマゾヒズムが横たわっていた〟。アメリカのあるジャーナリストは、「私を贔屓《ひいき》にしてくれるのは女性でね。ハヤカワみたいに強く暴力的でいてほしいと、彼女たちは言うんだ」と語っている。

アメリカ女性が好きだったのはサイレント映画の彼だった。一九二七年にトーキー時代が到来するとハヤカワの強い日本語訛りが露呈した。くっきりした頬骨にメロメロだった都市部の主婦たちは物足りなさを感じ、ロマンス映画のアイドルとしてのハヤカワの仕事は下降線をたどった末に、真珠湾攻撃でとどめを刺される。第二次世界大戦後にハヤカワが手にした役は、『戦場にかける橋』（一九五七年）の斎藤大佐のような高潔な悪役ばかりだった。

ハヤカワの身に起こったことは戦後アメリカの文化傾向に広く影響を与えた。映画に登場するアジア系男性から性的役割が抜き取られることになった。結果、アジア系の俳優は恋愛映画に主演する資格を失った。『長男』シリーズは全国ネットのドラマでアジア系俳優が英雄的主人公を演じる稀有なチャンスだった。この企画が没になったことで、アジア系に回ってくるのは去勢化された紋切り型の役ばかりという状況を覆すチャンスは失われた。一夜にしてスターの座を射止める夢を見ていたブルース・リーにとっても大きな打撃だった。

敏腕プロデューサーのウィリアム・ドージアはリスク分散を図る両面作戦に出た。進展の段階はさまざまだったが、テレビ局の上層部に提示できる企画は数多くあった。『チャーリー・チャン』『バットマン』『ワンダーウーマン』『ディック・トレイシー』など、漫画やラジオドラマ、文学作品のテレビ放映権を取得するのが彼の戦略だ。この一年は一九三〇年代にラジオで放送された連続ドラマ『グリーン・ホーネット』の権利取得に取り組んでいた。

ジョージ・W・トレンドル原作のこのドラマの筋立ては簡潔だ。主人公ブリット・リードは日中は新聞社の若き社長として醜聞を暴き、夜には緑色のスーツとマスクに身を包んで悪と戦うグリーン・ホーネットに変身する。リードの助手は彼に忠実な日系人運転手のカトー〔原音はケイトー〕だ（日本が中国に侵攻した一九三七年のラジオ放送では国籍がフィリピンに変更された）。このドラマはトレンドルが手がけて最高の人気を博した『ローン・レンジャー』の現代版として考案された。ブリット・リードはローン・レンジャーの甥《おい》の息子という設定だ。カトーは少数民族の相棒トントに当たる。機関銃・ミサイル・火炎放射器など派手な兵器を満載したリードの愛車ブラック・ビューティは〝愛馬シルバー〟の現代版だ。

ドージアとトレンドルは六五年の夏、『グリーン・ホーネット』の放映権をめぐる協議に入った。〝うちのブルペンにカトー役にうってつけの東洋人がいる〟ドージアは六五年十一月十六日付の手紙でトレンドルに自慢した。〝アメリカ生まれの中国人だが、東洋人でもフィリピン人でも演じられる。カトーの国籍を明確にする必要はない。見たとおりの東洋人、でいい。私が考えている俳優は空手の黒帯で、空手の教本に出てくる芸当はすべてやってのけられる〟

『長男』が却下されたのと同じ六六年三月に、二十世紀フォックスは『グリーン・ホーネット』のテレビドラマ化を発表した。放送は秋からだ。この新たな展開を受けて、ドージアは気詰まりそうにオークランドに電話をかけた。連続ドラマでジェームズ・ボンド・タイプの主人公を演じる話は没になったが、その代わりに、悪と戦う裕福な白人の助手役はどうだろう？　答えはノーだった。「最初聞いたとき、典型的な下働きの役だと思った」ブルースはワシントン・ポスト紙に語っている。「『辮髪《べんぱつ》で跳びはねるような役なら、すまないが』と、ドージアに返答した」

ブルースに選択肢があったわけではない。ドージアとの契約があったからだ。法的に断ることができたとしても、養わなければならない若妻と乳児がいて、それなのに貯金はゼロだった。断れる状況ではなかったにもかかわらず、彼は主張した。カトーの役どころが格上げされないかぎり引き受けたくない、と。ラジオ版『グリーン・ホーネット』のカトーはブリット・リード社長の「車を、カトー」という命令に「承知しました（イエッシュ）、ミスタ・ブリイット」と癖の強い英語で答えて滑稽さを醸し出すのが最大の見せ場だったからだ。敏腕プロデューサーのドージアはおかかえの俳優を安心させた。カトーは召使ではなく相棒だ。それどころかグリーン・ホーネット最大の武器であり、格闘シーンの大半はカトーが引き受ける。アメリカ人にとっては全国ネットで初めて中国武術に触れるチャンスだ。

ドージアはブルースを〝カンフー使い〟と設定した。チャーリー・チャンの息子役に比べれば期待はずれだったかもしれないが、これは無名の俳優が才能と母国の芸術（武術）を披露するまたとない機会だ。映像制作者の大半とちがって、ドージアは約束を守る男だった。それでも、あえて彼が伝えなかった重要な事実がひとつあった。ドージアが番組の全権を握っているわけではなかったのだ。テレビ放映権を手に入れるため、彼は脚本の最終承認権をジョージ・トレンドルに引き渡していた。

この一年、ブルース一家は香港かシアトルかオークランドで家族宅か友人宅に居候してきた。三月中旬、一家はロサンゼルスのウェストウッド地区、ウィルシャー大通りとゲイリー街の角に立つ、昔ながらの小さなアパートへ引っ越した。若夫婦は結婚して初めて水入らずで暮らすことになった。

ドージアはロサンゼルスに来たブルースをさっそくジェフ・コーリーの演劇教室に入れた。コーリーはマッカーシズム（反共産主義的社会運動）が吹き荒れた五〇年代にブラックリストに載せられた性格俳優だ。ブルースは友人たちに「ハリウッド最高の演劇コーチ」と語っている。コーリー門下の有名どころにはジェームズ・ディーン、カーク・ダグラス、ジェーン・フォンダ、ジャック・ニコルソン、レナード・ニモイ、バーブラ・ストライサンド、ロビン・ウィリアムズらの名が並ぶ。ブルースはここで初めて本格的な演技指導を受けた。コーリーはカメラの映像、照明、配置、調和といったテレビドラマの制作にまつわるさまざまな要素を叩きこんだが、ブルースについては話し方の向上と香港訛りの軽減が第一の目標だった。「みんな、彼の言っていることがわからなかった」ブリット・リード（グリーン・ホーネット）役のヴァン・ウィリアムズが言う。「訛りがきつくて、ゆっくりしゃべったり早口にしたりと工夫はしていたが、なかなかうまくいかなかった」しかし、数カ月に及ぶ集中指導は実を結んだ。ブルースは後日、ジャーナリストたちに冗談を飛ばしている。「どうしてカトー役が手に入ったかわかるかい？　主人公の名前はブリット・リードだが、カリフォルニアでブリット・リードときれいに発音できる中国人は自分しかいなかったのさ！」

『グリーン・ホーネット』の制作は六月に始まった。ブルースの週給は四〇〇ドル（手取り三一三ドル）で、初めて受け取った小切手は各種の支払いにぎりぎり間に合った。「蓄えが底をつき、家賃をはじめ未払いのものがいろいろありました」と、リンダは言う。月一〇〇ドルから二〇〇ドルで暮らすことに慣れていた夫婦にとっては宝くじに当たったような心地だった。「天下を取った気分でした」と、リンダは回想する。

ブルースはそんな気分をさっそく行動に移した。六六年製の新車、青いシボレー・ノバを二五〇〇ドルで購入したのだ。そのあと家族でバリントン・プラザ二十三階の、眺望のいい寝室ふたつのアパートに引っ越した。ここの家賃はブルースの支払い能力を超えていたが、『バットマン』でロビン役を務めたバート・ウォードがここに住んでいて、耳寄りな情報をくれた——管理人はハリウッドの俳優など特別な住人とは内緒で取引してくれる、と。管理人はブルースから武術を教わる代わりに家賃を半額にしてくれた。この取り決めが三カ月で打ち切りになると、ブルース一家は短期間イングルウッドの借家に引っ越し、六七年八月三十日にはカルバー・シティの別の借家に居を移した。放浪好きの一家は結婚から九年で十一度引っ越している。

ブルースはリッチな気分でいたかもしれないが、じつは一杯食わされていた。彼は昔から新人俳優がやりがちな誤りを犯していた。ボスが薦める代理人と契約したことだ。代理人のベラスコはドージアの親友で、当然ながら、取り決めについてはブルースの利益よりドージアの利益を優先する。ドラマのレギュラー陣五人の週給は以下のとおり。ブルース・リー（カトー）四〇〇ドル、ウォルター・ブルック（スキャンロン地区検事長）七五〇ドル、ウェンディ・ワグナー（ミス・ケイス）八五〇ドル、ロイド・ゴフ（マイク・アクスフォード）一〇〇〇ドル、ヴァン・ウィリアムズ（ブリット・リード、グリーン・ホーネット）二〇〇〇ドル。準主役級にもかかわらず、中国人の支払いは白人より少なかった。ヴァン・ウィリアムズの五分の一しか支払われていないことにブルースが最後まで気づかなかったのは、ベラスコにとって幸いだった。ドージアは気がとがめたのか、六六年十一月三十日、ブルースの週給を五五〇ドルに上げている。

ブルースとヴァン・ウィリアムズの初顔合わせは五月の終わり、『グリーン・ホーネット』キャンペーンの一環として報道関係者を招待したプレスパーティ会場でのことだった。テレビ界と映画界の重鎮数十名に報道関係者六〇名ほどが出席した本格的な午餐でふたりは引き合わされた。〈ビバリーヒルズ・ホテル〉の豪華な大宴会場では、ホテルの経営陣がゲストに敬意を表して、すべての飲み物に緑色をつけていた。

　ドージアは挨拶の開口一番、バットマンがらみのベタな冗談を口にした。「バットマンとロビンが蒸気ローラーに轢《ひ》かれたらどうなるか？　平らな男《フラットマン》とリボンになる」聴衆は気を遣ってどっと笑った。ドージアは報道陣に、〝マントを羽織った戦士〟の映像化が巻き起こしたブームに乗り、『グリーン・ホーネット』も人気爆発を狙っていると語った。「『グリーン・ホーネット』では『国際諜報局』〔一九六五年にマイケル・ケイン主演で公開された英国のスパイ・アクション映画〕的な手法を用いたい――展開の速さ、洒落たスタイル、数多くの仕掛け、巧妙な道具立てに至るまで。『グリーン・ホーネット』に登場するブラック・ビューティという車は奇抜な仕掛けが満載で、ジェームズ・ボンドの車がベビーカーに見えることだろう」と語っている。

　このあとドージアは『バットマン』主演のアダム・ウェストをマイクの前へ呼び寄せた。ウェストは『バットマン』のマスコミ報道について冗談を飛ばしたあと、ヴァン・ウィリアムズとブルース・リーを紹介した。ヴァン・ウィリアムズは連続ドラマ『サーフサイド6』（一九六二年）で主役のひとりを務めていた。長身で、端整な顔立ちをしている。テキサス州出身の三十二歳はこの場に自分がいることに驚きを表明した。二日前に契約を結んだばかりだったからだ。ブルースはクリスマスの朝の子どもみたいにはしゃいでいた。彼は聴衆に広東語で感謝を述べた。

　質疑応答中、ひとりの記者がヴァン・ウィリアムズに、「グリーン・ホーネットを演じるのは俳優としての前進に役立つと思いますか」と質問した。

「『バットマン』の成功で注目が集まっているからね」ヴァン・ウィリアムズは答えた。「食べるに事欠くシェイクスピア俳優は大勢いる」

別の記者がブルースに質問した。「ラジオドラマ時代のカトーは日本人という設定で、戦時中いきなり国籍がフィリピン人に変更されました。カトーをどうお考えですか？」

「自分自身は中国人です」ブルースは最後を強調した。

「しかし、なんと言ってもカトー（加藤）は日本人の名前ですから、そのあたりをよく知る東洋人は抵抗を感じないでしょうか？」と、記者は質問を継いだ。

「私は空手の達人だ。それも、黒帯クラスの」ブルースはいかめしい表情で返した。「文句があるやつはのしてやる」

ドージアがさっと立ち上がって話に割りこんだ。「このドラマはリアリティを追求するものではないし、日本人か中国人かは大きな問題じゃない」

儀式的なやり取りがひと通りすむと、アダム・ウェストとヴァン・ウィリアムズは着席してＡＢＣの記者からざっくばらんなインタビューを受けた。中国人が日本人を演じるのに文句があるやつはのしてやるというブルースの発言が強く印象に残ったらしい。インタビュアーはヴァン・ウィリアムズに、「カトーは空手使いなんですね？」と質問を振った。

「そう、グンフーという中国武術だ」ヴァン・ウィリアムズは答えた。「彼のそばでくしゃみをしたら、次の瞬間、床にのびていたよ。とにかく速いんだ、動きが。目にも留まらぬ速さでね」

アダム・ウェストがバットマンの声に切り替えて茶々を入れた。「ロビンよりかい？」

「ロビンより」と、ヴァン・ウィリアムズは微笑んだ。「弾よりも速い」

「競わせてみたらどうでしょう？」とインタビュアー。

「やるなら、密室で」と、ウェストは明言した。

六月の撮影開始時、『グリーン・ホーネット』はふたつの大きな問題に直面した。まず、ドージアと原作者のジョージ・トレンドル（八十二歳）がドラマの性質をめぐって衝突した。『バットマン』人気にのりたいドージアは『グリーン・ホーネット』も同じようなたわいのない作品にしたかった。脚本の草稿を『バットマン』の主任脚本家ロレンツォ・センプル・ジュニアに依頼し、トレンドルに手紙で展望を説明した。〝いまの時代、ラジオ時代のような堅い話をやるわけにはいかない――その点には同意していただけると確信しています〟

だがジョージ・トレンドルは『バットマン』を見て慄然とし、自分の愛する登場人物たちに道化は演じさせられないと断固拒否した。〝『グリーン・ホーネット』のテレビドラマ化検討時に、本格ドラマで合意したはずだ〟と、トレンドルは返信した。〝グリーン・ホーネットを現実離れした荒唐無稽な人物に仕立てたりしたら、半年で打ち切りになるぞ〟

トレンドルの説得に失敗したドージアはコメディからドラマへ路線転換を余儀なくされた。『バットマン』は毎週プライムタイムに一時間の尺（三十分を二日連続）で放映できたが、『グリーン・ホーネット』に与えられた時間は週一回三十分だった。犯罪ドラマは一時間がふつうだ。それをシチュエーション・コメディにありがちな三十分の尺に詰めこまなければならない。「撮影が始まって、三十分と聞いたとき」ヴァン・ウィリアムズが回想する。「『うーん、やばいぞ』と、私は言った」ドージアは『グリーン・ホーネット』がシーズン途中で打ち切られた場合の穴埋め用に『ディック・トレイシー』と『ワンダーウーマン』の企画を委託発注した。

限られた登場時間を確保するために競い合う俳優たちにとって、波乱含みの制作現場は不安の渦巻く環境だった。準主役への降格に憮然としていたブルースは、下っ端あつかいされてなるものかと意を決した。ほかの配役がカメラの前で出番を待っているあいだに、彼はあれこれ離れ業を演じてみせた。高さ一八〇センチのジンバルカメラの上に一〇セント銀貨を立て、跳び蹴りでステージへ弾き飛ばす。指二本で指立て伏せをし、スタントマンに腕相撲で勝負を挑む。ヴァン・ウィリアムズは〝じっとしていない子〟ブルース・リーを、やんちゃな弟を見るように温かく見守っていた。「いい子だったたよ。何をしているのかもわかった」と、ウィリアムズが回想する。「自分にどんなことができるか、周囲に見せたかったんだ。スクリーン上で見せる時間はない。自分の番が来たらワンショットでおしまいだからね。走り回って、蹴りを繰り出したり、いろいろやって力を誇示しはじめた」

なかでもブルースのお気に入りは、何も警戒していない人の耳たぶを跳び蹴りする芸当だった。「〝チッ〟と耳元で音がしたと思うと」ウィリアムズが言う。「彼が跳躍して足の爪先で耳を蹴っていた」誤って舞台デザイナーのひとりに怪我をさせてしまうまで、この芸当は続いた。「誰かに話しかけようとして頭を回した瞬間、ブルースが耳たぶ目がけて蹴りを放ったんだ」ウィリアムズが当時を振り返る。「あごの関節が外れてしまってね。セットでの蹴りの披露はおしまいになった」

自分のあつかいに対する不安だけでなく、ブルースはインポスター症候群（実力で成功を勝ち取ったわけではないという不安）にも神経をすり減らしていた。驚異的な武術家なのは確かでも、これまでの経験はすべて生の観客を前にしたステージ上でのものだ。フィルム上で精緻な擬闘（格闘の殺陣《たて》）をやったことはない。子どものころ出演した香港映画はメロドラマであってアクション映画ではない。ステージでは三次元空間（いろんな角度から自分を見ている観衆）が相手だった。突きや蹴りでうならせるには、いわゆる〝ノンコンタクト・グンフー〟で寸分の狂いもなく標的をとらえればいい。

だが、『グリーン・ホーネット』のスタントマンは西部劇《ウエスタン》のベテランばかりだ。「肝心なのは、肩に載せたカメラが撮る二次元映像だ」と、ヴァン・ウィリアムズは言う。「一メートルくらい離れた敵を相手に腕を振り回し、相手がうまく反応して、効果音がしっかり入れば完璧だ。ブルースはなかなかそういう距離になじめなかった」

ブルースは接近戦にしたかった。スタント陣はそれを嫌う。彼らの動きはブルースに反応できるほど速くなく、痛い目に遭うこともよくあった。「もうあの番組では仕事をしたくないと言いだす始末だ」と、ウィリアムズが回想する。「怪我をするのは願い下げだと」

伝説的なプロレスラーで世界レベルの柔道家でもあり、現場のスタント・コーディネーターを任されていた〝ジュードー〟ことジーン・ラベールがブルースのなだめ役を仰せつかった。「ブルースは十カ所くらい打ってくるから、スタントマンはあごを押さえて痛いと言えばいいのか、腹を押さえればいいのかわからない」と、ラベールが言う。「西部劇では昔のジョン・ウェインみたいに野球の左翼手《レフト》くらい離れたところから歩み寄って言葉を交わし、そのあと相手を撃つんだから、ブルース・リーを極力ゆっくり動かすよう努力した。蹴りを三十七回、突きを十二回繰り出したいクチだったからね」

説得に効果がないと見たラベールはブルースをからかいはじめた。「プロレスの世界ではよくあった。報復されない程度に相手を茶化すんだ」ラベールが説明する。「俺のシャツにこんなに糊つけやがって、とかよく言っていた」

ある日のセット。悪気のない冗談の延長でスタントマンたちが〝あのちび〟を持ち上げろとラベールをけしかけた。ラベールは裏返しの状態でブルースを肩へ担ぎ上げ、そのままゆっくりセットを歩き回った。

「下ろせ！」ブルースが怒鳴った。「殺すぞ！」

「誰が下ろすか」

「なんだと？」

「下ろしたら、殺されちまう」

気性のちがいはあったが、ふたりは気心が通じるようになった。「しょっちゅうからかっているうちに、あの男も気持ちがほぐれてきたんだな」と、ラベールは言う。独自の武術の完成を一義とするブルースはからかいを辛抱して、ラベールから学ぼうとした。技術交換を提案した。カンフーを教えるから、柔道とレスリングを教えてくれ。「足固めや腕固めといった、正統な極め技をいくつか教えてやった」ラベールが回想する。「そのひとつを『ドラゴンへの道』でチャック・ノリスにかけたそうだよ」

自分の殺陣に修正の必要があるとブルースがようやく納得したのは、フィルム上の結果を見たときだ。第一話の『消音銃殺人事件』、グリーン・ホーネットとカトーは薄暗い地下駐車場で悪者たちと大立ち回りを演じる。ヴァン・ウィリアムズとスタント陣はブルースの動きを修正せず、思いどおりにやらせてみた。そして翌日、「ブルース、編集用の下見フィルムを見にいかないか?」と誘った。

「いいとも、どうなったか見てみたい」ブルースは興奮の面持ちで答えた。「これまででも指折りのいい動きだったからな」

大勢で前日分の未編集フィルムを見にいった。ブルースの大立ち回りの場面になると映像が完全にぶれていた。カンフーのたてる音がなければ、戦いが行われているとはわからない。スタントマンたちは爆笑した。ブルースは楽屋に駆けこんでぴしゃりとドアを閉め、出てこようとしなかった。

二時間くらいしてヴァン・ウィリアムズがドアに歩み寄り、ノックした。「ブルース、そこで何をしているんだ?」

「腹が立って仕方がない」と、ブルースは言った。「気が動転して、どうしたらいいかわからない。だめなやつだ。何ひとつまともにできやしない」

「ブルース、これだよ、私たちが君に言おうとしていたのは。動きを遅くする必要がある。うまくいかなかったのは、カメラがとらえられないくらい速かったからだ」

ブルースはウィリアムズとじっくり話し合い、どこを変える必要があるかを頭の中で整理していった。「とにかく、動きを遅くしたことで見違えるほど良くなった」ウィリアムズが回想する。「頭を冷やしてセットを跳び回るのをやめたら、みんなとうまくいくようになった。彼はとても誠実な友人だったよ。陰口を叩いたり、絶対にしなかった」

殺陣の問題は解決したが、役割の重みは未解決のままだった。最初の数話では二、三の台詞《せりふ》しかもらえなかった。〝カトーがブリットの下働きなのは確かだが、悪と戦うときはグリーン・ホーネットの相棒だ〟ブルースはドージアに手紙を書いた。〝ジェフ・コーリーもそう思うと言うし、せめてときどき台詞があれば、共演者といるとき肩身の狭い思いをしないですむんだが〟

説得すべき相手はドージアではないと、彼からの返事でブルースは知った。『ローン・レンジャー』の無口な少数民族トントと同じく、カトーも対等の相棒ではなく一助手として前面に出ないほうがいい、と主張していたのはトレンドルだったのだ。しかしドージアは、ブルースの居心地が良くなるようトレンドルと交渉し、カトーの台詞を増やすよう脚本陣に掛け合うと約束してくれた。

第十話『火を吐く空手』はカトー中心の話になった。ある中華料理店が〝堂《トン》〟〔中国マフィア〕のみかじめ料の標的になる。クライマックスは堂の首領とカトーの戦いで、ここでアメリカの視聴者は初めてカンフーの戦いを目にする機会を得た。わずか三十秒のスピーディな戦いだが、ブルースの華麗な跳び蹴りもあり、最後はボディへのすさまじい連打で敵を眠らせた。ブルースにとっては会心の場面だったにちがいない。敵の首領を演じたのはアカデミー賞ノミネート作品『砲艦サンパブロ』でブルースが喉から手が出るほど欲しかった役を演じた、日系アメリカ人のマコ・イワマツだったからだ。このシーン、ブルースは弟子のダン・イノサントにマコのスタントをやらせた。このあとテレビと映画の企画でブルースは何度も自分の生徒を使うことになるが、これがその第一弾だった。

『火を吐く空手』でカトーの役柄に幅は出たが、まだ物足りない。この話の冒頭、マフィアの首領に待ち伏せされたカトーはゴミ箱に頭から叩きこまれる――この屈辱的なシーンにブルースは異議を唱えたが、ドージアに却下された。話の舞台こそ華人街《チャイナタウン》だが、会話の大半はグリーン・ホーネットが引き受けていた。最後のシーンでは、修復された中華料理店にみんながお祝いに集まる。カトーだけがいなかった。彼の不在に気づいたファンは、奥で給仕の手伝いをしていたんだろうと冗談を飛ばした。

ハリウッドでは、欲しいものは積極的につかみにいかなければ手に入らない。『グリーン・ホーネット』の経験から、ブルースはそれを痛感した。脚本を考え、ドージアにアイデアを投げはじめた。『東から来たコブラ』と題した脚本案では、グリーン・ホーネットが致死性の毒薬を盛られて早々と戦線離脱する。カトーがその治療法を探しに単身街へのりこみ、あちこちでドアを蹴破って用心棒たちをぶちのめす。十三ページに及ぶ彼の提案は結局採用されなかったが、この素材はのちのプロジェクトに活かされる。

『バットマン』の成功で主役のふたりアダム・ウェスト（バットマン）とバート・ウォード（ロビン）は一躍セックスシンボルとなった。性的な意味合いをほのめかす台詞にスパンデックス繊維の衣装や股袋《コッドピース》のコスチュームが合わさって、隠微な雰囲気を醸し出す。〝ダイナミック・デュオ〟と呼ばれたふたりはビートルズもかくやというくらいグルーピーの包囲を受けた。バート・ウォードの回想録にはまさしく入れ食い状態の日々が描かれている。アダム・ウェストの回想録はもう少し控えめだが、自分と天才少年《ボーイ・ワンダー》ロビン役のバート・ウォードにセット内外でどんな楽しいことがあったかがそれとなくほのめかされている。撮影の合間に、バットマンとロビンはキャットウーマンや週ごとの魔性の女《ファム・ファタール》とどっちがベッドを共にできるかを競った。

多くの人から話を聞くところでは、『バットマン』に比べると『グリーン・ホーネット』の撮影現場はかなり品行方正だったが、それでも週代わりで売り出し中の若手女優が投入されていた。第五話にソーディス・ブラントという人目を引く優雅なブロンド女性がやってきた。西ドイツに生まれカナダで看護師の訓練を受けたソーディスはサンタモニカに来て、活気あふれる《スインギング》六〇年代のグラマーガールになった。ドラマ『0022アンクルの女』『アイ・スパイ』『ドラグネット』でラウンジガールや女スパイ、カクテルガールといった端役を務めている。女優としての活動は短命に終わるが、その一年目、彼女は『グリーン・ホーネット』第五話の『海底の殺人』でマフィアの愛人役に配された。

出演前に代理人から、君はヴァン・ウィリアムズの好みだから気をつけろという忠告を受けた。「セットに入ると、ハンサムなヴァンが歩み寄り、挨拶してくれた」と、ソーディスは回想する。「ブルース・リーは恥ずかしそうに離れたところに立っていた。魅力的な人と思っていたから、そばに行って自己紹介したの。そしたら、女神のようだと言われて。彼みたいな華やかな人からそんなことを言われて、言葉を失ってしまったわ」

ソーディスによればふたりはたちまち意気投合し、ふたりだけで会いはじめた。「言葉で言い尽くせない磁力の持ち主でした」と、ソーディスは言う。「物静かでシャイだったけど、その気になればすごく積極的にもなれるの。自己顕示欲が強く、いつも肉体《ボディ》を誇示していました」

ある日ブルースは撮影の合間に、スタジオロットの防音室にいたソーディスに電話をかけた。ジェームズ・コバーンの主演映画『電撃フリント・アタック作戦』で〝アマゾン六号〟を演じていた。

「売店でランチでもどう？」と、ブルースは誘った。

「いいわね」

ブルースはカトーの黒い衣装のまま、歩いて防音スタジオへ向かった。ソーディスに手を振り、撮影中の彼女の元へ向かおうとした。プロデューサーのひとりが駐車係の制服を着た中国人を見て、行く手を遮《さえぎ》った。「おい、入っちゃいかん。車を駐《と》めてくるのが君の仕事だろう！」

ソーディスが急いで駆け寄り、プロデューサーに声を荒らげた。「この人が誰か知らないの？『グリーン・ホーネット』のカトーよ。そんな口をきいて。お尻を蹴っ飛ばされるわよ！」

プロデューサーはその場で平身低頭した。「本当に失礼しました、ミスター・リー。とんでもない間違いを！　許してください」ブルースはひょいと肩をすくめ、手をひと振りしてプロデューサーを放免した。

ランチのときソーディスが、「まったく、あのろくでなし。腹が立ったでしょう？」と尋ねた。

「いや、誰も自分を止められないことはわかっている」ブルースは指で軽く頭を叩いた。「自分の前には道が開ける。じゃまなやつらは後ろへ消えていく」

『電撃フリント・アタック作戦』の映画セットで"アマゾン6号"を演じていたソーディス・ブラントを
カトーの衣装で訪ねたブルース。1966年8月頃（デイビッド・タッドマン）

ソーディスとブルースの密会は二、三カ月続いた。ソーディスは『ガンスモーク』の主演俳優で二〇〇センチの長身を誇るジェイムズ・アーネス（四十三歳）と、くっついては離れるを繰り返していた。彼女が中国人俳優と付き合っていると知ったアーネスは私立探偵を何人か雇い、ブルース・リーのことを調べさせた。たちまち、妻と幼い子どもがいることが突き止められた。アーネスがこの情報をソーディスの耳に入れた。彼女はショックを受けた。ブルースは結婚指輪をはめていなかったし、そんな話は聞かされていない。「どうしていい関係を壊すの？」と、ソーディスは悲しげにコメントしている。彼女はブルースと別れてアーネスの許へ戻り、結局、彼女と結婚した。ブルースはこの浮気をリンダから隠し、彼女はずっと気がつかなかった。

ドラマに新風を吹きこむエキゾチックな存在として全米にブルース・リーを紹介することも、『グリーン・ホーネット』宣伝キャンペーンの戦略だった。マスコミは最初、『バットマン』人気を踏まえて、カトーをロビンのライバルと位置づけた。〝天才少年《ボーイ・ワンダー》ロビンの最新の挑戦者は、『グリーン・ホーネット』で主人公の忠実な助手役を務める若手俳優にして空手の達人、ブルース・リーだ〟と、ワシントン・ポスト紙は持ち上げた。従属的な役割の召使ではなく優れた能力を持つ対等の人間としてカトーを演じるつもりでいる、とブルースは主張した。「グリーン・ホーネットとカトーは相棒《パートナー》の関係ですよ。もちろん、中国武術家という前提があるから私を武器にしているんです。格闘は全部私が引き受ける。たまにグリーン・ホーネットが拳を振るうことがあっても、彼のパンチは腕を振り回す昔のアメリカ式だ。私は手刀や蹴りも使う」

やがてメディアはブルースの人物像についても関心をかき立てる切り口を発見した。リンダとの異人種間結婚と、異人種間に生まれた子どもだ。〝ラビング対バージニア州裁判〟（一九六七年）によってアメリカ全州で異人種間結婚を合法とする判断が最高裁で下されるのは、一年くらい先のことだった。中国人と白人の夫婦は主流メディアが応援できる新しい現象だった。

新聞記事はこんな見出しを掲げた。〝ブルース・リー「異人種間結婚は愛の奇跡を」〟〝ブルース・リー「息子は文化融合の象徴！」〟

底意はなかったのだろうが、いくらか皮肉含みの大げさな表現から始まる記事もあった。〝ブルース・リーにはひとつ問題がある――完璧すぎる点だ！　完璧な夫にして完璧な父であり、カトーという理想的な役を配された〟。深遠な疑問から始まる提灯記事もあった。〝地球の反対側で生まれたふたりが出会って恋に落ち、真の満ち足りた結合を果たし、神の寵愛の象徴である子どもを育てる――このようなことが起こるのは、なぜなのでしょう？〟。子どもに焦点を当てた記事もあった。〝ブルース・リーと妻リンダは「運命の子」のひとりを授かった。その子の名はブランドン。東洋人にして西洋人。その目は熟れたブラックチェリーのよう。髪はブロンド。東洋の思慮深さと西洋の活力が溶け合う魅惑的な配合だ〟

一九六六年九月九日放映の第一話『消音銃殺人事件』に対する批評は、前宣伝の記事に比べはるかに辛口だった。評論家は容赦なく『バットマン』と比較し、『グリーン・ホーネット』をベタな笑いのコメディでなく生真面目《シンバー》なドラマにした判断を厳しく批判した。ニューヨーク・タイムズは〝漫画が原作のドラマでありながら、あえて笑いを取ろうとせず、生真面目に演じられている。筋立ては、痛快というよりは時代遅れ。ヴァン・ウィリアムズが悪に判決を言い渡す犯罪撲滅人を演じている〟と容赦ない。バラエティ誌は〝『グリーン・ホーネット』はお堅い通俗劇。良くも悪くも『バットマン』にちりばめられて最初のころに一定の成功をもたらしたポップなギャグが、ひとかけらも見当たらない〟と評した。

ドラマ評はさんざんだったが、いっとき成功の兆しは見えた。最初の三週間、『グリーン・ホーネット』（ABC）の視聴率は同時間帯のライバル『ワイルド・ワイルド・ウエスト』（CBS）と『ターザン』（NBC）を上回ったからだ。しかし、たちまち追い落とされた。

「特に『バットマン』の大成功で、最初は注目も大きかった」と、ドージアが説明する。「『グリーン・ホーネット』のサンプルをひと通り見たところで、視聴者は『ワイルド・ワイルド・ウエスト』や『ターザン』のほうが面白いと判断したらしい」

全体的に先行きは暗そうだったが、ブルースには希望の兆しがあった。カトーのほうがグリーン・ホーネットより人気とわかったからだ。子どもからのファンレターの数はカトーがかなり上回っていた。たとえば、アイオワ州クリントンに住むリッキー・マクニースは、先生から〝A〟をもらえるかもしれないから学校行事用にカトーのマスクが欲しい、と書き送ってきた。否定的なドラマ評もカトーの格闘能力には肯定的だった。〝リーを見た人は、ルール無用の戦いなら彼がカシアス・クレイを失神させるほうに賭けるだろう〟

ブルースの将来にとってもっと大事なことがあった。小規模ながら成長過程にあったアメリカの武術界はブルースとカトーを歓迎した。自分たちの武術がスクリーン上で演じられるのを見たことがなかったからだ。一夜にしてブルース・リーはアメリカ一有名な武術家になり、ブラック・ベルト誌に横顔が紹介され、名だたる空手選手権に招待されるようになった。二年前のロングビーチ国際空手選手権当時、事実上無名だったことを思えば、まさしく雲泥の差だ。

視聴率はいまひとつでも、ABCは『グリーン・ホーネット』をシーズン途中で打ち切らず、人気向上を願いながら放映を続けた。ドージアもこのドラマを救うために全力を尽くした。ABCに一時間の時間枠を求め、それに失敗すると、前後編に分かれた話を書き、はじめた。最後の試みとしてトレンドルに手紙を書き、グリーン・ホーネットとカトーを『バットマン』に〝ゲスト出演〟させたいと願い出た。シリーズ化の判断は六七年三月末までにABCが下す予定で、この二話の放送は三月一日と二日に設定された。

話はこんな感じだ。ブリット・リード(グリーン・ホーネット)は出版界のコンベンションが開かれるゴッサム・シティを訪れ、そこでブルース・ウェイン(バットマン)と遭遇する。WASPの裕福な御曹司ふたりはかつて同じ寄宿制学校に暮らす友人だったが、どちらも相手の正体は知らない。グリーン・ホーネットとカトーは偽造切手がらみの犯罪に出くわし、即座に行動に出るが、ゴッサム当局はふたりを犯罪の共謀者と見なしていた。バットマンとグリーン・ホーネット、ロビンとカトーが戦ったあとも大立ち回りは続くが、やがて四人は、自分たちは同じ陣営と気づき、力を合わせて真犯人の陰謀を阻止する。

最初の台本では、グリーン・ホーネットとカトーがバットマンとロビンにやられることになっていた。『バットマン』の番組内だから当然と言えば当然だ。しかし、これを読んだブルースは台本を床に叩きつけてセットを出ていった。「誰がこんなものに出るか！」と、彼は言い放った。「ロビンと格闘して負けるなんてありえない。まぬけ顔をさらすのはご免だ！」彼の不平はドージアに伝わり、ドージアが説得のためにオフィスから下りてきた。ブルースは頑としてはねつけた。「カトーがロビンと戦って負けるなんて、誰が信じる。断固拒否する。そんなことをしたら物笑いの種だ」

ドージアはヴァン・ウィリアムズに意見を求めた。個人的にはグリーン・ホーネットがバットマンに負けてもかまわないと思っていたウィリアムズだったが、彼は忠実な助手の支援に回った。「私も同感だ」

「わかった、引き分けにしよう」と、ドージアが断を下した。「勝ち負けなし、膠着状態《メキシカン・スタンドオフ》の決着なしだ。それならいいか、ブルース？」

「いいでしょう」と、ブルースも譲った。

ロビン役のバート・ウォードとは友達だった。同じ共同住宅に住んでいたころカンフーの技をいくつか伝授したこともある。ところが、ウォードが自分もブルースと同じ黒帯だと発言したという話が耳に届き、ブルースは憤激した。「ブルースは子どもに人気があったし、ロビンは子どもたちから『カトーと同じことができる？』と訊かれたんだ」ヴァン・ウィリアムズが回想する。「それで『ああ、できるとも、僕も黒帯だからね。ほら、見て。トアー！』と、ちょっとした構えを見せたのさ。冗談半分で」

撮影開始前、ブルースはみんなに、「本物がどんなものか、黒帯はどんなにすごいか教えてやる！」と息巻いた。撮影が始まるころ、バート・ウォードはスパンデックス繊維の衣装で震えていた。ブルースが襲ってきたときの保険として、『バットマン』のスタント陣に割って入ってくれるよう懇願した。

　ブルースは鬼の形相で肩を怒らせてセット入りした。無言で行きつ戻りつし、撮影スタッフとふざけ回ったりもしない。異例のことだ。「いつも冗談を言っては駆け回っていたからね」と、ウィリアムズが言う。ブルースは少し体をほぐして戦いの構えに入ると、顔を引き締めてすっと目を細め、マスク越しにロビンを見据えた。ロビン役のウォードは距離を置いたところから他愛ない話を振ってみた。ブルースはそれを無視する。ついに監督が「アクション！」を告げた。

　ブルースは殺し屋のような表情と無表情な目で獲物との距離をじわじわ詰めていった。ウォードはゆっくりあとずさりし、「ブルース、忘れるな、これは真剣勝負じゃない。ドラマだ！」と大声をあげた。

　ブルース（カトー）の圧力で隅に追い詰められたウォード（ロビン）はいやいやをするように肘《ひじ》を振り動かし、輪を描くように飛び跳ねはじめた。後ろに控えているスタントマンのひとりがささやいた。「黒豹と黄色い鶏だな」

　それを聞いてブルースが思わず噴き出した。「あれ以上真顔でいられなかった」と、ブルースは振り返っている。悪ふざけと気がつき、ヴァン・ウィリアムズとアダム・ウェストと撮影班の全員が爆笑した。バート・ウォードは失禁していたという噂もあったが、確認は取れていない。「本気じゃなくて、ロビンには幸いだった」ブルースは言った。「本気だったら、死んだ鶏になっていた」

　ドラマの放映時、ナレーターは「白熱の戦い、決着つかず、写真判定です」と述べているが、ブルースは自分が優勢に見えるよう殺陣《たて》を巧みに調整していた。パンチとキックを二、三度交換したあと、カトーがロビンの顔に後ろ廻し蹴りを放ち、机の向こうへ吹き飛ばしたところで格闘シーンは終わっていた。

　ドージアとトレンドルの期待に反し、越境作品の放送はファンレターの数や視聴率にはあまり影響しなかった。「まぬけだった」ヴァン・ウィリアムズが言う。「『バットマン』はコメディ調なのに、私たちは生真面目に演じていたんだから、噛み合わなくて当然だ」六七年四月、ＡＢＣは『グリーン・ホーネット』を一シーズンで打ち切ると発表した。

〝『グリーン・ホーネット』はここまでと、孔子がおっしゃっている〟ドージアはイングルウッドの自宅でブルースに手紙を書いた。〝残念だよ。君もだろうが。一生懸命努力し、すばらしい仕事をしてくれた。たくさん友人ができ、心酔するファンも大勢できたと思う。私個人にとっても、一プロとしても、いっしょに仕事ができてとても楽しかった〟

ブルースは潔くドージアに返信した。〝この機会を借りて、私がショービジネスの仕事に最初の一歩を踏み出せるよう、いろいろ計らっていただいたことに感謝したいと思います。あなたがいなければ、ハリウッドに来ようとは思わなかった。『グリーン・ホーネット』で大きな経験ができたし、格闘シーンも最初と比べて着実に良くなってきた——動きを最小限にとどめ、余計な動きを排除することで。この業界でも物事をあるがままに受け止め、地にしっかり足を着けて、天を仰ぎ見ながら歩んでいく所存です〟

こうしてブルース・リーは南カリフォルニア生物相のありふれた存在、つまり失業中の俳優になった。「あのシリーズが終わったとき、私は『さあ、どうする？』と自分に問いかけた」

11

截拳道《ジークンドー》

俳優としての先行きが不透明になったブルース・リーは、いったん功夫《カンフー》の指導者に戻った。『グリーン・ホーネット』の撮影が終わりに近づいたころ、華人《チャイナ》街《タウン》のカレッジ通り六二八番地に振藩國術館《ジュンファン・グンフー・インスティテュート》ロサンゼルス校を開設した。一九六七年二月九日、午後八時から九時まで講習会を開いた。エド・パーカーの師範代で、この一年間ブルースとこっそり研鑽を積んできたダン・イノサントが、パーカー門下の上級者を大勢このイベントに招いていた。ブルースは自分の哲学と、どんな指導をするつもりかを一時間かけて説明した。ときおり誰かを呼び上げ、大事なところを実演した。「みんな、彼の優越性がわかったし、彼が先人たちの先を行っているのは明らかだった」それまでパーカーの生徒だったボブ・ブレマーが言う。「その場で彼に乗り換えました」

講習後、ほかのみんなも乗り換えた。もちろん感情的なしこりを招かずにはすまなかった。「〝裏切り者〟のレッテルを張られた」と、ブレマーは言う。離反した結束力の強い一団にはダン・リー（李愷）、ジェリー・

ポティート、ボブ・ブレマー、ラリー・ハートセル、リチャード・バスティーヨ、ピート・ジェイコブズ、スティーブ・ゴールデンの名があった。「エド・パーカーが面白くないのは当然です」スティーブ・ゴールデンが言う。「でも、私が離脱する前の一年間、エドはハリウッドでエルビス・プレスリーの護衛を務める時間がどんどん増えてきた。彼に教わっていなかったんです。だから、離れていったのはどっちかと言いたいですね」ブルースはダン・イノサントを師範代に指名した。イノサントはパーカーとブルース両方の学校で週六日指導を引き受け、パーカーとのつながりを保とうとしたが、何カ月かで負担が大きすぎるのがわかり、ブルースの学校でフルタイムの師範代を務めることにした。

シアトルで最初の國術館を開いたときと同様、ブルースはロサンゼルス校を営利目的の学校ではなく会員制高級クラブと位置づけた。新たに加わるには所属メンバーの推薦と人物保証が必要になる。最初の半年、窓は〈グラス・ワックス〉というピンク色の塗料でコーティングして、玄関のドアを施錠し、秘密のノックが存在した。コツコツコツと三度叩き、ひとつ間を置いて、そのあと二度叩く。「あまり大勢かかえたくない」ブルースは説明した。「少数精鋭で狭き門であるほど、クラブの名声と価値は上がる。何事も同じだが、生徒が多くなりすぎて簡単に入れるようになるとステータスが下がる」

最初の二、三カ月はブートキャンプ、つまり軍隊の新兵訓練プログラム式でこの学校を運営した。身体能力の向上と肉体強化に重点を置いた。体づくり、ストレッチ、突きと蹴りの基本。メンバーの練習は週四回。二時間の練習はつねに過酷だった。二、三週間で脱落する入門者が続出した。「真剣で猛練習をいとわないか、ブルースは試していたんです」と、ダン・リー（ブルースとの血縁関係はなし）が言う。「体力増進プログラムは四カ月でひと段落し、そこから彼は耐え抜いた生徒の指導に着手しました」

ブルースのクラブは小さなショッピングセンターで空手を教える営利目的の〝カラテ・McDojo《マクドージョー》〟と

は対極にあった。道衣《どうい》もなければ、段・級のランクや色付きの帯もなく、お辞儀をしたり敬称をつけたりする必要もない。基本的に全員がファーストネームで呼び合った。ブルース・リーはブルース、ダン・イノサントはダニー。ブルースは冗談半分で玄関近くのテーブルに、〝かつてなめらかだったのに伝統的なあれこれを詰めこまれ、ゆがんでしまった男の思い出に〟という言葉を刻みこんだミニチュアの墓石を立てた。正しいフォームについての考え方を劇的に表現するのがおもな目的だった。

平均一二人の授業はストレッチングと健康体操から始まり、基本テクニックへと進む——フットワーク、突き、蹴り、トラッピング、そして数々の質疑応答。「フットワーク、フットワーク、フットワーク、もっとフットワークと、彼はその重要性を強調した」ジェリー・ポティートが言う。「生徒の機動性を高めるためです」二時間の稽古の後半は激しいスパーリングに費やされた。「いつも激しく、闘志むきだしだった」と、リチャード・バスティーヨが言う。

休憩中、ブルースは一六ミリフィルムでボクシングの古典的な試合を見せ、大事なところをスロー再生した。「さあ、ここだ、どこからパンチが来るか見ろ」ブルースが指示する。「手でも腕でもない、腰だ。腰を使えばドカーン！」授業に音楽を織り交ぜることもあった。ジェイ・セブリングの店で美容師をしていたジョー・トーレヌエバが、ラテンアメリカのコンガのドラムを演奏してリズムとタイミングを明示した。ブルースは細かく指示をした。全員が正しく動けるよう確実を期した——正確でなければ意味がない。生徒を一人ひとり注意深く観察し、試験をして、進捗状況をノートに記録した。二、三カ月すると、ブルースは観察の所見と補足的な訓練プログラムをタイプした紙を各人に手渡した。「驚いたことに、一人ひとり全部ちがうんです」と、ダン・リーが言う。

ブルースの目標は自分とスパーリングできるレベルまで生徒の技術を引き上げることだった。いったんこの目標を達成すると、大人数を教えるのが自分より上手なイノサントに日常的な指導の大半をゆだね、自分はテッド・ウォン（冀錦銘）、ダン・リー、ジェリー・ポティート、ハーブ・ジャクソン、ミト・ウエハラ、ボブ・ブレマー、ピーター・チンら、厳選された高弟たちの個人指導に軸足を移した。広東語を話せるテッド・ウォンはブルースに目をかけられた。ハーブ・ジャクソンは道具を修理したりブルースにお茶を淹れたりした。ブルースはジャクソンが部屋を出ていくのを見計らい、「前々から白人の下働きが欲しかったんだ」と冗談を飛ばしている。

　毎週水曜の夜、この一団はカルバー・シティにあるブルースの借家のキッチンに集まった。彼らはブルースの飼っているボーボーという人懐こいグレートデーン犬の出迎えを受けた。いつもよだれを垂らしている不器用な犬で、体重が六八キロあり、椅子やランプをはじめ行く手にあるものを――二歳になるブランドンまで――全部倒していった。ブルースもリンダもこの犬を制御できなかった。「訓練学校にも入れてみたんですが」リンダが笑いながら言う。「私の知るかぎり、訓練学校を退学になった犬はあの子だけです」

牧場《ランチ》様式の家には天井の高い大きな部屋があり、ブルースはその半分をジムに改修して、スピードバッグやヘビーバッグなどの特殊器具を置いた。集まった一団はバッグ類で体をほぐし、相手のリズムを崩すブロークンリズムや間合いを詰めるブリッジング・ザ・ギャップといった基本練習をこなしたあと、外のフェンスに囲まれた裏庭へスパーリングに向かう。ブルースは武術指導に防具を導入した草分け的存在だった――ボクシングのグラブ、ヘッドギア、胸当て、脛《すね》当て。伝統的な空手道場では素手で組手を行い、当たる直前で突きを止める。ブルースは軽く当て合うタッチスパーリングも現実的でなく「乾いた陸地で泳ぐようなもの」と一蹴して、フルコンタクトを強く主張した。「ブルースの鍛錬法は圧倒的でした」と、ミト・ウエハラが回想する。「私が疲れ果てると、テッド・ウォンを呼ぶ。私たちが音を上げるまで決してやめなかった。ウォンと私が降参するのを見て楽しんでいたんです」

　この裏庭の特別授業は無料だった。じつのところ授業ではなかったからだ。独自の武術を創り出すための新しい方式《メソッド》や戦術、技術の実験場であり、生徒たちに言わせると、彼らは「ブルースの蹴りを受ける人形《ダミー》」だった。

一九六七年七月九日、ブルースは武術に対する自分の新しいアプローチを広東語で〝截拳道《ジークンドー》〟と表現した。まず中国語を思いつき、その後、UCLAの言語学教授に英訳を依頼した。〝拳を遮《さえぎ》る方法〟か、広義には〝拳を途中で封じる方法〟になるという。

「どういう意味なんだ?」車でハイウェイを走っているとき、ダン・イノサントが尋ねた。

「相手に打撃を加える機会は三つある。攻撃前、攻撃中、攻撃後」ブルースは説明した。「截拳道《ジークンドー》とは攻撃前に封じるという意味だ——相手の動き、考え、あるいは意図を途中でくじく」

欧亜混血《ユーラシアン》としてアメリカで生を享《う》け、イギリス植民地の香港で育った人間にふさわしく、截拳道《ジークンドー》は東洋と西洋を融合したハイブリッド・システムだった。「一段上の境地を会得するには、いまいる環境から外へ出る必要がある」と、ブルースはイノサントに言った。『これは韓国の蹴りだ。この蹴りは教えない』と言う人もいるだろう。でも、自分はかまわない。人類すべての財産だ」

ブルースはボクシングから優れたフットワークを、カンフーから蹴りを取り入れた。しかし、彼の技術融合で独特なのは、蹴りとボクシングの融合だけでなく主要な要素をフェンシングから取り入れている点だ。ブルースが崇敬し、羨望の的でもあった兄のピーターは高校時代一流のフェンサー(フェンシングの選手)で、ブルースにも少し基本の手ほどきをしてくれた。だが、ブルースがこの競技を重視したのは渡米後のことだ。「初めてフェンシングの技法を教えたときのことはよく覚えているが、サーベルを持たせると私には全然かなわなかった」と、ピーターは回想する。「一九六五年、父の葬儀で香港へ戻ってきたときにまた剣を交えたところ、私はまったく彼に触れることができなかった。ブルースはそういう男なんです。いつもひそかに練習していた」ブルースはフェンシングの理論にも魅せられた。書斎にはフェンシング関連の本が六十八冊あった。お気に入りはアルド・ナディ、フリオ・マルティネス・カステーヨ、ロジャー・クロスニアの著作だ。截拳道《ジークンドー》、すなわち〝拳の行く手を遮る〟方法はフェンシングの〝ストップ・ヒット〟という技法に由来する。截拳道《ジークンドー》は〝剣を持たないフェンシング〟と、ブルースはメモに書き留めている。

　利き腕と反対の側を前へ出すボクシングとちがい、ブルースはフェンシングのオンガード（アンガルド）の構えを用いた。利き腕側を前に出し、（右利きの場合）剣を保持するように右手を伸ばして左足の踵《かかと》を上げ、一気に間合いを詰める。お気に入りの攻撃は目へのフィンガージャブ（ビルジーとも呼ばれる）だ――ウォン・ジャックマン戦にも使っている。〝頭を打つか目を突くかの選択に迫られたら、毎回目を選ぶ〟と、ブルースはメモに記している。〝つねにまっすぐなフェンサーの剣のように、初弾のフィンガージャブは相手にとって脅威となる〟。詠春拳《えいしゅんけん》では至近距離で戦い、トラッピング（黐手《チーサオ》、すなわち粘りつく手）の技法で相手を制するよう教えられた。截拳道《ジークンドー》ではフェンサーの距離まで下がり、前に飛びこんで攻撃してからパッと安全な距離まで飛びすさる。

　ブルース・リーにとって截拳道《ジークンドー》は武術による自己表現だった。天授の攻撃性とずば抜けた反射神経と相手を読む超人的な能力を活かすため、あつらえのスーツのように独自の形に自分を仕立て上げていく。「ブルースとスパーリングをすると反応すらできないまま手玉に取られるから、思いどおりにいかず、もどかしかった」アメリカ跆拳道《テコンドー》の父ジューン・リー（李俊九）が言う。ある晩ボブ・ブレナーがブルースは速すぎて話にならないとぼやくと、ブルースは速さの問題ではないと諭した。「君が私といっしょにいない時間がコンマ何秒かあり、なぜかそれがいつか私にはわかるようなんだ」アメリカ最初の弟子ジェシー・グラバーは、「彼の強さは相手の潜在的な動きを起こる前に感知する能力にあった。彼の先進的概念の多くは、そんな感知力が礎《いしずえ》になっている。問題は、この発展段階で彼が考えたことをどれだけ世間一般の人に受け渡すことができるかだ」教師としてのブルースがかかえていた問題は、彼の思想を伝えることはできても才能を手渡せない点にあった。截拳道《ジークンドー》が機能するにはその両方が必要だった。

ブルースは『アベマリア』をはじめ、カトリックのお祈りをいくつも諳《そら》んじていた。聖書の何節かを記憶から引っぱりだして朗唱することもできた。彼なりに逆らってはきたものの、香港ラ・サール学院のカトリック修道会にキリスト教を叩きこまれていた。しかし、母親とちがって信者ではない。彼は無神論者だった――自分より高いところに権威が存在することに耐えられなかったのか。神を信じているかとエスクァイア誌に問われたとき、ブルースは、「うーん、正直言うと、信じていない」と答えている。友人たちがその話を持ち出すと、「私は何も信じない。睡眠が大事なのは信じるけどね」と、冗談めかした。ブルースには生まれつき現実的で、唯物論者的なところがあった。どちらも香港の伝統に根付いている特質だ。

それでいて、精神性を求めるところもあった――形而上学的な側面さえ。彼は探求者であり、愛書家だった。答えを求めて書店の哲学本コーナーをよく訪れた。カンフーの指導で生計を立てられることに気がつく以前、職業上の夢には古本屋の店主もあった。彼の書斎には最終的に二千五百冊が並ぶ。「出かけるたびに本を買ってきました」と、リンダが言う。「家でまわりが大騒ぎしていても、つまり子どもたちが泣いたり、ドアが勢いよく閉まったり、あちこちで会話が交わされたりしていても、静かに座って本を読んでいました。激しい運動をしながらでも本を読める人でした」ブルースは好きな著者の言葉をメモ帳に書き写した。西洋思想ではプラトン、ヒューム、デカルト、アクィナス。東洋思想では老子、荘子、宮本武蔵、アラン・ワッツ。

大きな影響を受けたひとりにインドの神秘家ジッドゥ・クリシュナムルティがいた。彼は十四歳のとき〝世界教師〟（救世主）になる器としてオカルト的な〈神智学協会〉に見いだされ、その指導者になって〝人類を完全な存在へと進化させる〟ための訓練を受けた。一九二九年、三十四歳のときに〝世界教師〟としての役割を放棄し、宗教の教義と組織は真理追究の妨げになると主張して、彼を引き育ててきた団体を驚愕させた。「真理という土地に至る道は存在せず、いかなる宗教によってもそこへ到達することはできない。信仰は純粋に個人的な問題で、それを組織することは不可能だし、組織してはならない。組織すれば信仰は死に、結晶化する。信条、教派《セクト》、宗教として他者に押しつけられるからだ」

普遍的真実とされる教えや個人より伝統を優先する傾向をブルースは本能的に拒絶してきたが、クリシュナムルティの教えを知って、いっそうそこが強化された。ブルースは七一年に作家・キャスターのピエール・バートンからテレビでインタビューを受け、クリシュナムルティの言葉を武術に喩えた。「私はもはや特定の方式《スタイル》の重要性を信じていない。スタイルは独自の教義を生み、その教義を絶対的真理とするがゆえに人々を分裂させる。ならば、なんのスタイルも持たず、『ここにいるのはひとりの人間だ。その自分はどうしたら全面的に、完全に自己を表現できるのか？』と問うてみてはどうか。スタイルは凝り固まって硬直化するから、スタイルを創り出してはならない――そんなふうに考えれば、人はずっと成長を続けていける」

皮肉なことに、ブルースは独自の武術を創り出してしまった。その矛盾への答えとして、截拳道《ジークンドー》はブルース・リー個人のシステムであり、弟子たちはそれぞれの道を歩む必要があると主張した。自分は導師ではなく、水先案内人だ。「截拳道《ジークンドー》は便宜上の呼び名であり、川を渡らせる舟に過ぎない」と、ブルースは言った。「いったん渡れば舟は捨てられる。背負って運んだりしない」彼は禅の公案の逆説的構造を用いて截拳道《ジークンドー》を〝スタイルなきスタイル〟と呼び、〝無法を以て有法と為す。無限を以て有限と為す〟を、彼の学校のスローガンにした。

「六〇年代だったからね」ダン・イノサントがおどけて言う。「みんながそういう話し方をしていた」

ブルースは政治に興味がなかったが、カウンターカルチャーの雰囲気を感じ取って、それを武術に生かしていた。「みんなが自国政府を疑っていた。政府が国民を正しい道に導いているとは思っていなかった」と、イノサントが説明する。「ブルースは反体制的で、六〇年代の代弁者だった。あらゆることを疑った。『疑問を持たないと成長できない』と言って」

時が経つにつれて、截拳道《ジークンドー》は特定の構えや技術へのこだわりが薄れ、武術と人生に対する哲学的アプローチの側面が強まった。伝統に疑問を持ち、現実的であれと教え、「役に立つものを工夫して使い、役に立たないものは拒め」と言った。自分だけの真実を発見せよと教え、「独自の要素を付け加えるべし」と言った。そして、進化しつづけろと説いた。「一九六九年の截《ジー》拳道《クンドー》は六八年とはちがうものになる、と彼は言った」イノサントが回想する。「七〇年の截拳道《ジークンドー》も六九年のそれとはちがうものになる、と」中国の儒教が過去や集合体に敬意を払うのとは対照的に、ブルースはアメリカの個人主義の理想や実用主義の思想を深々と吸いこんで、未来に焦点を当てた。いまより完璧な人間になるために。

拳と足は身体的に敵と戦い、精神的に我執《エゴ》や強欲や怒りと戦う武器だ。護身と自己啓発の手段なのだ。「この点で、截拳道《ジークンドー》は自分自身に振り向けられる」と、ブルースは語った。クリシュナムルティは自身の目標を、「私が関心を持つ唯一の本質的な事柄は、人を解放することだ」と述べている。同じようにブルースは、「截拳道《ジークンドー》の最終目標は個人を解放することにある。それは個人の自由と成熟に至る方法を指し示している」と明言した。

鍛錬法についても、ブルース・リーは身体鍛錬《フィットネス》革命の最先端にいた。現代のスポーツ選手のように鍛錬した最初の武術家と言っても過言でない。当時、伝統派に属する人たちは基本技を反復していれば充分と考えていた。その考えは広く受容されていた。一九六〇年代のプロフットボーラーはウェイトトレーニングを危険視していた。NFLの多くのチームがそれを禁止していた。究極の戦士には力と身体調整《コンディショニング》が必要不可欠であることにブルースは気がついた。

ウォン・ジャックマンとの消耗戦を経験した彼は耐久力を上げるべく、それまでの倍の努力をした。「コンディションの悪いスポーツ選手は疲れたときに力を発揮できなくなる」と、ブルースは説明した。「しかるべき突きや蹴りを出せなくなり、相手の攻撃から逃れることさえできなくなる」彼はボクシングの縄跳《ロープスキッ》び《ピング》とロードワークを取り入れた。毎朝、飼い犬のボーボーと近所を七、八キロ走った。「私にとってジョギングは単なる身体鍛錬のひとつではない。一種のリラクゼーションでもある。毎朝の一時間はひとりで思索に没頭できる貴重な時間なのだ」と、彼は語っている。

　十代のころからバーベルを挙げていたが、真剣に取り組んだのはオークランドで何年か過ごしてからだ。弟子のジェイムズ・イム・リーとアレン・ジョーはボディビルの草分け的存在で、基本的な挙げ方と重り《ウェイト》を用いたさまざまな鍛錬法を伝授してくれた。ブルースの関心は体の大きさではなく、力に向けられた。大きな体より筋骨隆々の体が欲しい。力を生むには体重よりスピードが大事と心得ていたからだ。「ジェイムズと私は重いウェイトに取り組んでいたが」アレン・ジョーが言う。「ブルースは軽いウェイトで高速反復に努めていた」自宅のガレージにはアイソメトリック運動用の機械やスクワットラック、ベンチプレス、ダンベル、前腕用グリップマシンが置かれていた。

　ブルースは身体鍛錬に熱心で、そのために必要になる自由な時間もあった。ロサンゼルス校の生徒が羨ましそうに言っている。「我々のほとんどとちがってブルースは定職に就いたことがなかったから、毎日が週末のようだった」彼は月曜から日曜まで同じ練習を繰り返した。朝走ったあと、突きを五百回、フィンガージャブを五百回、蹴りを五百回やって格闘ツールに磨きをかける。午後は書斎で過ごす。哲学の本を読み、代理人《エージェント》や友人に電話をかけた。夕方には週三回バーベルを挙げた。

　正式な練習時間以外でも機会あるたび身体鍛錬に取り組んだ。テレビを見ながらダンベルを挙げた。運転しながら小さな巻き藁の板を繰り返し突いた――同乗者ははらはらしていたが。あらゆる活動を武術に結びつけた。「ズボンを穿《は》くときはバランスを取る練習だ」と、ブルースは語っている。

すさまじい練習量は華奢な体格に莫大な負担をかける。膝が痛くても矢継ぎ早の横蹴りに毎週何時間もかけた。その結果、蹴りを繰り出すたびに膝がポキポキ鳴った。大量の汗をかき、四六時中オーバーヒート寸前といった感じだった。「ブルース・リーの体は乾く暇がなかった。空調が利いた部屋でも、身ぶり手ぶりを交えて話すだけですぐ発汗した」と、ミト・ウエハラが言う。「ある夜、彼はエアロバイクを四十五分間ぶっ続けで漕いだ。終わったときは全身ずぶ濡れだった。下の床に汗がたまって、すぐにモップをかけた」

体の回復を早めるために電気筋肉刺激装置を使いはじめた。空手王者のマイク・ストーンがロサンゼルス・ラムズのアメフト選手に空手を教えたとき、この装置の存在を知って、ブルースに教えた。「小さな電気ショック治療器で、筋肉に直接電気刺激を与えて収縮をうながす」と、ストーンが言う。「NFLは痛めた箇所の回復用にこの装置を使っていた。ブルースはこれが自分の技術と能力を拡大してくれると信じていた。それにしても、ちょっと度を超えていた。十回に一回はダイヤルの目盛りを七か八まで上げていた。髪が縮れるくらいの強度だ」ブルースはこの装置を終生使いつづけ、友人や同僚、特に香港の中国人はこれを見て肝をつぶした。「オフィスのドアまで近づいたんだが、怖くて入れなかった。電気ケーブルをどっさりつないだヘッドバンドを装着しているんだ」と、『燃えよドラゴン』で筋骨隆々の悪役を演じたヤン・スエ（楊斯）が当時を振り返る。「思わず、『気でも狂ったのか？』と口走ったよ」

食事についてもブルースは冒険家だった。朝鮮人参とハチミツには治癒効果があると信じていた。当時のフィットネス関連雑誌――ストレンクス&ヘルス、アイアンマン、マッスル・ビルダー、ミスター・アメリカ、マスキュラー・ディベロップメント、マッスル・トレーニング・イラストレイテッド――をすべて購読し、広告を載せている流行のサプリメントを購入した。レオ・ブレアのプロテイン・パウダーに氷水、粉ミルク、卵、卵の殻、バナナ、サラダオイル、ピーナッツ粉、チョコレート・アイスクリームを混ぜてスムージー状にした高タンパク飲料を一日に何度か摂取した。健康食品店を頻繁に訪れ、大量のビタミン剤、特にジャック・ラランが薦めるものを買いこんだ。プロテイン・スムージーにハンバーガー用の生肉を混ぜて飲んだ。「心底ゾッとしたのは牛の血を飲んでいたときだ」と、映画俳優のジェームズ・コバーンが振り返る。

鍛錬と栄養摂取へのこだわりは体の性能を上げるためだけでなく、審美眼の問題でもあった。情熱の対象は武術かもしれないが、職業は俳優だ。当時はウィリアム・ホールデンやロバート・ミッチャムのような厚い胸板が、強くたくましい男の象徴だった（人も羨む肉体をどうやって維持しているのか問われたミッチャムは、「のべつ幕なし空気を吸って吐いている。ときどき、仕方なく物を持ち上げるんだ——椅子みたいな物を」と答えている）。ブルースは英雄的な主役を演じたかった。アメリカ人に比べて背が低く体が細いアジア系の男性がスクリーンで見た瞬間に強いとわかるような筋肉を作るには、白人俳優以上の努力が必要だ。

「初めて会った彼は小柄で、ふっくらした感じも残っていて、あどけない感じだった」と、『グリーン・ホーネット』の主役ヴァン・ウィリアムズは回想する。「筋肉もくっきり分かれていたわけじゃない。彼は見栄えのする筋肉が欲しかった。カトー役を得ると同時にそこに取り組みはじめた」一九六六年の『グリーン・ホーネット』では目立たなかった細身の体を、『ドラゴンへの道』（一九七二年）の大理石から刻み出したような筋骨隆々とした体へ改造した。「オークランド時代からハリウッド時代まで、会うたびに体が変化していた」と、オークランド校の生徒ジョージ・リーが言う。「前よりいっそうすごい体になっていた。あんな短期間に体を大きく改造してのけるなんて、啞然とするばかりだった」

あまりの劇的な変化に、後年にはステロイドの使用を疑う人間もいた。ステロイドを試した可能性はあるが、常用を指し示す証拠はない。ブルースは新しい実験を——牛の血まで——人前で披露したがる人間だった。なのに、ステロイドの話が出たのを覚えている人はひとりもいない。こっそり使っていたとしても、当時はステロイドの使用を恥じる理由がなかった。一九五八年にFDAからヒトへの使用認可が下り、八〇年代まで安全に問題はないと考えられていた。筋肉増強剤の一種アナボリックステロイドは筋肉量を劇的に増やし、その結果、体重の大きな増加を招く。しかし、ブルースの体重は一定していた。六五キロを超えたことは一度もない。彼の筋肉はパンパンに膨らんだアーノルド・シュワルツェネッガーのそれとは異なり、引き締まって細かく分かれていた。途方もない筋肉美は常日頃から鍛錬に明け暮れ、皮下脂肪を極限まで削ぎ落とした結果だった。

アメリカの視聴者は『グリーン・ホーネット』に肩をすくめたかもしれないが、武術界は大歓迎し、ブルース・リーを彗星のごとく現れたスターと自慢した。ブラック・ベルト誌の発行者ミト・ウエハラは自分の雑誌とブルースの浴びた注目を結びつけたらどんな恩恵があるか、すぐに気がついた。六七年十月、ウエハラは称賛を込めてブルースの横顔を紹介した。〝東洋人と言えば何を考えているのかわからない無表情な人たちを連想しがちだが、ブルースはその概念を吹き飛ばす気鋭の武術家で、黒く鋭い目と活力あふれる端整な容貌の持ち主だ〟と。ブルースもアメリカ有数の格闘誌ブラック・ベルトを格好の器と見た。この媒体なら、自分を宣伝すると同時に、〝私が停滞の形式と見なす古典的な格闘方法は、かつてなめらかだったものを固まらせ、条件付きでしか機能しない代物に変えてしまう〟というメッセージを広めることができる。互恵的な友情を深めながら、ウエハラはブルースの武術指導者としての才能を積極的に宣伝した。

六八年のある日、アメリカ最高の大学バスケットボール選手が本の閲覧のため、ブラック・ベルト誌のショールームへ入ってきた。その瞬間、事務所で仕事をしていたすべての手が止まった。身長二一八センチの彼は名前をルー・アルシンダーといったが、のちにカリーム・アブドゥルジャバーと改名する。アルシンダーは秋から始まるＵＣＬＡ最終学年のため、故郷のニューヨークから戻ってきたところだった。出身地で合気道を学んでいた彼は西海岸でも武術を続けたいと思っていた。

「太極拳の本はありますか？」と、彼は尋ねた。

「あいにく、ありません」ミト・ウエハラが答えた。「でも、中国武術のことを知りたいなら、いい人がいる」

「それは？」

「ブルース・リーという人ですが、お聞きになったことは？」と、ウエハラは尋ねた。「テレビの連続ドラマ『グリーン・ホーネット』でカトーを演じた人物です」

「いや、そういう番組は見ないので」

その夜、ウエハラはブルースの家へ車を走らせ、ビッグニュースを知らせた。「入門希望者がいるんだが、誰だと思う？」

「誰だ？」

「ルー・アルシンダー！」高価な贈り物の包みを開こうとしているかのように、ウエハラは興奮の面持ちで声を張り上げた。

「誰だい、それは？」

「なんだって？　ルー・アルシンダーを知らない人間がいるのか！」信じられないとばかりにウエハラは返した。「いまアメリカ一人気のある大学バスケットボールの選手だ」

「それじゃわかりっこない」ブルースは肩をすくめた。「バスケットボールも野球もアメフトも、全然知らないんだ。アメリカでスポーツ選手に近づいたのは大学のフットボール場を歩いて渡ったときだけだ」ブルースはいったん言葉を止め、ウエハラを見つめた。「そのアルシンダーという子の、どこがそんなに特別なんだ？」

「大学卒業時には間違いなく史上最高の契約金が支払われる」と、ウエハラは答えた。「すごい長身なのに、動きは軽やかで速い」

「身長は？」

「本人の申告では二一八センチだが、もう五センチくらい高いんじゃないかと、多くの人が思っている」

身長一七〇センチのブルースはその場で椅子を引き、パッと跳び乗った。「リンダ、巻き尺を持ってきてくれ」ブルースは大声で呼びかけた。彼女が巻き尺を床に固定し、ブルースが二一八センチまで伸ばしていく。それから巻き尺を床に落とし、左手を伸ばして、床から手までの距離を見つめた。

「こんな背の高い人間がいるわけない」彼は笑った。「実際に会ってみたいな。そんなのっぽとするスパーリングはどんな感覚だろう。その子に会えるよう、段取りをつけてくれないか？」

一週間ほどでブルースとアルシンダーの対面は実現した。二一八センチの人間がどう見えるかを目の当たりにし、ブルースは唖然とした。あまりの高さに畏敬の念に打たれながら、「こんな背の高い人間がいるなんて」と、何度かつぶやいた。

太極拳に興味がある、とアルシンダーは言った。「太極拳はやめたほうがいい。あれは年寄りが公園でするものだ」と、ブルースは明言した。「習うなら截拳道《ジークンドー》にしろ」

アルシンダーは太極拳への関心を捨て、ＵＣＬＡ最終学年の一年間、ブルースから個人指導を受けた。「ブルースのことは道教《タオイズム》に反旗を翻した道士だと思っていたんだ」アブドゥルジャバーはくっくっと笑いながら言った。「彼は霊性《スピリチュアリティ》に深い関心を寄せ、タオイズムに大きな影響を受けていた。でも、その箱に収まる人間じゃなかった。もっと器が大きかった。彼とは、例えばフットワークみたいな特定のテーマを決めてそれに取り組んだ。人形《ダミー》の使い方やバッグの打ち方も教わった」

スパーリングもやった。「ルーの動きは遅すぎた。私には触れることもできなかった」ブルースはミト・ウエハラに語っている。「しかし、手足が長すぎて、顔にもボディにも打撃が届かない。狙えるのは前に出した脚の、膝と脛《すね》くらいだ。いざ実戦となったら脚を破壊するしかない」ブルースはアルシンダーの身体能力にも驚嘆した。「あいつの脚はものすごく強い。ラバみたいな蹴りを出す。跳躍力もすごい。バスケットボールのゴールに向かって跳び上がり、前蹴りを当ててのけた」

一九六九年、ミルウォーキー・バックスから一五〇万ドルでドラフト指名を受けたとき、アルシンダーはブルースに助言を求めた。彼より体ががっしりしているウィルト・チェンバレンのようなセンターたちに対抗するため、一〇キロ以上増量したい。ブルースは特別な食事療法を課し、ウェイトトレーニングのプログラムを与えた。「可能なかぎり最高の体になれば、コート上のあらゆる局面に対応できるはず」と、ブルースは言った。

アルシンダーが西海岸を離れたあとも、ブルースはずっと連絡を取り合っていた。心の奥で、ビッグ・ルーとの格闘シーンをどう振り付けようかと想像を巡らしていた。「二一〇センチ超の大男と戦ったら、中国のファンは熱狂するぞ」ブルースはウエハラに言った。「空前絶後のシーンになる。彼の顔にまっすぐ横蹴りを決めたとき客がどんな反応をするか、いまから目に浮かぶようだ」


カトーを演じたことで俳優としての箔《はく》はついたが、このころ最も尊敬を受けていた格闘家は空手のポイント制大会の王者だった。この種の大会はアメリカ各地で催されていたが、腰から上にしか打撃を認めず、脚や急所への攻撃を禁じていた。首から下へは全力で攻撃していいが、頭部への攻撃は寸前で止めなければならない。顔面を強打した選手にはペナルティが科せられることもあった。ボディや顔に突きや蹴りが決まった時点で審判が割って入り、選手を分けてポイントを宣告し、そこからまた試合を再開する。

ブルースはポイント制の限定されたルールでの戦いには興味がなかった。「一回タッチして逃げるゲーム」と呼んでいた。彼はカンフーの比武《ペイモー》で育ってきた。対戦者のいずれかが意識を失うか〝参った〟の意思表示をするまで打撃を加え合う試合形式で。それでも、武術の世界で尊敬を勝ち得るには、空手の王者たちになんらかの形で関わる必要があった。

一九六四年のロングビーチ国際空手選手権でブルースは、チャック・ノリスを下して優勝したマイク・ストーンに紹介された。華人街《チャイナタウン》に振藩國術館ロサンゼルス校を開いた六七年にはストーンを招いている。截拳《ジークン》道《ドー》の基本概念と技を実演して見せたあと、ブルースはストーンに言った。「学校は君の住まいから遠く離れている。なんなら、うちに来ないか。小さなジムがある。裏庭でいっしょに練習しよう。週に一回くらい」

ストーンは興味をそそられたが、逡巡した。このところ負けが込んできて、また勝てるようになるために新しい技を習得したかった。ロサンゼルスに住む容姿端麗な男の例に漏れず、彼も映画の仕事に参入したかったし、ブルースはそのためのいいつてになる。だがストーンはジョー・ルイス、チャック・ノリスと並び、アメリカで三指に数えられる空手家だ。カトーのほうが上と思われてはまずい。世間体から子弟関係は受け入れられない事情を察して、ブルースは注意深く〝個人指導〟でなく〝合同練習〟という言葉を使った。この気遣いが功を奏し、ストーンは最終的に同意した。

最初の合同練習が行われた六七年九月三十日、ブルースは自分の優位を証明しようとストーンに腕相撲を挑んでいる。そのあと彼にヘビーバッグを保持させた。「バッグをしっかりかかえたら、私がそれを蹴る」ブルースは言った。「どのくらいパワーがあるか見せたい」この夜はずっとこんな調子だった。

マイク・ストーンはその後もこの合同練習に通った。半年で七度レッスンを受けている。ブルースはストーンの空手の形《かた》に感心し、詠春拳の形《かた》を教えた。昔のボクシングのフィルムと武術関連の書物もふたりで研究した。合同練習は一回四時間から五時間に及び、ストーンお気に入りの時間は麺料理《ヌードルスープ》についての議論だった。

面白いことにこのふたりは一度もスパーリングをしていない。ブルースはほかの生徒とは頻繁にスパーリングをしたが、ストーンとはしなかった。負けず嫌いで自尊心の強いふたりはいっしょに練習しながら、たがいを研究した。弱点を探し、どうすれば相手に勝てるか戦略を立てた。「そばに誰かがいるとき、格闘家の私はすでに相手の解剖を始めている」と、ストーンは言う。「頭の中で相手の隙や癖を探しているんだ」

ふたりとも勝てる自信があった。ストーンの目に、ブルースは興味深い考え方をする才能豊かな格闘家と映っていたが、空手のポイント制大会に出ていない以上、真のファイターではない。いっぽうブルースはポイント制の空手家をあまり評価していなかった。空手は中国武術から派生した一形態で、本家には劣るし、ポイント制の試合は攻撃的な綱引きみたいなものだ。しかし、どちらもその確信を試そうとはしなかった。いいことは何もないからだ。マイクが勝てばブルースから教われなくなり、ハリウッドとの貴重なつながりを失う。ブルースが勝てば、マイクは合同練習に来なくなり、評判の高い有名な〝生徒〟を失う。

自負心はさておき、この合同練習はとても楽しく、笑いが絶えなかった。「ブルースは子どもみたいなところがあって、明るく剽軽《ひょうきん》だった」と、ストーンが回想する。「いつも道化師みたいにおどけ回り、冗談を飛ばして、周囲のみんなを楽しい気分にさせていた。その点はすばらしかったね」

ブルースと鍛錬するうち、ストーンの中に、空手王者としての人気を娯楽産業の仕事につなげたい思いが募ってきた。その目標に向けて、彼はポイント制空手ヘビー級屈指の強者ジョー・ルイスと、後年『燃えよドラゴン』（一九七三年）で悪役オハラを演じるボブ・ウォールを加え、ナイトクラブの一座を結成した。ショーの最後はルイスとストーンの空手演武で締めくくられる。ある晩、ルイスはストーンの戦い方が変わったことに気がついた。

「ブルース・リーという中国人と練習しているんだ」と、ストーンは説明した。「君とも練習したがっている。レッスンを受けてみるといい」

ジョー・ルイスが初めてブルース・リーと遭遇したのは、ブラック・ベルト誌の事務所だった。自尊心が強く傷つきやすいルイスは、ブラック・ベルトの前号で自分の名前が誤って綴られていたことに文句をつけにきていた。帰りかけた彼をブルースが駐車場まで追いかけてきた。「ジョー、ジョー、ジョー、ちょっと話を聞いてくれ」ブルースは截拳道《ジークンドー》がなぜルイスの流派《スタイル》より優れているのかを三十秒で説明し、截拳道《ジークンドー》を学べば空手大会の成績が上がる可能性があると説いた。

すでに王者だったルイスは丁重に話を聞いていたが、そのじつ、右の耳から左の耳へと聞き流していた。「私はアメリカの格闘家で、あまりカンフーを評価していなかった。彼らは実際に戦わなかったからね。たくさんある長い形《かた》の練習に専心し、空中に絵を描く努力にふけっていた」と、ルイスは説明する。「それに、小柄なやつらも評価していなかった」

そんなわけで第一印象は良くなかったが、ブルースとの合同練習には意味があるとストーンに説得された。ストーン同様、ルイスも映画の仕事に参入したいと思っていた。彼はブルースに電話をかけ、六八年一月二十五日に予約を取った。「週一回、個人指導を受けにいき、週の残りで教わったことに取り組んだ。おかげで私の格闘方式は格段の進歩を遂げた」と、ルイスが言う。「ブルースと練習を始める前、すでに二度全米王者に就いていた。彼のおかげでキャリアが加速した。六八年は、彼といろんな練習をしているあいだ一度も負けず、十一回連続で大きな大会に優勝した。ブルースの教えでそれが可能になったんだ。彼は真の達人《マスター》だったし、名教師でもあった。でも、最大の長所は人間的魅力だ。あの魅力に逆らえる人間はいなかった」

一九六四年のロングビーチ国際空手選手権が成功を収めたのを機に、アメリカ各地で爆発的に空手大会が開かれるようになった。『グリーン・ホーネット』の放映後は、大会プロモーターがこぞって出演者の見出しにカトーの名前を載せようとした。六七年ロングビーチ選手権の宣伝に、エド・パーカーはカトーの名を広く活用した。空手大会最高記録の一万人を超える来場者があり、その多くは父親に連れてきてもらった子どもたちだった。寸打《ワンインチパンチ》、クロージング・ザ・ギャップ、全身を防具に固めてのスパーリング。ブルースが演武を終えると観衆は大きなスタンディング・オベーションを送り、そこで半分くらいが帰ってしまった。興味の対象は空手でなくカトーだったのだ。

カリフォルニア州フレズノで開かれた大会では、彼に近づこうと一種暴徒化したファンに取り囲まれ、もみくちゃにされた。この経験で彼は怖くなった。人数

中央にダン・イノサント、カリーム・アブドゥルジャバー、上半身裸のブルース・リー。
ロサンゼルス華人街・振藩國術館のクラス写真。1968年頃（デイビッド・タッドマン）

『サイレンサー／破壊部隊』のセットで、左からマイク・ストーン、ジョー・ルイス、ブルース・リー、エド・パーカー。
1968年夏（デイビッド・タッドマン）

が多すぎて、身を守る手だてがない。「若い女性が驚くほどたくさんいて」と、リンダは振り返っている。

六七年に開催されたポイント制の全米空手選手権で、ブルースは〈マディソン・スクエア・ガーデン〉のリングサイドに陣取った。決勝は中量級のチャック・ノリスと重量級のジョー・ルイスの対戦になった。ルイスや同時代の空手スターたちと同じく、チャック・ノリスが東洋武術を学びはじめたのも軍隊で東アジアに駐留したときだった。子どものころは父親がアルコール中毒で、スポーツの機会に恵まれず、学業は平凡、並外れてシャイな性格だった。武術から組織や規律や自信という感覚を学び、自らを格闘の世界に投げこんで、そこに没頭した。

内向的なノリスは真っ白な空手着に黒帯を締め、いっぽう向こう気の強いジョー・ルイスは上が白で下が黒の道衣に赤い帯を締めていた。ともに左脚を前に出し、拳は腰の位置。最初の何秒かはノリスだけが動いていた。肩を左から右へ動かしている。ルイスが左足でフェイントをかけると同時に、ノリスは前へ踏みこんで横蹴りを放った。ルイスがそれをブロックする。次の十秒でルイスはじわじわと間合いを詰め、ノリスをマットの端へ追いこんだ。次の瞬間、跳躍したルイスが横蹴りを放ち、これをノリスがブロックした。ノリスはすかさず横蹴りを続けて突きにつなげ、ふたたび放った横蹴りがルイスの胴をとらえた。一点獲得したノリスは最後までルイスの攻撃をしのぎ、一点差で勝利を収めた。

大会は午後十一時に終了し、そこでチャック・ノリスとブルース・リーは引き合わされた。ふたりでメインロビーへ向かう途中、大勢のファンが彼らに飛びつこうと待っていたため、急遽、横の扉から出た。宿泊先が同じホテルとわかり、歩いていくあいだ武術と哲学の話に花を咲かせた。十一時間で十三試合を戦ったノリスはくたくただったが、このときの話に心を鷲づかみにされた。ブルースについて彼の部屋へ行き、そこで練習と技術交換が始まった。「次に腕時計を見たら午前七時だった！　七時間もいっしょに練習していたんだ！」ノリスが回想する。「ブルースは本当に好奇心旺盛で、ほんの二十分くらいにしか感じなかった」

待望の睡眠を取るため部屋を出ていこうとするノリスに、ブルースは、「ロサンゼルスに戻ったら、いっしょに練習を始めよう」と声をかけた。

六七年十月二十日、カルバー・シティの質素な家の裏庭でブルースとチャック・ノリスの練習が始まった。マイク・ストーン同様、ノリスも自分の立場に敏感で、後日、あれは〝個人指導〟ではなく〝合同練習〟だったと主張する。師弟関係でもコーチと選手の関係でもなく、対等なふたりが技術交換していたのだと。「ブルースは高い蹴りの効用を信じていなかった。腰から下しか蹴らない。しばらくして、どこでも蹴れる万能性の重要さを彼に説いた。半年後、彼は人体のどこでも正確に速く強く蹴ることができるようになった」と、ノリスは主張している。「お返しに彼は直突きをはじめ、カンフーの技をいくつか教えてくれ、私はそれを技のレパートリーに加えることができた」（じつは、ブルースは香港で十代のころに高い蹴りを身につけている。ノリスは技術の向上にひと役買ったということか）

ノリスが最も鮮明に覚えているのは、ブルースのガレージにあった人形《ひとがた》のキック用サンドバッグだ。「あいつを蹴れ」と、ブルースはうながした。「頭を蹴れ」

「うーん、どうかな」ノリスは躊躇した。「俺のズボンはきついから」

ブルースに執拗にうながされ、ついにノリスは応じた。上段蹴りを放つと、ズボンが裏までざっくり裂けた。そして足首まですとんと落ちた。手を伸ばして引き上げたところへリンダが入ってきた。「ズボンをつかんだまま家に帰るはめになったよ」と、ノリスは懐かしそうに語っている。「あれから、ダブルニットしか穿かなくなった」

ブルースはアメリカ各地の空手大会で演武を続け、広告やポスターに名前が大きく印刷された。跆拳道《テコンドー》のジューン・リー（李俊九）と親交を深め、彼が主催するワシントンDCの選手権には毎年出席した。「一九六七年には八〇〇〇人入った。過去に例のない数字だった」と、ジューン・リーが回想する。「あれだけの観衆を集められたのはブルースのおかげです」ジューン・リーはブルースの長年にわたる協力に感謝し、七〇年二月にドミニカ共和国で行った演武ツアーにブルースを招待した。

こういう無料の旅は、行くたびにブルースの視野を広げてくれた。彼の個人指導を受けた有名な生徒たちが彼の評判を高めてくれた。だが、空手の大会プロモーターも空手王者たちもブルースに報酬を支払っていない。華人街の学校経営はよくて収支トントンで、実入りのいい俳優としての出演機会はなかなか得られそうになかった。『グリーン・ホーネット』出演後の景気の良かった時期で、家族はそれなりの暮らしに慣れてきている。彼はそれを維持するのに必死だった。なんとかして別の収入源を見つける必要があった。

12

スターたちの師傅《シフ》

ドラマの登場人物カトーが人気を博したおかげで、ブルースはアメリカ各地で有料出演の機会を得て、収入の足しにすることができた。見本市や展示会、ショッピングモールや公共公園で開かれるイベントで演武に招かれた。店舗のオープニングに出演し、パレードの山車《だし》にも乗った。カトーのダークスーツと運転手の帽子と黒いマスクに身を包むこともあった。午後一度の訪問で、たちまち四〇〇〇ドル超の出演料が提示されるようになった。だが、『グリーン・ホーネット』の打ち切り後は、高額の出演料で招かれることも減ってきた。

カトー収益化の機会も終わりに近づいたかと思われたころ、何人かの実業家がブルースに接近し、〝カトー空手学校〟を全国にフランチャイズ展開しないかと持ちかけてきた。彼らが資金を提供し、ブルースが名前と名声と専門技術を提供する。大学時代に思い描いていた職業上の夢が、銀の大皿に載せて差し出された格好だ。長い年月をかけて一都市に一校ずつ学校を新設していくのではない。一瞬にして一大帝国を築くことができる。

　ひとつ問題があった。この事業形式はブルースが武術について到達したあらゆる信念に反していた。截拳《ジークン》道《ドー》はこの世にひとつの個性を身体表現するもので、大量消費のために均質化されたハンバーガーではない。稽古に使うユニフォーム（道衣《どうい》）から均一なカリキュラムまで、いわゆる〝カラテ・McDojo《マクドージョー》〟の一部始終を彼は嫌っていた。才能とやる気に満ちた小集団だけ教えたい。ロサンゼルス、オークランド、シアトル三校のバランスを取ろうとした経験から、全国チェーンを展開した場合にどれだけの時間と努力が必要になるかもわかっていた。引き受ければ、事実上、俳優の仕事には終止符が打たれ、企業の重役へ転身することになる。

　しかし、そこからは莫大なカネが生まれる――ひょっとしたら、自分と家族が一生暮らしに困らなくなるくらい。悩んだ末に彼は申し出を断った。「ひと財産、築けたかもしれない」彼は友人たちに説明した。「でも、カネと引き換えに武術の魂を売りたくなかった」ハリウッドの仕事についての大きな賭けでもあり、将来の見通しが不透明なときに下した判断だった。それでも、ブルースには自分の哲学と矛盾することなく俳優業を押し上げてくれそうな代替戦略があった。カトーを好きな都市部の十代に向けた大量市場商品から、大人の名士に向けた高級品へ、自分の得意な仕事をモデルチェンジしよう。

　ハリウッドスター御用達のカリスマ美容師ジェイ・セブリングが計画のカギだ。巷《ちまた》では二ドルでしかない散髪料金をセブリングが高級化し、著名人から五〇ドル取っているのを見て、ブルースは気がついた。カンフーの指導でも同じことができるのではないか。有名どころの客に自分の存在を伝えてほしいと、彼はセブリングに頼んだ。無名の中国人俳優にはハリウッドのエリート層とつながるためのつてがない。セブリングが前髪に鋏を入れながら彼らの耳元に自分の話をささやき、太鼓判を押してくれたら、実現は可能だ。

　一九六六年の三月中旬、ブルース一家はロサンゼルスに引っ越した。『グリーン・ホーネット』の撮影が始まる二カ月ほど前だ。ブルースはまずセブリングを相手にカンフーの個人指導を提供しはじめた。お返しにセブリングは市場開拓用リストの収集に尽力した。〝連続ドラマが始まる前に個人指導の提供を開始する〟と、ブルースはオークランドの生徒のひとりに手紙を書いている。〝予想される生徒はいま現在、スティーブ・マックィーン、ポール・ニューマン、ジェイムズ・ガーナー、ヴィック・ダモーンといったところ。授業料は一時間二五ドル〔二〇一七年の一九〇ドル〕くらいかな〟

セブリングは最善を尽くしたが、興味を示す人は出てこなかった。ブルース・リーの名前も、カンフーという武術の存在も、映画界の人間は誰ひとり知らなかった。『グリーン・ホーネット』の撮影が始まると、ブルースは目の前の仕事に全身全霊をそそぎ、ハリウッドスターの師傅《シフ》になる構想をそっと棚上げした。カトーが名声や富、映画俳優という夢へのチケットになるかもしれない。『グリーン・ホーネット』は一シーズンで終了とドージアから聞かされ、ブルースは落胆した。重大な判断を下す必要があるのは間違いないが、どうすればいいかはわからなかった。

ある日、ブルースは俳優業についてドージアの助言を求めようと、彼のオフィスに立ち寄った。ちょうどそこに、『グリーン・ホーネット』の共同制作者チャールズ・フィッツシモンズがいた。

「俳優の仕事は見つかったかね？」と、フィッツシモンズは尋ねた。

「全然」とブルースは答え、腰を下ろした。「心配しています」

「君の才能を活かして、有名人にカンフーを教えたらどうだ？」

「『グリーン・ホーネット』が始まる前に生徒を見つけようとしたんですが」ブルースは言った。「誰も興味を示してくれなくて」

「金額はいくらに設定した？」

「一時間二五ドルです。高すぎましたか？」

「安すぎたんだ」と、チャールズは言った。「いま、君はカトーなんだ。スクリーン上の信用も得た。五〇ドルは取らないと」

「無茶だ！」ブルースは思わず大声で返した。

「ホットドッグを二ドルで売ったら誰も特別なものと思わないが、八ドル五〇セントで売れば世界一のホットドッグにちがいないと考えて、懐に余裕のある人たちが買う」

「誰がグンフーにそんな値段を払うんです？」

「君の顧客候補はこの街の脚本家や俳優、監督、映画制作者《プロデューサー》で、いわゆる〝中年マッチョ願望症候群〟を患っている。たくましく強靭な男と見られたい金持ち連中だ。カネは腐るほどある。君が受け取らなかったら、ほかの人から空手を習うために使われる」

「うーん」ブルースはまだ不安そうだった。「本当に、一時間五〇ドル払うと思いますか？」

「法外な数字を要求することだ。おっと思わせるにはそれしかない」

一九六八年二月二十九日、ブルースは新しい名刺を作ってきた。〈ブルース・リー、截拳道《ジークンドー》。指導料：一時間一五〇ドル、初心者：十レッスン五〇〇ドル〉。ジェイ・セブリングにこの名刺を渡し、客にばらまいてもらった。しばらくして、『グリーン・ホーネット』のカトーに初めて名士《セレブ》の生徒ができた。ヴィック・ダモーンだ。

ダモーンはフランク・シナトラやディーン・マーティンに連なるハンサムなイタリア系クルーナー〔ささやくように情感を込めて歌う流行歌手〕だった。ビッグバンドの歌手で、俳優やテレビ司会者も務めるダモーンは『マイ・フェア・レディ』の「君住む街角」や「ユー・アー・ブレイキング・マイ・ハート」などのヒット曲で知られていた。ブルックリンで育ったイタリア系少年のご多分に漏れず、高校ではボクシングを少しかじった。いまはどこも空手の話で持ちきりだ。エルビス・プレスリーは歌と歌の合間に高い蹴りを繰り出した。髪を切るあいだにセブリングから護身術の腕利き指導員がいると売りこまれ、ダモーンは試してみることにした。

歌手として〈サンズ〉のステージに出演中だったダ

モーンに会うため、セブリングとブルースはラスベガスまで車を走らせた。ダモーンはふたりのためにスイートルームを予約し、無料で提供した。午後、サンズの誰もいないステージで三人は練習を開始した。ブルースは基本的な技をひと通り見せ、自分の戦略は三段階に分かれると説明した。「目の前に立ちはだかる者がいたら、まず打撃で驚かせる。バーン！　それでも向かってきたら、膝頭を砕いて戦闘能力を奪う。まだ来たら、喉を狙ってとどめを刺す。つまり、驚き、戦力剝奪、とどめの三段階だ」

簡潔で飾り気のない方式にダモーンは興味をそそられた。ボクシングのコーチからは、まず相手を弱らせ――ジャブ、ジャブ、ジャブ、フェイント、フェイント、ジャブ――相手のガードが下がったところで強いパンチを食らわせろ、と教えられた。「ところが、カンフーではそういう段階を踏まない」ダモーンが言う。「まっしぐらに相手を仕留めにいく」

ブルースの教えでいちばん役に立ったのは〝脱力〟だった。「リラックスしなくてはいけない」と、ブルースはよく言い聞かせた。「ぐんにゃりした絨毯のように体から力みが抜けていれば、どんな技でも繰り出せるし、その威力にびっくりするだろう。突きを出す前に力みが入ると威力は半減する。つねに脱力していれば、鞭《むち》のようになれる」ダモーンには誰かを驚かせたり、戦闘能力を奪ったり、とどめを刺したりする必要はなかったが、ブルースに教わった脱力の技法は歌唱の仕事に役立った。『マッカーサー・パーク』のような難しい曲を歌うときも、ブルースに教わったとおりに脱力した」と、ダモーンは言う。「声帯がしっかり機能し、声が自然と流れ出てきて、とにかくきれいな声になるんだ。ブルースからは学ぶことが多かった。またとない爽やかな男だった」

断続的ながら、指導は一年くらい続いた。ダモーンがロサンゼルスにいるときは彼がブルースの自宅を訪ね、ブルースがラスベガスへ出張することもあった。ブルース・リーが生ける伝説と化したのは、そんなベガス旅行のときだ。

レッスン終了後、ブルースとセブリングとダモーンの三人は夕食を取るため、サンズの中華料理店へ向かった。カジノを歩いていると、サミー・デイビス・ジュニアの護衛を務めている巨漢のビッグ・ジョン・ホプキンズに出くわした。ダモーンとビッグ・ジョンが世間話を始めた。煙草を吸っていたビッグ・ジョンが額を掻《か》こうと煙草を持ったまま手を持ち上げる。ブルースの真後ろを歩いていた知り合いに挨拶しようと、出し抜けにその手を突き出した。ダモーンが瞬きするより速く、この動きを攻撃と誤解したブルースはビッグ・ジョンの手から煙草を蹴り飛ばし、さらに蹴りでビッグ・ジョンのバランスを崩して両腕を固め、体をそらして抵抗を奪ったあと、指先を喉に当てた。

「なんてこった！」ダモーンが叫び、割って入った。「待て！　落ち着け！　何をする？」

「どういう意味だ？」ブルースは怪訝そうにダモーンを見上げた。「こいつは私を攻撃しようとした」

　ひときわ大柄で強靭なビッグ・ジョンがいまや完全に無抵抗の状態だった。「ちがう、ちがうんだ。攻撃しようとしたんじゃない。後ろにいた人に手を振ろうとしただけだ」

「そうか」ブルースはビッグ・ジョンを解放した。「悪かった」

　ようやく落ち着きを取り戻してきたビッグ・ジョンが、「いやはや、いったい君は何者だ？」と訊いた。

「こちらはブルース・リー」ダモーンが紹介した。「こちらはジェイ・セブリング」

「それは失礼した」とビッグ・ジョンは返し、ひと呼吸おいて考えこんだ。「いったい何がどうなったんだ？　ここに立っていたら、とつぜん手も足も出なくなっていた」

　この場を丸く収めようと、ダモーンがビッグ・ジョンの肩を軽く叩いてブルースたちとの夕食に誘った。食事中、ビッグ・ジョンは截拳道《ジークンドー》についてブルースにうかがいを立てるように質問を連ね、最後にダモーンがセブリングに顔を寄せてささやいた。「こんな低姿勢のジョンは初めて見た」

　こんな面白い話はない。ダモーンは喜び勇んで友人たちにこの話を語り、聞いた人たちも次々友人に話していった。語り直されるたび、話は伝言ゲームのように大きな尾ひれがついて、やがて神話と化した。

最後にはこんな話になっていた。フランク・シナトラがカンフーのことを知りたいと、ブルース・リーをラスベガスへ招いた。やってきたブルースをヴィック・ダモーンがシナトラの泊まっている続き部屋《スイートルーム》へ連れていった。シナトラは『影なき狙撃者』（一九六二年）への出演以来、武術に大きな関心を寄せていたが、神秘めいた話の多くは誇張に過ぎないと思っていた。アメリカの屈強な喧嘩屋《ストリートファイター》は絶対、東洋の空手家に後れを取ったりしない、アジア系は小柄で華奢だから、と彼は主張した。ブルースは丁重に異を唱えた。「では、それをどう証明する？」と、シナトラは尋ねた。「つまり、誰も傷つけずに」ブルースはシナトラの巨体の護衛ふたりを見て、こう言った。「彼らのひとりを入口の前に立たせ、もうひとりにその後ろで煙草を吸っていてもらうのはどうでしょう。私はその煙草を口から蹴り落とす。彼らはそれを阻止できるか？　中国武術にどんなことが可能か、このやり方で試してみませんか？」シナトラは興奮気味にうなずいた。ブルースが部屋を出たあと、シナトラは護衛ふたりに言った。「相手は小柄な中国人だし、怪我はさせたくないが、君たちのどちらかが彼に尻餅をつかせても、私はいっこうにかまわない。一発かましてやれ。それで充分だ」みんなが待ち構えていると、バーンと大きな音がした。ドアは勢いよく開いただけでなく、蝶番《ちょうつがい》から外れ、ひとり目のボディガードを吹き飛ばした。その向こうへ突進したブルースはもうひとりの口から煙草を蹴り飛ばし、煙草はヒュッと音をたててシナトラの顔の前を通過した。「どうです？」とブルースが言う。

「信じられない《ホーリー・シット》！」とシナトラは叫んだ。

事実にはほど遠い、現実離れした話だったが、そんなことは関係なかったらしい。シナトラやダモーンに事実関係を確認する者はいなかった。この荒唐無稽な話が広まったことで、ブルース・リーはハリウッドで引っぱりだこの武術指導者になった。

「話の真偽は知らなかった」アカデミー賞受賞脚本家

スターリング・シリファントが回想する。「しかし、ハリウッドのあるパーティでこの話を耳にした。当時、ハリウッドじゅうがこの話で持ちきりだった。それだけで充分だ。ブルースこそ自分が探していた男と判断したんです」

スターリング・シリファントはこの時代のアーロン・ソーキン〔映画『マネーボール』、ドラマ『ザ・ホワイトハウス』など〕で、テレビでも映画でも成功を収めていた。一九六七年の『夜の大捜査線』でアカデミー賞にノミネートされたばかりでもあった。大学時代にフェンシングをしていた彼は五十歳にして中年マッチョ願望症候群を患っていた。何週間かブルース・リーを探したが、探し当てられず、月一度の散髪のためにセブリングの店に立ち寄った。

六八年三月十八日、シリファントはブルースに電話をかけ、「私はスターリング・シリファントです。何週間もあなたを探していた。あなたにカンフーを教えてもらいたい」

「それは無理ですね。私はひとりかふたりしか弟子を取らないんです」と、ブルースは気のないふりをした。

「会って話を聞いてもらえませんか？」シリファントは不安げに訊いた。「本気であなたに師事したいと思っている。友人のジョー・ハイアムズも。ハイアムズをご存じですか？　この街で最も重要なコラムニストだ。『サタデー・イブニング・ポスト』に寄稿している。奥さんはエルケ・ソマー。ベストセラーになったハンフリー・ボガートの伝記を出版したところですよ。私たちは十レッスンのパッケージを購入したい」

「どこで会いましょう？」ブルースはまだあやふやな感じで訊いた。

「コロンビア・ピクチャーズ」こう言えば若い俳優は自分を生徒にしたくなるだろうと思って、シリファントは言った。

「二十日ならランチの時間が空いています」

三人で会ったとき、ブルースは五十歳のシリファントと四十四歳のハイアムズを見るなり、「やめたほうがいい。武術を習ったことはないんでしょう。一から始めるには高齢すぎる」と言った。

シリファントは面食らった。自分は数多くの俳優を雇っている〝A級リスト〟の脚本家兼プロデューサーだ。ブルースはこのチャンスに飛びついてくるものと思っていた。ところが、冒頭からそっけない拒絶に遭い、願いはいっそう燃え上がった。「私のことを知らないからだ」彼は不機嫌そうに言った。「カリフォルニア大学時代に受けた試験では、誰より反射神経が良かった。いまでも信じられないくらい視力がいい。試験の結果、競争心が高いこともわかっている。勝負に勝つ味も知っている。大学では三年間フェンシングの代表選手を務めたし、太平洋岸選手権に優勝した。この素養を生かせるように教えてくれればいい。剣でなく自分の体で打てるよう」

「フェンサーだったんですか？」ブルースは微笑んで片方の眉を上げた。「見せてください」

シリファントはサーベルの代わりにステーキナイフを握り、あちこち突いてみせた。一分くらいして、「どうです？」と尋ねた。

ブルースは椅子にもたれ、思案投げ首の様子だった。

「高齢ではあるが、あなたの構えは少し修正すれば截《ジー》拳道《クンドー》のそれに近くなる。動きを見るかぎり、教えられそうだ」

ブルースは次にジョー・ハイアムズを見た。「なぜ私に教えてほしいのですか？」

「エド・パーカーが主催した選手権で、あなたの演武を見て感銘を受けたし、あなたが最高の指導者と聞いたので」

「ほかの武術を学んだことは？」

「第二次世界大戦中」ハイアムズは答えた。「長いあいだ南太平洋に従軍していた。ユダヤ系を理由に私を殴ろうとする輩《やから》を思いとどまらせるために、武術を学びはじめた。でも、少し前にやめてしまって、もういちどやり直したいと思っています」

「あなたの技を少し見せてもらえますか？」

ハイアムズはパッと立ち上がり、別の武術の形《かた》をいくつか演じた。

「いままで習ったことを全部捨て去り、一からやり直さなければならない。覚悟していましたか？」と、ブルースは訊いた。

「いや」落胆の様子でハイアムズは答えた。

ブルースは微笑み、ハイアムズの肩に手を置いてこう言った。「私の師傅《シフ》から教わった話をしましょう。あるとき、どこかの教授が禅師を訪ね、禅について質問した。禅師が説明しているあいだ、教授はたびたび話の腰を折った。最後に禅師は話をやめ、教授のためにお茶を淹れはじめた。茶碗いっぱいに茶をそそぎ、流れ落ちるまでそそぎつづけた。『もう充分』と、教授はここでも遮《さえぎ》った。『それ以上は入らない！』と。『そのとおり』と、禅師は答えた。『あなたの中は自分の意見でいっぱいになっている。まずあなたの茶碗を空にしなければ、どうして私のお茶を味わうことができましょう？』」

ブルースはハイアムズの顔を見つめた。「話が理解できたかな？」

「はい」と、彼は言った。「過去の知識や古い習慣を捨てて、頭を空っぽにした状態で新しい学びを受け入れよということですね？」

「そのとおり」とブルースは返し、ハイアムズとシリファント両方を見て、「おふたりとも教えましょう」と言った。

ふたりは三月二十五日からハイアムズの自宅で週二回、指導を受けはじめた。ブルースは基本を大事にしていたが、ふたりにはすぐスパーリングをさせた。「滑稽な光景だったかもしれない。中年男性ふたりがヘッドギアとボクシングのグラブを着けて、郊外の家の車寄せで殴り合っていたんですから」と、ハイアムズは回想する。審判兼コーチのブルースが叱咤する。「集中して！　力まない！」

ハイアムズお気に入りの時間はレッスン後に自宅の裏庭でフルーツジュースを飲みながら交わす会話だった。「あれは私にとって貴重なひとときだった」と、ハイアムズは振り返る。「友人たちから、かならず何かしらの洞察を得ることができた」

ハイアムズは二カ月で十七回レッスンを受けたあと受講を打ち切った。シリファントはブルースの個人指導を三年間受けた。「とてもやりがいのある、すばらしい時間だった」シリファントが振り返る。「そのあいだに、武術とスキンシップについて目を開かされていった」シリファントはブルースに心を奪われた――あこがれに近い気持ちだ。「自分の精神性について、ブルースに恩義を感じています」と、シリファントは言う。「私の人生で、彼ほど意識の高い人間には会ったことがない。ブルースのおかげで私は自分の窓をすべて開くことができたんです」

指導を始めたころ、臆病すぎるとブルースがシリファントを批判した。「防御は優れているが、攻撃が弱い。気迫が感じられない」

「大学でフェンシングをしていたころ、私は一本《トウシェ》の九割をカウンターで取っていた」と、シリファントは説明した。「相手の動きに合わせるほうが好きなんだ」

「たわごとだ」と、ブルースは返した。「技の美化を装った屁理屈に過ぎない。あなたの中に――心の奥に――何かがあって、それが攻撃をじゃましている。相手が攻めてくるのだからやっつけていいのだと、自分の行動を正当化する必要があるんだ。しかし、闘争本能がない。敵を追いかけていない。なぜだ？」

シリファントはこの指摘について何週間か考えた。そして最後に打ち明けた。「イギリス系カナダ人だった私の父は、息子の私を腕に抱いたりキスしたりしたことが一度もなかった。それだけでなく、私は生まれてから一度も男性に触れたことがなく、ほかの男性と接触した経験がなかった。同性嫌悪があるわけではなく、ただ、その、そうしたことが一度もなかった」

ふたりで午後ずっと練習をしてきたあとのことだ。ともに汗だくで、シャツを脱ぎ、中国の黒いパジャマパンツ一枚だった。

ブルースはシリファントに歩み寄り、「腕を巻きつけて」と言った。

「おいおい、ブルース」シリファントはあらがった。「君は汗まみれじゃないか」

「やれ！」と、ブルースは命じた。

シリファントは師傅《シフ》の体に腕を巻きつけた。

「引き寄せろ」と、ブルースは言った。

「勘弁してくれ、ブルース！」

「引き寄せろ！」

ブルースから強い生命力が伝わってきた。心地よく、生きている感じがし、ふたりを隔てる鋼鉄の壁が吹き飛ばされた気がした。シリファントが腕を広げると、ブルースは後ろに下がり、シリファントを見つめた。

「万人を愛せ」ブルースは言った。「女だけでなく、男も。男とセックスする必要はないが、自分以外の男と通じ合う必要は大いにある。それができなければ、相手と戦うことも、拳を胸に突き通すことも、首を折ることも、目玉をえぐり出すこともできない」

十代のころ、ブルースはラ・サール学院の同級生で不良少年団《ギャング》を作った。シアトルではカンフーの生徒と武術集団を結成した。ハリウッドでも同じことをした。スターリング・シリファントはブルース最大の後ろ盾《パトロン》になった。俳優としての彼を前進させる最大の推進力に。

ジェームズ・コバーンはスティーブ・マックィーン、チャールズ・ブロンソンと並び、この時代を席巻したアクションスターのひとりだ。『荒野の七人』（一九六〇年）、『大脱走』（一九六三年）などでわき役を演じ、「007」シリーズのパロディ『電撃フリントGO！GO作戦』（一九六六年）で一躍スターになった。空手を習いはじめたのは、主人公デレク・フリントの役作りのためだった。

コバーンが東洋武術にのめりこんでいると知ったシリファントは電話をかけ、自分の新しい師匠を売りこんだ。「おい、途方もない中国人青年に出会ったぞ。魔法の蹴りの持ち主だ。魔法使いなんだ！」数週間後、シリファントはハリウッドで開かれたパーティでようやくコバーンに紹介する機会を得た。招待客の大半は映画界の重鎮で、少数ながら錚々《そうそう》たるメンバーだ。ブルースの出席もあってたちまち話題は武術に移った。

『フリント』シリーズの制作中、二、三度武術のレッスンを受けた」と、コバーンはブルースに言った。「あのプロデューサーが雇っていたアクション指導だが、どう思う？」

「誰のことかはわかる」ブルースは少したためらってか

ら答えた。「まあ、この国の武術指導者をランク分けすれば、かなり下の部類だろうね」

「ジェームズに君の有名な寸打《ワンインチパンチ》を見せてやったらどうだ」シリファントがいたずらっぽく提案した。

「いいよ」ブルースはにやりと笑った。「立ってみて」

ブルースはコバーンを椅子の二、三メートル前に立たせ、椅子のクッションを胸に当てて保持するよう指示した。コバーンの背の高さを見て、彼はいつもより二センチくらい距離を開けることにした。拳が炸裂した瞬間、コバーンは後ろへ吹き飛んだ。椅子にぶつかってひっくり返り、部屋の隅まで転がっていった。よろよろと立ち上がった顔に浮かんでいたショックの表情があまりに大きかったため、部屋じゅうが爆笑した。

コバーンは何秒かで狼狽《ろうばい》から立ち直り、何が起こったかを理解した。彼はパッと顔を輝かせて言い放った。「さあ行こう！　始めよう！」

「いつでも」と、ブルースは答えた。「ただし、安くはないよ」

「かまわん。いますぐ始めたい。明日は？」

「いいとも」ブルースはうなずいた。「日曜日だってかまわない」

一九六八年十一月一日、ブルースは最初のレッスンのためにコバーンの豪邸を訪れた。まるで博物館のようだった。コバーンは東洋の骨董品を収集していた。インドや日本、中国の花瓶や彫像、絵画を。ふたりは基本練習に取り組んだ。コバーンのレベルを測るため、突きや蹴りを何度かやらせてみた。翌週、コバーンがブルース宅を訪ねて本格的な練習が始まった。半年間は、週に二度。

「ブルースはいつも活力に満ちていた」コバーンが回想する。「彼の中でたえずエネルギーが爆発していた。一時間半の練習が終わったときも、力に満ちあふれていた。ブルースと練習すると本当に気分が高揚した」身体運動としての武術も楽しかったが、コバーンはそれ以上に武術の深遠な部分に興味を引かれた。練習後は哲学や心理学、神秘主義についてふたりで論じ合った。

「ブルースが〝ブリッジング・ザ・ギャップ〟と呼ぶ

練習を、私たちはよくやった」コバーンが言う。「攻撃を決めるためにどれだけ相手と距離を置くか――どこまでなら、踏みこんで反撃を受けずに離れられるか。たえず相手を観察し、自分自身を観察して、相手と一体になる――分離するのではなく。この〝ブリッジング・ザ・ギャップ〟をしていると、ある種の心理的な障壁も乗り越えられるようになる」

熱を入れるあまり、コバーンは自宅の一室をブルースのジムそっくりに改造した。何カ月か経つと、ふたりは切っても切れない仲になった。コバーンはハリウッド一熱心な弟子になり、三年間で百六回の個人指導を受けている。

スティーブ・マックィーンとジェイ・セブリングは無二の親友だった。どちらもまっすぐな性格で、世情に通じた叩き上げの人物だ。一九六〇年代のハリウッドで、このふたりは男らしさの理想形だった。颯爽《さっそう》として、強靭《タフ》で、危険な香りを漂わせているが、一脈の傷つきやすさも持ち合わせている。ブルース・リーほどすばらしい武術指導者には会ったことがないとセブリングが自慢すると、当時三十七歳のマックィーンはぜひ会ってみたいと思った。初めての合同練習は一九六七年八月二十五日、城《キャッスル》の愛称を持つマックィーンの豪邸で行われた。

マックィーンの意志の強さと回復力にブルースは感嘆した。「あの男の辞書に〝やめる〟という文字はない」ブルースは友人のひとりに語っている。「何時間でもひたすらやりつづける――一度も休まずに、何時間でも突きと蹴りを続けるんだ。疲れきって動けなくなるまで」マックィーン宅でのトレーニング中のこと、粗い砂岩で舗装された大きな中庭でマックィーンがつまずき、親指を切った。肉が大きくえぐれ、血まみれになった。

「ここまでにしよう」と、ブルースは言った。「続けよう」

「いや」と、マックィーンは返した。

一年目の個人指導は散発的だった。マックィーンはハリウッド最大のドル箱スターだから、たびたび仕事で街からいなくなる。「スティーブももっと練習した

ドミニカ共和国で〈プレジデンテ〉のビールを飲むブルース・リー。1970年（デイビッド・タッドマン）

香港啓徳国際空港でジェームズ・コバーンを迎える。1973年4月（デイビッド・タッドマン）

いんだろうが、あいつ、自宅にいたためしがないからな」と、ブルースは言った。「撮影が始まるとロケ地から五カ月くらい帰ってこられなくなり、撮影と撮影の合間を縫って二日くらい戻ってくるんだ。撮影のないときは砂漠にいて、バギーやバイクで砂丘を駆け回っている」

マックィーンを指導する際、彼の多忙なスケジュール以上に大変だったのは、信頼の獲得だった。「初めて会ったときは、あの男が理解できなかった」と、ブルースは友人に語っている。「私のことを強く疑っていた」マックィーンが小さいころに彼の家庭は崩壊した。彼が生後半年に満たないときに父親は家族を捨てた。酒浸りの母親は虐待的な男たちの許《もと》を転々とした。マックィーンは親や親類縁者のところで暮らし、そのあと反抗的な十代になったところで矯正施設に送られた。

時間が経つにつれ、ブルースとスティーブは少しずつ親しくなってきた。「気持ちが通じ合っていた」と、リンダが言う。「ふたりは似た者どうしでした。人生の苦楽や浮き沈みの部分で、同じような境遇をくぐってきていて」どちらも片方の親が中毒患者だった。ふたりとも頭は良かったが学校の成績は悪かった。十代のころは徒党を組んで路上をうろつく問題児だった。「俳優の仕事に出会わなかったら」後日、マックィーンはある記者に認めている。「ならず者に身を落としていた」怒りをたぎらせ、好戦的で、異常なくらい負けず嫌いな、〝群れを支配する雄《オス》〟だ。ブルース・リーは愛嬌のある目立ちたがり屋。マックィーンは強情で禁欲的な一匹狼。「彼のことが理解できるまで時間がかかった」マックィーンについてブルースは語っている。「でも、いったん友人として受け入れられると、刎頸《ふんけい》の友になった」

「糞いまいましい気分のとき、電話が鳴ると、ブルースだったりすることがあった」マックィーンが回想する。「なぜ電話をかけてきたかはわからない。『かけてみようかと思っただけだ』と言うばかりで」

ハリウッドでスティーブ・マックィーンはブルースの兄貴分になった。称賛のまなざしをそそぎ合うと同時に、羨望の念も禁じ得なかった。マックィーンはブルースのような戦闘力を獲得したかった。ブルースはマックィーンのような大スターになりたかった。ブルース・リーにとって、スティーブ・マックィーンは〝金ぴかの街〟ハリウッドで誰より模範にすべき人物だった。映画監督が業界を牛耳る香港とはちがい、ハリウッドを支配するのはスター俳優であることを彼から学んだ。マックィーンは尊敬に値しない監督を交代させ、プロデューサーにもうるさかった。撮影現場では全員を自分の意にしたがわせた。女優やグルーピーから、制作アシスタント、メイクアップ・アーティスト、主婦、ヒッチハイカー、ウェイトレス、一時預かり係まで、幅広い種類の女性を現場から追い出すこともあった。

ブルースから仕事の相談を受けたマックィーンは、演技指導を受けたり劇団に属したりする必要はないと言った。「時間が経てばおのずと自分の演技スタイルに磨きがかかってくる。いちばん大事なのは、業界のしかるべき人物に会って強い印象を与えることだ」

ブルースはハリウッドのパーティが苦手で、人脈づくりに苦労した。無名のテレビ俳優で、会場ただひとりのアジア系だから、末席に連なる部外者のような疎外感を味わっていた。「ブルースの下積み時代に、私も一、二度、そういうパーティに出席しました。どんなチャンスに巡り合うかわからないので」と、リンダ・リーが語る。「なぜ映画界のパーティが問題だったかというと、スター俳優は場の中心にいたがり、ブルースは人の支配を受けるのが大嫌いで自負心が強く、大物を取り巻くご機嫌取りやおべっか使いの群れに加わることができなかった。初対面のときのブルースは物腰やわらかく礼儀正しかったので、みんな、食器を片づける係と思ったのではないでしょうか」

周囲から無視され中国系の給仕係あつかいされるのに嫌気が差したブルースは、演武を見せることで注目を集めた。「いつしか、私が周囲を見まわしてブルースを探すと、彼はみんなの中心にいて、腕立て伏せやコイン芸を見せたり、哲学や武術の話を一方的にまくしたてたりしていました」リンダが回想する。「みんなが浮かべる驚きの表情を見て、目をみはったものです。ブルースみたいな人がいるなんて夢にも思わなかったんでしょう」

ブルースがハリウッドのパーティでたびたび従業員と間違えられた理由がもうひとつあった。煙草を吸わず、アルコールにもめったに手をつけなかったからだ。「そういうタイプではないんですよ」と、ブルースはファイティング・スターズ誌に語っている。酔って騒いでいる人たちが煙草や葉巻をすぱすぱ吸っているときも、彼はお茶のカップを手にまったくの素面《しらふ》でいた。そのため、多くの人が禁酒家だと思っていた――その神話は今日まで続いている。実際、めったに酒は飲まず、飲んでも少量だった。アルコールは彼になじまなかったのだ。

「二十回くらい飲ませようとした」と、『燃えよドラゴン』で共演したボブ・ウォールが言う。「一度、ワインを舐めさせたことがあった。彼は吐き出した。合わなかったんだ」香港でブルースと仕事をしたアンドレ・モーガンの話もそれを裏づける。「ブルースは酒を飲まなかった。夕食に紹興酒を少量飲むことはあったが、ハリウッドの人たちみたいな飲み方はしなかった」ジョー・ルイスがこんな話で追認する。「一九六九年だったか、ブルースがうちに来て、妻がカクテルを作ってやった――甘いシロップみたいなドリンクを。それを飲んだら、びっくりするくらい具合が悪くなった。真っ赤になって汗をかいていた。顔から滴り落ちるくらい。夫婦で手を貸してトイレへ連れていった。何度も何度も吐いていたよ」

これらの逸話からみて、ブルース・リーの体はアルコールに顔面紅潮《フラッシング》反応を示していたらしい。俗に〝アジアン・グロー〟〔アジアン・フラッシュとも〕と呼ばれる。東アジア人の三五パーセント以上が当てはまるため、そんな呼び名がついた。この症状が出る人はアルコールの代謝に必要な酵素が欠損している。一、二杯で顔が赤らみ、汗をかきはじめて、気持ちが悪くなる。

パーティ三昧だった一九六〇年代後半のハリウッドという異境の地に立ったブルースには、状況に適応する必要があった。男たちと酒を酌み交わすことができないのなら、彼らに溶けこむ別の方法を見つけなければならない。さいわい、この時代には、ブルースの体でも代謝可能で脳を楽しませてもくれる社交薬《ソーシャルドラッグ》が普及しはじめていた。

一九四八年、連邦麻薬取締局が大麻《マリファナ》パーティと断じた集まりで、映画界の寵児として人気急上昇中だったロバート・ミッチャムが逮捕されたとき、彼は職業欄に〝元俳優〟と書いた。映画の仕事はおしまいだと考えて。報道陣と向き合った彼は、「もう終わりだ。僕はおしまい。苦い結末だ」と語った。悲観的になるのも無理はない。アメリカ政府はそれまで何十年も、入門薬物としてマリファナを指弾してきた。人種的にはメキシコ人労働者や黒人ジャズミュージシャンとの結びつきが指摘された。長年マリファナ乱用者の巣だったハリウッドも『リーファー・マッドネス』(一九三六年)と『ザ・デビルズ・ウィード』(一九四九年)で反マリファナのプロパガンダを支持している。

だが、ミッチャムの有罪判決は映画と実人生の両方で彼に反逆児役をもたらし、俳優としてのキャリアに恩恵を与えた。いっぽう東海岸では、白人の知識人と作家が大半を占めるビート世代と呼ばれる集団がニューヨーク市のジャズクラブに入り浸り、文学の地平を開く道具としてマリファナの福音を説きはじめた。最も有名な作品にアレン・ギンズバーグの『ハウル・アンド・アザー・ポエムズ』(一九五六年)や、ジャック・ケルアックの『路上』(一九五七年)がある。ギンズバーグは月刊誌アトランティック・マンスリー一九六六年十一月号に、〝マリファナは視覚や聴覚の審美的認知に資する〟と書いている。このビート世代からビート運動の提唱者が生まれ、反体制文化のヒッピーへとつながっていく。六〇年代中盤から終盤にかけて、アメリカ、特にハリウッドにはマリファナが蔓延《まんえん》していた。

ブルース・リーにマリファナを教えたのはスティーブ・マックィーンだ。たちまちこれは、ブルースお気に入りのドラッグになった。有名人の顧客にカンフーを指導したあと、ブルースはマリファナ煙草に火をつけて哲学を語った。「ハイになっていい気分で音楽を聴くのが好きだった」と、ジェームズ・コバーンが回想する。『ブローイング・ゴールド』〔ジョン・クレマーのアルバム、一九六九年〕がお気に入りだった」高弟のひとりハーブ・ジャクソンによれば、ブルースの自宅ガレージにはマリファナ煙草の箱が保管されていた。「ふだんとちがう感覚で、おっかなかった」初めてマリファナで酔っ払ったときのことをブルースは語っている。「スティーブから熱い紅茶のカップを渡されたときには、すごくハイになっていた。カップを口に当てると、川となって流れこんでくる感じがした。現実世界とは思えない。何もかもが大きく誇張される感じだ。紅茶を飲むときのズズッという音までがすごく大きく聞こえ、ザバンとぶつかる波のようだった。車に乗って発進すると、通りがものすごい勢いで飛んでくる感じがした。白い中央線が自分をめがけて飛んでくるんだ。電柱も同じだった。何もかもがくっきり感じられる。あらゆるものを意識した。自分にとっては人工的な覚醒だった。私たちは武術を通してもっと自然にこの〝覚醒状態〟にたどり着こうとしている。もちろん武術で到達したほうがいい。こっちは永続するからね。四六時中マリファナを吸っているなんてナンセンスだ」

この新しい環境でマリファナがブルースの社交活動にどう役立ったか、ジョー・ルイスが逸話を語る。「いやびっくりしたよ、ハリウッドでのことだが、ブルースが目の前で麻薬をやっていた。うちへ来て、大きな葉巻くらいある巨大なマリファナ煙草を配りはじめたこともある。『ブルース、それはやめたほうがいい。小さく一本巻いて、みんなで回せ』と私は言った。すると彼は、『分けることはない。みんな一本吸えばいい』と言う。彼は映画のときみたいに胸を叩いた。ドンと、誇らしげに。あれを見て、みんな面白がっていた。これぞブルースだ、いいぞ。いかにもブルースらしい。何かおかしいと思った人間はいなかった。六〇年代、七〇年代だ。誰も悪いことなんて思っていなかった。みんな麻薬をやっていた」

映画界ではみんなが麻薬をやっていたかもしれない

が、退役軍人が大半を占める武術家はちがった。男らしい男は麻薬ではなく、酒で酔うものだ。〝ジュードー〟ことジーン・ラベールがレッスンを受けにブルースの家を訪ねると、マリファナの煙がたちこめていて、頭に来たという。「彼の家には二度と行かなかった」とラベールは言い、五十年経ったいまでも怒っていた。マリファナの話をダン・イノサントに振ると、彼は自分の手を見て頭《かぶり》を振り、ため息をついた。「『意識のレベルが上がる』と、ブルースは言っていた」しかし、彼の忠実な弟子でありつづけたイノサントはこう言い添えた。「世間で言う常用者ではなかったと思う」

　意識のレベルが上がるとブルースは主張したが、それ以上に、自己治療の目的があったのかもしれない（初めはマリファナだったが、その後ハシシに切り替えている）。〝じっとしていない子〟は幼少のころから人並外れて活発で、何を始めるかわからないところがあった。抑制系《ダウナー》としても働くマリファナとハシシは鎮静剤的な役目を果たしていたのかもしれない。

　一九六八年末時点でブルースはハリウッド一の人気を誇る護身術指導員になっていた。要望が殺到し、たまりかねて新しい名刺を作った。〈ブルース・リーの截拳道《ジークンドー》　専門的助言および指導：一時間二七五ドル　十回コース：一〇〇〇ドル　国外指導：週一〇〇〇ドル＋経費〉。「それまでは十回五〇〇ドルだったが、希望者が群がってきて」後日、ブルースはある記者に語った。「値段を倍にしても、まだ希望者がやってくる。そんなに大勢、中国のボクシングに興味があるのか？　すごく儲かったけどね」

　スターリング・シリファント、ジェームズ・コバーン、スティーブ・マックィーンの中核メンバーに、一流監督のブレイク・エドワーズ（『ティファニーで朝食を』『ピンクの豹』）とロマン・ポランスキー（『ローズマリーの赤ちゃん』『チャイナタウン』）、テレビプロデューサーのサイ・ワイントローブとカジノ業界の大物ベルドン・キャトルマンが加わった。これら著名人は銀行口座の預金額を増やしてくれると同時に、裕福なセレブの暮らしものぞかせてくれた。「キャトルマンの家を初めて訪ねたとき、執事が出迎えてくれたんだが、イギリス訛りが強く、映画に出てくるイギリスの執事のような服装をしていた」と、ブルースは当時を振り返っている。「その男の案内で豪邸の中を通り、裏庭に出ると、フルサイズのテニスコートと五輪仕様のプールがあった。あんなに大きな裏庭を見るのは初めてだった。あんな金持ちがいるなんて夢にも思わなかった」

スティーブ・マックィーンは駆け出しのころフランク・シナトラと過ごす機会を得て、自家用ジェット機やリムジンを目の当たりにした。赤い絨毯を敷いたイベントや、嬌声をあげるファン、崇拝者の群れを見た。「少しでいいからあやかりたい」と、彼は妻にささやいた。いまブルースが同じことを感じていた。

何より手に入れたかったのは新しいスポーツカーだ。古いシボレー・ノバはほったらかしで、洗車さえしていない。ポンコツ車唯一のお気に入りは後ろの窓のステッカーで、〝この車はグリーン・ホーネットに守られている〟と記されていた。「印刷したのはほんの二、三百枚で」彼は誇らしげに言った。「もう何枚か手に入れようとしたが、自分でも手に入らなかった」

ジェイ・セブリングがハリウッドを一望に見晴らすマルホランド・ドライブで、ブルースにシェルビー・コブラを運転させてくれた。サンタモニカ山地を走る曲がりくねった道だ。「どのくらいスピードが出たのかは知りません」リンダが笑って言う。「知りたくもなかったですよ」ブルースはコブラも絶賛したが、本当に欲しかったのはポルシェ911Sタルガだった。マックィーンが一台持っていたからだ。一九六八年八月二十六日、ハリウッドにあるフォルクスワーゲン-ポルシェの販売特約店を訪ねて試乗した。帰宅するなり、彼はパームスプリングスにいるマックィーンに電話した。

「スティーブ、君が持っているようなポルシェを一台手に入れる」と、ブルースは宣言した。

「まあ、ブルース、そっちへ帰ったらいちど乗せてやろう」スティーブは声に警告をにじませた。「しびれる車なのは確かだが、どんな車かちゃんとわかっていないと困ったことになるからな」

「わかった」と、ブルースは興奮気味に返した。

マックィーンの運転技術は世界水準で、レーサーになっても一流だったかもしれないが、ブルースはハンドルを握らせると厄介だった。「ちょっと飛ばしすぎた」と、ダン・イノサントが言う。「たびたび怖い思いをした」ブルースはぶっ飛ばす気だ、怖い思いをさせたら購入を思いとどまるかもしれない、とマックィーンは思った。彼はブルースを拾うと、サンフェルナンド峡谷をマルホランド・ドライブへ向かった。

「よし、ブルース、心の準備はいいか？」マックィーンはそう言って、道路の先を見つめた。

「いいとも。さあ行こう！」

マックィーンは発進すると、ギアを上げては下げ、高地の曲がりくねった危険な道路で次々とカーブを切っていった。

「どうだ、このパワー？」マックィーンがエンジンの轟音に負けじと声を張り上げた。

ブルースは返事をしなかった。

「さあ、見ていろ！」マックィーンはそう叫ぶや、山腹から断崖の端へ、スキーの大回転《スラローム》のように車を操った。「すごいだろう、ブルース？　見ろ、この走り。見ていろ、スライドさせる！」マックィーンは崖の縁に向かってポルシェをテールスライドさせた。「どうだ、ブルース？」

返事がない。

「ようし、いいか。一八〇マイル〔約二九〇キロ〕出すぞ」マックィーンは宣言すると同時にギアを上げ、ポルシェをくるりと回転させたところでようやく車を止めた。助手席に顔を向け、「どうだ、ブルース？」と言った。だが、ブルースは助手席にいなかった。マックィーンが下を見ると、ブルースは座席前の足元で背中を丸め、両手で頭をかかえていた。「ブルース？」

「マックィーン、このろくでなし！」とブルースは叫び、体を引き上げて座席に戻った。「殺す、殺してやる！　お前を殺す、マックィーン！　覚悟しろ！」

ブルースの憤怒の表情を見てマックィーンは怖くなった。この男を怒らせたら、どんなに危険かは知っている。だから、アクセルペダルを思いきり踏みこみ、可能なかぎりのスピードでマルホランド・ドライブを戻っていった。

「ブルース、落ち着け！」マックィーンが叫んだ。

「スティーブ、スピードを落とせ」ブルースが怒鳴る。

「落とせ！」

「殴ったりしないな、ブルース？」マックィーンは懇願の口調で言った。

「しない、しない」

「手は出さないな？」

「ああ、出さない」

「痛めつけたりしないな？」

「しない。しないから！　とにかく、車を止めろ。止めてくれ！」

マックィーンがようやく車を止めると、ブルースは言った。「君の車には二度と乗らない！　金輪際！」

後日、ブルースは友人に語っている。「私のことを飛ばし屋と言うなら、マックィーンの車に乗ってみろ。ある日の午後、マルホランドへ向かったとき、やつはレース場にいるつもりになったらしい。カーブでも一〇〇キロ以上出していた。簡単に怖がったりはしない人間のつもりだが、あのときは脱糞しそうになった。車が石につまずいたりしないよう祈ったよ。さもないと、明日という日は来ないから」

ブルースがポルシェの購入を思いとどまったのは、恐ろしい運転のせいではなく、リンダからまた妊娠を告げられたからだった。第二子誕生となれば、日常的な心配事も増える。夫妻は居住環境を見直すことにした。六八年八月二十七日、ブルースは城《キャッスル》を訪ねて、マックィーンに助言を仰いだ。家を買ったことはまだない。マックィーンは自分の営業部長に物件探しを手伝わせようと申し出た。

有名人への個人指導の報酬と『グリーン・ホーネット』の再放送時に支払われる再使用料から見積もって、二万五〇〇〇ドルくらいで快適な家を探してほしいと不動産屋に依頼した。「南カリフォルニアの住宅市場を私たちはよくわかっていなかったんです」と、リンダが言う。「その金額で買える土地や家がどんなところか知らなかった。予算を上げる必要がありました」

不動産屋が薦めたのは、高級住宅街ベルエアのロスコメア・ロード二五五一番地に立つ物件だった。最初、夫妻は迷った。一九五一年に建てられた一七六平米の平屋建ては寝室が三つにバスルームがふたつあり、あちこち改修が必要だった。値段も四万七〇〇〇ドルと予算を大幅に超えている。しかし、プライバシーが完全に守られたベルエアの環境をブルースは気に入った。マックィーンの営業部長によれば、これは掘り出し物で、「住宅ローンに還付される金額を考えたら、カルバー・シティの賃貸よりベルエアの持ち家のほうが得」だという。マックィーンに電話をかけて意見を聞くと、彼は一万ドルの手付金を自分が持とうと申し出た。「一万ドルと言えば大金なのに、交換条件もなしで、見返りも要求せずに、ぽんと出してくれると言うんだ」ブルースがのちに語っている。「負い目ができるし、断るしかなかった。しかし、親切な申し出には心から感謝した。そこまでは甘えられないと本人に伝えたけどね」

六八年九月九日、ブルースとリンダが住宅ローンを申請すると、四日後の十三日に認可が下りた。「ローンの支払い、固定資産税、保険——私たちの手に余る費用でした」リンダが言う。「四月に税の控除を受けても、十月にローンの支払いができなくなったらおしまいです」

國術館の生徒たちが二十八日と二十九日に引っ越しを手伝ってくれた。最初の何日か、ブルースは眠れなかった。「周囲はおそろしく静かで、針が落ちた音でも聞こえそうだった。裏庭と屋根から妙な音が聞こえてきた。次の朝、動物の足跡があることに気がついた。隣人から教えてもらうまで野生動物のものとは思わなかった。変な話だが、何年もロサンゼルスで暮らしていたのに、野生動物がこんなに近くをうろついているなんて夢にも思わなかった」と、ブルースは語っている。それでも彼は新しい環境に大満足だった。「すばらしい土地だ。交通量の多い都会から離れていて、それでいてロサンゼルスのどこへでもすぐ行ける。ときどき、裏庭にひとり腰を下ろして、海に夕陽がゆっくり落ちていくところをながめている。文明が遠くに感じられる」

カルバー・シティの家と同様、ベルエアの家も武術の鍛錬施設に改造した。中庭では、軒下に蹴りの練習用の巨大な赤いバッグを吊り下げた。トップ・アンド・ボトム・バッグ、ゴムひもで吊り下げた四角い打撃用パッド、スクワット・マシン、脚のストレッチング用具、幅広い重り《ウエイト》に、蹴りや突きを受けるための各種パッド。ガレージに器具を詰めこみすぎて、シボレー・ノバは路上に置かれる憂き目を見た。準備がすべて整うと、自宅で華人街《チャイナタウン》の高弟やハリウッドのクライアントを個人指導した。活動すべてが高級住宅地の隣人を驚かせた。三歳のブランドンには隣の街区にルークという友達ができた。この子の自宅には何度も招かれたが、ルークはブランドンの家に来ようとしない。リンダがルークの母親に理由を尋ねると、見慣れない器具の数々や気合を発して攻撃し合っている人たちが怖いとのことだった。

ブルースにとって、この家にはマルホランド・ドライブに近いという魅力もあった。「大人の男性には都合がいいけれど」リンダが言う。「子どもには不都合でしたね」マックィーンの車に乗ったことでブルースのポルシェ願望はいっそうふくらんだ。高級住宅街ベルエアの新居で塗装の色があせたおんぼろシボレーを見るたびに、気恥ずかしい思いをした。しかし、住宅ローンだけで返済能力を超えている。そんなとき、思いがけない収入が転がりこんだ。戦後の香港で父親が買ったアパートのひとつを母親が売却したのだ。ブルースには七〇〇〇ドルが振り分けられた。たまたま、一九六八年製のポルシェ911Sタルガは六九九〇ドルだった。運命か、はたまた天の思し召しか。六八年十二月七日、ローンを組んで買った家に引っ越して二カ月余りで、ブルースは赤いポルシェ911を手に入れた。

さっそくロサンゼルス北西部のシャーマン・オークスでチャック・ノリスが経営する空手道場まで飛ばした。キキッと鋭い音をたてて駐車場に入るとブレーキがロックし、車はズズッとすべるように縁石へ向かった。道場にいたノリスと事業パートナーのボブ・ウォールと師範代のパット・ジョンソンが大きな激突音を聞きつけ、事故かと外へ飛び出した。彼らが目にしたのは事故ではなく、縁石に斜めに乗り上げたポルシェの新車と、そばで腕組みをしていかにも誇らしげに車をながめているブルース・リーだった。

「みんな、見てくれ、新しい車だ」と、ブルースは言った。

「ブルース、車はすばらしいが」ノリスが言った。「事故でもあったのかと思った」

「いや、いや、車は大丈夫。来いよ、チャック。乗せてやる」

ノリスの目が点になった。「いや、それが、もうひとつの道場へ急いで戻らないといけないんだ。稽古が待っている。またこんど」

「パット、飛び乗れ」

「いや、稽古の時間で」パット・ジョンソンは言葉を濁した。「またこんどにしよう」

「ボブ、来いよ」

「これから約束があって」と、ボブ・ウォールも嘘をついた。

「わかった、じゃあ次回」とブルースは言った。新車に浮かれるあまり、彼らが逃げ腰になっていることに気づかなかった。「ルイスの家に行ってみる」

「それがいい、ブルース」と彼らは口々に言い、ブルースはポルシェに飛び乗って走り去った。

新車の購入により一家の財政は破綻の淵に立たされていたが、ブルースが考えていたのは、肩を並べたぞとマックィーンに自慢しにいくことだった。「とんでもない散財でした。住宅ローンの支払いに四苦八苦しているときだったから」と、リンダは認める。「呆れた浪費でしたけど、ブルースはすごく幸せそうでした」

一九六九年四月十九日、健康な女の子が誕生し、ブルースはいっそう幸せになった。シャノン・エメリー・リーはサンタモニカ病院で生まれた。「ふたり目は女の子と思っていた」ブルースはみんなに言った。「だから女の子の名前しか考えていなかった」ブルースは日中の予定を書きこむノートにシャノンの体重と身長を書き留めている——二八九二グラム、四八センチ。子煩悩な父親はすぐシャノンの小指を握った。友人たちは姿勢の変化に気がついた。以前より子どもの世話にかいがいしくなった。

ある日、彼が憂鬱そうな顔でブラック・ベルト誌の事務所を訪れ、ミト・ウエハラが「どうした、ブルース？」と訊いた。

「最低の気分だ」と、ブルースは打ち明けた。「娘の爪を切っていたんだが、誤って指を切ってしまった。発泣きだしたから見てみたら、血が滴り落ちていて、発狂しそうになった。どうしたらいいかわからなくて。リンダが近くにいてくれてよかった。まったく、最低の気分だ。あんな小さな子に怪我をさせてしまうなんて」

五月三十日、グレイス・ホーは新しい孫に会うためロサンゼルス国際空港に降り立った。秋からアメリカの大学に留学するロバートが同行した。ターミナルの反対側からブルースは弟を見つけ、駆け寄って迎えた。抱き合ったあと、ブルースは一歩下がって弟を頭のてっぺんから足先までながめた。

「おい、ガリガリの体じゃないか！」ブルースは大声で言った。「私の弟だなんて人に言わないでくれよ。格好悪いから！」

「いじめちゃだめよ」と、グレイスが遮った。

「体重は？」

「四九」

「四九キロ？　いかん！　鍛えてやる」

ブルースの不在中に十代のロバートは〈サンダーバーズ〉という少年バンドで香港に旋風を巻き起こしていた。EMIに所属し、シングル二曲がトップ10入りした。なかでも『ベイビーベイビー、ユー・プット・ミー・ダウン』は大ヒットだった。ライバルバンドのフロントを務めていたアンダーズ・ネルソンがこう言う。「香港のデイビッド・キャシディという感じだった。そりゃもう、かわいかったね」ロバートがアメリカの大学に留学するとの噂が事実とわかったとき、女性ファンは錯乱状態に陥った。ロバートはチャイナ・メール紙に、「僕も自分の将来を考える必要がある。ファンの皆さんにご理解いただけたらと思います」と語った。

　香港では子役時代のブルースより有名だったが、それでも末弟のロバートは兄や姉に逆らえない。到着翌日、兄にベッドから起こされ、テニスシューズを手渡された。「五キロ走るぞ」

　ロバートは一キロ半で脱落した。よろめく足でベルエアの家へ戻って胃の中身を吐き出し、顔が真っ青になった。このあと二週間、ブルースは短期集中訓練をほどこした。卵とピーナツバターとバナナプロテインをシェイクした特製のドリンクを一日に三度飲ませた。毎日ダンベルを持ち上げさせた。体重は七キロ増えて五六キロになったが、きれいな声で歌うのが大好きな弟は街の喧嘩屋《ストリートファイター》にはなれないと、ブルースは判断した。

「武術の才能はないし、人を叩きのめせる力もない」最後にブルースは通告した。「ひとつだけ教えたい技術がある。走って逃げる方法だ」

　散々な言われようだが、ロバートは思わず噴き出した。


　グレイスとロバートは夏の終わりまでブルース宅に滞在した。ふたりの目には大成功の証と映ったにちがいない。ブルース・リーは紛れもない模範的移民だった——高級住宅地に家とポルシェを所有し、可愛い子どもがふたりいて、麗しい白人の妻がいる。それがすべて山のような借金の上に築かれていて崩壊の瀬戸際にあったのも、きわめてアメリカ的な物語だった。「私たちにとっては大変な時代でした」と、リンダは言う。シャノンの誕生でブルースは幸福の極みにあったが、計り知れない不安にも襲われていた。「もっと家族のことを考えないといけないな」ブルースは友人に打ち明けている。「生まれて初めて、自分の身に何かあったらどこからお金が来るのかと心配になった」

13

わき役俳優

『グリーン・ホーネット』が一シーズンで打ち切りになったため、ブルースは決まった報酬が入ってくるレギュラー俳優から、臨時俳優、フリーランサーへと身を落とした。端役で食いつなぎながら大きな役が来る日を夢見ていた。消防車の運転手や牧童や犯罪容疑者を連日演じられる白人俳優とちがい、恒常的にひと握りしかないアジア系俳優向けの役を勝ち取るには何カ月も待たなければならない。

これといったあてもないまま六カ月待ったあと、主人公の車椅子刑事をレイモンド・バーが演じる警察ドラマ『鬼警部アイアンサイド』で、カトー後初の役を手に入れた。第一シーズンの『殺しのパズル』（一九六七年十月二十六日放送）で、ブルースは軍人の息子の空手師範を演じた。彼の飼い犬の首に付いている鑑札が殺人事件を解決する手掛かりになる。画面に登場するのは二、三分。台詞《せりふ》は十ばかりで、オープニング・クレジットに〝ゲスト出演者〟と記されるわけでもなく、エンディング・クレジットの〝出演者〟にまとめられる程度の役だった。

登場シーン、ブルースの空手学校にひとりの刑事がやってきて、ブルースと〝ジュードー〟ジーン・ラベールの基本演武を見学する。プロットに少々異国情緒を押しこんだ形だ。ラベールが柔道の大腰で投げると、ブルースはくるりと着地し、すばやくラベールを投げ返す。このプロレス的なシーンはブルースの身体能力を見込んでラベールが振り付けた。「腰にのせて持ち上げるように投げると、ブルースがすとんと着地して、反撃する」ラベールが回想する。「よく言ったものさ。『すごいぞ、世界クラスのスタントマンになれる。若いやつのスタントは全部任せよう』って。あいつは真っ赤になって怒るんだ」

　翌六八年、テレビの仕事は日照り続きだった。大きなオーディションを一度だけ受けている。〝代理人から電話があり、CBSが一時間枠の連続ドラマを企画しているという。『アイ・スパイ』みたいな感じの『ハワイ5－0《ファイブオー》』という刑事ドラマだ〟と、ブルースは友人に手紙を書き送っている。〝いい話かもしれない。進展があったらまた知らせる〟ブルースはチン・ホー・ケリー刑事役に応募した。残念ながら、この役はホノルル市警に十八年勤務し地元の大衆劇場を中心に活動していたカム・フォン・チュンという俳優に持っていかれた。『ハワイ5－0』は主要な役柄にアジア系が数多く登場する、アメリカ唯一のドラマだった（悲しいかな、リメイク版が制作された四十年後の二〇一〇年にも状況は変わっていない）。この役が手に入っていたら、ブルースの歩む道筋は大きく変わっていただろう。カム・フォン・チュンは一九六八年から七八年まで十年間、チン・ホー・ケリー刑事役を演じつづけるからだ。

　ブルースがテレビに再登場するまで十四カ月以上を要した。新聞連載漫画が原作の、短命に終わった連続ホームコメディ『ブロンディ』にゲスト出演が決まった。六九年一月放映の最終回『ピック・オン・サムワン・ユア・オウン・サイズ（弱い者いじめはやめろ）』で、ブルースはここでもやはり空手師範を演じ、主人公ブロンディの夫に筋骨隆々の乱暴者から身を守る方法を教えた。物語はこんな感じだ。ブロンディの夫ダグウッドがついに乱暴者と対峙し、空手の構えで「ヨッシ！」と叫ぶと、相手も同じポーズを取って「ヨッシ！」と返してきた。ダグウッドがカメラに向かって哀れっぽく、「まずいよ」とつぶやく。

トレーニングの場面はすべて華人街《チャイナタウン》にあるブルースの國術館で撮影された。ブルースがスター俳優に放つ予定の危険そうな蹴りを、監督のピーター・ボールドウィンが心配した。

「危なくないか？」と、ボールドウィンは尋ねた。「ちゃんとコントロールできるのか？」

「私を信頼していますよね？」と、ブルースが問い返す。

「もちろん」と、ボールドウィンは無邪気に答えた。

「そこに立って、動かないで」とブルースは指示し、いきなりくるりと体を回して後ろ廻し蹴りを放った。足はボールドウィンの鼻の数ミリ先で止まった。

「あの動きで私は納得した」ボールドウィンが回想する。「すばらしいシーンが撮れたよ」

この時期、ブルースは西部劇に出演するチャンスを何度も逃している。辮髪《べんぱつ》の中国人の役柄を拒否したためだ。「そういう番組からはたいてい辮髪を要求され、私は首を縦に振らなかった。どれだけ支払われようと関係ない。辮髪は屈辱の象徴なんだ」と、彼は説明した。「満州人が中国を支配したとき、女のしるしとして漢人はあの辮髪を強要された」

ジェイ・セブリングの店で整える髪形のままでいいと言われた唯一の西部劇は、映画『掠奪された七人の花嫁』（一九五四年）を下敷きにした『ヒア・カム・ザ・ブライズ』（邦題『略奪された100人の花嫁』）だった。舞台は一八七〇年代のシアトル。辺境の町へやってきた木こりたちと、男たちを留め置くために東海岸から連れてこられた百人の女が繰り広げる物語だ。第二十五話『マリアッジ、チャイニーズ・スタイル（中国式結婚）』（一九六九年四月九日）では、中国の秘密結社が自国から花嫁を連れてきて、ブルース・リー演じるリン・サンと結婚させようとする。ところが伝統的な慣習から脱却したいリン・サンは、会ったこともない女とは結婚できないと拒否する。この意思決定から複雑なプロットが動きはじめる。

この役がユニークなのは、大人になったブルースが武術の達人を演じていない唯一の作品だからだ。のみならず、ちょっと臆病な男の役柄で、たえず脅しやいじめを受けていた。その結果、彼は不安や屈辱、恐怖といった幅広い感情を演じる機会を得た。

舞台裏では、役作りのため乗馬を初体験することになった。撮影前、監督からわきへ引っぱられ、「馬に乗ったことは？」と訊かれた。

「いや、一度もない」ブルースは不安げに答えた。「近くで見たこともない」

「心配するな」監督は安心させようと言った。「用意した馬はとてもおとなしいから」

調教師のひとりが馬を連れてきたとき、ブルースは思わず口走った。「冗談だろ！　乗れるわけがない。でかすぎる！」

「怖がることはない」と、監督はなだめた。「とても穏やかな馬だ。おとなしいプロフェッショナルだよ」

監督と撮影スタッフに何分かなだめすかされ、ようやくブルースは鞍《くら》にまたがった。手綱で馬をどう御するか調教師が説明しているあいだ、馬は微動だにしなかった。「たぶん、手綱を使うまでもない」と、調教師は言った。「すごく協力的な馬だから」

指示を伝えおわった調教師が離れたとたん、馬はいきなり駆け出した。ブルースが必死に手綱を握るうちにカウボーイハットが頭から吹き飛んだ。『ドードー！』と怒鳴ったが、あのくそ馬は耳を貸しやしない」と、ブルースは回顧している。「やっと止まったときは野原のずっと先まで来ていた。急いで下りて、石を投げつけようとしたが、すでに遠くへ離れていた。歩いて撮影現場へ戻ると、あのくそ馬はもうそこにいた。怒り心頭に発している私を見て、みんながどっと笑った。憤激のあまり、こっちは笑えなかった。もう二度と馬には乗らないと誓ったが、監督の指示であと何テイクか乗らされた。代役が見つからないと言うんだ。まったくいまいましい！」

ブルースの西部劇への出演はこれが最後になり、馬に乗ることは二度となかった。

一九六八年夏、スターたちの師傅《シフ》としての評判が仕事を運んできた。ハリウッド映画で初めて〝武術指導(空手アドバイザー)〟を務めることになったのだ。作品は『サイレンサー/破壊部隊』(一九六八年)。スパイ映画のパロディ・シリーズ第四弾で、主人公マット・ヘルムをディーン・マーティンが演じ、ジェームズ・ボンド風の主人公に関わる危険な女たちをシャロン・テイト、エルケ・ソマー、ナンシー・クワン(關家蒨)が演じた。ブルースは制作会社から一万一〇〇〇ドルの報酬でキャストへの〝空手〟指導と格闘シーンの振り付けを任された(この報酬はベルエアの自宅購入の頭金に使われた)。

新しい先生のことは、女性の共演者全員が知っていた。シャロン・テイトはかつてジェイ・セブリングと付き合っていた。エルケ・ソマーはかつて生徒だったジョー・ハイアムズの妻だ。『スージー・ウォンの世界』(一九六〇年)の主演女優ナンシー・クワンはハリウッドで仕事をしている香港一有名な女優だった。三人ともたちまちブルースに魅了された。ナンシー・クワンとは姉弟のような間柄になった。ブルースはその後も俳優業について彼女に助言を仰いでいる。ロマン・ポランスキーの妻になっていたシャロン・テイトはブルースを夕食に招き、「あなたたちはきっと気が合うわ」と言った。まさにそのとおりで、ポランスキーはブルースの常連客になった。「シャロンとナンシーはとても優秀な生徒だった」と、ブルースは語っている。「少し教えただけでしっかり横蹴りをやってのけた」

主演のディーン・マーティンは思うようにいかなかった。「蹴り方を教えようとしたんだが」ブルースは語っている。「怠け者のうえ、不器用だった」マーティンには飲酒の問題もあった。撮影中、個人秘書がポータブル・バー・セットのストラップを肩にかけて〝移動バー〟を務め、彼にふんだんに潤滑油を差しつづけた。マーティンの格闘シーンには代役が必要とブルースは判断した。アクション指導として格闘シーンを設計し、必要なエキストラを雇う権限は与えられている。自分の属するふたつの世界を融合し、空手界に名を轟かせる友人たちにひと稼ぎさせるチャンスだ。

ディーン・マーティンの代役にマイク・ストーン、警備員役にエド・パーカー、主人公を襲う悪党にジョー・ルイス、台詞が一行あって上段蹴りを繰り出す用心棒役にチャック・ノリスを雇った。ブルースはノリスに電話をかけ、「君にぴったりの小さな役があるんだ。エルケ・ソマーの用心棒で、主人公のディーン・マーティンと戦い、台詞もひとつある。興味はないか？」ノリスもあとふたりの空手王者もふたつ返事で引き受けた。

チャック・ノリスの映画デビューを翌日に控えた八月四日、エド・パーカー主催の一九六八年ロングビーチ国際空手選手権が開催された。チャック・ノリスとジョー・ルイスの五度目の対決になるというのが下馬評だった。前四度の対戦ではノリスの三連勝後、四度目の対決をルイスが制している。ノリスがアメリカ最高の空手家として前回の復讐《リベンジ》を遂げ、王座を奪回するか、それともルイス時代の到来か？

だが、注目を集めた対決はお流れになった。ルイスが相手を故意に負傷させせたとして早い段階で反則負けを喫したためだ。決勝戦、ノリスの相手は全米ランキング三位のスキッパー・マリンズになった。ふたりは親友だった。試合前のロッカールームでノリスがスキッパーに言った。「明日、映画で初めてもらった役の撮影がある。ボディを叩くのはいいが、顔は殴らないでくれ。喧嘩のあとみたいな顔でセット入りしたくない」

「わかった」スキッパーは微笑んだ。「ひとつ貸しができたぞ」

ブルース・リーは映画と武術の世界をさらに融合すべく、特別ゲストのスティーブ・マックィーンをしたがえて決勝戦にやってきた。気づいた観衆から拍手が送られるなか、ふたりは最前列の来賓席に陣取った。ブルースは中央ステージに向かうノリスを呼び止め、マックィーンに紹介した。

「幸運を祈る」マックィーンは言った。「明日の撮影も」

「ありがとう」いくぶん畏《かしこ》まった感じでノリスは感謝を述べた。

スキッパーとノリスが試合場に上がり、たがいに礼をした。スキッパーが開始早々、得意の廻し蹴りを放つ。ノリスはこれを察知しブロックしたが、スキッパーは裏拳で追い打ちをかけた。これまで使ったことがない技だ。思いがけない動きに完全にノリスは虚を衝《つ》かれ、左目を赤く腫らした。大苦戦の末、なんとか一点差で勝利し、大きな黒あざを目にトロフィーを持って会場を後にした。

　メイク係が二時間かけてノリスのあざを隠してくれた。この映画デビュー、ノリスの台詞は「お預かりしてよろしいですか、ミスター・ヘルム？」というひと言だけだ。ナイトクラブに入ってきたディーン・マーティンがノリスに銃を渡してボックス席へ向かう。ノリスはこの台詞を二週間練習してきたが、カメラが回ってディーン・マーティンが向かってくると喉が締めつけられ、ささやくような声しか出てこなかった。俳優のキャリアもこれまでかと思ったが、さいわい監督は問題なしと判断してくれた。

　チャック・ノリス、ジョー・ルイス、エド・パーカーの三人はちょい役で、撮影も一日か二日で終わったが、ディーン・マーティンの代役を務めるマイク・ストーンは九週間セットにとどまり、四五〇〇ドルの報酬を得た。マーティンは酒飲みだったが、ストーンは「いっしょに仕事がしやすく、感じのいい、気さくな」人物だと思ったという。セットではブルースも周囲をにぎやかしてくれた。「まったくの道化者だった」ストーンが言う。「たいしたもんだよ、あのユーモア感覚。文字どおりのおどけ者で、子どもみたいだった。撮影の合間に例の指立て伏せを披露し、コインを使った芸で笑わせ、手品なんかもやっていた」

　ストーンは映画セットでのブルースを堪能したが、彼について気になる噂が耳に入っていた。撮影前にブラック・ベルト誌の発行者ミト・ウエハラから警告があった。ストーンとルイスとノリスが空手の大会で優勝している要因のひとつは自分だと、ブルースが周囲に話しているというのだ。信じられない気持ちだった。

「私はブルースに会う前から王者だったのだから」

　ブルースとマイクはカリフォルニア州アイディルワイルドでのロケ中、同室になった。ある夜の就寝前、ストーンはウエハラの話を持ち出した。

「ブルース、聞いてくれ。ある話が耳に入って、気になって仕方がない」と、ストーンは切り出した。「話しておきたいだけで、事実とは思っていないが、とりあえず話しておきたい」

「それは？」と、ブルースがうながす。

「ある日、昼食のときミト・ウエハラにわきへ引っぱられて、こう言われた。チャックとジョーと私が空手の大会に優勝しているのは自分と練習しているおかげだと、君が周囲に話していると。それはちがうと思っている。君と出会ったとき、我々はすでに王者だったのだから」

突然のことに驚いたブルースは激しく反発した。「そんな話を信じるのか、マイク？　本気で信じるのか？」

「いや。しかし、耳に入ったのは確かで、直接確かめたかった」

「本気でそんな話を信じるのか？」ブルースは怒りの面持ちで繰り返した。

「いや、ブルース、君がそんなことを言ったとは思っていない」とマイクは言い、この場を収めようとした。「たぶん、ただの誤解なんだろう」

「本当は信じているんじゃないのか？」聞き捨てならないと、ブルースは問い詰めた。

ふたりは映画の撮影中、そのままいっしょに仕事を続けたが、この口論で友情は冷めた。ブルースはストーンと練習しなくなり、映画の仕事にも雇わなくなった。ブルースにしてみれば、数えきれないくらい無料で個人指導をしてきたのに、ストーンは自分に感謝していないということだ。〝ストーンとノリスとルイスが王者になったのは自分のおかげ〟とは言っていない。〝王者の実力に磨きをかけた〟と言ったのだ。ブルースが激怒したのは、ストーンの本心を見たからだ。

ロサンゼルスに戻ったとき、ブルースはウエハラに心情を吐露した。「〝王者〟と呼ばれているから、私の生徒と思われたくない。私から学びたいくせに、世間には、私と同等とか同等に近いとか思われたくない。〝いっしょに練習しているだけ〟と言ってほしいんだ。こっちから見れば、練習は彼らの役に立っているはずだ。なのに、彼らはそう思わない。まったく理不尽な話だ。教えてやっているのに、それは指導じゃないなんて」

マイク・ストーンとちがって、ジョー・ルイスはブルースの指導を受けていると公言していたし、〝先生〟と呼ぶことにも抵抗はなかった。ブルースとの友情に幕が引かれたのには別の理由があった。

ジョーの妻は美容師だった。一九六九年十二月一日、彼女はブルース宅を訪れて、彼の髪にハイライトを入れた。そこから戻ってきた彼女はブルースに口説かれて迫られたと夫に訴えた。ルイスは激怒した。すぐさま車に飛び乗り、問い詰めようとブルース宅へ向かった。裏口へ回り、ドアを叩く。ブルースがドアを開くなり、ジョーは責めた。「君に迫られたと妻が言っている」

ブルースはジョーをひと目見るなり、妻に顔を向け、「リンダ、来てくれないか。いっしょに話を聞いてくれ」

ブルースがリンダを呼び寄せた瞬間、ジョーは気がついた。妻にはめられたのだ。「妻は私と友人たちの仲の良さに激しく嫉妬していた。裏に回って、友人たちとの関係をひとつずつ終わらせようとしたんだ」と、ルイスは回想する。「穴があったら入りたい。これ以前にもはめられたことがあったから、またやられたのだと気がついた。まんまと乗せられ、術中にはまった。とんだ恥さらしだ。ブルースに合わせる顔がなかった」

ルイスは恥じ入ってうなだれ、くるりと背を向けて立ち去った。ブルースが嘘をついているのだと妻は主張したが、ルイスは信じなかった。このあとすぐ、短い結婚生活は終わりを告げた。

ブルースは日中の予定を記すノートに〝ジョー・ルイスと彼の妻をめぐって決別。友情はおしまい！〟と書いている。後年、『ドラゴンへの道』（一九七二年）で全米空手王者を雇う際、ブルースはチャック・ノリスを選んだ。その時点でまだ好ましく思っていたのはノリスひとりだったからだ。この作品でチャック・ノリスは本格的に映画俳優への道を踏み出し、誰もが知る著名人になった。ストーンとルイスは努力の甲斐なく、映画の世界では成功できなかった。

『ザ・ソプラノズ　哀愁のマフィア』をはじめドラマの黄金時代が到来する以前、テレビは広大な荒れ地と見なされていた。現代のスター俳優はテレビのドラマと映画は入れ替え可能な仕事の舞台と考えて両者を行き来しているが、かつての映画俳優はテレビのドラマに出るくらいなら失業したほうがましだと思っていた。テレビ俳優が映画に参入できる可能性はゼロに近かった。六年にわたり放映された『ローハイド』（一九五九～六五年）で、クリント・イーストウッドは最も有名なテレビ俳優と言ってもよかったが、映画でも確実に興行収入を生むことができることを証明するため、イタリアへ赴いてマカロニ・ウエスタン（『続・夕陽のガンマン』など）に何本か出演しなければならなかった。

　たとえ肌が白くて完璧な英語を話せたとしても、世界最大のドル箱スターになりたいというブルース・リーの夢がかなう確率は絶望的に低かった。かろうじて一シーズンもった低視聴率の連続ドラマで主人公の助手役を務めた俳優に過ぎない。その後の二年間、彼の仕事は行き詰まった。一縷《いちる》の望みは世に知られた常連客だ。彼のレッスンは映画界最有力者との報酬付きオーディションだった。彼に映画の役を与えろと制作会社にねじこむくらい、彼らのひとりに自分を高く買ってもらう必要があった。

　ついに救いの手を差し伸べる人物が現れた。映画脚本家のスターリング・シリファントだ。『夜の大捜査線』（一九六七年）でアカデミー脚色賞を受賞したばかりで、レイモンド・チャンドラーのハードボイルド小説『かわいい女』が映画化されるにあたって脚本を任された。『大いなる眠り』（一九四六年）でハンフリー・ボガートが演じて有名になった私立探偵フィリップ・マーロウには、ジェイムズ・ガーナーが起用された。シリファントはこの映画にブルースを押しこむため、ウィンスロー・ウォンというマフィアの子分をつくり出した。

「それまでに、イタチ顔の貧相な男や黒いスーツの太った男が事務所に押しかけて探偵を脅すパロディをいやというほど見ていたし、そのたぐいが部屋に入ってきただけで笑いの渦が起きるんだ」シリファントは回想する。「〝それくらいなら、世界最高峰の武術家を送りこんでマーロウの事務所を破壊させてはどうか〟と、私は考えた」

ブルースはこの作品でハリウッド映画に初めて本格的な出演を果たした。二年間必死の努力を重ねた末につかみ取った大きなチャンスだ。

一九六八年八月二十一日、ブルースが登場する短い二シーンの撮影が始まった。ひとつ目の三分間、ブルース扮するウィンスロー・ウォンは茶色いスーツにタートルネックで颯爽《さっそう》とマーロウの事務所に現れた。マーロウが恐喝事件の捜査にのりだすのをやめさせるため、マフィアのボスが送りこんだのだ。探偵の注意を引くため、即刻横蹴りで壁に穴を開け、空手の手刀がコート掛けを焚《た》き付けの材料に変えた。マーロウが銃を抜く。ウィンスロー・ウォンはせせら笑い、「その必要はない」と言ってゆっくり机に歩み寄り、一〇〇ドル札を五枚並べた。

「それだけあれば、天井を蹴って穴を開けてもかまわない」と、マーロウが気の利いた嫌みを言う。

手を引け、とウィンスローは言う。「誰も捜さない。誰も見つけない。忙しくて仕事を引き受けられない。何も聞かなかった。何も見なかった」

「アンコールにはどう応えるんだ?」と、マーロウが尋ねる。

「応えない。しばらく何もしないでいれば、俺が戻ってきて、いまみたいにあと五枚、机に並べる」

「何もせずにいるのは、誰のためだ?」

「ウィンスロー・ウォン、つまり俺だ」

「正しい文法を使う人が、私は好きだ」と、マーロウが返す。

シリファントは自分の師傅《シフ》が演技の才能を披露できるよう、洒落た台詞を与えたかった。それはあらかた裏目に出た。早口の応酬――ブルースはぎこちない印象を与える。はっきり発音しすぎた台詞もあれば、発音を間違えた台詞もあった。オーファメイ・クエスト役のシャロン・ファレルはあのシーンにブルースが苦労していたのを覚えている。「ふだんのブルースは申し分ないんだけど、カメラの前に出るとつまずいていたわ」ファレルが言う。「一生懸命やりすぎたのね」

発話の問題はさておき、マーロウの事務所を破壊するブルースは潑溂《はつらつ》としていた。これこそ彼が雇われた理由だ。マーロウに賄賂をはねつけられるや、ウィンスローは即刻行動に出た。本棚をばらばらにし、ドアを粉砕し、なかでも最も華々しいのは、跳躍して、高さ二四〇センチの天井から吊り下がった照明を蹴るところだ。「ブルースは指示された暴力的な動きをなめらかな一連の動作で全部やってのけられるから、カットを挟みたくなかった」と、シリファントは語る。「ポール・ボガート監督の同意も得たし、もちろん私はあのシーンをアメリカ映画史上最高のひとつだと思っている」

ブルースは友人にこう語っている。「照明を蹴り砕くのは生易しい芸当じゃない。あの映画でいちばん大変な離れ業だった。高く跳躍する必要があり、人の助けも借りられない。助走のスペースもほんのわずかしかない。でも、強烈だっただろう？　ああ、ガラスは本物じゃない。ハリウッドおなじみの仕掛けさ。砂糖でできていた」

ふたつ目の、マーロウと対決する最終場面、ウィンスロー・ウォンは高層ビルで強風吹きすさぶテラスへ探偵を誘い出す。ブルースは白いスーツに踵《かかと》の高いキューバン・ブーツで跳び蹴りを連発し、マーロウは後ろへ下がりながら、相手を嘲弄する――お前は張り子の虎、こけおどしで虚勢を張っているだけだ。最後にマーロウは眼下に街を見晴らす手すりに上がり、「身が軽いな、ウィンスロー。動きがちょっとなよなよしてないか？　え？」と嘲笑《あざわら》った。カメラが憤激したブルースの顔を大写しにする。彼は突進してマーロウに跳び蹴りを放った。ウィンスローをまんまと罠に誘いこんだマーロウは最後の瞬間、その蹴りをかわす。ウィンスローはそのままビルを跳び越え、落下死した。

「あのシーンには巧妙なからくりがあった」と、ブルースは友人たちに語っている。「本当は、高さ九〇センチの壁を跳び越えたに過ぎなかった」

『かわいい女』でブルースは初めて悪役を演じた。この作品で披露した華麗な動きを見て、自分を主人公に抜擢しようと考える映画会社が出てこないか。彼はそこに望みをかけていた。

ブルースがハリウッドにまだ存在しなかった自分らしい役どころ（カンフーを駆使するアジア系の英雄）を生み出すという難題に直面していたとすれば、シャロン・ファレルが直面していたのはもっとありふれた問題だった。小さな需要に対し供給量が大きすぎることだ。毎年何千人もの美人コンテスト優勝者がハリウッドでの成功を夢見、アメリカ中央部の田舎町からバスに詰めこまれてやってくる。ファレルも典型的な一例だった。アイオワ州シーダーラピッズの出身で、一九六〇年代の十年間に警察ドラマ『ネイキッド・シティ（裸の街）』（一九六一年）や『じゃじゃ馬億万長者』（一九六五年）など、いかにも売り出し中の若手女優らしい役からもう少し重みのある役柄へと、女優としての階段を少しずつ上がってきた。彼女にとって『かわいい女』は映画で手にした二度目の大役だった。主演女優ではないが、彼女の演じるオーファメイ・クエストこそが、レイモンド・チャンドラーの小説の題名〝かわいい女〟なのだ。彼女が行方不明の兄を見つけるためにマーロウを雇ったところで物語は動きだす。ブルースよりずっと大きな役柄だ。

初めてブルース・リーを見たとき、彼女は誰か知らなかった。衣装合わせのあとMGMの駐車場に置いた自分の車へ向かうと、五、六メートル離れたところをブルースが歩いていた。「彼が立ち止まって、最初はちょっとおっかなかったけど、小さな子どもみたいににっこりしたの。それから笑いだして、私のほうへ向かってきた。太陽をのみこんだみたいな笑顔だった」と、シャロンは回想する。「私が誰か知っているみたいだった。私は動けなくなった。にこやかにしていると、彼もにこにこしていた。なんだか楽しそう、面白そうって思ったわ。〝もうびっくり〟って感じ」

ブルースは歩み寄ってファレルを魅了した。ちょうど彼女は結婚生活が破綻に向かっていたところで、何か楽しいことがないか探していた。「悲惨な状況だったの」と、シャロンは言う。女優業の足しになると信じてマネジャーのロン・デブラシオと結婚したばかりだった。彼が伝統的な妻を望んでいると知ったのは、永遠の誓いを交わしたあとだ。

　車まで乗せていこうとブルースは申し出た。シャロンはうなずいた。ブルースは何度かそのあたりを周回し、わざと彼女の車のそばで止まらずに焦《じ》らしていた。

「このあとどうする予定だったんだ？」と、彼は尋ねた。

「ちょっと買い物に行こうかなって」

「そうか、じゃあ付き合おう」

　このときブルースは黒いストレッチ・ジャズパンツを穿いていた。太腿までぴったりで、足首から大きく広がるタイプだ。それいいわね、とシャロンが言う。

「じゃあ、君も買うといい」と、ブルースは言った。ふたりでダンス用品店の〈カペジオ〉に乗りつけ、シャロンも同じものを何本か買った。それからふたりはサンセット大通りのすぐ南、ハーパー・アベニューへ向かった。シャロンが結婚前に住んでいた、寝室ひとつの小さなアパートがあった。

　ブルースは彼女が集めていたレコードをかき分け、チャチャチャの音楽を探した。「香港ではチャチャのチャンピオンだったんだ」彼は言った。「見せてあげよう」

「チャチャなら私も踊れるわ」と、彼女は微笑んだ。

　ふたりで部屋を踊り回った――シャロンが椅子につまずいて脚を痛めるまで。

「おっと、これは治してあげないと」と、ブルースは言った。「いいマッサージがある」

　抱き上げてベッドへ運んだ。脚をさするうち、あれよという間に愛の営みに発展した。

「あんな美しい体をした男性は初めてでした。特に、あの腹筋ときたら。筋肉がくっきり分かれていて、まるで彫刻のよう」と、シャロンが回想する。「ブルースは最高の愛人でした。女性の体を知り尽くしていて」

　翌朝、目覚めると、ブルースが朝食の飲み物を作っていた。生卵に塩とウスターソースを入れてかき混ぜている。シャロンは愕然とした。目が覚めるには一杯のコーヒーと少しの時間があればいいのに、ブルースは楽しげに口笛を吹きながら恐ろしげな飲み物を作っていた。

「ビタミンはどこ？」と、ブルースが訊く。ビタミンは摂っていないと言うと、ブルースは摂取すべきビタミンとサプリメントについて講釈を垂れた。彼女に卵ドリンクを飲み干させ、そのあとサンセット大通りで人気の健康食品店へ向かった。ブルースはショッピングカートにビタミンを積み上げていき、なぜ摂取する必要があるのかを逐一説明した。

『かわいい女』の撮影中、シャロンとブルースの関係は続いた。「ふたりで抜け出せたときは燃え上がった」と、シャロンが振り返る。「『いまから行く』と言って、ふらりと現れ、私を寝室へ引っぱっていくんです」

ベッドにいないとき、シャロンは彼を写生しようとした。「でも、じっとしていてくれなくて。彼はいつも運動していたわ」と、彼女は回想する。「くねくねと地虫みたいな動きをして。あれを見ると頭に来て、ベッドから飛び下り、彼を叩きはじめるの。本当に面白い人だった」ブルースのことで退屈なことがひとつだけあった。哲学的思索だ。「水のようになめらかにとか説教臭くなると、もうちんぷんかんぷん」シャロンが言う。「とりとめのない話を右から左へ聞き流していたこともあったわね」

蜜月の期間は長くは続かなかった。ブルースは幸せな結婚生活を送っていた。シャロンはちがう。ブルースに結婚相手を捨てる気は毛頭なかった。シャロンにはあった。ある夜、彼が自分の家族のことをいとおしげに語っていると、シャロンが泣きだした。

「どうした？」とブルースは尋ね、彼女を引き寄せた。

「あなたには大切な家族があって、すてきな奥さんがいる。こうしているのは間違いだけど、もう少しあなたとの時間を楽しみたい」と、シャロンは言った。落とし穴にはまりこんで抜けられない状況を恥じてもいた。「責任も約束も求めないし、今日〝懺悔《ざんげ》〟したいとも思わない。そこへ向かっているのはわかっているけど」

九月に『かわいい女』の撮影が終了すると、ふたりはもう会わないことにしたが、これは守りがたい約束だった。ふたりとも仕事に神経をそそごうとした。シャロンは主役級の仕事を求めて映画のオーディションをあれこれ受けなければならない。ブルースは著名人にカンフーを教えるので忙しい。「恋しくて仕方なかったけど、正しいことをしようと努力した」シャロンが回想する。「電話をかけることも、会いたいと言うこともせずに」

一九六八年九月十九日、スティーブ・マックィーンは〝キング・オブ・クール〟の地位を固める『ブリット』の事前特別上映会にブルースを招いた。一週間後、マックィーンはウィリアム・フォークナーのピュリツァー賞受賞作品『自動車泥棒』が原作の映画『華麗なる週末』で、主人公ブーン・ホッガンベックを演じるため、ロケ地のミシシッピ州キャロルトンという人口二五〇のちっぽけな町へ飛んだ。

ブルースは何度か電話をやり取りして旅の手配をしたあと、十月十二日にマックィーンを追ってミシシッピ州へやってきた。カンフーの出張指導のためだ。マックィーンは十月十八日のプレミア上映までに最高の体に仕上げる必要があった。ブルースはブルースで、この映画セットを訪ねたいひそかな理由があった――シャロン・ファレルだ。彼女は『華麗なる週末』のオーディションを受け、主人公のなじみのコリーという心優しい娼婦役を勝ち取っていた。

トレーラーのそばにいるシャロンを見つけたブルースは後ろに忍び寄り、パッと手で口をふさいだ。「なぜ電話をくれない？」ブルースは言った。「見つけられないと思ったのか？」ブルースはシャロンを彼女の楽屋へ引っぱっていき、彼らのたてる音が誰にも聞こえないよう願いつつ、可能なかぎり静かに貪り合った。

そのあとシャロンから告白があった。すでに彼女はスティーブ・マックィーンと懇《ねんご》ろになっていた。「あなたを忘れるために付き合っているだけ」と、彼女は言った。「でも、もうこんなことはできないわ、ブルース。ごめんなさい」

「わかる」ブルースはため息をつき、悲しげに微笑んだ。「彼は大スターだ。わかるけど、いずれ自分もそうなる。待てないか？」

「あなたを待つとか、スターになるとかとは関係のない話よ」彼女は明言した。「彼がスターで、あなたが彼のトレーニングコーチや小さな役に甘んじているからじゃないの。私がしているのだって小さな役だもの」「何を言うんだ、シャロン。この『華麗なる週末』は大予算映画だぞ」ブルースは声を張り上げた。「君はもう立派なスターだ」

シャロンは顔をしかめた。「スティーブと共演とは言っても、例の一九〇五年製の黄色いウィントン・フライヤーのほうが、果たす役割は大きいのよ。ルーファス少年役のミッチー・ボーゲルもそう。ネッド役のルパート・クロスでさえ、私より役割は大きいわ」

ブルースは怒った表情でただ彼女を見つめた。

「スティーブとあなたの関係はどうなるの？　今日のことを彼が知ったらどうなるかしら？　あなたは要注意人物だって、ハリウッドじゅうにお触れを出せる人なのよ」シャロンは嘆願するように言った。「ねえ、ブルース、いま私、頭が混乱しているの。奥さんがいるおうちへ帰って。でも、その前にキスして抱きしめて。それから帰ってちょうだい」

ブルースはファレルのトレーラーから立ち去った。その週はずっと彼女を避けていた。シャロンとしても苦渋の決断だった。「もう少しで、ブルースについていくところだった。あとひと押しされていたら、彼といっしょに楽屋を出て、二度と後ろを振り返らなかったかもしれない」と、シャロンは回想する。「ブルースは私を月へ連れていって、また戻ってきた。私は呆然とするばかり。でも、彼には奥さんがいるし、ぎりぎりの暮らしを送っていた。スティーブは大成功を収めていた――私を守ってくれた。彼のおかげで私はブルースから離れることができたの。スティーブとも男女の関係になったけど、私にとってはブルースが最愛の人だった」

すべての結婚は唯一無二で、浮気への対応もそれぞれに異なる。ブルースは仮定の話を持ち出す試みに出た。

「ほかの女性と浮気したとしても」あるとき、ブルースはリンダに言った。「それは偶発的な事故だ。愛人

映画『サイレンサー／破壊部隊』のセットでシャロン・テイトと。
1968年夏（デイビッド・タッドマン）

映画『華麗なる週末』のスティーブ・マックィーンとシャロン・ファレル。
1968年10月（Bermd Lubowski/ullstein bild/Getty Images）

とかそのたぐいを持つつもりはまったくない」

「そ、そう」不意を衝《つ》かれてリンダは返した。

「そんなことがあったとして」ブルースはすぐ言い添えた。「君がそれを知ったとしても、大ごとと思わないでほしい。大切なのは君と子どもたちだ。浮気と結婚生活にはなんの関係もない。結婚はもっと根本的な問題で、ほかの女性につかのま魅力を感じたとしても意味はない」

「そうかしら？」リンダはだんだん腹が立ってきた。

「男というのはそういうものだ」

「ふうん」リンダは一度ためらったあと、越えてはならない一線をきっぱり宣言した。「私をないがしろにしてほかの女に走ったら、ひとりわびしく帰りを待っていたりしない。出ていくわ——その場で」

「そうなのか？」ブルースはうろたえ気味に返した。

「もちろんよ」と、リンダは言った。ブルースにも彼女の本気は伝わった。

　ハリウッドにいるブルースの友人で、浮気をしていない男はいなかった。一九六〇年代に入り、〝スインギング・シックスティーズ〟と呼ばれた性的に自由な時代が幕を開けていた。スターリング・シリファントは四度結婚した。スティーブ・マックィーンの妻ニール・アダムスは夫の浮気の数々に気がついていた。『大っぴらに見せつけないかぎりは大目に見る』と言いました」ロマン・ポランスキーの二度目の妻で女優のシャロン・テイトは、ポランスキーと「粋な取り決め」を交わしたと友人に語っている。硬派にして生粋の福音主義キリスト教徒であるチャック・ノリスにさえ隠し子がいた。彼は回想録の「福音となった罪」と題する章でその事実を告白している。ショービジネス界の不品行についてジャーナリストから質問されたブルースが以下のように語ったとき、友人たちのことが念頭にあったのは明らかだ。「まあ、こんなふうに言っておこうか。正直、私は彼らの何人かほどひどくはない。聖人君子を名乗るつもりは毛頭ないけどね」と、彼は冗談めかした。


『かわいい女』はブルースの俳優業の後押しにはなら

ず、シリファントもブルースもがっかりした。六九年十月三十一日に封切られたが、興行成績は振るわず、批評家からも酷評された。バラエティ誌は〝『かわいい女』は探偵ものの緊迫感に欠け、どっちつかずの感じで、主人公役のジェイムズ・ガーナーはコメディを演じたものかハードボイルドを演じたものか決めかねたまま終わっている〟と評した。映画評論家のロジャー・イーバートはブルース・リーが演じたふたつのシーンだけを褒《ほ》めているが、ブルースの名前を挙げたりた。〝日本の空手の達人が事務所を破壊したときには（とても面白いシーンだったが）、主人公のマーロウも話の筋を見失っているようだ。基本的には楽しめる出来に仕上がっている。アクションシーンは楽しい。特に、空手の達人がビルの縁を跳び越えるところなどは〟

アメリカでは失敗に終わったが、ＭＧＭは三年後、ブルースが香港で有名になったところで『かわいい女』のアジア公開に踏み切った。「現地では主役あつかいされているんだ」ブルースはあるジャーナリストに自慢げに語っている。「ハリウッドに戻ったとき、ガーナーにどうやって説明してやろうかな」

結局、ジェイムズ・ガーナーをからかう機会は訪れなかった。ちなみに、ブルースはシャロン・ファレルとの関係修復を試みている。一九七三年、二人はビバリーヒルズの医院でばったり出くわした。待合室には俳優のリー・マービンもいた。「ブルースは電話番号を書いた紙を渡してきた」と、シャロンが言う。「彼が私をつかんでキスしたとき、リー・マービンは顔をそむけていたわ」このときブルースはシャロンに請け合ったとおり大スターになっていた。だが、シャロンは電話番号の紙をなくしてしまった。「ハンドバッグにしまったつもりだったけど、あとで探しても見つからなかった。床に落としてしまったのね」

14

『サイレントフルート』

シャロンを奪われても、ブルースにはスティーブ・マックィーンが必要だった。数カ月前から、いっしょに格闘映画を作らないかと働きかけていた。Aリストのスター俳優込みでなければ、カンフー映画の企画に乗ってくる映画会社があるとは思えない。ブルースの懇願に対し、マックィーンは明確な返事を避けていた。

ブルースは『華麗なる週末』の映画セットでマックィーンの確約を取るつもりでいた。シャロン・ファレルとの密会後、彼はマックィーンに話を持ちかけ、スターリング・シリファントが脚本に意欲を見せていることを伝えた。「これに主演してくれないか?」

「事業パートナーのロバート・レリアに話をしてくれ」と、マックィーンはかわした。

『華麗なる週末』の製作総指揮者でもあるレリアをブルースは膝詰めで説得した。スティーブ・マックィーン主演、スターリング・シリファント脚本、ブルース・リー助演でアメリカ初の格闘映画を作りたい。コンセプトを説明すべく、ブルースは少年時代に読みあさったカンフーの漫画本をレリアの前に積み上げた。「映画界の、次の大きなトレンドになる」と、ブルースは言った。「必要なのは資金調達だけだ」

ロバート・レリアはマックィーンの俳優人生にとって有意義な方向転換と思わなかった。やんわり断りを入れようとしたが、ブルースがその意図を汲まずに説得を続けていると、最後に爆発した。「私を困らせるな、カトー、この話は忘れろ。うちのスターの体づくりに専念するんだ。その愚かな漫画本は捨ててしまえ。時間の無駄だ！」

ブルースの決意は生半可ではなかった。ミシシッピ州から戻るとシリファントに会い、いっしょに本人を説得しようと持ちかけた。ふたりがかりならマックィーンの首を縦に振らせることができるだろう。

マックィーンから会ってもいいと返事があり、ふたりは城《キャッスル》を訪ねて物語のコンセプトを説明した。主人公コードは武術の本質を発見すべく秘伝の書を求める旅に出る。その道筋で強欲と恐怖と怒りと死を表す〈盲目の男〉〈リズムの男〉〈猿の男〉〈豹の男〉を倒さなければならない。最高の格闘シーンをどっさり盛りこむ。もちろんマックィーンが主人公のコードで、敵の四人は全員ブルースが演じる。

「うーん」マックィーンは逡巡した。「脚本はできているのか？」

「まだだ」ブルースは言った。「しかし、スターリングはハリウッド最高の脚本家だ」

「君がサインしてくれたら、私は書く」と、シリファントが請け合った。

「どうかな。当面はスケジュールの空きがない」マックィーンは如才なく返答した。「いますぐ関わるのは無理だ。しかし、台本ができたら読もう」

言葉を濁すマックィーンに短気を起こさないようブルースは努めた。この企画はハリウッドの俳優人生へのチケットだ。何がなんでも手に入れたい。ベルエアの自宅、ポルシェ、養うべき家族。いまの収入ではどれにも支払いができない。マックィーンを巻きこまないかぎりシリファントは脱落するし、そうなれば一から出直しだ。

ブルースは提案を受け入れるよう迫った。これは戦術ミスだった。マックィーンは忠実な友人だったが、寛容な俳優ではない。自分を引き立たせることのできない監督や、最高の台詞《せりふ》をよこさない脚本家や、自分より背の高い俳優はお払い箱にした。男性の共演者からシーンを奪い、主演女優と寝た。ブルースはカンフーの師匠のつもりでいたかもしれないが、マックィーンにとっていまのブルースは身の程をわきまえない高額の専用トレーナーでしかない。

「現実を見よう、ブルース。これは君を出世させる乗り物であって、ぶっちゃけた話、人をスターにする仕事には乗りたくない」マックィーンはとうとう返答を突きつけた。「君のことは好きさ。しかし君はいま、俺に頼って成功しようとしている。その話には乗れない。君を背中におぶっていく気はない」

はっきり拒絶され、ブルースは青筋を立ててマックィーンの豪邸を出た。シリファントと中庭に立った彼は窓を見上げ、拳を持ち上げて叫んだ。「かならずあいつより大物《ビッグ》になってやる。君とこの映画をやる気はない？　いったい何様だ？　スティーブ・マックィーンより大物になってやる！」

マックィーンの拒絶に遭って、ブルースは意気消沈した。自己啓発本を貪るように読みはじめた。ナポレオン・ヒルの『思考は現実化する』、ノーマン・ビンセント・ピールの『積極的考え方の力』、デール・カーネギーの『人を動かす』。お気に入りの著者はナポレオン・ヒルだった。そこには、目標を書き出して毎朝毎晩繰り返し復唱するように、という助言があった。

六九年一月七日、ブルースは人生の目標を書き出した。〝揺るぎない主要目標〟と題する野望に満ちた超絶的予言を以下に記す。〝私ブルース・リーは最も出演料の高いアメリカ初の東洋人スーパースターになる。その代わり、最高にわくわくする演技、ひとりの俳優に可能な限りの最高品質を提供する。まず一九七〇年には世界的な名声を獲得し、八〇年末までに一〇〇〇万ドルの資産を形成する。思うままに生き、心の調和と幸福を手に入れる〟

最初のところはマックィーンに拒絶された反動で、

最後のくだりは純粋な希望的観測だ。名声と富には数多くの恩恵がともなうが、心の調和と幸福につながったためしはない――ブルースも近々それを思い知ることになる。シリファントの前でマックィーンに恥をかされた。ブルースのアメリカ人的側面は自己啓発本を読み目標を設定することで未来に目を向けた。中国人的側面は復讐を求めた。

ポール・ニューマンとスティーブ・マックィーンの関係はマックィーンとブルースの関係に酷似していた。敬愛する人物であると同時に羨望の的でもある。なんとかして負かしたい兄のような存在だ。〝それは「兄弟間にありがちな、奇妙なライバル意識」だった〟と、マックィーン最高の伝記作家マーシャル・テリルは書いている。〝俳優としてのマックィーンはニューマンを成功の物差しにし、いつかニューマンに追いついてみせると誓った。彼は激烈な競争意識を燃料に、がむしゃらに前進した〟

マックィーンがやりたくないなら、ポール・ニューマンに持ちかけよう。ニューマンの髪も切っているジェイ・セブリングに、ポールをカンフーの生徒にしたいと協力を要請した。指導を始めたところで企画を投げてみよう。だが、これは実現しなかった。理由は不明だが、ニューマンはブルースの生徒にならなかった。マックィーンもニューマンも獲得できず、ブルースの企画は暗礁に乗り上げたかに見えた。

ブルースの精神状態と財政状況を心配したシリファントは企画の継続に応じた。「ブルースは絶望していた」と、シリファントは回想する。「この奇想天外な映画はいっときの夢想ではなかった。頭にこびりついて離れない執着の対象になった。彼にとってはスターの座に続く道だったんです」どうしてもスター俳優が必要だ。六九年一月十三日、ブルースとシリファントは昼食を共にし、ジェームズ・コバーンに電話をかけた。コード役を打診し、契約の魅力を高めるために初監督のチャンスも提供した。ブルースに惚れこみ、前々からメガホンを取りたいとも思っていたコバーンはこのチャンスに飛びついた。三人はすぐさま体制を取り決めた。シリファントとコバーンの共同制作で、コバーンが監督兼主演、ブルースは共演者四人をすべて演じて格闘シーンを振り付ける。

「脚本も書いてくれないか？」ブルースは勢いこんでシリファントに求めた。

「だめだ、いまはどっさり仕事をかかえていて時間が取れない」シリファントは日本のサムライ映画の脚本を書く契約を結んだばかりだった。「甥《おい》のマークに相談してみよう。流行に敏感な若手脚本家だ――とても才能がある。引き受けると思うよ」

ブルースはためらった。コバーンは売れっ子俳優だが、スティーブ・マックィーンと肩を並べるほどではない。映画会社から資金の提供を取り付けるには第一級の脚本が必要だ。

「来週マークに会って、相談しよう」と、コバーンが提案した。「プロジェクト名は決まっているのか、ブルース？」

「いや、まだ。とりあえず〝プロジェクト靚《レン》〟でいこう」ブルースは言った。「広東語で〝美しい、すばらしい〟という意味だ」

七日後、三人はマーク・シリファントに会い、プロジェクト靚《レン》を論じ合った。会議を終えた時点でブルースはマークの職務遂行能力に大きな懸念を抱いた。熟慮の末、ブルースは自分で大筋を書くことにした。それから一カ月、彼は毎日決まった日課をこなした。朝は心を鼓舞するような録音テープを聴き、〝揺るぎない主要目標〟を朗唱し、アメリカで最も出演料の高い東洋人スーパースターになるところを頭に描いた。午後はプロジェクト靚《レン》のため、作品概要《トリートメント》に取り組んだ。脚本の前段階にあたる、あらすじと構成の執筆だ。

六九年二月二十八日、ブルースはシリファントの事務所でシリファント、コバーンと会って物語の構想を提示し、マーク・シリファントではなくベテランの脚本家を使うべきと主張した。シリファントとコバーンは構想を気に入ったが、マークを外すことには乗り気でなかった。ベテラン脚本家なら前払いを要求するところを、マークは無料で取り組んでいた。ブルースは文無しだから、いきおいその費用はシリファントとコバーンが持つことになる。堂々めぐりの議論を経て、結局彼らはブルースに同意し、話がまとまった。ブルースは後日、友人にこんな手紙を書いている。〝プロの手でトリートメントが書き上がったら、ただちにプロセスを加速する。壮大な話になるぞ〟

　著名なおじに解雇される可能性を示唆されて、マークの尻に火がついた。外さないでほしいと、彼はおじに懇願した。スターリングは可哀想になった。このまま内緒でマークに取り組ませよう。出来が良ければコバーンとブルースに見せる。ただし急いで書け、とシリファントは警告した。プロジェクト靚《レン》に燃えるブルースがそこから注意をそらす時間は短い。シリファントはブルースの住宅ローン返済を助ける別の方法を見つけていた。

　シリファントが『かわいい女』の次に書いたのは、イングリッド・バーグマンとアンソニー・クイン主演のラブロマンス『春の雨の中を』だった。彼はこの脚本にこっそり格闘シーンを挿入し、ブルースを格闘コーディネーターに雇ってほしいとコロンビア映画を説得した。「テネシー州のグレート・スモーキー・マウンテンズが舞台で、その町ガトリンバーグにアジア系はいないから、東洋人に格闘をやらせる場面は書けなかった」と、シリファントは説明する。「それでも、ブルースをテネシー州に連れてきて格闘を振り付けてもらった」

　六九年四月十七日、地元のスタントマンふたりを使ったシーンを演出するため、ブルースはガトリンバーグへやってきた。このふたりは大柄な肉体労働者タイプで、シリファントがよそ者を呼び入れたことに憤っていた。体重六一キロの眼鏡をかけた中国人を見るなり、彼らはばかにした。「強風がひと吹きしたら、吹き飛んじまうな」

「この小さな男は体重が同じだったらライオンでも叩きのめすことができる」と、シリファントは言った。「盾突くのはやめたほうがいい」

「ばかばかしい」と、彼らは返した。

「だったら、はっきりさせておこう」シリファントは言った。「彼が君たちのボスで、君たちには彼の下で仕事をしてもらうんだからな」

シリファントはブルースに状況を説明し、力を実証してはどうかと提案した。ブルースはなんのためらいもなくバッグからキックミットをつかみ取った。

「では、君たちのひとりがこのミットを持つ」ブルースはスタントマンふたりに言った。「私がそこに蹴りを入れる。ただし、覚悟しろ。思いきり蹴るからな」

「ああ、いいともさ」彼らは含み笑いをした。

「もう少し面白くしようか」シリファントが口を挟んだ。「プールのそばに立ってもらおう」

「面白い」と、スタントマンたちは言った。

ひとり目が胸の近くに衝撃吸収ミットを保持し、にやりとして仲間を見た。ブルースは予備動作なしで、走りこみもせず、男の前から横蹴りを放った。スタントマンはプールの真ん中まで吹き飛んだ。

ふたり目は信じられないという表情を浮かべた。「ありえない。いまのはトリックだ。中国の奇術か何かに決まっている」彼はミットを持ち上げ、アメフトのラインバッカーのように気を引き締めた。「いまのをやってみろ」

次の蹴りでふたり目はプールの反対端近くまで吹き飛び、危うくコンクリートの上に落下するところだった。スタントマンふたりはプールから上がって胸をさすり、態度を一変させた。「水から上がって、キリスト教徒に生まれ変わった。即席の洗礼だ！」と、シリファントは回想する。「彼らはブルースに忠実な奴隷となり、ブルースも大満足だった」

シリファントはテネシー州滞在中に、甥にセカンドチャンスを与えたことをブルースに伝えた。ふたりはロサンゼルスへ戻ったあと、五月十二日にコバーンを交えて昼食を取りながら、マークに要望を伝えた。六週間後、マークからトリートメントが送られてきた。誰の眼鏡にもかなわなかった。七月二十五日、マークは二度目の解雇を受け、首脳三人はプロの脚本家を探すことに決めた。ところが、この脚本家探しは八月八日夜に起こった大事件で延期を余儀なくされる。

一九六九年八月七日、ジェイ・セブリングは友人スティーブ・マックィーンの髪を整えるために城《キャッスル》を訪れた。翌日夜に元恋人のシャロン・テイトと旧交を温める予定だった彼はマックィーンを誘った。やはりシャロンと付き合ったことのあるマックィーンに異存はなかった。このときシャロン・テイトは妊娠八カ月半で、夫のロマン・ポランスキーはロンドンにこもって脚本の仕上げにかかっていた。シャロンは友人みんなに半分本気で不平を漏らしていた——夫はポーランド時代の旧友ボイテク・フライコウスキーと有名コーヒーブランド〈フォルジャーズ〉の財産相続人アビゲイル・フォルジャーを居候させたまま、私を置いてロンドンへ行ったのだと。

翌日夜、セブリングはマックィーンを車で拾ってシャロン・テイトのところへ向かうつもりだったが、マックィーンから断りが入った。かつての愛人にばったり出くわし、いっしょにひと晩過ごすという。セブリングはひとりテイトの家へ向かった。

ロサンゼルス郡のはずれにスパーン牧場と呼ばれる居住地があった。そこでヒッピーのカルト集団を率いるチャールズ・マンソンが信者たちに、「ヘルター・スケルターの時が来た」と告げた。ビートルズの曲名を借りたこの言葉は、マンソンが予言した黒人と白人との黙示録的人種間戦争の到来を意味する。裕福な白人を殺害して、黒人過激派の仕業に見せかけ、革命を煽り立てよう。マンソンはテックス・ワトソン、スーザン・アトキンス、パトリシア・クレンウィンケル、リンダ・カサビアンという若い信者四人に、「かつてテリー・メルチャーが住んでいた家へ行って、敷地内の全員を殺してこい」と命じた（マンソンはかつて音楽の道を志し、有名レコードプロデューサーのメルチャーに鼻であしらわれたことがあった）。いま誰が住んでいるかは知らないが、娯楽産業の人間なのはわかっている、と彼は指摘した。八月八日深夜、信者四人は車を駆り、かつてメルチャーが暮らしていた家へ向かった——いま、その家はシャロン・テイトとロマン・ポランスキー夫妻が借りていた。

夜半過ぎ、リンダが外で見張りに立ち、テックス、スーザン、パトリシアの三人が家に侵入した。彼らは銃と刃物と拳と縛り首でシャロン・テイトとお腹の男児、ジェイ・セブリング、アビゲイル・フォルジャー、ボイテク・フライコウスキー、そして、たまたまこの家を訪ねて帰るところだった十八歳のスティーブン・ペアレントを殺害した。立ち去る前にスーザンがシャロン・テイトの流した血にタオルを浸し、玄関ドアに〝Pig〟と殴り書きして黒人過激派の犯行に見せかけようとしたが、これは不発に終わった。

身の毛のよだつ虐殺事件にアメリカ全土が震撼した。ハリウッドは恐怖に突き落とされ、〝愛と平和の〟六〇年代の終焉が暗示された。テイト殺害事件は一九三二年のリンドバーグ愛児誘拐・殺害事件以来最大の犯罪記事になった。ハリウッド・ヒルズで数時間のうちに起こった惨劇は、月面着陸を果たしたアポロ十一号の宇宙飛行士たちの凱旋帰還や、マサチューセッツ州チャパキディックで起きたエドワード・ケネディ上院議員がからむ謎の事件の捜査状況を押しのけ、世界の新聞のフロントページを飾った。「映画界にとっては深刻な打撃だった」映画監督のウォーレン・ベイティが回想する。「この殺人事件に業界が示した反応は、小型核兵器が発射された場合に予期されるものに近かった」また著述家のドミニク・ダンは、「業界の有名な大金持ちが狙われる、とみんなが思った。子どもたちは街の外へ逃れ、警備員が雇われた」と語っている。

自分に近い人たちが住まいの隣で惨殺されて、ブルースは大きな衝撃を受けた。ジェイ・セブリングとは懇意にしていたし、ブルースの俳優業とカンフーの個人指導業に端緒を開いてくれた人物でもあった。映画『サイレンサー／破壊部隊』ではシャロン・テイトに蹴り方を指導したし、夫のロマン・ポランスキーもカンフーの生徒だ。夫婦で彼らの家に招かれたこともある。「身の毛のよだつ恐ろしい事件でした。友人が殺されたんですから」と、リンダが回想する。「我が家から谷をふたつ渡ったところで起きた事件でした。そんな近くに、無差別殺人を犯すような狂気の持ち主がいたんです」

八月十三日午前十一時、ブルースはジョー・ハイアムズとともにシャロン・テイトの葬儀に参列した。昼食後の二時半にはジェイ・セブリングの葬儀に出た。ポール・ニューマン、ヘンリー・フォンダ、ジェームズ・コバーンら出席者にとっては、悲しくも恐ろしい一日だった。後日ブルースは友人に語っている。「うちから三キロくらいしか離れていない場所だ。裏庭みたいな場所でこんなことが起こるなんて、心底恐ろしい。家族のことを思うとなおさらだ。葬儀で聞いた話では、犯人は犠牲者に身の毛のよだつようなことをしたらしい。あまりに残虐すぎて新聞も詳しいことは書けなかったそうだ」

それから三カ月、警察は捜査を続けていたが、容疑者は発見できなかった。念には念をと、ブルースは自宅周辺に予防措置を追加投入した。ポランスキーは悲しみに気も狂わんばかりで、自力で犯人を捕まえようとした。犯人は身近なところにいるにちがいない。嫉妬した誰かの夫かもしれない。警察の捜査でシャロンとジェイの死体の近くに角縁眼鏡が見つかっていた。犯人――もしくは犯人たち――が落としていったものか？　ポランスキーは自力で捜査を進めようと、ビバリー・ドライブの眼鏡店を訪れて〈ビガー〉のレンズ測定装置を買った。懐中時計くらいの大きさのを。

ポランスキーは自衛のためブルースから護身術の指導を受けていた。週に何日か、〈パラマウント〉のジムで練習した。ある朝、ブルースがなんの気なしに、「眼鏡を失くした」と口にした。

「前のはダサかったものな」と、ポランスキーは言った。「レッスンが終わったら、行きつけの眼鏡店へ乗せていこう。新しいフレームをプレゼントする」

ハンドルを握るポランスキーの心臓は早鐘を打っていた。ブルースは友人のひとりだが、唯一の東洋人で、仲間内では異色の存在だ。銃もあつかえるし、刀剣類は専門家だ。複数の人間を圧倒できる力と技も持ち合わせている。セブリングが彼をあそこへ招き、恐ろしい間違いが起こったのか？　ひそかにテイトに想いを寄せていて、プツンと切れてしまったのか？

眼鏡店に着くと、ブルースは新しいフレームを選び、レンズを指示した。ポランスキーはそこで安堵の吐息をついた。「願っていたとおり」ポランスキーは回想する。「彼が指示したレンズは犯罪現場に落ちていたのとはまったくの別物だった」ポランスキーはいっとき疑ったことを隠し通した。悲しみを分かち合ううち、ふたりは無二の親友になった。後日、ポランスキーはスキー休暇と截拳道《ジークンドー》の出張指導を兼ねて、スイスのグシュタードにある別荘《シャレー》に一週間ブルースを招待している。

事件発生から一カ月、シリファントとコバーンは一万二〇〇〇ドル（二〇一七年の八万ドルに相当）でローガンという脚本家を雇った。この男が三カ月かけてプロジェクト靚《レン》の脚本を完成させた。今回も、誰の眼鏡にもかなわなかった。「彼が持ってきた台本は」シリファントが回想する。「SF小説に近く、ハチャメチャだった。私たちの構想にはまったくそぐわなかった。だから解雇した」

早くも二度失敗したブルースとコバーンはシリファントに執筆を懇願した。シリファントは仕方がないと、いちおう承諾したが、それは条件付きだった。「わかった、書こうじゃないか」シリファントは言った。「ただし、君たちふたりが魚釣りに出かけているあいだにひとりで書くのはごめんだ。週三日、午後五時から七時まで私のオフィスに三人で集まろう。シーンとアイデアを口述して、秘書に書き留めてもらうんだ」

企画を立ち上げて一年以上が経っていた。三人は七〇年三月から五月まで定期的に集まり、脚本会議は計二十回に及んだ。「ブルースとジミーは脚本の質に大きく、しかも芳醇に貢献してくれた――香りが鼻孔をくすぐるくらい」と、シリファントは回想する。「出来上がったときは、みんな大興奮だった」この共同作品には三人それぞれが異なる味わいを提供している。ブルースは道教《タオイズム》と禅宗と截拳道《ジークンドー》の哲学をちりばめ、コバーンはイスラム教神秘主義《スーフィズム》の寓話を織り交ぜ、シリファントはT・S・エリオットの『四つの四重奏』から永遠の境地にまつわる思索を添えた。

その結果生まれた脚本を彼らは『サイレントフルート』と名づけた。これまで書かれたなかで、これほど野心的かつ前衛的なカンフー映画の脚本はない。復讐心に駆られた典型的な筋立てではなく、武術の存在意義について形而上学的な熟考を重ねている。コバーンは、「武術は自己変革を表現する手段なんだ」と説明している。

　最終稿、主人公コードは武術の秘伝書を探し求めていく。戦いを通じて我執《エゴ》と愛と死を表す三つの試練をくぐり抜けなければならない。彼を秘伝書へと導くのは盲目の男アー・サーム。コードの潜在意識を象徴するこの男は、コードにしか聞こえない横笛《フルート》を奏でる。血のにじむ旅路の果てに、コードは組織的宗教を表す秘伝書を拒み、アー・サームと一体となって涅槃《ニルバーナ》へと消えていく。

　構造的にはアメリカの神話学者ジョーゼフ・キャンベルの著書『千の顔を持つ英雄』を地で行く感じで、登場人物どうしの対話にはグルーピーなトリップ体験、つまりマリファナの香りが漂い、性と暴力の描写は現代の基準に照らしても激越だった。シャロン・テイトとジェイ・セブリングを襲った惨劇が全編に影を落としていた。十字架に磔《はりつけ》にされ首を切り落とされた女の首から薔薇が突き出ているシーン。巨大な黒人から腸が引きむしられる場面や、美少年の砕かれた頭蓋骨から脳みそが漏れ出てくる場面もあった。第二の試練（愛）には妖艶な美女と密教的《タントラ》性交を学習する場面が微に入り細を穿《うが》って描かれる。〝くつろいでいっしょに横たわると、彼女が指で大陰唇を分け、彼の陰茎を浅く挿入する〟という記述もあった。そのあとこの美女は、「この二枚の大陰唇《ラビア》は中心の炎。時間と無限性がひとつになる輪廻《サムサラ》という形容しがたい結合体験への準備が整うまで、しばらくこうしていましょう」と言う。

　それだけではない。三人の書き手は三つの国（タイ、日本、モロッコ）と六言語（タイ語、広東語、アラビア語、日本語、ウルドゥ語、英語）での上映を視野に入れていた。脚本が完成したいま、必要なのは、神秘的な成人指定武術映画に何百万ドルかの制作費を提供してくれる奇特な映画会社だけだった。

売りこみの機会を得る前に、ブルース・リーは俳優業に終止符を打ちかねない重傷を負い、戦線離脱を余儀なくされた。テイトとセブリングの葬儀からちょうど一年が経った七〇年八月十三日、彼は五七キロのバーベルを肩に乗せ、背すじを伸ばしたまま前かがみになっていた。〝グッドモーニング・エクササイズ〟という鍛錬法だ。なぜかブルースはこの日、きちんと準備運動をせずにこの運動に臨み、その結果、腰がピキッと音をたてた。最初は軽い痛みを覚えただけだが、二、三日すると痛みがひどくなり、たまらず医者を探した。精密検査の結果、第四仙骨神経損傷との診断結果が下され、完治は難しいと言い渡された。

ベッドで三カ月安静にし、そのあと三カ月リハビリに取り組むよう指示された。半年したらふつうの生活に戻れるのか、とブルースは尋ねた。カンフーのことは忘れなさいという答えが返ってきた。「足を高く蹴り上げることは二度とできないでしょう」と。ブルース・リーにとっては死の宣告にも等しい。武術は彼の人生であり、生計の手段でもあった。〝揺るぎない主要目標〟はどうなる？　何で生計を立てればいい？　どうすれば家族は生き延びられる？

三カ月ベッドに寝たきりだった。活発すぎる〝じっとしていない子〟にとって、これ以上の拷問はない。外へ出るのは週に一度、コルチゾン注射を打ちにいくときだけだ。心身の苦痛と金銭面でのストレスが織りなす、地獄のような状況だった。「シャノンが生まれたばかりで、治療代もかさみ、心底恐ろしかった」と、ブルースは友人に語っている。「自分のことは心配していなかったが、家族をどう養ったものか不安でならなかった」

俳優として演じることもカンフーを教えることもできず、ベッドに縛りつけられているうちに請求書が積み上がってきた。健常時でも支払い能力以上の債務を負っていたから、まさかのときの貯蓄など一セントもない。『サイレントフルート』にすべてを懸けていた。その企画も彼が健康であることが絶対条件だ。借金返済の見通しが不透明から絶望的なものへと悪化したとき、リンダが決断した。

「私が働きます」と、彼女はブルースに言った。

「絶対だめだ」家父長制の中国で育ってきた誇り高い夫は返答した。「そうでなくても、君には仕事がある。妻として、母としての。妻を働かせるなど男の名折れだし、面目丸つぶれだ」

「仕事を見つけます」と、彼女は主張した。夫の言うことを聞かなかった数少ない機会だ。たいていのことはブルースの思いどおりにさせていた。しかし、その頑固な姿勢が子どもに害を及ぼすとなれば話は別だ。彼女にとっては子どもを守るのが最優先事項だった。

大学の学位も職業経験も資格も持たないリンダは電話代行サービスに応募した。経験欄には〝夫の事業の秘書的業務〟と書いた。「あながち嘘でもなかったし」と、リンダは振り返る。最低賃金の仕事を手に入れ、片道一時間かけて通勤し、夕方四時から夜十一時まで働いた。午後三時に五歳のブランドンと一歳四カ月のシャノンに夕食を食べさせ、あとの面倒はブルースにまかせた。彼は初めて赤ん坊のおむつを替えた。面子《メンツ》を守るため、リンダが働いていることは誰にも言わないよう家族に言い聞かせた。電話や人の訪問を受けたときのため、リンダがいない理由を念入りにこしらえた。買い物に出ているとか、友達の家にいるといった具合に。深夜、リンダが帰宅すると、シャノンとブランドンとブルースは眠っていた。「でも、ブルースはよく愛と感謝の言葉をメモに残していて、心にしみる言葉を読むと疲れも吹き飛びました」と、彼女は言う。

意気消沈した憂い顔の夫を見て、リンダは、「妻子を養う責任がなかったら、もっと楽に人生の目標を達成できるのかもしれないわね」と言った。

「何があろうと、どんなに苦しくて、どこまで苦しくなろうとも」ブルースは返した。「私の人生でいちばん大切なのは君と子どもたちだ。それだけは知っていてほしい」

ベッドに縛りつけられて体を動かすことはできなかったが、脳は自由に動き回ることができた。ひらめきを求めてクリシュナムルティの著作を読破した。次にペンを執りはじめた。脚本の構想と好きな作家の言葉と武術の道についての解説を書き連ね、八冊のノートを埋めた。たゆみなくペンを執り、自分の鍛錬法と截《ジー》拳道《クンドー》の哲学を言葉に表した。このときのメモを一冊の本にまとめる構想もあったが、これは時間切れを迎える。彼の死後、リンダはメモの一部を『秘伝截拳道への道』として出版し、武術関連書としては空前のベストセラーとなった。

　ブルースは歩けるようになると、筋肉強化のため軽い抵抗《レジスタンス》運動を試し、そこから少しずつリハビリに取り組みはじめた。鍼灸療法をはじめ、東洋医学も活用した。その結果、医師たちの診断は間違いだったと確信した。武術の練習を再開し、猛練習と前向きな思考法でこの怪我を克服してみせる。名刺の裏に〝前進あるのみ！〟と書きつけ、やる気をかきたてるために机のスタンドの横に貼った。

　ブルースは五カ月ぶりに軽い運動を始め、軽めのトレーニングにも取り組みはじめた。やがて以前できたことを全部できるようになり、医師たちに衝撃を与えた。足を高く蹴り上げることもできた。元の体に戻ったが、ひとつだけ前とちがうところがあった。終生、腰に慢性的な痛みが残ったことだ。彼は敢然と痛みを押しのけ、傍目にはふつうに見える暮らしを取り戻した。

　議論を重ねた末、シリファントとコバーンは、神秘主義的な成人指定武術映画に加担するような大胆不敵な映画人は、〈ワーナー・ブラザース〉の新会長テッド・アシュリーしかいないと判断した。破綻寸前の同社を立て直すために雇われて、カウンターカルチャーの若者市場に焦点を当て、『ウッドストック／愛と平和と音楽の三日間』（一九七〇年）を商業的大成功に導いた男だ。シリファントは『サイレントフルート』を格闘映画の『イージー・ライダー』と位置づけて売りこむ心づもりでいた。

　ハリウッド屈指の有名脚本家シリファントはアシュリーを説得し、ビバリーヒルズのアシュリー邸で開かれる小人数限定のパーティに自分とブルースを招かせることに成功した。「映画界の正真正銘の最重要人物しか招かれないパーティだった」と、ブルースは友人たちに自慢している。「映画制作の生殺与奪を握る強大な権力者が集まっている。俳優にとっては垂涎の場だ」映画のコンセプトを実証するため、シリファントはＶＩＰ陣の前でブルースに短い演武を求めた。ブルースはたちまち部屋の主導権を握った。「ブルースがいろんな蹴りや試割りで私たちを驚かせた場面は鮮明に覚えている」と、テッド・アシュリーが回想する。「思わず息をのんだよ。〝武術〟の存在を知っているのと間近で体感するのでは全然話がちがう」

この大立者をうならせたあと、シリファントはワーナーに脚本を提出した。「彼らはひと目であれを気に入った」と、シリファントは主張する。だが、口だけならカネはかからない、というのがハリウッドの通念だ。真の情熱は出す金額で測られる。ワーナーはこの映画を作る気はあったが、一ドルも出す気はなかった。全編、ワーナーの巨額資金が凍結されているインドで撮影しろ、とアシュリーは言った。インド政府はアメリカの映画会社が国内で上げた収益をアメリカ本国へ送ることを許さなかった。興行の上がりは、インドで映画を作るためにしか使えない。インドのような貧国で撮影したがるプロデューサーや監督はおらず、この資金は凍結されたまま身動きが取れなくなっていた。アシュリーはシリファントに、「インドにそのルピーが鎮座している。のりこんで、それでなんとかしてこい」と言った。

七一年一月二十九日、三人はファーストクラスでロサンゼルスからボンベイ（現ムンバイ）へ飛び、二週間かけてロケハンした。コバーンとシリファントは渋々やってきた。ふたりともインドを訪れたことがあり、この亜大陸が撮影に向いているとはとうてい思えなかった。ブルースは楽しげで、期待に満ちていた。ボンベイからニューデリーへの機内、膝に置いた分厚いノートを繰り返し拳で叩いて神経エネルギーを発散させていた。

「おい、もう一時間もやっているぞ」ついにコバーンがしびれを切らして文句を言った。「しばらくやめてくれないか？」

「体調の維持に必要なんだ」と、ブルースは弁解した。

ニューデリーから北へ、パキスタン国境の砂漠に車で向かった。スター俳優のコバーンはシリファントと前の座席に座り、ブルースは後部座席にいた。〝道路のひどいことと言ったら！〟ブルースはリンダに手紙で訴えている。〝道中は悪夢だ〟でこぼこの未舗装道路は腰にこたえた。気を紛らそうと小声でポップソングを口ずさみはじめる。たまりかねたコバーンが振り向いて、「頼むからやめてくれ。頭がおかしくなる」と言った。向き直ったコバーンの後頭部に向けて、ブルースは拳を振った。

昼食のため、みすぼらしい店に立ち寄ったが、料理は食べられたものでなかった。ブルースはラムチョップを二本注文したが、硬くて嚙み切れない。彼らを見ていたひもじそうな犬に投げ与えた。その瞬間、厨房からインド人のウェイターが三人、棒と箒《ほうき》を手に飛び出してきて、犬を叩き、肉を取り上げた。ブルースは憤然と立ち上がった。叩きのめすのも辞さないとばかりに。コバーンがブルースの腕をつかんで、首を横に振った。料理人がやってきて、「すみません、旦那さま。でも、あなたはわかっていない。うちの子たちでさえ食べる物に事欠いているのに、それを犬にやるのは間違いだ」と言った。ブルースは目に涙を浮かべた。「貧困は子どものころ香港で見てきたつもりだったが、インドのそれは別次元だった」ブルースは後日、友人のひとりに語っている。「あそこに行くまで、自分たちがどんなにいい暮らしを送っているかわかっていなかった。至るところ蠅だらけ。そこらじゅうに飢えた人がいる。大人も子どもも食べ物をせがんでくる。食べるものがなく、埃っぽい道路に寝そべったまま死にかけている人たちもいた」

彼らは北インドから南部のマドラス（現チェンナイ）へ飛んだ。ブルースはしきりに窓の外を指差した。「あそこはきれいだ。撮影にいいかもしれない」

「密林だ、撮影班を送りこむ方法がない」コバーンが言った。「どうやって送りこむんだ？　落下傘降下でもさせるのか？　発電機はどこに置く？　どこで生活するんだ？」

探していたのは適切なロケ地だけではない。スタン

スターリング・シリファントのピングリー・プロダクションズ事務所で『サイレント・フルート』の脚本に取り組むシリファントとブルース。1970年5月頃（デイビッド・タッドマン）

インドで花輪の歓迎を受けるスターリング・シリファント、ブルース・リー、ジェームズ・コバーン。1971年2月（デイビッド・タッドマン）

トマンを呼び入れる旅費を節約したいから、格闘シーンに使える有能な格闘家も現地で見つけたい。マドラスで現地の格闘家を試験した。インド人格闘家が九人やってきた。ブルースは彼らの前に立ち、「では、見せてもらおう。どんなことができるのか」と言った。とつぜん大混乱に陥った。九人が殴り合いを始めたからだ。またたく間にひとりの口から血がほとばしっていた。ブルースは手を上げて叫んだ。「ちがう！　やめろ！　そういうことじゃない」ブルースが準備運動もそこそこに、痛む腰で演武を見せると、彼らは感銘に打たれた。こんな動きを見るのは初めてだ。ブルースの演武が終わると、全員がひざまずいた。

「どうだ？」あとでコバーンが訊いた。「使えるのはいたか？」

「無理、無理」と、ブルースは答えた。「まともなレベルまで鍛えるには三年以上かかる」

空港でゴア行きの飛行機を待っているとき、インド人の少年たちが自分を見ていることにブルースは気がついた。中国人を間近で見るのは初めてなのだ。ブルースは彼らを呼び寄せ、手品を見せた。彼らの手からコインをパッとつかみ取ったり、フォークを消してみせたりした。男の子たちがどんどん集まってきた。ブルースは蹴りや突きやカンフーの形《かた》を見せてやった。彼らは大喜びで拍手した。静かな旅を好むコバーンは憮然とした表情でため息をついていた。

ゴアの海辺に着くと、英米独仏のヒッピーが群れをなしていた。長髪の美しい若者が裸でごろ寝している。「なぜかヒッピーの子たちはみんなブルース・リーを知っていた」と、シリファントが振り返る。「『グリーン・ホーネット』を見ていたんだ。コバーンより彼のほうが顔を知られていた」ヒッピーたちに誘われ、彼らのたまり場へ行った。三人で二日間、ネパール産のハシシを吸いながら、脚本とインドをどう融合させるかを協議した。コバーンは匙《さじ》を投げていた。シリファントは態度を決めかねていた。ブルースは不便な土地でも撮影は可能だと懸命にふたりを説得した。「せっかくワーナーがやる気になっているんだ。我々がやらずにどうする？」と、ブルースは主張した。「少々の不便がなんだ。かならずうまくいく。絶対できる」

旅費と宿泊の手配はすべてワーナーの凍結資金で賄われていた。どこのホテルでも監督兼主演のジェームズ・コバーンがいちばん大きな続き部屋《スイートルーム》を与えられ、彼より身分の低い脚本家と無名の中国人俳優は隣り合うクロゼット大の部屋に押しこめられた。〈ゴア・ホテル〉のでこぼこのベッドはブルースの腰にこたえた。帰国前夜を過ごすためにボンベイへ飛んだときには、強い痛みに見舞われていた。運転手を雇い、空港から〈タージマハール・ホテル〉へ向かった。一軒家くらい大きなスイートがコバーンを待っていた。「あれにはびっくりした。映画会社が丸々ひとつ入りそうな代物だった」と、シリファントは回想する。「もちろん彼は謝ったりしない。大スターだからね。当然の待遇だろう？」ブルースとシリファントがあてがわれたのは、またしても小さな部屋だった。ブルースは憤然としていた。さすがに腹に据えかね、激高した。

「いつかマックィーンやコバーンより大物になってやる」と、ブルースはシリファントに宣言した。

「白人社会の中国人だ」シリファントは言った。「どうにもならんよ」

七一年二月十一日、彼らはボンベイから別々に出発した。芸術的な観点からもインドは話にならないと、コバーンは思っていた。シリファントもインドが理想的とは思っていなかった。それでも、カンフー映画は次の大きな波になるという確信があったし、その市場に取り組む価値は充分あると信じていた。ブルースはこの企画をあきらめるわけにいかなかった。彼の経済状況を見かねてコバーンとシリファントが支援を申し出たが、自尊心の強い彼は応じなかった。

インドではあの映画を作れないというコバーンの進言を受け、ワーナーはこの企画を没にした。凍結資金で作れないなら取りやめるしかない。ブルースは憤激し、悲嘆に暮れた。ハリウッドの親友たちに裏切られた気がした。「コバーンのせいで台無しだ」ブルースは声に怒りを込めて言い放った。「インドに戻りたくないから、あそこでは無理だとワーナーに言ったんだ。企画をぶち壊しにしてくれた。こっちはあの映画に命運を懸けていたのに。一生に一度のチャンスだったんだ。ちくしょう、あんなことをするとわかっていたら、手を組んだりしなかったんだ」

　コバーンとブラザースが手を引いたあとも、ブルースは『サイレントフルート』をあきらめなかった。負けを認めるわけにはいかない。あの幻想的な作品を放棄する気はなかった。「『サイレントフルート』はまだ死んでいない」と、彼はオークランドの生徒レオ・フォンに請け合った。ほかの映画制作者《プロデューサー》に会った。ロマン・ポランスキーにも話を持ちかけた。「深遠な武術映画のメガホンを取りたくなったら……」と、何カ月も根気よく打診を続けたが、努力は実らなかった。〝いまのところ『サイレントフルート』に新しい進展はない〟七一年六月六日、彼はロサンゼルスの生徒ラリー・ハートセルに手紙を書いている。〝時間の問題かな〟

　ゆっくりと、少しずつ夢は壊れていった。

15

『ロングストリート』への道

ハリウッド史上初の功夫《カンフー》映画を！　ブルース・リーが必死に企画を売りこんでいたころ、東海岸で思いがけない事態が展開していた。エド・スピールマンというブルックリン出身の売れない若手喜劇《コメディ》作家がいた。ジョークを書いては、フィリス・ディラーやジョニー・カーソンら喜劇俳優に売っていた。しかし、十代のころ黒澤明の古典的名作『七人の侍』（一九五四年）に出会って以来、真の情熱の対象はアジア文化だった。ブルースがワシントン大学で哲学を学んだのに対し、スピールマンはニューヨーク市立大学ブルックリン校中国語学科に在籍する五人のうちのひとりだった。課外活動として日本の空手を学び、大学卒業後は中国武術を習った。

スピールマンは黒澤への憧憬冷めやらず、初めて書く作品概要《トリートメント》は日本一有名なサムライ宮本武蔵の映画にしようと心に決めていた。その第一稿。武蔵は中国の少林寺へ旅してひとりの僧と懇意になり、カンフーを教わる。一九六七年、スピールマンは喜劇脚本のパートナーでニューヨーク大学フィルムスクールの卒業生でもあるハワード・フリードランダーにこの話を語って聞かせた。

「この少林僧の話が心に響いた。そのキャラクターに惚れこんだ」と、フリードランダーは言う。「パッとアイデアが浮かんで脳に炸裂した。彼に顔を向け、『エド、これは西部劇《ウエスタン》だ』と言った。『なんだって？』とエドが言う。『これは西部劇だ。少林僧をアメリカ西部へ連れてこよう』と言うと、エドはぽかんと口を開けた。そうかと気がついたんだ」ふたりでフリードランダーのアパートへ行き、あらすじを書きはじめた。主人公クワイ・チャン・ケイン（虔官昌）を米中混血の少林寺僧に仕立てるアイデアはスピールマンが思いついた。「その男は僕なんだ」と、スピールマンが言う。「主人公ケインはある意味、僕だ。父親が銃で撃たれたのを機に弾をもはね返す超人を夢想した漫画原作者のジェリー・シーゲルが、漫画家のジョー・シュスターといっしょにスーパーマンを生み出したみたいに。主人公はユーラシアン。ずっと周囲にうまく溶けこめずにいた」トリートメントが書き上がると、ふたりは『ザ・ウェイ・オブ・ザ・タイガー、ザ・サイン・オブ・ザ・ドラゴン（虎の道、龍の印）』と仮題をつけた。

六九年、スピールマンとフリードランダーは自分たちの書いたジョーク集を大手代理店ウィリアム・モリスの若き代理人、ピーター・ランパックに送った。一八八〇年代のアメリカ西部を放浪するユーラシアンの少林僧を主人公とするトリートメントを、スピールマンは包みの真ん中あたりにそっとすべりこませた。この僧は平和主義的姿勢と東洋哲学で悪人を諭し、それでもだめなら、悪辣なカウボーイの尻を蹴っ飛ばして不正を正す。「正直、喜劇ネタのほうは感心しなかった」と、ランパックは回想する。「でも、中国人と白人の混血児の話には心を鷲づかみにされた。新鮮そのもののアイデアだったからね」

若きランパックは情熱に燃え、ウィリアム・モリスの社内で関心をかき立てようとしたが、うまくいかなかった。しかし、それにくじけず、外部へ売りこみをかけて、〝アメリカ人にも理解可能な異国情緒あふれる設定で繰り広げられるジェイムズ・ミッチェナー風の物語〟という謳い文句で、ハリウッドの映画会社とプロデューサーに片っ端から売りこんだ。「五〇人に断られた」と、ランパックは言う。「第二次世界大戦後のアメリカ合衆国は人種的偏見が強く、露骨ではないにせよ漠然とした反東洋感情が存在したから、大方の映画会社では混血の主人公が優先リストの最初のほうに来られるはずもなかったんだが、それに気がつかないくらい私は若く、理想に燃えていた」

このトリートメントにひとりだけ関心を示したのが、ワーナー・ブラザースの重鎮フレッド・ワイントローブ（四十一歳）だった。彼はかつてグリニッジ・ビレッジで〈ビター・エンド〉というナイトクラブを経営していて、テッド・アシュリーと親交があった。アシュリーはワーナー再生人として雇われたとき、〈コロンビア・ピクチャーズ〉の『イージー・ライダー』（一九六九年）のような若者の心に訴えるカウンターカルチャー層向け企画の開発責任者にワイントローブを抜擢した。ワイントローブはその手始めとして、ニューヨーク州北部で催された音楽コンサートのドキュメンタリーに一〇〇万ドルを投じる賭けに出た。七〇年三月二十六日に封切られた『ウッドストック／愛と平和と音楽の三日間』は莫大な興行収入を記録し、ワーナーを倒産の淵から救い上げる。

スピールマンとフリードランダーの『虎の道、龍の印』も次の企画候補に挙げられた。「構想が気に入ったし、彼らの脚本執筆に三八〇〇ドルくらい出した」と、ワイントローブは回想する。若いふたりは七〇年四月三十日に脚本を提出した。読むなりワイントローブは気に入った。「こんどは私がワーナーの責任者にカンフー・ウエスタンの構想を売りこむ番だった」と、ワイントローブは語る。

ロサンゼルスへの移動中に脚本の原資料を精査し、長い題名をどこのアメリカ人でも聞いたことがあるものに変えた――『*Kung Fu*（燃えよ！カンフー）』と。ワーナーの資料庫に泊まりこみ、「アジアで人気を博していてもアメリカではほとんど見られない格闘映画《チョップソッキー》を何本か見た」。その出来の悪さにがっかりするいっぽうで、その将来性《ポテンシャル》にひと筋の光明を見た。「映画の大半は噴飯ものだった。異様に長く、話は理解不能で、制作価値は低く、退屈で、アフレコの台詞《せりふ》もずれていた。ところが、どれも最後の十分間には白服の英雄的な武術の達人が黒ずくめの悪党集団と戦い、電光石火の蹴りと投げと突きを繰り出して全員をなぎ倒す格闘シーンがある――見ていくうちに、いつしか心を奪われていた」

フレッド・ワイントローブはカンフー映画の将来性への思い入れを昔からの友人、サイ・ワイントローブ（血縁関係はなし）に打ち明けた。ターザン映画やテレビの連続ドラマをプロデュースして財を成したサイは、このときブルース・リーから個人指導を受けていた。サイがフレッドに言った――中国系の若い師範がいるから会ってほしい。「こうしてブルース・リーと初めて顔を合わせた。一七〇センチの武術家に対し、私は一九〇センチ近くあったから、顔と胸を合わせたと言ったほうが正確かもしれないが」と、ワイントローブは言う。「ブルースに会ったときは、彼のテレビでの仕事を見たことがなかった。感じのいい、聡明でよくしゃべる若者という印象だったが、自分の技能――演技ではなく、武術――にすばらしく博識で、その技能を映画の仕事に活かしたいと熱望していた」

ブルースと話したあとワイントローブは、ユーラシアンにして中国武術の達人という主人公クワイ・チャン・ケインにぴったりの俳優が見つかったと実感した。この企画は配役が難しい。いくつか名前が浮上してはいた。スピールマンの頭にあったのはジェームズ・コバーンだった。「歩く姿が美しかった」と、スピールマンは言う。「立ち回りも天下一品。彼なら簡単にやってのけると思った」しかし、これはワイントローブの企画であり、ワイントローブはブルースを推した。「ふたりで何度も話し合った」と、ワイントローブは言う。

ほんの一瞬だが、この企画は制作開始直前までこぎ着けていた。「西部のシーンの撮影にメキシコのドゥランゴへ行く予定だった」と、フリードランダーが言う。「中国の場面では、台湾へ」ところが七〇年三月一日、ワーナーの上級役員にリチャード・ザナックと彼のパートナーのデイビッド・ブラウンが就くことになった。ハリウッドの映画会社が組織を改変するときにはありがちな話だが、彼らは手始めに、ライバル重役のかかえる有望企画を激しく攻撃して、事前に芽を摘み取ろうとした――ヒットして、生みの親たちの手柄になる前に。「ザナックとブラウンが横槍を入れてきた。あのふたりの手で企画は潰されたんだ」と、フリードランダーが言う。「あのときの恨みは一生忘れない」フレッド・ワイントローブは『ウッドストック』の大成功があったにもかかわらず、『燃えよ！ カンフー』を救えなかった。経営トップに直談判もしたが、「親友で社のトップのテッド・アシュリーまでが、あの映画を見殺しにした。大衆は中国人の英雄を喜ばない、というのが総意だった」人種差別主義者の鶴のひと声で『燃えよ！ カンフー』は〝お蔵入り〟という名の地獄へ投げこまれた。有望な企画が生みの親たちの願いや夢といっしょに打ち砕かれる、奈落のような場所へ。

『燃えよ！ カンフー』の企画が没になったあと、フレッド・ワイントローブは特別な才能の持ち主と見込んだブルースのために別の企画を探しはじめた。『ケルシー』というトリートメントが目に留まった。「ストーリーが気に入った。ノースダコタ州にマンダン族という青い瞳の人たちがいる。ノースダコタ州にマンダン族には中国人に似た者たちもいた」と、ワイントローブが語る。「ブルースを活かせそうな素材を夢中で掘り返していたんだ」

物語の舞台は一七九二年。ノースダコタで秘密の道を探している長身の猟師（ケルシー）が主人公だ。ぼろを着て、仕掛けた罠で生き物を獲って生計を立てている。この秘密の道はマンダン族の土地を通っているという伝説があった。第一部、ケルシーは仏加混血のライバル（ルソー）に裏切られて死んだことになる。生き延びてよろめく足で交易所にたどり着いた彼は、ルソーを探すために老齢の軍人（ウディ）と中国人の傭兵（リー）を雇った。第二部で三人はマンダン族を発見し、その勇者たちと何度か儀式的な腕比べを行い、冬のあいだ青い瞳の女たちと同衾《どうきん》した。第三部で三人はルソー率いる無法者集団を相手に死闘を演じる。物語の最後、三人が交易所に戻らずマンダン族と暮らすことを選ぶあたりは、七一年当時のカウンターカルチャー花盛りの状況を踏まえたひとひねりと言ったところか。

『ケルシー』は『燃えよドラゴン（龍争虎鬥 *Enter the Dragon*）』（一九七三年）の原資料と言ってもいい。ケルシーは白人で、昔なじみのウディは黒人、リーは中国人だ。「私の頭には俳優のウディ・ストロードがあった」と、フレッド・ワイントローブは語っている。『燃えよドラゴン』の英雄三人も白人（ローパー）と黒人（ウィリアムズ）と中国人（リー）だ。三人の関係も同じ。『燃えよドラゴン』ではローパーとウィリアムズはかつての戦友で、リーは出会ったばかりの戦士という構図だった。

異なるのは三人の序列だ。『ケルシー』の台詞《せりふ》の数はリーが十三、ウディが三十一、ケルシーが百十五になっていた。リーは主役でないばかりか、二番手ですらない。〝武術の達人〟と紹介を受けるリーが初めて登場するのは、ケルシーにお茶を運ぶ場面だった。つまり、リーはカトーなのだ。ほとんど口を開かないカンフーの達人にして白人英雄の従者という立ち位置だ。ワイントローブはブルースの才能を信じていたが、中国系の俳優がハリウッド映画の興行を支えられるとは思っていなかった。

最終的にはどちらでも同じことだった。ワイントローブは七一年三月二十六日に『ケルシー』の脚本をワーナーの重役陣に提出した。数多くのメモを付けて突き返された。同年四月二十八日に第二稿を提出した。書き直したにもかかわらず、すぐ却下された。ワーナーのこととはいえ、理解に苦しむところだ。「完全に行き場を失った」と、ワイントローブは言う。

『ケルシー』、『燃えよ！　カンフー』、そして最も切なかった『サイレントフルート』と、企画が潰されつづけ、ブルースはハリウッドに大きな幻滅と不信を抱いた。自分で自分の運命を決められない無力感。「スーパースターには絶対なれないと私たちが言いつづけ、たしかにそうかもしれないと彼も思いはじめた」スターリング・シリファントが言う。「〝ブルース・リー、あきらめるな、私たちがなんとかするから〟――いつもそう言うばかりだ」ある日ブルースは六歳のブランドンをつかんで、絶対に俳優にはなるなと警告した。「大きくなって、ハリウッド一のプロデューサーになったら思いどおりに采配を振るえるし、誰がスターになれて誰がなれないかをみんなに言い渡すことができる。君は中国人だから第一人者になれないと言う人間もいなくなる」

師傅《シフ》のいらだちを見て、彼がハリウッドを捨てるのではないかと心配したシリファントはブルース・リーを映画スターにする新しい戦略をひねり出した。「彼が活躍する連続ドラマを提供できたら、そこで得た輝きが映画界への橋渡しになるかもしれないと考えた」と、シリファントは言う。ジャーマンシェパードの盲導犬や大勢の助手といっしょに殺人事件を解決する盲人探偵ダンカン・マクレーンを主人公とする、ベイナード・ケンドリック原作のミステリー小説があった。これをドラマ化するため、〈パラマウント・テレビ〉を率いるトーマス・タンネンバウムがシリファントを雇ったとき、計画実行のチャンスが来た。主人公の名を変え『ロングストリート』と改題されたドラマは、第一話（二時間）が『ABC今週の映画《ムービー・オブ・ザ・ウィーク》』で放送され、視聴者の反応が良ければそのまま連続ドラマ化を予定していた。

ブルースは後日、ドラマ原案のクレジットを要求し、ミト・ウエハラにこう語っている。「『ロングストリート』のアイデアは間接的に私がもたらした。いつか映画で盲目の武術家を演じたいと構想を温めていたんだ。その話を何度かシリファントにしたから、彼は盲目の探偵を主役にする着想を得た。私の着想は日本映画の『座頭市』から得たものだ」

七〇年九月三十日、シリファントはブルースとタンネンバウムを昼食の席で引き合わせた。ブルースはタンネンバウムを魅了することに成功したらしい。彼は予定表に〝テレビの連続ドラマを作る〟と記しているからだ。

シリファントはブルースを主役に据えようとはしなかった。原作を大幅に改変した結果、小説とドラマの共通点は盲目の探偵が主人公のところしかなかったが、盲目の中国人武術家を主人公にはしなかった。パイロット版への出演もなかった。『サイレントフルート』のときと同じく、企画を支えるだけの力はまだないと見ていたからだ。カリスマ性と将来的にスターになれる粗削りなエネルギーはあっても、その魅力がスクリーンに投影されたことはなかった。彼のカトーは面白みに欠け、『かわいい女』の演技はぎこちなかった。しかるべき役は必要だが、俳優としてはさらに努力が必要だ。殻を打ち破って現状を突破するような演技が必要になる。

七一年二月二十三日に『ロングストリート』のパイロット版が放映されたあと、タンネンバウムは同年九月十六日の第一回放送前に四話分の撮影を指示した。シリファントはその第一話をブルースと截拳道《ジークンドー》に捧げることにした。「拳を途中で封じる方法」（邦題は「波止場の対決」）という題名までつけた――截拳道《ジークンドー》を英語で言い換えた表現だ。彼の目標は可能なかぎり最高の形でブルースの才能を見せつけ、それを名刺代わりにブルースがいずれドラマの主役を張れるように持っていくことだ。

シリファントの戦略は簡潔にして効果的だった。ブルース・リーにブルース・リーを演じさせよう。ブルースの協力も得て、シリファントはアジア系骨董商でカンフーの達人のリー・チョンという役柄を創り出した。リー・チョンは第一話でジェイムズ・フランシスカス演じるマイク・ロングストリートに截拳道《ジークンドー》を指導する。

「拳を途中で封じる方法」の冒頭、盲目の探偵ロングストリートはニューオーリンズ港で起きた窃盗事件の調査を阻止しようとする三人の港湾労働者に襲われた。そこへ、どこからともなくリー・チョン（ブルース・リー）が現れ、カンフーの突きと後ろ廻し蹴りで悪党たちを追い払う。

「彼らに何をした？」と、ロングストリートは尋ねた。

「自業自得だ」と、リー・チョンは答える。

「君は何者だ？」

「リー。リー・チョン」彼はジェームズ・ボンド風にそう言ってロングストリートの肩をポンと叩いた。そして、「それ（拳）のご加護がありますよう」と謎めいた言葉をかけて去っていく〔DVD等の映像では状況に合わせて「お大事に」と訳されている〕。

ロングストリートはあの技を教えてほしいと頼むが、リー・チョンに断られる。

「君のお茶を味わえるなら、喜んで茶碗を空にする」と、ロングストリートは懇願した。これまで学んだことを全部忘れ、一から学び直すという意味だ。

「立派な心がけだが、答えは同じだ。私は決まった手《シス》順《テム》や方式《メソッド》を信じない。手順も方式もないものをどうやって教えられる？」

シリファントがブルースの代弁者としてこの話を書いているのは明らかだった。彼ものちに、「ブルースから教わったことを脚本に投げこんだだけですよ」と語っている。長いあいだ高額の個人指導を受けてきただけに、それを経費に計上できて喜んでいたにちがいない。

ロングストリートを初めて指導するとき、リー・チョンはキックミットを引っぱりだして蹴らせてみた。そのあとロングストリートにミットを渡す。「蹴ってみるから、ちがいを感じてくれ」ロングストリートは後ろの椅子まで吹き飛び、椅子ごとひっくり返った。

疑いの眼差しで見守っていたロングストリートの友人、デューク・ペイジ（ピーター・マーク・リッチマン）が「なんていう技だ？」と尋ねる。

ここでリー・チョンは截拳道《ジークンドー》の情報広告《インフォマーシャル》を開始する。「広東語で截拳道《ジークンドー》と言い、〝拳を途中で封じる方法〟という意味だ。どこでもいいから私に触れてみて」とリー・チョンは言い、デュークが触れようとした瞬間、膝に横蹴りを放ってみせた。「攻撃するには接近しなければならない。その攻撃が動きを封じる機会を与えてくれる。今回、いちばん近い標的は膝頭だ。そこへいちばん長い武器である脚で横蹴りを放つ。ボクシングの左ジャブに似ているが、破壊力はこっちのほうが大きい」

これらの場面、ブルースは膂力《りょりょく》に満ち、何年かかけて創り上げてきた人物《キャラクター》になりきっている。平たく言えば、彼はスター俳優なのだ。与えられた役柄になりきるメソッド演技法式の俳優ではなく、あらゆる人物を自分に変えてしまうハリウッドの古典的主演俳優だ。

「私はひとつの個性であり、私が演じる役には、程度の差はあれ、その人格が投影されている」と、後年ブルースは香港メディアに語っている。「あれ（『ロングストリート』）が成功したのは、私がブルース・リーを演じていたからじゃないかな」彼は別のインタビューでこの点をさらに説明している。「（ハリウッドへ）初めて来たとき、『グリーン・ホーネット』をやった。周囲を見回せば、人間が大勢いるのに、私だけロボットだった。私が私自身でなかったからだ」

第一話の別の箇所で、シリファントはブルースお気に入りの台詞を何度かロングストリートに言わせている。ロングストリートが苦労の末にようやくいい蹴りを出し、リー・チョンが快哉《かいさい》を叫ぶ。「それだ！　どんな感じがした？」

「自分が蹴った気がしなかった。自然と蹴りが出た気がする」とロングストリートは答え、ブルースがのちに『燃えよドラゴン』で繰り返す台詞を口にした――「機が熟したときも、私が打ちこむのではない。自然と〝それ〟が打ちこむんだ」

自信を深めたロングストリートは自分を袋叩きにした港湾労働者に再戦を挑むことにした。彼は海を望むパブに挑戦状を置いてくる。〝一週間後、正午きっかりに第六埠頭へ来い。川へ蹴り落としてやる〟と。

リー・チョンは截拳道《ジークンドー》を喧嘩に使うことに苦言を呈し、指導を打ち切ろうとする。「喧嘩好きだな。それを抑えないと耳を研ぎ澄ますことはできない」

ロングストリートはこう訴える。「君の訓練がただの護身術じゃないのはわかっている。教わっているとき、何度か、体と頭がひとつに融け合う感覚があった。変な話だが、武術とか戦いを超えて、ある種の心の平安を感じた。截拳道《ジークンドー》を会得すれば、それを使うまでもなくなる。そんな気がするよ」

「いい台詞だ」とリー・チョンは冗談めかし、港湾労働者との果たし合いに向けて指導を再開した。

決闘の日が近づき、ロングストリートは何年もかけて学ぶ護身術を二、三時間で自分に詰めこもうとする。たくさんありすぎて覚えられないと不平を漏らしたとき、リー・チョンはブルース・リーのいちばん有名な台詞を吐く。「覚えようとするから失敗する。頭を空《から》にしろ。形をなくせ、水のように。コップにそそげば水はコップの形になる。急須にそそげば急須の形になる。水は静かに流れることも、そっと忍び寄ることも、滴り落ちることも、激しく砕けることもできる！　水になれ、友よ」

長年のうちに、この〝水になれ、友よ〟はブルース・リーのファンが好んで口にする名言になった。ブルース・リーを象徴する決まり文句だ。『ロングストリート』の放映後、ブルースはカナダの一流テレビジャーナリスト、ピエール・バートンのインタビューに答えている。現存する唯一のテレビインタビューなので、ブルース・リーのドキュメンタリーには毎回このクリップ映像が使われる。話の途中、バートンが、「スターリング・シリファントが書いた重要な台詞を覚えていますか？　あなたは自分の哲学を表現した台詞がいくつかあると何かに書いていましたね。覚えているかどうかわからないが」と質問した。ブルースはこう答えた。「ああ、覚えていますよ。『頭を空にしろ。形をなくせ、水のように。コップにそそげば水はコップの形になる。瓶にそそげば瓶の形になる。急須にそそげば急須の形になる。水は静かに流れることも、激しく砕けることもできる。水になれ、友よ』と言ったんです。そんな感じでしたよね？」ブルース・リーのドキュメンタリーはバートンの質問を編集で削り、ブルースの「頭を空にしろ……」の部分だけを伝えている。そのため彼はアカデミー賞受賞脚本家の台詞をそのまま口にしている俳優ではなく、神秘的な禅僧めいた印象を醸し出している。

決戦前夜の、最後の鍛錬の場面、リー・チョンは心の持ち方が変わらないかぎり永遠に準備は整わないと告げる。「皆が皆、勝つ方法ばかり学びたがり、負けを受け入れようとしない。負けを受け入れ、死ぬことを学べば、死から解放される。明日は野心を捨て、いかに死ぬかを学んでこい」

この場面はシリファントがブルースから受けた個人指導が下敷きになっている。「彼に一日五キロ走らされた」と、シリファントは回想する。「そしてある朝、八キロ走ると彼が言うんだ。『ブルース、八キロは無理だ。君よりずっと年を取っているんだ。八キロは走れない』と言った。彼は、『五キロ走ってそこでギアを上げれば、あとほんの三キロだ。やれる』と言う。やけくそで、『わかったよ、当たって砕けろ』と返した。こうして五キロ走り、次の一キロに入った。どうにか三、四分もったが、ついにガス欠になった。疲れきって、心臓がバクバクいっている。これ以上無理だと思い、『ブルース、これ以上走ったら』と言いはじめるが、まだ私たちは走っている。『これ以上走ったら、心臓発作を起こして死んでしまう』と言った。すると彼は、『だったら、死ね』と言うんだ。なんてことをと激怒し、その結果八キロ完走できた」

『かわいい女』に続いて『ロングストリート』でも、ブルースは擬闘（格闘コーディネーター）を務めた。「ブルースは格闘アドバイザーで、必要と思ったことはなんでも指摘した」デューク・ペイジ役のピーター・マーク・リッチマンが言う。「その辺をぶらぶらしているだけで何もしないタイプじゃなく、いつも体を鍛えていた」

七一年六月二十一日から七月一日まで行われた第一話の撮影中、ブルースは連日撮影スタッフに截拳道《ジークンドー》教室を開放した。「ロングストリートの何話かにわたって、ブルース・リーが隣で空手を教えていた。俳優はみんな教わりにいった。彼は信じられないくらい体を鍛えこんでいて大人気だった。机二台に片方ずつ足をのせ、下に何も置かずに股割りをするとか、途方もないことをやっていた」と、コーリー巡査部長役の黒人俳優ルイス・ゴセット・ジュニアが語る（ひとつのドラマでアジア系とアフリカ系両方が大役を務めるのはめったにないことで、ニューヨーク・タイムズのドラマ評は忘れずその点に触れている――〝中国人が巧みに異国情緒を醸し出している……ル

『ロングストリート』撮影の合間のジェイムズ・フランシスカス（マイク・ロングストリート役）とブルース・リー（リー・チョン役）。1971年6月（ABC Photo Archives/ABC/Getty Images）

『ロングストリート』でチーサオを練習する場面。1971年6月（ABC Photo Archives/ABC/Getty Images）

ー・ゴセット・ジュニア演じる刑事は黒人だ〟と）。ブルースの指導にことのほか感謝していたのは主役のジェイムズ・フランシスカスだ。「ブルースから基本を叩きこまれたおかげで、勘どころを心得た俳優らしく見えた。ずぶの素人だったんだが……」

ブルースはドラマの主題に合わせた動きを俳優たちに教えただけでなく、哲学も教授した。主人公の助手ニッキー・ベル役のマリリン・メイソンが懐かしそうにブルースの叡智を振り返っている。「彼は最高だったわ。私の人生をたった三つの言葉で変えたのよ。『無駄口を叩かず、しっかり人の話に耳を傾け、よく考えろ』って言われたの。彼が『〝is〟とは何か？』と質問を投げたときも、〝簡単〟と思ったけど、即答せずに、じっくり考えはじめたのよ。彼のことを思わずに過ぎる日は一日もないわ。あれで文字どおり私の人生は変わったんだから」

ピーター・マーク・リッチマンは彼らほど感銘を受けていなかった。あのドラマでブルースは何を伝えようとしていたと思うか訊くと、彼はこう答えた。「でたらめな哲学さ。脚本のスターリング・シリファントは東洋哲学に精通した男と高く買っていたけどね」マリリンとピーターの反応は、ブルースの哲学的思索のとらえ方が人によって異なることを示している。深遠な思想の持ち主と思う人もいた。売りこみ用の小道具に過ぎないと考える人もいた。どちらもあった可能性が高い。ブルースは哲学と真摯に向き合っていたが、ビートルズがインドのヒンドゥー僧院で超越瞑想を学んでいた時代だけに、彼くらい自意識の高い人間なら、それが自分の人格《ペルソナ》に加える恩恵を充分承知していたはずだ。

俳優は話をよく聞き的確な反応を示す同僚を評価する。その点、『ロングストリート』のブルースにはまだ足りないところがあった。ほかの俳優が話していて自分が注目の的でない場面では、目に見えて居心地が悪そうなのだ。いっぽう、自分が責任者ですべて自分を中心に回る截拳道《ジークンドー》の指導では、完全にその場を支配している。誰も彼から目をそらすことができない。これが性格俳優とスター俳優のちがいだ。『ロングストリート』はブルース・リーが殻を破った作品で、映画やドラマの俳優としての自分の潜在能力に気づきはじめた瞬間でもあった。やるべきことはまだあったにせよ、〝ブルース・リー〟になっているブルース・リーはじつに刺激的だった。

　ブルースを温かい目で見守ってきたシリファントは、現実世界で彼を魅了したブルースをついにスクリーン上に捕獲することに成功した。この第一話を名刺代わりにドラマの主役を勝ち取らせようとするシリファントの計画は、成功に向かって驀進《ばくしん》しているかに見えた。第一話に対するパラマウント内部の興奮ぶりも手に取るようにわかる。七一年七月十日、ブルースは友人に手紙で朗報を知らせた。〝『ロングストリート』の撮影が終了した。九月に放映される。いい仕事をした。実際、パラマウントのテレビ部門を率いるトム・タンネンバウムから連絡が来て、連続ドラマの企画を立ち上げたいそうだ。『ロングストリート』への再出演も要請された。目まぐるしい展開で、どう考えたものかわからないが、期待以上の働きだったということかな。とにかく、いい波が来ているのは間違いない〟

第三幕　香港への帰還

「この世にはふたつの悲劇しかない。
ひとつは欲しいものが得られない悲劇。
もうひとつは欲しいものを
得てしまう悲劇である」
——オスカー・ワイルド

16

最後の大物

『ロングストリート』の一年前、ブルースがまだコバーン、シリファントと『サイレントフルート』の脚本に取り組んでいたころ、早朝、自宅に電話がかかってきた。香港のラジオ局からで、生放送中にインタビューをしたいという驚きの申し入れだった。一九七〇年三月中旬のことで、最初は朝早く起こしたことを罵倒してやりたい衝動に駆られたが、愛想の良さで人後に落ちない彼は、よくわからないままあっさり引き受けた。後日、彼は友人のミト・ウエハラにこう語っている。「香港から電話が来て、まる一時間話した。電話代もばかにならなかったはずだけどな。まあ、あんな早い時間に人を起こしたんだから、自業自得か。現地のリスナー数千人に語りかけているところを想像してくれ。あんなことをしたラジオ局は初めてじゃないか」

「どんな話をしたんだ?」ミト・ウエハラは尋ねた。

「これといった話はしていない」と、ブルースは答えた。「なぜ話を聞きたかったのかもよくわからない。まず、香港に帰ってくるかどうか訊かれたから、『近日中に』と答えた。すると、いま撮影中の映画はあるか、香港で映画に出る気はあるかと訊く。出演料が適正なら考える、と答えておいた。中国語もかなり錆びついているはずだが、かまうもんかって感じで。アナウンサーがちゃんと聞き取れているなら、ふつうの人も聞き取れるだろう」

一週間後に香港を短期間訪れる予定だった。訪問は五年ぶりだ。母親がアメリカで暮らせるよう査証《ビザ》の手配をするためだった。年を取ってきたし、子どもたちが大勢いるところで暮らしたい——弟のロバートと姉のアグネス、フィービーはサンフランシスコ、ブルースはロサンゼルスで暮らしていて、香港にいるのは兄のピーターだけだった。

三月二十七日、ブルースは五歳になったブランドンと香港国際空港に降り立った。ラジオの生放送でのインタビューも驚きだったが、飛行機を降りると同時に受けた歓迎は衝撃的だった。記者とリポーターの大群が待ち受けていた。どこかの大物が同じ飛行機に乗っていたのかとも思ったが、それも、「リーさん！　リーさん！」と名前を連呼されるまでのことだった。報道陣は彼を隅に追い詰め、ラジオのアナウンサーと同じ質問を投げた。とまどいながらもていねいに受け答えし、ふたりの女優を左右につけてポーズを取ってほしいと言われそれに応じると、カメラマンが次々シャッターを切った。

「いやもう、どうなっているのかわからなかった」後日、彼はミト・ウエハラに話している。「でも、悪い気はしない。『グリーン・ホーネット』以降、あんなに注目を浴びたのは初めてだ。自尊心が満たされる。ラジオで一時間しゃべっただけで香港で有名人あつかいされるなんて、信じられなかった」

何時間かして、注目を集めた本当の理由が判明した。つい最近、香港のテレビで『グリーン・ホーネット』が放映され、それが大人気を博して〝カトー・ショー〟と呼ばれるようになったのだ。「そう聞かされたところで、ようやく、ラジオでインタビューを受けて群衆に迎えられた理由がわかってきた。香港へ来ることを母が新聞に話し、それが活字になった。現地では『グリーン・ホーネット』が大ヒットしていた」ブルースは楽しげに語っている。「何カ月か再放送が続いた。

初めて見たときは笑いが止まらなかった。特に、広東語をしゃべっているヴァン〔・ウィリアムズ〕を見たときは。おかしいのなんの！　香港から海外へ飛び出して俳優になった男は私だけなんだろう。俳優を含め、香港人のほとんどにとってハリウッドは魔法の王国みたいなものだ。誰も手が届かない場所のはずなのに、そこにたどり着いた人間がいると知って、信じられない偉業と思ったんだ」

放蕩息子が地元の英雄として凱旋帰国した図だ。誰もが彼の記事を読みたがった。「目の回るような忙しさだったが、楽しかったよ。母親のところにたえずテレビや新聞の人たちが押しかけてきて。私の話を聞くためだけじゃない。母も生まれて初めて名声にあずかったんだ。本当にうれしそうだった」

最大の依頼は夜のトーク番組『エンジョイ・ユアセルフ・トゥナイト』から来た。『ジョニー・カーソンのザ・トゥナイト・ショー』の香港版だ。最初の十五分、司会者とブルースは冗談を飛ばしまくった。アメリカのマスコミで何年も練習を積んだブルースは絶好調だった。肩の力を抜いて魅力を発散し、歯に衣着せなかった。「ああいうトークショーは楽だ」と、ブルースはのちに語った。「何も覚える必要がないし、ひと晩じゅう冗談を言っていればいい。真面目な議論もない。何もかもがお気楽だ」

インタビュー・コーナーが終わったところで、磨き抜いた演武のひとつを披露した。故郷を離れてから体得した諸芸を見せるのに遠慮はいらない。二本指で指立て伏せをした。天井から吊り下げた厚さ二・五センチの板四枚を跳び蹴りで真っぷたつにした——きわめて難しい芸当だ。観衆の拍手喝采が鳴りやまないうちに五歳のブランドンを呼び寄せ、ブランドンにも何枚か割らせた。子どもも好きの中国人はもう熱狂の渦だ。父親の李海泉《レイホイチュン》が生後二カ月の息子を映画に出したように、ブルースも幼い息子を家業にデビューさせた。

いちばん最後にアシスタントがふたり登場した。「私の出演に興奮したテレビ局から、必要なものはないかと訊かれたんだ」と、ブルースは振り返っている。「できたら空手の黒帯をふたりと言ったら、手に入れてきた」ブルースは空手家のひとりにキックミットを保持させ、もうひとりをその後ろに立たせて、相棒が後ろに飛んだら受け止めてやってほしいと説明した。「小さなステージだったが、蹴りの威力を生むには充分だと思った」ブルースは楽しげに語っている。「相手との距離は一メートル半もなかったが、会心の蹴りで勢いよく吹き飛ばした。後ろの男は本当に飛んでくるとは夢にも思わず、受け止めそこなった。まあ、心の準備をしていても止められなかっただろう。勢いがすごすぎた。みんなの顔ときたら、見せてやりたかったな。男ふたりが撮影用の設備に激突して全部ひっくり返してしまったんだから。裏方さんたちがあたふたして駆け回り、撮影用の設備を元に戻そうとした。でも、いちばん笑わせてくれたのは床に倒れたふたりだった。呆然としているんだ。見たことがないようなまぬけな顔で。スタジオじゅうが笑いの渦に包まれた」

香港の視聴者は中国武術の演武を数えきれないほど見てきていたが、こんな演武は初めてだ。テレビ画面でブルースのような人間を見たこともなかった――カリスマ性、爆発的なエネルギー、〝キング・オブ・クール〟ことスティーブ・マックィーンを間近で研究して磨いてきた尊大な態度。「画面の中とわかっていても、あまりに生き生きとしていて」ラ・サール学院時代の同級生マイケル・ホェイが回想する。「テレビの中からお茶の間へ飛び出してきそうな気がした」香港の視聴者はめかしこんだ服装でスタジオから与えられた台詞《せりふ》をしゃべる堅苦しい契約俳優を見慣れていた。彼らはスタジオの方針にしたがわないと罰則の脅威にさらされる。ところがブルースは自由奔放に振る舞い、どんな組織にも縛られていないように見えた――二千年に及ぶ儒教の制約にさえ。「単刀直入で、西洋文化の薫陶を受けていて、職務に献身的で、〝やればできる精神〟の持ち主だった」と、『グリーン・デスティニー』の監督アン・リー（李安）が言う。「抑圧されてきた中国人の屈折した態度とは大違いだ」

ブルース・リーは新しい現象だった。新しいものにいちばん敏感なのは子どもだ。この夜、この番組を見ていた子どもで誰より大事な役割を果たしたのは、映画監督ロー・ウェイ（羅維）の息子デイビッドだった。インタビューでブルースが冗談を飛ばしているあいだに、デイビッドは別の部屋へ駆けこんで父親を揺すぶった。映画会社〈ゴールデン・ハーベスト・スタジオ（嘉禾電影）〉所属のロー・ウェイは自分の見たものに感銘を受けた。ボスのレイモンド・チョウ（鄒文懐）に電話をかけ、見ることを勧めた。この男は追いかける価値があるかもしれない。レイモンドは一、二週間後、放送の録画を手に入れた。「彼の技と鍛え抜かれた肉体にも感銘を受けたが、いちばん魅せられたのは目だ」と、レイモンドは振り返る。「激情を表現できる目だった」

レイモンド・チョウはブルースを興味深い有望株と見た。適性を確かめる価値は充分ある。彼はブルースを探そうとしたが間に合わなかった。四月十六日にもうアメリカに戻っていたからだ。レイモンドは当面、ブルース・リーの力を借りずに香港映画界最後の大物ランラン・ショウ（邵逸夫）との熾烈な戦いを続けることになる。

ブルースの渡米から十年で香港映画界の風景はがらりと変わった。一九五〇年代には比較的大きな映画会社がひと握りと独立系制作会社が何十かの、家内工業的な世界だった。それが七〇年にはランラン・ショウに牛耳られていた。

ランランは一九〇七年十一月二十三日、上海南方の浙江省寧波市で、古びた演芸場を所有する織物商の裕福な家庭に生まれた。七人きょうだいの六番目だ。ランランとふたりの兄――ラミー・ショウ（邵仁枚）とランジュー・ショウ（邵酔翁）――は、織物業より娯楽産業の可能性に夢中で、独自の演劇をかけて演芸場の方向転換を図ろうとした。ランジューがロビン・フッド風の通俗劇『山西《サンセイ》から来た男』の脚本を書き、老朽化した演芸場にかけた。公演初日、主役がステージの腐った板を踏み抜いて下へ落っこち、意図的な演出と思った客は大笑いした。兄弟はこれだと思い、笑いを取るずっこけを盛りこんで台本を書き直した。これが当たり、一九二四年、彼らは『山西から来た男』を脚色して初の映画を制作した。

一九三〇年代を迎え、中国本土の状況に少しずつ暗雲が垂れこめてくると、兄弟は活動の場をシンガポールに移すことにした。「我々の関心は映画の制作より配給にあった」と、ランランは振り返る。「映画館をひとつ買って、配給方面で利益を拡大し、最終的にシンガポールとマレーシアだけで百二十の映画館を所有するに至った」この劇場網は香港から台湾、ベトナム、ラオス、タイ、ビルマ、朝鮮、マレーシア、シンガポール、フィリピン、インドネシア、そしてサンフランシスコのような華人街《チャイナタウン》のある欧米の都市にまで及び、〈マンダリン・サーキット〉と呼ばれた。

一九四二年二月十五日、日本軍がシンガポールを陥落させたときも、ショウ兄弟はイギリス軍よりしっかりその後の大惨事に備えていた。資産の大半を清算し、四〇〇〇万ドル相当の金《きん》と宝飾品と紙幣・通貨を裏庭に埋めた。シンガポール解放後、隠した財宝を掘り返し、それで帝国を再建した。「真珠は少し茶色くなり、時計は錆びつき、銀行紙幣には黴《かび》が生えていたが、金《きん》はそのままの輝きを放っていた」と、ランラン・ショウは振り返る。「我々はまだ裕福だった」

映画配給を事実上独占した兄弟は中身《コンテンツ》に重点を移した。中国本土が共産党の手に落ち、いまや香港が中国語映画の都だった。ランランは帝国を拡大すべく一九五七年、香港に本拠を移した。ブルース・リーがアメリカへ送られた二年後の一九六一年、ランランは清水湾《クリアウォーターベイ》を望む強風吹きすさぶ丘に自社スタジオを完成させ、邵氏影城《ムービータウン》と名づけた。個人所有としては当時世界最大のスタジオだ。一八万六〇〇〇平米の敷地に建てられたのは自己完結型の施設だった。ショウ・ブラザースの映画制作は企画から台本、演技、監督、録音まで、十のスタジオと十六の屋外セットと三つの防音室のどこかで行われた。フィルムは邵氏影城の工房で現像され、セットも邵氏影城の工場で組み立てられる。造れるものを外から購入することはない。造られたもので一度しか使われないものもなかった。

俳優も同じだ。ハリウッド黄金期のMGMなどと同じく、邵氏影城にも意欲的な俳優志望者に舞踊やキスや格闘の演技を教える、〈南國實驗劇團〉という独自の俳優訓練所があった。何千人もの志願者に対し採用されるのは数百人、ショウ・ブラザースの厳格な契約を提示されるのは卒業生五〇人中ひとりという熾烈な競争環境だ。サインしたおかかえ俳優に対するランランの支配力にはダリル・ザナックも羨望しただろう。六年契約の基本給は月二〇〇ドルで、特別手当や医療給付はいっさい付かない。俳優に台本や監督、共演者についての発言権はなかった。ほぼ全員が邵氏影城にある高層コンクリート造りの寄宿舎で暮らすことになる。男女交際、飲酒、麻薬は厳禁で、違反すれば解雇処分が待っている。契約を解除するには、映画の仕事を断念するか、国外へ出るしかない。

配給を独占し、割安の才能を確保したランランは年間四十本以上の映画を作り、独立系の制作会社を圧倒した。「当時、中国の映画産業は最低水準だった」と、ランランは説明する。「映画は七日から十日で作られる粗悪なもので、興行収入も少ない。人口の大きなこの地域には良質の映画の市場があるにちがいないとずっと思っていた」ランランの作る映画は比較的良質だったが、成功のカギは、子どものころステージの腐った板を踏み抜いた役者を観客が大笑いしたとき学習したことだ。ブルースが子役をしていた五〇年代の、社会的メッセージを伝える教訓的作品とはちがい、ショウの映画は政治的な目標をいっさい押しつけなかった。「客が暴力《バイオレンス》を望めば、それを提供する。官能《セックス》を求めれば、それを提供する」ランランは企業理念をこう明言した。「客が求めるなら、どんなものでも提供する。儲かればなおけっこう」

劇場所有者の視点から映画館に足を運ぶ人たちを研究したランランは、「どんなタイプの映画でも人気には限りがある。しばらくすると、同じような映画に飽きてくる」と結論した。ランランが香港へ拠点を移した一九五七年にはミュージカル映画が人気で、優男《やさおとこ》が主役を張っていた。六四年末、移り気な大衆の好みは血なまぐさい日本のサムライ（チャンバラ）映画へ移った。ランランは独自の剣戟（武俠）映画を大量に生産しはじめた。跳躍や宙返り、万有引力の法則を無視した空中浮揚のできる復讐心に燃えたスーパーヒーローをちりばめた。「特に剣戟ものでは、少々（暴力《バイオレンス》が）過剰なこともあった」と、ランランは認めている。「でも、現実問題として、中国人客は——というか、中国人でなくてもほとんどの人は——暴力《バイオレンス》が大好きなんです」

　中国の周恩来首相が日本を東洋の新帝国主義勢力と断じたのを受け、六八年には剣戟映画の人気に陰りが出た。サムライ映画の真似事はとつぜん流行遅れになった。ここでもランラン・ショウは敢然と舵を切った。愛国主義が新しい趨勢《すうせい》と見て、中国特有の武術カンフーへと直ちに方向転換した。最大の人気を誇ったのは黄飛鴻《ウォンフェイホン》が主人公の長期シリーズだ。ショウ・ブラザースはカンフーの技に重きを置いた初のメジャー映画『吼《ほ》えろ！ドラゴン　起《た》て！ジャガー』（一九七〇年）で、あからさまな反日姿勢というひねりを加え、時代の風潮に合わせて武俠の伝統を甦らせた。

　『吼えろ！ドラゴン　起て！ジャガー』は香港最大の男性アクションスターでショウの俳優訓練所卒業生でもあったジミー・ウォング（王羽）が構想し、脚本・監督・主演の三役を務めた。「あの映画は私が構想し、自分で脚本を書いた。構想に優れていたから、主演も引き受けた」と、ウォングは言う。「空手は強い、中国のカンフーは強いと、みんなが言う。だったら、それを一本の映画に詰めこまない手はない」ウォングは日本の空手家に師匠を殺されたカンフーの弟子を演じている。主人公はマスクをつけて日本人に戦いを挑み、一連の戦いで〝鉄砂掌〟を駆使して彼らを倒し、死に至らしめる。結果的に、熱狂的愛国主義と中国伝統のカンフーという絶妙な組み合わせは大ヒットし、香港史上二番目の興行成績を記録する。この成功は超自然的な力を使う武俠映画から武器をいっさい使わず己の肉体のみで戦うカンフー映画への分岐点となった。かくして、ブルース・リーがスターの座に躍り出る舞台設定は整っていた。

　ブルースは『吼えろ！ドラゴン　起て！ジャガー』をよく知っていた。ロサンゼルスの華人街《チャイナタウン》で行われた特別上映に、スティーブ・マックィーン、カリーム・

アブドゥルジャバーと出席したからだ。同じ上映会に出席していた中国人プロデューサーのビクター・ラムは、「ブルースはウォングを見て、自分の技を映画で表現する方法を学んだ」と主張する。スポーツ歴が水泳と水球であるウォングの殺陣《たて》にブルースが教わるべき点があったかどうかは疑問だが、ウォングの成功が人一倍負けず嫌いのブルースに火をつけたのは間違いない。アメリカでスティーブ・マックィーンをしのぐハリウッド最大のドル箱スターを夢見ていたように、ブルースはやがて香港でもジミー・ウォングを凌駕しようとする。先行するウォングを彼はスケールと質の高さで追い落としにかかった。

しかしその前に、香港映画産業を牛耳るランラン・ショウの手を引き剝がす必要があった。六〇年代末までにランランは最大の競争相手キャセイ映画を蹴散らし、映画制作の独占をほぼ手中にしていた。外敵がいなくなり、すべて安泰と思われた。ショウ帝国に終焉をもたらしたのはランランの信頼する右腕だった。

毛沢東率いる共産革命家たちが国政を引き継いだ一九四九年、レイモンド・チョウ（鄒文懐）はジャーナリズムの学位を取って上海の聖ヨハネ大学を卒業した。新政府は独立系報道機関に寛容でないだろうと賢明な予測を立てた彼は、上海の創造的才能といっしょに香港へ逃げこみ、創刊間もない英字紙ホンコン・スタンダード（英文虎報）の新米記者になった。給料は雀の涙ほどで、パートタイムの仕事を掛け持ちしないと食いつなげない。「多いときは仕事を七つ掛け持ちしていた」と、レイモンド・チョウは振り返る。

五一年、対共産主義戦争のプロパガンダ機関だった香港のボイス・オブ・アメリカ（VOA）で、レイモンドはそれまでより待遇のいい仕事を得た。アメリカは中国内戦を毛沢東と戦った国民党の蔣介石総統を支援していた。敗れた蔣介石が台湾へ逃げこむと、アメリカは香港に後衛機関を設立した。VOAがレイモンドを雇ったのは中国語放送計画を立ち上げるためだった。

五八年、彼はショウ・ブラザースの宣伝部長に転じ、アメリカの情報操作専門家《スピンドクター》として習得した技術を活用することになった。映画の宣伝広告は政治のプロパガンダよりずっと欺瞞に満ちていた。二カ月後、ショウ・ブラザースのいんちき商品をこれ以上売りつけることはできないと、辞表を出した。この度胸に感じ入ったランラン・ショウは若い宣伝マンに、「自分のほうがいいものを作れるということか？　だったら、君を制作部長にしよう」と言った。

　レイモンドはレナード・ホー（何冠昌）を片腕に、映画制作に取り組んだ。ジミー・ウォングの『吼えろ！ドラゴン　起て！　ジャガー』の企画を承認したのはレイモンドだった。「レイモンド・チョウさんに脚本を見せたら」ジミー・ウォングが言う。「やってみろと言ってくれた。逆に、ランラン・ショウさんは洟《はな》もひっかけてくれなかった」

　六〇年代後半、ショウ・ブラザースはアメリカの映画スタジオ数社の存続を脅かしたのと同じ脅威に直面した――カラーテレビの登場だ。映画館の入場者が減ってきて、同時に制作費が高騰しはじめた。生き馬の目を抜く実業家ランランは事業の軸足をテレビに移して映画事業を縮小し、制作費の削減を図ることにした。「ショウは映画事業を縮小し、マンパワーと資本の半分をテレビへの参入に振り向けようとしていた」レイモンドが言う。「私は承服できなかった」

　レイモンドはランランに提案した。自分がショウ・ブラザース傘下の〈ゴールデン・ハーベスト（嘉禾電影）〉という制作会社を立ち上げる。ゴールデン・ハーベストが映画の半分を制作し、ショウ・ブラザースが配給して、利益を分け合う。ゴールデン・ハーベストの映画はショウの劇場チェーンで上映される。こうすればランランは制作数を減らせるし、レイモンドは販売と配給の必要がない。

　ショウ・ブラザースの傘下とはいえ、新会社はショウの映画部門と人材獲得を競うことになる。ショウで制作部長を務めたレイモンドは、俳優やスタッフの契約がいつごろ切れるか知っていた。裏に回って、最高の監督や俳優にそっと耳打ちした。ショウとの契約更新を見送って、ゴールデン・ハーベストに移籍したほうが得だ。自己資金を持たないレイモンドは一定歩合の利益分配を約束した。

レイモンドがひそかに話を持ちかけた監督のなかには、ランランのところへ引き返し、「契約の満了が近づいている、ゴールデン・ハーベストよりいい条件が欲しい」と訴える者もいた。うちの人材を横取りする気かとランランは詰め寄った。レイモンドは「まさか、ばかなことを言わないでくれ」と言って話を否定した。ランランは一抹の疑念を残しつつも〝微笑みの虎〟の異名を取るレイモンドを信じた。ひとりの男――ジミー・ウォング（王羽）――がいなければ、いったん事態は沈静化していたかもしれない。

『吼えろ！ドラゴン　起て！ジャガー』の成功でジミー・ウォングはイギリス領香港最大のドル箱スター、〝あこがれの的ナンバーワン〟になった。彼もゴールデン・ハーベストに合流して興行成功の分け前にあずかりたかったが、ショウ・ブラザースとの契約がまだ何年か残っていた。ジレンマ解消のため、ウォングは独立を決意した。レイモンドは思いとどまらせようとしたが、ウォングは計画を強行した。これにランラン・ショウが激怒した。全幅の信頼を置いていた子飼いの俳優の裏切りだ。彼はゴールデン・ハーベストとの契約を破棄したうえで、レイモンドの両腕ふたりを解雇した。レイモンドをあと一週間出社させたのちに解雇し、裏切りは絶対許さないとばかりに罪のない重役のクビまでいくつか切った。

いっぽうジミー・ウォングは台湾へ逃れた。ランランは収入の道を断って戻らざるを得なくしようと、台湾の裁判所に支払い停止命令を求め、地元紙に広告を打って、ウォングは法律上台湾では働けないと現地の映画会社に警告した。

失業して一文無しになったレイモンドはランラン・ショウに恨みや反感を持つ人々に呼びかけた――そんな人間は大勢いた。先頭にいたのがショウの仇敵キャセイ映画だ。ここが使われなくなった物置小屋のような撮影所をレイモンドに提供してくれた。ハンマーヒル・ロードの丘の上に立つ危なっかしい物件で、元々は織物工場だったが、防音室がいくつかあった。三カ月の短い期間でレイモンドは活動再開の資金調達に成功する。

儲けは微々たるものだった。ショウ・ブラザースはまだ〈マンダリン・サーキット〉最高の映画館を牛耳っていた。ゴールデン・ハーベストは二番館興行に甘んじるしかない。ランランはA級監督の大半を手元に留め置いた。レイモンドが引き抜いた最高の人材はロー・ウェイ（羅維）だった。天才肌ではないが、有能な職人で、このあとブルースが主演した最初の二本でメガホンを取る。ゴールデン・ハーベストのトップスター、ジミー・ウォングはまだショウ・ブラザースとの契約に縛られていて、法律上香港では、ショウ以外とは仕事ができない。そのためレイモンドは日本最高のアクションスター勝新太郎との合作を画策し、ウォングを日本へ送った。勝は『座頭市』シリーズの主演俳優で、ブルース・リーが敬愛する俳優でもあった。このふたりが共同制作したのが『新座頭市　破れ！唐人剣』（一九七一年）だ。

ひとつ問題があった。ウォング演じる隻腕の剣士はショウ・ブラザースの貴重な資産だったからだ。ウォングはショウ・ブラザースの『片腕必殺剣』（一九六七年）と『続・片腕必殺剣』（一九六九年）で、すでにその役どころを演じていた。『新座頭市』はその続編になる。「あれで事態はいっそう悪化した」と、ゴールデン・ハーベストにいたアンドレ・モーガンが言う。「レイモンドは香港興行界のベネディクト・アーノルド〔変節漢〕だとランランは確信した」ショウ・ブラザースはゴールデン・ハーベストを著作権侵害で訴え、レイモンドの立ち上げた新会社の懐が干上がるまで徹底的に裁判費用で苦しめようとした。

つまり、レイモンド・チョウは資金繰りが苦しく、映画の配給も思うようにいかず、優秀な人材に事欠き、最大のスターはお尋ね者で、香港映画界に君臨するスタジオの法的報復に直面していた。喉から手が出るほど救世主が必要だった。

ブルースが一九七〇年四月に香港を発《た》ったあと、レイモンド・チョウはロサンゼルスの電話番号を突き止めた。電話を受けてブルースは驚いた。レイモンドと面識はないが、名前は耳にしていた。話しはじめると、気が合いそうな気がした。レイモンドは香港の映画に出る気はないかと尋ねた。ラジオのインタビューを受けたときと同様、ブルースは、「出演料が適正ならね」と冗談めかした。ふたりは話を続けたが、ブルースの注意はこのとき取り組んでいたハリウッドの企画にそそがれていた。レイモンドの申し入れを聞いても、あまり気がない感じだった。『サイレントフルート』に全神経を傾けていたからだ。

一年後の七一年四月十日、ブルースはレイモンドに電話をかけた。『サイレントフルート』も『燃えよ！カンフー』も『ケルシー』も没になっていた。住宅ローンを払えない。腰の具合もまだ思わしくない。カネが必要だ。

「これまでに作った最高の映画は？」と、ブルースはレイモンドに尋ねた。

「自分の作った映画はだいたいどれも気に入っている。どれも最高とは言わないが。あとから振り返れば、何かしら改善すべき点は見つかるからね」と、レイモンドは答えた。「それでも、出来には満足しているよ」

「ジミー・ウォングの『吼えろ！ドラゴン　起て！ジャガー』は？」と、ブルースは話を振った。

「我々が作ったアクション映画でも指折りの成功作だ」

「私ならもっとうまくできる」と、ブルースは主張した。

「本当か？」と、思わずレイモンドは返した。

「もちろんだ。本気でいいカンフー映画を作りたいなら……」ブルースは自分だったらどうするかを微に入り細を穿《うが》って説明した。

「うん、なるほど」レイモンドは相手を遮《さえぎ》るように言った。「いずれにしても、君が力を貸してくれたら、きっといいものができる」レイモンドはこのやり取りを前向きに受け止め、最後にこう結んだ。「では、君との契約に使いを出そう」

「あなたが来るんじゃなくて？」意表を衝《つ》かれ、ブルースは尋ねた。

「うーん、いまは手が離せない仕事があって。この電

ランラン・ショウと彼の抱える女性スターたち。ショウ・ブラザースの野外撮影所で。1976年。
中央のピクシーカットの女性がベティ・ティンペイ（ダーク・ハルステッド／Getty Images）

左からアンドレ・モーガン、ジョン・サクソン、レイモンド・チョウ、ブルース・リー。
1973年2月（Stanley Bielecki Movie Collection/Getty Images）

話で大筋の合意は見たかもしれないが、プロデューサーをそっちへ送ろう」

大筋の合意は見たかもしれないが、本当に契約したものかどうか、ブルースは決めかねていた。レイモンド・チョウの申し入れはひとまず検討するとして、レイモンドの不倶戴天の敵ランラン・ショウにも接近することにした。ショウ・ブラザースに勤める子役時代の友人ユニコーン・チャン（小麒麟）に連絡を取り、仲立ちを頼んだ。「ユニコーンとブルースは六〇年代に手紙をやり取りしていて、香港へ戻る話も出ていました」と、ブルースの弟ロバートが言う。

ブルースは英語と中国語まじりの手紙をユニコーンに送り、ランラン・ショウに自分のこだわりと契約条件を明示した。「要求は三つあった」ユニコーン・チャンが回想する。「①報酬は映画一本につき一万米ドル。②脚本の変更権。③武術指導の全面委任」。なんの実績もない比較的無名の俳優としては強気な要求だった。「うちで使うには要求額が高すぎた」ショウ・ブラザースのプロデューサー、ローレンス・ウォンが説明する。「その額を支払えば、共演者の出演料も上げなければいけなくなる」

社内で何度か検討したあとランランが逆提案したのは映画一本につき五〇〇〇ドルで、脚本承認権や武術指導の委任には触れていなかった。返事を見たブルースは笑ったが、すぐには却下しなかった、とリンダが言う。彼はショウに電報を打ち、黙殺された二点について問い合わせた。ブルースにとって作品の質を左右する権限は報酬以上に重要だ。ランランの返事は、「こっちへ帰ってくれれば悪いようにはしないと、あいつに言ってやれ」という、いかにも家父長的なものだった。

これを聞いてブルースは激怒した。自分は一文無しかもしれないが、他人に縛られるつもりはないし、ランラン・ショウの所有物になる気もない。

レイモンド・チョウはブルース・リーの第一志望でなかったが、ブルースもレイモンドの一位指名選手ではなかった。レイモンドにとって当時のブルースはひとりの有望株に過ぎなかった。魅力的な男で、カンフーの腕は立つが、四年前にアメリカのパッとしない連続ドラマでおかかえ運転手役を務めたに過ぎない。本当に契約したいのは香港一有名な女性アクションスターで、〝武俠影后〟（武俠映画の女王）と呼ばれたチェン・ペイペイ（鄭佩佩）だった。彼女はキン・フー（胡金銓）監督の『大酔俠』（一九六六年）で一躍人気スターになった。香港映画界の風説によれば、ランラン・ショウはこの女優にご執心だったが、いくら口説かれても彼女は応じなかった。拒絶されていっそう思いは燃え上がり、さらにしつこく彼女を追い求めた。その手を逃れるため、チェン・ペイペイはまず台湾、次にロサンゼルスへ逃れ、そこで結婚した。レイモンド・チョウにとって、チェン・ペイペイはブルース・リーとちがって確実に興行収入が見込めるし、ジミー・ウォングに彼女が加わればランラン・ショウと戦うための貴重な戦力になる。

　彼女を連れ帰るために送りこまれたのは、プロデューサーの劉亮華《ラウリャンホウ》だった。みんなからグレイディスと呼ばれていた彼女は、元女優で、映画監督ロー・ウェイ（羅維）の妻でもあった。グレイディスはロサンゼルスのチェン・ペイペイ宅に滞在した。若手有望株のブルースもそこへ招かれた。「ブルースはよくグレイディスを車で迎えにきていました。髪が長くて、いつもお香のにおいをただよわせていた」と、チェン・ペイペイが回想する。〝お香〟はマリファナ煙草の婉曲表現だ。「夫はヒッピーと思っていたんですよ」

　グレイディスはチェン・ペイペイと契約できなかった。女優業に戻る心の準備がまだできていなかったからだが、最終的に彼女は女優に復帰し、『グリーン・デスティニー』の碧眼狐狸《ジェイド・フォックス》など多種多様な役柄を長きにわたって演じることになる。

　レイモンドはブルースにショウより高い出演料を提示した――映画二本で一万五〇〇〇ドル。だが、先行き不透明な新興スタジオとのタッグはリスクを伴う。映画の完成前に会社が破産する可能性もあれば、全額の支払いを渋ったり、映画の出来がひどくて出演を後悔することになる可能性もあった。

　ブルースはスターリング・シリファントに助言を仰いだ。

「やめておけ」と、シリファントは言った。「行かないほうがいい」

「カネが必要なんだ」と、ブルースは返した。

「やるなら、前払いとファーストクラスの往復航空券を要求しろ」シリファントは主張した。「中国の映画会社のことを、いまさら私から説明する必要もあるまい。のりこんだはいいが、カネも帰りの航空券ももらえず、こっちへ帰れなくなるのが落ちだ。家族はこっちにいるのに、向こうで身動きが取れなくなる」

「いや、レイモンド・チョウのことは信頼している」ブルースは言った。「かならずこっちに帰ってくる」

七一年六月二十八日、ブルースはゴールデン・ハーベストと映画二本の契約を結んだ。『ドラゴン危機一発（唐山大兄 *The Big Boss*）』と、のちに『ドラゴン怒りの鉄拳（精武門 *Fist of Fury*）』と改題される『キング・オブ・チャイニーズ・ボクサーズ』だ。この二本を撮りおえたらアメリカに帰るつもりでいた。なかば伝説化している通説とは逆に、ブルースはまだハリウッドに見切りをつけていなかった。数々の挫折を味わったが、『ロングストリート』の有意義な経験を経て、この先もアメリカで俳優として生きていけそうだと楽観しはじめていた。『サイレントフルート』の企画が再浮上する可能性さえ信じていた。出発の二日前、彼は友人に手紙を書いている。〝日曜の朝、香港へ発《た》ち、二本の映画に主演する。四カ月の滞在を見込んでいる。帰国したら忙しくなりそうだ。映画（フレッド・ワイントローブの『サイレントフルート』）の撮影に入るかもしれないし、香港滞在の四カ月でパラマウントと連続ドラマの企画にも取り組む〟

ゴールデン・ハーベストの二本の映画に高望みはしていなかった。ブルースは契約前の下準備に、香港のカンフー映画を大量に見た。「どれもひどかった」彼は言った。「演技と格闘をひとつに溶け合わせることは可能なはずなのに、香港映画のほとんどは薄っぺらで味気ない」自分ならもっとうまくやれるという自信はあったが、この二作がハリウッドのキャリアに影響を及ぼすとは思っていなかった。レイモンド・チョウと契約したのはキャリアの道を切り開くためではなく、干上がった銀行口座に現金を補充するためであり、つかのまの寄り道に過ぎなかった。カネのために契約した。それ以外の何物でもなかった。

17

『ドラゴン危機一発』
（唐山大兄／*The Big Boss*）

　ブルース・リーをスターにする映画は、当初は彼が主演する予定ではなかった。彼がゴールデン・ハーベストとの二ページにわたる契約書にサインした一九七一年六月二十八日には、『ドラゴン危機一発』はすでに制作準備段階に入っていて、〝次世代スター〟として訓練を受けてきたジェイムズ・ティエン（田俊）が主役に決まっていた。レイモンド・チョウはブルースのために別の主演映画を作ろうと申し出たが、ブルースにそれを待つ余裕はなかった。レイモンドはこの作品に彼を押しこむことにしぶしぶ同意した。

『ロングストリート』第一話「波止場の対決」の撮影が終わってすぐの七月十二日、ブルースは借金を完済して残った全財産の五〇ドルをリンダに渡し、パン・アメリカン航空の香港行きに飛び乗った。レイモンド・チョウは『ドラゴン危機一発』の撮影が行われているタイへ直行してほしかった。香港での乗り継ぎを避けるためだ。ランラン・ショウにブルースを横取りされる心配があった。「ブルースは拒否しました。どの作品でも自分の権威をそれ相応に印象づけようと、最初から固く決意していたんです。自尊心《エゴ》の問題ではありませんん。誰の束縛も受けないことを最初から明らかにするためでした」と、リンダが言う。「しかるべき時間空港にいて友人のひとりに挨拶すると同時に、自分はゲームの駒のように人の手であちこち動かされはしないという意思表示をしたのです」

自由意志の表明後にブルースはバンコクへ飛び、二、三日滞在したあと、七月十八日に国立公園の端に位置する極貧の小村パークチョンへ車で向かった。ロサンゼルスのベルエアからパークチョンへ移動したときは文字どおり天国から地獄だった。妻にホームシック気味の手紙を十四通書き送っているが、最初の一通でこう訴えている。〝蚊が多く、至るところにゴキブリがいる……食べ物もひどい。村に牛肉はなく、鶏肉と豚肉もなきに等しい。ビタミン剤を持ってきてよかった。完全に未開の村で、不自由きわまりない〟。体重が六六キロから五八キロに落ちた。エネルギーを維持するため頻繁にビタミン剤を口に放りこんでいたことから、ブルースは撮影中ずっと麻薬をやっていたとの噂が流れ、タブロイド紙に届いている。

だが、彼が直面した最大の危険は自然界でなく人間からもたらされた。俳優陣も撮影スタッフも嫉妬と憤激に駆られていた。彼らの大半はジェイムズ・ティエンと仲が良く、ブルースはハリウッドから投入されてティエンのスポットライトを奪った、どこの馬の骨ともわからない人物だ。子役時代の李小龍を覚えている人間がいたとしても、お涙頂戴ものの白黒映画で演じた腕白な孤児の記憶しかない。『ドラゴン危機一発』はバイオレンス・アクションだ。マコーレー・カルキンが『ホーム・アローン』出演後に行方をくらまし、大人になってひょっこり現れ、『ジェイソン・ボーン』に主演するようなものだった。報酬の問題もあった。映画全体の予算は一〇万米ドルに満たない。ほかの俳優の報酬は多くて四〇〇ドルだ。なのに、ブルースには七五〇〇ドルが支払われる。予算中、この額を上回るのは血糊代だけだった。「会社がブルース・リーにそれだけ支払うと聞いて、みんな『誰だい、そいつは？』と言っていた」と、ゴールデン・ハーベストのスタントマンだったゼブラ・パンが振り返る。

　同僚を味方につける前に、すでに一週間かけてジェイムズ・ティエンの場面を撮っていた監督の呉家驤《ウーチアシャン》と対峙しなければならなかった。呉は悪の首領の下っ端たちとの格闘シーンをブルースにやらせてみた。突いて、受けて、蹴って、なめらかに円を描き、固め技や投げ技、アクロバティックな宙返りと、型どおりに時間をかけてやってほしかった。ときに五十以上の異なる動きで戦闘シーンを描く粤劇《えつげき》（広東オペラ）が、香港カンフー映画の源流だ。

　だが、撮影セットに控えるスタントマンとちがい、ブルースは粤劇を習ったことが一度もない。元来が路上の喧嘩屋《ストリートファイター》だ。伝統的なカンフーの殺陣《たて》は退屈で非現実的と捉えていた。古いやり方、父親世代のやり方だ。ブルースは新世代だった。三人の敵と対決するときは、ひとりを頭への半月蹴り、次を後ろ廻し蹴り、最後のひとりを廻し蹴りと、それぞれ一撃で葬りたい――イスラム神秘主義の修道僧《ダルウィーシュ》のごとく、旋回する破壊独楽《ゴマ》と化して。「香港映画では全員が同時に戦っていた。なかでも白けたのは、全員がそっくり同じ戦い方をすることだ」と、ブルースは不満を述べている。「いったい誰があんな戦い方をするというんだ！」

　呉はびっくりした。香港の客は長い時間をかけた緻密な戦いを期待している。現実感《リアリズム》など求めていない。このブルースという男はペテン師だ――三つの蹴りしか知らない！　監督が絶対の支配者で俳優は指示にしたがう工場労働者という香港映画の構図でのし上がってきた呉は、アクションが足りないとブルースに指摘した。「もっと戦ってくれ。アクションが必要だ。これじゃ全然足りない」スティーブ・マックィーンに代表されるスター俳優第一のハリウッドでのし上がってきたブルースは、自分の格闘シーンは自分で監督すると言い渡した。

　話は暗礁に乗り上げ、ふたりとも香港のレイモンド・チョウに電話した。

「あの監督はごみだ」と、ブルースは断じた。「三人の下っ端と戦うときは三度の蹴りで片づけないと。三下たちを片づけるのに長い時間をかけたら、悪の首領と対峙したとき、どうするんだ？　一時間戦わなければならなくなる」

「あなたは騙されたんですよ」呉はレイモンドに不満をぶつけた。「優秀な男とおっしゃったが、あいつは格闘を演じられない。三つの蹴りしか知らないんだ。私は〝李三脚〟と呼んでいます」

どちらの言い分にも一理あった。東洋と西洋の両方で生きてきたブルースはその両者に橋を架けたい。『グリーン・ホーネット』ではジョン・ウェイン式パンチの多用を退屈と考え、蹴りの味つけで視聴者を沸かせられることを知った。西洋の殺陣は簡単すぎると断じ、複雑化した。だが香港映画を見たときは、もっと簡素化する必要があると気がついた。複雑すぎて現実味に欠け、それゆえ見ている側に危険性や交戦の生々しさが伝わらない。ブルースは粤劇の伝統的な訓練を受けた人間ではない、という呉の言い分も正しかった。ブルースは三つどころか、はるかに多くの蹴り方を知っていたが、同時代のスタントマンやアクション俳優とちがって、若いころに伝統的カンフーの形《かた》を何十も、朝から晩まで練習してきてはいない。

レイモンド・チョウは難しい決断を迫られた。映画に監督は必要だが、すでにブルース・リーに七五〇〇ドル使っている。どっちの首を切るか決める前にラッシュフィルムに目を通した。ブルースの動きに、呉が見逃している卓越した技術が見えた。「実際、彼の〝三脚〟はすさまじく、目をみはるものがあった」と、レイモンドは言う。感服した彼は悪口を讃辞に転換することにした。ゴールデン・ハーベストの『ドラゴン危機一発』の販促資料は誇らしげに〝驚異の李三脚〟と謳っている（後年、ブルースに〝女好き〟との評判が立ったとき、タブロイド紙はこの異名を性的なほのめかしに使った）。

レイモンドは現場プロデューサーのグレイディスこと劉亮華《ラウリャンホウ》にも電話で助言を求めた。グレイディスはロサンゼルスでブルースとの契約に尽力した人物で、映画監督ロー・ウェイ（羅維）の妻でもあった。彼女はレイモンドに、呉は気難しく撮影スタッフの大半は彼を煙たがっていると指摘した。危機の解決方法として、彼女は私利につながる提案をした。自分の夫は台湾でゴールデン・ハーベストの映画を撮りおえたところだ。呉の代わりにロー・ウェイを呼び寄せてはどうか？　レイモンド・チョウは同意した。これ以上呉と関わらずにすむとわかって、ブルースは安堵したが、五十二歳のロー・ウェイは呉以上の難物だった。

若き日のロー・ウェイは上海の二枚目俳優だった。共産党が中国を支配した一九四九年に現地映画関係者と香港へ逃れ、映画監督として道を歩み直すうち、やがてショウ・ブラザースに雇われた。香港映画最高の監督キン・フー（胡金銓）の天才的映像美こそ見られないが、実用性に優れた職人だ。六年足らずでショウ・ブラザースのために採算性の高い映画を十七本量産している。レイモンド・チョウにとって、彼をショウ・ブラザースから引き抜いたのは大成功だった。紛糾した撮影現場を救えるのはロー・ウェイしかいない。

監督になってからもロー・ウェイは元スター俳優らしい傲慢さと自己中心的な態度を捨てなかった。朗々と響き渡るバリトンの声、どっしりした恰幅のいい体、自尊心《エゴ》、癇の強さ、そして自分の監督作品によく俳優として出演することから、スタジオ内外で〝オーソン・ウェルズ〟と呼ばれていた（『ドラゴン怒りの鉄拳』でも警察署長役で出演している）。映画のセットで生きてきたブルースはこの点にすぐ気づき、妻にこんな手紙を送っている。〝別の監督（名声好き）がやってきた。仕事を引き継ぐらしい。腕が良くて協力的なら問題ないが〟

ロー・ウェイに俳優と協力するつもりはなかった。彼らに求めるのは敬意と服従だ。ブルースからは多少の感謝も期待していただろう。テレビでブルースに注目したのは彼の息子で、レイモンド・チョウにブルースを雇うよう進言したのは彼自身だったし、ブルース獲得のためにロサンゼルスへのりこんだのは彼の妻だったのだから。

権威を振りかざす人間への追従はブルースの生き方に反する。ルビー・チョウのときと同じく、彼はロー・ウェイに呼びかけるとき肩書の「監督」を使おうとしなかった。香港映画の現場では信じがたいマナー違反だ。代わりにただ、「ロー・ウェイ」と呼んだ。面子《メンツ》を立てようとしないブルースに、ロー・ウェイは目を剝《む》いた。妻のグレイディスが取りなそうとした。「軋《あつ》轢《れき》は些細なことから始まった」ロー・ウェイは一九八八年のインタビューで振り返っている。「彼は現場で私をフルネームの呼び捨てにした。大きな声で『ロー・ウェイ！　ロー・ウェイ！』と呼ぶんだ。それで妻が、『呼び捨てにするなんて、どういうつもり？　彼はあなたよりずっと年上なのよ。親しみを込めたければ〝ローおじさん〟、礼儀正しくしたければ、〝ロー監督〟と呼びなさい』と諭した」

ブルースは監督の仕事や制作面にも口を挟もうとし、ロー・ウェイを唖然とさせた。香港の映画は日米に大きく後れを取っているとブルースは感じ――正しい評価だった――その地位を向上させたかった。ロー・ウェイはいつもどおり物事を進めたい。彼はあまり現場に干渉しないタイプと見られていた。自分の映画でも細部にはこだわらない。撮影中、よくラジオをつけて競馬やドッグレースの中継を聞いていた。レース中に声をかけたり自分の賭けた馬が負けたりすると怒声を張り上げる。完璧主義者のブルースはこういうずぼらな取り組み姿勢を見て不愉快に思った。妻への手紙にこう書いている。〝いまやっている映画はプロの仕事とは思えない。何を考えているかわからない監督に代わって新しいのが来た。こっちは可もなく不可もない感じだが、人を見下した態度で、腹に据えかねる〟

〝李三脚〟とあだ名されたブルース・リーは作中で悪の首領を演じるベテラン・スタント監督のハン・インチェ（韓英傑）とも現場で衝突した。ブルースとハンは作中だけでなく舞台裏でも殺陣の主導権をめぐって戦っていた。ハンは粤劇的な芝居がかった非現実的な動きをよしとした。ブルースは可能なかぎり現実的な動きを追求し、共演者に当てることも辞さなかった。ハンは彼に蹴られたことを覚えている。「タイミングの取り方や空間認識はすばらしかったが、突きや蹴りを強く出しすぎた。蹴りを顔にもらったときは痛かったが、いま思えばツイていたね」

最終的にはふたりの方式の折衷を連ねることになった。ブルースは自分の偶像的イメージを構成する一定の要素を取り入れることができた——上段後ろ廻し蹴り、速やかなノックアウト、さらには、自分の血を舐めるところまで（弟子のひとりラリー・ハートセルから、酒場の乱闘で自分の血を舐めたら相手がビビッたと聞いたのだ）。いっぽうハンはトランポリンを使った跳躍や、時間をかけた古典的な技の応酬など、香港アクション映画お決まりの特徴をいくつか盛りこむことができた。

反抗的な俳優をかかえこんだロー・ウェイは悩んだ。解雇はできない。ならば、ブルースとジェイムズ・ティエンの主役争いを利用するしかない。主役が決まっていた映画に自分が主演するとブルースが主張したとき、レイモンド・チョウはひらめいた。ブルースにこの映画を支えられるだけのカリスマ性がなかった場合、代替計画に切り替えられる。「巧妙な作戦だ」と、アンドレ・モーガンが言う。「注意深く見ていれば、冒頭には主演俳優がふたりいるのがわかる。彼らはブルースを撮影審査して、本物かどうか見極めたかった。そして半分過ぎで決断した。〝どっちが死んで、どっちが生き残るか〟を」

その判断を下す前に、ロー・ウェイはふたりを競わせた。早い段階で、ブルースが毛嫌いする粤劇的な誇張されたパントマイムについても議論を戦わせている。「リーの格闘シーンは三つか四つだ。彼にいろいろ指示した。どう戦う必要があるか伝えたんだ。ご免こうむるという感じだったよ」ロー・ウェイが回想する。「次の日、彼の格闘シーンの撮影があった。いくつか期待に沿わない動きがあった。そこで、ひらめいた。朝、撮影現場に着いたとき、私はリーを隣に座らせて休憩を命じた。そこでジェイムズ・ティエンを呼び入れ、リーではなくティエンの格闘シーンを撮った。カメラを回しながらトランポリンで跳躍させ、落下させ、宙返りさせた。リーは午前中ずっと私の横にいた。これはまずいと思ったんだろう。ティエンの格闘シーンが多すぎる。たぶん、主役の座を奪われると思ったんだな。あの日から少し協力的になったし、カメラの前で進んで格闘するようになった」

このころには、ブルースのロー・ウェイへの評価も多少上がっていたようだ。不承不承といった感じだが、妻への手紙に、〝撮影は順調に進んでいるし、前に比べるとずいぶんうまくいっている。新しい監督はロマン・ポランスキーとは言わないが、全体的には前の監督よりいい〟と書いている。ロー・ウェイもブルース・リーのスター性を評価したようだ。第一部の最後で彼はジェイムズ・ティエンを死なせ、残りをブルースに託した。

　タイで撮影に臨んだとき『ドラゴン危機一発』の脚本はわずか三ページだった、とロー・ウェイは主張する。多少話を盛っているのだろうが、大きな誇張ではなさそうだ。香港映画の撮影は最小限のあらすじで始めることもよくあった。あとは監督とプロデューサーたちで撮影しながらこしらえていく。ブルース自身の人生を投影するかのように、彼の演じる主人公チェン・チャオアンはかつて問題児で、外国（タイ）へ追い払われたが、改心して製氷工場で働いている。首にかけた翡翠《ひすい》のペンダントは二度と喧嘩をしないという母との約束の象徴だ。ジェイムズ・ティエン演じる工場労働者のリーダーに迎えられた彼は、威張り散らす悪党たちをティエンがたちまち打ち負かすのを見て、ペンダントをかけたまま鬱憤を募らせる。製氷工場はじつは麻薬密輸売買の隠れ蓑だった。氷の塊に詰めこまれたヘロインを発見したふたりの労働者がひそかに処刑され、その死体は氷中に隠される。ジェイムズ・ティエンは行方がわからなくなった労働者をめぐって悪の首領と対峙し、警察への通報をちらつかせた。その結果、首領の手先に卑劣な総がかりを受けて命を落とす。

　ここからブルースが主人公へ躍り出る。ブルースの実人生とちがい、彼が演じるのは簡単に人に騙される田舎者だ。首領から現場主任に指名されて、宴席で酒とタイ人娼婦の供応を受け、ブルース・リー初の濡れ場に突入する。寝室に入って眠りこんだ彼の横に娼婦が服を脱いで寄り添う。騙されていたと気がつくのは、氷中に労働者の死体の一部を発見したときだ。ブルースは後日、記者たちに語っている。「演じたのはきわめて単純な男だった。人の言葉をそのまま鵜呑みにするような。騙されていたとようやく気がつき、野獣と化す」

命を投げうっても首領を倒すと決意したブルース演じるチェン・チャオアンは全財産を川に投げこむ。映画のディレクターズカット版では、チャオアンは最後にひとときの楽しみをと娼館へ引き返す。ひとりの娼婦を選んでベッドに押し倒し、自分も裸になる（局部はベッドの頭板に隠された）。ブルースの映画人生で唯一の、全裸ヌードによる濡れ場だ。娼婦が眠りに落ちたあと、チャオアンは彼女のベッドスタンドから煎餅《せんべい》を失敬し、首領の住まいへと向かう。

このシーンはあと五分ほどある成人指定の場面とともも、香港と欧米で公開された広東語版と国際版からはカットされた。商業的な意味合いもあった。映画の主人公がセックスと煎餅を復讐に優先させたのを見て、試写会の観客たちが面食らったからだ。編集版ではなぜか主人公が煎餅を食べながら、いきなり首領邸の正面に現れる。

クライマックスの戦いはパークチョン最後の三日間で撮影された。ブルースは大変だった。まず首領の飼うシェパード犬と対決しなければならない。犬は大好きでても、攻撃犬は怖い。ロー・ウェイは主演俳優が四苦八苦しているのを見て楽しんでいたようだ。「軍の兵舎から借りてきた犬だ。みんな怖がっていた。あつかいにくい犬でね」ロー・ウェイが当時を振り返る。「リーは戦おうとしたが、うまくいかない。それで撮影を拒否した。『冗談じゃない！　撮るな！』と言って。我々にはなす術がない。犬は彼をにらみつけている。リーはおびえた表情を浮かべている。それを見て、みんな大笑いだ。偉大な英雄がたった一匹の犬を怖がってどうする？　仕方がないから、別の犬を呼び入れて、撮影中麻酔をかけた。ひどいことをしたものさ。気を失った犬を七、八人でカメラの前へ運ぶはめになった」

ブルースは撮影中に小さな傷をいくつか負い、安物のガラスで指も切ったが、いちばん時間を浪費したのは足の捻挫だ。リンダに手紙で、〝二日間地獄を味わったよ。高いところから飛び降りて、足首を強くひねった。車で一、二時間かけてバンコクへ戻り、医者に

『ドラゴン危機一発』で悪の首領を演じるハン・インチェを投げつける。
1971年8月(Michael Ochs Archives/Getty Images)

タイで行われたロケで監督のロー・ウェイと。1971年8月(デイビッド・タッドマン)

診てもらったら、こんどは風邪を引きこんだ（バンコクは蒸し暑くて、道路は一日二十四時間渋滞している）。熱に、悪寒。体の節々が痛み、足を引きずりながら撮った最後の戦いのシーンは大写しを使った〟と書いている。びっこを引くブルースに合わせ、ハン演じる悪の首領に脚を切りつけられる場面が付け足された。

人里離れたタイの小村パークチョンでの撮影中、パラマウント・テレビがブルースの居所を突き止めようと、ゴールデン・ハーベストの香港事務所に繰り返し電報を打っていた。彼がロサンゼルスを発《た》つ前に、『ロングストリート』四話分の撮影は終わっていた。当初の予定では、ブルースが出演する「波止場の対決」は第三話だった。ところが、パラマウント・テレビの代表トム・タンネンバウムがこれを見てぞっこん惚れこみ、〈秋のプレミア週間〉の第一話（一九七一年九月十六日）に持ってくることにした。この判断からジレンマが生まれた。第一話でブルース・リー演じるリー・チョンがすばらしい存在感を見せつけたため、視聴者は当然、彼が何度も出てくるものと期待する。ところが、ブルースはタンネンバウムが提示した複数話契約にサインしないままアメリカを発ってしまった。パラマウントとしてはなんとか彼と契約を結び、アメリカに戻らせて、あと何話か撮影したい。

電話連絡の試みに何度か失敗したあと、タンネンバウムはようやくバンコクにいるブルースをつかまえた。アメリカに戻る気にさせようと、あと三話で一話あたり一〇〇〇ドルという出演料と条件を提示し、ブルース主演で『タイガー・フォース（虎の力）』というドラマも作ると請け合った。〝『ロングストリート』は大成功で、私の演じる人物にたちまち反響があったそうだ〟ブルースは興奮気味にリンダに書き送っている。〝パラマウントから再出演の要請があった。あと何話か登場してほしいと。そのあいだにタンネンバウムが『タイガー・フォース』に取り組むという〟

『ドラゴン危機一発』の撮影が終了したらハリウッドへ戻って追加分の撮影をすることにブルースは同意したが、一話一〇〇〇ドルは安い。タンネンバウムに電報を打ち、二〇〇〇ドルを要求した。〝この先、何があるかわからないからね〟ブルースはリンダへの手紙で説明している。〝前進か撤退か、決断を迫られるときが来る。今回はいつでも香港の契約へ撤退が可能だ〟

何週間か返事を待つあいだに、リンダへの手紙は不安の度を強めていった。〝結果はともかく、ここらで自分の値段を上げるべきだと信じている〟と、ブルースは書いている。〝バンコクでおもちゃを買って送ると、ブランドンに伝えてほしい――パラマウントと話が決裂しなければばの話だよ。何が起こるかわからないからね。まあ、どっちでもかまわない。前途は洋々。歌にもあるが、「いま始まったばかり」〔カーペンターズ『愛のプレリュード』〕だ〟

ようやくパラマウントから連絡が来た。彼の安堵している様子が目に浮かぶ。タンネンバウムと三話追加、一話二〇〇〇ドルの条件で合意し、セットへの拘束は最長で九日間だった。これで子どもたちと妻に贈り物を買える。〝結婚七年目の記念に〟と、彼はリンダに書いた。〝戻ったら、一五〇〇ドルが手に入る――よほどのことがないかぎり〟結婚記念日の贈り物はおそろいの指輪だった。「ブルースはときどき自分の誕生日を忘れてしまった」と、リンダが言う。「でも、結婚記念日はたいてい覚えていました」

ゴールデン・ハーベストの事務所にパラマウントから舞いこんだ電報の数々と太平洋横断電話には意外な副次的効果があった。ブルースはハリウッドで人気の人材なのだと、レイモンド・チョウが認識を改めたのだ。「面白いことに」ブルースは後日、記者たちに語っている。「パラマウントから香港に電報と電話が舞いこむのを見て、香港のプロデューサーたちは私を大スターだと思った。あれで敬意が三倍になったと思うよ」

彼の立場を強化したのはハリウッドだけではない。『ドラゴン危機一発』のセットにランラン・ショウが潜ませておいた間者たちから、ブルース・リーは本物との報告が来た。ブルースをむざむざ競争相手に渡してしまった――失敗を痛感したランランはレイモンド・チョウから彼を横取りしようとした。〝ショウ・ブラザースから誘いの電話や手紙が来たものだから、ゴールデン・ハーベストは戦々恐々としている〟と、ブルースはリンダに書き送った。〝あの手この手で私を確保しようとしていてね。これだけは言える。いまや私は香港の大スターだ〟

パークチョン最後の数日、レイモンド・チョウは彼の〝スーパースター〟と初対面を果たすべく撮影現場を訪れた。なんとしてもふたりの関係を再確認したい。ブルースはいつもどおり自信たっぷりで、「少し待っていてくれ、世界一の中国人映画スターになるから」とレイモンドに言った。

ブルースの自信には伝染力があった。ゴールデン・ハーベストは巻き返し戦略の旗艦に『ドラゴン危機一発』を据えた。レイモンド・チョウは手持ちの資本をこの映画のマーケティングに大量投入した。大々的に広告と宣伝を打ち、七一年九月三日にブルースと撮影班が香港国際空港へ帰還したときには豪華な歓迎パーティを開いた。レイモンド・チョウの新しい才能《タレント》を見るため、記者たちも集結した。長年のあいだに欧米の記者を魅了する方法を習得したブルースは、香港の報道陣も易々と味方につけた。記者たちが敵愾心《てきがいしん》を煽ろうと、香港最大のアクションスター、ジミー・ウォングと自分を比べてどう思うかと質問したときは、用心深い答えを返した。「みなさんがほかの映画でウォングの演技を見てきたことは知っています。『ドラゴン危機一発』がまもなく映画館に登場するので、それを見て、それぞれに比較していただいてはどうでしょう——私の自慢を聞くより、そのほうが良くないですか?」

このあと彼は中国人男性としてアメリカで直面した偏見を面白おかしく語り、巧みに報道陣の共感を得た。「ある日、自宅の芝生を刈っていたら、アメリカ人がそばを通りかかって、この仕事でいくらもらっているのか訊くので、『無料ですけど、草を刈りおわったらこの家の女性と寝ます』と答えたんだ」そのあと彼は記者たちの愛国心に訴えた。「アメリカではいつもわき役や悪役を演じ、余興に東洋の武術を披露している。香港と台湾の格闘映画は日本映画に大きな影響を受けていて、息苦しさを覚える。中国人にはどんなことが可能かを、私は見せてやりたい！」

ロー・ウェイとの確執について質問されたときも、彼の魅力攻勢は揺るがなかった。「撮影現場でよくロー・ウェイと論争したのは確かだが、それはすべて『ドラゴン危機一発』を可能なかぎり最高の映画にするためです」ブルースは記者たちに語った。「ふたりとも意志が強いので、〝角突き合わせる〟こともあるが、それは映画の仕事につきもので、個人的にどうこうという問題ではない。近い将来また力を合わせることへの障害になるとも思わない」

ロー・ウェイの発言は遠慮がなかった。報道陣を前に、ブルースは野放図で高慢ちき、みんなを見下しているのが態度に表れていると語った。それだけでなく、映画でどう格闘すればいいかを〝李三脚〟に教えたのは自分だと、記者たちの耳元でささやきはじめた。

さいわい、ブルースは新聞に載った談話を読んでいなかった。複数の映画会社が彼を求めて争っている現状を自分の有利に転じることに神経をそそいでいた。ハリウッドに戻って『ロングストリート』をあと三話撮ってきたいから、次の映画の予定を少し延ばしてほしいとレイモンド・チョウに求めた。レイモンドは了承し、ブルースが香港へ飛行機で家族を呼び寄せ、アパートに滞在させることにも無条件で同意した。最初、レイモンドはリンダの航空券代と引き換えに、截拳道《ジークンドー》を紹介する短編映画への出演を求めていたのだ。このあともブルースは複数の求愛者――レイモンド・チョウとランラン・ショウ、香港とハリウッド――を競わせる明快な戦略を取る。七一年九月六日にロサンゼルスへ戻る飛行機に乗ったとき、ついに自らの運命を支配できるようになったと彼が思ったのは至極当然だった。

ロサンゼルスに帰り着いた翌日、ブルースはドラマのセットに戻り、『ロングストリート』三話分の撮影に着手した。第六話「爆破四分前」、第九話「殺人者の足おと」、第十話「美女誘拐！」。この三本はシリファントの脚本ではない。彼は『ポセイドン・アドベンチャー』（一九七二年）の脚本に忙殺されていた。才能に劣る脚本家たちが代役を務め、ブルースが戻るまでに台本が出来ていた。この脚本陣は直前に本を書き直して、ブルースの役を〝端役〟同然にし、ブルースが目立たないようにして、つまらない台詞を投げ与えた。

第六話「爆破四分前」はリー・チョン（ブルース）とマイク・ロングストリート（フランシスカス）の特訓場面から始まり、それまでの四話でリー・チョンがどうしていたかには触れられていない。練習着も第一話と同じだ。脚本陣はブルースが今後もずっと配役されるか、内々で冗談を言い合っていた。ロングストリートは爆破魔から大きな橋を爆破すると脅迫を受け、リー・チョンが手を差し伸べる。「仲間になってくれるのか、リー？」と、ロングストリートが言う。リー・チョンは「見物していないで参加したほうがためになる。それが世の常だ」と答える。ロングストリートはカネを持ってひとりで来いと爆弾魔に要求され、中国武術の達人を置いて出ていく。そして出かけるとき、脚本陣の内輪のジョークを口にする。「しばらくここにいてくれるか、リー？」と。

次の第十話「美女誘拐！」は『グリーン・ホーネット』を彷彿させた。リー・チョンが盲目の探偵の運転手を務めるからだ。最後の場面、リー・チョンは回転蹴りと飛び蹴りで悪党たちを蹴散らす。四年前に比べてブルースの武術演技は格段に向上していたし、英語の台詞を明確に伝える能力も長足の進歩を遂げていた。それでも、演じるのは裕福な白人の従者だった。

「爆破四秒前」の台詞の数は十九。「美女誘拐！」では十二。もうひとつの「殺人者の足おと」では五つだった。ロングストリートが汗を流しているあいだ、彼はパンチングバッグを保持している。話にはまったく絡まない。スタートこそ上々と思われたが、登場人物としてのリー・チョンはカトーから一歩後退する形となった。ロングストリートの盲導犬より役割は小さい。登場シーンのほとんどで、ブルースはほかの俳優に合いの手を入れるだけで、身構えたように腕組みをしてうつむいていることが多い。リンダによれば、この三話で与えられた役割をブルースは〝期待外れ〟と語っていた（もっと汚い形容詞を使っていたのだろうが）。

ブルースは一行の台詞を獲得するために戦った。手の込んだいたずらもした。筆頭脚本家のジョエル・ロガシンのオフィスのドアに隠れている。ロガシンが入ってくると背後からつかみ、胴体に腕を巻きつけて、「もっと台詞が必要だ！」と言う。「私より小柄なのに、おそろしく力が強かった。彼につかまれると、彼が離す気になるまで逃れられない。『仰せのままに！』と、よく言ったものさ。楽しい男だったよ」と、ロガシンは振り返っている。

与えられた台詞の数には失望していたが、ブルースは配役陣の間で潑溂《はつらつ》として周囲を楽しませ、テイクの合間、道化師のようにふざけ回った。「体から全部空気を吐き出して、それから体を膨らませはじめるの。空気を吸いはじめると、風船みたいに膨らんでいって」ロングストリートの助手ニッキー・ベル役のマーリン・メイスンが言う。「だから、見ていてすごく楽しかった。『爆発しろ、破裂しろ』なんて、みんなではやし立てたものよ」

『ロングストリート』第一話は一九七一年九月十六日に放映された。ニューヨーク・タイムズ紙が三日後に評決を申し渡している。ドラマそのものには賛否が入り交じっていたが、ブルースの演技には激賞が寄せられた。

第一話「波止場の対決」の冒頭、主人公ロングストリートは港湾労働者たちに襲われ、金品を奪われそうになる。彼を助けたのは中国系の青年リー・チョン。空手の達人を思わせる華々しい動きで悪党たちを蹴散らす。中国に古くから伝わる護身術とのことで、もちろんロングストリートは短期集中講座を所望する。

ブルース・リーが好演する登場人物リーは鍛え上げられた一種のスーパーボーイで、ロングストリートにとってはバットマンのロビンに当たる存在だが、「それのご加護がありますように」など、と深遠な台詞も口にする。心の平穏がリーの秘密兵器らしい。「喧嘩好きだな。それを抑えないと耳を研ぎ澄ますことはできない」と、彼はたしなめる。

つまり、視聴者の誰にでも身に覚えのある話だ。盲目の主人公はたちまち共感する……この中国系俳優は「いかに死ぬかを学べ」という助言で巧みに異国情緒を醸し出している（今回植えつけた強烈な印象から、いずれドラマの主役を張っても不思議ではない）。

ブルースは欣喜雀躍《きんきじゃくやく》した。友人のひとりに、「いやもう、本当にうれしい。こんなに好意的に書いてもらえるなんて」と言っている。一年後に受けたインタビューでも、記憶を頼りに、誇らしげにこの記事を引用している。「ニューヨーク・タイムズは〝ちなみに、この中国系俳優の演技には連続ドラマの主役を勝ち取れるだけの説得力があった〟みたいなことを書いてくれた」

ブルースのアクションにも視聴者は大喜びした。「あのドラマのどの回よりたくさんファンレターが来た」

と、シリファントが言う。「ファンからの手紙はすべてブルースに宛てたものだった」

追加の三話分を撮影したところで、『ロングストリート』の仕事は終わった。この仕事はそれなりの役目を果たしてくれた。ブルースはお茶の間の注目を集め、ブルースはニューヨーク・タイムズから激賞を得た。企画に上っている有望なドラマがすでに二本あった。『タイガー・フォース』と、ブルース本人も含めてみんながびっくりした、ワーナーの『燃えよ！カンフー』だ。

ブルースがタイで『ドラゴン危機一発』の撮影に臨んでいるうちに、フレッド・ワイントローブの頭に『燃えよ！カンフー』の企画を甦らせる方法がひらめいた。長編映画でなく、ＡＢＣの『今週の映画《ムービー・オブ・ザ・ウィーク》』でやってもらおう。ワーナーの映画部門に『燃えよ！カンフー』のすばらしさが理解できないなら、お茶の間に提供すればいい。ワイントローブは『燃えよ！カンフー』の脚本を持ってワーナー・ブラザースのテレビ部門を統括するトム・クーンの許を訪れた。

クーンがオフィスで机に向かっていると、「入っては困ります」という秘書の声が聞こえた。目を上げると、巨体の男が近づいてきた。「君は？」と、クーンは尋ねた。

「私はフレッド・ワイントローブ」男はそう名乗り、『燃えよ！　カンフー』の脚本を机の上にどさりと置いた。

タイトルを見て、クーンは冗談を口にした。「〝カンフー〟という言葉は聞いたことがないが、お昼に食べた料理が似たような名前だった。ネクタイについてきたのかな」

「とにかく読んでもらいたい」と、ワイントローブは返した。「気に入ると思うよ」

トム・クーンは大いに気に入ったが、これは映画の脚本だ。テレビには長すぎるし、制作費もかかりすぎる。クーンはワイントローブに電話をかけた。「フレッド、これはすばらしい。ぜひやりたいが、テレビにはこれをやるだけの予算がない」

「一ページおきに破り取ったらいい」と、フレッドは提案した。

クーンは噴き出した。「フレッド、君とは生涯の友になれそうだ」

ＡＢＣもこの脚本に惚れこんだ。七一年七月二十二日、ワーナー・ブラザースとＡＢＣは『燃えよ！　カンフー』のテレビ放映契約を結んだと発表した。

元の映画脚本をエド・スピールマンと共同執筆したハワード・フリードランダーが、ニューヨーク市の街路でひとりの友人に偶然出くわしたとき、この契約の話を聞かされた。「十分前に起こったことのように鮮明に覚えている。マンハッタンの五四丁目を東に向かって歩いていた。ポケットにあったのは二ドルくらい。一文なしに等しく、独りぼっちだった。そこである友人にばったり遭遇して、その彼が、『やあ、君の映画が作られるそうだな』と言うんです。私は狂人を見るような目で彼を見て、『映画って、なんの？』と尋ねた。彼は『ああ、例の〝カンフー〟とかいうやつだ、あれが売れたんだ』と言う。もどかしい気持ちで新聞スタンドにたどり着き、バラエティ誌を買った。ページをめくっていくと、ワーナー・ブラザース『燃えよ！カンフー』を制作、とある。電話に駆けこんだ――もちろん公衆電話だよ、当時携帯電話はなかったから。エドに電話し、〔代理人のピーター・〕ランパックに電話して、三人で落ち合い、ランパックが西海岸に電話をかけたところで、テレビ映画として制作されることがわかったんだ」

『燃えよ！カンフー』のテレビ映画化がブルースの耳に届いたのは、九月にアメリカへ帰ってきたときだった。ABCは翌七二年の二月二十二日に放送を予定していた。クーンは十二月十五日から制作に取りかかるつもりでいた。配役の選考過程はすでに始まっていたが、欧亜混血《ユーラシアン》でカンフーの達人のクワイ・チャン・ケイン（虔官昌）にふさわしい俳優がまだ見つかっていなかった。

ブルースが『ロングストリート』で見せた演技の噂はワーナー社長テッド・アシュリーの耳にも届いていた。パラマウントのトム・タンネンバウムがブルース主演で連続ドラマの企画を進めていると知るや、アシュリーは彼を横取りすることにした。「テッド・アシュリーとワーナーがブルースに関心を持ったのは、『ロングストリート』のおかげだ」と、シリファントは言う。

ニューヨーク・タイムズの『ロングストリート』評が新聞のスタンドに届いた二日後、ブルースはアシュリーの部下のジェリー・ライダーから面会を求められた。この面会後、アシュリーはみずからクーンに電話をかけ、ブルース抜擢を働きかけた。「アシュリーから電話で『燃えよ！カンフー』の契約締結を祝福され、主役候補としてブルースに会ってほしいと言われた」と、クーンが回想する。「テッドはブルースの俳優人生を後押ししようとしていた」クーンのオフィスは七一年九月二十四日午後三時半にブルースとの面談をスケジュールした。正式なオーディションではなく、ざっくばらんな話のために。決定に必要なのはクーンの説得だけだった。

用心深い人間なら控えめに振る舞っていたかもしれ

ない。しかし、ブルースが選んだ入場方法は勇猛果敢にして大胆不敵だった。彼はクーンのオフィスに入ると同時にドアを蹴り閉め、ジムバッグを床にどさりと置いてヌンチャクを取り出し、クーンに向かって振り回しはじめた。

「何をする？」棍《こん》が顔面近くを鞭《むち》のように飛び交って、クーンを恐怖に陥れた。

「動くな」と、ブルースは言った。

「心配するな、どこにも行かないから」と、クーンは言った。「その物騒な代物をしまってくれ」

ブルースはヌンチャクを振り回すのをやめ、片腕を突き出した。「触ってみて」と、彼は要求した。

クーンは言われたとおりにした。岩のように硬い。「わかった、頼むから座ってくれ」クーンは言った。「腰を落ち着けて話をしよう」

ブルースがヌンチャクをわきに置いたところで、三十分にわたる面談が始まった。仕事の話が半分、個人的な話が半分だった。初顔合わせでいきなり肝を潰されたにもかかわらず、いつしかクーンはブルースの魅力とカリスマ性と機知《ウィット》にすっかり魅了されていた。「どんな人物か、感触をつかんでおきたかった。彼が香港で撮影してきた『ドラゴン危機一発』の話もした」と、クーンが当時を振り返る。「見る者を惹きつける存在感があった。いっしょにいて、じつに楽しかった。とにかく現実離れしたエネルギーの持ち主でね。人の気をそらさず、個性的だった」

一見、あの役にうってつけと思われた。ハリウッドにいるカンフーの達人で、ただひとりのユーラシアンでもある。しかし、脚本に設定された混血の仏教僧クワイ・チャン・ケイン（虔官昌）はブルースの性格とかなり雰囲気がちがった。「主人公は自分から厄介事に頭を突っこんだりせず、可能なかぎり交戦を避ける、寡黙で一見消極的な男というコンセプトだった」と、番組プロデューサーを務めたジョン・フリアが言う。つまり、オーディションの席に突入してヌンチャクを振り回すようなタイプではない。「主人公には、どちらかというと知性に訴えるタイプを思い描いていた」と、クーンは言う。「やむにやまれぬ状況に追いこまれるまでは戦わない男だ」ブルースを強く推していたフレッド・ワイントローブ自身も、「ケインが持つ心の静謐《せいひつ》を表現できる役者が必要だ。直情的な熱血漢のブルースがそういう性質を持ち合わせているかはまだわからない」と言っていた。

クワイ・チャン・ケインをブルースにやらせるかどうかで最大の問題は、彼の訛りだった。「三十分の面談が終わるころには彼に惚れこんでいたが、正直、彼の話すことがよくわからないことがあった」と、クーンは言う。「面白かったが、お茶の間の人たちに台詞を理解してもらうにはアフレコしかないと結論した。映画ならそれでもいいが、毎週放送のテレビでは、そうはいかない。時代は一九七一年だ。当時のテレビはとても原始的だった。全国ネットは三つ。ラジオでもテレビでも、視聴者はわかりづらいとあっさりチャンネルを変えてしまう」

面談後、クーンはフレッド・ワイントローブに電話をかけた。「いや、びっくりしたよ」クーンは笑いながら言った。「二本の棍棒で頭蓋骨をかち割られそうになった」

「いかにもブルース・リーらしい」と、ワイントローブは返した。「『燃えよ！ カンフー』の主役だが、どう思う？」

「すごい男だ」トム・クーンは興奮気味に返した。「あんなのは初めて見た。そこは認めるが、主役となると大ばくちだ。あの男はちょっと本物すぎるかもしれない」

クーンは熟慮の末、ブルースは適役でないと判断した。テッド・アシュリーに電話をかけて、その旨を伝えた。

「わかった」と、アシュリーは応じた。「君の仕事だからな、選ぶのは君だ」

候補者リストの最上位にあったブルースの名前が消され、七一年のハリウッドにはほかにユーラシアン俳優がいなかったため、アジア系俳優の顔に白粉を塗るか、メイクで白人俳優の目を細くするかの選択に迫られた——イエローフェイスの伝統にのっとって。ただ、このころにはもう、そういう措置が人種問題を招くことも増えていた。問題になりかねない。それは白人のプロデューサーや重役たちにもわかっていた。「どうなるかは、ばかでもわかったから、ハリウッドのアジア系俳優を片っ端から探した」と、クーンは言う。候補に挙がったのは、『グリーン・ホーネット』にもゲスト出演したマコ（・イワマツ）と、『スター・トレック』でヒカル・スールーを演じた日系二世のジョージ・タケイ（武井穂郷）だ。「両方に台本読みをしてもらったが、どちらも眼鏡にかなわなかった。『この男にならひとつシリーズ託せる』とは思わせてくれなかった」と、クーンは言う。「マコは訛りがきつく、タケイは肉体派でなかった」

アジアとの混血という設定に目をつぶり、白人俳優のオーディションに着手した。「デイビッド・キャラダインが台本読みに来たが、そのときは躁状態だった。何でラリッていたかは知らないが、相当だった。あとでマネジャーに電話をして、『いや、どんなにうまくても』――実際、台本読みは完璧だった――『麻薬で四六時中ハイになっている人間と連続ドラマはやれない』と伝えた」と、クーンは当時を振り返る。「しかし、まだ誰も見つかっていないし、制作開始まであと二週間くらいなのに主役がいない。ほかの役はすべて割り振られていた。次にキャラダインのマネジャーから電話が来たとき、『もう一度よこしてくれ。失うものは何もない』と言った。デイビッドはまったくの素面《しらふ》でやってきて、信じられないくらい見事に台本を読み、結局、私たちは彼に決めた。だが、素面のデイビッド・キャラダインを見たのはそのときが最後だった」

七一年の十一月下旬、キャラダインはケイン役にサインした。この話が流れたとき、ジョージ・タケイと全米アジア太平洋系アーティスト協会（AAPAA）は不公平な雇用慣習に対し、正式に苦情を申し立てた。「タケイはアジア系の俳優を組織して『燃えよ！カンフー』の状況に一種の抵抗運動を試みた」と、クーンは言う。デイビッド・キャラダインに代えてアジア系の俳優を使い、中国系の歴史アドバイザーを雇うよう、協会は要求した。クーンは後者には応じたが、前者は拒んだ。「アジア系のアドバイザーにカンフーに明るいデイビッド・チョウを雇い、可能なかぎりアジア系を関与させたが、主役はデイビッド・キャラダインと決まっていた」この妥協にアジア系俳優たちは不満を表明したが、現実主義が正論に勝った。ハリウッドでほとんど出演機会がない彼らは、機会がゼロになるよりはわき役の仕事を得たほうがいいと判断したのだ。AAPAAのジェイムズ・ホン会長（当時）は、「あの番組が長く続けば、アジア系俳優の大きな働き口になりますからね」と言う。

　クーンのキャラダイン観は的を射ていた。あの役にうってつけであると同時に大きな危険もはらんでいた。『燃えよ！　カンフー』は平和主義の東洋人が攻撃的な白人に脅かされる反体制文化《カウンターカルチャー》的な筋立てで、特にベトナム反戦運動を展開する大学生に歓迎された。キャラダインは七三年のエミー賞と翌七四年のゴールデングローブ賞で最優秀俳優賞にノミネートされている。だが、批評家と大衆から大きな支持を受けたにもかかわらず、七四年にキャラダインが強盗未遂と故意の器物損壊容疑で逮捕されるや、ドラマはすぐ打ち切りになった。キャラダインは幻覚剤ペヨーテで酔っ払って全裸で近隣宅へ強盗に入り、若い女性ふたりに（性的な）誘いをかけた――お前は魔女かと訊きながらひとりを襲ったとされる。この被害者女性は一一〇万ドルの賠償を求めて提訴し、二万ドルが支払われた。賢明で紳士的な仏教僧を演じる俳優に、この醜聞。全国ネットのテレビ局は天を仰いだことだろう。

　ワーナー・テレビ部門トップのトム・クーンはブルースの英語の訛りに難色を示したが、テッド・アシュリーは彼のスター性を見込んでいた。それ以上に大事なことがあった。パラマウントに奪われたくない。クワイ・チャン・ケイン役が手に入らなかったと知れば、ブルースはパラマウントの『タイガー・フォース』に向かうのではないか。デイビッド・キャラダインの『燃えよ！　カンフー』主演が正式決定する一カ月前の七一年十月上旬、アシュリーはブルース主演のドラマを作る独占的な企画開発契約を結びたいと申し入れた。前払い金は二万五〇〇〇ドル（二〇一七年の一五万二〇〇〇ドルに相当）。破格の金額だ。これなら住宅ローンの大半を支払える。

ブルースの準備は整っていた。『グリーン・ホーネット』以来、映画とドラマのアイデアをノートに書き留めてきた。中国人の英雄像が時代と職種別に書き出されていた。〝西部劇：①サンフランシスコの保安官（盲目の男の相棒？）。現代：①賞金稼ぎ、②弁護士、③刑事、④大使館の陰謀？〟。次ページでは西部劇のアイデアを膨らませている。〝サンフランシスコ：①現役保安官X、②浪人アー・サーム（保安官Xの影の副官）――事務所の管理人を務める代わりに部屋と食事の提供を受けている〟

後日、彼はこれをタイプして七ページのドラマ企画書を作成した。タイトルは『アー・サーム』。主役の名前でもある。舞台は昔のアメリカ西部。アー・サームは暴力団の食い物にされている中国人労働者を解放するためアメリカへ向かう中国武術の達人だ。毎回、昔の西部をさすらいながら虐げられた弱者を救っていく。

『アー・サーム』と『燃えよ！カンフー』が酷似している（いずれも東洋人が活躍する西部劇）ことから、このふたつは同じひとつの企画だったのか、あるいは『燃えよ！カンフー』の脚本を書いたのはブルースではないかと、誤った推測をするブルース・リー伝記作家もいた。しかし、ちがいは歴然だ。クワイ・チャン・ケインがユーラシアンなのに対し、アー・サームは純粋な中国人だ。少林寺の僧でもない――戦士なのだ。惜しむらくは、企画書に日付がないため、ブルースがこの企画書を作成したのがエド・スピールマンとハワード・フリーランダーの『燃えよ！カンフー』の脚本を読む前だったのか、あとだったのかはわからない。

アシュリーから企画開発契約の申し入れを受けたブルースは、この企画書を一カ所だけ変えてワーナー・ブラザースに送付した。タイトルを『アー・サーム』から『ザ・ウォリアー』と変更して。リンダによれば、ブルースは香港へ戻る前にはワーナーとの契約にサインしていない。『ドラゴン危機一発』の興行成績を確かめたかったからだ。ヒットすれば、交渉で有利な立場に立てる。ふたを開けてみれば、『危機一発』は予想をはるかに超える大成功だった。

18

『ドラゴン怒りの鉄拳』
（精武門／*Fist of Fury*）

ブルースとリンダ夫妻は六歳になったブランドンと二歳になったシャノンの四人で一九七一年十月十一日、香港へ飛んだ。着陸前に着替えたのは、ひと握りの記者に出迎えられるのではないかと考えたからだ。しかし、飛行機から降りた途端、ずらりと並んだ中国の祝賀用ランタンに出迎えられるとは夢にも思わなかった。レイモンド・チョウ（鄒文懐）が『ドラゴン危機一発』の俳優たちに作らせたものだ。英雄歓迎の仕掛けにブルースは凱旋帰国の気分を味わった。

ブルース以上にレイモンド・チョウにはヒット作が必要だった。最初に制作した五本の興行成績は芳しくなかった。ゴールデン・ハーベストはショウ・ブラザースから大きな圧力も受けていた。レイモンドの未来は『危機一発』の成功にかかっていた。作為的なイベントから、広告、メディアへの露出に至るまで、この映画の宣伝に全力を挙げてきた。十月二十九日のプレミア試写会まで、ブルースは新聞とラジオとテレビのインタビューに忙殺された。白黒時代の五〇年代におい涙頂戴ものの映画に出ていた活発な子を覚えているかもしれない年配の人々に、改めて李小龍を紹介したい。宣伝に可能なかぎりの手を打ったレイモンドとブルースの運命は初公開の夜にかかっていた。

レイモンドとブルース夫妻は一抹の不安を胸に映画館へ足を踏み入れた。香港の映画ファンは喜ばせるのが難しいことで有名だった。出来の悪い映画には罵《のの》りの声をあげる。映画館に斧を持ちこむ輩《やから》もいて、がっかりすると座席を切り刻んで失望を表明した。「映画の進行中、観客の反応を見守っていた」ブルースが回想している。「最初はおおむね静かだったが、最後は熱狂して拍手喝采を送ってくれた。みんなが心を震わせていた——気に入らないと悪態をついて帰っていくような人たちが」上映中、自分の演じる主人公に歓声があがるのを聞くうち、緊張がほぐれてきて、同時に自信が深まってきた。初めての濡れ場が訪れるころには、リンダのほうに上体を折って、「ささやかな余禄だ」と、冗談めかした。

試写会に来た客のなかに、香港の有名な映画評論家で映画史家でもあるメル・トバイアスがいた。「ブルース・リーが誰か、私は知らなかった。初上映を見たのはたまたまに過ぎない。マニラから来た客人が深夜上映を見たいと言いだし、見にいったのが『ドラゴン危機一発』だった」と、トバイアスは回想する。「映画が終わったあと、十秒くらい静寂が下りた。何に心を打たれたのかわからないまま、客たちが大声で叫びだした。ブルース・リーの姿が見えると、彼らはびっくり仰天して目をみはった。そこから雷鳴のような拍手が沸き起こった。この男は〝頂点〟に立つと感じた。彼の体現した東洋人、アジア人が、みんなに一体感、つまりアイデンティティの意識をもたらしたからです」

この夜、ブルースは控えめな期待しか持っていなかった。「『ドラゴン危機一発』が何かの記録を破るなんて思っていなかった」と、彼は認めている。「まあ、稼いでくれるとは思っていたけどね」観客の反応は圧倒的だった。「あの夜、お客さんたちが立ち上がって雷鳴のような拍手喝采を送ったときこそ、ブルースが抱いてきたあらゆる夢が実現した瞬間でした」と、リンダは言う。「スクリーンに映し出された二時間たらずのアクションでブルースは燦然と輝くスターになり、帰るとき、私たちはもみくちゃにされました」

興行成績は驚きの数字に達し、ゴールデン・ハーベストの未来は一八〇度好転した。十六の映画館で『ドラゴン危機一発』は初日に三七万二〇〇〇香港ドルを売り上げ、わずか三日で一〇〇万香港ドルという魔法の数字を突破した。現地映画館の三週間で『危機一発』は三二〇万香港ドルの興行収入を記録した。チャイナ・メール紙は人口四〇〇万の香港で一二〇万人が実際にお金を払ってこの映画を見たものと推定している。『危機一発』は『サウンド・オブ・ミュージック』が保持していた興行記録を破り、この成功に愛国心と故郷の誇りを付け足した。現地中国語紙は〝一九六六年の公開以来ジュリー・アンドリュース主演のこの映画が打ち立てた興行成績は、香港の映画配給会社にとって見果てぬ夢だった〟と、誇らしげに書いた。ジュリー・アンドリュースの夫ブレイク・エドワーズはブルースがかかえる著名な弟子のひとりでもあった。ブルースはスター俳優にカンフーを指導する立場から、ついにスター俳優の仲間入りを果たした。

生後三カ月の映画デビューからブルースは二十三の映画に出演していたが、『ドラゴン危機一発』ほどの大成功はひとつもなかった。大半は失敗作だ。今回の映画は何がちがったのか？ 作品の質とは思えない。監督のロー・ウェイ（羅維）は八八年のインタビューで振り返っている。「いま思えば、『ドラゴン危機一発』は稚拙きわまる映画だった。私にはあまり時間がなかった。どんなに杜撰《ずさん》だろうと、とにかく形になればいい、という感じだった」

人気爆発のカギはブルースの格闘シーンだろう。一本の映画に二、三カ月のトレーニングで臨む大半のアクションスターとちがい、ブルースは熟練の格闘家だ——武術という芸術の達人だった。『ドラゴン危機一発』のほかの俳優の動きは安易に見えるのに対し、ブルースは悪魔のように激しいつむじ風だ。カンフーを見て育ってきた香港の観客は見ただけで本物とわかる。撮影の技巧に支えられたまがい物の動きでないことを証明するため、ブルース・リーとロー・ウェイは長回しを多用した。二十秒以上のシーンもあった。「リーが心を砕いたのは格闘を振り付け、まがい物でないことがわかるようカメラを回しつづけることでした」ゴールデン・ハーベストの別の監督マイケル・ケイが言う。「思い出してください、リーの映画を見るのはカンフーを熟知した香港の観客だったことを。偽物なら見破られていた」

しかし、本物であるだけでは足りない。偉大な武術家の多くがスクリーン上で失敗を犯してきた。試合場で有効な動きや技が映画で興奮をかき立てることはまずない。ブルースは擬闘（殺陣《たて》）師、つまり格闘の振付師としてハリウッドで経験を積み、数多い特殊技能をどうすれば映画という媒体で華々しく見せられるかに習熟していた。〝強化された現実感〟とでも言おうか。フィルム上では上段廻し蹴りで一瞬にして三人の悪者を倒す――ブルース・リーといえど現実世界でできることではないが、彼にはできると映画を見た人は信じた。ワシントン・ポスト紙の評論家はこんなふうに表現している。〝ブルース・リーがひとたび動けば、観客は気分爽快――その動きは爆発的で、優雅で、痛快だ。スティーブ・マックィーンが『大脱走』で見せたバイク操作から久しく見られなかった反応を、リーは観客から引き出した。彼の演技にはジェイムズ・キャグニーの小生意気さとスティーブ・マックィーン初期の無頼さが感じられる〟

二十三年にわたる商業映画への出演を経て、ついにブルースはアクションに情念を映しこむ方法を体得した。『グリーン・ホーネット』の愛すべき従者カトーから『ドラゴン危機一発』の凶暴な男への転換は劇的だった。映画の主演は十八歳の『人海孤鴻』以来だ。葛藤と拒絶にさいなまれ、歯を食いしばって努力を重ねた末に、彼はXファクター、つまりマリリン・モンローを〝名優〟ローレンス・オリビエを超える頂点に立たせ、燦然と輝く〝スター〟にした〝一種名状しがたい特質〟を獲得した。『燃えよドラゴン』の共同制作者ポール・ヘラーは、「ブルースの激しさをカメラは捕らえてくれた。異彩を放ちながらカメラに愛されない俳優もいる。ブルースはカメラに愛された。ブルースの爆発的なエネルギー、生々しい才能、激情——そのすべてがカメラを通してスクリーン上に投影された」ブルースは自身の並はずれた生命力——彼は友人に「自分の中にふつふつと沸き上がってくるのが感じられる」と語っている——を取り出して放射し、スクリーンに映しこむ方法を見つけたのだ。『ロングストリート』を撮り終えたばかりだったし、自信を深めていた」と、彼は語っている。

　ブルースのしびれる演技が大衆の潜在的憧憬を呼び覚ました。一八四二年の香港の人口は七〇〇〇だった。一九七一年には四〇〇万人いた。住民の大半は大惨事の波に次々揺さぶられて中国本土から逃れてきた人たちだ。基本的に、当時の香港はイギリス人実業家が運営する高機能難民キャンプだった。民族的な高揚感を必要とする人々がいたとすれば、それは、劣等感だけでなく自己認識の混迷《アイデンティティ・クライシス》にも陥っていた香港の中国人だった。自分たちは中国からの移民なのか？　それともイギリスの被植民者なのか？　その両方なのか？　どちらでもなかったら、いったい何者なのか？『燃えよドラゴン』のメガホンを取ったロバート・クローズは以下のように主張する。「ブルースはどんな政治家や殉死者より中国人の精神高揚に貢献した。過重労働を余儀なくされる恵まれない数百万人にとって、彼ははらわたレベルの治療薬となった。彼らの自尊心を甦らせたんです。何百もの映画館で人々が文字どおり立ち上がって拍手喝采を送った。急に自分自身が心地よくなり、心の痛みやコンプレックスを多少なりと和らげた状態で次の一日に耐えることができたんです」

　プレミア上映の少し前に中国人の強烈な愛国心をかき立てる衝撃的な事件が起こり、これが『ドラゴン危機一発』の驚異的成功の一因となった。忘れ去られていた南シナ海のちっぽけな島々をめぐる領土紛争だ。釣魚島は第一次日清戦争（一八九四～五年）で台湾ともども日本の手に渡り、尖閣諸島と名づけられた。この無人島は第二次大戦後、アメリカ合衆国の行政管理下に置かれた。一九六九年の国連調査でこの海域に油田が存在する可能性が指摘された。たちまち、忘れられた島々の領有権を中国、台湾、日本が主張して、苦い記憶をかきたてた。七一年六月七日、当時のアメリカ大統領リチャード・ニクソンがこの島々は日本領との見解を明らかにした。『ドラゴン危機一発』が封切られたのは十月三十一日だ。

手ひどい裏切りだった。巷《ちまた》に抗議運動が起こり、新聞には憤激の論説が躍った。「昨日のことのように覚えています」ブルースの兄ピーターとラ・サール学院で同級生だったユーラシアンのマルシアノ・バプティスタが言う。「アメリカは尖閣諸島を日本領とする愚行に出た。住む場所や通貨、信条、政治的背景のちがいはあっても、尖閣についてはすべての中国人が国家中国の主張を支持した。香港にはひとつ問題があった。一九七一年に選択を余儀なくされるまで、自分たちが何者かについて心を決めたことがなかった。自分たちは中国人との認識が強まったのは、あの島々がよその国に与えられたからなんです」

愛国心が高揚するなか、ブルースは『ドラゴン危機一発』で中国人労働者を雄々しく守り、それゆえ中国人の観客は彼に心酔した。彼は次作『ドラゴン怒りの鉄拳』でこの愛国心を明確にし、大衆にいっそう愛される。だがその前に、ブルース自身はアメリカに恥をかかされる憂き目に遭った。

ブルースは『ドラゴン危機一発』の成功を梃子《てこ》に、すぐさまハリウッドへ帰還した。プレミア試写会の翌日にテッド・アシュリーに手紙を書き、『ザ・ウォリアー』の企画開発契約に要求を積み増した。〝私たちの〔以前の〕合意事項に加え、香港で主演する長編映画のため年に最低四カ月はアメリカを離れられるようにしたい〟と、彼は書いた。〝連続ドラマとキャラクター商品化にも参画したい〟

ブルースは七一年十一月二十一日付の英字紙サンデー・ポスト－ヘラルドのインタビューに答え、『ザ・ウォリアー』の企画について語っている。「この企画に承認が下りるかどうか、一週間以内に答えが出る。承認されたら急いでハリウッドへ戻る。一八六〇年のアメリカ西部に現れた中国人の主人公が型破りな冒険をする連続ドラマだ。銃を携えたカウボーイが馬を駆って闊歩する土地で、私が持つのは緑色の長い竹だけ。斬新だろ？　承認が遅れているのは、アメリカの視聴者に東洋人の英雄を受け入れる準備ができているか、ハリウッドが見定めているからだ。深南部《ディープサウス》みたいな土地から、特異な反応があるかもしれない」

十一月二十五日、ワーナー・ブラザースから国際電話が来た。ブルースは〝悪い知らせ〟という名のボディブローを二発まとめて食らった心地がした。東洋人が活躍する西部劇は一本しか制作できず、『ザ・ウォリアー』を却下して『燃えよ！　カンフー』を制作するとのことだった。主演はブルース・リーでなく、デイビッド・キャラダイン。一本の電話でドラマの主役と企画開発契約の両方を失ったのは、さすがにこたえた。「それはもう、がっかりしていました」と、リンダが言う。「あのときは、家計もけっこう苦しかった。あれが実現していれば、大きな突破口になったでしょう」

香港メディアはブルースを〝究極の中太平洋人《ミッドパシフィックマン》〟と呼んでいた。欧米化された中国人を指す言葉で、なかなか言い得て妙だ。ブルースは洋の東西を股にかけて活動したかった。欧米のプロ意識を香港の映画に、中国文化をアメリカのテレビに持ちこみたい。そこにはリスクもあった。太平洋の真ん中で宙ぶらりんになり、自国と呼べる場所を失うかもしれない。英語の訛りゆえに『燃えよ！　カンフー』の門を閉ざされた。香港人から見て欧米化が過剰な点にも不安があった。「『ドラゴン危機一発』にもいくつか、自分はあまり中国人らしくないと思える場面があった」と、ブルースは語っている。「調整の余地は多々あると思った」

二文化の板挟みというテーマが、カナダのテレビ界で最高の人気を誇ったジャーナリスト、ピエール・バートンの注意を引いた。彼が香港を訪れ、七一年十二月九日放送のインタビュー・コーナーに適した人物を探していたときのことだ。かつては無名の俳優だったが、つい最近香港映画の興行記録を塗り替え、アメリカの連続ドラマ史上初の東洋人スターになると息巻く男のことをみんなが話題にしていた。

バートンはブルースを、東洋と西洋の板挟みになっている人物と紹介した。「ブルース・リーは深刻なジレンマに直面しています。アメリカ合衆国で企画された連続ドラマでスターの座をつかむ一歩手前まで来ていますが、ここ香港でも映画俳優としてスーパースターになったところです。彼はどんな選択をするのか？　東洋か？　西洋か？　新進気鋭の俳優にとっては、うれしい悲鳴でしょうが」

この瞬間、ブルースは別の難題に直面したことに気がついたはずだ。バートンは『ザ・ウォリアー』の企画が没になったことを知らず、その話題を中心に二十五分間のインタビューを進めるつもりでいた。連続ドラマの話が立ち消えになったことを認めるべきか、この話題を避けて通るよう努力すべきか。

インタビューの前半でバートンはほかの話題をいくつか掘り下げ、そのあと主要テーマに話を戻した。「アメリカで『ザ・ウォリアー』という連続ドラマに主演される可能性が高いわけですね。西部劇の舞台で中国武術を振るうわけですか？」

まずブルースは別のドラマの企画を持ち出して、この質問を避けようとした。「まあ、最初はそういう構想でした。パラマウントの『ロングストリート』というドラマに出演したのが縁で、連続ドラマの要望を受けたんです。いっぽう、ワーナー・ブラザースからも別のドラマへの出演要請が来た。ところが、どちらも現代を舞台にしたドラマを望んでいて、西部劇案は通らないようだ。でも、私は――」

「西部劇をやりたかった」とバートンは受け、もうひと押しした。「香港にとどまって有名になるか、アメリカで有名になるか、それとも二兎を追いますか？」

「両方できるよう努力するつもりです。心に決めたんです。アメリカに東洋人のことを知らしめたい。真の東洋人とはどういうものかを」

「たしかに、ハリウッドはそういう努力をしてこなかった」と、バートンは同意した。「しかし、アメリカの連続ドラマの企画で中国人の英雄がどういう問題に直面するかを、あえて質問させてください。視聴者が非アメリカ人を受け入れるかどうかは明白と主張する御仁たちが、テレビの世界にいたのではないですか?」

「たしかに、そういう問題は持ち上がった。実際いまも議論は続いているし、『ザ・ウォリアー』の企画が没になる可能性もある。悲しいかな、この世界には厳然としてそういう状況がありますから」ブルースはようやく事実を認めた。「事業上の判断として、それはリスクととらえるのが賢明だと、彼らは考えている。でも、その点を非難する気はありません。つまり、香港に外国の俳優が来て主演の話が持ち上がった場合、私が製作責任者だったら、やはり、現地で受け入れられるかどうか心配するでしょう」

バートンは最後の質問を投げた。「あなたはいまもご自身を中国人とお考えですか? それとも、北米人と考えることもありますか?」

「どう考えたいか、わかりますか?」と、ブルースは返した。「自分は一人間だと考えています。孔子もおっしゃるように、同じ空の下に生きる人類はひとつの家族ですから。たまたま見かけがちがうに過ぎません」

バートンのインタビューから一週間後、ブルースはテッド・アシュリーに丁重な譲歩の手紙を書いた。

〝『ザ・ウォリアー』の結果は残念でした。すべて思いどおりになるものではないとしても、悔しい。いずれ勝ち取ってみせますよ〟と書き、そのあと、この先もふたりが手を携えていける方法をいくつか提案した。

〝近い将来、私に合わせて仕立てた武術ドラマの脚本を、ワーナーからいただけると確信しています。私の〔香港〕映画をアメリカで公開する際も、ご尽力いただけるかもしれない。私は日々、演技と人間性の向上に取り組んでいる。その努力を目標の達成につなげてみせます。公正かつ適切なお力添えをいただけたら幸いです〟

『ザ・ウォリアー』の契約をワーナーと結ぶと香港メディアに豪語してきたブルースには、企画が却下されたことを直接認めずに面子《メンツ》を守る方法が必要だった。その取り組みには、まだ蜜月期にあった香港の中国語紙が大いに役立ってくれた。〝中国人の声を世界に届けるため〟一九四九年に創刊されたホンコン・スタンダード紙は、七一年十二月十八日、〝ブルース・リー、香港に居残るか〟との見出しを掲げた。微笑む彼の写真の下に〝ブルース・リー……東洋の嚆矢《こうし》〟との説明文がある。記事は以下のように綴っていた。〝ブルース・リーはアメリカの映画会社ワーナー・ブラザースから、あと半年香港に滞在する承認を得た。ワーナーはブルース・リー主演の『ザ・ウォリアー』という新しい連続ドラマを計画中だった。東洋の俳優がかような名誉に浴するのは初めてのことだ。ワーナーはいったん『ザ・ウォリアー』の制作開始を延期するもよう〟。半年〝遅れる〟との報道が出回ったあと、香港の新聞は『ザ・ウォリアー』の話題を取り上げなくなった。

『ドラゴン危機一発』のプレミア試写会前、ブルースはゴールデン・ハーベストともう一本映画を作ったら、アメリカへ戻り、しばらくアメリカにいて『ザ・ウォリアー』か『燃えよ！カンフー』の主役を務めるつもりだった。「レイモンド・チョウとの契約があったから、二本目の『ドラゴン怒りの鉄拳』を作らなくてはいけません」と、リンダが語る。「彼は漠然とですが、これを撮りおえたらハリウッドへ戻って、テレビ局の申し入れを検討するつもりでいたのです」ところが、ワーナーに企画を却下され、『ドラゴン危機一発』が途方もない成功を収めたため、彼は思い直した。香港滞在を延ばそう。七一年十二月、ブルースはベルエアの自宅とポルシェを売却し、家族で九龍《カウロン》の窩打老道山《ウォータールー・ロード・ヒル》地区へ転居した。

次作『ドラゴン怒りの鉄拳（精武門 *Fist of Fury*）』は監督ロー・ウェイ（羅維）との衝突で崩壊の危機に直面した。この軋轢は、いかにも香港映画らしい杜撰な〝脚本〟の第一稿をロー・ウェイが書き上げたときから始まった。コバーン、シリファントと何カ月もかけて念入りに『サイレントフルート』を書き上げたブルースにとっては、プロ意識の欠如としか思えない。我慢がならなかった。綿密な脚本が書き上がるまで撮影には来ないと、彼は突っぱね、制作に急ブレーキをかけた。まだ契約選手に過ぎない身で、早くもスティーブ・マックィーン気取りだ。「レイモンドが週末に脚本を書き直した」と、アンドレ・モーガンは言う。「ブルースは新しい台本を見て、これならと納得し、格闘シーンにたくさん提案を盛りこむつもりで映画の制作に同意した」

レイモンド・チョウとロー・ウェイが書きブルースが承認した脚本は、中国武術の達人・霍元甲《ホーユンカップ》の生涯と伝説が下敷きになっていた。霍は武術学校として名高い〈精武会〉の創設者でもあった。一九〇二年、中国を〝東亜病夫〟と嘲弄したロシア人レスラーと戦って勝利し、国民的英雄になった。ロシア人はすぐ発言に謝罪している。英雄に飢えていた国で、霍元甲は一夜にして伝説となった。彼の生涯は、武俠《ウーシア》小説の草分けとして大きな影響をもたらした平江《ピンチャン》の『近代俠義英雄伝』で小説化されている。作中、霍はロシアと日本とイギリスから来た武術や格闘技の王者を打ち破り、同胞たちの自尊心を回復した。しかし最後に、日本人の企みによって毒殺される。

『ドラゴン怒りの鉄拳』はこの話の翻案――中国では〝昨日のご飯を温めなおす〟と言う――を避け、霍の死後に焦点を当てた。ブルース・リーは霍元甲ではなく、その高弟・陳真《チャンジャン》を演じる。ブルースは記者たちに、「誰もがその生涯を知る霍元甲を主人公にしたら、描き方に制約を受けるだろうし、こっちのほうが面白い」と説明した。

この映画の冒頭、ブルース演じる陳真は師匠の葬儀に遅れて駆けつける。遺体の埋葬後、現地柔道場の三人が嘲笑的な贈り物――〝東亜病夫〟と書かれた看板――を持って現れる。精武門は日本人が支配する上海租界にあったため、手を出せばどうなるかわかっていたカンフーの弟子たちは自制する。しかし、弟子のなかでも頭に血が上りやすい（ブルースにぴったりの）陳真は単身柔道場へのりこみ、怒りの鉄拳を振るって贈り物を返してくる。全員を倒したあと看板を砕き、中国版では「覚えておけ、中国人は病人なんかじゃない！」と言い放つ。

ハリウッド映画ならこの勝利の瞬間で話は終わりそうだが、中国の運命論がこの作品を暴力の連鎖についての教訓譚に変えた。陳真に屈辱を味わわされ面子《メンツ》を潰された日本人は精武門を襲撃し、陳真の友人たちに重傷を負わせる。陳真は師匠を毒殺した日本人道場主を半殺しにするが、日本人の弟子たちに友人たちが虐殺される。精武門へ戻ると同時に、義憤に駆られた復讐が惨劇を生んだことを知ったブルースは、そこで憲兵らに取り囲まれる。逃げることも、観念して拘束されることも選ばず、彼は突進して憲兵らに飛び蹴りを放つ。銃が発射された。そこで映像は凍結する。〈終〉。

ブルースはまともな脚本が書き上がるまで撮影に来ようとしなかったが、それでじっとしている人間ではなかった。制作開始が遅れるあいだに、彼は大胆にも単身日本へ乗りこみ、敬愛する二枚目俳優に出演を懇願する。東京・六本木に着いた李小龍は、『座頭市』シリーズのスター俳優で当時四十歳だった勝新太郎の事務所へ向かった。

「勝さん、私はあなたのことを尊敬しています、映画のお仕事でも、それ以外でも」と、ブルースは賛辞を並べた。「ぜひあなたと共演して、あなたから学びたい」このあと彼は映画作りについて勝に何十も質問を浴びせた。

あこがれのスターをそばで見る機会を得たかっただけではない。勝との共演を切望したのは、勝とジミー・ウォングが『新座頭市　破れ！唐人剣』でダブル主演していたからだ。ブルースはウォングを好敵手の名に値しないと断じ、軽蔑の思いを募らせていた——この男は真の武術家でなく、強者のふりをしている俳優に過ぎない。自分の映画に勝新太郎が出演して、ウォングの映画を凌駕すれば、自分のほうが上ということだ。

『ドラゴン怒りの鉄拳』の主題はショウ・ブラザース制作、ジミー・ウォング主演の『吼えろ！ドラゴン　起て！ジャガー』（一九七〇年）から拝借したものだけに、勝の取りこみは特に重要だった。『ドラゴン怒りの鉄拳』と同じく、『吼えろ！ドラゴン　起て！ジャガー』も中国武術の高貴な弟子たちが日本の空手と柔道の卑劣漢から身を守る話だった。『ドラゴン怒りの鉄拳』がヒットすれば、一度のパンチでジミー・ウォンとランラン・ショウの両方を痛撃できる。

残念ながら、勝には断られた。「本当に残念だが、

『ドラゴン怒りの鉄拳』で日本人の悪者たちを叩きのめす。1972年3月(National General Pictures/Getty Images)

『ドラゴン怒りの鉄拳』最後の跳躍シーン。1972年3月(Bettmann/Getty Images)

君とは共演できない」勝はブルースに言った。「契約の縛りがあってね」気慰みにと、勝は〝勝新太郎一家〟と呼ばれた仲間を貸し与えてくれた。元プロ野球選手で悪の道場主役を務めることになる橋本力《ちから》と、元プロレスラーで道場主の用心棒役に配される勝村淳のふたりだ。

日中関係は（関係が良好なときでさえ）厄介なのだ。香港の映画スタジオに日本の俳優が雇われ、反日色の濃い映画で悪役を演じたのは、この『ドラゴン怒りの鉄拳』が初めてだった。日本から来たゲスト出演者ふたりが求められる役柄に二の足を踏んではまずい。香港のスタッフは安直な解決法を考えついた。台本を与えずにおこう。「役を演じるのに、手元に台本がないんです」勝村淳が当時を振り返る。「行き当たりばったりに撮影を進めていたが、どんな話かは耳に入っていたので、どうすればいいかはわかりました」

監督のロー・ウェイは橋本と勝村に発破《はっぱ》をかけた。「できるかぎり憎々しげにしろと言うんです。それが彼から受けた指示でした」と、橋本力が言う。「日本の映画でもおもに悪役を演じていたので、その経験を活かした。可能なかぎり邪《よこしま》な人間の役作りに努めましたよ」ふたりは超然と撮影に取り組み、淡々と仕事をこなした。日本の誰も、同胞が悪辣《あくらつ》な役を演じている映画を見ようとは思わないだろうと、自分に言い聞かせながら。

ブルースがタイの田舎の貧しさを見て愕然としたように、日本人の目には、ゴールデン・ハーベストの撮影現場は第三世界のスラム街のように映った。「ロケの施設は荒れ放題。『本当にここで撮影できるの？』と思いましたよ」と、勝村が回想する。「それくらいひどかった」

殺陣の荒っぽさもふたりには衝撃的だった。「日本の殺陣は一定のテンポでダンスを踊る感じです。流れがあって理解しやすい」と、橋本が言う。「それが香港では、ただ直接やり合うだけ。相手に痛い思いをさせようと、誰かが怪我しようと、おかまいなし。あれには参りましたね。殺伐とした雰囲気になりますから」勝村淳はブルースとのからみで身をもって教訓を学んだ。「彼は自分の武術がどういうものかを説明し、シャツを脱いで、筋肉を見せつけ、あれこれ芸当を見せた。そこで私も〝からめ〟をやった――攻撃してきた相手を動けなくすることです。すると彼はパッと飛び起き、本気で蹴ったり突いたりしてくる。香港の映画は本当に当て合っていた。用心しなくてはと思いました」

ブルースとロー・ウェイの対立には驚かなかった。「日本でもよくあることですよ、監督と主役が口論になるのは。あれは別に不思議とは思わなかった」と、勝村は振り返っている。

『ドラゴン危機一発』が一大ブームを巻き起こしたあと、ブルースもロー・ウェイも報道陣の前で、成功は自分の手柄だと主張した。ロー・ウェイは自分を〝百万ドル監督〟と呼んだ。カメラの前でどう戦えばいいか、ブルースに教えたのは自分だと豪語した。新聞でロー・ウェイの発言を読んだブルースはセットに駆けこみ、ジャッキー・チェン(成龍)という若いスタントマンら、出演俳優と撮影スタッフ全員の前でロー・ウェイと対決した。

「〝ドラゴンの師〟を名乗ったそうだな」ブルースは声を張り上げ、怒りに頭《かぶり》を振った。

「文脈を無視して引用されたんだ」と、ロー・ウェイは言った。

「新聞に載っている」ブルースは声に危険なとげをみなぎらせた。

「君に戦い方を教えたとは言っていない」主演スターを落ち着かせようと、ロー・ウェイは両手を振った。「カ、か、か、カメラの前でどう戦うかを教えたと言ったんだ。技術と才能は君のものだ。私がしたのはせいぜい、少し磨きをかけたくらいのことでね」

ジャッキー・チェンらスタント陣は殴り合いに発展するのではと不安げに見守っていた。ふたりがにらみ合ううち、監督の妻のグレイディスが割って入った。彼女はブルースの肩に小さな手をそっと置いた。

「お願いだから、小龍」彼女は言った。「夫の言葉を真に受けないで。侮辱するつもりはないのよ。あなたが達人で私たちが生徒に過ぎないのは、みんなわかっているわ」

ブルースは眼差しを和らげ、肩から力を抜いた。ロー・ウェイはそっと横へ足を踏み出し、ほっそりした妻の後ろに巨体を隠した。

「わかったよ、マダム・ロー」仕方なく、ブルースは言った。「あなたに免じて今日のことは忘れよう。しかし、もういちど記者たちに私の話をしたら、こっちが戦い方を教えてやる」

ブルースは頭を振りながらセットのわきへ離れていった。声が届かないところへ離れたところで、ロー・ウェイは狼狽《ろうばい》の表情を浮かべつつ、ほかの撮影スタッフに手を振った。「いまのは脅迫か？」顔には不安と焦りがありありと浮かんでいた。「あいつは私を脅した。君たちみんなが証人だ」

妻の後ろに隠れたロー・ウェイを見て、撮影スタッフは呆れたように顔を背け、さっきまで交わしていた会話を再開した。

この口論のあと、ブルースは『怒りの鉄拳』の格闘シーンに監督の口出しを禁じた。ブルースの仕事を自分の手柄と言う人間が二度と出てこないよう、彼は全部自分でやることにした。そこからひとつ問題が生じた。アクション監督で『危機一発』の悪党も演じたハン・インチェ（韓英傑）が『怒りの鉄拳』でも武術指導に雇われていた。「厳密に言うと、まだハンが武術指導主任だった」セットのスタントマン、ゼブラ・パンが振り返る。「その後、柔道場でブルースが日本人をやっつける冒頭の場面の撮影にはみんながやってきた。ハンが『じゃあ、ブルース、こうしよう……』と言い、ブルースが『いや、こうしたらどうだ……？』と言う。ここからがブルース・リーがブルース・リーたる所以《ゆえん》だった。複数の蹴りにヌンチャクさばきと、彼はすべてを自分で演じてみせたんだ。私たちは圧倒され、そこからハンは口を出さなくなった」

橋本力と勝村淳もすぐに気がついたが、ブルースはいっさいのまやかしを排除することで映画の格闘シーンを可能なかぎり現実に近づけようとした。カメラのアングルや被写界深度で錯覚をもたらす手法は使いたくない。実際に共演者に当てたかった——格闘版〝真実の映画《シネマ・ベリテ》〟だ。その結果、ブルースは自分の主演映画に俳優より武術家を使いたがった。悪辣なロシア人レスラー役にはオークランド校の生徒ロバート（ボブ）・ベイカーを選んだ。ベイカーに演技の経験はなかったが、パンチは受けられる。「格闘シーンの大半は本当に当て合っていた」と、ベイカーが回想する。「スパーリングをしていた、というのが事実に近い」

リアリズムの追求は細部に及んだ。ベイカーとの格闘シーン、両脚で動きを止められたブルースはそこから逃れるため脚に噛みつく。この瞬間も彼の振り付けだ。截拳道《ジークンドー》の哲学を教育する場面でもあった——勝つために必要なことはなんでもやれ。ひとつ問題があった。この噛みつきに対するベイカーの反応が真に迫ったものにならない。「俳優じゃなかったからね。どう反応したらいいかわからない。だから本当に噛みついてもらった」と、ベイカーは言う。彼は痛みに驚き、思わず力いっぱい脚を引き抜いた。「あやうくブルースの歯を引っこ抜くところだった。彼は手で口を覆っていたよ」

その意趣返しだったのか、ブルースは自分の生徒にガチンコの戦いをやらせている。ある日、深夜まで続いた撮影が終わったところで、ブルースとボブがセットを出ていこうとした。スタントマンのひとりがブルースに歩み寄り、ブルースのカンフーは映画で見るほど優れているとは思えないと言い、挑戦した。中国武術の慣例にしたがい、ブルースは、「私は師範だ。戦いたければまず生徒と戦ってもらおう」と言った。あいにく、この会話は広東語で行われていたため、ベイカーはひと言も理解できなかった。いきなりスタントマンが突進してきて、ボブは驚いたが、瞬時に反応して拳の一撃でケリをつけた。

『ドラゴン怒りの鉄拳』には当時二十歳の女優ノラ・ミャオ（苗可秀）とのキスシーンがあるが、ヒロインとのキスはこれが最初で最後になる。ノラ・ミャオは一年前、新聞の俳優募集広告に応募してゴールデン・

ハーベストに雇われた。新興映画スタジオと契約している女優はほかにふたりしかいなかったから、上層部はノラを女剣士役に育てる意向だった（香港の若手女優に与えられる典型的な役は、主役の恋愛相手か女剣士）。彼女はロー・ウェイのお気に入りだった。

彼女は『ドラゴン危機一発』で初めてブルースと共演した。別の映画の撮影現場から休憩中に『危機一発』のセットを訪れた彼女に、監督のロー・ウェイがかき氷屋の娘役を与えたのだ。嫌がらせをする悪党たちから、ブルース演じる主人公とジェイムズ・ティエン（田俊）が彼女を守る。ブルースと直接会うのは初めてだったが、おたがいの話は耳に入っていた。ブルースがアメリカにいたころ、ノラは十代で、ブルースの弟のロバートと親しかった。「彼の家族のこともよく知っていました」と、ノラは言う。「ロバートとはダンスに行ったり、パーティに行ったり、彼のお母さんやお姉さんとお出かけしたりしていました。おうちを訪ねることもよくあって。ブルースの話もよく聞かされた」初対面についてノラは以下のように語っている。「初めて会うのに、生まれたときからの知り合いみたいな気がしました。もちろん彼も私の話を聞いていて。『へえ、弟の友達が女優になったんだね』という感じでした」

十代のロバートがポップスユニットの一員として香港に旋風を巻き起こしたときは、ノラとの関係をメディアに取り沙汰された。本当に恋人だったのか、ただの友人だったのかは不明だが、『怒りの鉄拳』の封切り後、複数のタブロイド紙がしきりに恋の三角関係に言及した——帰郷した兄が弟の恋人を横取りする図だ。香港の映画史家ベイ・ローガンは冗談まじりに、「ケネディ家のようなことがあったのかもしれないよ。マリリン・モンローとロバート、ジョンの兄弟みたいに」と言った。

ブルースとノラに性的な火花が散ったかどうかは、映画ではよくわからない。映画の歴史を振り返っても、ふたりのキスは関係を疑わせる部類ではなさそうだ。

ブルースがアメリカでステージ上の人格《ペルソナ》を磨いてい

るあいだに、未来のカンフーアクションスターを目指す若い世代は中国伝統の手法で娯楽技能に磨きをかけていた。貧しい家に生まれた男の子は〈中国戯劇学院〉に預けられ、途方もない過酷な環境で粤劇《えつげき》を学んだ。訓練は一日十八時間に及び、武器のあつかいや軽業《アクロバット》、カンフー、歌唱、演技を学んだ。

〈中国戯劇学院〉で最優秀の七人が子役集団を結成し、彼らは〝七小福〟と呼ばれた。大きくなって子どもらしさが抜けたところで交代になり、その後は別天地を探さなくてはならない。彼らの多くは映画界へ移り、スタントマンとして働いた。

『ドラゴン危機一発』を見るまで〝小福〟たちはブルース・リーを取り巻く狂騒に反感と嫉妬を覚えていた。「あの映画をクソミソにけなそうと待ち構えていた。ボロクソに腐すはずだった」と、ジャッキー・チェンは語っている。「外国に住む中国人がとつぜんやってきて、自分たちの何百倍もの報酬を手にし、香港をわがもの顔で闊歩《かっぽ》している。クソミソにけなしたかったけど、できなかった。あの作品には自分たちの作っていた映画にはないものが、どっさり詰めこまれていた。いま見れば、『危機一発』にそれほど衝撃を受けないかもしれないけど、当時の自分たちはあれで目を開かされた。夜な夜な集まり、酒を酌み交わしながら話していると、最後には同じ方向へ話が行き着いた。自分たちになくてブルース・リーにあるものは何なのか？彼の成功の秘訣は何だったのか？」

ゴールデン・ハーベストがブルース第二作のスタントマンを探しているという話が流れると、〝小福〟たちは彼の成功の秘密を間近で学ぼうと大騒ぎになった。ジャッキーは端役を手に入れた。やはり元〝小福〟のユン・ワー（元華）はブルースのスタントダブル〈危険な演技で俳優の代わりにスタントを担う〉を務め、ブルースが習ったことのないアクロバティックな軽業を全部引き受けた。恰幅の良さとも相まって〝小福〟のボス格だったサモ・ハン・キンポー（洪金寶）はスタント・コーディネーターに採用された。自尊心が強く血の気が多いサモ・ハンは、遠くから見ているだけでは満足できなかった。いまでは語り草だが、サモ・ハンは撮影中、ゴールデン・ハーベストの廊下でブルースにばったり出くわした。カンフーについて言葉を交わすうち、微妙な問題をめぐって始まった口論が、武術家たちの例に漏れず一種の腕比べに発展した。決闘とは言わないまでも、多少のコンタクトはかまわないという申し合わせだ。ブルースは本物だと納得してサモ・ハンは立ち去ったが、自尊心からブルースのほうが上だったとは言えなかった。「サモ・ハンは互角の戦いだったと言うけど、目撃者のいない話だから、肯定も否定もできないよね」と、ジャッキー・チェンは如才のないコメントをしている。

脚本や監督や生産額で香港映画はハリウッドに遠く及ばなかったが、ひとつだけ競争上の優位があった。身体能力が高く勇敢なスタント陣の存在だ。十代の香港、青年期のシアトルと同じく、ブルースはここでもスタントマンを集めて集団《ギャング》を作りはじめ、カリスマ性と誠実さと寛大な心で彼らを味方につけていった。

昼食は奥に引っこんで上層部と食べるのではなく、スタントマンたちといっしょに食べ、下ネタや特別あつかいを拒む姿勢で彼らを魅了した。「ブルースにはいつもいい食事が出されていた。進捗管理《プロマネ》に『どうしてあいつは〝豚肉まぶしご飯〟で、自分は〝鶏砂肝のマリネ〟なんだ？』と、よく訊いてきた」制作進行を担当したヘンリー・ウォンが振り返る。「『ああ、君はボスだから』とプロマネが言う。ブルースはそれを聞いて少し憤り、『ボスだろうがなんだろうが関係ない、ほかのみんなが食べているものをくれ。特別あつかいの必要はどこにもない。これ以降——これを最後に——特別な料理は出さないこと』」

ブルースは撮影終了後もスタント陣と仲良くしていた。ある日、尖沙咀《チムサーチョイ》の路上でジャッキー・チェンに出くわした。「どこへ行くんだ？」と、ブルースは尋ねた。「ああ、ブルース、ボウリングに行くんだ」と、ジャッキーは答えた。

「いっしょに行ってもいいか？」

「ええっ？　いいとも！」

ジャッキーはバスで行くつもりだったが、香港の新しいスーパースターのためにタクシーを呼び止めた。

タクシーから降りたときは英雄気分だった。群衆が「ブルース・リーだ！　ブルース・リーだ！」と叫びはじめたからだ。ジャッキーはただちにブルースの護衛を務めた。「どいて、どいて、離れて！」と、ジャッキーは叫んだ。「サインはなし！　写真も撮らないで！」

ボウリング場に入ると、ブルースはベルボトムのジーンズと踵《かかと》の高いキューバン・ブーツで腰を下ろし、ジャッキーが次々ストライクを取るところを眺めていた。

「やってみるかい？」と、ジャッキーは尋ねた。

「ジャッキー、やっぱり帰る」スタントマンにいいところを持っていかれるのを嫌って、ブルースは言った。「人と会う約束があった」

「そう、わかった」ジャッキーはがっかりした声でそう返答した。

非公式にブルースの護衛を務めたのはジャッキー・チェンだけではない。ブルースの師匠葉問《イップマン》の息子、葉準《イップチュン》が回想する。「ブルースはいつも朝夕ジョギングに出かけた。スタントマンを何人か連れて、絶対ひとりでは行かなかった。彼に挑戦しようとする輩《やから》によく出くわすものだから、挑戦はスタントマンに受けさせ、彼自身は帰っていった」

集団《ギャング》の優秀な指揮官の例に漏れず、ブルースもスタントマンたちを守り、彼らを支援した。彼らの医療費を支払ってやった。「誰かが怪我をして会社の補償が充分でなかったときは、ブルースが香港ドルで一〇〇〇ドルか二〇〇〇ドル渡していた。当時は大金です」と、葉準《イップチュン》は回想する。ブルースは彼らのために水準以上の報酬も勝ち取った。「仕事の景気が悪いときは彼がボスに掛け合いました。そしたら、みんな昇給したんです」と、『燃えよドラゴン』の共演者アンジェラ・マオ（茅瑛）が言う。ブルースは何人かアメリカに連れていく約束までした。「ハリウッドに一〇人連れていくと彼は言いました」と、ブルースのスタントダブルを務めたユン・ワー（元華）が回想する。「ギャングの優秀なメンバーの例に漏れず、スタントマンたちは心からボスを崇拝していた」と、幼なじみのロバート・チャンは言う。

スタントマンが取り巻きの男子生徒とすれば、映画会社の上層部は十代のころに彼が逆らった教師たちだ。「現場の下っ端たちとはとてもうまくやっていた。逆に、上層部にはあっぱれなくらい無礼だった」『燃えよドラゴン』で共演したヤン・スエ（楊斯）が言う。「現実世界ではかならず逆だ。上の人間に媚びへつらい、下っ端に威張り散らす。リーは真逆だった。下っ端に優しく、上の人間には敢然と盾突いた」レイモンド・チョウは校長先生のような存在だった。「ブルースは目上の人間にもよく怒鳴っていた。『レイモンド・チョウ、こっちへ来い！』とか。ブルースは彼らと話すとき、目を合わせようともしなかった」ロー・ウェイは葦《あし》の茎でブルースを叩いた体育教師だった。ブルースを言葉で攻撃し、陰で〝気苦労の名人〟と嘲った。ブルースはたびたびロー・ウェイと対決し、彼の権威に盾突いた。「ロー・ウェイは全員に基本的な指示を言い渡してから、よくラジオで競馬中継を聞いていた」スタントマンのラム・チンイン（林正英）が言う。「ディレクターズチェアに座って、自分の賭けた馬の勝ち負けに夢中だった。とうとうブルースが詰め寄った。『何をしてるんだ？　おい、みんな、帰れ！』みんな引き揚げはしなかったものの、ブルースは筋を通して、言うべきことを言ったんです」

ブルースはロー・ウェイに業を煮やし、彼の支配から逃れる方法を模索しはじめた。俳優として演技し、格闘シーンを振り付ける合間に、時間を見つけては映画撮影のさまざまな側面を勉強し、数えきれない質問を投げた。俳優業のあらゆる側面を意のままに統御したい。「彼の究極の目標はレイモンド・チョウのような映画プロデューサーになることでした」と、『ドラゴンへの道』と『燃えよドラゴン』で進捗管理《プロマネ》を務めたチャップリン・チャン（張欽鵬）が言う。

『ドラゴン怒りの鉄拳』はブルースとゴールデン・ハーベストが結んだ契約最後の映画だった。香港の次回作では監督と制作と主演を兼任するつもりでいた。彼の規格外の野望を実現するためには、『怒りの鉄拳』で『危機一発』の興行記録を塗り替える必要があった。

『怒りの鉄拳』が封切られた一九七二年三月二十二日、皇后戯院《クイーンズ・シアター》は満員になった。『危機一発』が世界における中国の立ち位置にまつわる不安に訴えたとすれば、『怒りの鉄拳』は彼らの心臓に愛国心を注入する文字どおりのアドレナリン注射だった。ブルースが「中国はアジアの病人なんかじゃない！」という台詞《せりふ》を吐いたときは観客全員がひとつになって立ち上がり、快哉《かいさい》を叫んだ。「本当に信じられなかった。映画に興奮して、みんなが座席を引っこ抜いて振り回したんですよ」と、『スージー・ウォンの世界』の主演女優ナンシー・クワン（關家蒨）が回想する。

『ドラゴン怒りの鉄拳』にはブルースの偶像的イメージと切り離せない要素がいくつも取り入れられていた。この映画で初めてヌンチャクの妙技を披露し、新聞はこの武器を〝ブルース・リーのうなりをあげる死の棍棒〟と表現した。攻撃時に猫のようなかん高い声（怪鳥音）を発したのも初めてだった。日本のサムライ（チャンバラ）映画の感情に訴える大仰な演技も導入した。そして映画における格闘スタイルを完成した——上段《ハイ》蹴り《キック》の連続の合間に劇的な間を置いて緊張を高めるのだ。

面白いことに、これらはどれも中国特有のものでなかった。ヌンチャクは日本の沖縄の武器で、中国ではそれまで知られていなかった。チャンバラは日本固有のジャンル。上段への連続蹴りは中国武術ではなく韓国・跆拳道《テコンドー》の技だ。怪鳥のような叫び声は彼が独自に考案した。「なぜあんな声を出したのかと問われたとき」スタントマンのひとりが語る。「『実戦のとき、自分はそうしているから』と、彼は答えた」だが、香港の観衆にとってはどちらでもよかった。ブルースはスクリーン上で中国人の名誉を守り、彼らの心の中の名誉も守った。彼は新しい何かの表れだった。中国人にとって、いまの自分たちではなく、そうありたい姿だ——力強く、たくましく、自信満々で、恐れを知らない。

『怒りの鉄拳』の興行成績は圧倒的だった。『危機一発』の三五〇万香港ドルという記録を十三日間で破り、最初の一カ月でじつに四三〇万香港ドルの興行収入を上げた。そこからさらに、アジアじゅうを席巻した。フィリピンでは六カ月以上の長期上映を果たし、このすさまじい外圧から国内の映画産業を保護するため、ついにフィリピン政府は外国映画の輸入に制限をかけた。シンガポールでは封切りの夜、興奮したファンが映画館の外の街路を埋め尽くして長時間交通渋滞を引き起こしたため、当局は群衆を柵で囲う手はずが整うまで公開を一週間延期した。ようやく映画館にお目見えしたとき、ダフ屋は一ドルの切符を一五ドルで売った。

二年後の一九七四年七月二十日、『ドラゴン怒りの鉄拳』は日本でも公開された。反日的な内容を考えればかなりの好成績だった。いちばんびっくりしたのは共演した橋本力と勝村淳だ。「『怒りの鉄拳』のストーリー自体、日本人にとっては国辱ものだった。だから日本では公開されないだろうと思っていたんです。ところが、『燃えよドラゴン』と『ドラゴン危機一髪』が大ヒットしたものだから、『怒りの鉄拳』も配給した」と、勝村淳が言う。「ブルース・リーに熱狂する日本の若者が大勢いた。あれほどのスーパースターになるとわかっていたら、もっと仲良くなって、いっしょに遊び回ったのに。そうしなかったことを後悔していますす」

19

協和電影《コンコルド》

貧しい男の胸の内を知りたければ、金持ちになったときに何を買ったか見ればいい。この時点でブルースは決して裕福とは言えなかった。一介の契約俳優であり、『ドラゴン危機一発』と『ドラゴン怒りの鉄拳』で支払われたのは、それぞれ一万五〇〇〇ドルの定額だった。大半は古い負債の返済に消えた。ブルースに賭けた見返りに大きな報酬を得たのは、レイモンド・チョウとゴールデン・ハーベストだ。『危機一発』だけで、同社は二〇一七年米ドル換算一六〇〇万ドル以上を手に入れた。ショウ・ブラザースのランラン・ショウはブルース・リーとの契約に踏み切らなかった判断について記者から問われると、憂鬱そうに肩をすくめた。「当時の彼はひとりの俳優に過ぎなかった。こうなるなんてわかるわけがない」現金を手にしたわけではなかったが、ブルースの信用度は大きく高まった。「いまの状況を心から楽しんでいる」ブルースは嬉々として友人たちに語っている。「どこの銀行も、サインひとつで六〇〇万ドルまで貸してくれるんだ」

無制限に近い融資枠を得た彼が最初に買いたかった

のは支配権だ。七一年十二月一日、ブルースとレイモンドは共同出資で協和電影《コンコルド》というサテライト会社を立ち上げた。六九年に初飛行を果たした超音速ジェット旅客機コンコルドからの命名説もささやかれたが、ブルースはローマの調和の女神コンコルディアからこの名を取った。社のシンボルはブルースが振藩《ジュンファン》國術館《グンフー・インスティテュート》ロサンゼルス校で使っていた赤色と金色の陰陽太極図だ。レイモンド・チョウとブルースが道《タオ》教《イズム》のシンボルを半分ずつ担う。ブルースが創造的側面、チョウが事業運営面の責任者だ。利益は折半する。

　これは香港映画界初の協定というわけでもなかった。レイモンド・チョウは同様の契約をジミー・ウォング、ロー・ウェイとも交わしていた。彼らがショウ・ブラザースと関わらず、ゴールデン・ハーベスト専属で働けるように。ランラン・ショウの怒りを買いたくなかったから、これらの話はずっと伏せられていた。公表されたのはブルースとの契約が初めてだ。話を聞きつけたほかのスター俳優から同様の協定を強く求められ、ここからショウ・ブラザースの契約方式は崩壊しはじめる。ブルースはカンフー映画を広めるだけでなく、香港帰還以前に始まっていた潮流を定着させたのだ。

　新会社設立にともない事務所も新しくなった。ブルースは生まれて初めて頭脳労働者《ホワイトカラー》になった。事務所はハンマーヒル・ロードの丘に立つ、ゴールデン・ハーベストのスタジオにあった。かつて衣装と舞台装置を収納していた、一二平米ほどの部屋だ。机と椅子、そして適正体重を保つために五輪仕様のバーベルをひとセット。貧しかったころを忘れないよう、折れたところをセロテープで留めた眼鏡を棚に置いた。当時は修繕に出す金銭的余裕がなかったのだ。壁のひとつに二羽のハゲワシのポスターを貼った。そこには〝いまは我慢のとき。獲物を仕留めるときはかならず来る〟と記されていた。別の壁にはプレイボーイ・マンションを思わせる壁紙を貼った——乳房を露わにした各種民族の女性を描いたものだ。

　スター俳優は興行でヒットを飛ばせばいいというものではなく、実生活でもスター然としていることが大切だと、スティーブ・マックィーンから学んだ。「イメージが大切なんだ」と、マックィーンは言った。「成功するには成功者然としていなくてはいけない」十代からお洒落に敏感だったブルースは派手な買い物に繰り出した。「彼はお洒落が好きで、買い物も大好きでした」と、リンダは言う。ハリウッドではカフタンやダシキ、ネールジャケットを着用し、東洋人らしい異彩を放つように心がけた。香港ではエルビス風のサングラスや明るい花柄のシャツ、下襟《ラペル》の大きな革ジャケットを着用した。さらに、ベルボトムのジーンズを穿《は》いて、実際より背を高く見せる一〇センチの厚底靴の一部が隠れるようにした。西洋化された人格《ペルソナ》を強調した。特別な機会のため、裾が床にくっつくようなミンクのコートを買った。これぞ一九七〇年代だ。

地位に敏感な香港人はちっぽけなアパートに住んでいても高級車を乗り回して富を見せびらかす。ポルシェを売ったときは断腸の思いだった。『怒りの鉄拳』後に、赤いメルセデス３０５ＳＬコンバーティブルを手に入れた。自己資産を持たないブルースのため、購入資金はレイモンド・チョウがコンコルドの将来収益から前払いしてくれた。「レイモンドはブルース・リーの貯金箱だった」と、アンドレ・モーガンが言う。ブルースは次の大きな買い物のため、さらに借金を重ねる。

ブルースとリンダと子どもたちが初めて香港に居を移したとき、ゴールデン・ハーベストは仮の住まいとして九龍《カウロン》の明徳園《サンライトガーデン》、文運道《マンワン・ロード》二番地のアパートを確保した。ブルースが育ったアパートから車で十五分ほどのところだ。七一年当時の香港ではかなり広い共同住宅だった。寝室がふたつに、リビング・ダイニングと中国式の台所。それでも、ベルエアの家に比べるとちっぽけだ。「洗濯機や乾燥機など、アメリカで当たり前だった現代の利器の多くが香港にはなくて」と、リンダが言う。「服は手洗いして、窓の外の竹竿に吊るして乾かしました」部屋は十三階にあり、エレベーターが動くことはめったにない。夫妻はこれを運動のチャンスととらえた。駆け上がっては駆け下りる。「ご近所さんは怪訝そうでしたけど」と、リンダは言う。

リンダの感じていた手狭さはブルースの幼なじみウ

ー・ガン（胡奀）のおかげでさらに強まった。ブルースが彼を家僕として連れてきた。胡奀が結婚すると妻もやってきた。夫婦は住みこみで掃除と料理と洗濯を請け負った。気詰まりなリンダに対し、ブルースは鼻高々だ。「結婚してからずっと彼女は忙しかった」ブルースは友人たちに自慢した。「お手伝いを雇える金銭的余裕ができて、ようやくそこから解放できた。家事を任せられる使用人と家政婦がうちにはいるんだ」

一介の契約俳優なら手狭なアパートでも問題ないだろうが、香港最大のドル箱スターには都合が悪かった。『ドラゴン怒りの鉄拳』が大成功を収めたあと、ブルースはレイモンド・チョウを保証人に新居を購入した。場所は高級住宅街九龍塘《カウロントン》の金巴倫道《カンバーランド・ロード》。灰色のコンクリート造り二階建ての物件は人口密度の高い香港では宮殿と言っても過言でない。広さは五三〇平米、部屋は十一あった。高層アパートではなく、近所でもめずらしい戸建て住宅だ。この地域に立つ家屋は軒並みそうだったが、高さ二・五メートルほどの石壁と錬鉄の門に囲まれていた。近所一帯が共産主義者の侵略に備えているかのように。家の調度は現代中国と西洋の折衷で、輝くばかりの明るい色をしていた。手間をかけて収集された中国の美術品も並んでいた。中国武術の武器の本格的なコレクションもあり、ブルースは家に飾ったり、来客に使って見せたりした。新居の巨大な前庭には日本庭園があり、メルセデスをはじめ車のコレクション用に広大な車寄せの私道があった。近隣最大の家ではなかったが、香港の基準に照らせば宮殿並みだ（二〇一一年、二三〇〇万米ドルで売りに出された）。

社会的地位の梯子《はしご》を一気に駆け上がったブルースとリンダは子どもたちが新しい住環境になじめるように気を配った。二歳のシャノンは高所得者向けの保育園に入り、私立幼稚園の入園試験に備えた。三歳になると、彼女は制服を着て四角いかばんを持ち、中国の漢字を習った。

六歳のブランドンを、ブルースは母校のラ・サール学院に入れたかった。しかし、親を退学させた学校が息子の入学を受け入れてくれるだろうか。彼はレイモンド・チョウに懇願した——学校に同行して弁護してほしい。

「ひとりで行けばいいじゃないか」レイモンドは言った。「いまや君はみんなが知る有名人だ」

「有名になったのは確かだが」ブルースは言った。「悪名も馳せている」

「何があったんだ?」と、レイモンドは尋ねた。

「喧嘩ばかりしている札付きだったんだ」と彼は認め、そのあと自己弁護した。「自分だけが悪かったんじゃない。目をつけられたり、からかわれたりすることも多々あって、戦わざるを得なかった」

「だったら、息子さんの障害にはならないだろう?」

「いや、いや、そうじゃない。ラ・サールはすごくお堅いんだ。修道会が厳格で」ブルースは懇願した。「だから、いっしょに行ってくれたら受け入れられる可能性が高くなる」

レイモンドは根負けしてブルースに同行した。カトリックの修道士たちはブルースに会えて大喜びだった。ブルースの収めた偉業は耳に入っており、かつての放蕩息子を大歓迎してくれた。父親の過ちは何ひとつ持ち出されず、ブランドンは入学を認められた。「驚いたよ。あそこの人たちに一人前あつかいしてもらえるなんて」ブルースは喜びも露わにレイモンドに言った。

だが、ブランドンが父親と同じ道を歩むのに時間はかからなかった。何週間と経たず、早くも喧嘩に突入した。「ブランドンはクラスでいちばん体が大きく、肌が白いのもあの子だけだ。ほかの子たちを叩きのめしているという苦情が早くも舞いこんでいる」と、ブルースは誇らしげに友人のミト・ウエハラに話している。「リンダはそのときのブルースの様子を見て、不安そうだった」と、ミト・ウエハラは言う。

功成り名を遂げたブルースはリンダの母を香港へ招いた。「私のことをすごく誇りに思ってくれた」ブルースは笑顔で言った。「行く先々でVIP待遇を受けたからね。ああいう注目を受けたのは初めてだったろう」

ブルースは状況に満足していた。娘はプリスクール、息子はラ・サールに通っている。妻は献身的で、俳優業は順調そのもの。いろいろな意味で子ども時代を再現し、その過程で父親を超えた。父親は粤劇《えつげき》の有名俳優だった。ブルースは香港最大の映画スターだ。父親は使用人やお手伝いがいる設備の整ったアパートで家族を養った。ブルースは使用人やお手伝いを住まわせた大邸宅を構えていた。「午前二時とか三時によく電話がかかってきました」と、ナンシー・クワン（關家蒨）が振り返る。「本当にいい気分だ、やっと稼げるようになった、欲しいものをなんでも買える、と話すんです」

一九七二年三月二十一日、ブルースとリンダとレイモンドは〈凱悦酒店《ハイアット・リージェンシー》〉のレストラン〈ヒューゴ〉での祝賀晩餐会に出席した。リンダの誕生日であり、『ドラゴン怒りの鉄拳』の公開前夜でもあった。三人とも不安と期待と大きな願いに満ちていた。ホテルを出ていこうとしたとき、彼らは二十五歳の妖艶な台湾女優、ベティ・ティンペイ（丁珮）と鉢合わせした。

ベティは容姿端麗なスイス人と結婚したあと、すぐに離婚し、半年暮らしたスイスから戻ってきたところだった。「あまり幸せじゃなかったけど、悲嘆に暮れていたわけでもなかった」と、ベティは言う。「愛が何か、わかっていなかったから」

ショウ・ブラザース時代にベティと五年契約を交わしたことがあるレイモンドが彼女を紹介した。「ブルースは見ていてとても楽しかった、ほら、僕を見てって感じで」ベティが微笑む。「すぐ連絡が来るかな、と思った」

最初の遭遇で火花が散っていたにもかかわらず、いや、それゆえにか、既婚の映画スターが連絡してきたのは二週間近く経ってからだった。直接でさえなかった。「レイモンドがホテルに電話をかけてきて、『ブルースと下の〈請請吧《チンチン・バー》〉にいる』と言うの」ベティが当時を振り返る。「興奮したわ。彼が私を気に入ったのは間違いないし。でも、おかしいの。本当は行きたくなかったのよ。ろくに化粧もしていなかったから。何を着ていったものかもわからないし。ブルースは歩み寄って、開口一番、次の『冷面虎』に出てくれないかと言った」

ブルースとベティ・ティンペイ。香港で造られた『ドラゴンへの道』用のコロシアムのセットで。
1972年6月（デイビッド・タッドマン）

魅力的な誘いだったにちがいない。ショウ・ブラザースとの契約は切れていて、スイスへ発《た》ってから半年くらい仕事をしておらず、何かと物入りでもあった。「当時はそんなに稼いでもいないくせに、私は映画スターみたいな暮らしをしていた」と、ベティは言う。「車はマスタング。みんな、私が誰か知っていた」

ショービジネスの世界が長い彼女は、世間知らずではなかったと言う。「いっしょに仕事をしたいなんて信じなかった。男女の仲になりたいだけじゃないの、と私は胸の中でつぶやいていた」ボディランゲージが手がかりだったかもしれない。「話をするうち、彼は私の手を取って、なんて可愛いんだと言ったりして」カリスマ的なスターにそんな努力は必要なかった、とベティは打ち明ける。「彼はすごい有名人だった。私よりずっと成功していた。彼と釣り合うなんて思っていなかった」と、彼女は言う。「ブルースみたいな人はいなかった。どう説明したものかわからないけど、彼に捕獲されたのはわかったわ。それもあっという間に。なんて言うか、彼はたちまち、私を思いどおりにできた。気がついたら付き合っていた感じかしら」

ベティは部屋に戻って母親に電話をかけた。「いま、誰に会ってきたと思う？　李小龍よ！」だが、母はなんの興奮も示さなかった。「そのまま聞き流されて。無反応だった。ブルースが誰か知らなかったのよ」

学校に突如現れた華やかな転校生のように、メディアはどれだけブルースのことを知ってもまだ知りたがった。この蜜月期の報道量は圧倒的で、報道されたことについての報道があるほどだった。〝〔一九七一年〕十二月の二週間で、李小龍の特集記事は四度活字になり、雑誌の表紙も七回飾った。報道と噂の数々で李小龍の話は周知の事実となったが、ファンはまだ満足していない。もっと経歴を知りたいと報道に関心を持ちつづけた。おかげで、彼に少しでも関係があればどんな話でも読む価値があると思われている〟と、デイリー・ニューズ紙の特集記事はちょっと悔しそうに報じている。

メディアが書かずにいられない話がひとつあった。

ゴールデン・ハーベストという同じひとつ屋根の下で仕事をしている香港の二大アクションスター――ブルース・リー（李小龍）とジミー・ウォング（王羽）――は、たがいに敵愾心《てきがいしん》を燃やしている。「ジミー・ウォングは既成勢力だった」アンドレ・モーガンが言う。「ブルース・リーは町へ来たばかりの新顔ガンマンだ」どっちが強いか確かめるため、いまにも決闘が行われそうだとタブロイド紙は興奮気味に報じた。〝両者とも密林の王だ〟シンガポールのファンフェア紙は書いている。〝誇り高き二頭の虎に同じ檻で平和に暮らせと説得しても、それは無理というものだろう〟抜け目のない興行主レイモンド・チョウはこの展開に水を差そうとはしなかった。「こういう決闘寸前とかいう話はすべて」モーガンが言う。「当事者の真意とは関係ないところで書かれていた。そういう煽り記事を書けば間違いなく売れるのだから。それを読んだファンも気負い立つ」

たしかに陰では相手について大口を叩いていた。「ブルースはよく、ジミーのことを小ばかにしていた。『所詮、やつは武術家じゃない。こっちは正真正銘の武術家だ』といった感じで」と、アンドレ・モーガンが回想する。「ジミー・ウォングは事もなげに、『私はこのジャンルの第一人者で、いろんな運動に秀でている。水泳ではオリンピック級だった。刀剣も操れる。武術もできる。馬にも乗れる。何を騒いでいるんだ？　私は万能選手だよ』と言ってのけた」

敵愾心を大げさに掻き立てる価値はレイモンドも認めていたが、最も価値の高いスターふたりが本当に殴り合いをしては困る。ブルースとジミーが同じ部屋に入らないよう万全を期した。「ブルースがジミー・ウォングをにらみつけ、雌雄を決しようとするような状況は作ってはまずいからね」と、モーガンが言う。「テストステロン〔男性ホルモン〕の飛び交う時代でもあった」

ジミー・ウォングにはブルースを見下す観点がもうひとつあった。『ドラゴン危機一発』と『ドラゴン怒りの鉄拳』は興行成績で『吼《ほ》えろ！ドラゴン　起《た》て！ジャガー』を超えたかもしれないが、ジミーは脚本・

監督・主演の三つを兼任していた。それに引き換え、ブルースはジミーの主演作品の流れを色濃く受け継ぐ映画二本で主演を務めたに過ぎない。ジミーから見れば、ブルースは自分に便乗しただけだ。「『吼えろ！ドラゴン　起て！ジャガー』は私が構想した。脚本も私が書いた。あれが最初のカンフー映画ですよ」と、ジミーは言った。「だから大勢の監督があの路線をコピーし、そっくりの脚本を書いた。つまり、そのおかげでブルース・リーは香港へ戻ってきて成功の機会を得たわけです」

　ブルース・リーくらい自尊心が高く負けず嫌いな男がそう言われて放っておくわけもない。最初の二本はロー・ウェイ（羅維）とブルースのコンビで大成功を収めたのだから、同じコンビで三本目を撮りたいとレイモンド・チョウが考えるのは当然のことだった。彼は『冷面虎』という企画を発動した。『怒りの鉄拳』でブルースが演じたのは、伝説的なカンフーの達人霍《ホー》元甲《ユンカップ》の弟子、陳真《チャンジャン》だった。第三弾では、生来肝臓を病んで顔に黄疸《おうだん》が出ていたため〝黄面虎〟の異名を取った霍自身をブルースに演じさせたい。ブルースはひとまず同意したが、すぐ考え直した。またロー・ウェイと組むのか？　この監督は会う人ごとに、ブルースの成功は自分のおかげと吹きこんでいた。ジミー・ウォングは誰彼なしに、自分こそが真の映像作家で、ブルースは物真似俳優に過ぎないと語っていた。次もロー・ウェイと組むのでは、彼らの発言を裏づけるだけだ。

　解決策は明瞭で、かつ野心的だった。ブルースが脚本・監督・主演の三役を務めればいい。ジミー・ウォングを上回るため、音楽も自分で作曲しよう。それでも足りなければ、舞台をローマに持っていこう。そうすれば、香港史上初の西洋で撮影された映画にもなる。ブランディング上の明白な理由があって、ブルースは監督デビュー作品を『燃えよドラゴン』と名づけることにした。その後、ワーナー・ブラザースが初めて制作・配給するブルースの主演映画のタイトルを『燃えよドラゴン』とすることに決まったところで、この三作目は『ドラゴンへの道』に変更される。

その前にブルースは『冷面虎』とロー・ウェイから自分を解放する必要があった。一連の出来事に関するロー・ウェイの記憶によれば、彼は最初、ブルースの親友サミュエル・ホイ（許冠傑）の主演映画を撮る準備をしていたのだが、レイモンド・チョウからその企画をいったん放棄してブルース主演の『冷面虎』を監督しろと命じられた。「当初の計画を捨てて、急いでブルース・リー用の脚本に取りかかった」と、ロー・ウェイは主張する。この脚本が書き上がり、日本ロケの手はずが整ったところで、レイモンドから電話が来た。ブルースがもうこの映画はやりたくないと言っている。〈ハー・レイディシップ〉というレストランでスター俳優と監督の話し合いが持たれた。

「もうすぐ撮影が始まる」ロー・ウェイは言った。「査証《ビザ》の申請も全部下りている」

「問題がある」ブルースは返した。「脚本の出来が良くない」

「どこが問題なんだ？」と、ロー・ウェイが尋ねた。

「あの脚本は問題だ」

「なら、どこに問題があるか教えてくれ」と、ロー・ウェイは求めた。

「全部だ」

「よく考えろ」ロー・ウェイはいらだたしげに言った。『ドラゴン危機一発』では乱暴な作り方を余儀なくされた。バンコクの、あのとんでもない場所で粗削りな映画を作ったが、それでも儲かった！ ろくな脚本もなかった『怒りの鉄拳』でも、一作目以上の儲けを出した。しかし、この脚本はじつによく書けている。最高の映画になると思うし、なんの心配もしていない」

「それでも、この脚本ではだめだと思う」と、ブルースは言った。

「だったら、こうしよう。どこが気に入らないか言ってくれたら、そこを変えてもいい。君はスターだ。君が満足できるように変えようじゃないか。君にも満足してもらいたいからな。必要なのは、しっかり話し合うことだけだ！」

「まだ、どこが気に入らないとははっきり指差せない」

「まだわからない？」ロー・ウェイは爆発した。「三つ目のシーンか？　それとも五つ目か？　七つ目か？　八つ目か？　台詞《せりふ》のどこが問題なんだ？　プロットが問題なのか？　雰囲気か？　話の展開か？　さあ、言え！　どこがおかしいか言えないなら賛同してもらう」

「家に帰って、もういちど目を通す」と、ブルースは返答した。「明日、説明する」

「紙に書き出してくれよ」ブルースの退路をロー・ウェイは断とうとした。「君の考えに合わせて脚本を変える」

「明日までに用意する」と、ブルースは言った。「いや、明日じゃない、三日だ。三日くれ」

ブルースはぷいと立ち去り、ロー・ウェイは事務所へ引き返した。三日が過ぎ、一週間が過ぎ、二週間が経った。ブルースはロー・ウェイの事務所に立ち寄らず、電話をよこすこともしない。何かある、とロー・ウェイは気がついた。周囲に訊いて回ったところ、ブルースは主演映画を自分で監督したいのだという。憤激したロー・ウェイは企画の打ち切りを決意したが、ゴールデン・ハーベストはもうカネを注ぎこんでいた。制作の手はずは整っている。ブルースの代わりを見つけよう、とレイモンドは主張した。

「ジミー・ウォングがいい」と、ロー・ウェイは言った。ブルースの怒りは承知のうえで。

「ウォングは多忙を極めている！」とレイモンドは答え、ロー・ウェイに翻意をうながした。

「いいから、打診してみてくれ！」と、ロー・ウェイは主張した。「私がメガホンを取ると言ったら、たぶん彼はやる」

ウォングは台湾で別の映画を撮っていた。レイモンドは現地へ飛んだ。ウォングは同意し、契約にサインした。ロー・ウェイがブルース・リーでなくジミー・ウォングと日本ロケへ向かうという話が報道関係者の耳に届いたとき、面白い切り口を探っていたひとりの記者がロー・ウェイの事務所を訪れた。

「ブルース・リーは行かないんですって？」とこの記者は尋ね、そのあとロー・ウェイを見て笑った。「ブルース・リーなしでやれるんですか？」

「私はリーに会う前から映画を作っていたんだぞ！」

ロー・ウェイは感情を爆発させ、記者は一〇〇万ドルコンビの険悪な断絶話を手土産に嬉々として帰っていった。ブルース・リー降板、ジミー・ウォングを起用、と。

新聞を読んでブルースは激怒した。判断を長引かせていたのは確かだが、企画を却下した覚えはない。ロー・ウェイと組むのは気が進まないが、ジミー・ウォングに引き継がれるのは業腹だ。ロー・ウェイとウォングの映画が自分の撮る映画と競うことになる。『冷面虎』の興行成績が『ドラゴンへの道』を上回ったらどうなる？　ブルースの成功はやはりロー・ウェイのおかげだったのだと世間に思われる。

ブルースはどっちも作ることに決めた。ロー・ウェイに電話をかけ、なぜ主役を交代したのか理由を質《ただ》した。

「君がつかまらなかったからだ。三日後に連絡することになっていただろう。忘れたのか？」ロー・ウェイは辛辣《しんらつ》な口調で言った。「なのに一カ月、連絡してこなかった！」

「この映画をやりたくないとは一度も言ってない」

「しかし、一カ月近く経っても連絡してこなかった！」と、ロー・ウェイは怒鳴った。

「ジミー・ウォングを選んだのはなぜだ？　レイモンドの入れ知恵か？」と、ブルースは尋ねた。彼はレイモンド・チョウの腹の底を疑いはじめていた。

「ちがう！　君は有名人だ！　私はどうか？　名のある監督だ。私にも自尊心がある。君は三日と言った。なのに、一カ月近く連絡してこなかった。無神経も甚だしい。そっちが何を考えているのかわからない以上、ほかの俳優に変更するしかない」

「面子《メンツ》を潰す気か？」

「いや、面子を潰す気はない。知っているよ、これから自分で自分の映画を撮るんだろう。君を交代させただけのことだ。この件はすっぱり忘れようじゃないか。話を持ち出さなければ、問題も起こらない」

「ウォングと組んで、うまくいくと思っているのか？」

「もちろんだ」と、ロー・ウェイは答えた。

「この俺からウォングに乗り換えるなんて、盆暗《ぼんくら》もいいところだ」ブルースは侮辱的な表現を口にした。「こうしないか？　いっしょに日本へ行こう。交代は取りやめ。あんたの映画に出る」

「だめだ。何週間も私を無視したツケは大きいぞ。もう別の俳優と約束したんだ。いまさら反故《ほご》にするわけにはいかん。私にも面子があるからな」

ロー・ウェイの話によれば、ブルースは悪名高い癇癪を起こして彼を罵倒しはじめた。

「なあ、ブルース・リー、自分の社会的地位を考えろ。映画スターの文化人だろう。よくもまあ、そんな罵詈雑言を浴びせられるものだ」ロー・ウェイは見下したような口ぶりで叱責した。

ブルースは最後にもういちど罵《ののし》りの言葉を吐いてから受話器を叩きつけた。

この口論で香港映画史上最大の成功を収めた監督とスター俳優の協力関係は終わりを告げた。その後は可能なかぎりたがいを避け、決して顔を合わせようとしなかった。たまたまオフィスや映画セットで鉢合わせになると、くるりと相手に背中を向けて離れていった。


ロー・ウェイとジミー・ウォングは日本へ撮影に向かった。ブルース・リーは自分の映画を撮りにローマへ向かった。ゴールデン・ハーベスト最大のスターはどっちか？　決着のときが来た。

20

マカロニ東洋劇《イースタン》

『ドラゴンへの道』で、ブルースは初めて自分ひとりで脚本を書いた。最大のハードルは言葉の問題だった。「香港を離れて長かったから、中国語で書くのに苦労していた」この映画で助監督を務めたチー・ヤオチャン（植耀昌）が言う。ブルースはふたつの世界に挟まれている状況を冗談めかした。「まったくおかしな話だ。最初、この英中辞典を買ったのは、十八歳で初めてアメリカへ行ったときに適当な英単語を見つけるためだった。それがいまは、頭に浮かんだことを中国語でどう言ったらいいか調べるために使っている」創造のプロセスを促進するため、ブルースはまずアイデアの大半を英語で録音機に吹きこんだ。そのあと吹きこんだ内容をチー・ヤオチャンと書き出し、中国語に訳しながら脚本作りを進めていった。

最初の構想は、連続ドラマとしてワーナー・ブラザースのテッド・アシュリーに売りこんだ『ザ・ウォリアー』が下敷きになった。舞台は十九世紀。中国のカンフーの達人が滅亡寸前の清王朝からサンフランシスコへ逃れ、中国人移民を搾取から守るという筋立てだ。

皮肉な話だが、ワーナーと同じく、ブルースも最終的にこの構想を却下した。アメリカで時代物を撮影すればコストがかさむ。時代設定を現代に変えて、もっと安上がりな舞台を探すことにした。

西洋で映画を撮影した中国人監督はひとりもいない。自分がその草分けになろう。意を決したブルースはヨーロッパの都市を調べていき、最終的にローマに落ち着いた。『スパルタカス』（一九六〇年）の円形闘技場《コロッセオ》でカーク・ダグラスが演じた戦いから、最後に自分と西洋の悪者があそこで戦うという着想を得た。イタリアならクリント・イーストウッドのハリウッド征服戦略とも合致する。

イーストウッドがテレビから映画へ飛び移ることができたのは、イタリアで安価なマカロニ・ウエスタンを何本か制作したおかげだ。自分にとっての香港はイーストウッドにとってのイタリアになるとブルースは信じていた。ワンクッション入れてハリウッドというポケットにボールを撞《つ》き入れるバンクショットだ。「香港へ行って、現地で大物になる」と、ブルースはアメリカの友人に話している。「そのあとこっちへ戻ってきて、イーストウッドみたいなスーパースターになる。まあ、見ていろ」つまり、『ドラゴンへの道』をマカロニ東洋《イースタン》劇にして、西洋で弾みをつけるのがブルースの戦略だった。

一カ月くらいかけて草稿を書き上げた。自分が原案に携わった『ザ・ウォリアー』の舞台を現代のヨーロッパに移した。ローマの中華料理店がイタリアのマフィアから脅迫を受ける。女性店主は香港の伯父に相談して応援を送ってもらう。送りこまれたのは甥《おい》のタン・ロンだった。中国語では〝唐龍〟、つまり中国のドラゴンだ（中国語の題名は『猛龍過江』で、強い龍が海を渡るという意味）。ブルースはアメリカに渡った移民としての経験を活用し、タン・ロンを新界地区から来た世間知らずの田舎者という設定にした。「単純な男だが、偉ぶるのが好きで」撮影中、ブルースはある記者に語っている。「ローマのような都会のことはよく知らないのに、わかっているふりをする」タン・ロンは水から上がった魚、つまり場違いの人間だ。結果、ブルースは香港映画の新しい潮流――カンフー・コメディ――を開拓した。これを後年ジャッキー・チェンが完成させる。タン・ロンは西洋人だけでなく、都会ずれした中国人の同朋にも見下される。彼の秘密兵器はカンフーの熟練の技だ。「まあ、実際、単純な話さ。田舎の青年が言葉も話せない土地にのりこむが、正直かつ簡潔に自己表現したおかげで一目置かれることになる」ブルースは笑いながらエスクァイア誌に語っている。「自分の前に立ちはだかる人間を全員ぶちのめすことによってね」

ブルースが脚本に取り組んでいた一九七二年四月十日、脚本の師スターリング・シリファントが香港国際空港に降り立った。別の映画のロケハンをしていたのだが、彼は『サイレントフルート』の企画を復活させたいとも願っていた。ブルースは香港でどんな大スターになったか見せて、シリファントをうならせたかった。ブルースはレイモンド・チョウとゴールデン・ハーベストの美人女優ノラ・ミャオ（苗可秀）、マリア・イー（衣依）、ハリウッドが島国香港を訪れ新王子の指輪にキスするところをカメラに収めようと考えた報道陣をしたがえて、空港でシリファントを出迎えた。「ブルース・リーと共演するため、アメリカから黒人や白人がはるばるやってくるたびに新聞は報道した」アンドレ・モーガンが回想する。「へえ、そうなのか！と、中国人は鼻高々だった」

ブルースがシリファントを連れて街へ散歩に出ると、街路がパレード場と化した。「彼のあとを何百人も人がついてくるんだ」シリファントが回想する。「群がって、叫び声をあげ、そばへ来ようとする。ブルースはブリオーニの粋な白いスーツを着て王様のように歩きながら、人々に微笑みかけた。感激だった。本当にすごかった」ブルースは現地人がひしめく映画館で『ドラゴン怒りの鉄拳』を見てもらおうと考えた。「映画を見ている人たちの様子ときたら」シリファントが言う。「静かに見ていると思ったら、とつぜん叫びだす。ブルースが日本人を蹴りまくると大喜びだ」

シリファントはアメリカ帰国後に七二年四月二十日

付でブルースに手紙を送り、『サイレントフルート』の話を持ち出している。この時点ではシリファントもブルースも企画を復活させたいと思っていた。〝君の大成功を見てどんなに愉快だったか、うまい表現が見つからないくらいだ。今年中に香港を再訪して『サイレントフルート』の撮影を始めたいと思っている。本気で取り組むつもりだ〟

コンコルドでこそブルースとレイモンド・チョウは対等の事業パートナーだったが、コンコルドはゴールデン・ハーベストの下請けに過ぎない。事実上、レイモンドはまだブルースのボスだった。従業員としてのブルースが唯一行使できる影響力は、手を切るという脅しだった。『冷面虎』でロー・ウェイと組まず自分で映画を監督したいとレイモンドの説得を試みたとき、ブルースはランラン・ショウにすり寄るふりをするという陽動作戦に出た。このふたりが会ったと新聞が書き、ショウ・ブラザースから好条件で契約の申し入れがあったと報道した。大騒ぎになり、ランラン・ショウの広報担当はあいまいな形でこの話を否定した。「契約の可能性は無視しないし、彼が商業的利益を生むのは確かだが、ショウ・ブラザースが契約するとしたら今年ではないだろう」と。最大の稼ぎ手を奪われる可能性を危惧したレイモンドは白旗を揚げ、監督としてなんの実績もないブルースにメガホンを取らせることにした。これ以降、レイモンドと考えが衝突するたび、ブルースはランラン・ショウに会いにいく。

女性共演者を決めるため、ブルースは女優とポップ・スターを合わせて数十人の審査に着手した。興味深い話だが、チャンスを得られなかった女優にベティ・ティンペイの名前があった。ブルースはこの判断についてボスを非難している。

「ああ、いや、もう全部決まっていて」ブルースは説明に努めた。「レイモンドは君にあまり乗り気じゃなかったんだ」

「そんなの関係ない」と、ベティは言った。「私たちが一心同体なら」

「新しい髪形、いいね。思いきって短くしたんだ」ブルースは話題を変えた。「どこの美容院だい？　『ドラゴンへの道』では新しい髪形にしたいんだ」

「〈アンソニー・ウォーカー〉よ」と、ベティは答えた。「ローマへ発《た》つ前に予約を入れてあげる」

　結局、相手役は『怒りの鉄拳』でも共演したノラ・ミャオに落ち着いた。間接的にロー・ウェイを攻撃するのがおもな狙いだ。ブルースが出演を断った『冷面虎』でレイモンドはジミー・ウォングの共演者にノラを抜擢した。主演のジミー・ウォング以外『怒りの鉄拳』と同じチームでは、事実上の続編と見られるだろう。ブルースはロー・ウェイの撮る映画からノラを外して、自分の映画に出演させるようレイモンドに迫った。レイモンドはスター監督ではなくスター俳優側についた。

　これを知ったロー・ウェイは激怒した。「私にまで腹を立てていました」と、ノラがこぼす。「ブルースが有名になったから、私がローマに乗り換えたのだと思ったんです。それはちがう、会社の命令にしたがっただけだと説明しました。なぜローマへ行かされるのかも知らなかったんですから」ノラを手放す代償として、ロー・ウェイはブルースが欲しがっていた性格俳優の李昆《リークン》を求めた。これにレイモンドが応じたと知るや、こんどはブルースが憤激した。「広東語と英語で罵《ののし》っていた。びっくりしたね、街の路上で使われる最悪のたぐいの言葉だったから」と、『ドラゴンへの道』で進捗管理《プロマネ》を務めたチャップリン・チャン（張欽鵬）が言う。「いずれ自分の映画スタジオを持つとブルースは誓っていた」

　ノラの一件に怒りが収まらないロー・ウェイは新聞を使って攻撃した。シンガポールのニュー・ネイション紙に、香港映画最大のスターはブルース・リーではなくジミー・ウォングだと語った。これに対しブルースは、自分の成功はロー・ウェイとはなんの関係もない、『ドラゴンへの道』でそれを証明してみせると反撃した。

　トランスワールド航空（ＴＷＡ）で十九時間の旅を終えたブルース、レイモンド、チャップリン・チャン、撮影の西本正《にしもとただし》の四人は七二年五月五日、ローマのレオナルド・ダ・ビンチ空港に降り立った。ベネト通りの〈ホテル・フローラ〉に投宿し、五月十七日まで滞在した。

ノラ・ミャオと香港撮影班の残りが到着するまで、何日か自由時間ができた。そこで四人は観光と買い物に繰り出した。まずピサの斜塔へ向かった。「その途中、〝グッチ〟のブティックに立ち寄りました」と、チャップリンが回想する。「ブルースとレイモンドはずらりと並んだ高級ファッションに夢中で、どっさり服を買いこんだ。ブルースが最高品質のイタリア製革ジャケットを買ったのを覚えています。どんなに柔らかいのだろうと思ったことも」

四人はたちまちイタリアの食べ物に飽きた。ローマのみすぼらしい中華料理店はどこも期待外れだった。西本が偶然見つけた〈ザ・トーキョー〉という日本料理店は悪くなかった。たちまち彼らのお気に入りの店になり、みんなで料理と日本酒を楽しんだ。「ある日、小さな盃《さかずき》で日本酒を三杯飲んだあと、給仕係がブルースに顔を拭くタオルを渡したんです」と、西本が振り返る。「彼は誤ってコンタクトレンズを目から拭き取ってしまったが、サングラスを取り出して、そのまま楽しそうに話を続けた」日本酒はブルースがある程度の量を飲める唯一の酒だった。この酒はどんどん大きくなってくる名声の重圧を和らげてくれ、ブルースお気に入りの飲み物になった。

レイモンドとチャップリン・チャンが香港の撮影スタッフを支援してくれる現地の制作会社と会ったとき、レイモンドはまず日当を尋ねた。「ふつうは七万から八万リラとのことでした」チャップリン・チャンが言う。「そのあと相手はこう付け加えた。みなさん男性だし、女性と楽しいひとときを過ごしたければ、一〇万リラ出すといい。レイモンドはこれに応じました」『ドラゴンへの道』に娼婦が登場する場面は、この瞬間からひらめいたと思われる――その後の調査の結果かもしれないが。周囲に合わせて友好的に振る舞わなかったことを叱責された世間知らずの田舎青年タン・ロンは、うかつにもナボーナ広場でイタリア人娼婦に引っかかる。ホテルのバスルームから全裸の彼女が現れるに至って、ようやく間違いに気づき怖くなって逃げだす。ブルースの評判を知る香港の事情通たちはこのシーンを見て含み笑いを抑えることができなかった。

ブルースは雑誌の写真を見て、娼婦役にマリサ・ロンゴを選んだ。「正直、あの仕事は疑問でした。打診された役が小さすぎたので」と、マリサ・ロンゴは言う。「ブルースはイタリアでは無名で、誰も知らなかった」最初、ブルースをうぬぼれ屋と思ったが、「彼が笑顔を向けてくれて、ちょっと緊張がほぐれた」という。ホテルで裸になるシーンの撮影時、「ブルースは不安そうで、落ち着かない感じでした。シーンの端々にうかがえると思いますが」と、ロンゴは言う。「私の目に映ったブルースはとても紳士的で優しかった。ほかの大勢といるときも、いつも私の目をうかがってくれて。すごく感じのいい人でした」

ふたりが向け合う好意をノラ・ミャオは快く思っていなかったかもしれない。「彼女はとても控えめで」ロンゴが言う。「セットの仕事が終わると、いつも姿が見えなくなった」ノラは何日か前に第二撮影班と現地入りしたばかりだった。彼女はセットただひとりの女性で、若い男性たちと現場を盛り上げた。「夕食後はすることがなかったし。みんなで〝何か面白いことをしよう〟と考えて」ノラが当時を振り返る。「ローマの若い男性は女性にちょっかいを出したがると知っていたので、私が通りに立ったら誰か引っかけようとするか試してみようって。『いいから、そこに立って』と、みんなが言うんです。面白そう、と話に乗りました。すぐスポーツカーが一台そばを通り過ぎて、そこから引き返してきた。そばへ来て窓が下ろされたところで、私はみんなのところへ逃げ帰りました。そんないたずらなんかもあって、ブルースとの撮影はすごく楽しかった」

ノラによれば、ブルースともそんな芝居が行われた。撮影中、イタリア人プロデューサーが彼女にしきりにウインクをよこした。「どうして四六時中あんなことをするの?」彼女はブルースに訴えた。「本当にうんざり」

「心配するな」と、ブルースは言った。そのあとブルースは、食事中ずっとノラの横に座った。彼女の手を握り、料理を取ってやるなど、かいがいしく接した。歩くときは彼女の肩に腕を回す。問題のプロデューサーはウインクをやめて舌打ちした。「ブルースの恋人と思ったんでしょう」ノラが言う。「それからはウインクしてこなくなりました」

彼女の話から、ローマで親密そうなふたりの写真が数多く残っている理由は説明がつきそうだ。だが、異国を舞台に映画を撮っている美しく若いふたりが恋人の演技をしているうちに、虚構と現実を隔てる線がふっと消えてしまっても不思議ではない。もちろん、ふたりは一線を越えたと、ほかのみんなは思っていた。「ある日の朝、みんなで朝食に下りていくと」チャップリン・チャンが回想する。「まずブルースが、そのあとノラが下りてきた。給仕係がブルースをしげしげと見た。ふたりは何かあったあとみたいに見えた」アンドレ・モーガンは、「いっときの秘め事だ。ロケ中に何かあっても大騒ぎする必要はない」と言う。

ブルースは映画監督セルジオ・レオーネがマカロニ・ウエスタンで見せた視覚表現方式に敬意を表し、空港で悪役のコルトが飛行機から降りてくる場面に劇的な演出を計画した。コルト役をチャック・ノリスに頼んだのだ。「映画に出演すれば——それが香港映画であっても——自分の認知度が高まる可能性があると思った。そしたら、うちの(空手)学校にもっと生徒が集まるかもしれない」と、ノリスは言う。「あれが新しいキャリアの始まりになるなんて、夢にも思わなかった」

チャックは全米空手王者の経歴を携えてきただけでなく、密航者まで連れてきて関係者を驚かせた。ボブ・ウォールだ。「ブルースと電話で話したチャックが、映画に出るからローマへ行くと言うんだ」ウォールが当時を振り返る。「ひとりで行くなんてつれないじゃないか。我々はパートナーだ。だから、自腹で航空券を買った。ブルースは私のことが大好きだったから、私を見て大喜びだった」と、ウォールは主張する。チャップリン・チャンによれば、ブルースはちっとも喜

『ドラゴンへの道』の撮影のためローマへ赴いたブルースとノラ・ミャオ。1972年5月

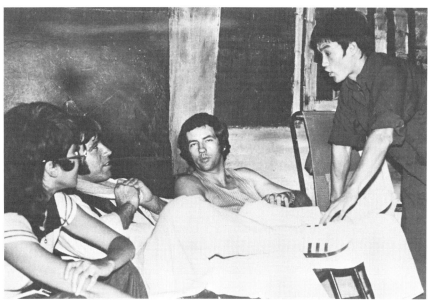

左からベティ・ティンペイ、チャック・ノリス、ボブ・ウォール、ブルース・リー。『ドラゴンへの道』を撮影していたゴールデン・ハーベストのスタジオで。1972年6月(デイビッド・タッドマン)

んでおらず、招かれざる客について慎重に言葉を選んでいた。「ボブを見て迷惑そうだった。ホテルに戻ったときブルースは、『どうしてノリスはあいつを連れてきたんだ?』とこぼしていた」と、チャップリンは回想する。「あの口ぶりから判断するかぎり、あの男のことは好きでない気がした」結局チャックに説得されて、ブルースはボブにも役を与えることになるのだが。

コロッセオでの撮影は法律違反だったから、香港撮影班はしかるべき役人に袖の下をつかませ、バッグにカメラを忍ばせて観光客のふりをしながら撮ることになった。外観のいくつかと決め手になるショットの撮影に警備員が許してくれたのは、わずか二、三時間だった。おもに撮影の西本がハッセルブラッド社のカメラでスチール写真を撮り、そこから香港の制作チームは、ゴールデン・ハーベストのスタジオでコロッセオを再現するときに柱や背景をどう造るかの全体像をつかんだ。格闘シーンの大半は香港で振り付けられ、撮影も香港での集中作業（三日間）で行われた。

ブルースと香港のスタッフ、チャック・ノリス、ボブ・ウォールは十二日間で可能なかぎりローマの街を映像に収め、七二年五月十八日の午後三時に香港国際空港に降り立った。記者団とともにリンダとシャノンもブルースを出迎えた。記者会見のブルースはいつもどおり饒舌だった。初めてメガホンを取るブルースには予算超過の噂が渦巻いていた。これまでいくら使ったのかという質問をブルースははぐらかした。「費用の見積もりはしていないし、全然心配していない。お金をかける価値があると思えばかける。それ以外は無駄遣いしない。まずは合理的に見て何が必要かを考えること。そうすれば利益はついてくる」

「興行収益はどれくらいと見ていますか?」と、別の記者が尋ねた。モハメド・アリがKOラウンドを予告して試合を盛り上げたように、ブルースも興行収入について豪語した。質問が来ると同時に彼は指を五本持ち上げた。五〇〇万香港ドルという意味だ。

別の記者が追い打ちをかけた。「『ドラゴン危機一発』であなたは有名な〝李三脚〟を駆使して三〇〇万香港ドルの興行成績を収め、次の『ドラゴン怒りの鉄拳』ではヌンチャクを使って四〇〇万香港ドルを達成した。そこでお訊きしますが、最新作ではどんな武器を使うんでしょう?五〇〇万香港ドルの予言を達成するのに、

「まあ、それは見たときのお楽しみ。じきにわかる」と、ブルースは勿体《もったい》をつけた(ヌンチャク二本を同時に使う予定だった)。

スリムなスター俳優の横に大柄な欧米人が座っているのを見て、ある記者から質問が飛んだ。「あなたとミスター・ノリスの格闘シーンはあるんでしょうか?」「チャックと私が格闘するか?」ブルースは微笑んだ。「ふたりが恋に落ちるとでも思ったのかい?」

ほとんど全員が爆笑したが、憤慨した記者もいた。この冗談を取り上げたスターリー・ナイト・ニューズ紙のカム・ヤー・ポーは、〝傲岸不遜〟で〝とつぜんスターの座に上り詰めて増長している〟とブルースを批判した。この論説はブルースと香港メディアの蜜月関係の〝終わりの始まり〟だった。それまでずっと媚びへつらってきたマスコミの報道がこれを期に批判的な論調に変わっていく。

『ドラゴン危機一発』以来、ブルースは注目を引きたい何十ものカンフー愛好家から紙上で挑戦されてきた。チャック・ノリスが香港へ来て愛国心に衝《つ》き動かされたのか、アメリカ人への挑戦表明が相次いだ。公の挑戦に慣れていないノリスは憤慨したが、ブルースはかまうなと助言した。「なんの得にもならない。こいつらは目立ちたいだけだ」しかし、頭に血が上りやすいアイルランド系のボブ・ウォールは聞き入れなかった。チャックへの挑戦は自分が受けるとメディアに声明を出し、テレビの深夜番組『エンジョイ・ユアセルフ・トゥナイト』での試合を提案した。「うちの師範のチャック・ノリスが挑戦された。チャックは私より数段優れた格闘家だから、彼に挑戦したかったらまず私と戦って挑戦の資格があることを証明してもらいたい。テレビの番組内で行うから、香港のみなさんが証人だ。ただし、こっちも相手を殺す気でいく」

案の定、七二年五月十九日にブルースとチャックとボブが番組のスタジオに現れたとき、彼らを待ってい

る挑戦者はいなかった。決闘を生中継する予定は取りやめになり、チャック・ノリスがボブ・ウォールを相手に空手の演武を披露した。次いでブルースが跳躍し、チャックが構えるフォーカスミットに何度か電光石火の蹴りを見せた。

このあと三人はカウチに腰かけてインタビューを受けた。司会者のジョシア・ラウ（劉家傑）が広東語でブルースに、「こちらの西洋人おふたりはアメリカであなたの指導を受けていて、弟子の身ながら選手権大会に数多く優勝していると新聞の報道にありましたが、これは本当ですか？　だとしたら、あなたのカンフーはいったいどのくらい強いのか」と質問した。

ブルースはにやりとして両手を振り、罠《わな》を避けた。

「いや、勘弁してください。彼らを自分の弟子だと言ったことは一度もありません。私たちは良き友人で、時間のあるとき集まって、武術についての意見交換をしているんです」

ここでジョシア・ラウは英語に切り替え、チャック・ノリスに質問を投げた。「おふたりはブルースの弟子だと多くの人が言っているのですが、ブルースは否定しました。ただの友人だと。どっちが本当なんでしょう？」

チャック・ノリスは完璧な答えを返した。この質問が来るとわかっていて、細心の注意で返答を工夫したのだろう。「私たちに彼の弟子を名乗れる力はないし、彼が先生なんて畏《おそ》れ多くて言えません」チャックがそう言ってにっこりすると、観客はどっと笑いだし、ブルースの面子《メンツ》を立てる中国人のような謙遜ぶりに感謝を込めて拍手を送った。「それでも、彼のカンフーを敬服している。弟子あつかいしてもらえなくても、私たちは先生と思っています」

「ブルース・リーはあなたにとってどんな人ですか？」と、ジョシア・ラウが尋ねた。

「愛すべき人物で、学歴も高い」と、ノリスは言った。「そのうえ、これまで出会った格闘家のなかで最高です」

ブルースが出会った格闘家でチャック・ノリスがいちばん愛されたのも、当然と言えば当然か。

この時期はブルース・リーの人生最幸福期と言って過言でない。俳優として最も脂がのっていたときだろう。雇われ俳優ではなく、自分の映画に全責任を負い、その職務を見事に全うした。安定感があり、魅力的で、面白い。「ブルースはじっとしていられない人間だと誰かが言っていましたが、まさしくそのとおりで、ノンストップ・エンジンでした」助監督のチー・ヤオチャンが言う。「いっときも休まず動きながら、指示を出し、実演していた。いつでも休めたのに、率先して同僚たちにどう格闘するといいかを示し、ともすれば空気が張り詰めがちな撮影現場で下ネタを口にして緊張を和らげることもあった」頭上の照明を飛び蹴りするシーンの準備に、照明器具の上にコカ・コーラの缶を置いて蹴り飛ばす練習をしていたかと思うと、映画にも出演したアンドレ・ネルソンに頼んでギターを引っぱりだしてもらい、お気に入りの『グアンタナメラ(グアンタナモの娘)』を弾かせ、それに合わせて歌ったり踊ったりした。「一日十七回弾いたこともあった」ネルソンが言う。「いまじゃ、すっかりあの曲が嫌いになってしまった」

優秀なギャングの首領の例に漏れず、ブルースは忠誠に報い、撮影スタッフと成功を分かち合った。幼なじみの三人——ロバート・チャン、ユニコーン・チャン(小麒麟)、付き人を務めていたウー・ガン(胡奀)——に料理店のボーイ役を与えた。「現場の人たちみんなが私に敬意を払うよう、いろいろ気を遣ってくれました」と、胡奀が言う。映画業界で苦労していたユニコーン・チャンのキャリアを後押しすべく、ブルースは彼のクレジットタイトルを〝共同武術指導〟とした。チャック・ノリスと幼なじみに取り巻かれ、米中ふたつの世界を融合していった。血のにじむ努力の成果がひとつにまとまりはじめていた。「ブルースは面白い男で、いつも笑って楽しそうだったし、セットでいろいろ披露するのが好きだった」マフィアのボス役を務めたジョン・T・ベンが言う。「きれいな女の子も何人かいて、気のあるそぶりをよく見せていたけど、撮影準備が整うと完璧主義者に変身した」

セットのまわりに出没する美女のひとりにベティ・

ティンペイ（丁珮）もいた。イタリアで彼とノラ・ミャオに何があったとしても――演技だったにせよ、ロケ中にありがちないっときの情事だったにせよ――香港へ戻ると同時にそれは終わった。ブルースとベティの不倫関係は続いていた。「スタジオでは、ずっと彼のそばにいた」と、ベティが言う。「彼の恋人だってみんなが知っていた」関係が深くなるにつれ、ブルースの隙も大きくなってきた。公衆の面前でデートした。「〈請請吧《チンチン・バー》〉で二度くらいふたりに出くわした」と、アンドレ・ネルソンが言う。「ブルースはベティにぞっこんだった。見ればわかりましたよ、魔法にかかっているのは。いっときも離れていられない感じで、ふたりはベタベタしては見つめ合っていた」アンドレ・モーガンも首を縦に振る。「ブルースはベティにのぼせていた。生まれながらに華のある女性だった」

ブルースがチャック・ノリスに出演を打診したとき、チャックは冗談半分でこう尋ねた。「どっちが勝つんだい？」

「こっちが主人公だからな」ブルースは笑って答えた。「でも、その格闘シーンが映画のハイライトになると断言する」

「わかった。ただし、今回限り」と、ノリスはおどけて言った。「どんな準備をしていけばいい？」

「いま、体重は？」と、ブルースは尋ねた。

「七三、四キロかな」

「私は六三、四キロ」ブルースは言った。「一〇キロくらい増やしてほしい」

「撮影まで三週間しかないんだぞ！」ノリスは口をとがらせた。「またどうして？」

「そのほうが手強そうに見える」

この説明にも一理あるが、映画の世界にずっと身を置いてきたブルースだ。くっきり分かれた自分の筋肉と見比べたとき、一〇キロ分脂肪をつけたチャックの筋肉はメリハリがなくなるとの計算があったにちがいない。「チャックが『ドラゴンへの道』について語りたがらない理由のひとつは、太ったヘラジカみたいに見えたからだ」と、ボブ・ウォールは言う。体重が増えれば、電光石火のスピードを持つブルースに比べて動きが遅くなる。スター俳優、監督、プロデューサーを兼任するブルースは、必要とあらば裏工作も辞さなかった。

ブルースの十三ページに及ぶ詳細なメモとコロッセオでの格闘を図解した棒線画は、モハメド・アリ対クリーブランド・ウィリアムズ戦（一九六六年）の第二ラウンドと第三ラウンドからヒントを得た。「ブルースは自分の八ミリ映写機でウィリアムズ戦を何度も繰り返し再生していた」空手王者の生徒のひとり、ジョー・ルイスが言う。「アリがどんなふうにパンチを出し、どんなステップワークを使うか、よく研究していた。ブルースは機動性に重きを置いた。それに比べて空手家たちの構えは固定化されていた」この研究を基に彼とチャックはゴールデン・ハーベストに造られたコロッセオのセットで三日に及ぶ長い撮影に臨み、蹴りに投げと、さまざまな技を補っていった。そのあいだもブルースはずっと、試合場の戦いとフィルム上の格闘のちがいをチャックに説明していた。競技の格闘と娯楽の格闘のちがいを。「ブルースから学ぶことは多かった」ボブ・ウォールが振り返る。「実戦では、受けたダメージを相手に漏らさないが、映画の観客にはそれが伝わらないといけない。逆をする必要があるわけだ」

ふたりの格闘シーンが映画のハイライトになるとブルースは断言したが、その言葉に嘘はなかった。『ドラゴンへの道』の評価や見方がどれだけ大きく分かれても、このふたりの戦いが映画史上屈指の格闘シーンである点にはほぼ異論がない。思い返せば、その魅力の多くは、この世代で最も有名なふたりの格闘家を戦わせたことにあった。しかし、時を経ても魅力が褪《あ》せない理由はさらに深いところにある。エンターテイナーとして育ったジャッキー・チェン（成龍）やジェット・リー（李連杰）とちがい、ブルースは長年武術を指導しながら革新的な改革に取り組んできた。彼は教育上の目的を持って教師のようにあのシーンに取り組んだ。最初ノリスに劣勢を強いられるのは、伝統的な方式《スタイル》に固執していたためだ。敗北の縁に立たされた彼は状況に合わせて自分を自由に表現しはじめる。ボクシングのシャッフル、ボビング、ウィービングを駆使して形勢を逆転した。シーン全体が截拳道《ジークンドー》の指導書なのだ。彼はただ格闘シーンを撮っていただけではない。武術はどう教えられ、どう実践されるべきものかという哲学論争も同時に展開していた。

ブルースはこの場面に己の肉体と精神を融合させると同時に、カンフー映画にはめったに見られない心の機微を投入することにも成功した。人差し指を立てて横に振る仕草や、ブルースがチャックの分厚い胸から毛をむしり取って、手からぬぐうのに苦労する場面には一種の遊び心も垣間見える。カンフー映画の戦いは復讐や相手への憎しみが原動力になりがちだが、実生活で付き合いの長いふたりはたがいに敬意を持って対峙していた。最後にチャックの腕が折れ、膝が砕けたとき、ブルースの目はもうやめてくれと嘆願する。それをチャックが拒んだとき、殺すしかないのかと、ブルースの顔を無念の思いがよぎる。チャックが息絶えたあと、ブルースは相手の道衣《どうい》をかけてやり、膝をついて敬意と悲しみを表した。

ノリスが香港を離れた六月十三日の時点で映画の三分の一は未完成だった。すでに予定を過ぎ、予算も超過していた。当初は夏に公開が予定されていたのだが、それには間に合わない。主要な撮影を七月二十三日に終え、そこからようやくフィルムの編集作業が始まった。

香港の大方の映画は費用を抑えるために録音ずみの音楽を使っていた。ブルースは音楽家を雇って独自のメロディを創るべきだと主張し、みずからセッションの先頭に立って打楽器を演奏した。映画は無音の三五ミリで撮られた。台詞はすべて複数の言語――広東語、北京官話《ペキンかんわ》〔標準中国語〕、英語――で吹き替えられる。ブルースは英語版のアフレコを自分でやりたいと言った。「映画スターでそこまでやろうとする人はいなかった」イギリス人ディスクジョッキーで声優だったテッド・トーマスが言う。「さすがにそれはやらせるわけにいかない。簡単な技術じゃないし。ほかの声優も腹を立てた。自分たちの仕事を奪うのか？　わけのわからないことを言うな、と。ブルースは『とにかく一度やらせてくれないか？』と言う。私は、『だめ、だめ、そのために専門家がいるんだから』と答えた。彼はむくれていたよ」スター俳優で監督でもある男をなだめるため、トーマスは中華料理店で店員を脅すアフリカ系の子分の声をやらせた。

超大作は夏に公開されるのがふつうだったが、それには間に合わなかった。予算も四割超過し、レイモンド・チョウはその分を埋め合わせる必要があった。閑散期の冬に公開される映画の宣伝を兼ねて、〈ウィンストン〉の煙草のCM撮影に出てほしいとブルースに依頼した。ブルースの三分間の演武とヤン・スエの重量挙げ（三分間）の実演を組み合わせるという。これは一九七二年のことで、運動選手にとってもまだ煙草は健康にいいと考えられていた。

ブルースはヤン・スエに電話をかけた。「ウィンストンのCMをやることになったと言うんだ」と、ヤン・スエが回想する。「翌日、そのCMを撮りにゴールデン・ハーベストへ行った」ブルースが（マリファナは吸っても）煙草をいっさい吸わなかったのは、格闘家の肺に悪い影響があるという正しい認識を持っていたからだ。再考の末、ブルースはCM用演武の撮影を辞退した。代わりに『ドラゴンへの道』の編集クリップがウィンストンの広告に使われた。〝格闘を語るとき、人はブルースを語る。味わい《フレーバー》を語るときウィンストンに勝るものはない〟が決め台詞だ。

ブルースは初監督作品のヒットにすべてを懸けていた。ロー・ウェイと決裂し、レイモンド・チョウに莫大な借金を重ね、マスコミには五〇〇万香港ドルの興行収入を上げると豪語した。「私たちが使っていたお金は、まだ生まれていない利益を根拠に前払いされていた」と、リンダは語る。「それだけにいっそう、『ドラゴンへの道』の成功は大事だったんです」そんな状況にもかかわらず、『危機一発』や『怒りの鉄拳』では率先してやった宣伝活動への露出をブルースがなるべく避けたのは、彼を取り上げるマスコミ報道が否定的な方向へ向かいはじめていたからだ。ブルースに舐められていると思ったメディアは、『ドラゴンへの道』の公開日――七二年十二月三十日――が近づくにつれ、いっそう批判の度を強めていた。

結果的に、宣伝活動の縮小に興行成績が左右されることはなかった。書き入れどきの夏に公開できなかった影響もなかった。大事なのはブルース・リーが主演していることなのだ。ファンは群れをなしてやってきた。『ドラゴンへの道』は封切りの週末だけでチケット代一〇〇万香港ドルを売り上げた。翌七三年の一月十三日には『怒りの鉄拳』の記録を破り、予告どおり興行収入は五三〇万七〇〇〇ドルに達した。

比較の対象としてブルースが気にしていたのは興行収入ではない。自分が断った企画との比較を知りたかった。ロー・ウェイとジミー・ウォングがタッグを組んだ映画は『ドラゴンへの道』の一カ月後に公開された。興行収入は二〇〇万香港ドルがやっとだった。この勝利でブルース・リーはジミー・ウォング越えを果たし、押しも押されもしない東アジア最大のドル箱スターであることを証明した。

「『ドラゴンへの道』に対する反応は思いのほか良かった。私たちは少し心配していたんです」ゴールデン・ハーベストの進行管理部長ルイス・シットが言う。「気に入ってもらえたのは、ブルース・リーが中国人の英雄としていろんな外国人と戦ったからです。当時は香港が国際都市へと発展を遂げつつあった時代で、製造や金融などさまざまな分野で外国人に挑もうとしていた。勝てないわけがどこにある？　ブルースは徒手空拳、体ひとつで外国人と戦っていたが、当時の香港人とアジア人もいろんな事業分野で外国人と戦っていた。みんなが共有していた感覚だったんです」

『ドラゴンへの道』は商業的な成功を収めたものの、ブルースは作品の質全般に不満を感じていた。ロー・ウェイとジミー・ウォングの作品より上という自信はあったが、欧米の洗練された映画ファンの目には素人臭く映るのではないかという不安もあった。兄のピーターと妻のユーニス・ラムを特別上映会に招き、終了後「どうだった？」と、小声で兄に尋ねた。

「あー、まあ、音楽はすごくよかったよ」と、ピーターは気のない褒《ほ》め方をした。

　ブルースは顔を殴られたみたいに体を引き戻した。ユーニスは義弟の手に手を置いて、ショックを和らげる優しい言葉がないか考えた。ブルースの手のひらはじっとり汗ばんでいた。彼女にはかける言葉がなかった。

『ドラゴンへの道』はマカロニ・イースタンと呼べる出来にはない。これでは欧米で公開できない。自分の知らないうちにレイモンド・チョウが北米に配給権を売ったことを知ると、ブルースは怒髪天を衝《つ》いた。「あのときはスタジオに大きな怒声が響き渡った」と、アンドレ・モーガンが言う。「レイモンド・チョウに裏切られたと思ったんだ」

　映像作家としての自分には改善の余地が大きい。そこに気づけるだけの自己批判力がブルースには備わっていた。次の機会は究極の格闘映画にしよう。

『ドラゴン危機一発』『ドラゴン怒りの鉄拳』『ドラゴンへの道』は商業映画だった。復讐心や怒りに駆られる通俗映画だ。次の作品は自分の哲学に重きを置きたい。格闘よりむしろ、武術の在り方を問う作品にしたい。ハリウッドでも『サイレントフルート』でそれを試みた。あの失敗から苦い思いを引きずっていたが、中国人の観客を意識してあの脚本を書き直した。シリファントが盛りこんだフロイト的な象徴を排し、アジアの観客にわかりやすい文化に力点を置いた。タイトルは『北腿南拳』。中国武術では、北方の拳法は蹴り技で知られ、南方の拳法は拳の打撃で名を馳せていた。両方を操れる武術家は完璧な達人だ。

　ブルースは登場人物の対話やカメラアングル、アクションの図解を詳しく連ねた『北腿南拳』の作品概要《トリートメント》を〈バタフライ・ステノ〉のノートに記していき、その分量は八十ページに及んだ。『サイレントフルート』のプロットにしたがい、主人公の流派と他流派の対決から物語は始まる。〝実戦の役に立たない伝統的ながらくた〟を教わってきた主人公たちは惨敗する。打ちひしがれた主人公は——ブルースが伝統武術に感じたように――自分の格闘方式は見せかけばかりで制約が多いことを痛感し、真の達人になるため武術の〝秘伝書〟を探す旅に出る。主題歌『武術の神髄』を伴奏に聖杯を探し求める途上、彼に熱を上げる才色兼備の娘が追ってくるが、純真な主人公は武の探求こそ人生の主眼であり、色恋に気を取られている場合ではないと相手にしない。彼はやがて、日中は親しくなった南拳の達人、夜は北拳の達人と修練を積む。ある料理店で大ぼら吹きの連中が主人公の師匠たちを侮辱した。彼らに戦いを挑み、まず南拳の拳で、次に北拳の蹴りで戦った。相手に引けは取らなかったが、勝つこともできない。そばにいた謎の〝老人〟から「手と足、両方を使え」と助言を受け、ようやく主人公は両方を組み合わせて勝利する。このあと彼は〝老人〟を追いかけ、「独自の方式を創り上げたぞ！」と、誇らしげに叫ぶ。

愛国的なカンフー映画ならここで終幕かもしれない――歴史的に中国を分断してきたラインを超えて、主人公が象徴的な南北統合を果たしたところで。だがブルースには伝えたい新たな真実、説きたい法話があった。〝老人〟がブルースの截拳道《ジークンドー》の代弁者を務める。「決まった方式は人を統合せず、逆に分裂させる」〝老人〟はそう言って嘲笑し、背景に笛の音が流れる。指導を乞う主人公を、〝老人〟は素っ気なく拒む。「私は教える者ではない。迷える旅人の道しるべに過ぎない。どっちへ行くかを決めるのはそなた自身だ」

月日は流れ、高名な僧が武術の〈秘伝書〉を保管しているという島に主人公はたどり着く。『サイレントフルート』と同じく、主人公が〝秘伝書の守護者〟になるには、ほかの武術家と競い、いくつかの試験を突破しなければならない。さいわい〝老人〟の截拳道《ジークンドー》哲学を会得した主人公は南拳と北拳それぞれの達人をあっさり打ち破る。そして〈秘伝書〉と〝守護者〟の役目を託された。『サイレントフルート』の主人公はその場でこの書を放棄し、中身を見なかったが、ブルースの焼き直し版ではこれを精査する。〝おもむろに書を手に取り、一ページずつ開いていくと、どのページも空白で、最後のページには鏡が取りつけられていて、そこに自分の顔が映る〟と、トリートメントにはある。

秘伝の意味を理解した主人公は託された仕事を拒む。書物より〝生身の人間〟のほうが大事だと、元いた場所へ引き返し、自分に恋する娘の手を取って口づける。彼に敗れた志願者たちが「秘伝とは何だったのだ？」と訊くが、彼は返答を拒み、「ひとつだけ教えてやる。恋人を大事にしろ」とのひと言で終幕となる。

『北腿南拳』はブルースが携わったなかでも最も自叙的な作品だ。彼が経験し、学び、信じてきたことをすべて蒸留したあとに残る、最も純粋なエッセンスと言ってもいい。「別の学校を設立することになったときのために、彼はずっとこの構想を温めていた。ドアを通り抜けると大きな赤いカーテンがあり、〝この奥に秘伝あり〟と記されたプレートが掛かっている」と、『ドラゴン怒りの鉄拳』で共演したボブ・ベイカーが語る。「カーテンを開くと、そこにはただ姿見が置かれている。そうやって学校に入るんだ」

カンフー映画とその時代にとっては思索に富んだ話だが、商業的な成功は見込めそうにない。アンドレ・モーガンによれば、ブルースは『北腿南拳』のトリートメントをレイモンド・チョウと何度も論じ合った。ハリウッドの大物プロデューサー、サミュエル・ゴールドウィン〔一八七九〜一九七四年〕は説教じみた映画をあげつらい、「伝えたいメッセージがあるなら電報を打て」と言った。レイモンドはそこまで辛辣ではなかった。「レイモンドの答えはこんな感じだった」アンドレ・モーガンが回想する。「中国人の嗜好にはちょっと知的すぎるから、君の名声がさらに確立されるまで待とう」

レイモンドにそう諭され、ブルースも現時点では見る側が追いつけないと納得した。後日に持ち越そう。「香港映画の芸術表現に不満がある。映画ファンの水準を上げる必要があると信じている。私には役目がある。私には役目があり、それを推進するのは責任感の持ち主でなければいけない」と、ブルースはホンコン・スタンダード紙に語っている。「私たちの映画を見るのは大衆で、彼らの心に届くものを創る必要がある。教育は一歩ずつ進める必要がある。一夜でできるものではない。それがいま私のしていることだ。うまくいくか、現時点ではわからない。でも、その気があるだけじゃない。私はその意欲に満ちている」

『北腿南拳』には冷却期間を置くことになり、ブルースは自分の哲学を中国人に広める方法を模索した。漠然とだが、心の奥に構想があった。『ドラゴンへの道』最大の見せ場はチャック・ノリスとの格闘シーンで、そこには臨機応変に対応する力の重要性を説く截拳道《ジークンドー》の哲学が全面的に埋めこまれていた。「多層的な映画を香港で作りたい」と、ブルースはマスコミに語った。「表面的な物語を楽しむこともでき、深い味わい方もできるような映画を」チャックとの格闘シーンがここまでで最高の成果だとすれば、それを複数積み重ねてはどうか。

『死亡遊戯(*Game of Death*)』と題された次の企画は最初、こんな感じだった。韓国の山奥にある木造五階建ての仏塔から、盗まれた中国の秘宝を取り戻すため、選《よ》り抜きの武術家五人が雇われる。格闘方式が異なる武術の達人がそれぞれの階を守っていて、その守護者を倒さないと上へ向かえない(陳腐に思えるとしたら、それは、この概念がアクション映画やビデオゲームに無数に使われてきたせいだ)。各階で主人公の仲間のひとりがまず守護者を倒そうとするが、〝伝統的ながらくた〟から脱却できなかったため負けてしまう。そのあとブルースが戦い、守護者の格闘方式に対応して打ち負かす。

自分の哲学的主題を際立たせる構想を、すでにブルースは温めていた。「刻々と変化する環境に適応する必要を、私は示したい。適応できないと破滅だ」彼はシンガポールのニュー・ネイション紙に説明している。「映画の冒頭、観客の眼前には一面の雪景色が広がる。カメラが徐々に木立に近づいていき、強風が鳴り渡る。スクリーン中央に一本の巨木が立っていて、全身が分厚い雪に覆われている。突如ボキッと音がして、大きな枝が地面に落下する。風に揺さぶられ、雪の重みに耐えきれず折れたのだ。そこでカメラは柳の木をとらえる。こっちは風を受け流している。環境に適応できたからこそ柳は生き延びた。一種の象徴的表現だが、これこそ中国のアクション映画が追求すべきものではないか。こんなふうにアクション映画の幅を広げていきたいと私は思っている」

　すでにブルースの中には冒頭のイメージと、映画の主題、第三幕のアクションシーンがあった。なかったのは、それをつなぐ物語だ。この時代に作られた香港のカンフー映画はもっと少ない材料で制作に着手した。『ドラゴン危機一発』の脚本はわずか三ページだったが、『死亡遊戯』と異なり、復讐心――大衆が直観的に共感できる、血気あふれる動機――が原動力だった。『死亡遊戯』はさしずめ、未知のアイテムを求めて寓話的な旅をするカンフー版『天路歴程』か。

　映画スタジオ上層部には伝道者を雇う気など全然なかった。利益が第一で、声明を出したいわけではない。ブルースが企画した説教じみた話にレイモンド・チョウは〝慎重に、前向きに〟と、如才のない表現で応じた。ブルースは〝前向きに〟より〝慎重に〟の強さを感じ取ったのだろう。自分の計画にレイモンドが難色を示したときかならず訴える手段に出たからだ。彼はランラン・ショウのところへ駆けこんだ。今回は顔を合わせただけではない。衣装テスト用の衣装をすべて身につけ、メイクをほどこし、髪形を昔の中国の戦士風にしてショウ・ブラザースへ公然とのりこんだ。

　戦士姿のブルースの写真が意図的に新聞に漏らされたときには、ゴールデン・ハーベストからショウ・ブラザースに乗り換えるだけでなく、初めての時代劇を撮る心づもりに見えた。ランラン・ショウは驚きの金額を提示したが、それをブルースが却下すると、好きな金額を書きこめるよう、金額欄が空白になったサイン済みの契約書が送られてきた、と新聞各紙が書き立てた。次の映画はショウ・ブラザースで作るのかとチャイナ・メール紙に問われたブルースは、伝道者というより傭兵のような口ぶりで、「ショウ・ブラザースでもゴールデン・ハーベストでも、どこの映画会社でもかまわない。特定の会社に縛り付けられようと思ったことは一度もない」と返答した。

　ショウを利用して交渉を優位に進めたいだけだとレイモンド・チョウは思っていたが、賭け金が高額なだけにポーカーで言うはったり《ブラフ》はかけたくない。「俳優の人気が高じると」レイモンドは言う。「思いどおり罰せられなくなる」ブルースの陽動作戦はまんまと成功し、レイモンドは『死亡遊戯』を承認した。

ブルースは脚本の肉付けを後回しにして、すぐにも仏塔シーンの撮影に着手したかった。かつて指導したカリーム・アブドゥルジャバーはミルウォーキー・バックス在籍三年目で早くもNBA選手権を制し、七二年八月下旬時点で次のシーズンまで二、三週間しか時間が取れなかった。ブルースは胸を躍らせていた。ロサンゼルスで鍛錬を共にして以来、カリームを使って映画を作りたいとずっと思っていた。「二二〇センチ近い大男と私が戦ったら、中国人のファンは熱狂するぞ」と彼は予言していた。

身長一七〇センチの男が二一八センチの男と戦った場合、小さいほうがブルース・リーとはいえ、いったいどうなるのか？「カリームのあごに完璧な蹴りを決めようとしていたし、あの日は三百回以上蹴りを放ったはずだ」と、ブルースは語っている。「彼のあごがどんなに高いところにあるか、わかるか？極限まで脚を伸ばさないと届かない。最後には股関節の筋肉が肉離れを起こす始末だ」離れ業をやってセットから転落したときも、危うく負傷しかけた。「私がキャッチしたんだ」カリームが当時を振り返る。「赤ん坊みたいに腕の中に収まったものだから、ふたりで大笑いしたよ」ブルースが挑戦者と戦ったところもカリームは目撃している。「話の途中で、ひとりのスタントマンがブルースに挑もうとした。瞬時に男はひっくり返された。それからは誰も挑もうとしなかった」

ブルースの計画では、カリームは最後の五階の守護者だった。難攻不落の男だ。ダン・イノサントによれば、下の四つの配役は使える人材の状況に基づいて「たびたび計画が変更された」。ブルースから中華航空の航空券が送られてきて、イノサントは指導員の仕事を休み、三階の守護者を演じた。「彼の映画作りには彼の格闘に通じるものがあった」と、イノサントは言う。「まずとにかくやってみる。前夜までどうするか決まっていない。そんな状況からまとめ上げていく。作業を進めるうち、自然と細かなところが出来上がっていく。『死亡遊戯』の現場はそんな感じだった」

四階の守護者には韓国合気道《ハプキドー》の達人で、六九年にアメリカで演武を行ったときに知り合った池漢載《チーハンチェ》を採用した。池はゴールデン・ハーベストで武術俳優を始めたところだったから、すぐに使えた。演技の経験が浅い池との立ち回りにブルースはいらだっているとの報道もあったが、池自身は、「ブルースはすばらしい映画俳優でした。レベルに差があったので、タイミングに少しずれが生じたのでしょう」と、敬意を込めて語っている。

一階と二階の守護者を誰にするかについては、振《ジュン》藩國術館《ファン・グンフー・インスティテュート》シアトル校の師範ターキー木村《キムラ》や、少年時代に詠春拳《えいしゅんけん》を教わった黄淳樑《ウォンシュンリャン》など、いくつかの名前が浮上した。ジェームズ・コバーンが香港を訪問したとき彼を説得して出演させようともしたが、これは丁重に断られた。

三階から五階までと屋外のシーンをいくつか撮ったところで、ブルースはいったんこの企画をわきへ置いた。全九十分くらいの大雑把なフィルム映像を編集し、三十分くらいの完成形にした。

原案では、ブルースとふたりの武術家――『ドラゴン危機一発』の共演者ジェイムズ・ティエン（田俊）と香港のスタントマン、サムソン・カイ（解元）――が三階まで到達し、伝統的衣装でフィリピンの格闘技エスクリマ〔カリとも呼ばれる〕の達人を演じるダン・イノサントに遭遇する。ブルースは象徴的ないでたちだった。黒のレーシングストライプが入った明るい黄色のジャンプスーツだ。スイスのグシュタードでスキー休暇を取ったときロマン・ポランスキーが貸してくれたジャンプスーツから発想を得たという。武術においては個人を伝統に優先すべきという主題が衣装の工夫にまで及んでいた。「私はエスクリマの伝統衣装を着ていた。みんな伝統衣装を着ている」イノサントが言う。「しかし、ブルースはまるで現代のジェット族だった」

三階で三人はイノサントと対峙し、まずカイが大きな丸太で攻撃するが、やられてしまう。ブルースは竹でできた鞭《むち》のような道具を抜いて、すかさずイノサントから武器を取り上げた。「竹剣《バンブーソード》のほうが柔軟性に勝り、動きの予測がつきにくい」と、ブルースはカイに講釈を垂れる。このあとブルースとイノサントは目くるめくヌンチャク合戦を繰り広げるが、現実世界でブルースにこの武器を紹介したのはイノサントだった〔フィリピン武術カリではタバクトヨクと呼ばれる〕。ブルースの勝利後、三人は四階へ急ぎ、彼らをハプキドーの達人・池漢載が出迎えた。ティエンとカイはさんざん打ちのめされる。ブルースが進み出てケリをつけるあいだに、仲間ふたりは五階へ駆け上がるが、そこで雲突くような大男カリーム・アブドゥルジャマーに絞め殺され、ぬいぐるみのように階段へ投げ落とされる。池を倒したブルースは息絶えた仲間たちをまたぎ越し、階段を上がってカリームと対峙する。

　伝統武術の典型のようなふたり——イノサント（フィリピンのエスクリマ）と池漢載（韓国のハプキドー）——とちがい、カリームはブルースと同じ〝ノースタイル〟、つまり截拳道《ジークンドー》の達人だ。ブルース・リーはユング心理学で言う〝自分の影〟と戦うことになり、なかなか優位に立てないが、最後に自分の影の弱点に気がついた。カリームの傷ついた目は光に過敏だった。ブルースは塔の窓枠をぶち破ってカリームの目をくらまし、フロントチョークにとらえる。首を折って仕留めたあと、疲れきった体で塔頂にあるはずの謎のアイテムを探しに最上部へ向かう。カメラは最上部までブルースを追わず、それゆえ映画のトリックは露呈していない。観客には、恐ろしい発見に愕然とした表情でブルースがよろめきながら階段を下りてくるところしか見えない。ブルースはこのアイテムを何にするか、あれこれ考えていた。武術の〈秘伝書〉にするか、はたまた鏡にするか。だが、その答えは出なかった。それを決めてから宝物の正体が明らかになるシーンを撮るつもりだったからだ。

　武術指導の視点からは、どの階の戦いも複雑精緻で、ほかに類を見ない説得力に満ちていた。ブルースの技の精度を立証するものだ。『ドラゴンへの道』に比べ、軽いどたばた劇《スラップスティック》的なユーモアとバイオレンス・アクションのバランスも進化している。まぬけな仲間ふたりがうまくずっこけ役を演じていた。〝ブルース・リーとふたりのボケ〟と言ったところか。ブルースが映像作家としての腕を上げていたのは間違いない。

　彼は八月下旬から十月中旬まで脚本なしで仏塔シーンの撮影を続け、その合間に完成度の高い脚本作りに精を出した。武侠小説の有名作家で映画脚本家でもあるニー・クアン（倪匡）ら、脚本家を何人か雇って物語を発展させようとも考えたが、ひとりも手に入らなかった。彼は作家が突き当たる壁《ライターズ・ブロック》にぶち当たっていた。一夜にして名声を得た人間が襲われがちな重圧や騒動や誘惑が、状況を悪化させているのは明らかだった。

21

名声と疲弊

一九七一年十月三十一日公開の『ドラゴン危機一発』で、瞬く間にブルースは東南アジア一の有名人になった。最初は勝利の興奮に浸っていた。一世一代の演技でついにスーパースターになる夢を果たした。「香港ではあのビートルズより大物《ビッグ》なんだ」と、ブルースはロサンゼルスの友人たちに自慢した。それが一年と経たないうちに、並はずれた名声のもたらす重圧と負担に疲弊しはじめた。街路を歩けばかならず群衆に取り囲まれる。服を買いたいときは、人に囲まれないよう店を閉めてもらわなければならない。レストランに行けば、外から人が窓に顔を押しつけて、彼に目を凝らした。

「いちばん困るのは」ブルースはブラック・ベルト誌に打ち明けている。「プライバシーの喪失だ。皮肉なことに、我々は裕福になろう、有名になろうと奮闘しているが、いったんそうなるとバラ色なことばかりじゃない。香港ではどこへ行っても視線を浴びたりサインを求められたりする。仕事の多くを自宅で行っているのは、そのせいもあるんだ。いまのところ、自宅と事務所がいちばん心の休まる場所だ。スティーブ（・マックィーン）みたいなスターがなぜ公共の場を避けるのか、よくわかった。最初は注目されても気にならなかった。でも、じきに頭痛の種と化した」

エスクァイア誌の記者アレックス・ベン・ブロックから、名声を得て自分は変わったかと問われ、ブルースはこう答えている。「まあ、監獄にいるみたいな気がするという意味では変わったね。動物園の猿みたいなものさ。冗談を飛ばすのが好きなのに、以前ほど自由に物が言えなくなった。それでも、基本的な自分は変わっていない。有名になったから偉いと思うわけでもないし、前の自分とどこも変わっていない。基本的には以前と同じろくでなしだ（と言って笑う）」

プライバシーの喪失以上にまずいことがあった。危機感の増大だ。みんなが自分に挑戦したがっているような気がした。タクシーに飛び乗ると、運転手が振り向いて、「俺と戦えよ。あんたのカンフーなんか怖くない」と言う。ひとりで公衆の前に出ないことにし、信頼できるスタントマンを何人かボディガードに雇った。

ある日の午後、何をとち狂ったか、九龍塘《カウロントン》のブルース邸の塀をひとりのストーカーが乗り越え、ブランドンとシャノンが遊んでいる庭へ侵入した。そして、李小龍と戦いたい、と叫んだ。「お前の腕はどれほどのものだ？　どれだけ強いか見せてみろ！」男は叫んだ。少し前に友人のジェイ・セブリングとシャロン・テイトがチャールズ・マンソン率いる狂信者集団に惨殺されたこともあって、恐怖と同時に憤激にも駆られた。「人の家に勝手に侵入してきたんだ」ブルースは腹立たしげに回想している。「誰にもやったことがないくらいきつく蹴っ飛ばしてやった。思いきり」

それ以降、子どもたちが誘拐されないように常時世話係をつけた。「護衛をつけないと危ない、ブルースはそう思ったんです」と、リンダが言う。「アメリカでは子どもは好きなときに外へ出かけられましたが、香港ではちがった。細心の注意が必要でした」

七〇年代前半の香港映画界は八〇年代、九〇年代に比べると裁判沙汰になることは少なかったが、それはランラン・ショウが事実上業界を独占していたからだ。それでも、クリーグ灯の強力な光の外で影に身を潜めている怪しい輩《やから》はいた。『怒りの鉄拳』の大ヒット後、そんな輩が何人かブルースを訪ねてきた。「うちに立ち寄り、二〇万香港ドルの小切手を渡すんだ。何かと訊くと、『心配するな、ただの贈り物だ』と答える。知り合いでさえない。なんの面識もない連中だ」と、ブルースはアメリカの武術雑誌ファイティング・スターズに語っている。「そんなふうに人からポンと大金を渡されると、どうしたものかわからない。小切手は全部破り捨てたが、状況がよく見えないし、けっこう悩んだ」

警戒心を募らせていた証拠に、ブルースはベルトバックルに隠しナイフを忍ばせはじめた。さらに衝撃的な事実がある。世界一有名な徒手格闘技の伝道師ブルース・リーが、身を守るために銃を持ち歩くようになった。「強い被害妄想に駆られていた」香港のブルースを訪ねたジェームズ・コバーンが言う。「周囲三、四メートルくらいに人を寄せつけないオーラというか、遮蔽体《シールド》のようなものをまとっていた。そこに侵入すると文字どおり疑いの対象になるから、注意が必要だった」

人付き合いを避けて閉じこもることが多くなったブルースに連絡をつけるには、幼なじみを通すしかなくなった。有名になる前からの知り合いだから、彼らには全幅の信頼を置いていた。家僕で付き人でもあるウー・ガン（胡奀）以外で心を許せる幼なじみは、ユニコーン・チャン（小麒麟）だった。ふたりは映画の世界でいっしょに育った。ユニコーン一家が生活に窮していると聞くと、ブルースはアメリカから送金した。ブルースがハリウッドで悪戦苦闘していたときは、ユニコーンが彼をランラン・ショウに紹介した。浮き沈みの激しいユニコーンの俳優人生を支えるため、ブルースは『ドラゴンへの道』で〝共同武術指導〟として彼の名をクレジットしている。ふたりは中国で言う〝老関係《ラオクワンシー》〟、つまり一生贈り物を交換し合うような竹馬の友だった。

ふたりの関係を知った独立系映画会社・星海公司《シンハイ・コーポレーション》がユニコーンに接近し、ブルースの共演を取り付けてくれたら主役を任せると声をかけてきた。粗悪な映画で端役を務めても仕方がないと、ブルースは一度は断った。しかし、幼なじみにはチャンスを失ってほしくない。妥協案として、アクションの一部を振り付けし、個人的に宣伝に協力することに同意した。

約束どおりセットで一日格闘シーンを監督し、もう一日割いて、記者会見場で近日公開の『麒麟掌』を宣伝した。彼が知らなかったのは、星海のプロデューサーらが隠しカメラでこっそり彼を撮影していたことだ。彼らはその映像を映画に挿入し、あたかもブルースが役を演じていたかのように見せ、さらには彼の画像を販売促進に利用して、『麒麟掌』は〝ブルース・リー監督作〟とまで主張した。はめられたと気がついたブルースは激怒して、プロデューサーたちを訴えた。ユニコーン・チャンは一連の不正をまったく知らなかったと関与を否定した。「ブルースはユニコーン本人より、はめられた自分に怒っていた」と、アンドレ・モーガンは言う。

ユニコーンが知っていたかどうかにかかわらず、たちの悪い連中が友人を利用して接近を試みるのはよくわかった。七二年八月十二日、ブルースはミト・ウエハラへの手紙にこう書いている。〝親愛なる友よ――近ごろ「友達」は浮かない言葉になってきた。友達になろうという申し出に警戒が必要なんて、おぞましい状況だ。君たちと昼飯を食い、なんの屈託もなく語っていたころが懐かしくてならない〟

行く先々で報道カメラマン（パパラッチ）に追いかけられた。最初は我慢に努めたが、彼らとの関係はどんどん敵対的になった。テレビ局のスタジオを出た途端、パパラッチの群れに取り囲まれる。何分間かポーズを取ってやっても、もっと撮らせろと要求する。「もう何千枚も撮ってきただろう」と、彼は怒って言った。小群衆から逃れようとすると押し戻される。そのあと競り合いになり、ひとりの手からカメラを叩き落とした。すると翌日には、〝ブルース・リー、カメラマンを虐待〟との見出しが躍った。

　マスコミが牙を剥きはじめたとき、好意的な提灯《ちょうちん》記事に慣れていたブルースは驚くと同時に呆気に取られた。「リーはしょっちゅうメディアに腹を立てていた」幼なじみで『ドラゴンへの道』の共演者でもあるロバート・チャンが当時を振り返る。「『今日は仕事ができない。やつらの報道を見たか？』と、何度も私に言った。声を荒らげて席を立つんです」

　有名人である以上メディアの批判は免れないが、それだけでなく、ブルースは国境を超えた演者特有の問題にも対処しなければならなかった。人種の純粋性だ。ブルースの映画の人格《ペルソナ》は無敵の中国人ヒーローであり、中国人の守護者だった。『ドラゴン危機一発』ではタイの悪辣《あくらつ》なボスたちから中国の移民労働者を守った。『ドラゴン怒りの鉄拳』では、日本人の侮辱から中国人の名誉を守った。『ドラゴンへの道』では、西洋の犯罪者から中華料理店を守った。

　しかし、実際、ブルース・リーはどのくらい中国人なのか？　彼に関する当時の報道にはその疑問がついて回った。彼の残した遺産について、いまだにその問題は取り沙汰されている。香港育ちは確かでも出生地はアメリカで、アメリカの大学に入り、アメリカで十年以上暮らし、青い瞳の妻と混血の子どもふたりを連れて戻ってきた。広東語は錆びついていて、口からほとばしるのは外国的な発想だ。

　ある中国人記者から「異人種間の結婚は解決しがたい障害に直面するものですか？」と問われたとき、ブルースはこう答えている。「多くの人がそう思うかもしれない。でも、私にはそういう人種の壁は存在しない。〝同じ空の下に生きとし生ける者はみな普遍的な家族の一員だと信じている〟と言ったら、はったりだとか理想主義だとか思うかもしれない。でも、人種差をいまだに信じている人がいるとしたら、それは後ろ向きで狭量すぎる。肌の色が黒くても白くても赤くても青くても、友達になるのになんの障壁もない」

　何世紀にもわたって植民地支配を受け、民族としての自尊心を見つけるのに苦労していた中国人の多くにとって、こういう人種を超越した感覚は受け入れがた

いらだたしげにインタビューを待つ。1972年頃（デイビッド・タッドマン）

いものだった。自分は〝イエローパワー〟の愛国的中国人ではないとブルースが発言すると、彼を否定するメディアがかならず現れた。自分の姓はアメリカ風に〝Lee〟と綴るのが正しいと何度言っても、中国紙は中国風に〝Li〟と綴るべきと主張する。台湾の某紙はブルース・リー自身が書いたとする記事を掲載し、そこには、〝私は中国人であり、中国人として自分の使命を果たさなければならない……中国人としてのアイデンティティに疑問の余地はない……アメリカ生まれの中国人になったのは単なる偶然……私は黄色い顔の中国人で、決して白人の偶像《アイドル》にはなれないのが現実だ……中国人は中国人であり、この先もずっとそれは変わらない〟とあった。

ブルースの中国人度についての懸念は、意外なことに、髭《ひげ》をめぐる本格的な論争へと発展した。ふさふさしたあご髭を持つ漢人男性はめったにいない。薄い口髭でも生えるのに何週間かかかる。中国人にとっては体毛の濃さイコール異質の存在だった（中国人がよく言う冗談に〝なぜ外国人はあんなに毛深いのか？ それは、私たちが人間であるのに対し、彼らはまだ猿だから〟というのがある）。ヨーロッパの祖先を持つブルースは濃いあご髭を生やすことができた。アメリカでそこを気にする人間はいなかったから、髭を剃らない習慣ができた。ところが香港では、あご髭を生やしていると、歴史物映画に登場するモンゴルの悪漢チンギス・ハーンの末裔《まつえい》のように見られてしまう。香港のファンは髭を見て、彼が〝混血〟だったことを思い出した。

七二年一月十二日にブルースが空港で家族を見送っている写真が香港の雑誌に掲載され、髭をたくわえた顔が世間に衝撃を与えた。香港のレイディオ・アンド・テレビジョン・デイリーは、彼の容貌は若者に悪い影響を与えて社会秩序を乱す、と批判している。

花柄のシャツや色鮮やかなズボン、スポーツシューズ、サンダルと、ブルースはすでに多くの模倣者を生み出してきた。しかし、三十歳そこそこでスーパースターになった男がふさふさのあご髭を生やすとは、誰が予期しただろう？ それどころかブルースの髭は、最近アメリカで大きな騒ぎを起こしている〝ヒッピー〟まで想起させた。以前の端整な顔つきとは似ても似つかない。しかし、つむじ曲がりなブルースはどこ吹く風で、冗談まじりに、「いまに香港のあご髭の数は二倍になるよ」と予言する始末。その影響は周囲を見渡しただけで明らかだ。すでに多くの人――特に若者――が、彼の髪形やファッション、仕草までも模倣しはじめている。ただでさえ比較的欧米化されている私たちの社会は、いっそう〝星条旗〟の方向へシフトしかけていないか？

ブルースの欧米的な生き方に脅威を覚える別の集団があった。彼がかつて学んだ詠春拳《えいしゅんけん》の門下生たちだ。截拳道《ジークンドー》創設にともない、ブルースは母体の流派を捨てた。彼は何年かそのことを隠していた。詠春拳を指導してくれた黄淳樑《ウォンシュンリャン》にようやく手紙で改宗を告白したのは、香港へ戻ってこようとしていたときだ。〝一九六六年に（防具やグラブなどを用いて）現実に即した練習を始めて以来、かつての自分には数多くの先入観があったことに気づき、それを間違いと受け止めています。自分の戦法を截拳道《ジークンドー》と呼ぶことにしました。もちろんこれはひとつの名前に過ぎない。大事なのは先入観を排して鍛錬を積むことです〟と彼は書き、最後に、これを創設できたのは黄淳樑と葉問《イップマン》のおかげと配慮の一筆を記している。〝香港であなたと師匠に詠春拳を教えていただいたことに心から感謝しています。実戦の道を歩むよう導いていただいたことに〟

葉問《イップマン》から〝小僧〟と呼ばれていたブルースは香港へ戻るとすぐ師匠の学校へ赴き、截拳道《ジークンドー》の優越性を実証した。葉問《イップマン》と門下生十数人――知らない顔もあれば、十代から知っている顔もあった――を詰めこんだ小さな部屋にブルースは立ち、スパーリングの志願者を募った。門弟たちはしばらく躊躇し、足元を見ていたが、やがておだてられた若い生徒が同意した。「こっちの動きに面食らっていた」ブルースは誇らしげにミト・ウエハラに語っている。「出たり入ったりしながら蹴りと突きを出し、バランスを取り戻すチャンスを与えなかった。こっちが加減しないと打撃が全部当たってしまうのがわかって、がっかりしただろうな。詠春拳の使い手にとってＪＫＤ〔ジークンドー〕の動きは速すぎるんだ」次の生徒はもっとひどかった。「フェイントをかけるとかならず引っかかった。顔から倒れそうになったこともあった。こっちは触れてもいなかったのに」

　同門ふたりが恥をかかされたのを見た高弟たちはスパーリングに応じようとしなかった。「怖気づいたんだ。本当はやつらとしたかったのに」と、ブルースは不満そうに語った。「初めて詠春拳を学んだとき、いじめてきたやつらだ。こっちは痩せっぽちの十五歳で、やつらはもう葉問《イップマン》の師範代を務めていた。まあ、あれを見せられて、恥をかきたくないと思ったんだな」

　その日、黄淳樑はいなかったが、黄の耳に不平の声が届いた。李小龍は詠春拳の同門に恥をかかせ、自分の方式《スタイル》のほうが優秀と主張している。誰かが思い知らせてやるべきだ。

『ドラゴン危機一発』公開後、ブルースは勢いこんで黄淳樑に電話をかけた。「私の映画を見てくれましたか？」

「いや、見ていない」と、かつての師は答えた。

「チケットを送ります」ブルースは即座に返した。「ぜひ見てください。いまの私のグンフーは別次元です。戦い方も以前と変わっている。誰も触れられないくらい動きが速くなった」

「君のカンフーが進歩したかどうかは知らない」かつての師は冷ややかに答えた。

　ブルースからチケット二枚を受け取った黄は一番の高弟・温鑑良《ワンカムリャン》をともない、ようやく映画館に足を運んだ。その翌日、ブルースは電話をかけた。興奮した生徒が先生に認めてもらおうとばかりに。「師兄、見ていただきましたか？」

「ああ、見た」

「私のグンフーの腕はずいぶん上がったでしょう？蹴りの速さとか？」

「君の突きはゆっくり的に当たり、〝すばやく〟引き戻されている」と、黄は答えた。的を射た批判だ。詠春拳の優秀な生徒の突きは〝すばやく〟的に当たり、〝ゆっくり〟引き戻される。突きが弱いと黄は指摘したのだ。

ブルースは驚くと同時に心外でもあった。彼は言い訳がましく、「まあ、映画と現実は別物なので」と返した。

「では、そのうち試してみよう」と、黄は挑戦を表明した。

ブルースが映画に取り組んでいるあいだ、日時の設定は先送りされた。ブルースが九龍塘の新しい豪邸へ黄を招いたのは一年近くあと、『ドラゴンへの道』の撮影が終わったときだった。表向きの理由は『死亡遊戯』の相談だ——ブルースは仏塔守護者五人のひとりに黄を配したいと思っていた——が、本当の理由は弟子が師を超えたか確かめることにあった。

三十七歳の黄淳樑は高弟の温鑑良を連れてきた。ブルースが豪邸を見せびらかしたあと、三人はサンドバッグやパンチングバッグ、電気筋肉刺激装置といった特注器具がひしめく〝カンフー・ルーム〟に入った。床から一八〇センチの高さに吊り下げたテニスボールを、彼は脚を下ろさず三度続けて蹴った。そして最後に、蹴り上げた脚を椅子のほうへ振り、背中にかかっているタオルを足の指でつかんで、そのまま顔へ戻し、汗を拭いた。

ブルースは気取った仕草で黄淳樑のほうへ向き直り、前年の挑戦に応じた。「では、確かめてみましょう。準備運動は必要ですか？」

「合同研究が目的なら、それもいい。勝負であれば必要ない」と黄は答え、決闘のルールを決めた——軽いスパーリングは受け入れるが、ブルースとウォン・ジャックマンが行ったようなノールールの決闘をする気はない、と。

「いいでしょう」と、ブルースは受け入れた。

ふたりは真っ向対峙した。黄淳樑は長袖のモンタギュー・シャツ。ブルースはTシャツ。ブルースは左構えで後ろ足に体重をかけ、前の右足を軽く床につけた。前の右拳は腰の高さ。しばらく見つめ合った。両者とも焦ってミスを犯したくない。突如、黄が鋭く前へ踏みこみ、ブルースの膝に低い蹴りを放った。詠春拳の伝統的な初動だ。これを読んだブルースはスタンスを変え、黄の顔に突きを放った。黄は不完全ながら左手でこれを防ぎ、そのままブルースの喉へ右手を突き出したが、拳が届く前に、さきほどのブロックで方向がそれたブルースの拳が黄の胸を叩いた。ブルースのポイントだ。

「膝からですか？　賢明ですね」ブルースはからかうように言った。「さいわい、この技には慣れている。よし、もう一度」

ここからブルースは爪先で小刻みに跳びはねはじめた。映画で演じたようにダンスのステップを踏み、足をシャッフルさせた。右のすばやいジャブを何度か放つと、黄は下がって手での防御を余儀なくされた。何度かかわしたあと、ジャブを受け流して左の拳を胸へ突き出した。ブルースの手がその手をはじく。予期していた黄はブロックのために左手を引き戻すと同時に、ブルースの喉へ右手の先を突き出した。と同時にブルースが右の拳を開き、黄の顔を軽くはたいた。コンマ数秒遅れて黄の指がブルースの喉を軽く叩く。

ブルースは後ろへ飛びのき、「こっちが先でしたね、当たったのは？」と言った。

「そうむきになるな」黄が微笑む。「肝心なのは先に当てることではない。打ちこむときの力だ。たしかに、先に当たったのはそっちの手だが、私に防がれて力の大半は殺《そ》がれた。全力を込めた拳なら立っていられないかもしれないが、威力半減の打撃に効果はない。もっと大事なことがある。私の手はお前の喉をつかんだ。本気の戦いなら、どっちのダメージが大きかったかな」

この接近戦のあと、ブルースは手だけで戦うのをやめ、蹴り技も使いはじめた。ふたりは技の交換の合間に冗談を飛ばし合い、さらに五分ほどスパーリングを続けた。終了後、ブルースは黄淳樑と温鑑良を近くの太子道《プリンス・エドワード・ロード》にある喫茶店へ誘った。

「師兄、あなたの手技は一頭地を抜いている。急いで飛びのかなかったらやられていた」とブルースは言い、それからにやりとした。「スピードのなさが幸いした」

「お前の蹴り技はすばらしい」黄はすぐさま返した。

「惜しむらくは、その足は一度も私に触れられなかった」冗談を交わしながらふたりは温鑑良に顔を向けて判定を求めた。「甲乙つけがたい」と、彼は如才なく答えた。

四十年以上経ったいま、温鑑良に気を遣う必要はなかった。「どちらかに旗を上げるとしたら、ブルースだった」彼は微笑を浮かべて明言した。「正直、ブルースが全力で打ちこんでいたら、師匠でも立ってはいられなかった。それほど彼の蹴りは強かった。あの蹴りは誰にも耐えられない。コーヒーを飲んだあとふたりは握手し、ブルースが師匠に、時間があったらまた来てほしいと言葉をかけた。師匠は学校に戻るとシャツを脱ぎ、私が中国の膏薬を塗ってマッサージした。腕はあざだらけだった。さいわい、長袖を着ていたからブルースには見えなかったが」

〝技術交換〟後もブルースと黄淳樑は友好関係を結んでいたが、詠春拳門下全員が返礼に満足していたわけではない。ブルースが『ドラゴンへの道』の宣伝のため香港のテレビに出演したとき、カンフーの伝統的な格闘方式をどう思うかという質問を受けた。「極意を究めようとしている武術家を、停滞した伝統的な形《かた》で縛ってはならない」と、彼は答えた。「今日の中国武術の鍛錬法は乾いた地面の上で泳ぎを教えているようなものだ」詠春拳の人々はこれを公然の侮辱とみた――経営上の脅威だ。武術学校は利が薄く、経営は厳しい。伝統派の師匠を捨てて截拳道《ジークンドー》に乗り換える生徒が少しでもいたら、学校は立ち行かなくなる。

香港のタブロイド紙ザ・チャイナ・スター（華星報）は、カンフーを学んでいた十代のブルースについて葉《イップ》問《マン》の息子の葉準《イップチュン》が書いたとする連載記事を掲載した。その第四回に、若き日のブルース・リーは技術上の欠点が原因で稽古中相手にのされてしまったとあった。この話には欠陥がある。葉準《イップチュン》は十代のブルースと稽古したことがなかったからだ。

ブルースはこの記事を公然の侮辱ととらえ、本当にこんなことを言ったのか、怒りの面持ちで葉準《イップチュン》に詰め寄った。葉準《イップチュン》はすべてを否定し、自分の名前で記事を書いた記者を非難した。ブルースはこの記者の居所を突き止めた。

　香港初の真のスーパースターはザ・チャイナ・スターのようなタブロイド紙にとって大きな収入源だ。オーストラリア人でルパート・マードック的な百戦錬磨の記者でもあった社主兼編集長のグレアム・ジェンキンズは憤慨を装って追跡記事を書いた――ブルースは情報提供者を脅し、記事の変更を迫ったと。これではブルースは弱い者いじめの与太者だ。彼はいっそう憤慨し、同紙を名誉棄損で訴えた。「どこかでけじめをつけないと、こんなことが起こるばかり、というのが彼の論理だった」と、アンドレ・モーガンは言う。しかし、こんなことはその後も続いた。犬の群れがいったん解き放たれると、雄牛がどんなに角で突いてもきりがない。ザ・チャイナ・スターは喜んで訴訟の記事を書いた。

　議論が白熱するにつれ、ほかの新聞も、ブルースの侮辱に報復したい詠春拳の生徒の談話を報じはじめた。ブルースが師匠の葉問《イップマン》に無礼をはたらき、葉問《イップマン》は立腹している、と。儒教の伝統的文化では、子や生徒や弟子は親や教師や師匠に敬意を示し、尽くさなければならない。中国本土の文化大革命（一九六六～七七年）でその力関係は逆転しつつあった。子は親に反抗し、生徒は教師に刃向かい、弟子は師匠に逆らう。この影響が香港にも及ぶのではないかと、権威的立場にある人々は恐怖に陥った。個人の自由と伝統の拒絶を支持するブルースは若者の反抗と思想的につながっていた。葉《イップ》問《マン》との関係がこじれているという噂は社会の断層を象徴する話だ。愛国的な内容の『ドラゴン怒りの鉄拳』の封切り後にブルースを中国の英雄ともてはやした保守的なメディアが、彼は欧米的すぎ、現代的すぎ、純粋な中国人でないと決めつけた。

　ブルースは〝PR危機〟に見舞われていた。なんらかの理由で世間の批判を浴びて評判を落としていく、昔ながらの現象だ。否定的な話が水滴のようにポタポタ落ちてきてはブルース・リーというブランドを傷つけていった。怒りと返報では浸食を食い止められず、むしろ状況を悪化させたため、戦いには適応力が重要と説くブルースは自分のもうひとつの強み、つまり人間的魅力《チャーム》へと戦略を切り替えた。ブルースは葉問《イップマン》を尊敬し、葉問《イップマン》は〝小僧〟を好ましく思っているのが真実だ。公然と大きな批判を繰り広げていても、師匠の葉《イップ》問《マン》には礼を尽くし、気遣いを見せた。伝統的カンフーについてブルースが公言している内容をどう思っていたかはわからないが、賢明な葉問《イップマン》のこと、アジア一有名な武術俳優が自分の弟子なのは正味のところプラスと心得ていたはずだ。不和の噂を打ち消すため、ブルースは九龍公園近くのレストランへ葉問《イップマン》を飲茶《ヤムチャ》に招いた。

食事中、ブルースは葉問《イップマン》に微笑みかけ、「いまでも私を弟子と思ってくださいますか？」と尋ねた。

葉問《イップマン》はすぐさま、「いまでも私を師傅《シフ》と思っているかね？」と返した。

ふたりで声をあげて笑った。

飲茶が終わると、ブルースは言った。「ずいぶん長いあいだ、師傅《シフ》と散歩をしていません。いまからいかがでしょう？」良好な関係を見せつけるように、ふたりは人でにぎわう彌敦道《ネイザン・ロード》をそぞろ歩いた。

ブルースが中国人の守護者というイメージを確立しなおすことができたのは、自然災害のおかげだった。七二年六月十八日、のちに〝六一八雨災〟と呼ばれる壊滅的な土砂災害が香港島・寶珊道《ポーシャン・ロード》近くで発生して、六七人が命を落とし、二十数人が重傷を負い、ビル二棟が倒壊した。アメリカの番組に倣《なら》って香港テレビが〝慈善表演大会〟と銘打ち、香港初の二十四時間テレビを放映した。ブルースはその中心に立ち、イベントは七〇〇万香港ドルを調達した。このときブルースはブランドンをステージに上げて板割りを披露させている。自身も一万香港ドルを寄付した。ブルースは〝困ったときに国民を助ける中国の誇り高き父親〟という明白なメッセージだ。彼の惜しみない努力は新聞からも賛辞を獲得した。

別の不幸な出来事がなかったら、この魅力攻勢《チャーム・オフェンシブ》で否定的な報道は抑えこまれていたかもしれない。七二年十二月二日、葉問《イップマン》が死去し、ブルース・リーはその葬儀に出られなかった。この三千年、埋葬儀式と葬儀は中国文化の中核を成してきた。師の葬儀への欠席はその思い出に唾《つば》するも同然だ。新聞はブルースを厳しく批判した。広く出回った漫画は葉問《イップマン》の墓標の前に立つブルース・リーに、「どうかお許しを、師傅《シフ》、金儲けが忙しすぎて葬儀に来られませんでした」と言わせている。

中国の伝統的価値観より名声が大事な罰当たりの裏切り者と批判する詠春拳の弟子たちを、メディアは簡単に見つけてきた。ある高弟は、「師傅《シフ》が亡くなったときブルース・リーが来なかったのは、まったく理解しがたい。截拳道《ジークンドー》の創設者で映画の大スターだから、単に都合がつかなかったのだろう」と吐き捨てた。別の弟子が、「亡くなった人に敬意を払うのが、わが国の伝統的価値観だ」と付け足した。

かつての師兄、黄淳樑まで追い打ちをかけた。「師《シ》傅《フ》の葬儀に来なかったのは武術界の作法に著しくもとる。自分の〝ルーツ〟を忘れてはいけない。師の許を離れて独立し、独自の武術を創始しても、師と共に築いた土台を忘れてはならない。今回のブルースが難しい状況に置かれていたのか、単に気詰まりだったのかはわからないが、それでも葬儀に出向いて悔やみを述べるべきだった。名声との兼ね合いでいろいろ難しいことはあるのだろうが」

彼らのこうした批判について注目すべき事実がある――ブルースが葬儀に出席しなかった理由を、彼らは知っていた。葉問《イップマン》の死をブルースは知らなかったのだ。当時の葉問《イップマン》は少数派武術の師範に過ぎなかった。葉問《イップマン》の死を報じたのはブルースがめったに目を通さない中国語紙だけだった。訃報に接するには詠春拳の兄弟弟子から連絡をもらうしかなかったが、彼らはわざと知らせなかった。「あのろくでなしども、同じ街にいながら、誰ひとり連絡をよこさなかった!」ブルースは憤然と友人たちに語っている。「妬みにしても度が過ぎる。師匠の死を知ったのは三日後だった。まったく胸糞悪い。幻滅した」息子の葉準《イップチェン》も最終的に認めている。「父が亡くなったとき、電話帳を調べてブルースに電話をかけようとしたのだが、ある人に遮《さえぎ》られてできなかった」

詠春拳門下は鮮やかな手並みで復讐を遂げた。その点は称賛すべきところかもしれない。独自の武術を編み出して伝統的カンフーを公然と批判したブルースに、彼らは面子《メンツ》を潰された。葉問《イップマン》が亡くなったとき意図的に連絡しなかったのは、ファンの前で面子を潰すためだ。ブルースは表立って自己弁護するわけにいかなかった。同門の弟子たちと緊張関係にあるのを認めることになるからだ。

危機を押しとどめるには、遅ればせながら敬意を示すしかない。中国では死後七日目に魂が帰ってくると信じられ、その日に通夜に相当する儀式が行われる。時間は午後八時に設定されていたが、ブルースは七時に一番乗りした。葬儀に出られなかったことを葉準《イップチェン》と家族全員に陳謝した。

名声を得た者にかかるさまざまな重圧——絶え間ない嫌がらせ、背信、古い友人との不和、自分と家族の安全にまつわる不安——を知ったブルースは、名声の価値を疑ったかもしれないが、小さな驚きのニュースがひとつだけあった。この七年間ずっと追い求めてきたチャンスがついに訪れた。ハリウッドの格闘映画をブルース・リー主演で作りたいと、ワーナー・ブラザースが連絡をよこしたのだ。

22

『ブラッド&スティール』

マンダン族をめぐる映画『ケルシー』の企画はワーナー・ブラザースから却下の憂き目に遭ったが、フレッド・ワイントローブはブルース・リーを使った映画にビジネスチャンスがあると、なおも信じていた。ブルースが香港へ向かったあと、ワイントローブはポール・ヘラーと共同でワーナーの一角に〈セコイア・ピクチャーズ〉という映画会社を設立した。彼はブルースに、カンフー映画の可能性を裏づけてハリウッドの支援を取りつけられるような作品がこれまでにあったら教えてほしいと依頼した。送られてきた『ドラゴン危機一発』を見てワイントローブは成功を確信した。ブルースのエネルギッシュな演技以上に決め手となったのは興行成績だ。欧米の観客も引き寄せられる良質の映画を作ると同時に、東アジア市場(香港、シンガポール、台湾、タイ、日本)に事前販売すれば、不足分の費用を賄える。

ワーナーの極東配給部長でアジア系アメリカ人としてただひとり上級役員を務めていたディック・マーに、ワイントローブとヘラーは話を持ちかけた。ハリウッドは中国に映画を販売していたが、香港と合作したことはなかった。ショウ・ブラザースとゴールデン・ハーベストの成功を追跡していたディック・マーは、ハリウッドと香港による初の共同制作という急進的な発案を支持した。マーの後押しを受けたふたりは十七ページの作品概要《トリートメント》を急いで書き上げた。邪悪な男ミスター・ハンが開催する武術大会にのりこみ、麻薬取引と奴隷貿易を壊滅させる三人の英雄（白人と、その友人の黒人、そして中国人の傭兵）の物語だ。

　彼らはこの企画を『ブラッド＆スティール（血と鋼）』と名づけて、ワーナーの社長テッド・アシュリーに売りこんだ。アシュリーは興味を示したが、慎重な姿勢は崩さなかった。たしかに連続ドラマの『燃えよ！カンフー』は批評家から予想外の賛辞を受けたが、視聴率で一位を取ったわけではない。アメリカの視聴者に中国人の英雄を歓迎する準備ができているか、確信が持てなかった。ブルース・リーが『ドラゴンへの道』に取り組んでいた七二年七月、アシュリーはブルースに電話をかけ、この企画に興味があるか探りを入れた。

　そのあとブルースはアシュリーに手紙を書いた。

> 親愛なるテッド
>
> 　主演映画が〝思いがけない〟大成功を収め、次から次へ記録を塗り替えているので、とりあえずは香港が活動拠点になる……。ワーナーが私の主演で企画開発を進めてくれるなら、もちろん特別ブランドのアクションを投入するにやぶさかではない……。
>
> 　いまは経済的に安定しているし、複数の企画の申し入れには耳を貸していない。テッド、私は中国語映画で頂点に上り詰める興味深い経験をした。どう見ても、富と名声は私のものだ……。
>
> 　この中国人《チャイナマン》はアメリカに大旋風を巻き起こすと思う。そんな気がしてならない。この企画を真剣に考えてくれたら、双方にとってかならずいい結果になる。

テッド・アシュリーがワーナーの社長にまで上り詰

めたのは、未知の領域へやみくもに突っ走ったからではない。彼は二五万ドルなら、と制作費の捻出に応じた。吹けば飛びそうな少額だ――同じ七三年撮影の『エクソシスト』には一二〇〇万ドルをかけていたのだから。最低五〇万ドルは必要とワイントローブは見ていたが、交渉に長けた彼は、利益の一部を還元すると説得すればレイモンド・チョウからあと二五万ドル引っぱれるのではないかと考え、この金額に同意した。そして十月中旬、レイモンドと交渉するために香港へ飛んだ。

ワイントローブの留守中、ポール・ヘラーはトリートメントを発展させて脚本を完成するため、マイケル・オーリンという駆け出しの脚本家を雇った。脚本の着想は若いころに夢中で読んだ『テリー&ザ・パイレーツ』という連載漫画から得たと、ヘラーは言う。「ドラゴン・レディという、なまめかしい中国人の悪女が出てくるんだ」オーリンはカンフーも香港も知らなかったから、もう少しわかりやすいところから着想を得たという。「ジェームズ・ボンドから拝借した。彼へのオマージュさ」八十五ページの脚本を三週間で書き殴ることができたのは、アクション場面を飛ばして空白に〝ブルース・リー氏の振り付け〟と書いておいたおかげだ。

香港のフレッド・ワイントローブは苦戦していた。あの手この手でレイモンド・チョウと契約を結ぼうとするが、そのたび狡猾なレイモンドにのらりくらりとかわされた。二五万ドルの出費と引き換えに外国への配給権を要求された。シンガポール、タイ、台湾。一週間のうちに一国また一国と譲り渡し、くたびれ果てたワイントローブは最後にこう結論した。映画が完成したら金の成る木をハリウッドに奪われるのではないかとレイモンド・チョウは危惧し、いつまでも交渉を長引かせているのだ。香港滞在の最後の夜、ワイントローブは日本料理店でレイモンド、ブルースと夕食を共にした。ブルースがいるという噂が流れ、外に何千人もファンが押し寄せてきた。「最後のカードを切るチャンス、と私は見た」ワイントローブが言う。「『ブルース、話がまとまらなければ、私は明日帰る。残念ながら、レイモンドは君を世界的スターにはしたくないらしい』と言ったら、レイモンドは仮面を脱ぎ捨て、憤激の表情で私をにらみつけた。その瞬間、負けを悟ったようだ。ブルースが『サインしろ、レイモンド』とうながした」

渋っていたのは純然たる戦術だとレイモンド・チョウは主張する。「ブルースと私の間で話はついていた。必要だったのは公平な契約だ。独立系の映画会社が大手と交渉して、どこから見ても公平な取引を手に入れるのは至難の業だからね」

ハリウッド制作のカンフー映画に主演するという長年の夢をついにつかんだブルースは『死亡遊戯』をいったんわきに置いた。「みんなほっと胸をなで下ろした。これでブルースに、物語《ストーリー》に取り組む時間ができたから」このころゴールデン・ハーベストの副プロデューサーに昇進していたアンドレ・モーガンが言う。七二年十月二十九日、ブルースは契約の細部を詰めるためロサンゼルスへ飛んだ。ワーナーが〈ビバリー・ヒルズ・ウィルシャー・ホテル〉にスイートルームを取ってくれた。

ホテルに着くなり、ブルースは昔からの友人に電話をかけてスイートに招いた。成功の喜びの半分はそれを見せびらかすことにある。なかでも心待ちにしていたのはスティーブ・マックィーンへの電話だった。かけてみたが留守だったので、〈ビバリー・ウィルシャー〉に電話が欲しいと伝言を残した。マックィーンは知っていた。ブルースは自慢したくて仕方がないのだと。彼は電話をかけず、代わりに自分の六つ切り写真を使いに持たせた――〝私の最大のファン、ブルースへ、スティーブ・マックィーンより〟と書いて。彼は何日かブルースの怒りの電話から身をかわした。「あのいくじなし、何を言われるかわかっているから隠れてるんだ」ブルースは友人たちに不平を垂れた。ふたりがようやく言葉を交わしたとき、ブルースは半分本気で、「このドブネズミ！ ふたりはもう同格だ。私も映画スターだぞ！ 写真を身代わりによこすとは何事だ！」と言った。それを聞いてマックィーンは大笑いした。

高級ホテルに腰を落ち着けたブルースはアメリカ側の創作チームに面談を求めた。アメリカでは予算の制約がスタッフの採用過程を大きく左右する。ワイントローブによれば、長編映画を二本しか撮ったことがないロバート・クローズが監督に選ばれたのは、「ばかみたいに安かったから」だ。控えめで無口な男というのがクローズの第一印象だった。聞き上手だし、提案に耳を傾けてくれそうだ。ブルースはクローズを承認した。脚本家のマイケル・オーリンはあまり感心しなかった。

特定シーンの撮影費用から中国に対する紋切り型の考え方まで、香港チームはさまざまな理由で脚本に不安を抱いていた。白人が主役で自分がわき役に見えるような撮り方や編集をアメリカ側にされるのではないか、というのがブルースのおもな心配だった。脚本に異人種の(ハリウッドがよく使う表現で言えば〝国際的な〟)英雄が三人いたのは、比較的無名の中国人俳優しか英雄がいない映画をアメリカ人は見たがらないのではないか、とプロデューサーたちが懸念したからだ。黒人のウィリアムズはひとりだけ殺される――ハリウッドの標準的な筋立てだ。ブルース演じる少林寺の高弟リーは映画中ずっと変わらない。最初から最後まで凄腕の殺し屋だ。白人のローパーだけは演じる人物に幅があった。最初は斜に構えた悪党(『スター・ウォーズ』ハン・ソロの先駆け)で、黒人の友人ウィリアムズが惨殺されたのを見て良心に目覚め英雄的な性格を帯びる。これまでの経験から、ワーナーがスタジオで『ブラッド&スティール』を撮影審査し、偏狭な嗜好に合わせてローパーをグリーン・ホーネットに、リーをカトーに変えてしまうのではないか? そうブルースが危惧するのは当然のことだった。

オーリンとの初顔合わせで、ブルースは「腹を割って話そう! なんでも言ってくれ! どんなことでも!」と言った。率直に話したかったのは、自分の演じるリーが自害した姉の墓石に話しかける共同墓地の場面のことだ。「あの婆さんに場面が切り替わるのはどういうわけだ? 姉に語りかけようとしているのに。なぜそれを中断するんだ?」

オーリンはここで、駆け出しの脚本家にありがちな間違いをやった。スター俳優に同意し、「あの婆さんが気に入らない？　削りましょう！」と即応すべきところを、自分の脚本を弁護した。「短いながら、いいシーンだと思っていた」オーリンは回想する。「自画自賛していたんだ」

　老婆は耳が聞こえない。その重要性を象徴的に示すところなのだとオーリンが説明しようとしたとき、ブルースの頭にパッと解釈がひらめいた。「そうか！　彼女は落ち葉を掃く《スイープ》ことで、悪者たちを蹴散らせ《スイープ・アップ》と暗示するわけだ！」

「それだ！」と、オーリンは叫んだ。「うん、ブルース、その解釈だ。それが自然だよ！　彼女を見て、君は胸の中でつぶやく。『さあ行こう。私には片づけ《スイープ》なければならない悪党たちがいる』」

「うん、いいぞ！」と、ブルースは快哉《かいさい》を叫んだ。

　口を挟みたがる俳優からこのシーンを救済できて、オーリンは安堵したが、オーリンが素直に要求にしたがわなかったのがブルースは癪《しゃく》に障った。直接本人には言わなかった。代わりにワイントローブを訪ね、「彼が降りるか、自分が降りるかだ」と迫った。ワイントローブはすぐ同意した。といっても、オーリンの首を切る気はなかった。出費を抑えるため、オーリンには脚本代の代わりに香港への旅を約束していた。ワイントローブは映画プロデューサー特有の二枚舌を使った。ブルースにはオーリンを解雇すると言い、オーリンにはブルースの解雇要求をいっさい伝えなかった。

　契約交渉にも激論が飛び交った。ブルースは報酬には譲歩したものの、脚本承認権と格闘シーンの監督権を要求した。本当の主役は誰か、混乱を生じさせたくないと考え、『ブラッド&スティール』から『燃えよドラゴン（*Enter the Dragon*）』へ、タイトルの変更も要求した。「彼はおそろしく強情で、厳格だった」ワイントローブが言う。「彼の要求は一俳優の意思決定力を超えて、プロデューサーや監督の域に迫っていた。ワーナー上層部には、ブルースの代わりを見つけてはどうかと言う人もいた」

　ブルースがロサンゼルスを発《た》つ日までには最終合意

に至らず、彼は契約書にサインせずに帰っていった。

このところの成功で気持ちに余裕があったからか、ブルースはそれでかまわないようだった。友人のピーター・チンはブルースを空港まで車で送ったあと、こんなことを言っている。『サイレントフルート』が却下されたときのブルースはこの世の終わりが来たみたいだったが、今日の彼はこう言った。『自分が望めば、十の映画会社が飛びついてくる。ワーナーが契約を望まなければ、彼らの負けだ』」

的はずれな自信ではなかった。香港に到着する前からテッド・アシュリーが電報を打っていた——ブルースの発案を考慮して一週間以内に新しい提案を行う、と。七二年十一月二十三日、何カ所かの修正がなされたところでようやくブルースはワーナーとの契約にサインした。撮影は一月から八十日間を予定。殺陣《たて》はすべてブルースが監督する。ワーナーは脚本の最終承認権こそ拒んだが、撮影前に監督とスクリプターを送り出して、欧米と中国両方に映画をどうアピールするか、ブルースと意見交換の時間を設けることで譲歩した。『ブラッド&スティール』からのタイトル変更には頑として応じなかった。この問題は先延ばしにしてもいい、とブルースは考え、脚本の変更にも手こずることはないと踏んでいた——最終的にアメリカの制作陣はマイケル・オーリン解雇の要求も呑んでいた。

俳優もみな安価で雇われた。ウィリアムズ役はアフリカ系アメリカ人のロックニー・ターキントンが報酬をめぐる諍《いさか》いで手を引き、間際になってやはりアフリカ系の新人ジム・ケリーに決まった。ターキントンは黒人への報酬が不当に安いと非難した。「肌の色で差別していたわけじゃない」ワイントローブが冗談めかす。「誰の報酬も安かったからね」

ブルースは最初、ミスター・ハンを護衛するオハラ役をチャック・ノリスに打診したが、断わられた。プライドの高いノリスにとって、ブルース・リーに叩きのめされる映画への出演は一度でも多すぎた。今後は主役以外では映画に出ないと固く誓っていた。

ノリスの負けず嫌いな性格に訴えてみようと、ブルースは、「君が受けてくれないと、ボブ・ウォールに回すことになる」と言ってみた。

「ボブなら立派にやれるさ」と、ノリスは返した。

ブルースと同等の報酬（四万ドル）を手にしたのは、ローパー役のジョン・サクソンだけだった。あとの配役はボブ・ウォール（オハラ）、ジム・ケリー（ウィリアムズ）、ブルース・リー（リー）で埋まったが、ワイントローブは欧米の観客が見ただけで誰かわかる俳優がひとりは必要と思っていたし、サクソンには空手歴もあった。この映画は「その後誰の目にも触れずに終わる、中国人俳優のごみ作品」になると、サクソンの代理人は予言していた。本当のスターは君だとワイントローブが請け合うに至って、サクソンはようやく飛行機に乗ることに同意した。

香港側の配役に大きな問題はなかった。ハリウッドでは取るに足りない報酬でも香港では莫大な富だ。ハリウッドと香港初の合作で香港一の大スター李小龍と共演できるチャンスでもあった。『アンジェラ・マオの女活殺拳』で主演を務めたアンジェラ・マオ（芽瑛）はブルース演じるリーの姉でオハラたちから暴行を受けるより自殺を選ぶスー・リン役を喜んで引き受けた。ボロ役のヤン・スエは新進気鋭の俳優だった。隻腕の猫拳使いミスター・ハンに、ブルースはシー・キエン（石堅）を選んだ。香港一有名な英雄・黄飛鴻を主人公にした映画シリーズで悪役を演じ、人気を博していた男だ。ブルースには〝自分は黄飛鴻の後継者〟というシグナルを中国人客に送りたい意図もあった。

いちばん揉《も》めたのはミスター・ハンの島でリーの連絡役を務める潜入捜査官のメイ・リンだ。ブルースはこの役をベティ・ティンペイ（丁珮）に約束していた。ふたりの関係はさらに深くなっていた。彼女はブルースが住む九龍塘《カウロントン》で、彼の自宅から歩いてわずか十五分のアパートを又借りしていた。意図的にそこへ引っ越したのかと問われた彼女は、微笑を浮かべて「偶然よ」と言った。

七二年十二月、プロデューサーのポール・ヘラーと監督のロバート・クローズが香港へ来て、撮影スタッフ全員と浅水灣《レパルスベイ》へロケハンに向かったときも、ブルースはベティを同行させている。昼食時、彼女はポール・ヘラーの隣に座った。「〝ドラゴン・レディ〟と呼ばれたわ」と、ベティが言う。「私はブルース・リーの恋人だって、みんなが知っていた」助監督のチャップリン・チャンは、「ブルース・リーがどれほどの才能の持ち主か、ベティはポールに熱く語っていた。チアリーダーみたいな感じでね。ブルースのことをあれこれ褒《ほ》めちぎっていた」と、当時を振り返っている。

翌週、ブルースは考え直し、メイ・リン役を別のベティ——ポップス歌手のベティ・チュン（鍾玲玲）——に与えた。台詞《せりふ》の少ない単純な役だけに、なぜ恋人にやらせなかったかは不明だ。不謹慎と判断したのかもしれない。ベティ・ティンペイは説明を拒んでいる。「口で説明するのは難しいわ。消耗しちゃうし」

一度は約束された役を『ドラゴンへの道』ではノラ・ミャオに、『燃えよドラゴン』ではベティ・チュンに奪われ、ベティ・ティンペイはブルースと喧々囂々《けんけんごうごう》の口論に突入した。それを境にブルースは彼女と絶縁し、ゴールデン・ハーベストの敷地へも立ち入りを禁じた。ベティは悲嘆に暮れ、絶望した。ある夜、睡眠薬をひと握り飲んで母親に電話し、救急車でクイーン・エリザベス病院（伊利沙伯醫院）に急送された。ベティの母親は怒り心頭に発し、ブルース・リーと対決しようとゴールデン・ハーベストへのりこんだ。重役たちに途中で遮《さえぎ》られると、娘は自殺を図ったのだと大声で訴えた。重役たちは母親を追い払い、大型映画の役を手に入れそこねた女優の宣伝行為と片づけた。彼らの正しさを証明するかのように、そのあとベティの母は娘が入院中の部屋に記者たちを招き入れた。七二年十月二十三日、ニュー・ランタン・ニューズペーパー紙は〝ベティ・ティンペイ自殺未遂を否定〟との見出しを掲げ、〝ティンペイは誤って薬を服用し、病院で胃洗浄を受けていた。サングラスをかけたまま質問にいっさい答えず、記者たちの前で苦い笑みを浮かべるばかりだった〟と続けている。

同紙はブルースを名指しこそしていないが、言いたいことは伝わった。街はこの噂で持ち切りだった。ブルースの友人でアメリカ在住のミト・ウエハラはこの噂を聞きつけ、何があったのか当人に尋ねた。「ばか女が薬を飲んで、ブルースを愛している、彼を失うくらいなら自殺すると言ったのさ」と、彼はあいまいな答え方をした。「ちくしょう、あの状況じゃどうしようもない。頭のおかしなやつらが多すぎる」

七三年一月、ジョン・サクソンが香港へ来た日にブルースは自宅へ招き、横蹴りを見たいと言った。部屋の真ん中に立ったサクソンは少しとまどいながらも、二、三度すばやく蹴って見せた。

「悪くない」ブルースは言った。「では、私の蹴りも見てもらおう」

何度となくやってきたように、ブルースはサクソンにパッド入りの盾形バッグを胸の前に保持させ、二、三メートル後ろに椅子を置いた。短い助走をつけてジャンプ一閃《いっせん》、バッグを蹴りこむ。サクソンは後ろへ吹き飛んで椅子の上に着地し、椅子がバラバラに壊れた。サクソンはしばらく呆然としていた。ブルースが心配そうに駆け寄る。

「大丈夫」サクソンは言った。「怪我はしていない」

「心配しているのは、君のことじゃない」ブルースは言った。「お気に入りの椅子が壊れてしまった」

自分が主役でないことにジョン・サクソンが気づいたのはこのときだった。

ブルースは脚本にも攻撃的だった。彼は『ブラッド&スティール』に傑作になる可能性はなく、搾取労働的な安値で作るB級のまがい物と思っていた。この映画をやる目的はハリウッドの扉に足がかりを得て、自分にはどんなことが可能か誇示すること——一種のデモリールだ。「あれは彼の初めての国際的映画であると同時に、来るべき傑作のサンプルだった。もっと大きな予算ともっといいセットともっとたくさんのアクションで作る、将来的な傑作の」と、アンドレ・モーガンは言う。完成した映画がそんな限られた目的にもかなわなくなっては困る。ブルースはフレッド・ワイントローブに脚本の大きな変更を迫りはじめた。ブルースは知らなかったが、ワイントローブは脚本家のマイケル・オーリンをこっそり香港へ呼び寄せ、〈ハイアット・ホテル〉に投げこんでいた。目立たずに、俳優たちとの遭遇を避けるよう命じていた。ブルースはそれを知らぬまま、仲介人のワイントローブを通じてオーリンと脚本を議論していたわけだ。

脚本に求めた変更が得られないと見るや、ブルースは制作初日をボイコットした。二日目も三日目も四日目も現場に来なかった。わずかばかりの予算でロケをしている映画にとっては壊滅的な状況だ。ワイントローブは監督のロバート・クローズに香港の素材映像を手当たり次第に撮らせた。すべて順調と、ワーナー上層部を安心させる努力もした。ロケ現場の状況を知ったとき、上層部はブルースに別の映画の脚本を送った。ブルースは信頼するようになっていたクローズと会い、『ブラッド&スティール』の放棄も検討した。ワイントローブは横槍を入れるな、さもないと自分も手を引く、とワーナーを脅した。

「ブルースは重圧にさらされていました。この映画は目的にかなうか否か？　彼はアメリカ的な映画でなく、中国的な映画にしたかった」と、リンダが言う。「気がふさいでいたのは間違いありません。気分がぐっと高揚して現場に行く心の準備ができたと思ったら、その十分後にはどっぷり落ちこんでいる。私に活を入れられることもありました」

両陣営は妥協まで十二日を要した。ワイントローブはリーの姉がハンを護衛するオハラに追い詰められて自害する場面を、長いフラッシュバックにすることで同意した。ブルースも自分の演じるリーが少林寺僧であることを明確にする冒頭シーンを監督するチャンスを与えられた。アメリカ側が映画を編集し直してジョン・サクソンを主演にするのではないかという心配以外に、中国人のファンにどう受け止められるかについても彼は憂慮していた。アメリカ人はブルースの役を中国のジェームズ・ボンドと捉え、それが問題になるとは思っていなかった。だが、香港の中国人にとってジェームズ・ボンドは大英帝国政府の工作員だ。ブルースの成長期、平均的な香港人がイギリス人以上に嫌っていたのは、賄賂を渡されて不公平な法律を行使することがある中国人警官だった。最初に考案された脚本では、リーは、邪悪な男だが中国人でもあるハンを逮捕するために、イギリス情報局員に雇われる。裏切り者を演じることでファンが自分も裏切り者と見るのではないかとブルースが恐れたのは当然のことだ。リーの役どころをイギリスに雇われた工作員から、殺された姉の復讐を誓う少林僧に移すことで、ブルースはまた中国人を守護する英雄を演じられる。

ブルースが最初のシーンを撮るためにセットへ来たとき、ボイコットの長さとそれがもたらす不安が顔に表れていた。メイ・リン役のベティ・チュンと簡単な言葉を交わす場面、彼は神経性の顔面痙攣《けいれん》を起こした。痙攣が消えるまで二十七テイクかかった。いろいろあったが、こうしてようやく本格的な撮影が始まった。

一九七三年一月三日、マイケル・オーリンは香港に着いた。スタジオには君のいる場所がないと言われ、〈ハイアット〉の部屋で脚本の変更に取り組みはじめた。ある日、バーでくつろいでいると、監督のロバート・クローズが入ってきて、「帰ったほうがいい」と言った。

「どうして?」

「私はこれからブルースと会う約束をしている。彼に君を見られてはまずい」

「なぜ? ここは私が泊まっているホテルのバーだ。ここにいると何が起こるというんだ?」

「何も起こらせはしない。だから、帰ったほうがいい」

クローズは説明せずにそう言った。マイケルが角を曲がったところに隠れて見ていると、ブルースとリンダがクローズとの昼食にやってきた。

二週間後、オーリンは自分とクローズとリーの写真が中国語新聞に載っていることに気がついた。滞在中に仲良くなったホテルの広報係にその記事を渡し、翻訳を頼んだ。

彼女はそれを黙読したあと、「お伝えしたくありません」と言った。

「おいおい、僕らは友達だろ」オーリンは嘆願した。「頼むから教えてくれ」

「ブルース・リーがアメリカ本国の脚本家に恥をかか

せたとあります」

ハリウッドとの合作映画の責任を担っているのはアメリカ人ではなく自分だと、中国人ファンを安心させるため、ブルースはプロデューサーに脚本家を解雇させた話を中国語紙に語っていた。

なぜ自分がブルースから切り離されてホテルの部屋に隠されていたのか、オーリンは理解した。狼狽《ろうばい》し立腹した彼は澳門《マカオ》で一日休みを取ることにした。土曜の朝、彼はフェリーのターミナルへ向かった。

運命はときにいたずらめいたことをする。同じ朝、ブルースは四日前に封切られた『ドラゴンへの道』をゴールデン・ハーベストがきちんと宣伝しているか確かめることにした。ビロードのスーツに上げ底ブーツで、自分の映画のポスターが壁に貼られているか確かめようと、フェリーのターミナルへ向かっていた。

オーリンには最初、周囲の群衆しか見えていなかったが、ふと気がつくと、ブルースの背中が見えた。このまま進めば衝突する。そこでブルースが振り返った。

「マイケル！」オーリンを見てショックを受け、ブルースが叫んだ。

「ブルース」と、オーリンが返す。

ブルースは歩み寄り、彼の顔に指を突きつけた。そして頭から湯気を立てながら、「なんてこった」と言った。群衆は食い入るようにこの遭遇を見守っていた。

「いや、奇遇だな、ブルース」マイケルはそう言って場を落ち着かせ、マカオ行きの水中翼船《ハイドロフォイル》乗り場へそそくさと離れていった。

ブルースは怒り心頭に発した。脚本家を解雇したと新聞に話したのに、それが事実でないとわかったらどうなる？　面目丸潰れだ！　それ以上に腹立たしいのは、自分が騙されていたことだ。彼はゴールデン・ハーベストの事務所へ突撃し、自分に嘘をついていたのかと全員を糾弾した。「みんなが『まさか。本当なのか？　オーリンが香港にいるというのは？』と言っていた」と、アンドレ・モーガンは当時を振り返っている。ブルースはワイントローブを追い詰め、リンゴの木箱に乗って相手の目をまっすぐ見据え、顔に指を突きつけて龍の咆哮《ほうこう》を解き放った。英語と中国語でおびただしい種類の罵《ののし》り言葉が吐き出された。ワイントローブは恐怖に身をすくませたが、ブルースにも相手を殴らないだけの自制心はあった。彼は映画を降りると言い放って、猛然とセットを立ち去り、自宅の巣に閉じこもってワーナーに電話をかけた。この映画から手を引く。

その夜、オーリンが戻ってくると、ホテルのバーにワイントローブがいた。「彼と知り合って長いが、酔っている彼を見たのはあの一度きりだ」と、オーリンは回想する。

「ブルースに何をした？」ワイントローブは尋ねた。

「何もしていない！」と、オーリンは答えた。「何があったんだ？」

「私が悪いんだ。君を解雇したと言ってあったのに、彼は君を見てしまった。映画を降りるとさ」

「どうするつもりだ、フレッド？」

「まずは、君に帰ってもらおう」

ブルースをなだめすかしてセットへ戻らせるのに何日かかかった。ハリウッドの重鎮たちに特技があるとすれば、それは、契約違反の脅しをオブラートに包みながら甘言《かんげん》を織り交ぜて、才能の持ち主を働かせることだ。二度と巡ってこないかもしれないチャンスをどぶに捨てるわけにはいかない。それはブルースもわかっていた。当初の思惑より時間はかかったが、脚本家を追い払うことには成功した。監督のクローズと手を組むことには応じたが、しばらくワイントローブとは口を聞かなかった。

オーリンはほとぼりを冷ますため、マウイ島へ飛んだ。「心底頭に来ていた」と、彼は回想する。

一週間後、ワイントローブから電話が来た。「助けてくれ。黒鳥《こくちょう》が出てくる場面を覚えているか？ ローパーとハンが敷地を巡りながら、黒鳥の話をするところだ？」

「ああ」オーリンは怒りを抑えながら言った。

「アジアじゅう探した。オーストラリアまで行ったが、一羽の黒鳥も見つからない。マイケル、あのシーンを書き直してくれ。秘書に書き取らせるから。君ならできる。とにかく――」

「考えさせてくれ、フレッド」と、オーリンは言った。彼は受話器を置き、ビーチに出てひと泳ぎした。そして二十分後、受話器を持ち上げた。「フレッド、まだいるか？」

「ああ、いる。何か思い浮かんだか？」

「うん」

「よし、書き留めるために、秘書も控えている」

「わかった、造作ない。聞いているか？」

「ああ、もちろん、聞いている。みんなが耳を傾けている」

「芝居のできるカモを捕まえろ」オーリンはそう告げて電話を切った。


　ブルース・リーが制作陣と闘っている一方、アメリカと香港の撮影班もバトルを繰り広げていた。問題は、香港の撮影スタッフがどのくらい英語を理解できているかわからなかったことだ。「ある日、ブルース・リーとジョン・サクソンとジム・ケリーが小さな平底船《サンパン》から大きな船に乗り移るシーンを撮っていた」アンドレ・モーガンが言う。「トランシーバーはない。メガホンでキューを出していた。誰かが『カット』と叫んだ。サンパンにいる三人には聞こえなかった。ロバート・クローズが『くそ中国人め』と吐き捨てた。台本を持った小柄な年輩の男が広東語で『このくそ外人ども、これ以上の侮辱は我慢できない』と言い、クリップボードをつかんでクローズに近づき、後ろから殴った。そいつをつかんで屋根から引き剝がしたよ」

　アメリカ人スタッフの不満は時代遅れの道具と、香港側がノーというべきところをイエスと言う傾向に向けられた。香港側が嫌ったのはアメリカ人の横柄な態度と、下っ端を怒鳴りつける傾向だ。しかし、こうした葛藤がありながらも、両陣営は徐々に相手に敬意を抱くようになった。「アメリカ人の着々と仕事を積み重ねていくところには感心した」と、助監督のチャップリン・チャン（張欽鵬）は言う。「香港では、匙《さじ》を投げて手を抜くこともよくあるからね」

　アメリカ側は香港人のやりくり上手で勤勉で勇敢なところを評価するようになった。ハンの子分たちが運河の岸に沿ってアンジェラ・マオ演じるリーの姉を追いかけ、アンジェラがひとりを水中へ蹴り落とす場面があった。ワイントローブとクローズはこのスタントを運河から五、六メートル離れた二階建ての建物の屋根から撮ることにした。段取りを指示するため、スタントマン五人と屋根に上がった。通訳を介してどうしたいか説明すると、スタントマン全員が屋根の端から後ずさって首を横に振る。「恐怖におののく彼らを見て、私たちは驚いた」ワイントローブが言う。「一メートルちょっと落下するだけで、ごく標準的なスタントだ」最後にひとりが前へ進み出て、「わかった、俺がやろう。でも、この屋根から水面まで飛ぶのは難しい」と言った。ワイントローブはこう語っている。「唖然としたよ。彼らが私たちのことを、そんな危険なジャンプを要求するような常識知らずと思っていたからだけじゃなく、それをやると言う常識はずれがひとりいたことに」

スタントマンが映画の成功にどれだけ大切かを知っていたブルース・リーは彼らに誠意を尽くし、気遣いを見せた。ホテルのレストランでアメリカ人と食事を取ったりせず、昼は彼らといっしょにロケ弁を食べる習慣を続けていた。この映画でも何十人かの若いスタントマンと仕事をしたが、そのひとりが彼の心遣いを覚えていた。「彼は僕ら、つまり下っ端たちにすごく良くしてくれた」と、ジャッキー・チェン（成龍）は言う。「上層部に点数を稼ごうとはいっさいせず、僕らに気を配ってくれたんだ」ミスター・ハンの地下施設での格闘シーンをよく見ると、ブルース・リーが若き日のジャッキー・チェンの髪をつかんでくるりと体を回し、首を折る場面がある。最初のテイクでブルースは誤ってチェンの顔にヌンチャクを当ててしまった。「信じられないくらい痛かった」と、チェンは振り返る。「カメラが止まると同時にブルースは武器を投げ捨てて僕に駆け寄り、『すまん、悪かった！』と言って抱き起こしてくれたんだ。何より尊敬するのは、あの日の心遣いだったね」

カンフー映画のセットに事故はつきものだ。クライマックスでボブ・ウォールと戦ったブルースは大きな痛みをともなう怪我を負った。ウォールがガラス瓶を二本割って一本でリーを突き、リーがその瓶をウォールの手から蹴り飛ばして顔面にパンチをフォローする場面だ。何度かリハーサルを重ねたあと、ブルースが蹴りそこね、ボブが割れた瓶をそのまま握っていたため、そのギザギザ部分にブルースの拳が当たってしまった。「ボブ・ウォールに激怒していた」と、ブルースを車で病院に運んだチャップリン・チャンが言う。『あいつ、殺してやりたい』と言っていた。でも、本気じゃなかったと思うよ」と、アンドレ・モーガンは言う。「腹を立てていたかって? そりゃそうさ。でも、事故だとわかっていた。腹を立てていたのは二日撮影できなくなったからだ」

ウォールがわざとブルースを怪我させ、ブルースはウォールを殺す気でいるという噂が香港の新聞に流された。もちろん宣伝効果を狙ってのことだ。ブルースがセットに復帰したとき、彼に忠実な香港のスタントマンたちは王者の復讐を期待した。ブルースは面子《メンツ》を保てる言い訳をひねり出し、「ボブを殺すわけにはいかないよ、監督が残りを撮れなくなる」と言ったが、中国人の名誉にかけて、なんらかの仕返しは必要だ。このシーンではブルースが胸への強烈な横蹴りでウォールをハンの手下たちのところへ吹き飛ばすことになっていた。ブルースは加減しなかった。「ボブにパッドを当てたんだが」ゼブラ・パンが回想する。「ブルースが蹴ったら、ボブは銃で撃たれたみたいにはじけ飛んだ! そのうえ、ブルースは十二回テイクをやり直した!」蹴りの威力がすごすぎて、ウォールが人の群れに飛びこんだ結果、スタントマンのひとりが腕を折った。「複雑骨折だ——骨が皮膚を突き破っていた」と、ボブ・ウォールは言う。「みんな『なんてこった!』と驚愕していた。ああなるまで、ブルースがどんなに強く蹴っていたか気がついていなかったんだ」

中国人の面子という難儀な海域を航海する制作陣は宴会の場面でミスター・ハンのハーレムに配する女優を雇う際、慎重を期した。アメリカとの合作映画に進んで娼婦役を引き受けようとする中国人女優はいない。本物を雇うしかなかった。

『燃えよドラゴン』でブルース・リーに首を折られるジャッキー・チェン。1973年2月(Photofest)

勧誘は香港のナイトライフに明るいアンドレ・モーガンに委ねられた。娼婦を見つけるのは難しくない。タイのバンコクと並び、香港はベトナム駐留の米兵にとって憩いの場所だった。しかし、映画に出演となると説得は難しい。「生活のために何をしようが問題はない。娼婦と客との、需要と供給の問題に過ぎない。しかし、映画で娼婦をやったら親の知り合いが見にいけなくなる」と、モーガンは言う。「客と寝るとき以上の支払いを求めてきた。不名誉を承知で出るのだから」娼婦にいくら支払われるかスタント陣が知ったときは、あわやストライキの騒動になった。

三人の英雄が供応を受けて女の子を選ぶシーン、白人（サクソン）は白人のマダム（アーナ・カプリ）を選び、黒人（ケリー）は四人選んだ。アジア人（リー）は仲間の潜入捜査官（ベティ・チュン）を選び、彼女とは慎み深く戦略を議論する。中国のジェームズ・ボンドは禁欲的だった。「彼は少林僧だ」マイケル・オーリンが言う。「つねに憎らしく振る舞わなければいけない。『お前は私の家族と少林寺の名誉を汚した』という台詞《せりふ》にもあるように」

スクリーンの外でも性的冒険は続いた。「ジム・ケリーは動いている女全員とやった」と、ポール・ヘラーが言う。「その挙げ句、睾丸を腫らして入院するはめになった。死ぬ場面に彼を吊るすハーネスを用意したんだが、あそこが痛すぎて着用できない。特別なカーゴネットを造ってしのいだよ」

一九七三年のことで、少林僧を含めてセットの人たちは全員、この時代の性的自由を謳歌していたようだ。「中国人の女の子が大勢いたから、ブルースはときどき、『誰かとデートしてきたらどうだ？』なんて言っていた」と、サクソンが言う。

監督のクローズとアメリカの撮影隊が香港でブルースと最後に撮ったのは、ハンと〝鏡の間《ま》〟で戦うクライマックスシーンだった。元々の脚本では、ハンはリーに捕まる前に自害する。監督も主演俳優もその結末はつまらないと思い、もっといいアイデアがないか、撮影中に試行錯誤していた。ある日、〈レパルスベイ・

ホテル〉での昼食後、クローズは妻のアンとブティックに入った。「そこの広間に薄い鏡がたくさん置かれていて、妻がそばを通ったら彼女の像がバラバラに分かれる感じになった。『おお――これだ！』と、私は叫んだ」と、ロバート・クローズは回顧している。これを使うことで六十歳のシー・キエン（石堅）が演じるハンよりずっと若い主人公が不利な状況に置かれ、最後の対決が互角の条件になって観客ははらはらする。ブルースにとっては、状況に〝適応〟する力の重要性を明示するチャンスだ。彼は鏡を割ることでハンの実像と鏡像を見分けた。

トラック二台分の鏡を八〇〇〇ドルで購入し、どのカメラアングルからでも多数の鏡像を映せるように設置した。撮影はうだるように暑い鏡の迷路で二日にわたって行われ、ブルースは死に物狂いで演じた。クローズによれば、シー・キエンから「落ち着け、若いの。これは映画だ」と大声でたしなめられるほどだった。「撮影の最後のほう、ブルースは疲労の極みに達しかけていた」

七三年三月一日、アメリカ撮影隊が撮影を終了し、飛行機で香港を離れた。ブルースは鏡の間のセットをそのままにし、香港の小規模撮影班とさらに四日にわたって灼熱地獄で撮影を続け、エンディングに完璧を期した。「あのときのブルースは高揚していて、やめようとしなかった」と、ポール・ヘラーが語っている。

このあとブルースは映画の出だしに戻り、自分で書いて自分で監督した少林寺での冒頭シーンを付け足した。観客が喜ぶ要素を増やそうと、ヘビー級のスタントマン、サモ・ハン・キンポーとの手合わせを最初に持ってきた。カンフーの試合というよりノールールの決闘に近い感じで、ふたりは黒い短パンとオープンフィンガーのグラブ以外何も着用せずに対決した。「リハーサルでは言葉で打ち合わせただけだった。『そっちがパンチ、こっちがパンチ、かくかくしかじか。いいか、わかったな？　アクション』という感じで」と、サモ・ハンが言う。「ワン・テイク。またワン・テイク。すごい勢いで撮っていった。わずか一日半で終わったよ」

この格闘シーンのあとにブルースは少林寺の師との対話を挿入した。たえず観客を教育したいと考えていた彼は、自分の演じる登場人物に現実の自分の哲学を語らせている。「敵が押してくれば引き、敵が引けば押し、機が熟したときも私が打ちこむのではない」彼は拳を持ち上げる。「これがおのずと打ちこむのです」

わずか二、三分の短い場面でブルースは巧みに登場人物リーをイギリスの工作員から伝統的な中国人の英雄へ移し替え、映画を自分のものにした。「冒頭の場面を見れば、誰が本当の主役かわかった」と、アンドレ・モーガンが言う。

ひとつだけ闘いが残っていた。

ワーナー・ブラザース上層部は未編集の暫定版《ラフカット》を見るなり、大ヒット作とわかった。「あれを見たとき、すごいものが手に入ったと思った」ワーナーの配給部長レオ・グリーンフィールドが言う。「そりゃ興奮したよ」ワーナーは三月、同社が初めて香港で制作したカンフー映画——ショウ・ブラザースの『ファイブ・フィンガーズ・オブ・デス』——を買い取って配給し、そこで大きく自信を深めた。ランラン・ショウが作ったこの格闘映画は若者と都会の観客に支持されて驚きのヒットとなり、真打ちブルースが登場するお膳立ては整っていた。出演がすべて中国人の字幕付き映画でそこそこの利益を上げられるなら、全編英語で撮影された多人種出演のカンフー映画には、どれだけの可能性があるだろう?

テッド・アシュリーはワイントローブに『ブラッド&スティール』の撮影後費用三〇万ドルを追加提供した。続編の計画にものりだした。自分の影響力が最大になった瞬間とブルースは判断し、自分がこの映画の主人公であることを明確にするため、タイトルを『燃えよドラゴン(*Enter the Dragon*)』に変更すべきと主張した。ワイントローブはこのタイトルを嫌った。「お茶の間向けの作品みたいだ」と言って。社長のテッド・アシュリーも難色を示した。「『燃えよドラゴン』は次作を『リターン・オブ・ザ・ドラゴン(ドラゴンの帰還)』にできるという意味では論理的だが、モンスター映画のような印象を与える」次の何カ月か、丁重ながらいっさい妥協のない電報が太平洋を飛び交った。最後にアシュリーが妥協案を申し出た。〝宣伝部と二時間かけて議論したあと、世界広域に公開するときは『ハンの島』でいこうという案に落ち着いた〟と彼は書き送った。七三年六月八日、ブルースはすぐさま反論した。〝どうか慎重に考えてもらいたい。なぜなら『燃えよドラゴン（*Enter the Dragon*）』は重要人物（特別な人物）の出現（入場enter）を示唆するタイトルだからだ。時間が迫っている、テッド。精査するからそのふたつの脚本を送ってくれ〟

　ふたつの脚本というのは狡猾なジャブだった。ワーナーはすでに続編用の脚本をふたつ発注していた。しかし、ブルースは非公式ルートから、一本目のタイトルが『燃えよドラゴン』でなければワーナーとは組まないと明言してあった。六月十三日、アシュリーは白旗を揚げた。〝要望にしたがって、タイトルを再検討し、君の好みを大きく反映した。その結果、タイトルは『燃えよドラゴン』にする。君とリンダに愛を〟フレッド・ワイントローブも最終的に主張を翻した。「いま思えば、ほかのタイトルなんて想像できない。元広告マンとしては、ブランディングが大切と真っ先に判断すべきだった」と、彼は語っている。

23

天国の扉を叩く

もっと野望の小さな男だったらスロットルを引き戻したか、せめて休暇を取っていたかもしれない。だが、この瞬間のために粉骨砕身してきたブルース・リーはここで減速するわけにいかなかった。ハリウッド映画に主演する初の中国人というだけでは満足できない。スティーブ・マックィーンを超える世界最大のドル箱スターになりたかった。「めまぐるしい活動の渦に巻きこまれ、最初設定した達成目標もたちまちずっと高いところへ置き換えられた」と、リンダが言う。「少しのんびりしてはと説得を試みたけど、彼は私を遮《さえぎ》り、『息抜きを損なう最大要因は〝のんびりしなくちゃ〟と口にすること』と言うんです。この段階ではもう、仕事をしているときがくつろぎのときだと信じこんでいました」

絶え間ない奮闘は大きな負担を強いた。友人たちはみな、このころのブルースを、げっそりやつれた感じだったと語っている。前の二カ月で体重は一〇キロ近く落ち、六四キロから五四キロになっていた。「瞳孔が開いた感じで、目がやけに黒く見えた」と、『燃えよドラゴン』で共演したサモ・ハン・キンポーが言う。「顔は土気色だった」と、『燃えよドラゴン』の第二撮影チャールズ・ロウ（陸正）は振り返る。「いつも疲れてボーッとしていた」

　過剰なストレスにさらされたブルースは信頼するひと握りの友人のひとりと出かけて、ゆっくり夕食を取った。日本料理店の〈金田中《かねたなか》〉には個室があり、チャールズ・ロウとよく通った。「あそこの静かな雰囲気が彼はお気に入りだった」と、ロウは回想する。おおよそどんな酒にも手をつけないブルースだったが、日本酒だけは好きで、耐性も獲得していた。「日本酒はちゃんと飲めた」と、ロウが言う。「信じられないくらい小さな盃《さかずき》で、十杯も二十杯も飲んだ」

　朝から晩までせわしく動き回っていたのは、彼にとって最大のチャンスだったからだ。つかまなければ目の前を通り過ぎていくかもしれず、それが怖かった。『グリーン・ホーネット』で俳優としてささやかな名声を得たが、それが少しずつ蒸発していき、住宅ローン支払いの危機にまで陥った。二度とあんなことがあってはならない。今回は隅々まで完璧でなければ。

『燃えよドラゴン』の初期に流れた情報で、ブルースは業界の必需品となった。ＭＧＭからは、ブルースの少年時代のアイドルで空手の黒帯でもあるエルビス・プレスリーとの共演話が持ちかけられていた。イタリアの映画プロデューサー、カルロ・ポンティからは、妻のソフィア・ローレンと共演してほしいと要請された。ランラン・ショウから次作に五〇万ドルの提示があったが、それでは不充分とブルースは思った。「マーロン・ブランドが二〇〇万ドルもらえるなら、自分も二〇〇万ドルもらえていい」と彼はジョン・サクソンに言い、唖然とさせた。ワーナーの社長テッド・アシュリーはなんとかブルースと複数作品契約を結んで『燃えよドラゴン』をシリーズ化したかった。七三年四月二十二日、ブルースはアシュリーに手紙を書き、自分は安くない旨を警告した。〃いま私の許《もと》にどんな出演依頼が舞いこんでいるか知ったら、きっとあなたは驚くと同時にショックを受けるでしょう……私たちの友情に鑑みて、稼ぐチャンス（意欲満々のプロデューサー十人くらいから依頼を受けている）を押しとどめ、まずはあなたに会えるときを心待ちにしています。言葉は悪いが、私は最高《ファッキンゲスト》のアクション映画を作りたいという執念に取り憑かれている〟

もうひとつ、懐かしい友人からの申し入れもあった。スターリング・シリファントが二十世紀フォックスと複数契約を結び、『サイレントフルート』の承認を確保したのだ。四月十八日、ジェームズ・コバーンが香港へ飛び、この企画にもういちど参加してほしいとブルースに働きかけた。残念ながら、この要請には応じられなかった。『燃えよドラゴン』に主演した自分が一歩後退して、コバーンの主演映画でわき役を務めるわけにはいかない。『サイレントフルート』の中国版『北腿南拳』を作る構想もまだあった。しかし不都合をおくびにも出さず、コバーンを最大限丁重に迎えて、真剣に考えると約束した。「ブルースは処世術に長《た》けていた」と、アンドレ・モーガンは言う。「コバーンはハリウッドの大物だったしね」

ほかのプロデューサーから依頼が舞いこむにつけ、レイモンド・チョウへの不満は募った。ゴールデン・ハーベスト発行のファン雑誌に、レイモンド・チョウはブルース・リーを発掘しただけでなく、彼の〝ベビーシッター〟のようでもあったと書かれているのを読んで、ブルースは激怒した。問題のほとんどは金銭を巡る争いだった。『ドラゴンへの道』が途方もない成功を収めたあと、ブルースは自宅豪邸の玄関前に荷馬車何台分もの現金が届けられるものと思っていた。なのに、少しずつしか入ってこない。映画館主からゴールデン・ハーベストへの送金に時間がかかるうえ、金銭の多くはブルースが豪邸やメルセデスやミンクのコートを買うために借りた金の返済に充てられていた。レイモンドが小ずるいことをして利益の正当な分け前を遅らせているにちがいないと、ブルースは思っていた。

カネが必要だったのは、特注のロールス・ロイス・コーニッシュを注文したところだったからだ。自分に何かあったとき家族を金銭上の問題から守りたいとも考えた。七三年二月一日、彼は『燃えよドラゴン』の

『燃えよドラゴン』撮影時の疲弊で9キロ痩せたブルース。1973年2月（デイビッド・タッドマン）

撮影中にＡＩＡ（友邦保険）の二〇万米ドル五年限定生命保険に加入した。映画の撮影が終了して数々の仕事の依頼が舞いこみはじめていた四月三十日、ロンドン本社のロイズで一三五万米ドル（二〇一七年の価値で七五〇万ドル）というさらに高額の保険にも加入した。金額はこの時点での純資産ではなく、おもに将来的な見込み利益に基づいて決められた。それがすぐ必要になったのは、ブルースの短い生涯にまつわる皮肉のひとつだ。

一九七三年五月十日は香港の夏らしい、うだるように暑い一日だった。気温二六度、湿度九三パーセント。昼食後ブルースは『燃えよドラゴン』のアフレコ作業のために自家用車のハンドルを握り、ハンマーヒル・ロードの丘に立つゴールデン・ハーベストのスタジオへ向かった。アフレコ室に空調はついていたが、送風音でサウンドトラックが台無しにならないようスイッチが切られていた。オーブン状態の部屋で三十分ほど過ごしたあと、ブルースはめまいと頭痛に見舞われた。トイレの個室に入り、ネパール産ハシシの包みを取り出して、少量を口にした。

トイレにいるあいだにブルースは方向感覚を失い、床にうつ伏せに倒れた。近づいてくる足音で目を覚ました。こんな状況でも人に弱さを見せたくないと、彼は眼鏡を失くしたふりをして周囲を手探りした。スタジオ従業員の手を借りて立ち上がったスター俳優は、青ざめた汗まみれの顔とゴムのように重い脚でよろめきながらアフレコ室へ戻った。蒸し風呂のような部屋に足を踏み入れた瞬間、またためまいがし、そこで彼は意識を失った。昼食のスパゲッティを嘔吐し、体が痙《けい》攣《れん》しはじめた。

怖くなった裏方が駐車場を横切ってレイモンド・チョウのオフィスに駆けこみ、ブルースの様子がおかしいと伝えた。レイモンドがバプテスト病院のアメリカ人医師ドナルド・ランフォードに電話するよう秘書に命じ、アフレコ室に駆けこむと、ブルースは呼吸困難に陥っていた。喉を鳴らし、痙攣を起こしている。「急いで病院に運びなさい」とランフォード医師は指示した。

　四人の働き手がレイモンド・チョウの車に運んで、病院へ向かった。ブルースは見るからにひどい状態だった。汗をかき、ぶるぶる震え、体をひきつらせている。舌を噛みちぎらないよう、従業員のひとりが口に金属製のスプーンを挿し入れた。

　ランフォード医師が病院の外に出て待っていると、スター俳優を後部座席に乗せた車がそばに停止した。ブルースは気を失ってなんの反応もしない。神経外科医のピーター・ウー（鄔顯庭）ら四人の医師が呼び集められた。ブルースは高熱を発しているようで、呼吸は散発的、汗まみれの体を震わせている。

　レイモンドの秘書が妻のリンダ・リーに電話をかけた。「ブルースが体調を崩し、病院に運ばれました」

「何があったの？」リンダは心配そうに尋ねた。

「胃の不調だと思いますが」秘書は堅苦しい英語で答えた。

　リンダは大事《おおごと》ではないと思い、自宅から車で五分ほどのバプテスト病院へ出発した。病院に着いたとき、ブルースは苦しそうにあえいでいて、ひとつ呼吸するたびにこれが最後かと思わせた。「大丈夫なんですか？」怖くなって、彼女は尋ねた。

「容易ならない状況です」と、ランフォード医師は答えた。

　もういちど呼吸困難に陥ったら、ランフォードは気管切開を行うつもりでいた。激しい痙攣が続いていた。ブルースの力が強すぎて制御できず、医師と看護師数人で押さえつけた。

　ブルースからなんの反応も返ってこなかったため、神経外科医のピーター・ウーは診察の結果、脳浮腫《のうふしゅ》（脳膨張）と推定した。膨張を抑えるため脳圧降下剤のマンニトールを投与した。効かなかった場合にと手術の準備もしたが、二時間半経過したあたりから意識が戻ってきた。まず、少し体を動かすことができるようになり、そのあと目が開いて合図を送ってきた、しかし、話はできなかった。妻がいるのがわかり、わかったという合図はしたが、話はできなかった。やがて話せるようになったが、呂律《ろれつ》が回らず、ふだんの話し方とちがった。しかし翌日になると、話をして冗談を言えるまでに回復した。

「予断を許さない状況でした」ピーター・ウーが言う。「病院に運ぶのがもう少し遅れていたら、重篤な脳浮腫で命を落としていたでしょう。経験豊富な医療専門家たちがすぐ近くにいたのは、まったくの幸運でした」

ようやく論理的な話が可能になったところで、ブルースはリンダに言った。「死の淵をさまよっている心地がした。意志の力を奮い起こして『負けてたまるか――生還してみせる――絶対あきらめない』と自分に言い聞かせたんだ。あきらめたら死んでいたよ」

五月十三日、ピーター・ウー医師はブルースと面談し、脳浮腫を発症した原因を突き止めるために、これまでの病歴を尋ねた。話を聞くうち、倒れる直前にハシシを摂取したことがわかった。「二度と摂取しないよう助言する」と、ウーは言った。「いちど薬物で痛い目を見たんだ。次はもっとひどい目に遭うかもしれない」

「あれに害はない」ブルースは冷笑を浮かべた。「スティーブ・マックィーンがそう言っていた。危険があったらマックィーンは使っていない」

「スティーブ・マックィーンは医学の権威なのかね?」と、ウーは返した。

倒れたのはハシシのせいという香港の医師たちの見立てにブルースは憤慨した。ウーはさらに詳しく脳の状態を調べるため、翌日の血管造影検査の時間を決めようとしたが、ブルースは拒否して帰りたいと主張した。

「頼むから、脳の検査を受けてくれ」と、ウーは求めた。

「いや、帰らせてくれ」ブルースは主張した。「検査はアメリカで受ける」

退院後、ブルースはセカンド・オピニオンを求めてロサンゼルスへ飛ぶ準備を整えた。香港の医師たちはわかっていない。特に、大麻のことは。一九七三年の香港はマリファナの経験に乏しかった。欧米のヒッピーが服用する、たちの悪い麻薬と考えられていた。その後の研究でも、大麻は脳浮腫を発症させたり死を招いたりしないと証明されている。「呼吸や心拍数を調節する脳幹にTHC（テトラヒドロカンアビノール）の受容体はありません」ニューヨーク大学ランゴーン医療センターの神経科医、ダニエル・フリードマンは言う。「ですから、ヘロインやバルビツール酸系催眠薬といったTHCの過剰摂取が死に直結する可能性はきわめて低い」

ロサンゼルスに着いたブルースはカリフォルニア大学ロサンゼルス校（UCLA）の神経科医、デイビッド・ライスボードを受診した。五月二十九、三十日の二日にわたり、当時の患者に可能なあらゆる検査を受けた。精密検査、脳の血流検査、脳波図（EEG）と。結果を待つあいだにブルースは『燃えよドラゴン』で共演したジョン・サクソンに電話をかけ、医学検査を受けにロサンゼルスへ来ていると伝えた。

「どこが悪いんだ？」と、サクソンは尋ねた。

「気を失ったんだ」

「どうして？　大丈夫なのか？」

「検査の結果次第で、ブルース・リーという俳優は一巻の終わりかもしれない」

三日間、不安な気持ちで結果を待ったが、届いたのは朗報だった。ライスボードは健康証明書をくれた。脳の働きにはなんの異常も見つからず、それ以外の体にも悪いところはない。それどころか、ライスボードは「君の体は十八歳並みだ」と言ってくれた。ブルースは特発性癲癇《てんかん》、つまり原因不明の発作を起こしたものとライスボードは結論した。医師は癲癇治療によく使われるダイランチン（フェニトイン）という抗痙攣薬を処方してくれた。「ブルースの家族に癲癇の病歴を持つ人はいなかったし、ブルースも発症したことはなかった」と、リンダは断言する。「ブルースに癲癇の経験はないとライスボード先生はおっしゃいました」癲癇の診断が下りるには、少なくとも二度、間隔を置いて症状が起こらなくてはならない。ブルース・リーが発作を起こしたのはこれが初めてだった。

死の淵をさまよったあとに出た心強い検査結果には

アドレナリン注射のような効き目があった。ブルースはたちまち楽観的で精力的な自信の塊に戻った。すぐさま彼は母親と弟のロバートが滞在しているロサンゼルスのアパートへ戻った。「やつれた感じで、ちょっと疲れているようでした」と、ロバートが振り返る。『おい、医者から十八歳並みの体と言われたよ』と言っていました。そのあと新しい技を見せてくれた――三種蹴りです。おそろしく速くて強烈でした」

ブルースは華人街《チャイナタウン》にあるお気に入りのレストランで昼食を取ろうと、チャック・ノリスを呼び出した。「検査は立派に合格した」ブルースは自慢げに伝えた。「十八歳並みの体と診断されたよ」

「気を失った原因はなんだったんだ？」と、チャックは尋ねた。

「わからなかった。過労とストレスじゃないかな」

ブルースはさらに、映画でどんな業績を収め、どんな契約の申し入れが来ているかを滔々《とうとう》とまくしたてた。

「次の映画の契約を結びたいと、金額欄が空白の小切手をよこすんだ。想像してくれ、映画の契約を結ぶだけでどんな金額でも書きこめる」彼は楽しげに笑い、箸《はし》で北京ダックをひと切れつまんでひょいと投げ上げ、それを易々《やすやす》とキャッチした。「見ていろ。中国人初の世界的に有名な映画俳優になってやる。スティーブ・マックィーンもすぐに超えてみせる」

ブラック・ベルト誌の発行人ミト・ウエハラは〈ビバリーヒルズ・ホテル〉のバンガローに宿泊していたブルース夫妻を訪ねている。「四日間精密検査を受け、健康状態に太鼓判を押されて、上機嫌だった」と、ウエハラは言う。「でも、私には疲れ果てているように見えた。知り合ってからの長い年月で、あんなに痩せた彼を見るのは初めてだった」

「そうなんだ、昼も夜も休まず働いていたら、ずいぶん体重が落ちてしまった」と、ブルースは説明した。「昼間はスタジオ、夜は映画制作に関する本をいろいろ読んで、次の映画の脚本も書いている。いや、それが本当に面白いんだ。夢中になって、寝食を忘れることもある」

ブルースはなんの問題もないみたいに振る舞ってい

たが、リンダはまだショックが収まらず心配していた。ブルースは誇らしげに、八歳のブランドンが香港の新聞に寄せた記事の切り抜きをミト・ウエハラに見せた。リンダが夫に声を荒らげた。「私は一日も早くロサンゼルスへ戻りたい。向こうじゃ子どもたちはふつうに暮らせないんだから」リンダが人前で夫を責めるなどめったにあることではない。ずっと鬱積していたのだろう。香港の暮らしは好きになれたためしがなかった。スポットライトを浴びて夫が変わったことも不満だったし、それが子どもたちに及ぼす影響にも不安を抱いていた。夫が死の淵をさまよったことで、ついに受忍の限度を超えたのだ。

　ロバート・クローズ監督に連れられてブルースは『燃えよドラゴン』暫定版《ラフカット》の特別上映会へ向かった。編集用リールにはまだ音楽もフェードも暗溶《ディゾルブ》も音響効果《サウンドエフェクト》も入っていない。だが、そんなことは関係なかった。これを見れば成功か失敗かは一目瞭然だ。上映終了後、ブルースはしばしクローズを見つめ、そのあと破顔一笑した。「やったな」世界を手中に収めるときが来たと、ブルースは確信した。

　このあとブルースは共同製作者のポール・ヘラーの家に立ち寄った。しばらくして、香港から追放したはずの脚本家マイケル・オーリンが玄関のベルを鳴らした。ヘラーが、「ブルース、友達が来たぞ」と呼びかけた。かつて敵対したふたりは握手し、何事もなかったように世間話をした。「映画の大成功は見えていたし、収める矛もない」と、オーリンが言う。「仲違いは終わった」

『燃えよドラゴン』の大ヒットを確信し、ブルースはいくつか人生の大きな決断をした。まず、不本意ながら妻の願いを受け入れて家族でアメリカへ戻ることにした。アメリカと香港の二カ所を行き来し、ハリウッドと中国の映画を年一本ずつ作る。そうすればアジアのファンを喜ばせながら、自分の名を世界に広めることもできる。家族がアメリカにいれば、香港に行ったとき、これまで以上に大きな自由も手に入る。

　ショウ・ブラザースとの映画制作も決意し、ランラン・ショウに私信を書き送った。〝とりあえず九、十、十一月の三カ月間をショウのために空けておく。具体的な条件はそっちへ行ってから検討したい〟

そのあとスターリング・シリファントに電話をかけ、『サイレントフルート』の話を断った。あの企画がいちばん必要だったときにシリファントとコバーンが投げ出したことを、ブルースはまだ憤っていた。「あの当時の私たちは喉から手が出るくらいあの仕事が欲しかった」と、リンダが言う。「彼が大成功を収めてから、彼らは、『準備ができた』と言ってきたんです」

「君たちにいまの私は雇えない」ブルースはシリファントに告げた。「映画一本に一〇〇万ドルを提示されているんだ」

ブルースの断りにシリファントは驚き、狼狽《ろうばい》した。「ブルースと私の仲だし、電話一本で応じてくれると思っていたんだ」シリファントは回想する。「あの返答には驚いた」

「ジム〔コバーン〕を背中におぶっていく気はない」スティーブ・マックィーンから言われた台詞《せりふ》をブルースはそのまま使った。言い争ううち、ブルースは、「私抜きで作る気か？」と言った。

「作るとも」シリファントは腹立たしげに言った。

「五役を演じられる人間がほかにいるのか？」と、ブルースは尋ねた。

「君の代わりに五人別々の俳優を雇う」シリファントは言った。「やっぱりやりたいと言ってきても、ひとつしか役はないぞ。ひとり五役なんて、ロン・チェイニーの時代の話だ」

「いずれにしても、君たちにいまの私は雇えない」と、ブルースは繰り返した。

とげを含んだ問答のあと、ふたりは夕食を共にする約束をしたが、翌日ブルースから電話でキャンセルが伝えられた。彼はジェームズ・コバーンに〝シリファントと話し、〈無音の笛《サイレントフルート》〉は君たちに託すと伝えた〟と、短い手紙を書いている。

ブルースは六月上旬に香港へ戻り、そこでベティ・ティンペイとの関係が再燃した。ベティはブルースが倒れたことを知らず、ブルースも自分が死にかけた話はしなかった。「私は知らなかった」とベティが言う。「私に心配させたくなかったのね。自分は世界最強の男だと言っていた」彼はベティに贈り物をした。「キーチェーンを買ってくれて」はにかんだように彼女は言う。当時のタブロイド紙の報道によれば、このキーチェーンにはメルセデス・ベンツの新車のキーがついていた。

ランラン・ショウに書いた手紙から、ブルースはショウ・ブラザースで少なくとも一本映画を作るつもりでいたことがうかがえるが、まだ事業上の利害は『死亡遊戯』の権利を持つレイモンド・チョウ（ゴールデン・ハーベスト）と結びついていた。長年温めてきた哲学的作品を完成させたければ、ここで手を切ることはできない。少し前に『女王陛下の００７』（一九六九年）でジェームズ・ボンドを演じたオーストラリア人俳優のジョージ・レーゼンビーからスタジオに電話がかかってきたことで、まだ脚本も完成していない『死亡遊戯』への意気込みが強まった。レーゼンビーはアメリカで『ドラゴン怒りの鉄拳』を見て、ブルースと共演したくなったという。じつはボンド映画の稼ぎを使い果たし、香港映画は将来有望との話を聞きつけてやってきただけだったのだが。それでもブルースとレイモンド・チョウにとっては〝ジェームズ・ボンド〟俳優を『死亡遊戯』に出演させる好機だ。物語にレーゼンビーをどう押しこむか、ブルースは方策を練りはじめ、夏の残りで映画の完成を目指すことにした。秋にショウ・ブラザースと映画を作るかどうかは決定を保留した。

ヨーロッパのプロデューサーからの一〇〇万ドルの申し入れをブルースがさばいているあいだに、彼が香港で倒れたと知ったテッド・アシュリーから気の利いた提案があった。ワーナー・ブラザースとあと五本映画を作れば、彼かリンダが生きているかぎり年一〇〇万ドルを支払うというものだ。「正直、この話には興味をそそられている」彼は〝ブルース・リー、スーパースターの報酬を手に〟との見出しを掲げた六月二十八日付のザ・チャイナ・メール紙で語った。「今後何年か安心だし、税金対策も楽になる。ほかのスタジオと仕事をすることも禁じていない〟そのあと、彼は笑ってこう付け加えた。〝あのスタジオには絶大な信頼を寄せている。私より長生きすると思うよ」

たしかに、ブルースにとって魅力的な話だった。家族にもうひとつ保険をかけられる。ワーナーにとっては彼の才能を確保するチャンスだ。すでに同社は彼を次代の大スターに仕立てはじめていた。『燃えよドラゴン』の宣伝のため、ジョニー・カーソンが司会する『ザ・トゥナイト・ショー』にブルースの出演を取りつけていた。

こういう数々の幸運にもブルースの闘志は鈍らなかった。大きないらだちの元は映画監督のロー・ウェイ（羅維）だった。彼は相変わらず新聞でブルースを侮辱していた。七三年七月十日の午後、ブルースがゴールデン・ハーベストの事務所でハシシを吸いながらハイになっているとき、映写室にロー・ウェイ夫妻がいるという話が耳に入った。ブルースは暗い部屋へ駆けこむと、自分に対する侮辱についてロー・ウェイを問い詰め、自身も侮辱の言葉を発して、監督を〝人の皮をかぶった獣〟と呼んだ。「ブルースは少し酔っていて、ロー・ウェイは広東語で罵《のの》り返した」と、アンドレ・モーガンが言う。「ブルースが殴られたいかと脅したところで、ふたりを引き離した。あやうく監督がぶん殴られるところだった」ブルースを急いで部屋から出し、みんなで落ち着かせるよう努めた。ロー・ウェイの妻のグレイディスがブルースと向き合って叱責していなければ、あの場は収まっていたかもしれない。

ブルースはふたたび激高し、レイモンド・チョウとアンドレ・モーガンを押しのけて、再度映写室に駆けこみ、ベルトのバックルに隠し持ったナイフを抜いた。刃の切っ先をロー・ウェイに突きつける――体育教師をナイフで脅した十代のころのように。「このナイフを食らいたいか？」と、ブルースは言った。エスカレートしていく状況を見て、レイモンド・チョウとアンドレ・モーガンがもう一度ブルースを部屋から引きずり出した。ロー・ウェイは電話に駆けこみ、九九九番〔警察〕をダイヤルした。警察が駆けつけたときは誰もがパニックに陥っていた。ブルースはナイフとベルトバックルをアンドレ・モーガンに渡した。モーガンはナイフを隠すため、裏口から外へ出て秘密の通路を小走りに駆けた。

警察はまずロー・ウェイから事情を聴いた。「状況を説明してください」

「李小龍がナイフで脅してきたんだ」

「わかりました、署まで同行願います」と、副署長が言った。

ロー・ウェイは嘲《あざけ》るように笑った。「話を理解していないのか？　脅されていたのは私だ。こっちが原告だ。署まで来い？　どうしてリーを引っ立てない？」

「彼には弁護士がいます」

「私にいないと思うのか？」

別の警察官が来て、〝優しい警官〟役を演じた。「まあまあ、羅《ロー》さん、結論に飛びつかないで。あなたの言うナイフはリーが処分したらしい。どこを探しても見つからない。みなさん同業者でしょう。些細なことで大騒ぎしなくてもいいじゃありませんか」

「こっちが挑発したわけじゃない！」ロー・ウェイは異議を申し立てた。「こんなことをされて、ただですませられるか！」

「では、どうしろと？」と警官は尋ねた。

「二度と命の危険にさらされずにすむことを確認したい！」

警察官たちはブルースに歩み寄って、彼に要求した――ここで問題を解決したければ、間違いを認め、今後ロー・ウェイを脅したり危害を加えたりしないと一筆書いてほしい。この時点で、スタジオの外には、警察からこっそり知らせを受けた記者の一団が集まっていた。これ以上気まずい思いをするのはごめんだし、面子《メンツ》も潰されたくない。そう考えたブルースは同意した。警察が誓約書をロー・ウェイに渡し、これでいいか確かめると、ロー・ウェイはもう一行加えるように頑として主張した。「〝私の身に何かあって傷を負った場合、その責任は自分にある〟と書き足させろ」ここまで来て取りやめるわけにはいかない。ブルースは不承不承、書き直した文章にサインした。

事態の鎮静化を図るため、レイモンド・チョウがロー・ウェイ夫妻を夕食に誘った。三人は裏口から出ていった。ブルースは正面から出て、報道陣に経緯を説明した。ロー・ウェイにナイフを抜いたことを否定し、そんな非難は噴飯物だと嘲った。「ロー・ウェイを殺すのにナイフなど必要ない。指二本で充分だ」ブルースが新興勢力だった一年前なら、これですんだかもしれないが、名声を確立した彼にいま報道陣は敵意を抱いていた。新聞と漫画で批判を繰り返していた。老いた父親に不敬な態度を取る粗暴な息子の図だ。

翌日の夜、ブルースはテレビの人気トーク番組でイバン・ホーのインタビューを受けることになっていた。新聞報道に憤ったブルースはインタビュー前の打ち合わせでロー・ウェイにナイフを抜いたことは否定すると申し渡し、人を痛めつけるのにナイフが必要ない理由を、イバン相手に実演することにした。「打つのは腕だけ」と、ブルースはイバンに説明した。「打たれたときに多少の衝撃は感じる。でも、うろたえなくていい。肩を痛めたりはしない。ただ、抵抗しないように。力を抜いて打たれれば大丈夫。ソファに倒れたあなたを見て、視聴者は大喜びするさ」

生放送のインタビュー中、ブルースはナイフの使用を否定し、ロー・ウェイのような老人相手にナイフは必要ないと言い、その理由を見せたい、立ってくれないかとイバン・ホーに求めた。リハーサルどおり、目にも留まらぬパンチをイバンの肩に放ち、イバンがソファに吹き飛んだ。寸劇は予定どおりだったが、視聴者への影響はブルースの思惑を外れた。パンチが速すぎ、人気司会者の顔が殴られたみたいに見えたのだ。「ショッキングな結果でした」イバン・ホーが語る。「視聴者は本気と思った。あらかじめ取り決めがあったとは知りませんからね。本気に見えたんです」

ブルースは朝刊でまたひとしきり、テレビの人気パーソナリティを〝小突いた〟と批判された。懐柔を得意とするブルースにしては手際が悪かった。とつぜん名声を得たせいか、精神的な重圧か、身体的な緊張か、気を失って倒れたときに神経が損傷を受けたのかはわからないが、ブルース・リーの歯車はどこか狂っていた。

一週間後の七月十九日、レイモンド・チョウとブルース・リーは昼食を兼ねて打ち合わせを行った。『スージー・ウォンの世界』の主演女優で『サイレンサー／破壊部隊』で知り合ってからブルースにカンフーを習い、友達になっていたナンシー・クワン（關家蒨）も同席した。ところが、ブルースは目の前の仕事に集中できなかった。いらいらして激しやすくなっていた彼は、自分の稼いだカネをなぜ支払おうとしない、とレイモンドに声を荒らげた。「レイモンドはおかしい、と彼は言っていました」ナンシーが回想する。「私はそんな話、聞きたくもなかったけど、次から次へとレイモンドを責めるんです。『当然支払われるべきものが支払われていない』って」

「ブルース、いいかげんにしなさい」これ以上我慢できず、ナンシーが割って入った。「身を慎むのはあなたのほうよ。レイモンドのことをいろいろ言っているけど、みんなあなたとベティのことを噂しているわ」

「ナンシー、あれに深い意味はない」たいした問題ではないとばかりにブルースは言った。「いっときの浮気だ」

「みんな噂しているわ」

「いっときの浮気だ。彼女とは別れる。別にどうでもいいんだ。女はたくさんいる」

「奥さんの身にもなって」彼女は姉のように叱った。「アメリカ人なのに、ふたりの子どもとこっちへ来てくれたのよ」

「妻のことは愛している」痛いところを突かれ、ブルースは言った。

「彼女にとって愉快な状況であるはずがないわ。わざわざアメリカからこっちへ来ているのに、聞こえてくるのは夫の悪い噂ばかりだなんて」と、ナンシーは続けた。

レイモンド・チョウが割って入った。「彼女の言うとおりだ、ブルース」

「黙れ、レイモンド」と、ブルースは嚙みついた。「あんたに何がわかる？　あれはいっときの浮気に過ぎないんだ」

24

ブルース・リー最期の日

一九七三年七月二十日の朝、ブルースはワーナー・ブラザースからの複数映画契約の申し入れや、彼の生涯に基づくアニメシリーズを作りたいというハンナ・バーベラ〔米国のアニメーション制作会社〕からの要望をはじめ、検討中の大口契約について、アメリカの代理人エイドリアン・マーシャルに送る手紙をタイプした。出版に、服飾に、推奨広告と、数多くの依頼が押し寄せていた。ブルース・リーは帝国を築きつつあった。

手紙を書きおえて投函したあと、九龍塘《カウロントン》の豪邸から車でゴールデン・ハーベストのスタジオへ向かった。オーストラリアのジェームズ・ボンドことジョージ・レーゼンビーと会い、『死亡遊戯』への出演について意見交換した。スタジオでひとりだけ英語を母語とするアンドレ・モーガンも話に加わった。映画は最後の場面の多くがすでに撮影ずみだったから、レーゼンビーをどう物語に組み入れるかが議題だ。「くだらない話をして、無為に時間を過ごしてしまった」と、モーガンは回想している。

この話し合いのあと、ブルースは『死亡遊戯』にレーゼンビーを出演させたいと伝えるため、レイモンド・チョウのオフィスに立ち寄った。みんなで夕食を共にして正式契約を結ぼうじゃないかとレイモンドが提案した。ブルースはモーガンの部屋へ引き返した。彼はハシシの袋を取り出し、アンドレにも少し勧めた。ふたりで少量かじった。本来ならブルースとアンドレでレーゼンビーを昼食に誘うところだが、ブルースは別の予定があると言って断った。ベティ・ティンペイのアパートを訪ね、〝昼の情事〟にふけるつもりだった。スタジオの運転手がレーゼンビーを彼の宿泊先へ送っていった。レーゼンビーへの提示額を決めるため、ブルースは日のあるうちにスタジオへ戻ると約束した。

　ブルースはメルセデスに飛び乗ってスタジオから走り去った。筆架山道《ビーコンヒル・ロード》六七番地に立つベティ・ティンペイのアパートの、二階の部屋に着いたのは、午後一時ごろだった。寝室ひとつのアパートだ。床は寄木張りのフローリングで、壁は木でできていて、青色の分厚いカーテンがあった。次の数時間をふたりきりで過ごした。「私は彼の恋人だった」と、ベティは言う。セックスとハシシを楽しんだが、アルコールもほかの強い麻薬もやっていなかった。時間の大半、ブルースはジョージ・レーゼンビーに会ったことと、それが映画に持つ意味を興奮気味に語っていた。ベティにはヒロイン役を打診した。その考えには反対した、とベティは主張する。現実に愛人である自分がスクリーン上でも恋人を演じるのは面映《おもは》ゆい。「あの映画に出たいとは、ちっとも思わなかった」と、彼女は言う。「愛する人とカメラの前で向き合うなんて気恥ずかしいでしょう」

　レイモンド・チョウがベティのアパートに着いたのは午後六時ごろだった。理由は明らかになっていない。レイモンドとモーガンはブルースがゴールデン・ハーベストへ戻ってきたらレーゼンビーへの提示額を検討しようと、午後のあいだずっと彼を待っていた。おそらくレイモンドがブルースに電話をかけて、いつ戻ってくるか尋ね、ベティのアパートへ来てほしいと言われたものと思われる。ベティが映画の役に二の足を踏んでいたのなら、彼女の説得にレイモンドの力を借りたいと思ったのかもしれない。あるいは、夕食に出かけるとき疑惑の目を避けたくて、車で送ってくれる人間が必要だったのか。

気温三二度、湿度八四パーセントと、うだるように暑い日だった。七月に入っていちばん暑かった。「ブルースは少し調子が悪そうだった」と、レイモンドが回想する。「私もあまり調子が良くなかった。ふたりで少し水を飲み、そのあと彼が演技を始めた」ブルースは『死亡遊戯』にふつふつと沸き立つような情熱を向け、跳躍しては、次から次へといろんな場面を演じた。「彼はふだんからよく動き回った」と、レイモンドが言う。「プロットを論じるときは、そこを全部演じて見せる。それでたぶん、少し疲れて喉が渇いたのだろう。二口、三口水を飲み、そこでめまいを覚えたらしい」

その直後、ブルースは頭痛を訴えた。時刻は七時半になりかけていた。車でレーゼンビーを迎えにいき、夕食に出かける予定だ。ベティはすでに服を着替えて、出かける準備ができていたが、ブルースの頭痛がひどくなってきた。横になりたいとブルースが言ったとき、レイモンドはきまり悪そうにパッと立ち上がって帰ろうとした。「口実だと思ったのね」と、ベティは笑顔で振り返る。ベティは鎮痛剤として一般的に用いられていた精神安定剤エクアジェシック〔日本ではアトラキシンの商品名で知られる〕をブルースに与えた。これが初めてではなかった、と彼女は言う。「あれ以前にもブルースは服用したことがありました」

先に行っているから、よかったらあとから合流してくれ、とレイモンドは言った。ブルースは裸のままベティの寝室に入り、布団のように床に敷かれたマットレスに身を沈めた。ベティは寝室のドアを閉め、リビングに入ってカウチに腰かけ、テレビをつけた。レイモンドは七時四十五分ごろアパートを出発し、〈ハイアット〉でレーゼンビーを拾って〈ミラマー・ホテル〉の日本料理店へ向かった。

レイモンドはバーでレーゼンビーと三十分待ってから、ベティのアパートに電話をかけた。ブルースはまだ寝ているとベティが言うので、ふたり抜きで夕食を取ることにした。食事がすんだ午後九時半、レイモンドはもういちどベティに電話をかけた。ブルースはまだ寝ているが、起こしてみる、と彼女は言った。驚かせたくなかったのでドアをゆっくり開け、そっと寝室に入って、彼のそばに膝をつき、「ブルース、ブルース」と小声で呼びかけたが、目を覚ます様子がない。とつぜん強い恐怖に駆られ、彼を揺すぶって、「ブルース、ブルース」と大声で呼んだ。

レストランのレイモンドにベティが取り乱した様子で電話をかけてきた——ブルースが目を覚まさない、と。レイモンドは落ち着けと命じ、すぐそっちへ向かうと言った。ブルースが脳浮腫《のうふしゅ》を起こして死にかけた五月十日のことが頭に甦った。ランフォード医師宅に電話をかけると、ブルースの命を救った医師は家にいたが、電話中だった。レイモンドは急いでベティのアパートへ向かった。携帯電話のない時代で、信号が出てくるたびに車から飛び出し、公衆電話からランフォード宅にかけ直したが、まだ医師は電話中だった（のちに、娘がボーイフレンドと長電話をしていたと判明する）。

レイモンドがアパートに着いたとき、ブルースはベティのマットレスに裸で寝ていて、そばには半狂乱のベティがいた。

「ブルース、ブルース、ブルース」と、彼女は大声で呼びつづけていた。声がかすれている。

ブルース・リーは反応しなかった。レイモンド・チョウは手遅れと気がついた。彼のスター俳優はもう死んでいた。

命の抜け殻となったブルースの体とすすり泣くベティを見下ろすうち、レイモンドはとてつもなく危険な状況であることに気がついたことだろう。香港一有名な男が愛人のベッドで亡くなり、目撃者はふたりしかいない。この醜聞は命取りになる。マスコミの糾弾が目に浮かぶようだ。彼らのキャリアにも終止符が打たれ、法的に危険な状況に立たされる可能性まであった。レイモンドにとって最初の義務はブルースの救命だったが、喫緊の課題は明白だ。ブルース・リーは愛人のアパート以外の別の場所で亡くなったことにしなければならない。

レイモンドはブルースに服を着せた。シャツのボタンをはめ、ヨーロッパ風のズボンを穿《は》かせ、ハイヒールの上げ底ブーツのひもを結んだ。死体の移動も考えたかもしれない――ブルースの自宅までは車でほんの五分くらいだ。自分で病院へ運ぼうかと考えたかもしれない。ブルースが五月十日に運ばれたバプテスト病院は彼の自宅と反対方向だが、車なら三分で行ける。スーパースターが亡くなったのが自宅か病院なら、衝撃的な出来事ではあっても、大衆を憤慨させる醜聞にはならない。

結局、レイモンドは医者を呼び入れることにした。ベティ・ティンペイの〝かかりつけ医〟でバプテスト病院勤務のユージーン・チュー（朱博懐）に電話するよう、彼女に指示した。ベティは具合が悪くなった友人が自分のアパートにいるので診てほしいと、朱医師に懇願した。善良な医師に、患者の名前や病状は教えなかった。

朱医師が到着したとき、ブルース・リーは深い昏睡状態で、ベッドに横たわったまま覚醒できなかった。脈はなく、心拍音も聞こえない。息をしておらず、生きている兆候はなかった。十分ほど蘇生を試みたが成功しなかった。

この時点で朱博懐は、自分の到着前にブルース・リーが死亡していたことを確信していただろう。レイモンドは事の重大さを説明し、目撃者の数を制限するために一キロも離れていないバプテスト病院へ運びたいと懇願しただろう。朱医師は車で運ぶのでなく、〝昏倒〟している患者に治療が可能な救急車を呼ぶことにした。救急車の職員にはブルース・リーであることも、すでに死んでいることも伝えなかった。朱医師は〝患者〟をすぐ近くのバプテスト病院でなく、車で二十五分ほどのクイーン・エリザベス病院へ運ぶよう主張した。勤務先に厄介な醜聞を持ちこみたくなかったのだろう。

老獪なプロデューサー、レイモンド・チョウは救急車が到着する前に現場の主導権を握っていた。報道陣には何も話さないようベティに命じた。そのあとブルースの自宅の妻に電話をかけた。「いますぐクイーン・

エリザベス病院へ来てくれ、リンダ。そこにブルースが向かっている――救急車で」

「何があったの？」と、リンダは尋ねた。

「わからない――前回みたいな感じだ」

救急隊員二名と救急車の運転手は七分ほどで現場に到着した。午後十時半ごろのことだ。救急隊員のうち年長者の彭徳生《パンタクサン》が床のマットレスに横たわっている患者を見たとき、すぐに誰かはわからなかった。脈はなく、呼吸もしていない。心肺機能蘇生法（ＣＰＲ）と人工呼吸を試みた。患者に変化はない。救急隊員ふたりで救急車に運び入れた。レイモンド・チョウと朱博懐医師もいっしょに後ろへ飛び乗った。クイーン・エリザベス病院までの長い道のりを進むあいだ、救急隊員がブルースに救急措置を続けたが、成果は得られなかった。彭は後日、成功の見込みがなかったにもかかわらず、治療の試みを続けた理由をこう説明している。「死んでいるように見えても、救急処置を行う人間は、かならずまだ生きているものとして処置を試みなければいけません」

リンダは救急車より十五分早くクイーン・エリザベス病院に着いた。夫のことを問い合わせたが、受付の男性は、「冗談でしょう――そんな話は聞いていません」と言った。自宅に電話をかけようとしたとき、ブルースを乗せたストレッチャーが彼女のそばを緊急救命室へ向かっていった。夫は意識を失っているようだ。医師団が心臓をマッサージしはじめた。「死ぬかもしれないなんて、ましてや、もう死んでいるかもしれないなんて、思いもしなかった」と、彼女は回想する。一分くらいして、彼らはだしぬけにブルースを上の階へ運び上げた。彼女は走ってストレッチャーのあとを追い、集中治療室に入った。医師団はブルースの心臓に直接薬品を注射し、電気ショックを与えた。誰かが「見ないほうがいい」と言って、リンダを引き離そうとしたが、彼女は必死に手を逃れ、「いいんです――何が起こっているのか知りたいの」と主張した。そこで彼女は、ブルースの心拍数を示す心電図の線が水平になっていることに気がついた。到着のずっと前から死んでいた男の蘇生を試みる死のジェスチャーゲームを、ついに医師団は断念した。リンダは頭の片隅で現実を受け止めていたが、まだ認めることはできなかった。医師のひとりに、「生きているの？」と彼女は尋ねた。医師は首を横に振った。

リンダはひとり、廊下をさまよった。医師団の長が解剖を希望するか、彼女に尋ねた。「はい。夫がなぜ死んだのか、私は知りたい」と、彼女は答えた。

午後十一時半を少し回ったころ香港のあちこちで電話が鳴りはじめ、このニュースが伝えられた——ブルース・リーが三十二歳の若さで死去。死因は不明。

香港の警察本部長に着任したばかりのチャールズ・サトクリフの許《もと》にも電話が入った。彼は太平山《ビクトリア・ピーク》の自宅に報道関係者を大勢招き、パーティを開いているところだった。話が伝わるや、招待客全員がドアへ向かった。大急ぎでクイーン・エリザベス病院へ向かう記者たちに、サトクリフは「騒ぎが終わったら戻ってこい」と声をかけた。

招待客のなかに、一九七一年にブルースにインタビューしたことがあるイギリス人ディスクジョッキーのテッド・トーマスがいた。彼が同僚と病院に着いたときには、すでに警察の非常線が張られていた。入口前ではテレビカメラと新聞記者の一団が揉《も》みあうように場所を確保しようとしていた。「中に入れた者はいなかった」と、トーマスは言う。

公式声明が出ず、病院の外にいるジャーナリストの間には噂が渦を巻いていた。ブルース・リーはどんな状況で死んだのか。近くの公衆電話から記者たちが必死に情報源をつかまえようとしていた。彼らのひとりが『燃えよドラゴン』の第二撮影でブルースの飲み友達でもあったチャールズ・ロウ（陸正）をつかまえた。「ブルース・リーが戦いのさなか命を落としたという話です」と、記者は言った。「確認できますか？」「デマに決まっている！」気の滅入る思いでロウはそう返答した。「単なるデマだ」

「尖沙咀《チムサーチョイ》で一〇人だか二〇人だかに袋叩きにされたそうです」記者は食い下がった。「ひょっとして、もうご存じなのでは？」

「世迷言《よまよいごと》もいいかげんにしろ！」ロウは怒鳴って電話を切った。

彼は心配になって、ブルースの家に電話をかけた。八歳のブランドンが電話に出た。「お父さんはおうちにいる？」と、ロウは尋ねた。

「うちにはいないよ」と、ブランドンは広東語で言った。

「どこにいる？」

「映画！　映画！　映画！」

レイモンド・チョウとリンダが帰り支度をして病院の入口に近づくと、たちまちカメラマンたちのフラッシュが焚《た》かれた。これでは出られない。ふたりはあとずさった。レイモンドは妻に電話し、車で迎えに来るよう要請した。報道関係者は大挙してブルースの自宅へ向かうだろう。レイモンドは近所に住むランフォード医師に電話をかけ、リンダと立ち寄ってもいいかと尋ねた。

とつぜん、リンダが戻ると主張した。本当に夫は死んでしまったのか、もういちど確かめたい。彼女は夫の遺体のそばに立った。「心身に信じられないような力が押し寄せてきました。ブルースの志と勇気が自分に受け渡されたかのように。一瞬にして、この先に何が待ち受けているかを悟り、ブルースとブランドンとシャノンにとって最良の方法で万事に対処しなければ、と思いました」

午前零時半、ベティ・ティンペイのアパートに警察が到着した。彼らはブルースの死を伝えなかった。ベティは動転するあまり、彼の状態を尋ねることさえできなかった。救急車が走り去ったあと、彼女は母親と弟に電話をかけた。駆けつけたふたりが彼女を慰めているあいだに、警察が部屋を捜索した。争った跡も、暴力が振るわれたしるしもない。床のマットレスはきちんと整えられていた。リビングでテーブルのグラスが三つに、セブンアップ、シュウェップス・ジンジャービアの空瓶、エクアジェシック錠の開封済みアルミ箔容器が証拠品として押収された。レイモンドとベティのその後の証言が一貫しているところから、すでにレイモンドはベティに説明の仕方を指南していたのだろう。彼女はプロの俳優で、台詞《せりふ》を覚える能力には長《た》けていた。

レイモンドはブルース・リーがベティのアパート以外の場所で亡くなったと正式発表できるくらい、死亡時刻を引き延ばすことに成功した。事実隠しに万全を期すには、死のドラマにもうひとり協力者が必要だ。

午前一時ごろ、レイモンドはリンダとランフォード医師の家を訪れた。リンダは動揺が大きく、どうすればいいかも、どう記者に話せばいいかもわからない。夫を愛し、心底誇りに思っていた。

「ブルースの女性関係について何かご存じですか？」リンダはランフォード医師に尋ねた。「浮気していたんでしょうか？」

「私の知るかぎり」ランフォード医師は慎重に答えた。「ほかの女性はいなかった」

「香港の新聞は彼を食い物にします」リンダは言った。「どうしたら煽情的な報道を食い止められるでしょうか？」

ランフォード医師の居間でリンダとレイモンドは慎重に検討した。そして、どんな声明を出すかをふたりで決めた。

アンドレ・モーガンの許にレイモンド・チョウから電話が来たのは真夜中のことだった。大急ぎでゴールデン・ハーベストに駆けつけると、すでにレイモンドは被害対策にのりだしていた。レイモンドはモーガンに英語版の報道発表を書かせ、そのあいだに中国語メディアへの発表内容を認可した。社内での討論を経て、ゴールデン・ハーベストは公式声明を決定した――〝ブルース・リーは自宅の庭を妻のリンダと散歩中に昏倒し、そのまま帰らぬ人となりました。ゴールデン・ハーベストは偉大なスターの死を悼《いた》み、心よりご冥福をお祈りします〟

同じころ、クイーン・エリザベス病院も正式説明を発表した。〝俳優のブルース・リー氏は急性脳浮腫で亡くなりました。脳浮腫を発症した原因はいまのところ不明です〟

香港メディアはこの二文書に基づき、彼らの英雄は最愛の妻と自宅の庭を散歩中、原因不明の脳浮腫を発症して亡くなったと報道した。「ブルースのイメージと世間体を守りたかったし、リンダと子どもたちの気持ちも守りたかった」と、モーガンは説明する。「もちろん、タッチアウトを避けられると考えるほど愚かではなかった。どれだけ時間を稼げるかの問題だったんだ」

ブルース・リーの死に関するこの捏造《ねつぞう》版は三日間持ちこたえる。

ザ・チャイナ・メール紙にブルース・リーの特集記事を何度か書いたことがある勇敢な記者H・S・チョウは、ゴールデン・ハーベストの絵に描いたような説明を怪しみ、複数の情報源に電話をかけはじめた。香港の病院はどこも救急車の記録をつけている。患者を乗せた住所が記載されているはずだ。チョウはわずか二日でしかるべき記録を見つけて、運転手を突き止め、彼に情報提供を求めた。救急車四〇号はブルース・リーを筆架山道《ビーコンヒル・ロード》六七番地のアパート二階から運び出していた。ブルースの自宅があるのは金巴倫道《カンバーランド・ロード》四一番地だ。H・S・チョウはさらに何本か電話をかけ、筆架山道のアパートの住人はベティ・ティンペイであることを突き止めた。「見事と言うしかない」アンドレ・モーガンが言う。「後日、ゴールデン・ハーベストはチョウを宣伝広報に雇った」

一九七三年の香港には英語日刊新聞四紙と中国語新聞百一紙があり、一二五万の読者を求めてみんなが発行部数を競っていた。この熾烈な環境から生まれたのが悪名高き〝モスキート・プレス〟、つまりチクリと人を刺す〝とげの報道〟を売りにする煽情的なスキャンダル報道媒体だ。事実隠しの発覚――香港一の有名スターがじつは魅力的な女優のアパートで死んでいた――に、蚊《モスキート》たちは群がった。ザ・チャイナ・メールは〝李の死について嘘をついているのは誰か〟との見出しを掲げ、〝既報と異なり、映画スターのブルース・リーは最期の数時間を自宅ではなく、美しい女優ベティ・ティンペイのアパートで過ごした〟と書いた。ザ・

チャイナ・スター（華星報）は〝ブルース・リー・ショック〟との大見出しを第一面に掲げている。

　思いのほか早くタッチアウトになったレイモンド・チョウは新聞社からの電話を取らずに再編成を試みた。ベティはアパートでひとりメディアと向き合うはめになった。そして最初の嘘に嘘を重ねる愚かな過ちを犯した。「彼が亡くなった金曜の夜、私は自宅にいなかった――母親と出かけていて」彼女は記者たちに主張した。「彼と最後に会ったのは何カ月か前です。それも、通りでばったり出くわしただけ」ブルースの兄のピーターは彼女の話を支持し、ザ・チャイナ・メールの主張を〝幻想〟と一蹴した。

　反論のために複数のタブロイド紙がベティの隣人に取材し、ブルースが何カ月も前から毎週のように彼女の部屋を訪れていたことを確認した。ザ・チャイナ・スターは〝ベティ・ティンペイのかぐわしい部屋《チェンバー》がドラゴンを殺す〟と、二重の意味を持つ見出しを掲げた。〝チェンバー〟は寝室をほのめかしている。

　手厳しい論調の報道が何日か続いたあと、レイモンドはリンダ、ベティと連携して新しい辻褄合わせに出た。事実の再発表時には否定できない事実を認めて、新聞に証明できないことを否定するのが通例だ。ゴールデン・ハーベストが近日公開の『燃えよドラゴン』に投じてきた大きな投資はもちろん、リンダと子どもたちのために夫であり父親であるブルースの世間体も守る必要がある。彼らはブルースとベティの恋愛関係を否定した。ベティとレイモンドを法的な危険から守るため、ブルースはクイーン・エリザベス病院で死亡したと主張した。そのためには新たな時系列図をでっち上げる必要があった。ブルースとベティがふたりきりだった点を認めてはならない。第三者が必要だ。

　リンダは以下のように説明し直している。「一九七三年七月二十日の正午ごろ、私は女友達と昼食を取るため、九龍《カウロン》の自宅から出かける準備をしていました。ブルースは書斎にいた。その日の午後、『死亡遊戯』の脚本を検討するためにレイモンド・チョウがやってきて、たぶんそのあとジョージ・レーゼンビーと食事をするとのことでした。私が出かけたとき、ブルースはふだんどおり仕事に精を出していた。夫と言葉を交わしたのはそれが最後です」

レイモンドは午後三時にブルース宅に着いたと主張した。レイモンドは共同事業主であって共同脚本家ではなかったが、彼は次のように説明した。自分たちは五時まで『死亡遊戯』の脚本に取り組んだあとベティ・ティンペイに映画のヒロイン役を打診するため、車で彼女のアパートを訪ねた。仕事のために会ったのであり、それ以外の何物でもない。ベティとブルースは単なる友人だ。

午後七時、ブルースが頭痛を訴えた。痛みがひどくなったため、七時半にベティがアスピリン三二五グラムとメプロバメート二〇〇グラムから成る精神安定剤を提供した——軽度の筋弛緩剤でもある。ブルースはベティの寝室で横になり、レイモンドは車でレーゼンビーを迎えにいった。

レイモンドから何度か電話でブルースの様子を訊かれたあと、ベティは彼が目を覚まさないことに気がついた。レイモンドは急いで彼女のアパートへ引き返した。部屋に着いたとき、ブルースは熟睡しているようだった。レイモンドも起こしてみたが、ブルースは目を覚まさない。ベティは友人を診てもらおうと、〝かかりつけ医〟のユージーン・チュー（朱博懐）医師に電話をかけてアパートへ来てもらった。ブルースを診た朱医師が救急車を呼び、クイーン・エリザベス病院へ運ぶよう救急隊員に指示した。ブルースの死が正式に宣告されたのは午後十一時半だった。

ブルース・リーの死に関するこの新しい説明は三十年間持ちこたえる。

ブルースの兄のピーターが七月二十三日午後二時半、クイーン・エリザベス病院の霊安室で遺体を弟のものと確認した。リンダの強い要望と警察捜査の必要に鑑み、遺体の身元確認後にR・R・ライセット医師の手で全身解剖が行われた。〝遺体は鍛え上げられた三十歳くらいの中国人男性のもので、身長は一七二センチ〟と、ライセット医師の報告は述べている。彼の検査で不正行為の証拠は見つからなかった。〝頭皮に傷跡はなく、頭蓋骨にも新しいもの、古いものを問わず、骨折や損傷があった証拠はない。新しいもの、古いものを問わず、注射痕もない〟とある。脳の血管と同じく心臓も正常だった。ブルースの死因は心臓発作や脳動脈瘤破裂ではない。ライセット医師が見つけた唯一の異常は、肺と腸と腎臓の鬱血《うっけつ》、そして脳浮腫、つまり脳の腫れだった。〝脳を覆う硬膜の下に大きな緊張が見られた。脳の重さは一五七五グラム。通常の脳の重さは一四〇〇グラム以下〟とある。

ライセットは以下のように結論した。〝直接の死因は脳の鬱血および浮腫（つまり過剰な液体貯留）。肺その他の器官に鬱血が見られるのは、脳浮腫でまず呼吸機能が停止し、いっぽう心臓は体の血管に血液を送りつづけ、酸素の欠乏によって器官が拡張したことを強く示唆している。この浮腫が最終的に脳中枢の不全を引き起こし、心臓を停止させた〟

ライセット医師は急性脳浮腫（脳の腫れ）が死因と確信していたが、何が浮腫を招いたかは謎だった。〝検視結果は脳浮腫の原因について決定的な証拠を提供できない〟と、検視報告の最終行はさらなる調査の必要を示唆している。〝浮腫が薬物中毒の結果生じたものである可能性は否定できない〟

ライセット医師はブルースの胃にあったふたつの残留品からこの結論を導いた。エクアジェシック錠の残留物と大麻《ハシシ》の小さな痕跡だ。大麻が原因ではないかと疑ったライセットは五月十日にブルースの命を救ったふたりの医師、ドナルド・ランフォードとピーター・ウー（鄔顯庭）に会った。ランフォードとウーはすでに、五月に昏倒した原因は大麻と確信していた。七月二十日の死因もそれが最有力だ。彼らはそうライセット医師に主張した。〝死因の第一候補は大麻中毒と考える〟と、ライセットはある手紙に書いている。〝薬物に対する特異体質か、かなりの過剰摂取によるものではないか〟と。

ライセット医師がブルースの胃に大麻を発見するとほぼ同時に、医師の事務所の誰かがそれを新聞に漏らした。意外なことに、七三年に阿片《アヘン》一七三八キロ、モルヒネ三九〇九キロ、ヘロイン五〇キロの押収記録が残っている香港で、大麻はまだ警察と新聞と一般大衆から、大悪と見なされていた——子どもを親に刃向かわせる欧米ヒッピーの有害薬物だ。ブルース・リーは死ぬ前にマリファナを使用していたとタブロイド紙が書き立てた。この話には醜聞の理想的な要素が詰まっていた——セックス、麻薬、嘘、死。「香港の新聞は文字どおり狂喜した」と、リンダは回想している。

　ブルースとベティの午後の密会は薬物を燃料にした性の狂宴に書き換えられた。漏らされたマリファナの話に端を発し、新聞は違法薬物を次々と積み重ねて、彼を身体鍛錬《フィットネス》マニアから麻薬常習者に変えた。タブロイド紙は信じやすい読者に、香港版スパニッシュ・フライの〝707〟——バイアグラ以前の精力剤とされる——の過剰摂取が死因と報じた。さらに、LSDからヘロイン、コカインまで数多くの薬物とブルースを結びつけた。ジ・オリエンタル・デイリー紙は七月二十五日、ブルースの死の床から〝ストロー一本と粉の詰まった小さな紙袋数個が発見されたのが、小紙の取材で明らかになった〟と書いた。

〝ふしだらな女〟ベティを皮切りに、新聞は売り出し中の若手女優を次々並べ立てて、ブルースを大英雄《スーパーヒーロー》から超《スーパー》好色男に変えた。「ベティ・ティンペイだけでなく〝ほかの愛人たち〟もずらりと並べて記事に彩りを添えようとした」と、アンドレ・モーガンは言う。「彼らは過去のあらゆる資料を掘り返し、有名女性とポーズを取っている写真を手に入れることから手をつけた。別々の女性に腕を回して微笑んでいる写真が五ページにわたり掲載された。話の広がりはとどまるところを知らず、死因は薬物の過剰摂取とか過剰なセックスとか、勃起したまま死んだとか、若いごろつき連中にめった切りにされたとか書かれた。使用人に毒を盛られたという記事まであった。本当は死んでいないという記事もひとつあった」

　ブルース・リーを崇拝する多くの人は、彼のような若く溌溂《はつらつ》とした男性の死を受け入れることができなかった。マレーシアのペナン島の人たちは彼の死を伝える報道を『死亡遊戯』宣伝用のたちの悪いデマだと信じている、とザ・チャイナ・メールは報じた。〝ファンは白熱の議論に突入し、賭けまで始まっている〟

ブルースは現実の自分とスクリーン上の人格《ペルソナ》を隔てる線をあいまいにしてきたため、ファンの多くは彼の死を映画と重ね合わせようとした。〝リーの死には日本の武道家が関与しているのではないか、と考える人たちもいた。伝統的な日中ライバル関係に加え、リーはとりわけ日本の空手と柔道に悪意の言葉を投げつけてきた〟と、初めてブルース・リー伝を書いたアレックス・ベン・ブロックは述べている。〝日本には昔から忍者と呼ばれる暗殺者がいる。彼らは薬の調合に長け、さまざまな毒薬の準備に精通している〟

忍者の仕業でなければ、ブルースに嫉妬したカンフーの達人の仕業かもしれない。特殊なツボを突くことで数年後に死をもたらす魔法のような技術――広東語で言う点脈《ディムマク》〔点穴〕――を習得した武術者に暗殺されたのではないか。〝ケイ・ワー・リーというマレーシア人は数年後に相手を死に至らせる古代の技術体系の習得に半生を捧げた〟と、ブロックは書いている。〝道を歩いていて手を触れただけで、一年後に（あるいは好みの年数後に）死に至らせることができるのだ〟

こういうカンフー映画的な幻想で読者を楽しませる新聞があるいっぽう、醜聞系の新聞・雑誌は性的陰謀説を好んだ。〝最近、台湾でタクシーに乗ったら、リーの死因に話が及んだ〟と、ブルース二冊目の伝記（一九七五年刊）の著者ドン・アティエオは書いている。〝「ああ、知ってるよ」タクシー運転手はわけ知り顔で言った。「セックスのやりすぎだ」このひと言が一般的な東洋人の感情を端的に表している〟

ブルースが勃起したまま死んだという噂が広く行き渡った結果、タブロイド紙の記者が賄賂を使って霊安室に入りこみ、遺体の写真をカメラに収めようとした。「遺体安置所の遺体整復師に一五〇〇香港ドル払って、リーの遺体を撮らせてもらった」タブロイド紙カム・ヤー・パオ（今夜報）の創立者パトリック・ワン（王世瑜）は語っている。「顔を撮ったあと、もっと下を撮ろうとした。女性の整復師は私を押しのけ、遺体安置所から引きずり出した。クビにする気かと言って」

九龍葬儀場の祭壇。1973年7月25日（デイビッド・タッドマン）

王世瑜は持続勃起症の証拠をつかめなかったが、彼が撮ったブルースの顔は膨れ上がっていた。香港で行われた葬儀の映像で棺のガラスの下に膨れてゆがんだ顔が見えたとき、新たな陰謀説が持ち上がった。あの顔こそブルースが毒殺された証拠だ！　アンドレ・モーガンによれば原因はもっと単純だった。顔が膨れていたのは、死体の防腐処理が未熟だったためだ。「埋葬地の値が張る香港では、ほとんどの遺体は火葬に付される」と、モーガンは言う。「死体の防腐処理がおそろしく下手だったというのが真実だ」

香港の葬儀が終わったあと、リンダ・リーはシアトルでの埋葬へ向かう出発前に、香港国際空港から公式声明を出した。ブルースの死についてあれこれ憶測を飛ばさないでほしいと、彼女は新聞と一般大衆に懇願した。「最終的な解剖報告はまだ手元に来ていませんが、私は自然死以外の状況をいっさい疑っていません。運命は私たちの手では変えられない。大事なのは、ブルースはこの世を去り、もう帰ってこないことです」ゴールデン・ハーベストの担当者も社を代表し、「偉大なスターが亡くなったいま、彼を英雄として死なせてあげたいというのが映画界のほとんどの人の願いです。たとえ一片の真実があったとしても、さまざまな報道が彼のイメージを傷つけることには疑いの余地がない。それは数えきれないブルース・リー・ファンの心を引き裂くことになるでしょう」と、自制を求めた。

悲嘆に暮れる香港のファンはリンダが遺体をシアトルへ運ぶことに憤った。「反対と怒りと疑いの声が数多くあった」と、モーガンが言う。「犯罪行為があったのではないか、全部でっち上げなのではないか、彼は誘拐されたのではないかと」こういう疑念を和らげようと、ゴールデン・ハーベストはカメラマンを送り出し、シアトルで行われたブルースの葬儀を撮影させたが、それによってさらに状況は悪化した。

法律にのっとって香港からアメリカへ遺体を移送するためには、白絹の内装をほどこし防護ガラスで遺体を囲った棺を鉛張りの輸送コンテナに封印して輸送用の木箱に納める必要があった。シアトルで木箱が開かれたとき、輸送中に棺と鉛張りのコンテナがこすれたらしく、棺の外側が大きく傷ついていた。棺を開けると、白絹の内装がブルースのスーツで青く汚れていた。「ボーイング747の貨物区画は加圧されていない」アンドレ・モーガンが説明する。「出発前、防護ガラスによって棺の中に気温三一度、湿度九八パーセントという香港の空気が封印されていた。高度一万メートル超で747が水平飛行に入ったとき、ガラス上で空気が凝結して滴りはじめた。棺の中はちょっとした暴風雨状態だった」モーガンは新しい棺が必要と判断し、入手可能な棺のなかで元の棺にいちばん近いものを購入した。「茶色がわずかに濃く、内装は襞《ひだ》つきのベルベット生地だった」

　香港のめざとい視聴者は棺がちがうことに気づき、遺体を入れ替えたのだとゴールデン・ハーベストを糾弾した。「簡単に説明できる話だったのに、収拾がつかなくなってしまった」と、モーガンは言う。状況を明確にしようとするほど多くの憶測が生まれた。傷やしみのついた棺はブルースの魂が安らかに眠っていないしるしと受け止められた。たちまちみんなが悪い前兆を探しはじめた。風水の問題を指摘する者もいた。七月十八日に香港を襲った台風で、かつてブルースが屋根に設置した風水の反射体——八角形の小さな木のフレーム——が取れ、それを設置し直す前に彼は亡くなった。祟りと信じる者もいた。李小龍は中国語で〝九匹の龍の池〟を意味する九龍塘《カウロントン》地区に住居を構えた時点で霊獣たちの怒りと敵愾心《てきがいしん》を招き、彼らに打ち倒されたのだと。

　熱に浮かされたようなこの手の憶測は逐一、現実世界に影響をもたらした。新聞はベティ・ティンペイをしつこく追い回した。「みんなに死ねと言われている気がして」彼女はザ・チャイナ・スターに嘆いている。「こんな状況が続いたら、生きる気力も失せてきます。ブルースが死んだのよ。なぜそっとしておいてくれないの？」慈悲の訴えでは否定的な記事の猛襲を止められないとわかると、新聞が誹謗中傷を続けるなら法に訴えると彼女は脅した。それを受けて某タブロイド紙が新たに発覚した事実一覧の上に〝ベティ・ティンペイ本誌を訴える！〟との見出しを掲げるに至って、二十六歳の女優はアパートに閉じこもった。親しい友人のひとりは、「彼女は毎日ただテレビを見ているだけ」と漏らした。

毒性を帯びた報道と沸騰する疑念は、やがて恐ろしい状況へと急転する。マレーシアの首都クアラルンプールで学生たちがデモを起こし、〝ブルースを殺したのはベティ〟とのプラカードを掲げた。彼女は命を狙われているとの噂が香港に広がりだした。八月上旬には爆弾を仕掛けたという予告電話が警察に入った。公共の広場に怪しげな茶色い紙包みが発見され、中国語で〝ベティ・ティンペイはブルース・リーの死因を知っている〟と書かれていた。結局、ゴミを詰めこんだいたずらと判明したが、その後の二、三週間で街のあちこちに〝ブルース・リーの復讐〟などという文言を付けた偽爆弾が三つ置かれた。

植民地政府は著名人のスキャンダルに知らぬ顔をすることもできたが、爆破予告となると放置できない。六七年に左翼過激派の暴動でイギリスの香港統治が脅威にさらされた記憶がまだ新しかった。暴動に火をつけたのは小さな労働争議だった。イギリス排除と中国本土への復帰を願う親共産主義の過激派が数多くのおとり《デコイ》に本物の爆弾を交ぜて香港各地に仕掛け、最終的にその数は八千を超えた。親イギリスの政治家とジャーナリストと警察官が殺害され、罪のない市民が大勢犠牲になった。

ブルース・リーの死因について、このままでは大騒動に発展しかねないと懸念を募らせた植民地政府は、手を打たざるを得ないと判断し、本格的な調査を指図した。

25

死因審問

　ブルース・リーが亡くなった原因を調査する法的な仕組みは死因審問だった。審理にはひとりの判事と三人の陪審が携わる。ロンドンでジミ・ヘンドリックスが亡くなったときのような世間の耳目《じもく》を集める事例を除けば、めったに行われることはないが、公の目的は将来的な訴訟手続きに備えて、死亡の性質——自殺か、殺人か、事故か、事件や事故以外の原因か——を分類することにあった。たとえば、殺人か否かの判定は刑事裁判の必要条件で、自殺との裁定が下れば、生命保険会社は保険金を支払わずにすむ。

　政府の目標はブルース・リーがなぜどのように死んだかを説明することではなく、ひとつの説明を提供することだ——受け入れが可能で、能《あた》うかぎりスキャンダラスでない、一般市民の気持ちを鎮められるような説明を。香港は植民地であり、民主社会ではない。イギリス当局にとって中国人のカンフー俳優が死んだ理由は問題の主眼ではない。動揺を鎮め、統制を維持するのが第一義だ。その目的を果たすには、一見徹底的な調査と思えるものを開示しつつ、その結果を裏で操る必要があった。報道機関には他言無用と、公務員の各部門に通達が出された。

一九七三年九月三日、この操作された法廷ドラマの出演俳優がそれぞれに弁護士をともない、それぞれの秘密を胸に出廷した。審問担当の治安判事エルバート・タン（董梓光）と検察官のジョゼフ・ダフィは、公平かつ透明性のある手続きという上辺を飾りたい政府の利益を代表していた。レイモンド・チョウ（鄒文懐）とベティ・ティンペイ（丁珮）、そして彼らの個人弁護士たちは、ブルースとベティの関係は純粋に職業上のものというフィクションを維持すると同時に、自分たちに向けられる非難をそらしたい。審問の結果が利害に直結する保険会社という別陣営が存在したため、リンダと彼女の弁護士はブルースが長期的に大麻を使用していた疑惑を否定する必要があった。

ブルースは死の直前、大きな保険にふたつ加入していた。七三年二月一日にはＡＩＡで二〇万米ドル、同年四月三十日にはロンドンのロイズで一三五万米ドルの保険をかけた。保険会社は加入三十年の保険であっても支払いを嫌う。加入からわずか三カ月となればなおさらだ。ＡＩＡはブルースが申請時に嘘をついていたと証明することで契約を無効にしようと、社の弁護士デイビッド・ヤップを送りこんだ。加入時の質問事項に〝違法な薬物を使用したことはありますか？〟というのがあった。二月一日、ブルースは〝いいえ〟と答えている。ＡＩＡの弁護士が契約を無効にするには、ブルースが七三年二月一日以前に大麻を使用していたことを証明しなければならない。リンダが保険金を確保するにはそれを否定する必要があった。

ベティ・ティンペイ、レイモンド・チョウ、リンダ・リーの三人が荃灣《ツェンワン》裁判法院に到着した午前九時、現場はＯ・Ｊ・シンプソン裁判に劣らず混沌としていた。警察のバリケードに足止めされた百人以上の記者と数千人の騒がしいファンが彼らを出迎えた。駐車場と周囲を走る四本の道路は交通が遮断され、裁判所への入口は警察の手で厳重に管理されていた。警察官が証言者に付き添って群衆の間を通り抜けていく。

二〇〇人収容の傍聴席には立ち入りを許された報道

関係者と一般人がぎっしり詰めこまれていた。午前十時二十分、評決を下す三人の陪審――ファン・キー・ウェイ、ロバート・フレデリック・ジョーンズ、カン・ユエト・ワン・ラモン――の宣誓で審問が始まった。薫《タン》治安判事から審問について陪審に説明があった。「当審問の目標は関係当事者の宣誓証言を検討することにより、アメリカ合衆国市民ブルース・リーがどのように亡くなったかを究明することにあります。今回の判定は今後の法的行為（訴訟）の根拠として効力を有する」五月十日にブルースが昏倒した一件が七月二十日の死亡につながった可能性が高いと考えられたため、法廷は五月にブルースを治療した医師たちを招集する、と判事は述べた。そのあと判事はブルースの死の性質について、可能性を謀殺、故殺、合法的殺人、自殺、自然死、不慮の死または事故死、不明の七つのカテゴリーに絞り、陪審にはそこから選択してもらうことになると通知した。

　最初に証言台に立ったのはブルースの兄ピーター・リー（李忠琛）だった。「最後に弟を見たのは、一九七三年四月に私の家へ来たときです」とピーターは述べ、ブルースの麻薬常用や自殺の可能性を除外しようとするかのように、「そのときはごくふつうに振る舞っていました」と付け加えた。

　保険会社を代表するデイビッド・ヤップだけがピーターに質問した。「弟さんに大麻の習慣があったことを、あなたはご存じですか？」

「私の知るかぎり、それはなかった」と、ピーターは断言した。

　ふたり目の証言者レイモンド・チョウは、事の経緯についてゴールデン・ハーベストが発表した改訂版をかたくなに主張した。午後三時にブルースの自宅へ行って、二時間くらい脚本の相談をし、そのあとふたりで午後五時にベティ・ティンペイのアパートへ行き、『死亡遊戯』への出演打診と相談に二時間半ほど費やした。七時半にブルースが頭痛を訴え、ベティがエクアジェシックの錠剤をひとつ与えた。ブルースは気分がすぐれず、横になりたいと言った。レイモンドはひとりでジョージ・レーゼンビーとの夕食に向かった。ベティと何度か電話をやり取りしたレイモンドが彼女のアパートへ戻ったとき、ブルースは熟睡しているようだった。「私とティンペイさんで揺すぶったが、彼は目を覚まさなかった」と、レイモンドは証言した。彼らはベティの〝かかりつけ医〟であるユージーン・チュー(朱博懐)に電話をかけた。朱医師もブルースの意識を取り戻すことができず、救急車を呼んでクイーン・エリザベス病院に搬送し、そこで午後十一時半に死亡が宣告された。「彼とはほとんど毎日顔を合わせていた。ふだんと変わった様子はまったくなかった。ふさぎこんでもいなかった。家庭内に問題があったとも思えません」と、レイモンドは陳述を締めくくった。

昼休みを挟んで、香港一有名な愛人が証言台に立った。傍聴人が指を差したりささやき声で話したりし、張り詰めていた法廷の空気がいっそう緊迫した。とぎれとぎれのたどたどしい声ながら、ベティ・ティンペイの宣誓証言はレイモンドの証言を支持した。ブルースと会ったのは純粋に仕事のためで、同じ業界の知り合いに過ぎないという作り話を彼女は貫いた。「一九七三年七月二十日以前でブルース・リーを見たのは、一カ月くらい前のことです」ブルースは彼女のアパートに足しげく通っていたと隣人たちが新聞に語っていたにもかかわらず、彼女はそう主張した。

次に証言台に上がったのは、ベティのアパートでブルースを診た朱医師だった。彼は保険会社の弁護士から質問を受けた。「あなたがブルース・リーを見たとき、故人がどういう状況だったか、誰かから説明を受けましたか?」と、デイビッド・ヤップは尋ねた。

「頭痛がひどくなり、頭痛を緩和する錠剤をもらって服用したとのことでした。それから横になったそうです。その後、彼を起こそうとしたが、目覚めさせることができなかった」

「ブルース・リーに与えられたのがどんな錠剤かは確認しましたか?」

「錫箔《すずはく》の容器に〈エクアジェシック〉と記されていた。鎮痛効果がある軽い精神安定剤です。アスピリンより強い。この薬に対する過敏症でもないかぎり、錠剤一個で影響が出ることはまずありません」

ブルースの死についてこの何週間かとっぴな憶測が飛び交っていたが、死因の可能性としてエクアジェシックへの過敏症が示唆されたのはこれが初めてだった。後日、この仮説は審問で熱を帯びる。

二日目、裁判所を取り巻く報道陣と野次馬の数はさらに膨らんだ。審問の状況が香港の新聞とタブロイド紙の第一面、テレビのトップニュースを飾っていた。マスコミがいまのうちに可能なかぎりの報道を絞り取ろうと考えているのは明らかだった。

この日最初の証人は救急隊員のうち年長者の彭徳生《パンタクサン》だった。彼の救急車は午後十時半、「人が倒れた」との連絡を受けた。後輩救急隊員と運転手の三人でアパートの二階へ上がった。中に入ると、「部屋には男性が三人と女性がひとり、患者がひとりいた。男性のひとりはかなり若かった」と、彭は主張した。

彼の証言に報道陣からざわめきが漏れた。ここまで、あの夜アパートの部屋にいたと報じられたのは患者（ブルース・リー）と女性（ベティ・ティンペイ）と年配の男性ふたり（レイモンド・チョウと朱博懐医師）だけだった。もうひとりの男は誰なのか？　救急隊員がはっきり覚えているという若い男性は審問の最後までわき筋でありつづける。レイモンド・チョウと朱博懐医師はその後、宣誓のうえで別の男がいたことを否定している。救急隊員の記憶違いか、レイモンド・チョウと朱博懐が嘘をついているのか？　陰謀説には持ってこいの話だ。

この爆弾を落としたあと、救急隊員はブルース・リーに関する説明でふたたび人々を驚かせた。「最初見たとき、患者はシャツを着ていましたが、色は覚えていません。ヨーロッパ風のズボンも穿《は》いていた。シャツのボタンははまっていたが、首元まではまっていたかは覚えていない。きちんと服を着ていました」

この話にリンダ・リーの弁護士Ｔ・Ｓ・ローが飛びついた。「現場に着いたとき、患者はきちんと服を着ていたのですね？」

「はい」

「ぐっすり眠っていて、苦しんでいる様子はなかったのですね？」と、ローは尋ねた。
「そのとおりです」
「靴は履いていましたか？」
「上げ底のブーツを履いていました」
ブルースがきちんと服を着ていたという新聞報道で、植民地香港にもうひとつの陰謀説がさざ波のように広がった。これは現場が仕組まれていた証拠だ。ブルースはどこか別の場所で死に、ベティのベッドに移されたにちがいない。身元不明の若い男がブルースを運んできたのではないか。

ふたり目の証人はクイーン・エリザベス病院でブルースを最初に診た、救急病棟の會廣照《チャンクォンチャウ》医師だった。「心拍も呼吸もなく、両目とも瞳孔が散大し、光を当てても縮瞳しなかった」と、彼は証言した。「臨床上の根拠に基づいて判断するなら、患者は亡くなっていたと思います」と語ったにもかかわらず、會は救急病棟の上階へブルースを運び上げる前に五分から十分、蘇生を試みている。

會に続き、救急病棟の鄭寶志《チェンボーチー》医師が証言台に立った。「検査に続く観察では、脈拍も呼吸も見られなかった。その時点で、死亡していると思いました。たとえ死んでいると思われても最後まで蘇生の努力をするのが病棟の手続きです」と、鄭は証言した。彼はブルースの心臓にアドレナリン注射を打った。反応はなかった。午後十一時半、ブルース・リーの死亡が確定した。

この状況は、ボールやお手玉などを次々別の人に投げ渡していく〝ホットポテト〟というゲームの残虐版を思わせた。ブルースはベティのアパートの朱博懐から救急車、クイーン・エリザベス病院の救急病棟へと投げ渡され、最後に全員が香港一有名な男の死亡を正式に認めた。

昼休みを挟んで、あの夜ベティのアパートへ行った警察の鑑識員と刑事が、犯罪が行われた証拠は何ひとつなかったと宣誓証言した。「格闘や争いの痕跡はひとつもなかった」と、鑑識員は言った。「アパートに自明の毒物は発見されていません。故人が身体に暴力を受けて殺された証拠はどこにもなかった」

次回公判は二週間後ろ倒しして九月十七日に行うと、

判事から発表があった。延期の理由は明らかにしなかったが、その理由は審問手続きに多大な影響を与えることになる。

二週間延期されたにもかかわらず、裁判への関心は依然として高かった。九月十七日の朝六時には荃灣《ツェンワン》裁判法院に記者と野次馬が列を作りはじめ、開廷の十時までその数を増やしていった。群衆の関心は愛人ベティ・ティンペイと妻リンダ・リーが同じ日に行う宣誓証言にあった。

若い未亡人にとっては落とし穴の多い緊迫の瞬間だ。リンダが生命保険金を受け取るためには、宣誓のうえで、AIAの保険に加入申請した一九七三年二月一日以前にブルースが大麻を使用していたことを否定しなければならない。そのうえで大麻が死因ではないと主張したい。保険会社の弁護士にとっては、ブルースが申請時に嘘をついていたことを証明するのが目標だった。それが果たせなければ、死を招いたのは大麻であることを立証したい。ブルースが違法薬物を摂取して死んだのであれば、この先の訴訟で支払い停止を勝ち取ることができる。

二週間の休廷中にリンダはT・S・ロー弁護士を解雇し、ゴールデン・ハーベストの代理人でもあった好戦的な若い弁護士、ブライアン・ティズダルを後任に据えた。ブルースがかつてザ・チャイナ・スター紙を名誉棄損で訴えたときに雇った弁護士でもあった。

検察官のジョゼフ・ダフィから五月十日にブルースが昏倒したときと大麻の使用について質問されたとき、リンダはこう答えた。「夫はランフォード先生とピーター・ウー先生の治療を受けました。夫があの日大麻を摂取したことをウー先生に話したときも、私はその場にいました。でも、アメリカで神経科医デイビッド・ライスボード先生の検査を受けたとき、少量の大麻の摂取に害はなく、彼が倒れたこととは関係ないと先生はおっしゃいました」

リンダはさらに、ブルースが医者から処方されていた薬は二種類だけと証言した。ライスボードに処方された抗痙攣《けいれん》薬のダイランチンと、オピオイドとアスピリンを成分とする鎮痛薬のプロポキシフェンだ。「プロポキシフェンは腰の具合が良くないときに使っていました。服用で悪い影響が出たことはありません。五月に倒れたときから死ぬまでのあいだ、以前より疲れていたことを除けば健康状態は良好だったと思います。五月に倒れたのは、働きすぎて消耗していたためと夫は考えていました」

リンダは宣誓証言の最後に証拠として、ライスボード医師からの手紙を提出した。ライスボードは彼女の要請を受けて解剖結果に目を通していた。彼は以下のように結論している。〝死因は明らかにできない。患者の胃に見つかったカンナビノイドの痕跡が死を招いた可能性はきわめて小さい。これまでに、マリファナが原因で人が死亡したという信頼できる筋からの報告は一度も行われていない〟

保険会社の弁護士デイビッド・ヤップはブルースが保険契約を申し込んだ一九七三年二月一日以前に大麻を使用していたことを、リンダに認めさせようとした。「香港に引っ越してきたのは一九七二年の二月でしたね？」

「はい」

「一九七二年二月に香港へ来る以前、故人が時折大麻を摂取していたことをご存じだったのでは？」

リンダの代理人ブライアン・ティズダルがすかさず立ち上がった。「異議あり！　誘導尋問です」

保険会社の弁護士はくるりとティズダルに顔を向けた。「証人への質問をじゃまするのはやめていただきたい」

弁護士ふたりが口論を続け、最後に董梓光判事が割って入った。「この一連の質問は許可しますが、誤解を招く恐れのある質問に答えを拒否するのは証人の自由です。お答えになりますか、ミセス・リー？」

彼女はひとつうなずき、「知りませんでした」と明言した。

「彼がときどき大麻を摂取していたことを知ったのは、香港に来てからですか？」と、保険会社の弁護士は質《ただ》した。

「はい」

「大麻の使用を知ったのはどの時点でしょう？」

ふたたびティズダルが一連の質問に異議を唱え、弁護士ふたりがまた激論を戦わせたところで、判事が判断を述べた。「証人には自分に不利益をもたらす可能性がある質問に答えない権利がありますが、いまの質問はそういう性質のものではないので、正直に答えてください」

「一九七三年の三月か四月です」リンダは保険契約を申し込んだ直後の月を選んだ。「そのころ、彼がときどき大麻を摂取していることを初めて知りました。もっとはっきり言えば、大麻を始めたと聞かされたのもそのときでした」

リンダの宣誓証言が終わると同時に記者たちは夕刊の記事を提出するため、裁判所から大急ぎで駆け出した。ザ・チャイナ・メール紙は第一面に〝ブルース大麻を摂取――リンダ〟との見出しを高らかに掲げた。

レイモンド・チョウが再度証言台に呼ばれた。最初に質問した弁護士はブライアン・ティズダルだった。表向きはリンダの代理人だが、その実態はゴールデン・ハーベストの代弁者だ。レイモンド・チョウがティズダルを弁護士に雇ってはどうかと提案したのは炯眼《けいがん》だった。こうすれば、ふたりの男の結託を疑われずに、法廷と世間一般に別の仮説を提供できる。

「ブルースの映画はどれもおびただしい身体活動と格闘で構成されていますが、その点には同意なさいますか？」ティズダルは下準備を整えるために質問した。

「はい」

「映画の制作中、リー氏が誤って打撃を受けることもあり、強烈なダメージを被ることもあったことにはお気づきでしたか？」

「ときどきありました」

「完成した最後の映画『燃えよドラゴン』の制作中にも、そんな打撃を受けていましたか？」ゴールデン・ハーベストが近日公開するブルース・リー主演の映画を宣伝しつつ、ティズダルは尋ねた。

「何度か」と、レイモンドは躊躇なく答えた。

「それはいつごろのことでしょう？」

「一九七三年の二月か三月です。少なくとも三度か四度はあった」と、レイモンドは答えた。「誤って別の俳優の拳を顔にもらったことも一度ありました。そのときのダメージは大きかった。私の部屋に戻って一時間くらい休み、ようやく仕事を再開できました」

「映画制作の仕事に携わってから、空手やいろんな格闘技についてはお聞き及びですね？」

「はい」

「ずっとあとまで影響がわからない打撃もあるという話を、お聞きになったことは？」

「あります」

つまり、これは予行演習ずみの巧妙な小芝居だった。ブルースの死後、マスコミは彼を麻薬中毒のセックス狂――中国版チャーリー・シーン――とこきおろし、武術の大英雄としてのイメージをひたすら傷つけてきた。この審問で大麻が死因ではないかと取り沙汰されたことで、世間はいっそう否定的な受け止め方を強めた。危険な格闘シーンの撮影中に脳が受けた損傷を可能性として提示することで、レイモンド・チョウは英雄的な死を演出しようとした。リンダは生命保険金を確保しなければならない。レイモンドは映画を売りこむ必要があった。

麻薬から注意をそらす戦略に保険会社の弁護士デイビッド・ヤップは乗らなかった。ティズダルが着席するや、彼はすぐ大麻の方向に質問を戻した。

「あなたの会社の活動にブルース・リーは重要な位置を占めていた。その点に異論はありませんか？」

「はい」

「彼の活動と身の安全に大きな関心をお持ちでしたか？」

「はい」

「一九七三年五月に彼が倒れたとき、あなたは原因を明らかにしたいとお考えになったのでは？」

「そのとおりです」

「倒れる以前、大麻摂取の話をお聞きになったことは？」

「ありません」

「ブルースが大麻を使用していることを初めて知ったのはいつでしょう？」

「一九七三年九月三日、この法廷です」と、レイモン

Widow says she was aware Li sometimes took cannabis

Bruce Li took very good care of his health and would not have been so foolish as to take cannabis more than "just occasionally."

This was stated by Mrs Linda Li at the resumed hearing of the inquest into the death of actor Bruce Li in Tsun Wan Court yesterday.

Earlier, she admitted before the Coroner Mr Elbert C. K. Tung, that she was aware of the fact that her husband took cannabis occasionally.

She said she learned about this when her husband collapsed in a film studio in May this year.

Mrs Li said during a conversation between a Dr Peter Wu and her husband, cannabis was mentioned and Li admitted he took a leaf of cannabis before he collapsed.

Dr Wu told Li it was harmful for him to take drugs.

Li subsequently went to the United States for a thorough examination and discussed the effects of cannabis with a neurologist who stated it was not harmful if it was taken in moderation.

The neurologist, Dr David Reisbord, felt that cannabis had nothing to do with Li's collapse.

Mrs Li noted that after the examination, her husband continued to take cannabis occasionally and there were no after effects.

Medical reports on Li by Dr Reisbord were submitted to Mr Tung by Crown Counsel Mr J. Duffy.

Mr Duffy said Dr Reisbord would not be coming to Hongkong to give evidence.

It was stated in Dr Reisbord's report that Li was given a prescription for a convulsive disorder which had to be taken three times a day.

MRS LI AND HER LAWYER, MR BRIAN TISDALL.

He took it regularly up to the day he died, said Mrs Li.

She denied that Li had ever had epilepsy.

"The word was never used and the subject was never raised by myself, Bruce Li nor Dr Reisbord," she said.

When asked by Mr Duffy whether Li had ever taken any form of drugs, Mrs Li said several years ago Li hurt his back in the United States and occasionally took a pain-killing drug.

She added that the pain-killing drug was prescribed in the United States and is known in Hongkong as "Doloxene." The drug caused no side effects.

She said her husband was in a good health up till May this year, although he did show signs of being tired.

When asked whether Li worried about his health, she replied that a doctor had once told Li that he was as fit as an 18-year-old boy.

When asked by Mr D. Yapp of Deacons, who is holding a watching brief for the American International Assurance Company, if she was aware Li took cannabis before he came to Hongkong in 1972, Linda's counsel, Mr Brian Tisdall of Johnston Stokes and Masters, immediately objected to the question on the grounds that it was irrelevant.

After a minute of heated argument between the two counsel, Mr Tung over-ruled Mr Tisdall's objection.

Mrs Li replied that she was not aware.

She agreed that she only learned about this after she came to Hongkong, but not soon after she arrived.

Mr Tung then reminded Mrs Li that she did not have to answer any questions that might tend to incriminate her.

She said it was between March or April that she became aware of the fact that Li was taking cannabis.

At the start of the hearing, Mrs Li told the court that on the day of Li's death she left the house alone at about 12.30 pm.

When she left Li appeared to be "fine and fit", Mrs Li said.

She said Li told her that he would be having a meeting with Mr Chow and would probably not be home for dinner.

Mr Raymond Chow, the head of the Golden Harvest film studio, caused a minor commotion in court when he denied in his testimony that he had ever spoken to the press about the place in which Li had died.

This immediately drew response from about 40 reporters covering the inquest.

"Within an hour or so after Li was certified dead, I gave a statement to the police stating all the facts. I can say that the statement I gave is what I said in court." Mr Chow said.

At an earlier hearing, Mr Chow had told the court that Li was found unconscious in actress Betty Ting-pei's house in Beacon Hill Road.

However, it was reported in all the newspapers and on television that Mr Chow had said Li died at his home in Cumberland Road.

Mr Tisdall explained that at the time there was a great deal of stress and the remarks were made with the permission of Mrs Li.

Earlier, Mr Chow admitted that he had told an ambulanceman escorting Li to Queen Elizabeth Hospital that Li had an attack that was something like epilepsy.

He said, however, that he could not remember whether he had mentioned it to a doctor at the casualty ward because of the confusion.

Mr Chow recalled that on May 10 while he was working in his office at the Golden Harvest studio, one of his employees rushed into his office and said Li had collapsed in the dubbing studio.

"Li had been working there the whole day, so I asked someone to call a doctor and I rushed into the studio.

"I saw Li was having difficulty in breathing, he was making a loud noise and was shaking," Mr Chow said.

"I called Dr Langford at the Baptist Hospital and he told me to rush Li to the Hospital immediately," Mr Chow said.

Mr Chow agreed with Mr Tisdall that in all the films Li made as an adult, they involved a great deal of fighting.

He noted that Li had received accidental blows during the shooting of the films.

During the last completed picture, "Enter the Dragon" Li had received accidental blows during the shooting session

死因審問でリンダが宣誓証言をしたあと、サウスチャイナ・モーニング・ポスト紙に掲載された記事。

1973年9月18日（スティーブン・ホン／サウスチャイナ・モーニング・ポスト 提供）

ドは真顔で言った。

レイモンド・チョウの協力拒否にいらだった保険会社の弁護士は（ブルース・リーを知る人間なら、彼がマリファナとハシシを摂取していることは誰でも知っていた）、レイモンドの証言の信頼性に攻撃をかけた。「あなたはこの審問で述べたのとまったくちがう場所で故人は倒れたと、公式声明を出しましたね？」ブルースは妻と自宅の庭を散歩中に倒れたという、ゴールデン・ハーベストが最初に出したプレスリリースにデイビッド・ヤップは言及した。

「その点について、私はなんの声明も行っていません」

この厚かましい嘘に、傍聴席にひしめく記者たちから大きな野次が飛んだ。レイモンド・チョウには一度欺《あざむ》かれている。二度目の試みは見過ごせない。大きな怒号が飛び交ったため、判事は静粛を求めたあとレイモンドに向き直り、同じ質問をした。「あなたは公式声明を出しましたか？」

レイモンドは治安判事の質問を注意深くかわした。

「故人の死が宣告されてから一時間くらいして、警察にあらゆる事実を話しました。話したのは、この法廷で行った証言と同じ内容です」

レイモンドのしたたかな芝居に続いて、朱博懐医師が証言台に立った。彼はベティのアパートから近い勤務先のバプテスト病院ではなく、クイーン・エリザベス病院（ＱＥＨ）へブルースを運ばせた理由について説明を試みた。「ＱＥＨに送り出したのは彼が死んだと思ったからではなく、ＱＥＨのほうが施設が整っていると判断したからです。ベッドのブルース・リーを見たときは脈拍も心拍も呼吸も停止していました」

この奇妙な主張はすぐさまリンダの弁護士ブライアン・ティズダルの手で生体解剖された。「脈拍も心拍も呼吸も停止していたのなら、ＱＥＨの進んだ施設に意味があるのですか？」

「望みがないように見えても、生き返らせる努力をするためにはＱＥＨのほうがいいと判断したのです」と、朱は主張した。

「生き返る見込みはあると思いましたか？」

「あまり」

朱医師の屈辱的な試練はこれで終わりを告げた。四十二年後に朱が亡くなったとき、サウスチャイナ・モーニング・ポスト紙の死亡記事には〝ブルース・リーが息を引き取った一九七三年七月二十日の夜について、朱博懐医師はその後いっさい口を開かなかった〟とあった。

朱医師が証言台を降りると、傍聴席に詰めこまれた群衆がざわつきはじめた。次は法廷に一日中待機していたベティ・ティンペイの予定だった。ここでジョゼフ・ダフィ検事が立ち上がり、「検事の立場から、ベティ・ティンペイさんにこれ以上法廷で証言をしていただく必要はないと判断します」と述べて、みんなを驚かせた。治安判事もこれに同意し、ベティは放免された。

一般傍聴人からは息を呑む音、記者からは不満の声が噴出した。ベティは花形証言者であり、大見出しのネタだ。この審問の信憑性を疑っていた人々にとって、これはさらなる証拠だった。ブルース・リーの死因を政府が本気で解明したいと思っているなら、なぜ生きている彼を最後に見た人間を呼び戻さないのか？　答えが必要な疑問と解消すべき矛盾が多々あった。ブルースとレイモンドは本当にふたりで彼女のアパートへ来たのか？　彼女のアパートにいるあいだにブルースは大麻を摂取したのか？　なぜもっと早く救急車を呼ばなかったのか？　救急隊員が到着したとき、なぜブルースはきちんと服を着ていたのか？　救急隊員が来る前に彼を運び入れた人間がいたのか？　なぜ朱博懐医師はバプテスト病院でなくクイーン・エリザベス病院へ彼を運ぶよう主張したのか？

検事と判事はこういった疑問を何ひとつ投げかけることなく、ベティ・ティンペイを退場させた。

翌日はひとりの証人の宣誓証言と質疑に一日がかけられた。証言台に立ったのは政府の法医学者・林《ラム》景《キン》良《リャン》医師だ。彼は解剖の検査結果一つひとつを六時間かけて詳細に洗い直した。同医師の報告によれば、ブルースがエクアジェシックを一錠と少量の大麻を摂取していたことは血液検査で証明された。どちらも過剰摂取が疑われる量ではない。ヒ素や青鉛《ビスマス》、アンチモン、鉛、アルコール、モルヒネ、スパニッシュ・フライなど既知の毒物や薬物が検出されないか、さらに検査を重ねたが、結果はすべて陰性だった。ブルースは薬物を過剰摂取しておらず、毒を盛られてもいない。

法医学者への審問の目標が一般大衆を退屈させて大人しくさせることだったとすれば、その戦略は当たった。一日の終わりを迎えるころには、荃灣《ツェンワン》裁判法院の空気はすっかり落ち着き、裁判所の外で待ち構える記者の数は激減していた。

ブルースの死をめぐる動揺を鎮めたい植民地政府に必要なのは、香港社会が受け入れることのできる説明だった。ひとつ問題があった。医療専門家の意見が割れていたことだ。香港を拠点とする三人――五月十日にブルースを治療したアメリカ人医師ドナルド・ランフォードと、同日ブルースの命を救った中国人神経科医ピーター・ウー、ニュージーランドの検視医R・R・ライセットは大麻の摂取がブルース・リーの死因と信じていた。これに対しアメリカでは、五月十日の昏倒後にブルースを検査したUCLAの神経科医デイビッド・ライスボードが大麻による死亡例は確認されていないことを的確に指摘していた。ライスボードは入手可能な証拠に基づき、死因は不明で、かつ不可知と判断した。

この状況を解決するため、政府は世界的に有名なロンドン在住の病理学者、ロバート・ドナルド・ティアー教授を呼び入れた。審問が二週間延期されたのは彼が多忙だったからだ。ティアーはロンドン大学の法医学教授で、ロンドン警視庁警察学校の客員講師も務めていた。脚光を浴びるのが好きで著名人の死亡事件に関わりたがるこの教授に、ブルース・リーの事例はおあつらえ向きだった。ジミ・ヘンドリックス（一九七〇年）や、ビートルズのマネジャーを務めたブライアン・エプスタイン（一九六七年）の検視解剖にも立ち会い、死因審問で宣誓証言した。香港の新聞と一般大衆には現実世界のシャーロック・ホームズと喧伝された。

ティアーは検視医の検査結果に目を通して証拠を精

査したあと、個人的にほかの専門証人を集めて忌憚のない意見交換を行った。「ティアー教授とウー医師、ライセット医師、私の四人はクイーン・エリザベス病院の上階に集まった」と、ランフォード医師が回顧する。「決して裁判の舞台稽古ではなく、ティアー教授にとっては私たちに警告する機会だったのです。私たちは法医学の世界的権威とは言えず、大麻で死亡する可能性を立証した研究はないのだから、現地医学界を苦境に陥れるような行動に出てはいけない。マリファナの化学成分は危険で、死をもたらす可能性もあるといった結論が香港のような世界の片隅で下されるべきでない、と。私たちは偽証を求められていたのではなく、世界が見ているぞと警告を受けたのです。あのときは証拠に手心を加えろという話かと思いましたが」

宣誓証言を読み証拠を見たティアー教授は死因について別の仮説を立てた。朱博懐医師の審問中にぽろりと口にされ、その後まったく持ち出されていなかったエクアジェシックへの過敏症説だ。ティアー教授は自分の説を支持するよう三人の医師に揺さぶりをかけた。ランフォードとピーター・ウーは動じなかったが、ニュージーランドの検視医には効果があった。

前日の法医学をめぐる退屈な審問の影響で、群衆の大半は姿を消していた。五日目朝の法廷は、それまでに比べ熱気と人数に欠けていた。この日最初の証言者はリンダ・リーだった。彼女は再度証言台に立ち、UCLAのアイラ・フランク医師がまとめた〝大麻の臨床研究〟という報告書を証拠として提出した。フランク医師もライスボードと同じ結論に達していた――大麻が死を招いた確認事例はなく、ブルース・リーの胃に見つかった微量の大麻は彼の死とは無関係である。

リンダに質問を投げたのは陪審のひとりだけだった。「ロサンゼルスの医師たちの報告を探し出したのは、保険のためですか？」

「いいえ」彼女は断言した。「夫が死んだ本当の理由を明らかにしたいからです」

次にランフォード医師が証言台に上がり、五月十日にブルース・リーが昏倒した原因としてためらいがちに大麻を挙げた。「あのときは、彼があのような状態に陥ったのは薬物の摂取が原因ではないかと思いましたが」と彼は言い、直後に断言を避けた。「薬物中毒の可能性もあれば、そうでない可能性もあるでしょう」

ランフォード医師が大麻が原因と断定しなかったのは、ティアー教授から警告を受けたこともあっただろう。だが、彼はブルース夫妻との友情にも影響されていた。彼の家はブルース邸の近所にあり、リンダと同じ広東語教室に通ってもいた。生命保険会社がブルースの保険を無効にしようとしていることを彼は知っていた。「あの保険金は子どもたちの養育に支払われてしかるべきだとリンダは思っていたし、彼女にかなり肩入れをしていた」と、後日ランフォード医師は説明している。

対照的に中国人のピーター・ウー医師はブルース家と個人的な付き合いがなく、イギリスの教授が力を及ぼそうとしたくらいで引き下がる気はなかった。死因として「脳浮腫と大麻中毒が疑われる」というのが彼の臨床診断だった。

リンダと代理人のブライアン・ティズダルはウー医師の大麻死因説を積極果敢に攻撃した。「あなた自身は大麻の経験がおありですか？」と、ティズダルは尋ねた。

「まったくありません」

「大麻がらみの症例を診たことは？」

「ありません」

「机上の知識からおっしゃっているのですか？　大麻にはそれ自体に人を殺す力があると？」

「あるかもしれません」

「どんな状況でのお話でしょう？」

「過剰摂取や、使用者にそれへの過敏症があった場合です」

「どんな情報や文献に基づいておっしゃっているのでしょう？」

「薬理学の教科書に載っている。私の知識は学生時代に読んだ教科書に負うところが大きい」ウーは一瞬ためらったあと、「大麻の専門家として語れる立場ではありませんが」と、一歩譲った。

ティズダルはそこでピーター・ウー医師への質問を打ち切った。保険会社の弁護士も含め、さらに追及しようとする代理人はいなかった。ウーの信頼性は打ち砕かれた。彼の主張は相手にされなくなった。

昼休みを挟んで、ニュージーランドの検視医R・R・ライセット医師が証言台に立った。彼は解剖報告の概略を説明した。外傷や針を刺した跡はどこにもない。唯一異常と認められたのは脳の膨張だ。「脳浮腫、つまり過剰な液体貯留が直接の死因です」と彼は結論した。浮腫を引き起こす自然な原因が見つからなかったため、大麻説も少し検討したという。「しかし、大麻が原因で死亡した事例がまったく確認されていないことを知った時点で、(リーの)死因は大麻中毒ではないとの結論に達しました」

可能性として大麻もほかの毒物も除外したR・R・ライセット医師は以下のように推論するしかなかった。「ブルース・リーはなんらかの過敏症で死亡したものと考えます。いちばん可能性が高いのはエクアジェシックの成分のひとつでしょう」ライセット医師はティアー教授の名前にも、自分がティアーの仮説を復唱していることにも言及しなかった。「一錠の服用でアスピリン過敏症を引き起こして死亡した事例は報告されてはいるものの、これはきわめてまれなケースです」

五月十日と七月二十日の昏倒にはつながりがあると思うと述べて、ライセットは宣誓証言を終えた。「五月の出来事は死にこそ至らなかったが、リー氏を七月に死亡させたのと同じ病状が原因だったと考えます」ブルースは五月十日に倒れる直前にもアスピリン含有鎮痛薬を服用していたのかもしれない、という仮説をライセット医師は立てた。

検視医ライセットの宣誓証言でエクアジェシック過敏説が強固に打ち立てられた。六日目、最終証言者のティアー教授にその強調が託された。ほかの専門家たちと同様、ティアー教授も自分の専門的資格から証言を始めた。「私は過去二十五年間、法医学を専門にしてきました。その間《かん》、およそ九万例の検視を行い、一万八千の審問で証言してきた」信じられない数字だが、香港の新聞は計算もせずに、事実として報じた。ティアーが主張する数字を達成するには一年三百六十五日、毎日七度の解剖を行い、一・五回審問で証言し、それを三十五年続ける必要があったのだが。

香港当局が求めていたのは一般大衆に手渡すことができる、受け入れ可能な説明であり、警戒や謙遜や自己不信とは無縁のティアー教授はその点で失望させなかった。七月二十日の脳浮腫による死亡は五月十日の昏倒と関係があるという検視医の主張に、ティアーは同意した。「今回はありふれた疾病でなかった」点にも同調した。そのあと彼は大上段に構え、大麻説を一刀両断した。「私は大麻アレルギーや大麻過敏症に一度も出合ったことがない。五月の発症直前に大麻が摂取され、七月二十日にも彼の胃から大麻が見つかったのはまったくの偶然というのが私の見解です。急性脳浮腫に関するかぎり、大麻の摂取は紅茶やコーヒーの摂取と同じです」

彼は死因として大麻説を切り捨て、エクアジェシック錠の二成分（アスピリンとメプロバメート）に注目した。そして、以下のように主張した。「死因はメプロバメートかアスピリン、あるいはその組み合わせに対する過敏症がもたらした急性脳浮腫、というのが私の見解です」と、彼は結論した。「この種の過敏症はきわめてまれですが」

これをもって審問最後の証言者はお役御免となった。董梓光判事は宣誓証言のために遠くから駆けつけてくれた教授への感謝を強調した。法廷は陪審の審議が始まる月曜の朝まで休会に入った。

審問七日目、董梓光判事は三人の陪審に以下のように説明した。「今回の重要証言者はライセット医師（検視医）、林景良（法医学者）、そして遠くからお越しいただいたR・D・ティアー教授ら、医学と法医学の専門家です」と判事は述べた。彼は大麻原因説を支持するふたりの医療専門家、ランフォード医師とピーター・ウー医師の名前を挙げなかった。

このあと判事は死因の可能性として七つの選択肢を列挙し、さらに、陪審に道筋をつけるかのようにそれぞれの選択肢について個人的な見解を付した。

1 故殺・謀殺：故意に計画や悪意を持って他者に死をもたらすこと。故人に殺害された痕跡はなく、この可能性は除外できる。

2 誤殺：危害を加える意図なく人を死に至らせること。他者の行動が直接の原因でないのは明らかで、この可能性も排除できる。

3 合法的殺人：今回の事例とは関係なく、考慮に値しない。

4 自殺：どの証拠も、ブルース・リーには自傷や自死を行う動機や傾向がなく、遺書のような自殺の意図を示すものがいっさい残っていないことを示している。よって、この可能性はきわめて低い。

5 自然死（病死）：ライセットと林景良で徹底的な検査を行ったが、死に至りそうな疾病や疾患の痕跡は発見できなかった。宣誓証言した三人の医学専門家の意見にしたがい、〝自然死〟も除外すべきというのが私の見解です。

6 事故または不慮の死：体に外傷の痕跡がなく、警察によるアパートの捜索でも彼が苦しんだ形跡や毒物の痕跡は発見されず、医学専門家三人の宣誓証言でブルースの死は脳浮腫が招いたものと述べられていることから、〝事故または不慮の死〟は考慮に値する。

7 死因不明：法医学の専門家ティアー教授の見解によれば、急性、慢性を問わず大麻がブルース・リーの死を招いたとは考えられない。さらにライセット医師から、ある種の薬物もしくは薬物の組み合わせがときに致死的なアレルギー反応を引き起こす可能性はあり、アスピリンにアレルギー反応を示した事例も存在するとの指摘があった。アスピリンは〝エクアジェシック〟の成分の半分に過ぎないが、錠剤中のアスピリンとメプロバメートが複合的にアレルギー反応を引き起こした可能性はある。

もちろんこの種の反応はきわめてまれだが、陪審がティアー教授の判断を受け入れるとすれば、死因は〝不慮の死〟か〝偶発による死〟のいずれかとなる。提供された証言と分析に陪審団が疑問を持つ場合、七つ目の〝不明〟を選ぶべきである。

判断の下し方をごていねいに教えられた形の陪審団だったが、彼らに迷いはなかった。〝不慮の死、もしくは偶発的な死〟という評決に至るまで五分もかからなかった。植民地香港史上最長の死因審問は史上最短の陪審評議で結論された。思いがけない評決の速さに記者の多くが虚を衝《つ》かれた。喫煙休憩のため外に出ていたからだ。一九七三年九月二十四日午前十一時十五分、董梓光判事はこの評決を受け入れ、ブルース・リーの死をめぐる死因審問は正式に終了した。

一般大衆にはまだ議論の窓が開かれていた。亡くなった師匠の棺を前に高弟が悲嘆に暮れる『ドラゴン怒りの鉄拳』の冒頭シーンを、多くのファンは思い起こした。「教えてくれ、先生はなぜ死んだんだ？」その場面、ブルース演じる主人公は身を切られるような無念の思いを吐露する。

「肺炎だ」と、同門の弟子が答えた。

「それを信じるのか？」

悲しみに打ちひしがれた民衆は、無敵の英雄――体力の盛りにあった三十二歳の男――がアスピリンで死んだとは思えなかった。死因審問で憤激の爆発を鎮めるという政府の目標は達成されたものの（抗議行動や爆弾による脅迫は収まっていた）、ブルースの死は依然大きな議論の的だった。死の様態については陪審が〝不慮の偶発的な事故死〟との判断を下したが、何が事故をもたらしたかは裁定されていない。毎日のように新聞が報じる審問記録を読んだブルースのファンは、この主題について専門家の意見が大きく割れていたことを知った。判事と検視医と有名な病理学者はアスピリン過敏症を支持した。ブルースを診た香港の医師二名は大麻が原因と信じていた。アメリカの神経科医は死因を〝いまだ不明〟とした。専門家の意見が相反している状況を受け、新たな仮説と憶測が新聞・雑誌をにぎわせた。リンダ・リーとベティ・ティンペイが『燃えよドラゴン』の試写会場に同席したことで噂の製造機に燃料がくべられ、殺害計画を疑う者まで現れた。

今日に至るまで、ブルース・リーの死についてはなんのコンセンサスも得られていない。「長年にわたり最もよく質問されたのが〝ブルース・リーはなぜ死んだのか〟だったのは間違いありません」と、リンダ・リーも言う。

一九七三年七月二十日、ブルース・リーは熱中症で亡くなった――彼の死を説明する科学的仮説でいちばん説得力があるのはこれだ。時系列を振り返ってみよう。

十週間前の五月十日、ブルースはうだるように暑い部屋で仕事をしたあと昏倒した。複数の中枢神経系機能不全（悪心、嘔吐、ふらつき、虚脱）が見られ、体温が危険なくらい上昇していた――異常高熱の診断基準となる二点だ。ブルースは元々暑さに弱かった。睡眠不足と極端な体重減があり、少し前に腋《わき》の下の汗腺を切除したことで危険要因が増えてもいた。

七月二十日は熱帯に位置する香港でも月いちばんの猛暑だった。ベティ・ティンペイの小さなアパートで、ブルースは『死亡遊戯』のカンフー・シーンを次から次へと実演した。「プロットを論じるとき、彼は全部演じて見せた」と、レイモンド・チョウは語っている。「それでたぶん、少し疲れて喉が渇いたのだろう。二口、三口水を飲み、そこで少しめまいを覚えた」五月十日と同様、ブルースは閉め切った空間で仕事に精を出し、最後にふらつきと頭痛に見舞われた――熱中症の初期症状だ。彼はふらつく足でベティの寝室に入り、彼女のベッドに倒れこんだまま二度と起き上がってこなかった。「いちど熱中症にかかった人は再発リスクが高くなる」と、米陸軍環境医学研究所の熱中症専門家リサ・レオン博士は言う。「多臓器不全を経験し、回復に数時間、数日、数週間を要した患者は身体障害や死を招くリスクが長期的に増大します」

七月二十日にブルースの胃に見つかった少量の薬物については、大麻やメプロバメートが脳浮腫を引き起こすことはないことが広く認知されている。唯一可能性があるのはアスピリンだ。米ミネソタ州に本部を置く総合病院メイヨー・クリニックはアスピリンへの反応として〝蕁麻疹《じんましん》性丘疹、皮膚のかゆみ、鼻水、目の充血、口唇、舌、顔の腫脹、咳、喘鳴、息切れ、アナフィラキシー（めったに見られない、致死的なアレルギー反応）〟を挙げている。アナフィラキシーは蜂に刺されたりピーナツを摂取することで引き起こされるのがふつうとされる。そこから脳浮腫を発症して死に至る可能性はある。ティアー教授とライセット医師がアスピリン過敏症との仮説を立てていたとき、彼らはアナフィラキシー・ショックのことを言っていたのだ。

しかし、激甚なアレルギー反応であるアナフィラキシーにはほとんどの場合、気管や首、舌、口唇の炎症、蕁麻疹性丘疹、口内および口周辺の皮膚に赤みを帯びたかゆみが伴う。死亡例では、喉の腫れで気道がふさがれた結果、窒息や脳浮腫を起こしている。七月二十日の夜にブルースを治療した救急隊員と医師はブルースの舌や喉に腫れを発見していない。検視医のライセット医師も解剖中にその症状を見ていない。ブルース・リーは正真正銘の武術家で、大人になってから鎮痛薬としてアスピリンを服用していた。三十二歳にしてとつぜんアスピリンに激甚なアレルギーを発症した可能性はゼロではないとしても、アナフィラキシーにともなう症状も出ないままそれでショック死した可能性はなきに等しい。

アスピリン・アレルギーに比べ、熱中症で若い運動選手が死亡した例は多い。運動中の突然死の原因では三位にランクされ、いちばん暑い月には一位に上昇する。アメリカ合衆国だけでも高校と大学のアメフト選手が毎年平均三人、熱中症で亡くなっている。二十七歳のプロフットボーラー、コーリー・ストリンガーは二〇〇一年七月の蒸し暑い午後、ミネソタ・バイキングスの練習場で倒れた。彼の死を機にＮＦＬ全体が大急ぎで熱中症の予防対策に取り組んだ。この二〇〇一年に比べても、一九七三年には熱中症の危険に対する認知度が低かった。現在でさえあらゆる医師が適切な処置に通じているとは言えない。

熱中症の診断基準はふたつある。①摂氏四〇度を超える中核（深部）体温と、中核神経系（CNS）機能不全、②頭痛、悪心、嘔吐、下痢、めまい、平衡感覚障害、足のふらつき、不合理な行動や異常挙動、逃走的、譫妄状態、虚脱、意識消失、昏睡状態といった症状だ。癲癇《てんかん》などの発作も——特に体温が下がったときには——よく見られる。

五月十日のブルース・リーは熱中症が引き起こす機能障害のほとんどを発現している。サウナのような状態の部屋で仕事に精を出すうち、めまいと吐き気に見舞われはじめた。その後、足のふらつきや、虚脱、意識の消失、嘔吐、癲癇状の発作が続いた。いま医療記録は入手できず、医師たちが彼の中核体温を計ったかは不明だが、ブルースは〝極度の高熱を発症していて、体は汗でずぶ濡れだった〟との報告は、彼の体温が危険なくらい高かったことを強く示している。

ブルースの友人たちは彼が暑さに弱いことを知っていた（「体が過熱すると、技の制御が利かなくなった」と、アメリカの弟子ジェシー・グラバーが言っている）が、このときのブルースがとりわけ暑さの影響を受けやすかったのには特別な理由があったと思われる。熱中症の研究では、いくつかの危険要因が突き止められている。睡眠不足、身体的・精神的消耗、極度の体重減、二十四時間以内のアルコール摂取、二週間以内の病気、脱水症状。

妻のリンダによれば、ブルースは睡眠不足だった。みんなの話を総合すると、『燃えよドラゴン』撮影のストレスで彼は身体的・精神的に消耗していた。倒れる前の二カ月で全体重の一五パーセントを失い、そもそも彼の体には最低限の体脂肪しか存在しなかった。酒を飲む頻度は高くなっていたと友人たちは証言するが、倒れる前夜に飲んだ証拠は残っていない。倒れる一カ月前、体から汗が滴るとスクリーン上で見栄えが悪いと考えたブルースは、腋の下の汗腺切除手術を受けていた。熱の放散能力も低下していただろう。

ブルース・リーが倒れたのは熱中症の結果とすれば、彼を診た医師たちの診断は誤っていた。脳浮腫後の合併症状は認識していたが、原因の把握も原因の治療もしていない。「一九七三年には、いまほど熱中症が認知されていなかった」前述のアメフト選手から名前を取ったコネティカット大学〈コーリー・ストリンガー研究所〉のスポーツ安全政策部長で、熱中症による突然死の予防が専門のウィリアム・アダムズは言う。「彼を診た医師たちは体温を見て単なる高熱と見誤り、熱中症と気づかなかったのかもしれません」

　ブルース・リーの死因を正確に把握することはもはや不可能としても、いちばん説得力がある説明は〝異常高熱〟だ。熱中症だったとすれば、ブルース・リーは熱に浮かされたように人生最愛の活動にいそしみながら命を落としたことになる——最も鑑賞眼に優れた観客の前でカンフーを演じながら亡くなったのだ。

　生後二カ月で初めて映画に出演した瞬間から、ブルース・リーはこの世で人を楽しませながら教育することに命を燃やした。〝じっとしていない子〟は一生分の業績を空前絶後の激しさで三十二年間に詰めこんだ。人生に勝利を収めたゆえ、彼の死は悲劇ではない。「私、ブルース・リーがいつか、大望をすべて果たさずにこの世を去ったとしても、私は悲しまない」彼は一九七二年、自身への追悼を予期していたかのように、香港のある記者に語っている。「自分のやりたかったことを全力で誠実にやってきた。人生にそれ以上を期待できるものではない」

エピローグ 伝説

一九七三年八月、『燃えよドラゴン』がロサンゼルスで封切られた日には、中国の獅子舞団二チームがハリウッド大通りを〈グローマンズ・チャイニーズ・シアター〉まで練り歩いた。前夜から群れを成しはじめた騒々しい人たちがその一帯を囲んだ。「リムジンの後部から長い列ができていて、終わりが見えなかった」ローパーを演じたジョン・サクソンが振り返る。「運転手に『何事だ?』と訊いたら、『あなたの出ている映画ですよ』と言われた」

『燃えよドラゴン』の成功に虚を衝《つ》かれたのはサクソンだけではない。この映画のバイオレンスに眉をひそめたニューヨークの批評家たちもそのパワーは感じ取っていた。ニューヨーク・タイムズは〝巧みな職人芸に、絶妙の匙加減。電光石火の動き、満ちあふれる色彩。残忍なくらい強烈で、五感が麻痺しそうな手技(その手に銃は握られていない)は、ほかでは絶対に見られない〟と断言した。ヴィレッジ・ヴォイス紙で映画評を書いていたウィリアム・ポールは〝文明人としての私の良識はこの映画を「吐き気がするくらいグロテスクな男性幻想」として退けようとするが、はらわたの底がその幻想に共鳴していることを認めなければならない〟と告白している。

『燃えよドラゴン』は世界中で人々の心の琴線に触れた。八五万ドルの極小予算で作られたこの映画は七三年に世界で九〇〇〇万ドルの興行収入を上げ、その後の四十五年間で推定三億五〇〇〇万ドルを稼ぎ出した。あれだけ利益を出したのだから、自分もスタジオから割り前にあずかっていいのではないかと、制作者のフレッド・ワイントローブは冗談まじりに言う。脚本のマイケル・オーリンはこう語っている。「ワーナーの弁護士から〝この映画は充分採算が取れる〟という手紙が来たんだが、私が気に入っているのはそのあとの、〝誰がどう見ても〟という部分でね。あの映画は稼ぎすぎたから、所得の隠しようがなかった。あまりに目立ちすぎて」

ブルースの二度の葬儀から一カ月たらずで封切られた『燃えよドラゴン』は、彼が掲げた人生の〝揺るぎない主要目標〟――最も出演料の高いアメリカ初の東洋人スーパースターになる――を死後にかなえた。スティーブ・マックィーン超えも果たされた。『燃えよドラゴン』の撮影中、ブルースはワイントローブに、この映画の目標は（当時制作中だった）マックィーンの『ゲッタウェイ』を超えることだと語っている。「天国のブルースに電報が打てるなら」ワイントローブは言った。「『ドラゴン』は『ゲッタウェイ』をあらゆる点で上回ったよと書いただろうね」

　連続ドラマ『燃えよ！カンフー』と七三年三月二十一日に封切られたショウ・ブラザースの『ファイブ・フィンガー・オブ・デス』が扉を開け放ったとすれば、その扉を蝶番《ちょうつがい》から吹き飛ばしたのがブルースの『燃えよドラゴン』だった。欧米に映画のまったく新しいジャンルが打ち立てられた瞬間だ。バラエティ誌がよく〝格闘映画《チョップソッキー》〟と呼んでいた粗雑な香港カンフー映画がアメリカの文化的現象になり、都市部のB級映画館《グラインドハウス》から郊外の複合型映画館《マルティプレックス》まで席巻した。〝誰もがカンフーで戦っていた〟〝やつらの動きは電光石火〟と、一発屋の歌手カール・ダグラスが歌っている。七四年の歌『吼《ほ》えろ！ドラゴン（*Kun Fu Fighting*）』は一一〇〇万枚を売り上げた。ニューヨーク市ではいちどきに三十もの異なる香港映画が上映された。

　ブルースがこれ以前に主演したゴールデン・ハーベストの三本『ドラゴン危機一発』『ドラゴン怒りの鉄拳』『ドラゴンへの道』も世界各地で公開され、合わせて五〇〇〇万ドル近くを売り上げた。『グリーン・ホーネット』の三話がひとつに縫い合わされ、ブルースのスクリーンテスト映像を冒頭に入れて、七四年十一月に劇場版映画として公開された。映画評論家のビンセント・キャンビーはニューヨーク・タイムズに、〝カンフーの武術家にしてグリーン・ホーネット（ヴァン・ウィリアムズ）の信頼厚い助手カトーを演じたリー氏は、昨年死去する前に香港で制作したカンフー映画が大ヒットし、大スターになった〟と書いている。

世界的名声を得る前に他界したため、ファンは彼の人生の詳細に飢えていた。ニュージャージー州の若い女性からブラック・ベルト誌に、〝彼のことを全然知らなかったので、いろいろ知りたくてたまらない〟と手紙が来た。〝彼の突然の死をどうしても受け入れられない。知り合いだったみたいな気がするのに、もう永久に知り合えないなんて〟ファン雑誌が何百と発行され、彼の英雄的行為を脚色した記事が躍った。半ダース以上のメモリアル・アルバムが作られ、急ごしらえの伝記が次々量産された。『ザ・ドラゴン・ダイズ・ハード』（一九七五年）というでたらめな伝記映画では、ブルースが武術を始めたのはアルバイトで配っていたワシントン・ポスト紙の配達ルートにならず者たちが割りこもうとしたときとなっている。

　七三年にはキャラクター商品をはじめとする〝死後産業〟が生まれた。ペンダント。アクション人形《フィギュア》。Tシャツ。スウェットシャツ。学生寮の部屋ではチェ・ゲバラの横にブルース・リーのポスターが貼られた。かつて会報規模だったブラック・ベルトやファイティング・スターズといった格闘技雑誌はカラー写真満載の豪華刊行物となり、通信販売の広告にはステンレススチール製の三つ又（一三二ドル）からブルース・リーのソフビ人形（五ドル九五セント）までが躍った。弟のロバート・リーも『兄ブルース・リーに捧げるバラード』というフォーク・アルバムでひと稼ぎを目論んでいる。映画評論家ケネス・トゥランはロサンゼルス・タイムズに、〝ジェームズ・ディーンが銀色のポルシェで事故死して以来、こういう戦死者宮殿《バルハラ》への見送りを受けたハリウッドスターはひとりもいなかった〟と書いている。

　ブルース・リーはカンフーの守護聖人となり、神のように崇拝された。日本の十代の若者が彼の髪形を真似た。台湾人は彼を〝うなる金色の脚〟と呼んだ。イギリス人は〝カンフー王〟、オーストラリア人は〝東洋一速い拳〟と呼んだ。エルビス・プレスリーは『燃えよドラゴン』を何十回も見て、自己資金で格闘映画の制作にのりだしたが、これは未完に終わっている。インドではディスコソングのチャート一位に〝あのいかした男ブルース・リーに乾杯〟とのタイトルが躍った。公開から十年、『燃えよドラゴン』は繰り返し再公開され、そのたび〝今週の興行成績トップ五〟に名を連ねた。イランのある映画館は七九年に同国政府が転覆する日まで毎日この映画を上映しつづけた。八〇年代、『燃えよドラゴン』のＶＨＳビデオがこっそり東欧へ持ちこまれ、ブルース・リーは対共産主義抵抗運動のシンボルとなった。

　宣教師的熱意の持ち主だったブルース・リーは映画という媒体で中国武術の宣伝を試みた。そして予想をはるかに上回る成功を収めた。彼が亡くなる前、武術学校は世界で五百に満たなかったが、九〇年代には彼の影響もあり、アメリカだけで武術を学ぶ人は二〇〇万人を超えた。イギリスでは需要が大きすぎ、ひと握りしかない武術学校の外に人が四列を成した。次の受講機会を確保しようと、文字どおり先生にお金を投げる有様だった。サウスカロライナ州の少年は〝ブルース・リーにあこがれたから武術の道に完璧を目指してきたし、これからもそうすると思います〟と、ブラック・ベルト誌に書き送っている。

　世界が亡きブルース・リーと恋に落ちたのに対し、香港は興奮後の失望に見舞われていた。この植民地でブルースは中国人の聖守護者、彼らの英雄としてスーパースターの座に上り詰めた。スキャンダルの泥沼にはまったまま急逝したため、香港の人たちは思いをぶつける対象を失い途方に暮れていた。「彼を愛している人はまだたくさんいたが」香港李小龍会《ブルース・リー・ファンクラブ》の会長Ｗ・ウォン（黄耀強）が言う。「名声を高めるような死に方ではなかったため、多くの人に、騙され裏切られたとの思いがあった。彼らは偶像を失い、虚無感にさいなまれていた」

　香港における『燃えよドラゴン』の数字がこの幻滅を如実に物語っている。興行収入は三〇〇万香港ドル。『ドラゴン危機一発』と同じだが、『ドラゴンへの道』より二〇〇万ドル少ない。死してなおブルースは植民地最大のドル箱スターだったが、彼の名声は絶頂を極めて下降線に入っていた。「彼はもうこの世にいないんだ」ある中国人ファンは言った。「そんな話をして何になる？」

香港の映画会社にとって重要なのは、ブルース・リーの黄金の拳が世界の市場に立ちふさがっていた壁をぶち破ったことだ。ブルース以前、香港の映画産業は今日のナイジェリアと同じくらいの規模で、それなりの儲けは出ても小さな裏庭ビジネスでしかなかった。「ブルース・リー以後、世界の、特にハリウッドの注意を引く大きなチャンスを得た」と、『フェイス／オフ』（一九九七年）や『ミッション：インポッシブル2』（二〇〇〇年）のメガホンを取ったジョン・ウー（呉宇森）監督が言う。「彼が扉を開いたんだ。世界の人々が本気で中国のアクション映画と中国の才能に注目しはじめた」

ブルースはゴールデン・ハーベストを破滅から救い、ショウ・ブラザースの独占を打ち砕いた。「ランラン・ショウには潤沢な資金と映画館があった。ゴールデン・ハーベストを絞り上げ、訴訟で出血多量死させるのが彼の戦略だった」と、アンドレ・モーガンが言う。「ブルースがカンフーで世界市場に風穴を開けた。ついに我々はヨーロッパや南米、北米、中東で商売ができるようになった。レイモンド・チョウはカネの流れこむパイプラインを手に入れた。うちが『燃えよドラゴン』をやったから、ほかの会社も海外との共同制作に興味を持った」

次のブルース・リー探しがすぐに始まった。彼に縁《ゆかり》の人たちが次々出演契約にサインし、カメラの前へ押し出された。チャック・ノリスは白いブルース・リー、サモ・ハン・キンポーはぽっちゃり形のブルース・リー、ジャッキー・チェンは剽軽《ひょうきん》なブルース・リー。しかし、興行成績の王者、国際的偶像としてブルースを超えた俳優はひとりもいない。ジャッキー・チェンはロバート・クローズを監督に、レイモンド・チョウとフレッド・ワイントローブが共同制作した『バトルクリーク・ブロー』（一九八〇年）でアメリカにのりこんだが、あえなく跳ね返された。『燃えよドラゴン』から二十五年後の『ラッシュアワー』（一九九八年）で、ようやくジャッキー・チェンは香港ふたり目の、洋の垣根を超えるスターになった。

チャック・ノリスやジャッキー・チェンやサモ・ハ

ン・キンポーを使えるだけの資金を持たない香港の無節操な制作会社は、ブルース・リーのそっくりさん俳優を雇い、名前をブルース・リーから少し変化させてブルース・リー現象に便乗しようとした――ブルース・リィ、ブルース・リ、ブルース・リャン、ブルース・タイ、ブロンソン・リー。ブルースプロイテーションと呼ばれるブルース・リーのそっくりさん映画は、当初、題名も話の筋もブルースのオリジナル作品から拝借していた。『リターン・オブ・フィスツ・オブ・フューリー（帰ってきた怒りの鉄拳）』『リ・エンター・ザ・ドラゴン（燃えよドラゴンふたたび）』『エンター・アナザー・ドラゴン（燃えよ別ドラゴン）』。七〇年代後半にはこれが固有のジャンルとなった。『ザ・ドラゴン・リブズ・アゲイン（ドラゴン復活）』ではブルースが地獄へ乗りこみ、ジェームズ・ボンドや吸血姫ドラキュラと対決する。『クローンズ・オブ・ブルース・リー（ブルース・リーのクローンたち）』ではブルース・リ、ブルース・ライ、ドラゴン・リー、ブルース・タイがブルース・リーのクローン四人を演じ、無敵のブロンズ人間軍団から世界を守る。これらの作品でブルース・リーは漫画的なスーパーヒーローと化した。

ブルースプロイテーションの最高傑作は一九七八年の『死亡遊戯』だ。ブルースが七二年に映画の材料として撮影した五重塔の格闘シーンは使いたくないとレイモンド・チョウが抵抗したが、世界の配給会社から懇願されて押し切られる形となった。メガホンを取ったのは『燃えよドラゴン』のロバート・クローズ。ブルース似のふたり――演技用とアクション用――がキャストされた。脚本が未完成だったため、物語は撮りおわっていたシーンからさかのぼって、ジグソーパズルのようにひとつの絵にまとめられた。結果、話の筋にきしみが生じる。闇の〝シンジケート〟とのタレント契約を拒んだアクションスター、ビリー・ローはシンジケートに顔を撃たれて死んだものと思われたが、一命を取りとめ、顔の再建手術を受けて甦り、復讐を果たす。七三年に香港で行われたブルースの葬儀の映像をレイモンドは作中に挿入している。首尾一貫しない寄せ集めの話が続くが、最終幕はブルース・リーが

カリフォルニア州バーバンクのスタジオで開かれた〈ブルース・リー・タレント・サーチ〉の出場者
（フランク・エドワーズ／Getty Images）

ブルース・リー没後40周年で像に献花する香港のファンたち。2013年7月（共同ニュース／Getty Images）

ダン・イノサントやカリーム・アブドゥルジャバーと撮ったオリジナル映像に切り替わる。突如映画に魔法がかかり、誰もブルース・リーの代わりになれない理由を改めて知らしめる。

世界中のファンがこれに飛びついた。「リオでの公開は大成功で、あの街でもめったにない華々しい成功だった」と、アンドレ・モーガンは記者たちに語っている。「サンパウロの記録も塗り替えた。ドイツでも超のつく大成功。日本では八〇〇万ドルを売り上げてその年の興行成績五位にランクされた」リンダ・リーは最初、タイトルに〝死亡〟(Death)〟を入れることに反対したが、結局受け入れた。七九年六月七日にロサンゼルスの〈パラマウント・シアター〉で行われたプレミア試写会に十四歳のブランドン、十歳のシャノンと出席している。中国武術の伝統的ユニフォームをまとった一〇〇〇人超の忠実なファンが自分の武術学校のバナーを掲げた。トム・ブラッドリー市長は翌八日をブルース・リー・デーとすると宣言した。ブランドンは父がかつて出演した映画で着た衣装など、長さ一五〇センチに及ぶ展示品のベールを取る役目を務めた。品質は落としたものの、ここでブルース・リー最後の映画企画は完成を見た。

七三年、シアトルで葬儀を執り行ったあと、リンダはカルガリーに住む姉のジョーンにふたりの子を預け、死因審問のために香港へ取って返した。ブルースが遺書を残さずに死んだことに、すぐ気がついた。感情的にも経済的にも大変だったこの時期、イギリスの植民地で死んだアメリカ市民という複雑な法的状況にこの見落としが加わった。死亡時のブルースにはあまり蓄えがなく、借金はどっさりあった。財産の検認には七年の月日が費やされることになった。その間《かん》ずっと、リンダと弁護士はレイモンド・チョウや生命保険会社との交渉を余儀なくされた。「最初の年、母は香港とこっちを往復して、数々の業務をこなしていました」と、娘のシャノン・リーは言う。

状況が少し落ち着くと、リンダ親子はしばらくシアトルにある彼女の母親宅で暮らした。実家で何カ月か過ごしたことで、リンダは南カリフォルニアを恋しがっている自分に気がついた。ブルースの遺産で親子はロサンゼルス郊外の高級住宅街、ランチョ・パロス・ベルデへ引っ越した。通りを二本隔てたところに、短期間ながらチャック・ノリスが住んでいた。ブランドンはノリスの息子ふたりとよく遊んだ。シャノンとブランドンは〈ローリングヒルズ・カントリー・デイ・スクール〉という私立学校に入学。リンダはカリフォルニア州立大学ロングビーチ校で政治学の夜間クラスを受講して、学位の取得を目指し、大学卒業後に幼稚園の先生になった。

リンダにとってブルース没後の一年で最高にうれしい驚きは、『燃えよドラゴン』にファンが向ける反応だった。「彼が帰らぬ人となったときは」リンダはロサンゼルス・タイムズに語っている。「いまのような伝説の人物になるなんて、夢にも思わなかった」七三年の死後、ブルース・リーを取り巻く産業が活気づくと、リンダも利幅の大きな〝著名人の死後事業〟にのりだし、子どもたちのために彼の遺産とそこから上がる収益を守ろうとした。ワーナー・ブラザースと書籍、映画の契約にサインし、彼女が著したペーパーバック版の伝記『ブルース・リー　ザ・マン・アイ・オンリー・ノウ（私だけが知っている彼）』（一九七五年）は売れ行き良好だったが、伝記映画は制作開始前に頓挫した。リンダはブルースのポスターやTシャツ、ビーチタオル、文具、トロフィー、ランプ、メンズコスメ、空手着、食卓用食器類、ガラス製品、装身具、ゲーム、玩具など、肖像権の使用許諾で〈ジブ・インターナショナル〉という代理店と契約した。〈ゼブラ・ブックス〉は『ブルース・リーのベーシック・カンフー・トレーニング・マニュアル』や『ブルース・リーのマイ・マーシャルアーツ・トレーニング・ガイド・トゥ・ジークンドー』をはじめ、ブルース・リー関連のペーパーバック出版を独占した。ブルースは死して家族の経済的未来を確保することに成功した。

子どもたちは父親の名声の影響をほとんど受けずに、上流中位階級の静かな暮らしを送ることができた。武術は学ばなかった。リンダは子どもたちに、「お父さんはブルース・リーだと人に言ってはだめ。先入観を与えないように」と言い聞かせた。

　母親に似ているのはシャノンのほうだった。勉強好きで、思いやり深く、恥ずかしがり屋。その本領が発揮されたのは高校でミュージカル劇を知ったときだ。彼女はニューオーリンズのテュレーン大学に入って音楽を専攻し、四年で卒業した。

　ブランドンはまさしく父親の息子だった。八歳のとき、大きくなったら俳優になると母親に宣言した。「兄はいたずら好きで、悪ふざけばかりしていました。命知らずの無謀なショーマンという感じで」と、妹のシャノンは言う。「身体のバランス感覚がすばらしかった。ある日、後方宙返りの習得を決意したら、三度目の挑戦で成功したんです」ブランドンはカリスマ的な反逆者でもあり、エリート私立高校チャドウィック・スクールで経営陣への抗議運動を率いて、退学になった。「授業に出ないよう、ほかの生徒たちを説得しはじめたんです」と、シャノンが回想する。彼は一般教育終了検定（ＧＥＯ）に合格し、ボストンのエマーソン大学に入学したが、もっぱらニューヨークで俳優の仕事探しに明け暮れた。一年で大学をやめ、ロサンゼルスへ戻ってきた。

　リンダは俳優の道を断念するようブランドンを説得したが、徒労に終わった。彼はロサンゼルス近郊のシルバー・レイクに小さなバンガローを借り、ハーレーと一九五九年製のキャディラック霊柩車を購入して、町のあちこちで小芝居を打った。

　女友達のひとりが「ジェームズ・ディーンのあとを追う気じゃないでしょうね？」とからかった。

「ベイビー、ジェームズ・ディーンより僕のほうがずっと独創的さ」と、彼は返した。

　二十歳になったブランドンは父親と同じアクション映画の道に進もうとは思わなかった。劇俳優になりたかったが、ブルース・リーの息子にシリアスな役をくれるところはなかった。俳優業を活性化させようと、低予算の格闘映画を二、三本作る話に応じた。かつて父親の師範代を務めたダン・イノサントを訪ね、截拳《ジークン》道《ドー》の指導も受けた。

皮肉なことに、初めてつかんだ大きなチャンスは映画版『燃えよ！カンフー』の『*Kung Fu : The Movie*（邦題、ブランドン・リーのカンフー・ファイター）』（一九八六年）だった。デイビッド・キャラダイン演じる〝クワイ・チャン・ケインの息子〟の相棒に抜擢されたのだ。次の五年間で何本か格闘映画を作り、その頂点が二十世紀フォックス制作の『ラピッド・ファイアー』（一九九二年）だった。撮影中、ブランドンはシャノンを助手に雇っている。彼女は大学卒業後の二年くらいニューオーリンズで定職に就けず、バンドのボーカルを務めたりしていた。彼女は女優業に関心がある、と兄に相談した。「厳しい世界だ」と、ブランドンは言った。「特に女性はモノあつかいされたりするが、本気でやりたいなら協力は惜しまない」

　リンダが八九年に加筆再発行した伝記を下敷きに、ユニバーサル・スタジオが『ドラゴン／ブルース・リー物語』に着手した。ユニバーサルは書籍の権利も取得し、映画とビデオゲームとブルース・リー商品化権を含む数百万ドルの契約にサインした。ロブ・コーエンが監督を託され、ジェイソン・スコット・リー（血縁関係なし）がブルース役に抜擢された。コーエンはリンダの伝記をかなり忠実に踏襲している。楽観的な移民青年と彼に夢中の妻とのラブストーリーで、主人公は人種差別的社会と闘いながら大きな夢をかなえようと奮闘する。ウォン・ジャックマン（黄澤民）は、白人へのカンフー指導を重罪と見なしてブルースの学校を閉鎖に追いこもうとする勢力の執行人として描かれている。ブルースは連続ドラマ『燃えよ！カンフー』の構想を紡ぎ出すが、主役を白人俳優デイビッド・キャラダインに奪われてしまう。

　コーエンはブルースの死をめぐる解釈を聖域として、そこには踏みこまず、彼の心に潜む悪魔を考案した——映画の冒頭からブルースの夢に現れる、黒い鎧を着た武士の亡霊だ。最終第三幕でこの悪魔は幼いブライアンを追いかけ、ブルースは赤いヌンチャクでこれを迎え撃つ。コーエンはこの奇想を、心の平穏を求めて苦闘するブルースの隠喩《メタファー》と説明しているが、ブルースの死をめぐる俗信〝龍の呪い〟も想起させた。

撮影開始前、ブランドンはユニバーサルからブルース役の打診を受けたが、にべもなく退けた。ただでさえ父親の伝説は重荷になっていた。ずっと、自分がちっぽけな存在に思われてならなかった。ブランドン・リーではなく、〝ブルース・リーの息子〟でしかない。この役の代わりに、彼は喉から手が出るほど欲しかった役を手に入れた。『クロウ／飛翔伝説』の主役だ。漫画が原作で、自分を殺した悪党たちに復讐するため冥界から甦ったロック・ミュージシャンの物語だった。これを足掛かりに格闘映画というスラム街を抜け出し、主流映画へ前進を遂げたい。

『クロウ／飛翔伝説』の制作現場はいろいろと不運な出来事に見舞われた。ノースカロライナ州ウィルミントンを襲った季節外れの大嵐でセットのいくつかが破壊された。撮影用クレーンが頭上の電線にぶつかって、大道具の職人が感電し、重度の火傷を負った。建設作業員が誤ってねじ回しを手に突き通した。恨みを抱いた従業員がトラックでスタジオの塗装作業場に突っこんだ。あまりのトラブル続きにエイターテインメント・ウィークリー誌が、この映画は呪われているのかという記事を掲載するほどだった。「例外的な状況とは思っていない」制作コーディネーターのジェニファー・ロスは答えた。「離れ業や特殊効果を数多く使っているし、自分が携わった制作で死者が出たこともある」

一カ月後、ラストシーンの撮影中、ブランドン・リーは銃弾を浴びて死んだ。

警察の捜査を含め、誰の目から見ても不慮の事故だった。とんでもない間違いだ。経験不足と不注意と手抜き作業が重なった結果だった。「興行収入三〇〇〇万ドルの映画を作りたかったのに、一二〇〇万ドルしか使いたくなかったんだ」撮影スタッフのひとりはこの映画の仕事を辞めたあと、そう吐き捨てた。

最初のほうのシーンで、主役がいない場面を撮影する〝第二班〟が大写しの撮影のため、四四口径マグナム一挺と撮影用の空包六個を用意してほしいと小道具部に求めた。時間がないので実弾から空包を作ることにした。四四口径の実弾六個のケーシングから弾頭を抜いて回転弾倉に装塡し、雷管《プライマー》を排出して火薬が残らないようにする。

ところが、小道具部が気づかないまま、実弾のひとつを排出しそこねた。このシーンで銃を発射したときはなんの問題も起こらなかった。そのまま銃は確認されることなく、小道具部へ戻された。

二週間後の五月三十日、ブランドン演じるエリック・ドレイブンが殺害される回想シーンで、この銃がまた取り出された。ここでも、銃を検《あらた》める者はいなかった。ドレイブンを殺す無法者ファンボーイ役のマイケル・マッシーに銃が手渡された。監督が「アクション！」を告げる。マッシーはブランドンの胴体に銃口を向け、引き金を引いた。

二分くらい、悲惨な出来事が起こったことに誰も気づかなかった。

ブランドンは救急車でニュー・ハノーバー地域医療センターへ急送された。何時間もかけて手術が行われ、二八リットルの輸血がなされたが、外科医たちは彼を救えなかった。損傷が広範囲に及んでいたためだ。大量の内出血によりブランドン・リーは一九九三年三月三十一日、二十八歳の若さで生涯を閉じた。

ブランドンは『クロウ／飛翔伝説』の撮影終了後、婚約者のイライザ・ハットンと結婚することになっていた。四月十七日にメキシコで挙式が予定されていた。

四月三日、ブランドンはシアトルで父の隣の墓所に埋葬された。二十年前、アンドレ・モーガンがリンダのために購入した墓所だ。「整然と物を考えられる状況ではないし、これが運命だなんて、とうてい思えません」リンダは言った。「たまたまとはいえ、こんなことが起こるなんて。いったいどう考えたらいいのか。あれだけの年月を生きるのがあの子の運命だったと思うしかないんでしょう。時がすべてを癒すと言う人もいる。でも、それはちがいます。運命を受け入れて、その先を生きていくしかないんです」

『ドラゴン／ブルース・リー物語』の宣伝活動の一環として、四月二十八日のプレミア上映会に著名人が顔をそろえた。ハリウッドの名声の歩道《ウォーク・オブ・フェイム》に埋める星形がブルースに授与されたのだ。気丈にもリンダはその除幕式でスピーチを行い、ブランドンに起こったことが今後二度と誰の身にも起こらないよう映画界全体に安全対策を訴えた。「ブランドンはこの場にいたかったことでしょう」続けて、彼女は言った。「生きていたら、このセレモニーのために帰ってくると言ったでしょう。父親はこの星形に値すると、あの子はずっと言っていましたから。私たちが今日ここにいるのはブルース・リーの人生を称えるためです。ブランドンの不在で私たちの幸せは悲しみを帯びているけれど、この映画が今夜上映されることを天国のあの子といっしょに喜びたいと思います」

こうして、ブランドンの死はブルースの遺産に包まれることになった。『クロウ/飛翔伝説』のブランドンはそれまでの殻を破る演技を見せていた——繊細で、苦みの利いた、激烈な演技を。〝あらゆる面で、リーの演技は驚異的だ。身体能力の高さと情熱に満ちあふれている〟と、映画評論家のピーター・トラバースはローリング・ストーン誌に書いた。この作品はカルト映画の古典となり、五〇〇〇万ドルの総収入をもたらした。だが、それでも父親の影を逃れるには足りない。「ブランドンが生きて、すばらしい映画を五十本作っていたら」ブルース・リーの伝記を初めて書いたアレックス・ベン・ブロックが言う。「ブルース・リーとのつながりは小さな脚注に過ぎなかっただろう。でも残念ながら、彼は永久に父親と不可分になった」息子は父親の伝説の脚注になったという意味だ。

ブランドンの死後、シャノンも兄の歩んだ道に続いた。演技講座を受講し、ブルースの弟子のテッド・ウォン(冀錦銘)から截拳道《ジークンドー》を学んだ。「とても難しい時期でした」彼女は回想する。「何もかもタイミングが悪すぎて」売り出し中の若手女優はホラー映画から仕事を始めるのが通例だ。ブルース・リーの娘シャノンは兄と同じく格闘映画から女優業の第一歩を踏み出した。「ブルース・リーの娘に生まれたのはとてつもなく幸運なことですが」シャノンは言う。「それによって活動範囲が狭まることもあるんです」

初めて出演した『ケイジⅡ:アリーナ・オブ・デス(死の闘技場)』(一九九四年)は劇場未公開のビデオ販売

のみだった。次の『ハイ・ボルテージ』(一九九七年)でわずかながらステップアップした。「このふたつには、なかなか気持ちが入らなくて」と、シャノンは言う。「その結果、この二作の私はあまり良くありません。兄を失った悲しみから、まだ立ち直れていなかったんです」

次の出演は、ゴールデン・ハーベスト制作のアクション映画『エンター・ジ・イーグルズ(渾身是胆)』になった。もちろん、『燃えよドラゴン(*Enter the Dragon*)』の焼き直しだ。撮影はプラハで行われた。台本はなし。状況は混沌としていた。「お父さんならどうやったか考えてやれ」と、監督はたびたび口にした。「遺産を引き継ぐ重圧を感じました。ホテルの部屋に戻って、よく泣いていた」と、シャノンが回想する。ここでシャノンの女優業は行き詰まった。

一九六七年に截拳道《ジークンドー》を考案したブルースは、これに名前を与えたことをたちまち後悔した。たえず進化する〝無形の武術〟がじつは特定の技術と原理を備えたまとまりのある格闘方式《システム》であるという矛盾《パラドックス》から逃れることができない。截拳道《ジークンドー》が体系化、様式化した結果、弟子たちを解放するどころか奴隷化してしまうのではないか。次第に不安を募らせたブルースは七〇年一月二十九日に華人街《チャイナタウン》の学校を閉鎖した。そしてロサンゼルス校のダン・イノサント、オークランド校のジェイムズ・リー、シアトル校のターキー木村の三人の師範代に約束させた――決して武術学校の形で截拳道《ジークンドー》を教えない、と。裏庭でひと握りの上級者を指導することは許された。

結果、ブルースが死去し世界的偶像になったあと彼のようになりたいと願った何十万人ものファンは、截《ジー》拳道《クンドー》を学べる場所を失った。仕方なく彼らは入門できる武道場へなだれこみ、空手や柔道、跆拳道《テコンドー》、カンフーを習った。武術史上最大のブーム中もダン・イノサントとターキー木村はブルースとの約束を守り、個人指導のみの方針を貫いた(ジェイムズ・リーは一九七二年十二月に肺がんで死去)。だが、彼ら以外にもジェシー・グラバーやジョー・ルイスらブルースの弟子は数多く、彼らはブルースとのつながりを梃子《てこ》にアメリカ各地で講習会を開いた。最終的にダン・イノサントは自身の学校《アカデミー》を開き、ブルースの截拳道《ジークンドー》とフィリピンのカリ（エスクリマ）とタイ式ボクシング（ムエタイ）を融合した独自の武術を指導する。ブルースと『死亡遊戯』で共演したイノサントは〝截拳道概念《ジークンドー・コンセプト》〟と呼ばれる各種武術の要素を組み合わせた格闘方式で、アメリカ一有名な截拳道《ジークンドー》の指導者になった。

ブルースの墓石に〝截拳道《ジークンドー》の創始者〟と彫り刻んだ妻のリンダには、夫が創設した武術についてあまり迷いがなく、それを守っていきたいと願った。長年のうちに、ブルースとつながりのない野心的なペテン師が大勢カンフー・スタジオを開設し、截拳道《ジークンドー》の正統継承者を自称した。彼らはブルースの遺産を傷つけている、とリンダは思った。九六年一月十日、ブルース・リーの武術を守り伝える組織を作るため、彼女は直弟子たちをシアトルに集めた。リンダ・リーとシャノン・リー、ターキー木村《キムラ》、アレン・ジョー、テッド・ウォンら振藩國術館《ジュンファン・グンフー・インスティテュート》創立メンバーで〈核《ニュークリアス》〉という団体を結成した。ダン・イノサントは第一回会合に出席したが、この会には関与しないことにした。これによって、〈オリジナル截拳道《ジークンドー》〉を自称する人々（〈ニュークリアス〉や、ブルースの生前の教えを厳格に守ろうとする保守派）と〈概念《コンセプト》〉集団（イノサントの組織や、技法の持続的開発を好む進歩主義者）の間に亀裂が走った。

武術指導者は気難しくあつかいにくいことで知られ、陰口をよく叩くとされる。リンダがブルースの弟子の大半を統合するに当たっては、彼女が広く尊敬を受けていたことと幼稚園の先生を務めた経験が生きた。ブルース・リー・マガジン誌を発行するほかに、〈ニュークリアス〉の主要活動として、ファンがブルースの直弟子たちと稽古できる年一回の截拳道《ジークンドー》講習会があった。会は好評だったが、〈ニュークリアス〉のメンバーがたびたび内紛を起こし、これが大きな精神的負担になった。

リンダは四年のあいだ諍《いさか》いの仲裁に入っていたが、最終的に身を引いて、〈ブルース・リー遺産〉を娘のシャノンに委ねることにした。「母から恐る恐るという感じで話がありました」と、シャノンは語る。「私に運営を押しつけ、『責任を持ってやりなさい』と命じるのには抵抗があったのでしょう」シャノンにとっては渡りに船だった。彼女の女優業は幕を閉じようとしていた。父の遺産を振興する事業に転じたほうが自分にできることは多いのではないか、と思った。〈エルビス・プレスリー遺産〉は毎年五〇〇〇万ドルの収益を出している。〈ブルース・リー遺産〉は一〇〇万ドルに満たなかった。

シャノンはプレスリーの遺産管理弁護士たちを雇い、〝著名人の死後事業〟に積極的に取り組んだ。赤字続きの〈ニュークリアス〉は事実上解散した。ブルースのキャラクター商品化とライセンス使用許諾とビデオゲーム化の権利をユニバーサルから取り戻すため、十年がかりの闘争に身を投じた。〈リーウェイ・メディア〉という制作会社も設立し、ドキュメンタリー、伝記映画、連続ドラマ、ブロードウェイ・ミュージカルなど、ブルース・リーに特化した企画を推進した。ブルースを一般大衆の意識にとどめ、彼が伝えたかったメッセージを広めると同時に、フォーブス誌の〝死亡著名人長者番付〟入りを大目標のひとつに掲げた。

フォーブスが定めるこのランキングは偶像的人物のスター持続力を金銭収入で測る物差しだ。長年にわたりトップ五の名前と収益は安定していた。マイケル・ジャクソン（一億五〇〇〇万ドル）、エルビス・プレスリー（五五〇〇万ドル）、チャールズ・シュルツ（四〇〇〇万ドル）、エリザベス・テイラー（二〇〇〇万ドル）、ボブ・マーリー（一八〇〇万ドル）。二〇一三年、ブルース・リーは七〇〇万ドルで十二位にランクされ、アジア系初のリスト入りを果たした。十位のスティーブ・マックィーン（九〇〇万ドル）にわずかに後塵を拝していた。死後にもふたりのライバル関係は続いていたのだ。翌年、マツダとのテレビCM契約のおかげもあり、ブルースは九〇〇万ドルでマックィーンと九位を分けあった。どっちが大物かをめぐり天国でからかい合っているふたりの姿が目に浮かぶ。

香港政府は何十年か、最も有名な息子に素知らぬ顔をしていた。自分たちがどう見られるかを気にしがちな植民地で、このカンフー・スターはあまり高尚な存在と見なされていなかった。時間制のラブホテルに使われていた九龍塘《カウロントン》の旧ブルース・リー邸を博物館にしたいと願うファンのロビー活動も不首尾に終わった。見かねた香港李小龍会《ブルース・リー・ファンクラブ》が一〇万米ドルを調達し、『ドラゴン怒りの鉄拳』のポーズを取ったブルースの銅像を建造した。この圧力を受け、政府当局もハーバーフロントの観光名所である星光大道《アベニュー・オブ・スターズ》への銅像設置にようやく同意した。ブルース・リー生誕六十五年の二〇〇五年十一月二十七日、弟のロバート・リーが二四〇センチのブロンズ像の除幕にひと役買った。ブルースが短い人生で収めた目覚ましい業績と死後も衰えを知らない文化的衝撃が、遅ればせながら認められた瞬間だった。

ドラマ『ボナンザ』（一九五九～七三年）のホップ・シンのように、中国系の俳優が従順な使用人役しか与えられなかったアメリカで、ブルース・リーはハリウッドの〝黄色いガラスの天井〟を打ち破ろうという野望に燃え、あらゆる障害を乗り越えた。男性の中国系アメリカ人俳優、有声映画時代以降のアジア系として、初めてハリウッド映画に主演した。ジャッキー・チェンがこの驚くべき偉業に続くまで、四半世紀の時が流れる。

ブルースの出演映画によって、〝カンフーの達人〟というそれまでとまったくちがった典型的中国人像が欧米の大衆文化に投げこまれた。ブルース以前の中国人像と言えば黄禍の悪漢・傅満洲《フーマンチュー》博士と、中国人探偵チャーリー・チャンだった。彼らの提示した陳腐な役割は、服従的で出しゃばらず、身体的、性的に劣るという固定概念を強化した――意気地がなく、すぐ弱音を吐き、したたかだが絶対に表立って周囲と対立しようとはせず、力強さや性的魅力に欠ける。ブルースはこの去勢化されたイメージを打ち砕き、身体能力に勝り、むやみに暴力的で、性的に魅力的な中国人男性像を打ち立てた。ハリウッドスターの古典的定義――男があこがれ、女がそばにいたいと思う男性――を初めて体現したアジア系アメリカ人だ。不敵な笑み、勝負しろと手招く仕草、優雅で強烈この上ない動き、整った顔立ちと鑿《のみ》で彫り出されたような肉体で、ブルース・リーは中国人男性に勇気を与えた。

『燃えよドラゴン』の壮絶な演技はたちまち欧米人のアジア人観を変えた。「私たちはブラックパンサー党の出身地、オークランド近郊のアラメダに暮らしていた」と、高名な武術指導者レオン・ジェイが回想する。『燃えよドラゴン』以前は『よお、中国人《チンク》』だったのが、ブルースの映画が来てからは『やあ、兄弟《ブラザー》』になった」個人的にブルースを嫌っていた人たちも彼の映画がもたらした影響は認めていた。「自己中心的なそったれだった」ルビー・チョウの息子マーク・チョウは言う。「それでもあいつのおかげで、絶対反撃してこないと踏んで中国人の子たちから昼飯代を巻き上げようとする人間はいなくなった」

結果として、ブルースの映画はアジア人の自己認識を変えた。映画でブルースがチャック・ノリスを倒せるなら、現実世界でも同じことができるのではないか。ブルースの人気は七〇年代にアジア系アメリカ人が人種的平等と社会正義と政治的権限を求めて起こした運動を鼓舞した。アジアでは彼の映画を機に香港と台湾が意欲と自信を強め、ついには中国の隆盛を招く。中国はもう〝東アジアの病人〟ではない。超強国だ。

ブルース・リーは欧米の映画制作の在り方も変えた。カンフー映画というまったく新しいジャンルを紹介し、『マトリックス』『キル・ビル』『ジョン・ウィック』が証明したように、いまなおそれは繁栄を続けている。格闘の殺陣《たて》に与えた衝撃はさらに大きい。『燃えよドラゴン』はアクション映画のヒーローの戦い方も変えた。ジョン・ウェイン式パンチは消えて失くなった。『燃えよドラゴン』後、すべてのアクション俳優が——バットマンからシャーロック・ホームズ、『リーサル・ウェポン』のメル・ギブソンから『ボーン・アイデンティティー』のマット・デイモンまでが——拳と同じように脚も使える熟練の武技を求められるようになった。

筋骨隆々とした肉体も求められた。ブルースは身体鍛錬《フィットネス》を流行させた。彼以前は樽のように大きく分厚い胸が男らしさの理想だった。ブルース以降、まずハリウッドのアクション俳優はアーノルド・シュワルツェネッガーやシルベスター・スタローンらの筋肉増強剤《ステロイド》でパンパンに膨らませた筋肉と戯れ、その後、ブルースが体現したような細かく割れた筋肉、いわゆるシックス・パックの体つきへと回帰した。

　ブルースは単なるエンターテイナーにとどまらず、伝道者でもあった。映画という人気メディアを通じ、たったひとりで歴史上の誰よりもアジア文化を広めた。ブルースのおかげで何百万もの欧米人が武術を習いはじめた。「アメリカでは、どの町にも教会と美容院があった」フレッド・ワイントローブが語っている。『燃えよドラゴン』後は、あらゆる町に教会と美容院とブルース・リーの写真を飾った空手スタジオがあった」武術を熱心に学んだ大勢の人は、その後、自流派を支える中国の哲学的土台に踏みこんだ。〝陰〟と〝陽〟など道教《タオイズム》の用語が辞書に載るようになった。

　アルティメット・ファイティング・チャンピオンシップ（UFC）のプロモーター、デイナ・ホワイトは、ブルース・リーを〝総合格闘技の始祖〟と呼んでいる。たしかに、ブルース・リーの爆発的人気なくしてこのジャンルの成功はなかっただろう。いまでこそ当たり前のように行われている格闘技のクロストレーニングだが、截拳道《ジークンドー》こそ黎明期のハイブリッド実験だった。実用を重んじるブルースの理性的な取り組みがこの分野を強化した。「役に立つものを取り入れ、役に立たないものを捨て、そこに自分だけの個性を付け加えろ」ブルースは総合格闘技の〝総合〟を格闘技に組みこんだのだ。

　しかし、二極化と民族闘争が顕著ないまの時代、最も大切なのは彼が信奉して示した規範ではなかろうか。欧亜混血《ユーラシアン》に生まれた彼は東洋と西洋の両方で差別に直面した。だが、それに行く手を阻ませはしなかった。逆に人種を超えた統合というメッセージを打ち出した。「私は自分を人間と思っている。同じ空の下、人類はひとつの家族なのだから。ちがいがあるのはたまたまのことだ」と、ブルースは言った。そして、その考えを実践した。自分から学びたい人をすべて受け入れた。アメリカで初めて弟子になったのは黒人のジェシー・

グラバーだ。「心底学びたいと思っていたら、ブルースは教えてくれた」と、ターキー木村が回想する。「どの人種かなんて気にしなかった」

香港のブルース・リー像は、じつは世界で二体目だった。一体目は香港の一日前、なんとボスニア・ヘルツェゴビナの都市モスタルでベールを脱いだ。ユーゴスラビア内戦の一九九〇年代、モスタルは街の西側に暮らすカトリックのクロアチア人と東側に暮らすイスラム教のボシュニャク人の間で大きな分裂を見た。内戦が正式に終わりを告げたあと、町は新しい平和記念碑を立てることにした。住民に意識調査をした結果、連帯と正義と人種的調和の象徴として東西両方から尊敬されているのはただひとりと判明した。ローマ法王やマハトマ・ガンディーらライバル候補を抑えてブルース・リーが選ばれたのだ。「私たちは永久にムスリムやセルビア人やクロアチア人でしょう」青年グループ〈都市運動モスタル〉のベセリン・ガタロが言う。「それでも、私たちみんなにブルース・リーという共通項があるのです」

著者あとがき

十二歳のとき、故郷のカンザス州トピーカで、友達の家が町で初めてVCRビデオデッキを購入した。その家の地下室でカウチに座っていると、友達のお兄さんが一本のビデオテープを手に階段を下りてきた。このときのことはいまも鮮明に覚えている。

その映画『燃えよドラゴン』に、私たちは度肝を抜かれた。

カンフー映画を見るのは初めてだった。ブルース・リーが誰なのかも、私たちは知らなかった。だが、映画が終わると同時に彼は私たちの英雄になり、画面から私たちの想像の世界へ飛びこんできた。身長一七〇センチ、体重六一キロの、鑿《のみ》で刻み出されたような肉体。ネコ科動物を連想させる威風堂々とした中国系アメリカ人は『スター・ウォーズ』のルーク・スカイウォーカーを押しのけて、私たちの理想の〝カッコいい男〟になった。ライトセーバーを置いてヌンチャクを手に取り、使い方を覚えようとしては失敗し、頭に棍《こん》をぶつけた。

友人たちの崇拝対象がほかの映画俳優やポップ歌手やスポーツ選手に移っていっても、私はブルースに忠実だった。彼はいじめられっ子だった痩せっぽちの私に似た弱さやもろさを、筋肉の鎧の下に隠しているような気がしたからだ。決して無敵の戦士に生まれついたわけではない。『燃えよドラゴン』以前のブルースが主演した三本の香港映画――『ドラゴン危機一発』『ドラゴン怒りの鉄拳』『ドラゴンへの道』の傷だらけの中古テープを見つけ、すり切れてほとんど見えなくなるまで何度も繰り返し格闘シーンを再生した。ドラッグストアに足しげく通い、彼が表紙を飾っているブラック・ベルト誌やインサイド・カンフー誌を買った。悲劇的なくらい短かった彼の三十二年の生涯について――その多くは現実と思えないほどだったが――一部始終を記憶した。

大学で中国語を学び、ブルースに影響を与えた思想や哲学を研究した――老子、荘子はもちろん、道教《タオイズム》や禅宗を読み解いたアラン・ワッツのような欧米人のものも。カンフーの指導者を見つけて修練も開始した。プリンストン大学を三年でやめて、カンフーと禅発祥の地である中国河南省の嵩山少林寺《すうざんしょうりんじ》へ赴き、二年間僧たちと暮らしながら鍛錬を積んだ。その後、この経験を基に初の著書『アメリカン・シャオリン（アメリカ人少林僧）』を世に問うた。次の二年は総合格闘技（MMA）というスポーツを学んだ。トッププロモーターのデイナ・ホワイトをはじめ、MMAの多くの実践者がブルース・リーを〝始祖〟と考えていた。二冊目の著書『タップト・アウト（まいった）』を書きおえたとき、友人のブレンダン・ケイヒルからブルース・リーの伝記を書いてはどうかと勧められた。

　最初はそれほど名案と思わなかった。信頼できる伝記がもう何冊も書かれていると思っていたからだ。絶版になっていないブルース・リーの伝記はエルビス・コステロのかつてのベーシスト〔ブルース・トーマス〕が二十年以上前に書いたものだけと知り、ショックを受けた。

ブルース・リーは世界一有名な人物と言っても過言でない。アジア、ロシア、中東、アフリカでは欧米以上に人気がある。ハリウッドは『バース・オブ・ザ・ドラゴン』（二〇一六年）を含め、彼の伝記映画を二本製作している。エルビス・プレスリーやマリリン・モンロー、スティーブ・マックィーンら偶像的人物とともに、フォーブス誌の選ぶ〝死亡著名人長者番付〟のトップ十五にずっとランクされている。マリリン・モンロー関連の書籍が出版されない年はほとんどない。スティーブ・マックィーンの伝記は六冊に上る。

　この状況には腹が立った。ブルース・リーは男性の中国系アメリカ人として初めてハリウッド映画に主演した人物だ。彼に刺激を受けて何百万人もが武術を習いはじめた。権威ある伝記が書かれてしかるべき人物だ。私はその作業に取りかかった。

　私の方法論は至ってシンプルだ。ブルースがしてきたことを全部見て、おびただしい数のメモを取る。ブルースについて書かれたものをすべて読み、おびただしい数のメモを取る。そのうえで、進んで話を聞かせくれるブルースの知り合い全員に取材し、おびただしい数のメモを取る。しかるのちに、そのメモを時系列に沿って〈ワード〉文書にまとめた。資料は最終的に二千五百ページを超え、百万語の長さになった。

ブルースはよく言っていた。「彫刻を作るとき、彫刻家は自分の主題に粘土を付けていくのではない。逆に、作品の真実がなんの支障もなく露《あらわ》になるまで本質的に重要でないものを鑿で削り取っていく」大量の粘土を手にした私は真実が露になるまで鑿で削っていった。

その過程に六年以上をかけた。香港に六カ月、ロサンゼルスとシアトルに二カ月滞在した。そのあいだに百人以上に取材し、それ以外にも大勢の人に会って、無数の協力を得た。

ブルース・リーの娘シャノンと未亡人のリンダ・リー・キャドウェルには、直接取材に応じていただいたことに感謝している。ふたりはとても寛大に時間を割いてくださった。だが、本書が家族公認の伝記でない点は明記しておきたい。取材に二度応じていただいたことを除けば、〈ブルース・リー遺産〉は本書の企画にまったく関与していない。本書の内容と分析と結論はすべて私ひとりが行ったものだ。

ブルース・リーについては非常に優れた五人の研究家がいる。『フロム・リミテッド・トゥ・リミットレス（有限から無限へ）』を著した香港のポール・リー（李志遠）、『香港アクション・シネマ』のベイ・ローガン、『ザ・タオ・オブ・ブルース・リー』のアメリカ人デイビス・ミラー、『ブルース・リーからの手紙』オークランド編のデイビッド・タッドマン、〈ブルース・リー・ライブラリー〉シリーズ（邦訳『李小龍大全』）のジョン・リトル。彼らの思いやりと寛大さと専門的助言なくして本書の出版は不可能だった。本書の方向性について彼らからヒントを得た。特に写真についてはデイビッド・タッドマンから大きな力添えをいただいた。原稿の事実確認をしてくださったジョン・リトルへのご恩は一生忘れない。

香港・ゴールデン・ハーベスト社の歴史とブルース最期の日々を理解するうえで、アンドレ・モーガンには重要な手がかりをご提供いただいた。私が手紙でどんな些末な煩わしい質問を投げても、彼はユーモアたっぷりに答えてくれた。ジョン・コーコランからはポイント制空手についてご教授いただいた。ロサンゼルス近郊マリナ・デル・レイにあるダン・イノサントの格闘技道場《アカデミー》で詠春拳《えいしゅんけん》の個人指導を受けられたのは大きな喜びだった。エド・スピールマン、ハワード・フリードランダー、トム・クーンのお三方は連続ドラマ『燃えよ！ カンフー』の制作について逐一説明してくださった。UCLAのジョン・スターン博士と『ブルース・リーの死：ある臨床研究』の著者ダンカン・マッケンジーにはブルースの死因に考えられる可能性について貴重な専門知識をご提供いただいた。『燃えよドラゴン』の共同制作者ポール・ヘラーは眉ひとつ動かさずにオリジナル脚本をコピーさせてくれた。美容師のジョー・トーレヌエバは私の髪を生涯最高のスタイルにしてくれたうえ、ジョン・エドワーズ〔政治家〕より少ない料金しか請求しなかった。

手紙やインタビューを含め、ブルース関連の保管記録を活字にするにあたっては、ジョン・リトルの〈ブルース・リー・ライブラリー〉シリーズに負うところが大きかった。ブルース・リーのファンや研究者にとってかけがえのない一次資料だ。フィアス・ラフィクの『ブルース・リーの会話』、ポール・バックスの『ドラゴンの弟子たち』、ホセ・フラグアスの『截拳道《ジークンドー》の会話』はブルースの家族、友人、生徒たちへの卓越したインタビュー集だ。ブルースの知人はみな、自分とブルースの関係について一冊は自費出版しているらしい。本書の企画に最も役立ったのはジェシー・グラバーの『ブルース・リー：詠春拳と截拳道《ジークンドー》の狭間で』と、ミト・ウエハラの『ブルース・リー：比類なきファイター』だった。チャールズ・ラッソの『打撃の間合い』はサンフランシスコのベイエリアに滞在中のブルースについて書かれた、すばらしい調査資料だった。

新米伝記作家として私が本書の企画に取り組みはじめたときには、『ブルース・リーの伝説』（一九七四年）の著者アレックス・ベン・ブロックから親切な助言をいただいた。『スティーブ・マックィーン：ハリウッドの偶像の人生と伝説』（二〇一〇年）という秀逸な伝記を著したマーシャル・テリルは私の導師《グル》であり水先案内人だった。私では絶対に見つけられなかった取材対象を探し出してくれたのも彼だった。

香港で大切な友デイビッド・エッロの協力を仰げたのは、私にとって幸運だった。ポール・リーはブルース・リーが十代のころ他流派との腕比べに使われた屋上を案内してくれた。ベイ・ローガンは陽気な話し上手で、ブルースの物真似がやけにうまかった。サウスチャイナ・モーニング・ポスト紙の記者で広東語を翻訳してくれたシャーリー・チャオはかけがえのない存在だ。チャーリー・チャンはタオイズムの賢者。テッド・トーマスのおかげで、私はあやうく〈香港会〉から追放されかけた——彼には何杯か借りが残っている。香港李小龍会《ブルース・リー・ファンクラブ》の会長W・ウォン（黄耀強）はブルースゆかりの場所をいろいろ案内してくれた。サウスチャイナ・モーニング・ポスト紙のビビエンヌ・チョウには香港映画産業を理解する手がかりをいただいた。ビッグ・マイク・リーダーには名刺情報をいただいた。『エンジョイ・ユアセルフ・トゥナイト』の元プロデューサー、ロバート・チュアには重要な取材の仲立ちをしていただいた。ブルースの姉フィービー・リー（李秋圓）は一家の歴史に詳しく、弟に負けず劣らず情熱的だ。ベティ・ティンペイ（丁珮）は高価なランチに何度も私を連れ出し、決して私に勘定を払わせなかった。レイモンド・チョウに会えたのはすばらしい体験だった——彼が〝微笑みの虎〟と呼ばれた理由がようやく理解できた気がする。ジョニー・ホンには聖フランシス・ザビエル校の卒業生を何人か紹介していただいた。ラ・サール学院の歴史に詳しいマーク・ホワンからは、期待をはるかに超えるお力添えをいただいた。ブルースの同級生への取材を設定してくれただけでなく、私が帰ったあとも聴き取りを続けてくれた。

私が取材した人が何人か、本書を完成させる過程で亡くなった。アンドレ・モーガンはよく冗談まじりに、「君みたいに仕事が遅いと、書きおわったときには私たち全員が死んでいるぞ」と言っていた。ヴァン・ウィリアムズ（一九三四〜二〇一六年）には〝市民カトー〟

の章に大きなお力添えをいただいた。彼と話すのは楽しくて仕方がなかった。フレッド・ワイントローブ（一九二八〜二〇一七年）が亡くなったのが惜しまれてならない。ハリウッドで取材に応じてもらえず困っているたび、相手の人物に電話をかけて、「この子に話してやれ」と凄んでくださった。フレディは人生最後の年にマンハッタンを訪れ、私を昼食に誘ってくれた。そして、「坊や、監督になろうと考えたことはないか？」と言ってくれた。

本書の企画の構想を私の頭に吹きこみ、それが苦境に陥ったときに救いの手を差し伸べてくれた友人のブレンダン・ケイヒルに特別の感謝を捧げたい。私と契約して初めて本を出してくれた〝ワイルド・ビル〟・シンカーと、執筆作業が海で遭難しかけたときに命綱を投げてくれた現在の担当編集ジョーン・マニングにも感謝を。私の代理人ジョー・ベルトレは執筆過程で心と戦略の拠り所でありつづけてくれた。

最後になったが、天使のように忍耐強い妻エムのすばらしさは言葉に言い尽くせない。落ちこんでいる私を励まし、天狗になっているときは戒め、太い赤ペンを手に何度も隅々まで原稿を読んでくれた。彼女がいなかったら本書を最後までやり遂げることはできなかった。約束するよ、愛しい人。来年こそはきっと育児を引き受ける。

マシュー・ポリー
Matthew Polly

1971年米国・テキサス州生まれ。米イェール大学特別研究員。

92年、プリンストン大学を休学して単身中国・河南省の嵩山少林寺へ向かう。米国人初の門弟となり2年間修行に勤しみ、その体験をもとに2007年、回想録『American Shaolin』を出版。12年には総合格闘家になるべくトレーニングを積んだ2年間を描いた『Tapped Out』を上梓。中国文化に造詣が深い。

棚橋志行
Shiko Tanahashi

1960年三重県生まれ。東京外国語大学英米語学科卒。出版社勤務を経て英米語翻訳家に。

バラク・オバマ『合衆国再生 大いなる希望を抱いて』、キース・リチャーズ『ライフ キース・リチャーズ自伝』、マイク・タイソン『真相 マイク・タイソン自伝』、ジェフ・パッサン『豪腕 使い捨てされる15億ドルの商品』、ジョシュ・グロス『アリ対猪木 アメリカから見た世界格闘史の特異点』他、訳書多数。

ブルース・リー伝

2019年 9 月20日　第1版第1刷発行
2019年11月 4 日　第1版第3刷発行

著　者　マシュー・ポリー
訳　者　棚橋志行
発行所　株式会社亜紀書房
〒101-0051
東京都千代田区神田神保町1-32
TEL 03-5280-0261（代表）
TEL 03-5280-0269（編集）
http://www.akishobo.com
振替 00100-9-144037
印刷・製本　株式会社トライ http://www.try-sky.com

ISBN978-4-7505-1607-3